# Ereignisse, die Deutschland veränderten

EIN
**ADAC**
BUCH

Ein ADAC-Führer durch zwölf Jahrhunderte

# Ereignisse, die Deutschland veränderten

## Autoren und Mitarbeiter

Brunhilde Arnold M.A., Dr. Barbara Berewinkel, Birgit Erben, Dr. Jochen Gaile,
Dr. Gernot Giertz, Armin Hennig, Silvana Heß M.A., Angelika Lenz,
Christin Löchel M.A., Dr. Wolfgang Lotz, Roland Mahle, Wolfdietrich Müller,
Dr. Roland Peter, Dr. Ekkehart Rotter, Norbert Rupp, Ferdinand Schwenkner,
Dr. Holger Sonnabend, Christa Sturm, Harry Ullrich

*Redaktion:* Jens Firsching (Projektleitung),
Gudrun Aßmann, Dr. Annette Zehnter, Joachim Zeller
*Schlußredaktion:* Birgit Scheel
*Korrektur:* Siglinde Huber
*Grafik:* Gabriele Stammer-Nowack
*Bildresearch:* Christina Horut
*Produktion:* Hans-Peter Ullmann

*Satz:* Lihs, Satz und Repro, Ludwigsburg
*Druck und Binden:* Mohndruck, Graphische Betriebe GmbH, Gütersloh

**Dieses Buch entstand in Zusammenarbeit zwischen dem ADAC Verlag, München,
und dem Verlag Das Beste, Stuttgart**

© 1996 Verlag Das Beste GmbH, Stuttgart

Sonderausgabe für den ADAC Verlag GmbH, München

Printed in Germany

ISBN 3-87003-701-6

## Über dieses Buch

*Die Bundesrepublik Deutschland besteht aus 16 einzelnen Bundesländern (links die Flaggen der Länder), die mit ihrem ausgeprägten Charakter und ihren regionalen Eigentümlichkeiten unserem Staat Farbe und Leben geben. Diese Vielfalt prägte Deutschland jahrhundertelang wie kein anderes europäisches Land. Die staatliche Einheit wurde erst spät, im 19. Jahrhundert, erreicht – und, wie bekannt, als Folge des Zusammenbruchs einer größenwahnsinnigen Diktatur 1945 zunächst wieder verspielt. Seit 1990 endlich in Freiheit geeint,*
*kann Deutschland auf eine überaus bewegte Geschichte zurückblicken, auf eine Geschichte der Grenzsituationen, der großen Umbrüche, der folgenreichen Entscheidungen.*

*Das vorliegende Buch greift 100 der bedeutendsten Ereignisse aus der deutschen Geschichte heraus und beschreibt die Veränderungen, die sich daraus ergeben haben. Sie sind in bunter Reihenfolge auf acht Kapitel verteilt und geben ein eindrucksvolles Bild von der Lebendigkeit und Vielfalt des historischen Geschehens in Deutschland. Die Ereignisse unterscheiden sich von den Folgen optisch durch die Art der Darstellung, so daß der Leser jederzeit und sofort zwischen der Begebenheit und den jeweiligen Auswirkungen unterscheiden kann.*

*Wer sich einen Überblick über die wichtigsten Stationen der deutschen Geschichte verschaffen will, findet am Ende des Buches einen Anhang, in dem die im Text behandelten Ereignisse in chronologischer Reihenfolge aufgelistet sind. Mit Seitenzahlen versehen, erleichtern sie das schnelle Auffinden der Artikel. Ergänzt werden diese Angaben durch allgemeine Daten zur deutschen Geschichte. Auf diese Weise erhält der Leser ein umfassendes Bild von unserer Vergangenheit.*

*Die Herausgeber*

Abbildung auf dieser Doppelseite:
*782 ließ Karl der Große in Verden an der Aller ein blutiges Strafgericht an den aufständischen Sachsen durchführen. Die Findlinge im Sachsenhain erinnern bis heute an dieses Ereignis.*

Abbildung auf der vorherigen Doppelseite:
*Am 9. November 1989 feierten West- und Ostberliner am Brandenburger Tor die Nachricht von der Öffnung der innerdeutschen Grenze.*

# Starke Worte

# Entschlossenes Handeln

*Von weitem kündigten die Thurn-
und-Taxisschen Postreiter mit dem
Signalhorn ihr Kommen an (oben).*

*Standhaft verteidigte Martin
Luther seinen Glauben (links).*

# Im Dunkel
# der Nacht

# Erzwungene
# Entscheidungen

*Pünktlich um Mitternacht
fielen am 1. Januar 1834
in den meisten deutschen
Staaten die Zollschranken.*

# Zufall oder Glück

# Auf Leben und Tod

*Die schwarzrotgoldene Fahne brachte den Aufständischen 1848 kein Glück, sie wurden besiegt (oben).*

*Nach hartnäckigen Kämpfen mußten sich die Mailänder Truppen Kaiser Friedrich I. Barbarossa ergeben (rechts).*

# Mit Geschick und Überlegung

# Auf fremdem Boden

*Der Reichsapfel, eines der
Herrschaftssymbole der
deutschen Könige und Kaiser*

# Starke Worte

Nicht nur mit großen Taten, auch mit großen Worten wurde in Deutschland Geschichte geschrieben. In zahlreichen Reden, Ansprachen und amtlichen Verlautbarungen haben Herrscher und führende Staatsmänner mit markanten Formulierungen den Lauf der Ereignisse entscheidend beeinflußt. Aber auch die Bevölkerung hat in Aufrufen und Stellungnahmen klare Worte gefunden, die nicht ohne Konsequenz geblieben sind.

*Daß trotz aller Politik das leibliche Wohl nicht zu kurz kam, beweist diese Eintrittskarte für ein Mittagessen.*

# „Es lebe Deutschlands Einheit!"

*Eindrucksvoll zeigte sich 1832 der Wunsch vieler Menschen nach einem einigen, freiheitlichen Deutschland beim Hambacher Fest. Doch die Herrschenden wollten davon nichts wissen.*

*Zu den Festbesuchern gehörten südwestdeutsche Landtagsabgeordnete, Bauern, Studenten, Handwerksburschen sowie Gäste aus Polen und Frankreich.*

**AUFBRUCHSTIMMUNG** Das Schmettern von Trompeten eröffnete in den Ruinen des Hambacher Schlosses am 27. Mai 1832 das große Fest. Etwa 30 000 Menschen waren dem Aufruf der beiden Publizisten Philipp Jakob Siebenpfeiffer und Johann Georg August Wirth gefolgt und zum Burgberg in der Nähe von Neustadt an der Haardt geströmt. Es wurde die erste Massenkundgebung von liberal und demokratisch gesinnten Deutschen in einer Zeit, in der die Obrigkeit alles daransetzte, jeden Ansatz von politischen Reformen zu unterdrücken.

Die Versammelten forderten vor allem ein geeintes, freiheitliches Deutschland, das nicht in Dutzende von Klein- und Mittelstaaten zerstückelt und daher nur ein Spielball der europäischen Mächte war. Gleich der erste Redner, Dr. Hepp aus Neustadt, hob dies mit seinem Ruf „Es lebe Deutschlands Einheit!" nachdrücklich hervor. Höhepunkt des Festes war dann die Rede von August Wirth, der mit Worten voll flammender Begeisterung das Ende der Fürstenherrschaft beschwor.

Nach weiteren Reden und Grußadressen fanden sich zahlreiche Diskussionsgruppen zusammen. Viele Menschen sangen aber einfach nur Freiheitslieder, die aus eigens für dieses Fest geschaffenen Texten bestanden und mit bekannten Melodien unterlegt worden waren.

**FEST MIT FOLGEN** Das Hambacher Fest vom 27. bis 30. Mai blieb keine Einzelerscheinung, sondern fand sein Echo in zahlreichen weiteren, wenn auch kleineren Veranstaltungen in anderen Städten. Kundgebungen dieser Art boten in einem Land, in dem das Versammlungsrecht erheblich eingeschränkt war, die einzige Möglichkeit, seinen politischen Willen zu äußern.

Die um ihre Macht und Pfründe bangenden deutschen Fürsten witterten sofort Hochverrat und Revolution und ergriffen drastische Gegenmaßnahmen. □

## Die Obrigkeit schlägt massiv zurück

**D**as Hambacher Fest brachte nicht nur den Wunsch vieler Deutschen nach einem einigen Vaterland zum Ausdruck, sondern es war auch ein deutliches Signal für das wachsende Verlangen vieler Bürger, am politischen Leben beteiligt zu werden. Doch die Könige und Fürsten waren an einer solchen Veränderung nicht interessiert, vielmehr sollte die bestehende Ordnung zementiert werden. Der Deutsche Bund, die Vereinigung der zahlreichen deutschen Einzelstaaten unter Führung Österreichs und Preußens, beschloß daher am 28. Juni und 5. Juli 1832 ein Bündel von Maßnahmen, mit denen die Presse-, Vereins- und Versammlungsfreiheit noch weiter eingeschränkt wurden. Unmittelbar betroffen waren die beiden Hauptredner des Hambacher Festes, Siebenpfeiffer und Wirth, die verhaftet wurden. Später konnten sie fliehen – wie viele andere Liberale und Demokraten, die sich angesichts der Repressionen ins Ausland begaben.

Manche dagegen wollten sofort etwas verändern: Am 3. April 1833 versuchten 50 Verschwörer, die Hauptwache der Frankfurter Polizei zu erstürmen, um anschließend den in Frankfurt sitzenden Bundestag zu bedrohen. Ihr Ziel, mit dieser Aktion einen allgemeinen Aufstand in ganz Deutschland auszulösen, erreichten sie jedoch nicht, da die Bevölkerung unbeteiligt blieb. So schlug das Militär den Putsch rasch nieder. Eine eigens eingesetzte Behörde leitete daraufhin gegen mehr als 2000 Personen gerichtliche Untersuchungen ein.

## Aufstand der Professoren – die Göttinger Sieben

**I**n Hannover gab es seit 1833 eine für damalige Zeiten relativ fortschrittliche Verfassung. Doch als 1837 König Ernst August an die Macht kam, hatte es damit ein Ende: Er hob sie einfach auf. Sieben liberal gesinnte Professoren der Universität Göttingen, unter ihnen die Germanisten Jacob und Wilhelm Grimm, wandten sich in einem Protestschreiben gegen dieses widerrechtliche Vorgehen. Ohne Anhörung entließ der König alle sieben, einige mußten sogar das Land verlassen.

Die meisten Bürger standen jedoch auf der Seite der Professoren, deren stand-

*Nur noch stilles Denken ließen die Einschränkungen der Meinungs- und Pressefreiheit nach dieser Karikatur zu.*

haftes Verhalten entscheidend zur Verbreitung freiheitlicher Ideen in Deutschland beitrug. Die Professoren erhielten im übrigen in anderen Ländern des Deutschen Bundes neue akademische Ämter.

## „Friede den Hütten, Krieg den Palästen"

**D**en Liberalen und Demokraten blieb angesichts der ständig präsenten Überwachung durch den Staat nichts anderes übrig, als im verborgenen zu agieren. Besonders im Jahr 1834 entstanden so zahlreiche Geheimbünde, unter anderem das Junge Deutschland und der Bund der Geächteten. Auch einige Schriftsteller, etwa Heinrich Heine oder Karl Gutzkow, arbeiteten in diesen Vereinigungen mit und forderten letztlich den Sturz der bestehenden Ordnung.

Der junge Medizinstudent und Dichter Georg Büchner gründete 1834 zusammen mit dem Butzbacher Rektor Friedrich Ludwig Weidig die geheime Gesellschaft der Menschenrechte. Kurz darauf legte Büchner seine politischen Vorstellungen in der Schrift *Der hessische Landbote* nieder, die unter dem Motto „Friede den Hütten, Krieg den Palästen" stand und die Herrschaft der Fürsten in radikaler Form angriff. Als dieses Werk den Behörden in die Hände fiel, konnte Büchner noch fliehen, während Weidig verhaftet wurde und unter ungeklärten Umständen im Gefängnis starb.

## VATER DES DEUTSCHLANDLIEDES

*In dem „Lied der Deutschen" des Dichters und Germanisten Heinrich Hoffmann von Fallersleben (Abbildung) fand die Stimmung, die im Deutschland der 30er Jahre des vorigen Jahrhunderts herrschte, ihren Ausdruck.*

*Hoffmann dichtete es am 26. August 1841 auf der damals britischen Insel Helgoland. Schon kurze Zeit später wurde das Lied*

*veröffentlicht. Die erste Strophe („Deutschland, Deutschland über alles …") war ursprünglich nicht als imperialistischer Aufruf gemeint, sondern als Appell an die deutschen Einzelstaaten, für ein geeintes Vaterland einzutreten. Erst 1922 erhob man die heute als Deutschlandlied bezeichnete Dichtung Hoffmanns zur deutschen Nationalhymne.*

Vor dem versammelten Hofstaat setzte sich Friedrich III., Herzog von Preußen, eigenhändig die Königskrone auf (ganz oben). Anläßlich seiner Krönung stiftete der Regent den Schwarzen Adlerorden, der als Stern am Mantel getragen wurde. Er trug die lateinische Aufschrift Suum cuique, zu deutsch „Jedem das Seine".

# „Jedem das Seine"

*Nach diesem Motto krönte sich Friedrich III. 1701 selbst und erhob Preußen zum Königreich. Das war der erste Schritt für den zukünftigen Machtgewinn der Hohenzollern.*

**SELBSTHERRLICH**   Am 18. Januar vollzog sich im ostpreußischen Königsberg eine Krönung, die völlig aus dem Rahmen der jahrhundertealten Traditionen fiel. Friedrich III., Herzog von Preußen und Kurfürst von Brandenburg, machte sich an diesem Tag selbst zum König in Preußen und nannte sich als solcher Friedrich I.

Das war keine spontane Entscheidung oder gar ein Überraschungscoup. Im Gegenteil: alles war sorgfältig von langer Hand geplant und vorbereitet worden. Schon vier Wochen vor dem Ereignis war Friedrichs Hofstaat in einem riesigen Troß aus Berlin aufgebrochen, um rechtzeitig im rund 600 Kilometer nordöstlich gelegenen Königsberg zu sein.

**EIGENHÄNDIG**   Dort setzte der selbstbewußte Herzog seiner Gattin Sophie Charlotte und sich eigenhändig die Königskrone auf. Erst danach ließ er sich im Dom von zwei Geistlichen salben, die eigens aus diesem Anlaß zu Bischöfen ernannt worden waren. Dann begannen die Feierlichkeiten für das prunksüchtige Regentenpaar. 100 000 Taler mußten die brandenburgischen Stände hierfür aufbringen, und eine flugs eingeführte Kronsteuer erbrachte weitere 500 000.

**ZIELSTREBIG** Bevor es zu dieser ungewöhnlichen Krönung kam, hatte Friedrich viele Hindernisse überwinden müssen. Er benötigte die Zustimmung von Leopold I., dem Kaiser des Deutschen Reiches, mit dem er seit 1690 verhandelte. Inzwischen stand der Kaiser vor einem Krieg mit der spanischen Krone um die Erbnachfolge und brauchte dringend militärische Unterstützung. Daher stimmte er nun Friedrichs Gesuch zu, ließ sich dafür aber zusichern, daß der Preuße ihn im Kriegsfall mit 8000 Soldaten unterstützen und bei Kaiserwahlen für den österreichischen Kandidaten votieren werde.

**MACHTHUNGRIG** Einen Tag vor seiner Krönung stiftete der angehende König den Schwarzen Adlerorden für Verdienste um den preußischen Staat. Er trug die Aufschrift „Jedem das Seine". Dieser Sinnspruch war eigentlich als Appell gemeint, das Gute zu belohnen und das Böse zu bestrafen. In seinem Machthunger deutete Friedrich dieses Motto für seine Person allerdings eher im Sinn einer Selbstbereicherung um, mit der er die Grundlage des zukünftigen Aufstiegs Preußens schuf. ☐

## Das junge Königreich wächst

**F**riedrichs Nachbarn in Hannover und vor allem in Polen, das von dem Sachsen August dem Starken regiert wurde, beobachteten den Machtzuwachs mit großem Mißtrauen. Sie hatten daher dafür gesorgt, daß Friedrichs Königswürde ausschließlich auf sein Herzogtum Preußen beschränkt blieb, weil dieses im Gegensatz zu Brandenburg außerhalb des Deutschen Reiches lag. Deshalb durfte sich der Hohenzoller auch nur König in Preußen und nicht etwa König von Preußen nennen.

Das störte Friedrich aber nicht – er hatte vom Kaiser bekommen, was er wollte. Doch nun forderte Leopold seinerseits den fälligen Tribut. Der spanische Regent Karl II. war gestorben, und Österreich lag mit dem französischen König Ludwig XIV. im Krieg um die Nachfolge. Beide konnten legitime Ansprüche auf den Thron anmelden. Wie versprochen, ließ Preußen auf der Seite Österreichs und von dessen Verbündeten Großbritannien, Niederlande, Hannover und Portugal seine Soldaten in den Kampf ziehen. Über 13 lange Jahre dauerte dieser Spanische Erbfolgekrieg.

Für Preußen zahlte sich der Einsatz am Ende aus: Friedrich I., der neue König, hatte sich als treuer Bündnispartner des Kaisers verdient gemacht. Im Friedensschluß von Utrecht erhielt Preußen die Grafschaften Moers und Geldern am Niederrhein, die Grafschaft Lingen im Emsland plus Neuchâtel in der Schweiz.

An einer weiteren Kriegsfront gelang es dem Königreich Preußen ebenfalls, Gebiete hinzuzugewinnen. Gleichzeitig zum Spanischen Erbfolgekrieg war der Nordische Krieg ausgebrochen, in dem die verbündeten Mächte Dänemark, Polen-Sachsen und Rußland die schwedische Vormachtstellung in Nordeuropa brechen wollten. Preußen schloß sich 1713 der antischwedischen Koalition an. Nach dem Sieg über den Schwedenkönig Karl XII. fiel Vorpommern mit Stettin im Jahr 1720 an die Hohenzollern. So gewann das junge Königreich das wichtige Hafengebiet der Odermündung hinzu.

## Sparsamkeit hier unerwünscht

**I**n vollen Zügen kostete Friedrich seine neue Königswürde aus. Er war vorher schon nicht gerade sparsam gewesen, aber nun wollte er durch die glanzvollsten Feste, die erlesensten Speisen und den kostbarsten Schmuck aller Welt seinen Aufstieg vor Augen führen.

Den größten Gegner seiner Verschwendungssucht, seinen früheren Lehrer Eberhard Freiherr von Danckelman, hatte er kaltgestellt. Danckelman, seit 1695 höchster Staatsminister, hatte alle Anstrengungen unternommen, um das

*Preußische und britische Truppen unterstützten Österreich 1704 in der Schlacht von Höchstädt und bereiteten den Franzosen die erste große Niederlage im Spanischen Erbfolgekrieg.*

Geld zusammenzuhalten: Er hatte die Finanzverwaltung zentralisiert und die wirtschaftliche Entwicklung Preußens gefördert. Außerdem hatte der Minister eine effektive Bürokratie aufgebaut und die Universität Halle mitgegründet, an der er gezielt führende Staatsdiener ausbilden ließ.

Gleichzeitig mußte Danckelman zusehen, wie sein einstiger Zögling, tatkräftig unterstützt von seiner Gattin Sophie Charlotte, das Geld mit beiden Händen zum Fenster hinauswarf. So zumindest erschien es dem Minister, der wenig Sinn für die kostspieligen Hobbys des Herrscherpaares hatte. Danckelmans ständige Opposition hatte schließlich dazu geführt, daß er mit Hilfe von Intrigen und gefälschten Beweismitteln der Mißwirtschaft, ja sogar des Hochverrats angeklagt und 1697 ins Gefängnis geworfen wurde. Als man ihn 1707 entließ, erhob er wieder mahnend seine Stimme, kam aber nicht mehr zu Amt und Würden.

## Kulturelle Blüte im Spree-Athen

Aus politischen Gründen hatte Friedrich I. Königsberg als Krönungsort gewählt, aber Berlin machte er zu einer Residenzstadt von europäischem Zuschnitt. Hier lebte er mit seinem Hofstaat, hier war der Regierungssitz mit allen wichtigen Verwaltungsbehörden. Bereits als Kurfürst ließ Friedrich – unter Vorgriff auf den angestrebten Aufstieg zum König – die Stadt großzügig ausbauen und verlieh ihr den Charakter einer wirklichen Hauptstadt.

Das gesteigerte Selbstbewußtsein des Herrschers spiegelte sich in Prachtbauten von königlichem Zuschnitt. Der Architekt und Bildhauer Andreas Schlüter schuf im Auftrag Friedrichs zahlreiche Skulpturen und Bauwerke, die das neue Gesicht Berlins prägten. Hatte Friedrich noch als Kurfürst für Sophie Charlotte ein Lustschloß erbauen lassen, das ihren Namen trug, so mußten die Baumeister nach seiner Krönung Charlottenburg nach dem Vorbild der imposanten französischen Königsresidenz Versailles zu einer prachtvollen Anlage ausbauen.

Das Herrscherpaar, insbesondere die gebildete und geistvolle Sophie Charlotte, förderte auch die Wissenschaft und die Kunst. Bereits 1696 wurde die Akademie der Künste eröffnet, 1700 folgte die Akademie der Wissenschaften, die der Universalgelehrte Gottfried Wilhelm von Leibniz leitete. Berlin stieg zum kulturellen Mittelpunkt von Branden-

Berlin war mit Festungsanlagen umgeben, doch zu Beginn des 18. Jahrhunderts wuchs die Stadt darüber hinaus.

burg-Preußen auf und wurde wegen seines regen Geisteslebens als Spree-Athen bezeichnet – ein hochtrabender Vergleich mit dem alten Athen, dem Zentrum der antiken Kultur.

Aber immer noch bestand die Residenz aus den fünf dicht beieinander liegenden Kleinstädten Cölln, Friedrichswerder, Dorotheenstadt, Berlin und Friedrichstadt. Der König erkannte, daß man die Gemeinden zusammenlegen mußte, um den Ausbau der Stadt als Ganzes vorantreiben zu können. Am 17. Januar 1709 wurden sie daher zur königlichen Residenzstadt Berlin vereinigt, die einschließlich der Garnison immerhin schon über 56 000 Einwohner zählte.

## WISSEN FÜR WAISEN

*Im Jahr 1695 gründete August Hermann Francke in dem kleinen Ort Glaucha bei Halle ein Waisenhaus mit einer angeschlossenen Armenschule. Er hatte ein neuartiges Konzept entwickelt, wie die Not der Bedürftigen zu lindern sei, und wurde damit zum Begründer des deutschen Waisen- und Armenhauswesens.*

*Während sich die Obrigkeit bis dahin weitgehend darauf beschränkt hatte, Almosen an Arme zu verteilen, setzte Francke auf die Ausbildung und Arbeitsbeschaffung für Bedürftige und elternlose Kinder. In den Werkstätten der Franckeschen Anstalten konnten*

*die Armen und Waisen einen Beruf erlernen. Außerdem unterrichtete der Theologe in seiner Armenschule, die ständig wuchs und später nach Halle verlegt wurde, erstmals auch Mädchen. In der Folgezeit entstanden zahlreiche Einrichtungen, die sich an seinem Vorbild orientierten. So gründete beispielsweise der Soldatenkönig Friedrich Wilhelm I. 1722 das Große Militärwaisenhaus in Berlin.*

*Franckes soziales Engagement war von der religiösen Strömung des Pietismus getragen, der auf die Herzensfrömmigkeit, das gefühlsbetonte Glaubenserlebnis des einzelnen, baute.*

## Der Soldatenkönig und die langen Kerls

Als nach dem Tod Friedrichs I. am 25. Februar 1713 sein Sohn Friedrich Wilhelm I. die Regentschaft übernahm, ging die Ära der Prachtentfaltung in Preußen von heute auf morgen zu Ende. Der Thronfolger stand vor einem Schuldenberg von 20 Millionen Talern. Ihm war klar, daß nur ein strikter Sparkurs aus dem Dilemma führen würde.

Friedrich Wilhelms Methoden nahmen dabei so krasse Züge an, daß ein Unbekannter am Berliner Schloß eine Tafel mit der Aufschrift anbrachte: „Dieses Schloß ist zu vermieten, und diese Residenz, Berlin, ist zu verkaufen." Tatsächlich verpachtete oder verkaufte der König die meisten Schlösser und Lusthäuser seines Vaters, reduzierte den Hofstaat und entließ Künstler ebenso wie Hofbeamte. Sogar den Küchenzettel des Hofes vereinfachte er, und aus dem königlichen Tafelsilber wurden Geldstücke geprägt.

Die einzige Leidenschaft, die der Hohenzoller hatte, war das Militär, das er systematisch ausbaute. Friedrich Wilhelm wurde somit der Begründer der preußischen Militärtradition und erhielt den Beinamen Soldatenkönig. Um den enormen Bedarf an Uniformen für die steigende Zahl der Soldaten zu decken,

gründete der König gleich nach seiner Thronbesteigung die damals größte Textilfabrik Deutschlands, das Berliner Lagerhaus. Als diese in Lieferschwierigkeiten kam, versprach er 1717 allen Textilarbeitern aus anderen Staaten eine dreijährige Steuerfreiheit, wenn sie nach Berlin kämen.

Im September 1733 führte der Militärexperte eine Vorform der allgemeinen Wehrpflicht ein. Gemäß der sogenannten Kantonalverfassung wurde Preußen in Kantone unterteilt, die jeweils ein Regiment aufzustellen hatten. Mit wenigen Ausnahmen mußte jeder männliche Untertan im 20. Lebensjahr in das Regiment seiner Heimat eintreten. Dadurch stieg die Heeresstärke der preußischen Armee bald von 30 000 auf 80 000 Mann.

Ein bizarrer Auswuchs von Friedrich Wilhelms grenzenloser Begeisterung für alles Militärische war die Elitetruppe der langen Kerls. In ihr dienten rund 4000 Soldaten von besonders großer Statur. Da es aber nur wenige so hochgewachsene Männer gab, ließ der König sie in aller Welt rekrutieren, oftmals mit Tricks oder unter Gewaltanwendung. Sie wurden einem teilweise unmenschlichen Reglement unterworfen.

Auch von seinen Beamten verlangte

der König eine nahezu militärische Disziplin und die sprichwörtlich gewordenen preußischen Tugenden wie Pflichtbewußtsein und Zuverlässigkeit. Um alle Ämter kontrollieren zu können, schuf er 1723 das Generaldirektorium als oberste Behörde und setzte sich selbst an die Spitze des Beamtenapparates.

So unterschiedlich die beiden ersten Könige in Preußen auch gewesen waren, so hatten sie doch jeder auf seine Weise vieles angelegt, was Preußen in späteren Jahren dabei half, zur stärksten Macht in Deutschland aufzusteigen.

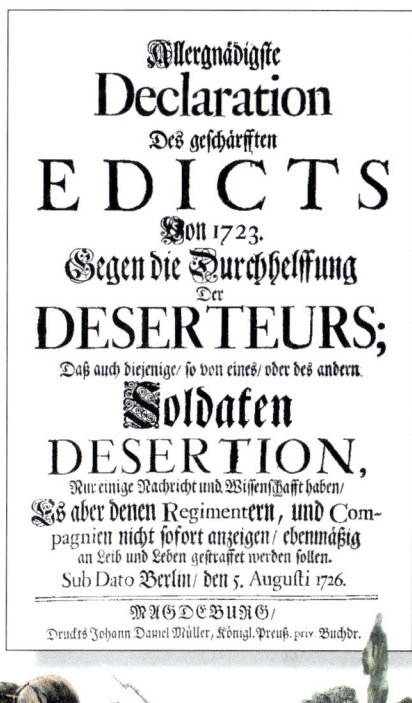

*Friedrich Wilhelm I. (unten, Mitte) verstärkt seine Elitetruppe mit drei neuen langen Kerls. Der König erließ ein Edikt, das Deserteuren und ihren Helfern harte Strafen androhte (rechts).*

# „Seit 5.45 Uhr wird zurück- geschossen."

*Hitlers Rede am 1. September 1939 begründete nicht nur den Angriff auf Polen, sondern führte auch zum Zweiten Weltkrieg, der unendliches Leid über Europa brachte.*

*Zum erstenmal trägt Hitler bei seiner Rede am 1. September 1939 nicht seine braune Parteijacke, sondern eine graue Uniform – offensichtliches Zeichen für den Beginn des Krieges.*

**HITLERS REDE** Knapp fünf Stunden nach dem Einmarsch in Polen, am Morgen des 1. September 1939, hielt Hitler in der Berliner Krolloper, der Tagungsstätte des Reichstages, seine berühmt gewordene Rede zum Ausbruch des Krieges: „Polen hat nun heute nacht zum erstenmal auf unserem eigenen Territorium auch durch reguläre Soldaten ge- schossen. Seit 5.45 Uhr wird zurück- geschossen. Und von jetzt ab wird Bombe mit Bombe vergolten." Sichtlich aufgeregt versprach Hitler sich dabei mit der Uhrzeit des Angriffs, denn tatsächlich fielen die ersten Schüsse eine Stunde früher, um 4.45 Uhr. Das deutsche Kadettenschulschiff *Schleswig-Holstein* hatte mit dem Beschuß der Festungsan-

*Bei ihrem Vormarsch auf polnisches Territorium rissen die deutschen Soldaten an den einzelnen Grenzabschnitten die Schlagbäume nieder.*

lage Westerplatte an der Danziger Weichselmündung das Feuer eröffnet, und schon wenig später hatten große Truppenkontingente die polnische Grenze überschritten.

**DER SCHEINÜBERFALL** Der in Hitlers Rede erwähnte angebliche Übergriff polnischer Soldaten war nichts anderes als eine Finte, die Hitler brauchte, um der Welt einen triftigen Angriffsgrund präsentieren zu können. In

**Aus Anlaß des**

**Gemeinschaftsempfangs der Rede des Führers**

tritt während der Zeit von

**16 bis 17 Uhr (4 bis 5)** eine

**Verkaufspause ein**

*Damit alle die Rundfunkübertragung der Reichstagsrede hören konnten, wurden die Geschäfte geschlossen.*

Wahrheit hatten Kommandos der SS und des Sicherheitsdienstes, verkleidet als polnische Soldaten und Zivilisten, an insgesamt drei grenznahen Stellen die Scheinüberfälle durchgeführt. Um die Glaubwürdigkeit der Aktionen noch zu steigern, ließ die SS sogar Häftlinge herbeischaffen, die an Ort und Stelle erschossen und der Presse als polnische Soldaten präsentiert wurden. Einer der ausgewählten Einsatzpunkte war der deutsche Sender Gleiwitz in Oberschlesien, dessen vorgebliche Besetzung durch polnische Freischärler über den Rundfunk verbreitet wurde.

**OFFENE FRAGEN** Eigentlicher Hintergrund des geplanten Polenfeldzuges war Hitlers Ziel, die deutschen Grenzen nach Osten zu verschieben. Bei den Sowjets hatte er sich freie Bahn verschafft, sie sollten an dem aufzuteilenden Kuchen beteiligt werden. Anders lag der Fall jedoch bei den Westmächten. Hitler sorgte sich um die mögliche Reaktion Frankreichs und Großbritanniens, die gerade erst mit Polen einen Beistandspakt unterzeichnet hatten. Würden sie stillhalten und dem Vormarsch der Deutschen tatenlos zusehen oder sich in die Kämpfe einmischen?  □

## Doppeltes Ultimatum an Hitler

Wie versteinert saß Hitler an seinem Schreibtisch in der Reichskanzlei, als sein Chefdolmetscher Dr. Paul Schmidt am Vormittag des 3. September eine Note übersetzte, die der britische Botschafter Neville Henderson am frühen Morgen überreicht hatte. Das Schreiben der britischen Regierung forderte ultimativ den Rückzug deutscher Truppen aus Polen. Kurz nach 12 Uhr empfing der deutsche Außenminister Joachim von Ribbentrop den französischen Botschafter, der dem Deutschen ein ähnlich lautendes Ultimatum überreichte.

Diesmal war Hitler zu weit gegangen; nach dem Anschluß Österreichs 1938 und der Zerschlagung der Tschechoslowakei 1939 konnten und wollten die Westmächte seinem Expansionsstreben nicht erneut tatenlos zusehen. Die britische Note machte Hitler schlagartig klar, daß seine Politik der außenpolitischen Erpressung endgültig gescheitert war. „Was nun?" fragte er mit wütendem Blick seinen Außenminister.

Im Vorraum zu seinem Arbeitszimmer traf Paul Schmidt an diesem Vormittag auf ratlose Gesichter. Generalfeldmarschall Hermann Göring, noch Ende August durch schwedische Vermittlung um einen Ausgleich mit Großbritannien bemüht, bemerkte: „Wenn wir diesen Krieg verlieren, dann möge uns der Himmel gnädig sein!"

Als das Ultimatum verstrich, ohne daß die Deutschen auf die Bedingungen eingegangen waren, folgte die Kriegserklärung der beiden Westmächte. Der Überfall auf Polen sollte sich zum Zweiten Weltkrieg ausweiten. Hitlers Hoffnungen, ungestört ein Land nach dem anderen erobern zu können, waren damit zerschlagen. Der Kampf mußte künftig an mehreren Fronten gleichzeitig geführt werden, wenn auch zunächst keine militärischen Aktionen Frankreichs und Großbritanniens folgten.

## Deutsche Panzer gegen polnische Kavallerie

Nach dem Einmarsch in Polen am 1. September hatten die Deutschen ein leichtes Spiel mit den gegnerischen Streitkräften. Es gelang ihnen, das Land in einem Blitzkrieg, in nur knapp vier Wochen, zu zerschlagen. Noch bevor die polnischen Flugzeuge in die Kämpfe eingreifen konnten, wurden die meisten von

## KEIN JUBEL ÜBER KRIEGSMELDUNGEN

*Als die Deutschen am 1. September 1939 über den Rundfunk von den kriegerischen Auseinandersetzungen in Polen erfuhren, kam bei den Älteren unweigerlich die Erinnerung an den Ersten Weltkrieg hoch. Auf den Straßen war nichts vom Kriegsenthusiasmus zu spüren, der noch bei der Verkündung der allgemeinen Mobilmachung 1914 geherrscht hatte. Sorge, Angst und Betroffenheit gingen um. Aber es herrschten auch Gleichmut und die Bereitschaft, die Frage zu verdrängen, was die nahe Zukunft wohl bringen werde. Dabei hatte es schon seit Tagen Hinweise auf den Ernst der Lage gegeben: Luftschutzsirenen wurden überprüft und heulten. Mitglieder von NS-Organisationen verteilten die ersten Bezugsscheine für Lebensmittel.*

*Obwohl die Bevölkerung auf diese Weise auf das kommende Geschehen eingestimmt wurde, nahmen die Menschen die veränderte politische Situation apathisch hin. Sie gingen ihren alltäglichen Geschäften nach, und kaum einer kaufte eines der Extrablätter mit den Kriegsmeldungen, die die Zeitungsjungen auf den Straßen feilboten. Es schien fast, als habe die Vorstellung, daß nach 21 Jahren erneut Krieg herrsche, die Menschen betäubt.*

der weit überlegenen deutschen Luftwaffe am Boden zerstört, so daß schwere Luftkämpfe ausblieben. Förmlich überrollt wurden die polnischen Bodentruppen, die versuchten, sich mit ihren Kavalleriebrigaden den deutschen Panzerdivisionen und der motorisierten Infanterie entgegenzustellen. Offenbar hatten die Polen das militärische Kräfteverhältnis zu Deutschland völlig falsch eingeschätzt und waren außerdem von der Annahme ausgegangen, daß Frankreich und Großbritannien im Westen sofort in den Krieg eingreifen würden.

Der deutsche Vormarsch auf Warschau übertraf in seiner Schnelligkeit alle Erwartungen. Nach schweren Bombardements Ende September mußte die polnische Hauptstadt kapitulieren. Der Krieg gegen Polen war damit beendet.

*Das Schulschiff Schleswig-Holstein feuerte die ersten Schüsse auf die Westerplatte, eine befestigte Landzunge in der Danziger Weichselmündung, ab.*

die Arbeitskraft der Polen rücksichtslos auszubeuten. So fielen Tausende der polnischen Führungsschicht den NS-Einsatztruppen zum Opfer, und die Verfolgung der Juden endete in einem unbeschreiblichen Massenmord. Organisiert wurde der Terror von dem berüchtigten Chef der SS, Heinrich Himmler, der mit seinen Einsatztruppen und dem Sicherheitsdienst, dem SD, mit brutalster Gewalt gegen die Einheimischen vorging. In den neuen Reichsgebieten wurden allein bis zum Rußlandfeldzug 1941 mehr als 1 Million polnischer Bürger aus ihren Wohnungen gezerrt und verschleppt.

## „Komischer Krieg" an der Westfront

Der Krieg im Westen fand vorerst nicht statt. Beide Seiten bewegten sich offensichtlich nur unwillig in bewaffnete Auseinandersetzungen an der Front. In der französischen Öffentlichkeit war ein Krieg damals wenig populär. Anders als beim Ausbruch des Ersten Weltkrieges, bei dem die Franzosen hofften, Elsaß-Lothringen wiederzugewinnen, mangelte es ihnen diesmal an einem wirklichen Eroberungsziel. So saßen sich deutsche und französische Truppen monatelang am Rhein gegenüber, ohne daß es zu Gefechten kam. Nur die Scharfschützen lagen auf der Lauer und schossen des öfteren aus dem Hinterhalt. Der einfache

Am 17. September, als deutsche Truppen Warschau umstellt hatten, marschierte die Rote Armee in Ostpolen ein. Die Sowjetunion hatte zunächst abgewartet, um nicht von der Weltöffentlichkeit für den Niedergang Polens mitverantwortlich gemacht zu werden. Jetzt aber wollte sich Moskau den Vereinbarungen des Hitler-Stalin-Pakts entsprechend seinen Teil der Beute, nämlich Ostpolen, sichern. Die westliche Hälfte, das

*Hitler ließ die Truppen, die erfolgreich aus dem Krieg heimkehrten, in Berlin prachtvolle Paraden abhalten.*

Gebiet Zentralpolens, wurde der deutschen Interessensphäre zugeschlagen. Hitler richtete dort das sogenannte Generalgouvernement ein; Westpreußen mit der bis dahin Freien Stadt Danzig, Posen und andere westpolnische Gebiete mit überwiegend deutscher Bevölkerung gliederte er dagegen dem Reich an.

Hitlers Politik in den besetzten Gebieten zielte darauf ab, das Vorhaben, „Lebensraum" für die Deutschen zu gewinnen, in die Tat umzusetzen. Daher forderte er, die polnische Intelligenz und die Juden auszurotten, den Lebensstandard der Bevölkerung niedrig zu halten und

*Wie die Deutschen hier am Rheinufer versuchten auch die Franzosen während des Sitzkrieges den Gegner mit psychologischer Kriegführung, beispielsweise durch Parolen oder laute Musik, mürbe zu machen (unten).*

*Diese Karte der deutsch-französischen Grenze zeigt den Verlauf der berühmten Maginotlinie (rechts). Lange Zeit galt sie als unüberwindbar.*

Mai wieder zurückbefohlen hatten, denn inzwischen hatte der Frankreichfeldzug begonnen, der neue Prioritäten bei der Kriegsplanung erforderte.

Rekrut glaubte schon nicht mehr daran, daß es zu ernsthaften Kampfhandlungen kommen würde. Komischen Krieg, *drôle de guerre*, nannten die Franzosen diesen Zustand, Sitzkrieg die Deutschen und Scheinkrieg, *phony war*, die Briten.

Doch nachdem der Polenfeldzug beendet war, teilte Hitler der Wehrmachtsspitze seinen Entschluß mit, Großbritannien und Frankreich so schnell wie möglich anzugreifen. Zuvor mußte er aber noch die Rohstofflieferung für die Kriegswirtschaft sichern.

## Hitlers Griff nach Skandinavien

Im Dezember 1939 erhielt Hitler Kenntnis von den Plänen der Westmächte, die norwegischen Häfen zu besetzen. Schon seit den ersten Kriegstagen trugen sich beide Seiten mit der Absicht, das neutrale Norwegen für die eigene Sache nutzbar zu machen. Insbesondere der eisfreie Hafen Narvik, über den die schwedischen Erze nach Deutschland transportiert wurden, war von herausragender Bedeutung für die Kriegführung. Die deutschen Militärs waren überzeugt, daß der Verlust der Erze einer Katastro-

phe gleichkäme, denn die Lieferungen aus den Gruben Kiruna und Gällivare in Lappland machten etwa 50 Prozent der deutschen Importe aus.

So entschloß sich Hitler, im Norden Europas einen neuen Kriegsschauplatz zu eröffnen, und befahl das Unternehmen Weserübung. Am frühen Morgen des 9. April 1940 besetzten deutsche Truppen das ebenfalls neutrale Dänemark. Während sich die Dänen den Deutschen unter Protest fügten, leisteten die Streitkräfte in Norwegen, wo gleichzeitig deutsche Verbände gelandet waren, erheblichen Widerstand. Zur Hilfe kamen ihnen Aufgebote der Briten, Franzosen und Polen. Schwere Kämpfe gab es vor allem um Narvik, bei denen die Deutschen große materielle Verluste – die Briten versenkten unter anderem acht ihrer Zerstörer – hinnehmen mußten. Doch am Ende erreichte die Wehrmacht ihr angestrebtes Ziel, die Erzlieferung nach Deutschland zu sichern. Die norwegische Regierung und der König gingen ins Exil, und Adolf Hitler setzte einen Reichskommissar ein, der mit aller Schärfe gegen jeden Widerstand der Einheimischen vorging.

Erheblich erleichtert wurde den deutschen Truppen ihr Sieg dadurch, daß die Westmächte ihre Verbände bereits Ende

## Der Blitzkrieg im Westen

Nachdem Hitler seine Angriffspläne auf Frankreich wegen des Krieges in Nordeuropa und wegen schlechter Wetterverhältnisse verschoben hatte, starteten die deutschen Truppen in der Nacht zum 10. Mai 1940 einen Überraschungsangriff auf die Niederlande, Belgien und Luxemburg. Wenige Tage später mußten sich die niederländischen Verbände ergeben. Zuvor hatte ein deutscher Luftangriff Rotterdam noch in Schutt und Asche gelegt, obwohl die Waffenstillstandsverhandlungen bereits in vollem Gang waren. Ende Mai kapitulierte auch das Königreich Belgien.

Nun war der Weg nach Frankreich frei, denn die seit dem Ersten Weltkrieg befestigte deutsch-französische Grenze, die sogenannte Maginotlinie, konnten die Deutschen jetzt umgehen. Schnell rückten sie zum Ärmelkanal vor, schnitten die dort stationierten französischen Divisionen von den übrigen ab und stießen dann bis Paris vor. Ende Juni mußten sich die Franzosen im nordfranzösischen Compiègne den deutschen Waffenstillstandsbedingungen beugen.

*Neben König Christian I. von Dänemark (oben) setzte jeder der schleswig-holsteinischen Stände sein eigenes Siegel unter den Ripener Freiheitsbrief (oben rechts).*

# „Auf ewig ungeteilt“ *Diese Zusage des dänischen Königs Christian I. im Ripener Freiheitsbrief von 1460 verband das Schicksal Holsteins mit dem dänischen Schleswig.*

**KÜHNES VERSPRECHEN** Der 5. März 1460 war ein bedeutsamer Tag für die jütländische Gemeinde Ripen an der Nordseeküste. In dem alten Städtchen unterzeichnete der dänische König Christian I. ein in mehreren Verhandlungen vorbereitetes Dokument. Darin wurde festgelegt, daß das Herzogtum Schleswig und die Grafschaft Holstein fortan unter dänischer Oberhoheit stehen sollten. Als Gegenleistung sicherte der König den einheimischen Ständen zu, daß die beiden Länder „auf ewig ungeteilt" blieben.

Was bewog den Dänen zu einer so weitreichenden Zusage? Ein Jahr zuvor war der Herrscher der beiden Länder, Graf Adolf VIII., kinderlos gestorben. Die schleswig-holsteinischen Stände – adlige Ritterschaft, Geistlichkeit und Städte – hatten daraufhin seinen Neffen, König Christian I. von Dänemark, zum neuen Landesherrn gewählt, der ihnen allerdings erhebliche Zugeständnisse machen mußte.

**MITBESTIMMUNG** So beharrten die Stände im Ripener Freiheitsbrief darauf, daß das von Dänen besiedelte Schleswig nördlich der Eider und das von Deutschen bewohnte Holstein südlich der Eider nicht voneinander getrennt werden durften, weil sie beiderseits des Flusses Schlösser, Güter und Ländereien besaßen und diese weiterhin, wie bisher, nur zusammen verwaltet und regiert werden sollten. Der neue Landesherr verpflichtete sich darüber hinaus, nur mit Zustimmung der Stände in den beiden Ländern Steuern zu erheben und Recht zu sprechen. Zudem mußte kein Einwohner Schleswig-Holsteins außerhalb der Landesgrenzen Kriegsdienst leisten.

Obgleich Holstein staatsrechtlich weiterhin ein Teil des mittelalterlichen Deutschen Reiches blieb, wurde es nunmehr von einem dänischen König regiert. Diese Verbindung endete erst 1866, als Holstein von Preußen annektiert wurde. ☐

## Die Dithmarscher Bauern behaupten sich

V on Anfang an bemühte sich König Christian I. darum, sein Ansehen und seine Würde als Herrscher in den beiden ihm übertragenen Ländern aufzuwerten. Nach zahlreichen Verhandlungen, die sich über mehrere Jahre hinzogen, konnte er Kaiser Friedrich III. davon überzeugen, Holstein 1474 mit der Herrschaft Dithmarschen zum Herzogtum zu erheben und sie ihm offiziell als Lehen zu übergeben.

Doch eine Herrschaft so einfach per Federstrich zu übertragen ist die eine, sie zu behaupten eine ganz andere Sache. Die Dithmarscher Bauern waren überhaupt nicht mit ihrem neuen Landesherrn einverstanden. Sie hatten sich im 13. Jahrhundert in blutigen Auseinandersetzungen ihre Selbständigkeit erkämpft und wollten sie auch weiterhin bewahren. Seit 1448 regierte ein Rat das Land, der sich aus Vertretern der reichsten und angesehensten Bauernfamilien zusammensetzte.

Den Dithmarschern fehlte es weder an Mut noch an Selbstbewußtsein. Das bekam Christian I., vor allem aber dann sein Nachfolger, König Johann, zu spüren. Er wollte den Widerstand der Bauern mit Waffengewalt brechen und fiel mit einem 12000 Mann starken Heer in Dithmarschen ein. In aller Eile rief der Rat die Bauern zu den Waffen, und sogleich zogen die Dithmarscher gegen die gewaltige Übermacht zu Felde. Mit einem nur halb so großen Heer gelang es ihnen, die königlichen Truppen am 12. Februar 1500 bei Hemmingstedt in die Flucht zu schlagen. Die Niederlage war derart verheerend, daß die dänischen Könige erst Jahrzehnte später erneut versuchten, ihre Herrschaft in Dithmarschen durchzusetzen. Im Jahr 1559 gelang es dann König Friedrich II., die Bauern endgültig zu unterwerfen.

## Wiedervereinigung nach kurzer Trennung

A ls König Christian I. 1481 starb, hinterließ er zwei Söhne. Der ältere, Johann, sollte über Dänemark herrschen, der noch unmündige Friedrich die vereinigten Herzogtümer Schleswig und Holstein regieren. Doch der ebenso ehrgeizige wie tatkräftige Johann war nicht gewillt, seine Ansprüche auf die beiden Herzogtümer aufzugeben. Um einen Streit zu vermeiden, wählten die schleswig-holsteinischen Stände beide Söhne zu neuen Herzögen und bestimmten, daß sie die Länder gemeinsam regieren sollten. Doch als Friedrich 1490 mündig wurde, teilten die Brüder trotz des energischen Protestes der Stände den Besitz untereinander auf.

*Mit ihren beidhändig geführten Schwertern verbreiteten die Dithmarscher Bauern in der Schlacht bei Hemmingstedt Angst und Schrecken unter den Rittern des dänischen Königs.*

König Johann von Dänemark, der zugleich Herzog von Holstein war, erhielt den Segeberger Anteil, wie er nach dem gleichnamigen Residenzschloß hieß, Herzog Friedrich von Schleswig bekam den nach Schloß Gottorf benannten Gottorfer Anteil. Trotz dieser Verwaltungsaufteilung bildeten die beiden Herrschaften weiterhin eine staatsrechtliche Einheit. Stände und Landtage regierten auch in Zukunft gemeinsam.

Doch diese Doppelherrschaft dauerte nur eine Generation. Johanns Sohn und Nachfolger, König Christian II., brachte durch seine skrupellose Regierung den dänischen Adel und das Bürgertum gegen sich auf. Gemeinsam mit den dänischen Ständen jagte der Gottorfer Herzog Friedrich seinen Neffen aus dem Land. Im März 1523 wurde Friedrich in Kopenha-

*Das in der Flensburger Förde gelegene Wasserschloß Glücksburg diente ab dem 17. Jahrhundert einer Nebenlinie der dänischen Dynastie als Residenz.*

gen zum König von Dänemark ausgerufen, und einen Monat später huldigten ihm die schleswig-holsteinischen Stände. So waren die beiden Länder nach kurzer Trennung wieder vereint.

## Ausverkauf des Landes

Trotz der im Ripener Freiheitsbrief gemachten Zusage teilte König Christian III. von Dänemark 1544 gegen den energischen Widerstand der schleswig-holsteinischen Stände erneut die beiden Herzogtümer. Es wurden drei Herrschaftsbereiche gebildet, bei denen die einzelnen Besitzungen über das ganze Land verstreut lagen, so daß jeder der drei Herzöge nicht mehr über ein geschlossenes Gebiet verfügte, sondern nur noch über einen bunten Flickenteppich regierte. Während der König die Herrschaft Sonderburg für sich

behielt, bekamen seine beiden Stiefbrüder den Gottorfer und Haderslebener Anteil zugewiesen.

Doch um die Verwirrung noch zu vervollständigen, beteiligten die dänischen Monarchen in der Folgezeit weitere Familienmitglieder an ihrer Sonderburger Herrschaft. So wurde der königliche Anteil immer mehr aufgesplittert. Daraus gingen später zahlreiche Nebenlinien des königlichen dänischen Herrscherhauses hervor, wie die Glücksburger und Augustenburger. Diese Herrschaften bezeichnete die schleswig-holsteinische Bevölkerung spöttisch als abgeteilte Herren, weil sie an der Regierung der beiden Herzogtümer nicht mehr beteiligt waren.

Die einheimische Ritterschaft verlor durch diese ständigen Teilungen immer mehr an Einfluß. Letztendlich setzte sich

das Erbrecht der Fürsten aufgrund ihrer größeren Macht gegen die einstmals im Ripener Vertrag verbrieften Vorrechte der Stände durch.

## Tauschgeschäfte der Gottorfer Herzöge

Den dänischen König, der seinen Anteil von Kopenhagen aus verwaltete, kümmerte die Zersplitterung der schleswig-holsteinischen Territorien wenig, um so mehr jedoch die Herzöge, die vor Ort das verstreute Land regieren mußten. Um ihr Herrschaftsgebiet in den beiden Herzogtümern Schleswig und Holstein aufzufüllen, verbündeten sich die Gottorfer Herzöge im 17. Jahrhundert mit Dänemarks Gegner, den Schweden, die sich im Zuge des Dreißigjährigen Krieges zunächst durchsetzen konnten. Dänemark mußte 1658 im Frieden von Roskilde die Souveränität der Gottorfer Herrschaft anerkennen.

Erst im Nordischen Krieg, in dem es um die Vorherrschaft in Nordeuropa ging, konnte die Gottorfer Frage endgültig geklärt werden. Schweden mußte 1721 im Frieden von Frederiksborg seine Niederlage eingestehen, und die Gottorfer Bundesgenossen verloren ihre Besitzungen im Herzogtum Schleswig für immer. Sie konnten nur einen kleinen Teil ihrer Ländereien im Herzogtum Holstein für sich retten. Der dänische König aber war nun alleiniger Landesherr von Schleswig.

Für die verbliebenen holsteinischen Besitzungen bemühten sich die Gottorfer Herzöge in den folgenden Jahrzehnten um eine diplomatische Lösung. So übertrugen sie im Jahr 1773 ihre Anteile in Holstein Dänemark und erhielten im Tausch dafür die Grafschaften Oldenburg und Delmenhorst. Auf diese Weise war Schleswig-Holstein wieder unter einem einzigen Landesherrn vereint und bildete einen Teil des dänischen Staates. Im 19. Jahrhundert jedoch war der dänische König als Herzog von Holstein auch offiziell Mitglied des Deutschen Bundes, dem er bis zu dessen Ende 1866 angehörte.

*In dieser Lade verwahrte die schleswig-holsteinische Ritterschaft all die Urkunden, in denen ihre Privilegien verzeichnet waren.*

# „Wir wollen frei sein."

*Im Zuge der Reformation forderten die Bauern 1525 mehr Rechte. Doch sie fanden bei der Obrigkeit kein Gehör. Die Folge war der kurze, aber blutige Bauernkrieg.*

*Mit solchen Spießen traten die aufständischen Bauern gegen die kampferprobten und gut ausgerüsteten Soldaten der Fürsten an, die sogar Geschütze zur Verfügung hatten.*

**PROVOKATION** Ungeheuerliches geschah Ende Februar 1525 in Oberschwaben: Die Bauern, zwar der größte Teil der Bevölkerung, aber politisch bisher eher unbedeutend, erhoben in einer Programmschrift umfangreiche Forderungen gegenüber ihren Herren! Ermutigt von der Reformation und unterstützt vom Theologen Christoph Schappeler und dem bibelkundigen Kürschnergesellen Sebastian Lotzer, verfaßten die bei Memmingen versammelten Bauern auf der Grundlage der Bibel die *Zwölf*

*Die Zwölf Artikel wurden zur zentralen Programmschrift der deutschen Bauern in ihrem Kampf um Freiheit und Gerechtigkeit – rechts der neukolorierte Titelholzschnitt einer zeitgenössischen Ausgabe.*

*Artikel*. Darin forderten sie unter anderem die freie Wahl ihres Pfarrers, die Wiederherstellung traditioneller Rechte – etwa der Jagd und des freien Fischfangs –, eine Eindämmung der Frondienste und eine gerechte Regelung des Zehntwesens. Geradezu revolutionär war es, daß die Leibeigenschaft abgeschafft werden sollte, und zwar mit der Begründung, es „ergibt sich aus der Schrift, daß wir frei sind und sein wollen." Die *Zwölf Artikel* trafen die Stimmung der Bauern und verbreiteten sich rasch in ganz Deutschland.

**LAGE DER BAUERN** In der Mehrzahl waren die Bauern unfrei und hatten einen Adligen, ein Kloster oder eine Stadt zum Herrn. Und diese forderten viele Abgaben: Zins in Form von Geld oder Naturalien, wie den Korn- und Viehzehnt, dazu Frondienste, wie die unentgeltliche Bestellung grundherrlicher Felder oder Arbeitsleistungen beim Wege- und Brückenbau. Völlig rechtlos waren die Leibeigenen, denn sie und ihre Kinder und alle weiteren Nachkommen gehörten als Personen dem Grundherrn.

Doch es waren nicht nur die armen Bauern, die sich erhoben. Gerade bessergestellte und relativ unabhängige Bauern traten an die Spitze der Aufständischen. Sie wollten den Stand der Bauern und die dörfliche Selbstverwaltung aufgrund des überlieferten Rechts bewahren und die immer umfangreicheren Forderungen der einzelnen Landesherren abweisen, die eine einheitliche, streng zentral regierte Untertanenschaft wünschten.

So war der Konflikt unausweichlich und brach im Bauernkrieg aus, der zwar nur kurz, aber um so blutiger geführt wurde. ☐

*Erst als die Verhandlungen mit dem Schwäbischen Bund gescheitert waren, gewannen die radikalen Führer der Bauern die Oberhand. Die Folge davon war, daß zahlreiche Burgen, Schlösser und Klöster – in der Abbildung das Kloster Weißenau bei Ravensburg – geplündert wurden.*

## Mit Sensen und Sicheln gegen die Obrigkeit

Der Schwerpunkt der Bauernunruhen lag zunächst in Süddeutschland. Schon bevor die *Zwölf Artikel* erschienen waren, hatten sich überregionale Zusammenschlüsse von Aufständischen, sogenannte Haufen, gebildet. Bekannt wurden der Baltringer Haufe bei Biberach, der Seehaufe am Bodensee und der Allgäuer Haufe in Kempten. Die drei schlossen sich in der „Christlichen Vereinigung" zusammen. Das von ihr kontrollierte Gebiet erhielt eine eigene Bundesordnung, nach welcher der Adel und die Geistlichkeit entmachtet werden sollten. Die Haufen erhielten schnell großen Zulauf – auch Handwerker, Bürger, Geistliche und Landsknechte waren darunter.

In dieser kritischen Lage trat der Schwäbische Bund auf den Plan, eine Vereinigung von süddeutschen Städten, Fürsten und Rittern. Der Bund wurde zur Hauptwaffe der Obrigkeit gegen die Bauern und zeigte sich in den Verhandlungen mit den Haufen völlig unnachgiebig. Als er Truppen sammelte, verloren die gemäßigten Bauernführer an Einfluß, und Ende März 1525 brach der eigentliche Krieg aus – Klöster, Burgen, Schlösser wurden von den Bauern geplündert und in Brand gesteckt, Städte gezwungen, ihre Tore zu öffnen.

Doch bereits in der ersten großen Schlacht von Leipheim bei Ulm am 4. April zeichnete sich der künftige Kriegsverlauf ab: Gegen die disziplinierten und gutbewaffneten Truppen des Schwäbischen Bundes hatten die meist nur mit Spießen, Sensen und Keulen ausgerüsteten Bauern keine Chance. Mehr als 1000 Männer des Baltringer Haufens wurden hingemetzelt, der Bund verlor keinen einzigen!

Das schlagkräftigste Heer im Südwesten, der 12000 Mann starke Seehaufe, löste sich gegen Zusicherung von Straffreiheit selbst auf. Im Vertrag von Weingarten unterwarfen sich die Bauern in aller Form ihren Grund- und Leibherren – in dem naiven Glauben, daß ein späteres Schiedsgericht über ihre Beschwerden befinden würde. Der Allgäuer Haufe erlitt ein ähnliches Schicksal.

In der Pfalz hatten die *Zwölf Artikel* gleichfalls lebhaften Zuspruch gefunden. Nach zunächst friedlichen Lösungsversuchen warf der pfälzische Kurfürst im Juni 1525 den Aufstand jedoch blutig nieder.

## Tod und Verderben auch in Franken

In Franken verbreiteten sich die *Zwölf Artikel* ebenfalls sehr rasch, und die Bauern erhoben sich gegen ihre Herren. Der Aufstand begann in den Dörfern, die zur Reichsstadt Rothenburg gehörten. Dort bildete sich der radikale Taubertäler Haufe mit rund 4000 Mann, der erklärte, daß alle Menschen – ob geistlich oder weltlich, ob von Adel, bürgerlich oder gemein – gleich seien, und forderte, alle Adelssitze zu zerstören. So verheerten die Bauern im Gebiet von Würzburg viele Schlösser, doch Anfang Juni 1525 wurde der Taubertäler Haufe bei Ingolstadt von den Truppen des Schwäbischen Bundes vernichtet.

Das zweite wichtige Bauernheer in Franken, der Odenwälder Haufe, eroberte am 6. April 1525 Burg und Stadt Weinsberg und ließ den wegen seiner Grausamkeit gegenüber seinen Untertanen berüchtigten Grafen von Helfenstein samt seinen Rittern „durch die Spieße" laufen, eine besonders entehrende Form der Hinrichtung. Obwohl diese Bluttat eine Ausnahme darstellte, brachte sie die öffentliche Meinung gegen die Sache der Bauern auf.

Trotzdem gelang den fränkischen Bauern noch ein großer politischer Erfolg: Auf der Grundlage der *Zwölf Artikel* wurde mit dem Vertrag von Miltenberg am 7. Mai 1525 das Erzstift Mainz in den Bauernbund aufgenommen. Aber knapp einen Monat später sorgten die kampferprobten Truppen des Schwäbischen Bundes auch in Franken für ein blutiges Ende. 6000 Bauern fielen auf dem Schlachtfeld bei Königshofen. Damit war den Haufen in Franken das Rückgrat gebrochen, ihr Kampf war verloren.

## Prophet des Umsturzes – Thomas Müntzer

**I**n Thüringen war der Aufstand der Bauern und Armen an eine Person gebunden – den evangelischen Theologen Thomas Müntzer. Der wortgewaltige Prediger hatte schon 1524 in Allstedt und Mühlhausen versucht, auf der Basis des Evangeliums eine neue Gesellschaftsordnung einzuführen, war aber vertrieben worden.

Nun, im März 1525, kehrte er zurück und glaubte, im Zuge des Bauernkrieges sein „Reich der Gottesherrschaft" errichten zu können. Er ließ die *Zwölf Artikel* weit hinter sich und proklamierte die vollständige Gleichheit und Gütergemeinschaft aller Menschen. Um seine Vorstellungen durchzusetzen, war für Müntzer auch Gewaltanwendung legitim. So zogen Müntzers Anhänger durch Thüringen, stürmten Klöster, zerstörten Kirchen der Anhänger des alten Glaubens und Schlösser der Adligen, die zum Eintritt in das Bauernheer gezwungen wurden.

Daraufhin boten der Kurfürst Johann von Sachsen und der Landgraf Philipp von Hessen ein Heer von 5000 Soldaten gegen Thomas Müntzers Haufe mit 8000 Mann auf. Die Schlacht bei Frankenhau-

### DER RITTER MIT DER EISERNEN HAND

*Götz von Berlichingen (Abbildung) wurde 1480 in Jagsthausen geboren und war lange Zeit seines Lebens aus ritterlicher Tradition und Neigung dem Kriegshandwerk zugetan. Schon mit 24 Jahren verlor er in einem Kampf die rechte Hand und ließ sich eine kunstvolle Prothese aus Eisenblech fertigen, die zu seinem Markenzeichen wurde. Er bestand manche Hän-*

*del, Fehden und Kämpfe in Diensten vieler Herren – kurze Zeit war er sogar Anführer des Odenwälder Haufens. Seinen eher geruhsamen Lebensabend verbrachte der Ritter auf der Burg Hornberg, wo er auch seine spannenden Lebenserinnerungen verfaßte. Diese benutzte dann Goethe als Grundlage für sein Drama* Götz von Berlichingen mit der eisernen Hand.

sen am 15. Mai 1525 ging als Blutbad in die Geschichte ein, denn 5000 Aufständische fanden den Tod. Ihr Anführer Thomas Müntzer wurde gefangen, grausam gefoltert und dann hingerichtet. Diese Niederlage bedeutete das Ende des Bauernkrieges in Thüringen. Gleichzeitig war der Aufstandsbewegung der Weg nach Nord- und Ostdeutschland weitgehend verlegt worden.

Der Bauernkrieg, konzentriert auf die kurze Zeitspanne von März bis Juli 1525, war keine organisierte Aktion aller deutschen Bauern, sondern eine Abfolge lokal begrenzter Aufstände in Regionen, die politisch stark zersplittert waren und in denen größere Armut herrschte. So blieben etwa Bayern, wo es relativ viele freie Bauern und eine starke

Zentralgewalt gab, und die norddeutschen Gebiete von den Auseinandersetzungen verschont.

Die Situation der Bauern insgesamt verschlechterte sich aber durch die Niederlage gegen die Obrigkeit; denn als politischer Faktor waren sie endgültig ausgeschaltet, und als Personen gerieten sie in noch größere Abhängigkeit von ihren Herren. Der Abgrund zwischen Stadt und Land, zwischen Grundherr und Untertan wurde immer tiefer und sollte Jahrhunderte bestehen.

*Vernichtend schlug Kurfürst Johann von Sachsen (links im Bild) die aufständischen Bauern Thüringens bei Frankenhausen in einer der blutigsten Schlachten des Bauernkrieges von 1525.*

# Fastnacht – Zeit der Narren

**D**eutschland stand im 16. Jahrhundert ganz im Zeichen der Reformation und des gesellschaftlichen Wandels. Vor allem die in den Städten lebenden selbstbewußten Handwerker und Kleinbürger griffen immer unverhohlener die Obrigkeit an. Die Kritik an der Unterdrückung suchte sich ein Ventil und fand es im närrischen Treiben zur Faschingszeit. Die ersten Maskierungen und Umzüge kamen zusammen mit den Zunftbräuchen in den mittelalterlichen Städten auf. Handwerksgesellen und Lehrlinge traten, durch grobe Masken unkenntlich gemacht, der Obrigkeit entgegen, um mit galligem Spott und mit grimmigem Witz ihrer Wut über Ungerechtigkeit und schlechte Behandlung freien Lauf zu lassen. Die ungeheuren Mengen von Wein und Bier, die dabei flossen, machten die Narren um so mutiger und den Spott um einiges böser.

War die Fastnacht anfangs ein Fest im kleineren Kreis gewesen, wobei in der Familie und in der Nachbarschaft gefeiert und ein letztes Mal vor dem Beginn der christlichen Fastenzeit gepraßt wurde, so bildeten sich im 16. Jahrhundert wahre Hochburgen heraus. Hier wurden von den Handwerkszünften Umzüge und Festmahle veranstaltet, bei denen jegliche Standesunterschiede aufgehoben waren. In Nürnberg, Magdeburg und Köln zum Beispiel fürchtete der städtische Rat bald um die öffentliche Sicherheit, vermutete hinter den derben Auftritten einen Aufruhr und verbot die Maskierungen. Doch fruchtete dies wenig. Besonders in Nürnberg war das von drastischer Komik getragene Fastnachtsspiel außerordentlich populär. Die Versuche der Stadtväter, die Auftritte zu zensieren, bewirkten eher das Gegenteil: sie steigerten die Beliebtheit der Schwänke und die Schärfe der Kritik an den mißlichen Zuständen. Mit mehr als 80 überlieferten Fastnachtsspielen wurde der Nürnberger Schuhmacher Hans Sachs zum ungekrönten König der städtischen Fastnacht im 16. Jahrhundert.

Am Aschermittwoch war dann der ganze Spuk vorbei. Doch nur, um im nächsten Jahr bissig und höchst lebendig wieder aufzuerstehen.

**TEUFELSGEWAND**
*Eine sehr beliebte Fastnachtsfigur in Nürnberg war der Schembartsläufer. Er kleidete sich als Teufel, trug ein Fell mit gehörnter Maske und Schellen am Gürtel (links).*

**MIT SPITZER FEDER**
*Sebastian Brants Buch* Das Narrenschiff *geißelte in satirischen Versen die Mißstände der Zeit. Das Werk war in den bürgerlichen Kreisen sehr verbreitet (links oben).*

**BÜTTENREDNER**
*In einigen Städten bildeten die Zünfte sogar eigene Meistersinger aus, die in ihren Liedern und Spottversen oftmals auch die Obrigkeit aufs Korn nahmen (oben).*

**VERKLEIDUNG** Bei den Kostümen waren der Phantasie und dem Einfallsreichtum der Narren keine Grenze gesetzt (ganz links).

**HANDARBEIT** Die beiden aus Holz geschnitzten und von Hand bemalten Fastnachtsmasken stammen aus dem Werdenfelser Land in Oberbayern (links).

**NÄRRISCHES TREIBEN** Die Reichsstadt Nürnberg war für ihre Ausgelassenheit während der Faschingszeit allgemein bekannt. Der großzügige Marktplatz diente den Narren als Bühne für ihre derben Fastnachtsschwänke (unten).

*Der päpstliche Bannstrahl – hier die erste Seite der Bannandrohungsbulle von Papst Leo X. – traf Martin Luther 1521.*

*Frei und unerschrocken verteidigte Luther seine Kritik an der katholischen Kirche vor Kaiser Karl V. und dem versammelten Reichstag von Worms.*

# „Widerrufen kann und will ich nichts."

*Gegen den Kaiser und die Kirche verteidigte Luther 1521 seine christliche Lehre. Die nachfolgende Reformation führte zur Glaubensspaltung in Deutschland.*

**MÖNCH GEGEN KAISER** Obwohl Martin Luther wußte, daß er auf den Reichstag zu Worms 1521 vorgeladen war, um seine religiösen Überzeugungen zu widerrufen, trat er unbefangen vor den erst 21jährigen Kaiser Karl V. und die andern hohen Herren des Reiches. Doch dann begann der päpstliche Abgesandte Aleander sofort mit einem scharfen Verhör und forderte schließlich, Luther solle seine Irrlehre aufgeben. Der Mönch zögerte und bat um Bedenkzeit. Seiner Sache war er sich sicher, aber er ahnte wohl die weitreichenden Folgen seiner Antwort.

Am nächsten Tag, gestärkt durch lange Gebete, erschien Luther wieder vor dem Hoftag und trug seine Kritik an der Kirche vor. Er endete mit den Worten: „Widerrufen kann und will ich nichts, da gegen das Gewissen zu handeln weder ungefährlich noch ehrenhaft ist. Gott helfe mir, Amen!"

Damit war der Bruch mit dem Kaiser perfekt, der sich als Verteidiger von Glauben und Kirche verstand und die Idee eines einheitlichen Reiches verfolgte. Luther verließ daraufhin Worms – wie vorher zugesichert – mit freiem Geleit. Karl V. aber belegte ihn im nachhinein mit der Reichsacht: Jedermann war verpflichtet, den Mönch auszuliefern, seine Schriften wurden verboten.

**KIRCHENKRITIK** Auslöser für die kritische Haltung Luthers war der Ablaßhandel: Gegen die

Zahlung einer gewissen Geldsumme konnte man den Erlaß von kirchlichen Sündenstrafen erlangen, was wiederum die Verweilzeit im Fegefeuer verkürzen sollte. Die verbreitete Angst vor diesen jenseitigen Qualen veranlaßte viele Menschen, den Ablaß in Anspruch zu nehmen – und das brachte der Kirche viel Geld ein. Bald herrschte die Ansicht, man könne sich von den Sünden selbst freikaufen und einen sicheren Platz im Paradies erwerben.

Luther, dem das Sakrament der Buße besonders wichtig war, fand diese Praxis unerträglich. Daher verfaßte er 1517 seine 95 Thesen über den Ablaßhandel. Eigentlich nur für die theologische Disputation gedacht, um die Auswüchse des Ablaßhandels zu beseitigen, waren sie schnell in ganz Deutschland verbreitet – der darin vertretene Gedanke von der frei gewährten Gnade Gottes, die jedem Christen zuteil würde, der nur aufrichtig bereute, fand beim Volk großen Anklang.

Im Grund wollte Luther aber die Kirche nicht in ihren Grundfesten angreifen. Erst als ein Verfahren wegen Ketzerei gegen ihn eröffnet wurde, erweiterte er 1520 seine Kritik in verschiedenen Schriften: *An den christlichen Adel deutscher Nation*, *Von der babylonischen Gefangenschaft der Kirche* und *Von der Freiheit eines Christenmenschen*. Viele Amts- und Würdenträger reagierten empört. Die Befürworter einer Kirchenreform und viele einfache Menschen waren dagegen begeistert.

**IN ACHT UND BANN** Der Streit zwischen Luther und der etablierten Kirche weitete sich so stark aus, daß ihn der päpstliche Bannstrahl traf. Dennoch wich Luther nicht zurück, vielmehr sammelte er eine wachsende Anhängerschaft um sich.

Als der Kaiser 1521 den Reichstag in Worms eröffnete, hätte er den Mönch am liebsten sofort geächtet. Doch die Reichsfürsten bestanden zuerst auf einem Verhör, denn das Volk stehe schon zum großen Teil auf seiner Seite und werde sich bei einer voreiligen Verurteilung erheben. So wurde Dr. Martin Luther vorgeladen – allerdings nur, um zu widerrufen.

Luther kam, widerrief nicht und verfiel der Reichsacht. Auf der Heimreise nach Wittenberg wurde seine Kutsche von Reitern überfallen – plötzlich war der eigenwillige Mönch für die Welt verschwunden. ☐

## Ein Reformator im Wartestand – Junker Jörg

**S**eit dem Ende des Wormser Reichstages von 1521 stand Martin Luther in der Reichsacht: niemand durfte ihn in sein Haus aufnehmen, keiner ihm heimlich oder öffentlich Beistand leisten; niemand sollte seine Schriften kaufen oder verkaufen, sie mußten vielmehr vernichtet werden. Doch die Anhängerschaft Luthers wuchs von Tag zu Tag, und er selbst befand sich auch in Sicherheit – dank seinem Landesherrn Friedrich III., Kurfürst von Sachsen. Dieser hatte im Thüringer Wald die Entführung Luthers inszenieren und ihn auf der Wartburg bei Eisenach verstecken lassen. Damit die Tarnung perfekt war, wurde aus dem Mönch mit Tonsur der Junker Jörg: ein junger Edelmann mit Locken und welligem Bart, der statt der Kutte Wams und Schwert trug.

Zu Luthers angestrebter Reform der Kirche gehörte es, daß jeder deutsche Christ selbst die Bibel lesen konnte, ohne auf die Vermittlung durch die Geistlichkeit angewiesen zu sein. So nutzte Luther die Zeit auf der Wartburg, um das Neue Testament ins Deutsche zu übersetzen. Am 22. September 1522 kam es in einer Auflage von 3000 Exemplaren heraus, die schnell vergriffen war. Nachdem Luther auch das Alte Testament übersetzt hatte, erschien 1534 die ganze Bibel in seiner einprägsamen und volksnahen Übersetzung.

Ihre Verbreitung über ganz Deutschland und in allen Bevölkerungskreisen ließ in der Folge die neuhochdeutsche Schriftsprache entstehen, die ein Grundpfeiler für die kulturelle Einheit der deutschen Nation wurde.

## Luther als Friedensstifter in Wittenberg

**I**n der Zeit, als Luther sich auf der Wartburg aufhielt, versuchten radikale Anhänger seiner Lehre, in Wittenberg eine grundlegende Reform des kirchlichen und klösterlichen Lebens

durchzuführen. So predigten einige Geistliche, daß man „in der Kutte" nicht selig werden könne. Daraufhin verließen Mönche und Nonnen in Scharen die Klöster und heirateten. Ein Amtskollege Luthers ging noch weiter und forderte ein Gesetz, das die Ehe für Geistliche vorschreiben sollte. Das hätte aber die Auflösung aller Klöster bedeutet.

Auch für den Ablauf der Messe wurden zahlreiche Änderungen vorgeschlagen, Ohrenbeichte und Fastengebote

*Hinter den Mauern der Wartburg bei Eisenach hielt sich der von der Reichsacht bedrohte Martin Luther einige Zeit als Junker Jörg versteckt.*

sollten ganz abgeschafft und alle Bilder aus den Kirchen verbannt werden. Bald hatten die Menschen den Eindruck, daß gar keine Ordnung mehr nötig sei, und setzten ihre Vorstellungen sogar mit Gewalt durch.

Als Luther von diesen Unruhen und Auswüchsen erfuhr, war er zutiefst entsetzt. Denn eine allgemeine Erhebung gegen Recht und Ordnung hatte er niemals beabsichtigt. Sein Anliegen war allein das Seelenheil der Menschen.

Daher ging Luther 1522 nach Wittenberg – ohne das Wissen seines Landesherrn, der außerhalb der Wartburg um die Sicherheit des Mönches fürchtete. Luthers wortgewaltige Predigten brachten die Menschen wieder zur Besinnung, so daß bald Ruhe und Ordnung zurückkehrten.

## RAUBRITTER UND POLITIKER

*Die Bedeutung der Reichsritter war nach der Blütezeit im Mittelalter immer weiter zurückgegangen; sie drohten zwischen der Macht der Landesfürsten und Städte zerrieben zu werden. Einer der letzten großen Ritter, der 1481 bei Kreuznach geborene Franz von Sickingen (Abbildung), versuchte, aus dieser Sackgasse zu entkommen. In der Wahl seiner Mittel hatte er dabei keine Bedenken: Er gab sich als Anhänger der Reformation aus, weil er hoffte, daß eingezogener Kirchenbesitz den Rittern übereignet würde. Später versuchte er, den Kaiser für eine politische Stärkung des Reichsritterstandes zu gewinnen, und trat zeitweilig in seine Dienste.*

*Um sich eine persönliche Machtbasis zu schaffen, unternahm Franz von Sickingen Überfälle auf städtische Kaufleute und Plünderungszüge gegen wohlhabende Städte wie Frankfurt und Darmstadt oder fiel in die Pfalz und in Hessen ein. Gegenüber dem gemeinen Volk vertrat er dagegen die ritterlichen Ideale. Doch alle Pläne schlugen fehl. Am Ende hatte Franz von Sickingen zu viele Feinde und wurde 1523 in seiner Burg Landstuhl belagert. Der Rebell verlor den Kampf und sein Leben.*

*Mit Franz von Sickingens Tod zerbrach die letzte Hoffnung der Reichsritter, wieder Einfluß zu gewinnen und eine eigenständige Stellung im Reich zu erlangen.*

## Zulauf für die Reformationsbewegung

Die Ächtung Luthers durch den Kaiser hatte keinen großen Erfolg gezeigt, denn immer mehr Menschen wechselten zur neuen Glaubensrichtung. Daher vereinigten sich die sogenannten Altgläubigen in Norddeutschland, darunter der Erzbischof von Magdeburg und der Kurfürst von Brandenburg, 1525 zum Dessauer Bündnis, um die gegnerische Lehre zurückzudrängen. Als Reaktion darauf schlossen sich unter der Führung des Kurfürsten Johann von Sachsen und des Landgrafen Philipp von Hessen evangelische Länder und Reichsstädte im Torgauer Bündnis zusammen, in dem sie sich zu gegenseitiger Hilfe verpflichteten, falls sie ihres Glaubens wegen angegriffen würden. Eine kriegerische Auseinandersetzung konnte durch einen Kompromiß auf dem Reichstag von Speyer 1526 vermieden werden, der die Entscheidung in religiösen Fragen zunächst den Reichsständen – Fürsten, Ritter und Städte – übertrug.

Vor allem in den Städten hatte die Reformation großen Zulauf. Hier sorgte der Buchdruck dafür, daß die lutherischen Schriften rasch verbreitet wurden, und hier lebten gebildete Menschen, welche die neue Lehre verstanden und gut vermitteln konnten. Von den rund 65 reichsunmittelbaren Städten nahmen etwa 50 das evangelische Bekenntnis an.

## Der Glaubenskeil spaltet das Volk

Auf einem neuerlichen Reichstag zu Speyer 1529 unternahmen die Altgläubigen unter Führung Kaiser Karls V. noch einmal einen heftigen Vorstoß gegen die Reformationsbewegung. Mit einem Mehrheitsbeschluß sollten die Lutheranhänger gezwungen werden, die Beschlüsse von Worms aus dem Jahr 1521 anzuerkennen, was praktisch das Ende der neuen Lehre bedeutet hätte.

Fünf lutherische Landesherren – unter ihnen Kurfürst Johann von Sachsen – sowie 14 Städte legten scharfen Protest ein: Weltliches Recht und politische Mehrheiten hätten für Glaubens- und Gewissensfragen keine Geltung. Dieser Protest war es, der den Anhängern des neuen Bekenntnisses den Namen Protestanten eintrug.

Die Einheit des Reiches und der Kirche waren nun wirklich in Gefahr. Daher unternahm Kaiser Karl V. auf dem

*Auf dem Reichstag zu Augsburg 1530 überreichten die Protestanten Kaiser Karl V. das Augsburgische Bekenntnis, eine Schrift, in der sie ihren neuen Glauben verteidigten.*

Reichstag zu Augsburg ein Jahr später erneut einen Einigungsversuch.

Die protestantische Partei überreichte ihm das *Augsburgische Bekenntnis*. Diese Schrift erläuterte Luthers Lehre und versuchte nachzuweisen, daß die Protestanten die von Gott eingesetzten Obrigkeiten – und damit auch den Kaiser – anerkennen würden. Doch die Altgläubigen setzten eine an Schmähungen reiche Erwiderung, die *Confutatio pontificia*, dagegen.

Für Kaiser Karl V. war damit das *Augsburgische Bekenntnis* widerlegt, und er forderte die Protestanten auf, zum alten Glauben zurückzukehren – was diese ablehnten. Daraufhin verabschiedete der vom Kaiser beherrschte Reichstag eine Resolution, in welcher der alte Glaube unter den Schutz des kaiserlichen Rechts gestellt wurde; damit drohte den protestantischen Landesherren und Städten die Verurteilung als Ketzer durch das Reichsgericht. Der Konflikt zwischen den Konfessionen hatte sich erheblich verschärft, und faktisch war die Spaltung des Volkes in zwei Bekenntnisse eingetreten.

## Das Luthertum auf dem Vormarsch

Luther hatte auf dem Reichstag von Worms 1521 die Reformationsbewegung in Gang gebracht. Doch erst die harte Haltung von Kaiser Karl V. schmiedete die Protestanten zu einem wirklich wehrhaften Bündnis zusammen, dem Schmalkaldischen Bund von 1531. Dazu gehörten unter anderen der Kurfürst Johann von Sachsen und der Landgraf Philipp von Hessen sowie 14 Reichsstädte. Sie sagten sich gegenseitige Waffenhilfe zu, sollte ein Mitglied seines Glaubens wegen angegriffen werden. Dieses protestantische Bündnis wurde in

## Krieg als Mittel kaiserlicher Politik

Pommern, Schlesien, Mecklenburg und sogar Skandinavien drang der neue Glaube vor.

Als Kaiser Karl V. 1546 außenpolitisch wieder freiere Hand hatte, wollte er die kirchliche Einheit im Reich mit Gewalt wiederherstellen. Seine Absprachen mit dem Papst und katholischen Reichsfürsten führten dazu, daß auch der Schmalkaldische Bund, das Verteidigungsbündnis der Protestanten, aufrüstete. Daraufhin verhängte der Kaiser die Reichsacht über die Führer der Protestanten, Philipp von Hessen und Johann Friedrich I. von Sachsen. Im folgenden Schmalkaldischen Krieg siegte Karl V. mit seinem Heer auf der ganzen Linie: Er setzte beide protestantischen Anführer gefangen und unterwarf viele protestantische Städte.

Nach diesem militärischen Erfolg war Karl V. politisch Herr in Deutschland und glaubte, auf dem Reichstag in Augsburg 1548 wieder christlicher Herrscher aller Untertanen werden zu können. Doch es reichte nur zu einer erneuten, niemanden befriedigenden Zwischenlösung. Zum einen weil der Papst seine Mitarbeit verweigerte; zum andern weil die Reformation so viele Anhänger ge-

*Kaiser Karl V. hatte ein gewaltiges Heer versammelt, um im Schmalkaldischen Krieg endgültig den Widerstand der Protestanten zu brechen.*

den folgenden Jahren zum schärfsten politischen und militärischen Widersacher des Kaisers im Reich.

Da Kaiser Karl V. für die Kämpfe gegen die Türken die Unterstützung der deutschen Fürsten benötigte, reagierte er zunächst vorsichtig. 1532 schloß er mit den Protestanten den sogenannten Nürnberger Religionsfrieden, einen befristeten Vertrag, durch den die vor dem obersten Reichsgericht anhängigen Ketzerprozesse gegen Lutheraner ausgesetzt wurden. Darauf verbreitete sich die Reformation rasch und ungehindert. Bis nach

## KATECHISMUS FÜR DIE SCHULEN

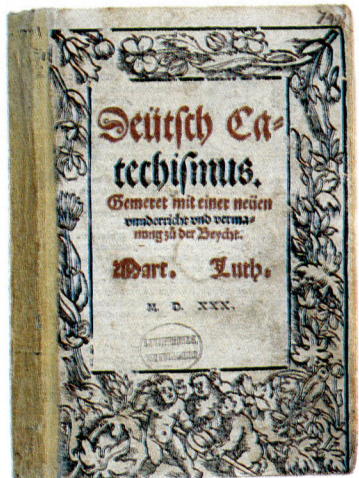

*DER KLEINE KATECHISMUS WURDE ZUM LESEBUCH FÜR DAS VOLK.*

Die Reformation wirkte sich nicht nur in rein religiösen Fragen aus. Da die eigenständige Bibellektüre – Grundpfeiler der neuen Konfession – nur möglich war, wenn die Menschen selbst lesen konnten, wurden von den Protestanten zahlreiche Schulen eingerichtet. Als Grundlage für den Unterricht in diesen Volksschulen diente Luthers eigens hierfür erstellter Kleiner Katechismus in deutscher Sprache. Weiterführend gab es Lateinschulen, in denen neben klassischem Latein auch Griechisch und Hebräisch gelehrt wurden. Schließlich entstanden schon sehr früh protestantische Universitäten, zum Beispiel 1527 in Marburg.

Etwas ganz Neues war die Errichtung evangelischer Landeskirchen unter Aufsicht der jeweiligen Fürsten – getreu dem protestantischen Grundsatz, daß die Obrigkeit für den Schutz der rechten christlichen Lehre zu sorgen habe. Um sicherzustellen, daß die kirchlichen Bestimmungen richtig durchgeführt wurden, fanden regelmäßige Visitationen statt, bei denen der Ausbildungsstand und das moralische Verhalten der Geistlichen geprüft wurden. Außerdem wurden ausgewählte Pfarrer als Superintendenten eingesetzt, die einen ganzen Kirchenkreis beaufsichtigten.

---

wonnen hatte, daß die vom Kaiser verordnete Rückkehr zum alten Glauben nicht mehr durchsetzbar war.

## Sieg der Protestanten auf Kosten des Reiches

Kaiser Karl V. hatte nach dem Reichstag in Worms 1521 zu lang gezögert, massiv gegen die neue Konfession vorzugehen. Nun, nach über 30 Jahren, war es zu spät, und er mußte erkennen, daß er die Spaltung des Reiches nicht mehr aufhalten konnte. Damit war aber auch die traditionelle Vorstellung vom Kaiser als dem Herrn über ein einheitliches christliches Abendland zunichte. Zermürbt vom jahrzehntelangen Kampf gegen äußere und innere Feinde, zog sich Karl aus der Politik zurück. Er berief 1555 zwar noch den Reichstag von Augsburg ein, überließ aber die Verhandlungen seinem Bruder und Stellvertreter im Reich, König Ferdinand.

So kam es am 25. September 1555 zum Augsburger Religionsfrieden, der die Glaubensspaltung in Deutschland besiegelte. Die lutherische und die katholische Konfession galten fortan als gleichberechtigt. Der jeweilige Landesfürst bestimmte das Bekenntnis, und seine Untertanen mußten ihm darin folgen. Wer sich dieser Maßnahme nicht unterwerfen wollte, durfte seinen Besitz verkaufen und auswandern. Allerdings mußte die Leibeigenschaft vorher nach geltendem Recht abgelöst werden, was für die zahlreichen unfreien Bauern eine erhebliche Einschränkung bedeutete. In den Reichsstädten dagegen konnten die Menschen ihr Bekenntnis frei wählen, beide Konfessionen durften nebeneinander bestehen.

Lutherischen Landesfürsten war es erlaubt, eingezogenen Kirchenbesitz zu behalten. Den geistlichen Fürsten wurde der Übertritt zum Protestantismus zwar gestattet, doch verloren sie dann ihr Land, das Amt und jegliches Einkommen daraus.

Mit dem Augsburger Religionsfrieden fand der Aufstieg der Territorialfürsten zu fast unumschränkten Herrschern in ihrem Gebiet seinen Abschluß. Die mittelalterliche Idee von der Einheit des Reiches, repräsentiert in der Person des Kaisers, wurde durch einen Bund von selbständigen Fürsten abgelöst.

---

## Wider jede Ordnung – das Täuferreich in Münster

Luthers neue Lehre rief viele religiöse Bewegungen ins Leben, die nach neuen Formen christlichen Glaubens suchten. Auch die Täufer gehörten dazu. Sie glaubten, daß bußfertige Menschen in einem einmaligen Akt – der Erwachsenentaufe – von allen Sünden befreit würden.

Eine besonders radikale Splittergruppe errichtete 1534 in Münster ein eigenes Reich, an dessen Spitze der Prediger stand, der auch König mit absoluter Autorität und höchster Richter war. Privatbesitz wurde abgeschafft, die Gläubigen waren Mitglieder einer einzigen religiös-kriegerischen Familie, in der es keine individuelle Freiheit mehr gab und Vielweiberei herrschte.

Angeführt vom Bischof von Münster, der als Landesherr verjagt worden war, eroberte 1535 eine Koalition von Fürsten die Stadt zurück und hielt blutiges Strafgericht. Die Bevölkerung mußte den alten Glauben wieder annehmen.

*Die Anführer des Täuferreiches wurden grausam hingerichtet, ihre Leichen in eiserne Käfige gezwängt und diese am Turm der Lambertikirche aufgehängt.*

# „Proletarier aller Länder, vereinigt euch!"

*Das Kommunistische Manifest, das 1848 in London erschien, bereitete den sozialistischen Ideen in Deutschland den Weg.*

**SCHMALER BAND** Im Februar 1848 erschien in London ein unscheinbares Büchlein, das den Titel *Manifest der Kommunistischen Partei* trug. Obwohl es nur etwas über 20 Seiten umfaßte, sollte es doch ungeahnte Wirkungen entfalten. Die Verfasser dieses Kommunistischen Manifestes waren die deutschen Publizisten und Philosophen Karl Marx und Friedrich Engels. Der Jurist Marx und der Fabrikantensohn Engels waren Mitglieder im Bund der Kommunisten, in dessen Auftrag sie in dem Buch ihre politische Lehre dargelegt hatten. Obwohl aus gutbürgerlichem Haus stammend, waren die beiden Freunde in die linksradikale Gruppe eingetreten, weil sie wie viele Menschen ihrer Zeit erkannten, daß die Gesellschaft an der Schwelle zum industriellen Zeitalter vor einer Zerreißprobe stand.

**KLEINE GRUPPE** Der Bund der Kommunisten war eine von der Polizei verfolgte Gruppierung, die größtenteils aus deutschen Handwerkern bestand. Sie steckte noch im Aufbau und benötigte darum ein Grundsatzprogramm, an dem sich die rund 500 Mitglieder in Deutschland, aber auch die in Großbritannien, Belgien, Frank-

reich und der Schweiz orientieren konnten. Aus Sicherheitsgründen war der Sitz der Zentrale in London.

**ZWEI KLASSEN** Ihre wichtigsten Aussagen leiteten die beiden Verfasser aus dem Studium der Geschichte ab. Dabei offenbarte sich ihrer Ansicht nach ein von alters her bestehender Gegensatz zwischen zwei Klassen von Menschen, nämlich von Herrschern und Unterdrückten, die miteinander in einem teils verdeckten, teils offenen Kampf um die Macht standen. Früher waren es Sklaven und ihre Besitzer, später Grundherren und Leibeigene gewesen. Deshalb sahen Marx und Engels die Geschichte als eine Abfolge von Klassenkämpfen an. Diese endeten stets in einer gewaltsamen Umgestaltung der bestehenden Zustände.

**UNGERECHTES SYSTEM** In ihrer Gegenwart sahen die Kommunisten die zwei Klassen im Bürgertum und in den Industriearbeitern. Die Macht der Bürgerklasse gründete auf ihrem Eigentum an Fabriken und Maschinen, den Produktionsmitteln, mit denen die Besitzer die große Masse der Arbeiter ausbeuteten und für sich selbst Gewinne abschöpften. Dieses ungerechte System könne nur geändert werden, indem die Proletarier zusammenstünden, den Kapitalisten die Produktionsmittel entrissen und der Gesellschaft übereigneten, in der sich alle Dinge gerecht verteilen sollten. So endete das Manifest mit dem Kampfaufruf: „Proletarier aller Länder, vereinigt euch!" □

*Der geistige Vater des Kommunistischen Manifestes – hier die erste Ausgabe von 1848 – war der Publizist Karl Marx (oben).*

## Haftstrafen für Kommunisten

Karl Marx, 1818 als Sohn einer Trierer Anwaltsfamilie geboren, war das eigentliche Haupt des Bundes der Kommunisten. Obwohl sich die kleine Gruppe die Revolution auf ihre Fahnen geschrieben hatte, gelang es ihr nach dem Ausbruch der Märzunruhen in Deutschland 1848 nicht, Einfluß auf deren Verlauf zu nehmen.

Allerdings fand Marx bald eine andere Plattform, von der aus er seine politischen Ansichten verbreiten konnte. Am 1. Juni übernahm er als Chefredakteur die *Neue Rheinische Zeitung* in Köln. Außerdem stellte er sich an die Spitze des radikalen Kölner Arbeitervereins. Zufrieden über die Presse- und Versammlungsfreiheit, die die Revolution gebracht hatte, betrachtete Marx den Geheimbund der Kommunisten als überflüssig und löste ihn auf.

Aber er hatte sich getäuscht, denn das Scheitern der Revolution bedeutete das Ende der Meinungsfreiheit. Im Mai 1849 mußte Marx seine Zeitung einstellen. Ihm wurde der Prozeß gemacht, in dem er zwar freigesprochen, aber des Landes verwiesen wurde. Er zog nach London, wo er für den Rest seines Lebens blieb.

Weniger Glück hatten einige seiner Mitstreiter, als der Polizei eine Liste mit Namen in die Hände fiel. Im Kölner Kommunistenprozeß 1852 wurden über sieben der elf Angeklagten mehrjährige Haftstrafen verhängt. Der Prozeß erregte Aufsehen, weil herauskam, daß sich die Anklage auf Fälschungen stützte und die Polizei bei ihren Ermittlungen rechtswidrig vorgegangen war.

## Schulterschluß der Arbeiter

An die Stelle des aufgelösten Bundes der Kommunisten war zunächst keine Nachfolgeorganisation getreten. Es sollte noch rund 16 Jahre dauern, bis die

Als Mitglied des polizeilich verfolgten Bundes der Kommunisten wurde Karl Marx im Februar 1848 während eines Aufenthalts in Brüssel verhaftet.

Teilnehmer eines internationalen Arbeitertreffens, unter ihnen die beiden Deutschen Marx und Engels, in London am 28. September 1864 die Internationale Arbeiterassoziation gründeten, kurz Erste Internationale genannt. Jährliche Arbeiterkongresse sollten den länderübergreifenden Schulterschluß der Kommunisten festigen. In den 70er Jahren waren die Arbeiter jedoch so damit beschäftigt, Parteien in ihren Heimatländern zu gründen, daß sich die Internationale 1876 auflöste.

Als 13 Jahre später große Streikbewegungen viele europäische Staaten und die USA erfaßten, kam es in Paris zur Gründung der Zweiten Internationale, um die Arbeitskämpfe länderübergreifend zu unterstützen. Da es zunächst keine Schaltstelle gab, die die Arbeit zwischen den alljährlichen Kongressen koordinierte, wurde im Jahr 1900 das Internationale Sozialistische Büro in Brüssel eingerichtet. Immerhin zählte die bis 1918 bestehende Internationale am Schluß rund 3,3 Millionen Mitglieder weltweit.

In Deutschland waren die Arbeitervereine und die 1869 gegründete Sozialdemokratische Arbeiterpartei geschlossen der Internationalen beigetreten. Deutsche Arbeiterführer wie Friedrich Engels, Wilhelm Liebknecht und August Bebel haben die Diskussionen der Jahreskongresse geprägt. Umgekehrt nahmen sie die dort formulierten Positionen und Beschlüsse in ihre Parteiprogramme auf. Zahlreiche Forderungen, die die Wortführer bei den Tagungen aufstellten, erschienen damals utopisch, sind aber in vielen Ländern heute Selbstverständlichkeiten im Berufsleben. Dazu gehören der Arbeitsschutz, der Achtstundentag und die Gleichberechtigung der Frau.

## Kundgebungen am Tag der Arbeit

Der Arbeiterkongreß von 1889 beschloß, am 1. Mai des folgenden Jahres einen internationalen Kampftag zu veranstalten. In Deutschland beteiligten sich an diesem Tag Hunderttausende an Kundgebungen, obwohl die Arbeitgeber mit Entlassungen drohten. Bis in die Weimarer Republik gab es an diesem Datum Streiks. Um sich ein arbeiterfreundliches Image zu geben, erklärten die Nationalsozialisten im April 1933 den 1. Mai zum Feiertag der Arbeit. Ab 1949 führten die Länder der Bundesrepublik Deutschland den 1. Mai als Feiertag ein. Auch in der ersten Verfassung der DDR 1949 war er als gesetzlicher Feiertag verankert.

*Parolen an der Zentrale der KPD in Berlin (oben) forderten die Arbeiter am 1. Mai 1929 zu Kundgebungen auf. Selbst die Beitragsmarken in diesem KPD-Mitgliedsbuch aus den Jahren 1929–32 (links) tragen Propagandatexte.*

## Die KPD unter Moskaus Kontrolle

A ls am Ende des Ersten Weltkrieges die Weimarer Republik das Kaiserreich ablöste, war die Stunde der Kommunisten gekommen. Am 1. Januar 1919 wurde in Berlin die KPD, die Kommunistische Partei Deutschlands, gegründet, die von da an die Politik in Deutschland mitbestimmte. Ihre Mitglieder waren Anhänger des sogenannten Rätesystems, in dem die Arbeiter- und Soldatenräte regieren sollten, die sich während der Nachkriegsunruhen vorübergehend in vielen deutschen Städten gebildet hatten.

Als der Hamburger Arbeiter Ernst Thälmann, der dem extremen linken Flügel angehörte, 1924 in die Führungsspitze der Partei gewählt wurde, geriet sie

bald unter die Regie und die Kontrolle der sowjetischen Kommunisten. Deren Einfluß ging so weit, daß die KPD mit Unterstützung Moskaus einen gewaltsamen Umsturz in Deutschland vorbereitete. Den Auftakt sollte ein Aufstand von rund 300 bewaffneten kommunistischen Arbeitern in Hamburg am 23. Oktober 1923 bilden, der aber nach drei Tagen niedergeschlagen wurde.

Die SPD verfolgte im Gegensatz dazu einen Reformkurs und zog sich deshalb die erbitterte Feindschaft der KPD zu. Ja, diese stellte die Sozialdemokraten in die Nähe der Nationalsozialisten und nannte sie Verräter und Sozialfaschisten. Dieses tiefe Zerwürfnis verhinderte ein Bündnis aller linken Kräfte gegen die Rechtsradikalen und erleichterte es den Nationalsozialisten, im Jahr 1933 an die Macht zu kommen.

## Die Bibel des Proletariats

F ast 20 Jahre arbeitete Karl Marx an seinem berühmten Werk *Das Kapital*, das zu einer Art Bibel für die Kommunisten wurde. Als er am 14. März 1883 in London starb, war erst einer von vier Bänden erschienen. Sein Freund Friedrich Engels bearbeitete die Manuskripte und gab weitere Bände heraus.

*Das Kapital* faszinierte seine Leser, weil Marx darin die damals noch junge industrielle Wirtschaftsform analysierte und auf einen einfachen Nenner brachte: Die Industriearbeiter verkaufen ihre Arbeitskraft an die Kapitalisten, den Fabrikbesitzer, und produzieren damit Waren. Deren Wert, so Marx, entspreche dem Lohn, den die Beschäftigten erhielten. Doch der Kapitalist verkaufe die Ware für mehr Geld und streiche diesen Mehrwert ein. Dadurch würden die Unternehmer immer reicher und die Arbeiter immer ärmer. Die Folge seien die Verelendung der Proletarier und Absatzkrisen der Industrie, die am Ende zum Untergang des Kapitalismus führten. Doch so klar Marx im *Kapital* die wirtschaftlichen Aspekte beschrieb, so wenig sollten sich seine Zukunftsprognosen erfüllen.

So sahen die ersten Aufnahmeräume des jungen Rundfunks aus (rechts). Die Musiker spielten vor einem Mikrofon, das in einem mit schalldämpfenden Tüchern ausgekleideten Raum aufgestellt war.

In einer Ankündigung wurde auf die Eröffnungssendung des ersten deutschen Rundfunkprogramms hingewiesen (oben).

# „Hier ist die Sendestelle Berlin!"

*Im Oktober 1923 schlug die Geburtsstunde des öffentlichen Rundfunks. Er veränderte den Alltag und die Lebensgewohnheiten der Menschen in Deutschland.*

**„TON AB!"** Kurz vor 20 Uhr herrschte am 29. Oktober 1923 im Gebäude der Schallplattenfirma Vox in der Potsdamer Straße in Berlin gespannte Ruhe. In den beiden oberen Stockwerken, die in ein provisorisches Sende- und Aufnahmestudio umgestaltet worden waren, warteten Fernmeldetechniker, Programmgestalter und Musiker auf das Kommando „Ton ab!" Pünktlich um 20 Uhr trat der Ansager in einem durch Wolldecken abgeteilten Raum, dessen Wände, um den Schall zu dämmen, mit violettem Kreppapier behängt waren, ans Mikrofon. Er eröffnete das erste öffentliche Rundfunkprogramm in Deutschland mit den Worten: „Achtung, Achtung, hier ist die Sendestelle Berlin im Vox-Haus auf Welle 400 Meter! Meine Damen und

Herren, wir machen davon Mitteilung, daß am heutigen Tage der Unterhaltungsrundfunk auf drahtlostelefonischem Wege beginnt. Die Benutzung ist genehmigungspflichtig. Als erste Nummer bringen wir ein Cello-Solo von Kreisler mit Klavierbegleitung." Während des einstündigen Programms der Deutschen Stunde brachten Sänger und Solisten, unterbrochen von Schallplatteneinspielungen, mehrere Musikstücke zu Gehör.

**VORREITER** An Weihnachten 1906 hatte der kanadische Ingenieur Reginald Fessenden von Massachusetts aus in einer Weltpremiere statt Morsezeichen Sprache und Musik drahtlos übertragen und damit die erste Radiosendung überhaupt ausgestrahlt; seine Hörer waren Funker auf See oder in Küstenstationen. Nach dem Ersten Weltkrieg lief die Massenproduktion von Radiogeräten an, und der weltweit erste Radiosender nahm am 2. November 1920 in den USA seinen Betrieb auf.

In Deutschland beauftragte das Reichspostministerium, das im April 1919 zur Zentralstelle für das gesamte Funkwesen erklärt worden war, das frühere Vorstandsmitglied bei Telefunken Hans Bredow damit, ein Reichsfunknetz aufzubauen. Die Post hatte nach dem Krieg die zentrale Funkstelle der Armeeführung in Königswusterhausen bei Berlin übernommen und begann von dort Nachrichten an Postämter zu übermitteln, die diese an eine begrenzte Zahl von Abonnenten weitergaben. Hin und wieder war auch schon Schallplatten- oder Live-Musik zu hören. Am 22. Dezember 1920 sendete Königswusterhausen auf Langwelle ein erstes Instrumentalkonzert.

**ASTRONOMISCHE SUMMEN** Als 1923 der Rundfunkempfang auch für Privatpersonen freigegeben wurde und die Deutsche Stunde ihre erste öffentliche Radiosendung übertrug, hatte die Inflation in Deutschland ihren Höhepunkt erreicht. Um als Hörer in den Genuß dieser Einrichtung zu kommen, bedurfte es einer Genehmigung, die ihren ersten stolzen Besitzer 350 Milliarden Reichsmark kostete. Verständlicherweise blieben zahlende Rundfunkteilnehmer deshalb zunächst einmal aus. Am 1. Dezember 1923 waren es erst 467, während es jede Menge Zaungäste gab, wie man die Schwarzhörer damals nannte. □

## Rundfunk unter staatlicher Obhut

Von Anfang an hatte der Staat großen Einfluß auf die Organisation des Rundfunks. Die Reichspost besaß die Hoheit über den Funkverkehr und war Eigentümerin der Sendeanlagen; sie vergab Frequenzen und Konzessionen an die neu gegründeten Sendegesellschaften. Die Programmgestaltung des Unterhaltungsrundfunks überließ sie unter der Voraussetzung politischer Neutralität privater Initiative.

Gleichzeitig mit der Deutschen Stunde, die an jenem 29. Oktober 1923 ihren regelmäßigen Programmdienst auf Mittelwelle aufgenommen hatte und später in Radio-Stunde AG, dann Funk-Stunde AG umgetauft wurde, hatte auch die Drahtloser Dienst AG, kurz Dradag genannt, ihre Konzession erhalten. Sie unterstand der Kontrolle des Reichsinnenministeriums und war allein berechtigt, politische Informationen, insbesondere Tagesnachrichten, zu verbreiten. Ihre erste Nachrichtensendung ging am 9. November 1923 über den Äther und berichtete fast ausschließlich über den Hitlerputsch in München.

Ursprünglich hatte Staatssekretär Bredow ein einheitliches Programm für das ganze Reich geplant. Da sich dies aber technisch kaum verwirklichen ließ, teilte er Deutschland in neun Bezirke auf, und acht weitere regionale Rundfunkgesellschaften wurden ins Leben gerufen. Als überregionaler Sender, der überall im Land auf Langwelle zu empfangen war, kam 1926 die Deutsche Welle hinzu. Die Dradag arbeitete als zentrale Nachrichtenagentur für sämtliche Rundfunksender. Deren Dachorganisation wurde 1925 die Reichsrundfunkgesellschaft, die über Stimmenmehrheit in jeder Einzelgesellschaft verfügte; 51 Prozent ihres Aktienkapitals waren im Besitz des Reiches. Nun setzte man auch Überwachungsausschüsse ein, die das Programm kontrollieren sollten.

*Eingefleischte Radiofans mochten auch beim Wochenendausflug nicht auf ihren Röhrenempfänger mit Kopfhöreranschluß verzichten.*

## Deutschland im Radiofieber

Die meisten Hörer der ersten Stunde waren Bastler, die ohne staatliche Erlaubnis selbstgebaute Empfangsanlagen betrieben. Zwar konnte die Industrie bereits einfache Detektorempfänger mit Kopfhörerwiedergabe liefern, bei denen die Radiowellen durch Kristalle gleichgerichtet wurden, doch angesichts der hohen Inflationsrate konnte sich kaum jemand so ein Gerät oder eine Empfangserlaubnis leisten. Erst nach der Währungsreform im November 1923 stiegen die Teilnehmer- und Verkaufszahlen.

Für die Rundfunkteilnahme war zu Jahresbeginn 1924 eine Gebühr von 5 Reichsmark im Monat zu entrichten, die im April jedoch auf 2 Reichsmark gesenkt wurde. Ein Detektorgerät kostete damals um die 70 und ein Röhrenempfänger mit vier Röhren ungefähr 500 Reichsmark. Diese Röhrenradios in Baukastenform, die einen Hoch- und Niederfrequenzverstärker für die Lautsprecherwiedergabe besaßen, setzten sich mit der Zeit immer mehr durch. 1925 waren die Preise so gefallen, daß ein Detektorempfänger schon für 15–20 Reichsmark zu haben war und Röhrengeräte je nach An-

zahl der Röhren zwischen 40 und 250 Reichsmark kosteten. Während man am 1. Januar 1924 gerade mal 1580 amtlich gemeldete Teilnehmer registriert hatte, waren es ein Jahr später bereits über eine halbe Million und im Januar 1926 schon mehr als 1 Million. Zur Jahreswende 1928 überschritt die Zahl der Rundfunkhörer die 2-Millionen-Marke. In diesem Jahr kam auch das erste transportable, batteriebetriebene Blaupunkt-Kofferradio mit eingebautem Lautsprecher auf den Markt, das 15 Kilogramm auf die Waage brachte und in der freien Natur einen guten Empfang garantierte.

Das neue Medium hatte sich nun in allen Bevölkerungsschichten durchgesetzt; es bot Unterhaltung und Information für die ganze Familie. *Presseschau* und *Börsendienst* brachten Nachrichten aus Politik und Wirtschaft, Sportprogramme übertrugen Boxkämpfe, Fußballspiele und Radrennen, und der Berufsfunk war für berufsspezifische Informationen und Weiterbildung zuständig. Für die Hausfrauen und Mütter gab es spezielle Ratgebersendungen sowie die im Studio vorgeturnte Mor-

*Ab 1926 hatte die Berliner Funkausstellung mit dem 138 Meter hohen Funkturm ein neues Wahrzeichen. Der Volksmund verpaßte ihm den Namen langer Lulatsch.*

*Auf der Funkausstellung 1928 präsentierte die Reichsrundfunkgesellschaft stolz ihre Hörerzahlen (oben). Über 2 Millionen hatten ihr Radiogerät angemeldet.*

gengymnastik. Im Kinder- und Jugendfunk wurden Märchen und Jugendbücher vorgelesen, und sonntags gingen kirchliche Morgenfeiern über den Äther.

Abends boten Unterhaltungs- und Kultursendungen die Gelegenheit, vom Alltag auszuspannen. Tanzmusikveranstaltungen, klassische Konzerte, Opern- und Operettenaufführungen konnten bereits 1924 live übertragen werden. Darüber hinaus boten die Sender ausschließlich für das Medium verfaßte Hörspiele. Zugleich wurde der Rundfunk auch von Anfang an als kommerzieller Werbeträger genutzt.

## Funkausstellungen in Berlin

Im Dezember 1924 fand in einer eigens dafür erbauten Berliner Messehalle die erste deutsche Funkausstellung statt, die rund 115 000 Besucher anlockte. Hinter Glaswänden wurde dem Publikum mit einem 1,5-kW-Sender der technische Sendebetrieb demonstriert. 268 Aussteller warben für das neue Medium und führten ihre Radiogeräte in schalldichten Kabinen vor; wichtigste technische Neuerung waren die ersten brauchbaren Trichterlautsprecher. Der Erfolg dieser Fachmesse ließ sich daran ablesen, daß im Berliner Sendegebiet innerhalb eines Monats über 100 000 neue Rundfunkteilnehmer hinzukamen.

Die Ausstellung fand nun jedes Jahr statt und etablierte sich schnell als weltweit größte ihrer Art. Nach dem Zweiten Weltkrieg wurde sie wegen der politischen Lage mehrere Jahre lang von anderen Städten ausgerichtet; erst 1971 kehr-

*Über den für jedermann erschwinglichen Volksempfänger erreichte die nationalsozialistische Propaganda die Massen. Mit diesem Plakat wurde 1936 um neue Käufer geworben.*

te sie wieder ganz in ihre Geburtsstadt zurück, wo sie heute noch regelmäßig über die neuste Technik informiert.

## Propagandainstrument der Nationalsozialisten

N achdem Adolf Hitler am 30. Januar 1933 zum Reichskanzler ernannt worden war und die Nationalsozialisten die Macht im Staat übernommen hatten, funktionierten sie den Rundfunk unverzüglich zum Propagandamittel um. Die Kontrolle des Rundfunks wurde Reichspropagandaminister Joseph Goebbels unterstellt. Zum 1. April 1934 löste die Partei die einzelnen Sendegesellschaften auf und unterstellte sie als sogenannte Reichssender der Reichsrundfunkgesellschaft, die ihrerseits ganz verstaatlicht wurde. Die Rundfunkanstalten „säuberte" Goebbels von allen nicht nationalsozialistischen Angestellten. Nur wer seine absolute Parteitreue bewiesen hatte, durfte vors Mikrofon treten.

Der Propagandaminister hatte die totale Kontrolle darüber, was wie, wo und wann gesendet wurde. Stundenlang wurden Aufmärsche, Reichsparteitage und nationalsozialistische Feiertage wie „Füh-

rers Geburtstag" übertragen, bei denen im Hintergrund die jubelnden Massen zu vernehmen waren; auch Reden von Adolf Hitler wurden in voller Länge übertragen. In den Kulturprogrammen verdrängten Volkslieder und Märsche die amerikanische Unterhaltungsmusik. Die Jazzmusik, die damals sehr beliebt war, verbot die Parteiführung schon 1935.

Um jeden Haushalt mit ihrer Propaganda erreichen und so das deutsche Volk im großen Stil beeinflussen zu können, gaben die Nazis die Herstellung preiswerter Rundfunkgeräte in Auftrag. Im August 1933 stellte die Industrie auf der Funkausstellung den in mehreren Betrieben gefertigten Volksempfänger vor, und bereits am ersten Tag wurden 100 000 Geräte verkauft. In den folgenden Jahren wurde die Palette durch den Deutschen Kleinempfänger sowie den sogenannten Deutschen-Arbeitsfront-Empfänger erweitert, der die Werktätigen auch am Arbeitsplatz erreichte. Die Geräte fanden einen derart reißenden Absatz, daß bis 1939 die Zahl der Rundfunkteilnehmer in Deutschland auf 12 Millionen hochgeschnellt war.

Im Zweiten Weltkrieg wurden die Kriegsberichterstatter zur wichtigsten Stütze der nationalsozialistischen Propaganda. Allein im ersten Kriegsjahr 1939 wurde das Netz um 55 Sender, zum Teil in den besetzten Gebieten, erweitert. Ab Juni 1940 war auf allen Reichssendern ein Einheitsprogramm zu hören, das jederzeit für Sondermeldungen unterbrochen werden konnte. Diese Sondermeldungen berichteten in der Anfangszeit vorwiegend über die Siege der deutschen Wehrmacht in den Blitzkriegen. Als sich das Blatt zu wenden begann, wurden verstärkt Durchhalteparolen ausgegeben und heitere Schlager nach dem Motto „Es geht alles vorüber" gespielt. Im Oktober 1939 wurde die sonntägliche Sendereihe *Wunschkonzert für die Wehrmacht* ins Leben gerufen, die eine Brücke zwischen der Heimat und der Front herstellen sollte. Die Musikwünsche, vermischt mit Grüßen und Berichten über Heldentaten der Soldaten, sollten die Härte des Krieges für kurze Zeit vergessen lassen.

Über die wahre Kriegslage berichteten ausländische Sender in ihren deutschsprachigen Programmen, die jedoch nur mit auf Fernempfang ausgelegten Geräten zu hören waren. Feindsender abzuhören war seit Kriegsbeginn verboten; doch selbst als Verstöße gegen das Verbot ab 1941 mit der Todesstrafe geahndet wurden, ließen sich viele Deutsche nicht davon abhalten, heimlich diese Programme wie auch die deutschen Widerstandssender aus dem Ausland einzustellen.

## Als die Bilder laufen lernten

A ls die Produktion des Volksempfängers auf Hochtouren lief, strahlte die Reichsrundfunkgesellschaft erste Fernsehtestsendungen aus. Nur sehr wenige konnten sie verfolgen, denn im ganzen Reich gab es nicht mehr als 500 Fernsehapparate. Auf dem Programm standen unter anderem Wochenschauen und die Übertragung der Olympischen Spiele von 1936.

Erst nach dem Zweiten Weltkrieg entwickelte sich das Fernsehen zum Massenmedium und zur Konkurrenz für das Radio. 1950 wurde die ARD gegründet und drei Jahre später ein Vertrag über ihr gemeinsames Programm abgeschlossen.

## EIN LIED GEHT UM DIE WELT

*Zum populärsten Schlager des Zweiten Weltkrieges wurde das von Lale Andersen gesungene Lied* Lili Marleen. *Den Text hatte der Gardefüsilier Hans Leip im Ersten Weltkrieg verfaßt. 1935 wurde er erstmals vertont und erhielt drei Jahre später eine neue Melodie von Norbert Schultze, aber kaum jemand nahm Notiz davon.*

*Der große Erfolg kam erst im August 1941, als Mitarbeiter des deutschen Soldatensenders Belgrad die Platte im Keller des Wiener Funkhauses aufstöberten und sie von nun an allabendlich ausstrahlten. Lale Andersen sang sich mit dem wehmütigen Lied über den Abschied eines jungen Wachposten von seiner Braut über Nacht in die Herzen der Frontsoldaten. Wegen der letzten beiden Strophen, die den möglichen Tod des Soldaten andeuten, beanstandeten die Nazis das Lied und belegten die Sängerin 1942 mit einem Auftrittsverbot. Doch das konnte nichts daran ändern, daß* Lili Marleen *in kurzer Zeit ein Welthit wurde.*

*Auch die Alliierten waren begeistert; der Schlager faszinierte sie so, daß sie eine englische Fassung aufnahmen, die von Marlene Dietrich gesungen wurde, die 1937 Hitler-Deutschland endgültig den Rücken gekehrt hatte.*

Der Kaiser (im Vordergrund auf der Tribüne) bei seiner Ansprache an die Soldaten in Bremerhaven. Seine forschen Worte gingen als „Hunnenrede" in die Geschichte ein. Fortan nannte man die Deutschen im Ausland nur noch die Hunnen. Wilhelm II. selbst zeigte sich in der Öffentlichkeit mit Vorliebe in Marineuniform (unten).

# „Pardon wird nicht gegeben!"

*Mit diesen Worten leitete Kaiser Wilhelm II. im Jahr 1900 eine neue Phase der deutschen Außenpolitik ein. Der Imperialismus schuf dem Kaiserreich viele Feinde im Ausland.*

*Zur Erinnerung an den Einsatz deutscher Soldaten im Jahr 1900 in Ostasien komponierte Franz von Blon eigens einen Marsch (rechts).*

Chinese es wagt, einen Deutschen auch nur scheel anzusehen."

Die Rede, mit der der Kaiser die deutschen Truppen auf eine unbarmherzige Härte gegenüber dem Gegner einschwor, hatte er selbst entworfen und gegen den Willen seiner politischen Berater durchgesetzt. Außenminister Bernhard von Bülow war über die Wortwahl entsetzt und bemühte sich, nur eine gereinigte Fassung an die Presse zu geben. Einem Reporter gelang es jedoch, den Originaltext in die Hände zu bekommen, und bald darauf gingen die markigen Worte des Kaisers um die Welt und lösten Unverständnis und Empörung aus. Was bewog den deutschen Monarchen zu solch harten Äußerungen in aller Öffentlichkeit?

**ATTENTAT IN PEKING** Fünf Wochen zuvor, am 20. Juni, war der deutsche Gesandte in Peking, Klemens Freiherr von Ketteler, auf dem Weg zur Botschaft auf offener Straße von chinesischen Nationalisten aus dem Hinterhalt ermordet worden.

Das Attentat ging auf das Konto der Boxer, eines Geheimbundes, dessen oberstes Ziel es war, die Kolonialmächte, zu denen auch Deutschland gehörte, aus China zu vertreiben und den Haß gegen die fremden Besatzer zu schüren. Schon seit Monaten riefen sie ihre Landsleute zum Kampf gegen die ungebetenen Ausländer auf. Meldungen von zerstörten christlichen Siedlungen und ermordeten europäischen Missionaren alarmierten die ausländischen Gesandtschaften in Peking und führten zu erhöhter Wachsamkeit. Das Attentat war das Signal zum Aufstand. Noch am selben Tag begann unter der Führung der Boxer die siebenwöchige Belagerung des Gesandtschaftsviertels in Peking, in dem sich etwa 3000 Europäer und Amerikaner verschanzt hielten.

**DEUTSCHE AN DIE FRONT** Die Nachricht von der Ermordung des deutschen Gesandten löste in Berlin einen Sturm der Entrüstung aus. Wilhelm II. befahl sogleich, ein Expeditionskorps von 15 000 Mann aufzustellen, und ernannte Generalfeldmarschall Alfred Graf von Waldersee zum Oberkommandierenden einer internationalen Streitmacht. Der Kampf gegen die gelbe Gefahr müsse, so der Kaiser forsch, „aus dem Sattel" geleitet werden. Die deutsche Presse verlieh dem verdienten Offizier stolz den Titel eines „Weltmarschalls". Die Regierungen Frankreichs, Großbritanniens, Rußlands und der USA stimmten dem deutschen Vorschlag allerdings nur widerstrebend zu.

Nach einer mehrwöchigen beschwerlichen Seereise über Neapel, Suez, Singapur und Hongkong erreichte Waldersee Mitte Oktober China und zog an der Spitze des deutschen Expeditionskorps mit großem Pomp in Peking ein. Die deutschen Soldaten marschierten im Stechschritt und gaben sich als strahlende Sieger. In einer feierlichen Zeremonie übernahm Waldersee das Oberkommando über die alliierten Truppen.

**STRAFE MUSS SEIN** Doch der Kampf gegen die Boxer war bereits beendet, ehe er für die Deutschen so richtig begonnen hatte. Denn inzwischen war es vor allem britischen und russischen Truppen, die man aus anderen chinesischen Provinzen zusammengezogen hatte, gelungen, die in Peking eingeschlossenen Europäer und Amerikaner zu befreien. Der kaiserliche Hof war daraufhin aus Peking geflohen, die Truppen der Boxer waren zersprengt worden, und nur vereinzelt kam es noch zu Kämpfen. So beschränkte sich Waldersees Aufgabe in den folgenden Monaten darauf, den Chinesen eine Lektion zu erteilen. Er ließ blutige Strafexpeditionen durchführen und Aufständische hinrichten. Im Juni 1901 kehrte Waldersee wieder in die Heimat zurück. □

**DIE „HUNNENREDE"** Wilhelm II. ließ es sich nicht nehmen, das deutsche Expeditionskorps persönlich zu verabschieden, das in China den Boxeraufstand niederschlagen sollte. Am 27. Juli 1900 verkündete er den gespannt lauschenden Soldaten vor der Einschiffung in Bremerhaven mit pathetischer Stimme: „Pardon wird nicht gegeben! Gefangene werden nicht gemacht! Wer euch in die Hände fällt, sei euch verfallen! Wie vor tausend Jahren die Hunnen unter ihrem König Etzel sich einen Namen gemacht haben, so möge der Name Deutscher in China auf tausend Jahre durch euch in einer Weise bestätigt werden, daß niemals wieder ein

## Abbitte beim deutschen Kaiser

Während die internationalen Truppen Nordchina mit Waffengewalt befriedeten, verhandelten die europäischen Diplomaten mit der chinesischen Regierung um die Friedensbedingungen. Vor allem Kaiser Wilhelm II. bestand auf einer hohen Kriegsentschädigung und drängte auf ein sichtbares Zeichen der Sühne für den begangenen Mord.

So kam man nach langwierigen Verhandlungen überein, daß China bis 1940 die unvorstellbare Summe von insgesamt 1420 Milliarden Goldmark nach einem festgelegten Verteilerschlüssel an die Siegermächte zahlen sollte. Die deutsche Seite bestand weiterhin darauf, daß der Mörder von Kettelers hingerichtet wurde und daß an der Stelle, wo sich das Attentat ereignet hatte, ein Denkmal errichtet wurde.

Doch damit nicht genug. Wilhelm II. verlangte, daß ein Prinz des chinesischen Hofes nach Berlin reisen sollte und in aller Öffentlichkeit für die zugefügte Schmach Abbitte zu leisten hatte. Am 4. September 1901 traf Prinz Ch'un, ein Bruder des chinesischen Kaisers, in Berlin ein. Während das Glockenspiel der Garnisonkirche die Melodie „Üb' immer Treu und Redlichkeit" intonierte, fuhr die Sühnegesandtschaft vom Bahnhof zum Neuen Palais. Dort überreichte der Prinz Kaiser Wilhelm II. das Entschuldigungsschreiben der chinesischen Regierung.

Drei Tage danach wurde der Friedensvertrag mit Peking unterzeichnet. Wilhelm II. genoß seinen Triumph und trat in der Öffentlichkeit als strahlender Sieger auf, doch das Ausland reagierte auf den Geltungsdrang des deutschen Kaisers mit Unverständnis.

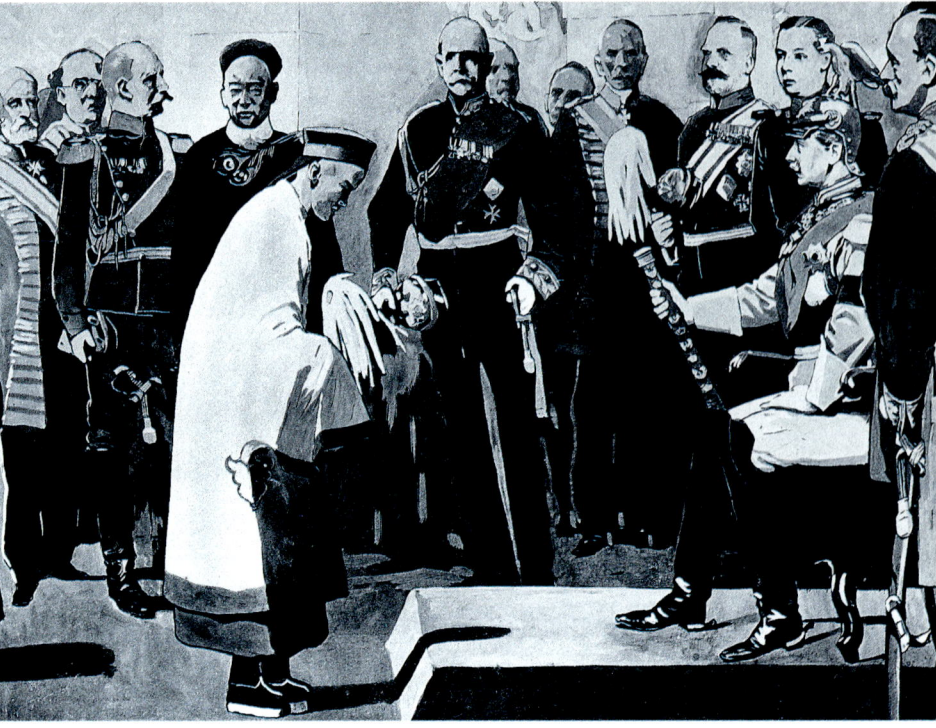

*Der chinesische Prinz Ch'un übergab Wilhelm II. im Berliner Schloß das geforderte Entschuldigungsschreiben.*

## Deutsch-britisches Wettrüsten

Trotz des außenpolitischen Erfolges in Ostasien war den Verantwortlichen in Berlin bewußt, wie schwierig es war, als gleichberechtigte Weltmacht von den anderen großen Nationen anerkannt zu werden. Um im Konzert der Weltmächte mitspielen zu können, bedurfte es vor allem einer starken Flotte.

Als Reichsmarineminister gelang es Admiral Alfred von Tirpitz, den Kaiser und die Öffentlichkeit in Deutschland für sein umfangreiches Flottenbauprogramm zu begeistern. Im Jahr 1900 verabschiedete der Reichstag ein Gesetz, das die Verdopplung der deutschen Flotte auf vier Geschwader mit insgesamt 36 Linienschiffen vorsah. Jährlich sollten dabei drei große Panzerschiffe fertiggestellt werden. Ziel der Marineleitung war es, einen Flottenverband aufzubauen, der den britischen Seestreitkräften im Ernstfall jederzeit militärisch gewachsen war.

Diese massive deutsche Rüstungspolitik löste in Großbritannien, der damals stärksten Seemacht der Welt, große Besorgnis aus und führte zu erheblichen diplomatischen Verstimmungen. Die Regierung in London konterte 1905 mit dem Bau von neuartigen Großkampfschiffen. Mit ungeheurem finanziellem Aufwand versuchte Großbritannien, den sogenannten Two-power-Standard – doppelt so viele Kriegsschiffe wie die beiden nächstgrößten Seemächte Deutschland und Frankreich zusammen – zu halten.

*Die kaiserliche Yacht Hohenzollern begleitete ein Geschwader der deutschen Marine beim Manöver in der Nordsee.*

Dies wiederum veranlaßte Berlin zu weiteren Flottenbauprogrammen. Im Mai 1906 beschloß der Reichstag, die Dockanlagen in Wilhelmshaven zu vergrößern, den Nord-Ostsee-Kanal für die Durchfahrt von Kriegsschiffen auszubauen und ebenfalls Gelder für den Bau von Großkampfschiffen bereitzustellen.

Mehrere Versuche ab 1908, dieses Wettrüsten durch Verhandlungen zu begrenzen, scheiterten vor allem an der starren Haltung des Kaisers und des Admirals von Tirpitz sowie an den Interessen der Industrie, die um ihre lukrativen Aufträge fürchtete.

## Verhängnisvolle Fehleinschätzung

Das Streben nach Weltgeltung faßte Reichskanzler Bernhard von Bülow treffend in dem Satz zusammen, daß Deutschland neben Frankreich, Großbritannien und Rußland ebenfalls ein „Platz an der Sonne" zustehe. Mit einer starken Flotte in der Hinterhand, so glaubte man in Berlin, sei man jeder außenpolitischen Situation gewachsen und könne frei entscheiden, mit wem man ein Bündnis eingehen wolle und zu welchen Bedingungen. Der Kaiser und die maßgeblichen Beamten der Reichskanzlei waren nämlich der festen Überzeugung, daß der

britisch-russische und der britisch-französische Gegensatz in der Kolonialpolitik so stark sei, daß es in absehbarer Zeit zu keinem Ausgleich zwischen Frankreich und Großbritannien kommen würde und sie daher auf Deutschland als Bündnispartner angewiesen seien.

Doch diese Annahme erwies sich als falsch. Nachdem die deutsche Regierung im Frühjahr 1901 britische Sondierungen über ein mögliches Bündnis zwischen London und Berlin in der Überzeugung der eigenen Stärke ausweichend beantwortet hatte, bemühte sich Großbritannien um eine Verständigung mit seinem Rivalen Frankreich. 1904 kam es zum Abschluß der Entente cordiale, in der beide Staaten ihre kolonialen Streitfragen beilegten.

## Kaiser Wilhelms Stippvisite in Marokko

Die Marokkokrise von 1905 wurde zum Testfall für die deutsche Weltmachtpolitik. Marokko war zwar offiziell unabhängig, doch der erst 14jährige Sultan Abdul-Aziz stand völlig unter dem Einfluß der Briten und Franzosen. Frankreich, das Marokko seinem nordafrikanischen Kolonialreich einzugliedern strebte, forderte im Februar 1905 den Sultan auf, Polizei und Armee dem französischen Oberkommando zu unterstellen.

Der Sultan, der um seinen Thron fürchtete, wandte sich hilfesuchend an die deutsche Botschaft in Tanger. Dort berief man sich auf Anweisung des Reichskanzlers von Bülow auf das Madrider Abkommen von 1880, das Marokkos Unabhängigkeit garantierte und unter anderem auch von Frankreich und Deutschland unterzeichnet worden war. Die Vorgehensweise der französischen Regierung war demnach ein eklatanter Bruch dieses Abkommens.

Bülow nutzte die Chance, um Frankreich politisch zu demütigen. Er überredete den Kaiser, seine geplante Mittelmeerkreuzfahrt zu un-

*Der Karikaturist sah den Streit um Marokko als Tauziehen um ein Kamel. Während der Deutsche noch am Schwanz zieht, sitzt der Franzose bereits fest im Sattel.*

## EINE NATION IM MARINEFIEBER

*Kaiser Wilhelm II. machte kein Hehl aus seiner Leidenschaft für das Meer und seinem Interesse an Schiffen. Mit Begeisterung nahm er an den Segelregatten des Queen's Cups und der Kieler Woche teil. Die Flotte war sein kaiserliches Hobby. Mit Hingabe widmete er sich dem Entwurf von Kriegsschiffen. Stolz redete er von „meinen eigenen Schiffen". Er liebte Admiralsuniformen, und deshalb mußten die kaiserlichen Prinzen Marineanzüge tragen.*

*Die Begeisterung des Monarchen für alles, was mit der Marine zu tun hatte, übertrug sich auch auf seine Untertanen. Wer etwas auf sich hielt, zog seinen Kindern an Sonn- und Festtagen, wie etwa an Kaisers Geburtstag, einen blauweißen Matrosenanzug an und de-*

*MATROSENUNIFORMEN FÜR KINDER WAREN ZUR KAISERZEIT IN MODE.*

*monstrierte damit Übereinstimmung mit der kaiserlichen Vorliebe. Die Erwachsenen überkam ehrfürchtiges Staunen, wenn sie die angsteinflößenden Kriegsschiffe im Hafen vor Anker liegen sahen. Die Mehrzahl der Deutschen war davon überzeugt, daß Deutschlands Zukunft auf See lag.*

terbrechen, um der Stadt Tanger am 31. März 1905 einen Besuch abzustatten und dem Sultan seine Unterstützung zuzusagen. Diese Demonstration deutscher Stärke und Entschlossenheit sollte aller Welt zeigen, daß man das Kaiserreich in der marokkanischen Frage nicht einfach übergehen konnte. Der harte Kurs Berlins hatte Erfolg: der französische Außenminister Théophile Delcassé übernahm die politische Verantwortung und mußte am 6. Juni zurücktreten.

Auf der anschließenden Konferenz von Algeciras 1906 gelang es den Deutschen allerdings nicht, Marokko unter internationale Kontrolle zu stellen und die Entente cordiale zu sprengen. Im Gegenteil: Die deutsche Einschüchterungspolitik hatte Frankreich und Großbritannien enger zusammengeführt und Deutschlands Stellung in Europa weiter isoliert. Kaiser und Reichskanzler sahen sich angesichts dieses mageren Ergebnisses im Reichstag und in der deutschen Presse heftiger Kritik ausgesetzt.

## Ein Interview macht Schlagzeilen

Am 28. Oktober 1908 veröffentlichte die Londoner Tageszeitung *Daily Telegraph* ein Interview des britischen Obersts Edward Stuart-Wortley mit Kaiser Wilhelm II. In dem Gespräch betonte der Kaiser, daß er ein Freund Großbritanniens sei, aber seine Freundschaft von der Mehrheit der Deutschen nicht geteilt und von Großbritannien nicht ausreichend gewürdigt werde. Als Beweis seiner anglophilen Einstellung führte Wilhelm II. seine Rolle im Burenkrieg 1899 an, als er eine Liga der Kontinentalmächte gegen Großbritannien verhindert habe. Außerdem habe er seiner Großmutter, der Queen Victoria, einen eigenhändig ausgearbeiteten Feldzugsplan gegen die Buren geschickt, der den Briten den Triumph in Südafrika ermöglichte.

Das Interview löste in ganz Europa heftige Kritik aus. Die öffentliche Meinung reagierte mit Empörung auf die anmaßenden Worte des deutschen Kaisers. Großbritannien empfand die Aussagen Wilhelms als unerträgliche Einmischung in die inneren Angelegenheiten, Frankreich und Rußland sahen in den Äußerungen einen Versuch, ihre guten Beziehungen zu Großbritannien zu stören.

In Deutschland geriet Reichskanzler von Bülow wegen der kaiserlichen Eigenmächtigkeit ins Kreuzfeuer der Kritik.

*Mit einer Motorbarkasse (unten) ließ sich Reichskanzler von Bülow an Bord der kaiserlichen Yacht bringen, die in der Kieler Bucht vor Anker lag, um Wilhelm sein Abschiedsgesuch zu überreichen.*

*Die Veröffentlichung des Interviews Wilhelms II. im* Daily Telegraph *(oben) machte Schlagzeilen.*

Nicht zu Unrecht, denn Stuart-Wortley hatte den Wortlaut des Interviews dem Kaiser zur Durchsicht zugesandt, der es wiederum, wie es die Vorschriften vorsahen, an den Reichskanzler mit der Bitte um Freigabe weitergeleitet hatte. Bülow, der zu dieser Zeit gerade auf Norderney Urlaub machte, behauptete später, das brisante Manuskript wegen Arbeitsüberlastung nie gelesen zu haben, obwohl er wußte, wie impulsiv und unbedacht Wilhelm in seiner Wortwahl oft war. So überließ er die Überprüfung einem untergeordneten Beamten, der sich nicht traute, die Worte des Kaisers zu verändern.

Am 10. November 1908 kam es im Berliner Reichstag zu einer hitzigen Debatte, in der der Reichskanzler jede Verantwortung von sich wies und den Kaiser der öffentlichen Kritik schutzlos preisgab. Wilhelm empfand dieses Verhalten als Verrat. Sieben Monate später, am 26. Juni 1909, mußte von Bülow seinen Abschied einreichen.

Die *Daily-Telegraph*-Affäre schadete dem internationalen Ansehen des Reiches und verstärkte die antideutsche Stimmung in den europäischen Staaten. Zur politischen Isolation kam nun auch noch die moralische Verurteilung Deutschlands in der Öffentlichkeit.

ER 28, 1908.

in his mind--his proved friendship
nd. "I have referred." he said,
eeches in which I have done all that

Mit Plakaten warben Schaubuden
in Berlin für Seekriegsspiele. In einem
großen Bassin wurden Manöver
mit Schiffsmodellen vorgeführt.

an Government was invited by the
nts of France and Russia to join
in calling upon England to put an
war. The moment had come, they
only to save the Boer Republics, but
miliate England to the dust. What
eply? I said that so far from Ger-

Zentralafrika zufriedengeben. Marokko dagegen wurde endgültig dem französischen Kolonialreich eingegliedert.

Diese zweite Marokkokrise führte dazu, daß die Generalstäbe der beiden Entente-Mächte noch im selben Jahr darangingen, einen gemeinsamen Aufmarschplan für den Fall eines Krieges gegen Deutschland auszuarbeiten, der dann drei Jahre später im Ersten Weltkrieg tatsächlich zum Einsatz kam.

## Interessenverbände als Meinungsmacher

Ansprachen wie die „Hunnenrede" des Kaisers trugen mit dazu bei, daß sich in Deutschland zahlreiche vaterländische Vereine und Interessenverbände verstärkt für eine imperialistische Politik der Regierung einsetzten und das deutsche Streben nach Weltgeltung in der Bevölkerung populär machten.

Der in Berlin gegründete Deutsche Flottenverein warb mit großem Aufwand in der Öffentlichkeit für eine aktive und dynamische Flotten- und Kolonialpolitik. Unter dem Motto „Weltpolitik als Aufgabe, Weltmacht als Ziel und Flotte als Instrument" erschienen in der verbandseigenen Zeitschrift *Die Flotte* zahllose Artikel zu diesem Thema.

Von führenden Industrieunternehmen gesponsert und unterstützt vor allem vom nationalistisch gesinnten Bildungsbürgertum, gehörte der Verband zu den eifrigsten Verfechtern deutscher Weltmachtpolitik. 1908, zehn Jahre nach seiner Gründung, konnte er bereits über 1 Million Mitglieder vorweisen.

und nannte den „Panthersprung" überschäumend eine „befreiende Tat". Die deutsche Rechnung ging jedoch nicht auf. Trotz massiver Kriegsdrohungen Berlins lehnte Frankreich, unterstützt von der Regierung in London, das Tauschgeschäft ab, und das deutsche Kaiserreich mußte sich mit geringeren Gebietserweiterungen als erwartet in

## „Panthersprung" nach Agadir

Fünf Jahre nach der Marokkokrise kam es erneut zum Konflikt zwischen Paris und Berlin um das nordafrikanische Sultanat. Frankreich nahm 1911 Unruhen in Marokko zum Anlaß, die Städte Rabat und Fes zu besetzen. Der deutsche Außenminister, Alfred von Kiderlen-Waechter, erklärte sich bereit, Marokko den Franzosen zu überlassen, verlangte dafür aber als Ausgleich das riesige französische Kongogebiet.

Um dem deutschen Ansinnen Nachdruck zu verleihen, ließ er das Kanonenboot *Panther* nach Marokko entsenden. Am 1. Juli 1911 ging das Schiff in der Bucht von Agadir vor Anker. Die deutsche Presse jubelte über die Demonstration machtvoller nationaler Stärke

## DER VATER DER DEUTSCHEN FLOTTE

*Anläßlich eines Essens mit Militärs im Jahr 1890 bat Wilhelm II. um Vorschläge für die Entwicklung der deutschen Kriegsmarine. Ein gewisser Alfred Tirpitz (Foto), Kapitän zur See, erklärte, Deutschland brauche Schlachtschiffe. Neun Monate später beauftragte ihn der Kaiser mit dem Aufbau einer schlagkräftigen Hochseeflotte.*

*Tirpitz, 1849 in*

*Küstrin geboren, trat bereits mit 16 Jahren in die preußische Marine ein und machte dort Karriere. Er beschäftigte sich vor allem mit der Entwicklung der Torpedowaffe, ehe er 1897 Reichsmarineminister wurde. In dieser Funktion schuf er die zweitstärkste Flotte der Welt, brachte Deutschland aber damit in Gegensatz zur ersten Seemacht Großbritannien.*

# „Willkommen in Deutsch-land!"

*1964 begrüßte man in der Bundesrepublik Deutschland den einmillionsten Gast-arbeiter. Die ausländischen Arbeitnehmer trugen zum Wohlstand bei, aber es kam auch zu Problemen im Zusammenleben.*

Der portugiesische Gast-arbeiter Armando Sá Rodri-gues, stolzer Besitzer eines neuen Mopeds, mußte mit seinem Geschenk für die Fotografen zu einem Er-innerungsfoto posieren. Verlegen antwortete er auf die neugierigen Fragen der Reporter.

**GASTGESCHENK** Für den Por-tugiesen Armando Sá Rodri-gues wurde der Empfang am 10. September 1964 auf dem Bahnhof von Köln-Deutz zum Medienereig-nis. Dutzende von Kame-raleuten und Rundfunk-reportern standen bereit, als Vertreter der Arbeitgeberver-bände dem einmillionsten Gastarbei-ter bei seiner Ankunft in der Bundes-republik Deutschland ein funkelnagel-neues Moped überreichten.

Der 28jährige Zimmermann, dem ein glückliches Los dieses Geschenk bescherte, war in einem großen Transport mit über 1000 Gastarbei-tern nach Deutschland gekommen, um hier zu leben und zu arbeiten. „Ohne die Mitarbeit der Ausländer wäre unsere wirtschaftliche Entwick-lung der letzten Jahre nicht denkbar gewesen", hob ein Sprecher in sei-ner Begrüßungsrede hervor. Und er schloß mit den Worten: „Willkom-men in Deutschland!"

**EINWANDERUNGSLAND** Ursache für die verstärkte Einwanderungswelle aus-ländischer Arbeitnehmer war das Wirtschaftswunder der Nachkriegs-zeit. Seit den 50er Jahren verzeich-neten die deutschen Unternehmen große Wachstumsraten. So konnte zunächst die Arbeitslosigkeit der Nachkriegsjahre abgebaut werden. Lag sie 1950 noch bei elf Prozent, so betrug sie 1965 nur noch 0,7 Prozent. Bald schon war klar, daß das Angebot an offenen Stellen die Nachfrage bei weitem überstieg. Die deutschen Un-ternehmer brauchten daher ausländi-sche Arbeitskräfte.

Zu diesem Zweck starteten sie aufwendige Werbekampagnen in vie-len südeuropäischen Ländern. Mit Prospekten und Werbefilmen mach-ten sie den Bauernsöhnen aus Sizi-lien und Anatolien Hoffnung auf ein einträgliches Leben in einem Land der unbegrenzten Möglichkeiten. Und sie hatten Erfolg. 1955 trafen die ersten italienischen Gastarbeiter in der Bundesrepublik ein, 1960 folgten Spanier und Griechen, wenig später Türken und Portugiesen. Arbeiteten 1960 gerade 300 000 Gastarbeiter in Deutschland, so dauerte es nur noch vier Jahre bis zur ersten vollen Mil-lion. Ein Fünftel davon waren Frauen. Rund 70 Prozent der ausländischen Arbeitnehmer stammten aus Italien, Spanien, Griechenland und der Tür-kei, die restlichen 30 Prozent aus ver-schiedenen anderen Staaten in Eu-ropa und aus Übersee.

**ENTTÄUSCHTE HOFFNUNG** Die kühnen Erwartungen, die die deutschen An-werber geweckt hatten, zerschlugen sich häufig angesichts der Realität. Bei ihrer Ankunft fanden viele der Gastarbeiter Massenunterkünfte und Barackenlager vor. Probleme berei-ten ihnen nicht nur die deutsche Sprache, die fremden Sitten und Ge-bräuche, sondern auch die Umstel-lung auf eine hochindustrialisierte Arbeitswelt.   □

## Aufschwung durch Anwerbung

**M**it dem Wohlstand in der Bundesrepublik Deutschland wuchs auch die Zahl der ausländischen Arbeitnehmer. Im Jahr 1966 waren es bereits 1,3 Millionen. Nach einer kurzen Rezession Mitte der 60er Jahre setzte sich der Wirtschaftsaufschwung weiter fort. In einer erneuten Einreisewelle kamen nun vor allem Jugoslawen und Türken nach Deutschland.

Da den Gastarbeitern Schul- und Ausbildung fehlte, blieben ihnen nur die Jobs, die viele vom Wirtschaftswunder verwöhnten Deutschen nicht übernehmen wollten. Bei der schweren körperlichen Arbeit in Hüttenwerken, auf Baustellen und bei wenig angesehenen Dienstleistungen wie der Müllabfuhr waren die Männer aus Kalabrien, Bosnien und Anatolien unter sich. Ihren Frauen blieben schlechtbezahlte Putzstellen. Die Ausländer arbeiteten vorwiegend in konjunkturabhängigen Branchen, von Rezession und Arbeitslosigkeit waren sie daher als erste betroffen.

## Fleißige Arbeiter, ungeliebte Nachbarn

**N**otlager ohne ausreichende Sanitäranlagen, überfüllte Wohnheime, überteuerte Mansardenzimmer, das waren die Unterkünfte der ersten Gastarbeiter. Noch 1961 lebten Griechen, Italiener und Spanier in Baracken des ehemaligen Konzentrationslagers Dachau bei München. Ein Wandel setzte Mitte der 60er Jahre ein, als die ausländischen Arbeitnehmer ihre Familien nachholten. Aus Gastarbeitern wurden ständig in der Bundesrepublik lebende Mitbürger, deren Kinder in Deutschland geboren wurden und hier zur Schule gingen. Als fleißige Arbeiter schätzten die Deutschen sie, aber als Nachbarn waren sie oftmals unbeliebt. Vielen Deutschen waren die Familienfeste der Südeuropäer und die religiösen Zeremonien der Muslime fremd und unheimlich.

Den Gastarbeitern blieb nichts anderes übrig, als auf Randgebiete auszuweichen. In Vierteln mit schlechter Infrastruktur fanden sie Unterkunft. Ganze Stadtteile wurden ausschließlich von Italienern, Griechen und Türken bewohnt, wie zum Beispiel Kreuzberg in Westberlin, das mit seinem hohen Türkenanteil in den 70er Jahren zum „Istanbul des Nordens" wurde. Berlin, die neue Haupt-stadt, ist seit 1991 die ausländerreichste Stadt in der Bundesrepublik Deutschland. Insgesamt leben knapp 7 Millionen Ausländer in Deutschland.

## Probleme der zweiten Generation

**V**ormittags neben deutschen Kindern in der Realschule, nachmittags mit Kopftuch in der Koranschule – in diesem Spannungsfeld zwischen der Kultur des Gastlandes und den Traditionen ihrer Eltern wuchs die zweite Ausländergeneration in der Bundesrepublik Deutschland auf. Sprachbarrieren und Überforderung in der Schule sorgten für Frustration. Dem Unterricht konnten die Ausländerkinder nur mit Mühe folgen, viele erreichten das Klassenziel nicht. In den 80er Jahren hatten über 60 Prozent aller ausländischen Jugendlichen keinen Hauptschulabschluß.

Seit Mitte der 80er Jahre versuchte die Bundesregierung den Ausländern Anreize für die Rückkehr in ihre Heimat zu geben. Finanzielle Mittel standen dafür bereit. Doch für die meisten von ihnen war Deutschland trotz der vielen Schwierigkeiten im Alltag längst zur neuen Heimat geworden.

Eine Welle der Gewalt, die in den 80er Jahren von rechtsextremistischen Randgruppen ausging, verstärkte sich nach der Wiedervereinigung 1990 noch und schuf ein ausländerfeindliches Klima. Viele Deutsche fürchteten um ihren Arbeitsplatz und sahen in den Ausländern eine unliebsame Konkurrenz. Wie stets in wirtschaftlichen Krisenzeiten wurde eine Minderheit zum Sündenbock gestempelt. Doch es gab auch die andere Seite. In spontanen Demonstrationen zeigten Deutsche ihre Solidarität mit ihren ausländischen Mitbürgern. So bekräftigten beim Rockkonzert am 3. November 1992 in der Kölner Altstadt 100 000 Menschen: „Wir sind gegen Ausländerfeindlichkeit!"

*Urlaub in der Heimat: italienische Gastarbeiter bei der Abfahrt nach Neapel auf dem Dortmunder Hauptbahnhof*

D Ita 1541
Dortmund-**Napoli**
Via Domodossola

*Türkische Geschäfte, wie hier in Berlin, sind beliebt wegen ihrer reichhaltigen Lebensmittelauswahl. Ihr Angebot veränderte den deutschen Speiseplan.*

# „An mein Volk"

*Der Aufruf des preußischen Königs Friedrich Wilhelm III. 1813 war der Beginn der nationalen Erhebung gegen Kaiser Napoleon I. und führte schließlich zur Befreiung Preußens.*

*König Friedrich Wilhelms (oben) bewegende Worte wurden von der preußischen Bevölkerung mit begeistertem Patriotismus aufgenommen (unten).*

**PATRIOTISCHE WORTE** In den ersten Frühlingstagen des Jahres 1813 rückte Breslau in den Blickpunkt des öffentlichen Interesses. Am 17. März erschien in der *Schlesischen Zeitung* ein leidenschaftlicher Aufruf des preußischen Monarchen an seine Untertanen, sich von dem Joch der französischen Besetzung zu befreien. Unter der Überschrift „An mein Volk" hieß es darin unter anderem: „So wenig für mein treues Volk als für Deutsche, bedarf es einer Rechenschaft über die Ursachen des Krieges, welcher jetzt beginnt. Brandenburger, Preußen, Schlesier, Pommern, Litauer! Ihr wißt, was Ihr seit fast sieben Jahren erduldet habt, Ihr wißt, was Euer trauriges Los ist, wenn wir den beginnenden Kampf nicht ehrenvoll en-

den. Erinnert Euch an die Vorzeit, an den großen Kurfürsten, den großen Friedrich! Bleibt eingedenk der Güter, die unter ihnen unsere Vorfahren blutig erkämpften: Gewissensfreiheit, Ehre, Unabhängigkeit, Handel, Kunstfleiß und Wissenschaft. Es ist der letzte entscheidende Kampf, den wir bestehen für unsere Existenz, unsere Unabhängigkeit, unseren Wohlstand; keinen anderen Ausweg gibt es, als einen ehrenvollen Frieden oder einen ruhmvollen Untergang."

**FRIEDENSDIKTAT** Diese begeisternden Worte, die der Schriftsteller Theodor Gottlieb von Hippel verfaßt hatte, erschienen auch in anderen Zeitungen Preußens und verbreiteten sich rasch im ganzen Land. Sie lösten in der preußischen Bevölkerung eine wahre Kriegseuphorie aus, um die Schmach von 1806 zu tilgen. Damals war Napoleon nach seinem Sieg über die Preußen als Triumphator in Berlin eingezogen und hatte Friedrich Wilhelm einen Frieden diktiert, der Preußen mehr als die Hälfte seines Staatsgebietes kostete und bei dem rund 5 von 10 Millionen Menschen ihre Heimat verloren hatten.

**GEFEIERTER VOLKSHELD** Die Möglichkeit, sich gegen Napoleon zu erheben, kam im Jahr 1812 nach der Katastrophe des Rußlandfeldzuges. Als die geschlagene französische Armee zurück nach Westen strömte, sah und nutzte der preußische General Hans David Yorck von Wartenburg die Chance. Er befehligte ein preußisches Hilfskorps, das an dem Rußlandfeldzug hatte teilnehmen müssen und das den Rückzug decken sollte. Am 30. Dezember schloß er in einer Mühle nahe der litauischen Stadt Tauroggen eigenmächtig, ohne Weisung seines Königs, mit dem russischen General Diebitsch eine Übereinkunft, in der er seine Truppen für neutral erklärte. Dieses Ausscheren preußischer Truppen aus dem offiziellen Waffenbündnis mit Frankreich bedeutete Hochverrat. Doch die Tat des Generals Yorck setzte ein Fanal für die preußische Erhebung, der sich auch Friedrich Wilhelm III. nach einigem Zögern anschloß. □

## Letzte Vorbereitungen zum Kampf

Der Aufruf des Königs zeigte ungeahnte Folgen. Die gesamte Bevölkerung Preußens fühlte sich angesprochen. Männer wie Ernst Moritz Arndt, Geschichtsprofessor und Schriftsteller, wurden zu bedeutenden Propagandisten des nationalen Aufbruchs. Arndt schwor den Franzosen „ewige Feindschaft" und predigte eine glühende Vaterlandsliebe. Freiwillige aus den besitzenden Schichten wurden zu Freikorps zusammengestellt, der König ordnete an, eine Landwehr zu schaffen, die alle wehrfähigen, nicht der regulären Armee angehörenden Männer zwischen dem 17. und dem 40. Lebensjahr erfaßte; auch ein Landsturm wurde einberufen, dem die Aufgabe zufiel, die Heimat zu verteidigen.

Alle diese Maßnahmen bedeuteten nichts anderes als die Einführung der allgemeinen Wehrpflicht, die von vielen Reformkräften bereits seit Jahren gefordert

*Die runde Karte erinnert an die Völkerschlacht bei Leipzig (links). Zu Tausenden spendeten die Menschen Geld, Waffen und Schmuck für den bevorstehenden Kampf gegen Napoleon (unten).*

wurde. So konnte Preußen im Jahr 1813 insgesamt 280 000 Mann gegen Napoleon mobilisieren – Professoren, Studenten, Kaufleute, Handwerker, Bauernsöhne, reguläre Truppen und viele Freiwillige aus allen Teilen Deutschlands.

Mit großzügigen Spenden unterstützte auch die Bevölkerung die Soldaten. In Schlesien trugen Eheleute ihre goldenen Eheringe freiwillig zu den eigens für diesen Zweck eingerichteten Sammelstellen, um sie einschmelzen zu lassen. Von dem Erlös wurden Waffen, Munition und Kleidung für die Armee beschafft. Für die Goldringe erhielten die Spender eiserne Eheringe, die mit dem Spruch „Gold gab ich für Eisen" versehen waren. Diese Spendenbereitschaft und der Wille, notfalls das eigene Leben für das Vaterland zu opfern, zeichneten in diesen Frühjahrswochen alle patriotischen Gemüter in Preußen aus. Und die Gelegenheit zum militärischen Schlag gegen Napoleon war günstig.

## Die entscheidende Schlacht bei Leipzig

Wenige Tage nach der preußischen Kriegserklärung an Frankreich rückten die mit den Preußen verbündeten russischen Truppen in Berlin ein. Schon zuvor hatten die französischen Besatzer die Stadt verlassen. Am 25. März erließ der Befehlshaber der russischen Truppen, Fürst Michail Kutusow, einen Aufruf an die deutschen Fürsten, der russisch-

preußischen Allianz beizutreten. Der Erfolg dieses Aufrufs blieb jedoch bescheiden. Noch warteten die anderen deutschen Regierungen die weitere Entwicklung ab. Zunächst konnte sich Napoleon behaupten: Er gewann am 2. Mai 1813 bei Großgörschen die Schlacht an der Saale gegen ein russisch-preußisches Aufgebot und eine weitere bei Bautzen. Danach aber ließ er sich, durch die schweren Verluste geschwächt, auf Verhandlungen ein. Und die Zeit arbeitete gegen ihn. Denn derweil hatte sich die antifranzösische Koalition erheblich verstärkt – Großbritannien, Schweden und auch Österreich traten nun dem russisch-preußischen Waffenbund bei.

Während der vereinbarten Waffenruhe im Sommer rüsteten beide Seiten fieberhaft. Bis zum Wiederbeginn der Kämpfe war es Napoleon gelungen, eine gewaltige Heeresmacht von 440 000 Mann aufzubieten. Dagegen stellten die Verbündeten drei Armeen, von denen die Schlesische Armee vom preußischen General Gebhard Leberecht Blücher von Wahlstatt befehligt wurde, ein alter Haudegen von 70 Jahren, den man wegen seines unbändigen Offensivdrangs im Volksmund auch Marschall Vorwärts nannte. Die Allianz verfügte insgesamt über 510 000 Mann.

Die Entscheidung fiel dann vom 16. bis 19. Oktober in der Völkerschlacht bei Leipzig. Das bis dahin größte Gemetzel der Weltgeschichte, an dem über eine halbe Million Soldaten beteiligt war, endete für Napoleon in einem Desaster. Er verlor 72 000 Mann, aber auch die Verbündeten beklagten den Verlust von 54 000 Soldaten. Napoleon setzte sich nach der Niederlage mit den Resten seiner Armee nach Westen ab, überschritt den Rhein und hatte seinen Einfluß auf Deutschland fortan verloren.

## Befreiung der linksrheinischen Gebiete

Nach der Völkerschlacht bei Leipzig lösten sich die von Napoleon 1807 künstlich geschaffenen Staatsgebilde wie der Rheinbund und das Königreich Westfalen auf. Der Krieg aber wurde fortgesetzt, weil Napoleon auf den Vorschlag der Alliierten zu einem Frieden, bei dem der Rhein die französische Grenze sein sollte, nicht einging.

In der Neujahrsnacht 1814 überschritt Blücher bei Kaub den Rhein. Brandenburgische Füsiliere, so ist es überliefert, sollen in Kähnen als erste das linke Rheinufer erreicht haben. Übermannt

vom Gefühl ihres symbolträchtigen Tuns, handelten sie sodann gegen den strikten Befehl, absolute Stille zu wahren, und ließen donnernde Hurrarufe ertönen.

Blüchers Rheinüberquerung war so ganz nach dem Geschmack der deutschen Patrioten. „Der Rhein ist Deutschlands Strom", so hieß es in einer Flugschrift, „aber nicht Deutschlands Grenze!" Blücher befreite anschließend die linksrheinischen deutschen Gebiete. Nach mehreren verlustreichen Gefechten standen die Alliierten Ende März vor Paris. Am 31. März 1814 zogen der russische Zar und der König von Preußen in die Stadt ein. Frankreich war geschlagen. Napoleon entschloß sich zur Abdankung und wurde auf die Insel Elba verbannt.

## Preußen und die „Wacht am Rhein"

Nach dem Willen des österreichischen Staatsmannes Klemens Fürst von Metternich sollten die europäischen Herrscher zu einem Gipfeltreffen zusam-

*Mit gezücktem Bajonett erstürmten preußische Truppen eine von Franzosen besetzte Kirche nahe dem belgischen Ort Waterloo. Die Schlacht dauerte knapp sieben Stunden und kostete fast 40 000 Soldaten das Leben.*

menkommen, um über die politische Neuordnung in Europa zu reden. So trafen sich im Herbst 1814 in Wien die gekrönten Häupter und Gesandten zum größten Friedenskongreß des 19. Jahrhunderts. Nach monatelangem diplomatischem Tauziehen unterzeichnete man im Juni 1815 ein gemeinsam abgefaßtes Dokument. Darin wurde das Königreich Preußen für seine Gebietsverluste aus dem Jahr 1806 entschädigt. Es erhielt die Hälfte des sächsischen Königreiches, das mit Napoleon verbündet gewesen war, Vorpommern, das sich bisher in schwedischem Besitz befunden hatte, sowie Westfalen und das linksrheinische Gebiet zwischen Koblenz und Kleve. Damit übernahm Preußen in Deutschland die „Wacht am Rhein" gegenüber den Franzosen.

Die preußischen Ulanen waren gefürchtete Lanzenreiter. Man erkannte sie an ihrem Waffenrock, der Ulanka, und ihrer Kopfbedeckung, der Tschapka (unten).

## DAS EISERNE KREUZ

Friedrich Wilhelm III. stiftete am 10. März 1813, dem Geburtstag seiner früh verstorbenen Gemahlin Luise, das Eiserne Kreuz. Jeder Soldat, unabhängig vom Dienstgrad, der sich „im Kampf mit dem Feinde im Felde oder daheim" um das Vaterland verdient machte, konnte diese militärische Auszeichnung verlie-

hen bekommen. Das Ehrenzeichen war ein in Silber gefaßtes schwarzes Kreuz aus Gußeisen mit den Initialen des Königs über drei Eichenblättern und der Jahreszahl 1813 darunter. Der Orden war urspünglich nur für den Feldzug gegen Napoleon vorgesehen, doch er wurde noch 1945 verliehen.

*DAS EISERNE KREUZ AUS DEM JAHR 1813*

## Triumphaler Sieg bei Waterloo

Während in Wien noch die Diplomaten verhandelten, traf im März 1815 aus dem Westen eine Hiobsbotschaft ein: Napoleon hatte mit 900 Getreuen Elba verlassen und war auf dem Weg nach Paris, unterwegs gefeiert von der französischen Bevölkerung. Unter den Teilnehmern des Wiener Kongresses breitete sich lähmendes Entsetzen aus. Eile war geboten, um dem Korsen keine Zeit zu lassen, erneut eine Streitmacht aufzustellen. Doch von

den Verbündeten hatten nur die Briten und die Preußen ihre Truppen einsatzbereit.

Blücher eilte mit seiner Armee, die am Rhein stand, den Briten unter dem Kommando des Herzogs von Wellington entgegen, der seine Truppen im Raum Gent aufgestellt hatte. Auf diesem Marsch wurde er von Napoleon am 16. Juni bei Ligny in Belgien angegriffen und deutlich geschlagen. Zwei Tage später warfen sich die Franzosen im Siegesrausch auf den Höhen von Waterloo nahe Brüssel auch Wellington entgegen. „Ich wollt', es würde Nacht oder die Preußen kämen!" soll Wellington ausgerufen haben, als er sich nur mit Mühe gegen die anstürmenden Franzosen wehren konnte.

Und Wellingtons Wunsch erfüllte sich: Im Gegensatz zu Napoleons Hoffnung, daß sich Blüchers geschlagene Truppen in Richtung Rhein absetzen würden, griffen die Preußen am Abend auf dem Schlachtfeld von Waterloo in die Kämpfe ein und fielen den Franzosen in die rechte Flanke und in den Rücken. Diese waren so überrascht, daß sie in Panik gerieten und die Flucht ergriffen. Bei dem Gehöft Belle-Alliance trafen die verbündeten Truppen dann aufeinander, und Blücher und Wellington gratulierten sich zu dem großen Sieg. Die Preußen übernahmen die Verfolgung und vernichteten die Reste der Napoleonischen Armee.

Die Schlacht von Waterloo besiegelte das Schicksal Napoleons. Nach nur 100 Tagen Herrschaft mußte er erneut abdanken. Sein Exil hieß diesmal Sankt Helena, eine Insel im fernen Südatlantik. Dort starb er im Jahr 1821. In Europa kehrte unterdessen Frieden ein. Eine neue Epoche begann.

Die Goldene Bulle trägt ihren Namen nach dem goldenen Siegel, mit dem Kaiser Karl IV. das bedeutendste Dokument der mittelalterlichen deutschen Geschichte bestätigte (rechts).

Kaiser Karl IV. (unten) sah das Werk als die Krönung seiner 32jährigen Herrschaft an.

# „Zur Förderung der Eintracht"

*Karl IV. erließ 1356 die Goldene Bulle, das Grundgesetz des Mittelalters, das aus dem Reich eine Art Bundesstaat mit Wahlkönigtum machte und viereinhalb Jahrhunderte gültig blieb.*

**AUF FREIEM FELD**  Das letzte große Ereignis des Hoftages von Metz, der nun schon drei Wochen dauerte, sollte die Schlußsitzung am 25. Dezember 1356 werden. Vor den Toren der Stadt, dort wo die Seille in die Mosel mündet, war auf freiem Feld mit einem mannshohen Bretterzaun ein großes Areal abgesteckt und zu einem Versammlungsplatz hergerichtet worden. An der einen Seite hatte man ein hohes Podium aufgebaut, auf dessen oberster Stufe Kaiser Karl IV. thronte. An langen Tischen saßen Herzöge, Grafen, Adlige und Abgesandte vieler Städte aus allen Gegenden des Reiches. Außerhalb der Umzäunung machte sich Feststimmung breit, und das Volk drängte sich in Massen um die Feuerstellen, über denen sich Ochsen am Spieß drehten.

Karl IV. eröffnete die Sitzung. Dann ließ er etwa zwei Stunden lang einen Text verlesen, der von ihm selbst als „unser kaiserliches Rechtsbuch" vorgestellt wurde und als das bedeutendste Reichsgesetz des mittelalterlichen Deutschland, als die erste deutsche Verfassung überhaupt gilt. Sie sollte, so hatte er in seiner Vorrede betont, zur „Förderung der Eintracht unter den Kurfürsten und zur Einmütigkeit der Königswahl" beitragen. In 31 Kapiteln regelte dieses Grundgesetz ausführlich das Verfahren der Königswahl in Deutschland, präzisierte die Stellung der Kurfürsten im Reich und ihre Privilegien und schrieb das Hofzeremoniell bei der Krönung oder an Hoftagen ebenso fest wie etwa die Sitzordnung der Würdenträger bei Festessen.

**KOMPROMISS** Der Großteil der proklamierten Gesetze war der illustren Runde bereits vom Reichstag in Nürnberg bekannt, wo sie kaum ein Jahr zuvor, am 10. Januar 1356, verabschiedet worden waren. Der Kaiser hatte die sieben Kurfürsten damals zum Weihnachtsfest in die alte Reichsstadt eingeladen und sie über die geplanten Maßnahmen informiert.

Den Kurfürsten war es vor allem darum gegangen, in dem neuen Gesetzeswerk ihre Rechte und Pflichten eindeutig geregelt zu sehen. Insbesondere Münzrechte und Zollvorschriften – wichtige Hoheitsrechte – sollten zu ihren Gunsten geändert werden. Aus Sorge, seine Verfassungsreform könnte zuletzt noch scheitern, stimmte Karl ihren Forderungen letztlich zu. Er gab auch ihrem Drängen nach und beendete den unter den Reichsfürsten entstandenen Streit um die Kurwürde. Er bestätigte endgültig den Herzog von Sachsen-Wittenberg, den Pfalzgrafen und den Markgrafen von Brandenburg als Kurfürsten und ließ dies in der Urkunde festschreiben. Bayern

und Österreich blieben dagegen weiterhin ohne Kurstimme.

**WÜSTE ORGIEN** Dann war der Reichstag von Nürnberg in ausgedehnten Gelagen und wüsten Zechereien versunken, in denen sich die Kurfürsten besonders hervortaten. Sie litten danach tagelang unter den Folgen der Ausschweifungen, so daß an ein kontinuierliches Arbeiten nicht mehr zu denken war. So konnte Karl verärgert zum Abschluß der Reichszusammenkunft am 10. Januar 1356 nur jene 23 Kapitel der neuen Verfassung proklamieren lassen, die die Königswahl, die Stellung der Kurfürsten und den Landfrieden regelten. Die Diskussion der anderen Fragen mußte er auf einen neuen Reichstag in Metz verschieben, wo man sich dann aber einigte.

Damit hatte der Kaiser sein Ziel erreicht. An Weihnachten 1356 trat die neue Reichsverfassung in Kraft. Die Urkunde wurde mit einem goldenen Siegel versehen und den Kurfürsten als Goldene Bulle ausgehändigt.  □

*Karls Sohn und Nachfolger Wenzel ließ im Jahr 1400 eine prachtvolle Handschrift der Goldenen Bulle anfertigen, aus der diese Seite stammt.*

## Königswahl bei Wasser und Brot

Die Goldene Bulle übertrug die Königswahl in Deutschland endgültig den sieben Kurfürsten. Sie legte ebenfalls den Wahlablauf und das Protokoll fest. Nach dem Tod eines Königs und Kaisers hatte der Mainzer Erzbischof, der zu den Kurfürsten gehörte, 30 Tage Zeit, um einen Termin für die Wahl des Nachfolgers festzulegen und dies den anderen Kurfürsten mitzuteilen.

Innerhalb von drei Monaten mußten diese sich dann in Frankfurt einfinden, wo seit der Wahl Friedrich Barbarossas im Jahr 1152 in der Kirche Sankt Bartholomäus, dem heutigen Dom, der deutsche König gekürt wurde. Kaum angekommen in der Stadt, mußten die Kurfürsten schon am Tag darauf während eines gemeinsamen Gottesdienstes den Eid ablegen, ihre Entscheidung unter anderem „ohne jede geheime Absprache, Belohnung oder Entgelt" zu treffen; angesichts der damals üblichen Praktiken der Gipfel der Heuchelei. Die Bürger der Stadt Frankfurt wurden in der Goldenen Bulle angewiesen, die Kurfürsten gegen Angriffe von außen zu schützen, aber auch dafür zu sorgen, daß diese mitsamt ihrem Gefolge nicht übereinander herfielen.

Dann fand die Wahl statt. Die Kurfürsten durften Frankfurt nicht verlassen, ehe sie mit ihrer Mehrheit den König und künftigen Kaiser gewählt hatten. Sollten die Kurfürsten damit innerhalb von 30 Tagen nicht fertig sein, so sollten sie „von da an nur Brot und Wasser" erhalten, und zwar so lange, bis der Monarch gewählt war. Die Drohung wirkte. Es ist nie notwendig gewesen, sie in die Tat umzusetzen.

Die Goldene Bulle bestätigte überdies Aachen als Krönungsort. Diese Tradition ging auf Otto den Großen zurück, der sich 936 in der Pfalzkirche zu Aachen hatte krönen lassen, und sie wurde fortgesetzt bis zur Krönung Ferdinands I. im Jahr 1531. Dessen Sohn und Nachfolger Maximilian II. ließ sich 1562 nach seiner Wahl zum deutschen König als erster Herrscher auch gleich in Frankfurt krönen. Der Dom blieb Krönungskirche, in der im Jahr 1792 mit dem Habsburger Franz II. der letzte Herrscher des alten Kaiserreiches gewählt wurde.

## Sieben Kurfürsten bestimmen den König

**I**n der Goldenen Bulle wurde nicht nur der genaue Ablauf der Königswahl, sondern gleichzeitig auch die Rangfolge der Kurfürsten für alle Zeiten festgelegt. Wahlleiter war der Erzbischof von Mainz. Er fragte in einer festen Reihenfolge die Stimmen der Kurfürsten ab: zuerst die des Erzbischofs von Trier, dem die erste Stimme von alters her zustand; dann die des Erzbischofs von Köln, dem Würde und Amt zukamen, den König zu krönen; dann die Stimme des Königs von Böhmen, der als gekrönter Fürst der erste unter den weltlichen Kurfürsten war; an vierter Stelle wurde der Pfalzgraf bei Rhein gefragt, dann der Herzog von Sachsen und schließlich der Markgraf von Brandenburg.

Als letzter gab der Wahlleiter seine Stimme ab, was ihm ermöglichte, bei Gleichstand der Stimmen die Wahl zu entscheiden. War einer der Kandidaten von der Mehrheit der Kurfürsten oder ihrer Gesandten genannt worden, war er gewählt, und zwar so, als sei die Wahl einstimmig erfolgt. Es sollte keine Könige erster oder zweiter Klasse oder „Pfaffenkönige" mehr geben, wie das Volk so manchen Herrscher beschimpft hatte, der in früheren Zeiten nur von den geistlichen Kurfürsten aus Mainz, Köln und Trier gewählt worden war.

Kaiser Karl IV. bestimmte ausdrücklich, daß ein Thronkandidat durchaus aus der Mitte der Kurfürsten mit seiner eigenen Stimme zum König gewählt werden konnte, wenn er so die notwendige Mehrheit erreichte.

Die sieben Kurfürsten hatten auch die sogenannten sieben Erzämter inne. Dabei handelte es sich um bestimmte Funktionen, die bereits am fränkischen Hof Karls des Großen bei feierlichen Anlässen von hochgestellten Persönlichkeiten des Reiches wahrgenommen wurden. Die drei geistlichen Kurfürsten von Mainz, Trier und Köln waren die Erzkanzler der drei Königreiche Deutschland, Burgund und Italien, die dem Kaiser unterstanden, der böhmische König bekleidete das Amt des Erzschenks, der Pfalzgraf bei Rhein trat als Erztruchseß in Erscheinung, der sächsische Herzog versah den Dienst eines Erzmarschalls, und der brandenburgische Markgraf betätigte sich als Erzkämmerer.

*Frankfurt war nicht nur eine bekannte Drehscheibe des Handels, sondern auch eine alte Königsstadt. Im Dom (im Hintergrund links) wurden die deutschen Herrscher gewählt.*

## Geschäftsführer des Reiches

**D**ie schlechten Plazierungen des sächsischen Herzogs und des Pfalzgrafen auf der Rangliste des Wahlverfahrens wurden durch andere ehrenvolle Aufgaben ausgeglichen. So wurde der Sachsenherzog bei Abwesenheit des Kaisers zum Reichsverweser mit allen könig-

---

## ZUFLUCHTSORT UND SCHATZKAMMER

*Etwa 20 Kilometer südwestlich von Prag liegt hoch über einem Flüßchen die Burg Karlstein, die wohl berühmteste Burg Böhmens und gleichzeitig eines der schönsten Baudenkmäler Europas. Im Jahr 1348 legte der deutsche König und spätere Kaiser Karl IV. hierzu den Grundstein. Er trieb die Bauarbeiten ungeduldig voran und weilte dort wiederholt, noch bevor der Gebäudekomplex 1357 fertiggestellt wurde.*

*Karlstein diente dem weitgereisten Herrscher als weltabgewandte Zu-*

EIN WUCHTIGER RECHTECKIGER TURM ÜBERRAGT DIE BURG KARLSTEIN.

*flucht. Er zog sich, sooft es ihm die Regierungsgeschäfte erlaubten, hierher zurück, um die Ruhe und Schönheit seiner böhmischen Heimat zu genießen.*

*Vor allem aber barg die Burg die wichtigsten Heiligtümer der Reiches: die Reichsinsignien, Karls wertvolle Reliquiensammlung und den böhmischen Kronschatz. Deshalb wurde die Anlage mit den kaiserlichen Räumen im Lauf der Zeit durch zwei gewaltige Vorburgen besonders gesichert, die sie uneinnehmbar machten.*

Ordenliche ... bildung der siben Churfürstliche. Session und derselben ... er so sie im Heyligen Römischen Reich/ neben der Kayserlichen Mayestat haben.

Trier Cölln Mäintz K. Behem. Pfaltz Saxen Brandé

Rem. Keyser.

Karl IV. (Bildmitte) bestätigte den sieben Kurfürsten ihre Rechte als Königswähler (links).

Im 16. Jahrhundert ließen sich die Kurfürsten, von ihrer Bedeutung überzeugt, für die Wahlzeremonie einen prächtigen Trinkpokal anfertigen (unten).

lichen Rechten in den Ländern eingesetzt, in denen sächsisches Recht galt, und der Pfalzgraf in allen anderen Ländern Deutschlands. Vor ihm würde sich der Kaiser auch rechtfertigen müssen, wenn er einmal wegen Rechtsverstößen angeklagt werden sollte. Der Fall trat jedoch nie ein. Das Kurfürstengremium war damit zum obersten Kontrollorgan im Reich geworden und beschnitt die Macht des deutschen Herrschers ganz erheblich.

## Die Kurländer sind unteilbar

Damit es jedoch nicht wie in der Vergangenheit bei Erbteilungen in den vier weltlichen Kurfürstentümern zu Spaltungen der Herrschaft und zu strittigen Kurstimmen kommen konnte, wurden die Kurfürstentümer für alle Zeiten für unteilbar erklärt und die Erbfolge dahingehend geregelt, daß künftig dem ältesten rechtmäßigen Sohn das Erbe ungeteilt zufiel.

Karl IV. hatte in der Schlußfassung der Goldenen Bulle den Kurfürsten auf ihr Drängen hin zusätzliche Privilegien zugestehen müssen. So erhielten sie die unbeschränkte Gerichtsbarkeit in ihren Ländern, die bisher ausschließlich dem König zustand, zugesprochen. Außerdem sicherten sie sich die Rechte am Bergbau, die sie zu Besitzern aller Gold- und Silbergruben und Bergwerke in ihren Ländern machten, in denen Zinn, Kupfer, andere Erze oder Salz abgebaut wurde. Überdies bekamen sie das Recht, Mün-

zen zu prägen, Zölle zu erheben sowie Juden aufzunehmen und sich deren Schutz mit hohen Abgaben honorieren zu lassen.

Aufgrund dieser umfangreichen Rechte und der Tatsache, daß ihr Territorium nicht geteilt werden durfte, war die Position der Kurfürsten vergleichbar mit der eines Königs. Sie war das Resultat eines regionalen, nur auf die eigenen Interessen gerichteten Denkens, das nationale Belange nicht berücksichtigte. Dadurch war Deutschland – ganz anders als andere Staaten Europas – zu einem föderalistischen Bundesstaat geworden, in dem es Hunderte von kleineren und größeren Staaten gab, die eifersüchtig auf ihre Unabhängigkeit bedacht waren. Diese Eigenständigkeit lebt beispielsweise noch heute in der Kulturhoheit der Länder in der Bundesrepublik Deutschland fort.

Die starke Stellung der sieben Kurfürsten schwächte das Königtum erheblich und war auch der Grund dafür, daß sich in Deutschland nie ein politisches Zentrum entwickelte, von dem alle Staatsgewalt ausging. So war es undenkbar, daß es im Reich eine Hauptstadt gab wie etwa Paris oder London, von der aus das Land regiert und verwaltet wurde.

## Ein dreister Schwiegersohn

Es war naheliegend, daß der Machtzuwachs der sieben Kurfürsten den Neid anderer Landesherren erweckte. So mancher von ihnen meinte, sich auf die eine oder andere Art einen Ersatz verschaffen zu müssen. Ein besonders drei-

stes Stück leistete sich Herzog Rudolf IV. von Österreich, der Schwiegersohn des Kaisers. Als er 1358 mit 19 Jahren das Oberhaupt des Hauses Habsburg wurde, wollte er das erwerben, was seinem Vater bei den Verhandlungen über die Bestimmungen der Goldenen Bulle seinerzeit entgangen war, nämlich die Kurfürstenwürde für Österreich.

Rudolf handelte unverzüglich und ließ in seiner Wiener Kanzlei eine Urkunde, den sogenannten Kleinen Freiheitsbrief oder *privilegium minus*, in dem der Stauferkaiser Friedrich Barbarossa 1156 dem Herzogtum Österreich gewisse Sonderrechte und Privilegien zugestanden hatte, verfälschen und umschreiben. Rudolf nannte dieses neue Dokument in Anlehnung an die ursprüngliche Urkunde bezeichnenderweise nun den Großen Freiheitsbrief oder *privilegium majus*.

Darin verlieh er – von den Erzämtern der Kurfürsten in der Goldenen Bulle angeregt – seinem Haus Habsburg den Erzherzogtitel. Er ging sogar noch einen Schritt weiter, befreite sein Land eigenmächtig von allen Lehnspflichten dem deutschen König gegenüber und versah es mit einem langen Katalog von weiteren angeblich verbürgten Privilegien. Die Urkunden, mit denen die Nachfolger Barbarossas das echte *privilegium minus* bestätigt hatten, ließ er in demselben Sinne umschreiben.

Rudolf IV. nannte sich jetzt Pfalzerzherzog und reiste mit diesen zweifelhaften Dokumenten 1359 nach Prag. Dort wollte er von Kaiser Karl IV. nicht nur erneut die Belehnung mit Österreich erbitten – ein formaler Akt, der bei einem Thronwechsel üblich war –, sondern er forderte, gestützt auf die mitgebrachten Rollen teuren Pergaments, auch die Privilegien ein, die seinem Haus angeblich seit Barbarossas Zeiten zustanden. Karl erkannte die Fälschungen nicht an, da sie den Bestimmungen der Goldenen Bulle zuwiderliefen, und konnte seinen Schwiegersohn dazu überreden, den selbstverliehenen Titel eines Pfalzerzherzogs wieder aufzugeben. Die Angelegenheit geriet im Lauf der Jahrzehnte zunächst in Vergessenheit.

Kaiser Friedrich III., der das Haus Habsburg im 15. Jahrhundert zu einer neuen Blüte führte, erkannte das *privilegium majus* 1442 im Jahr seiner Krönung zum deutschen König an und bestätigte seine Gültigkeit elf Jahre später. Daß es sich dabei um eine plumpe Fälschung handelte, wurde erst im 19. Jahrhundert aufgedeckt, als man sich erneut mit der Entstehung des Erzherzogtitels beschäftigte. Die Habsburger legten jedoch den selbstverliehenen Titel nicht mehr ab. Mit dem Untergang der k.u.k. Monarchie 1918 hatte es dann auch mit den Erzherzögen ein Ende.

## Bestechungsgelder für zwei Erzbischöfe

Z war hatte Karl IV. in der Goldenen Bulle allein den Kurfürsten die Wahl des deutschen Königs zugebilligt, doch hinderte ihn dies nicht daran, seit 1375 alles zu versuchen, um seiner Dynastie, den Luxemburgern, zu seinen Lebzeiten die Thronfolge im Reich zu sichern und seinen ältesten Sohn Wenzel zu seinem Nachfolger wählen zu lassen.

Karls Rechnung war einfach: Da er neben der deutschen auch die böhmische Krone besaß, verfügte er nach dem Erwerb Brandenburgs selbst über zwei Kurstimmen. Eine dritte Stimme würde aus Sachsen kommen, dessen Herzog die Wahl des damals 15jährigen Wenzel zum deutschen König unterstützte; dazu galt die Zustimmung des Pfalzgrafen Ruprecht I. als sicher. Nur die drei geistlichen Kurfürsten wehrten sich gegen die Wahl Wenzels. Obwohl Karl mit diesen vier Stimmen bereits die erforderliche Mehrheit besaß, war er daran interessiert, auch die Zustimmung der drei Erzbischöfe zu erlangen, um die Herrschaft seines Sohnes auf eine möglichst breite Basis zu stellen.

Durch einen glücklichen Zufall wurde just in dieser Zeit der Stuhl des Mainzer Erzbischofs frei,

*Böhmische Handwerker fertigten für Kaiser Karl IV. einen kunstvollen Lederbehälter, in dem die Reichskrone aufbewahrt wurde.*

den Karl mit einem Kandidaten seiner Wahl besetzen konnte. Die Erzbischöfe von Trier und Köln brachte er durch zahlreiche Wahlversprechungen und nicht zuletzt durch hohe Bestechungsgelder auf seine Seite.

Am 1. Juni 1376 versammelten sich die Kurfürsten in Rhens bei Koblenz und einigten sich darauf, daß Wenzel der geeignetste Kandidat für den deutschen Thron sei. Am 10. Juni wählten sie ihn in der Sakristei des Frankfurter Doms zum deutschen König. Am 6. Juli wurde er in Aachen gekrönt. Knapp fünf Monate später starb Kaiser Karl IV. in Prag. Bei der Erbteilung erhielt sein jüngerer Sohn Sigismund das Kurfürstentum Brandenburg, Wenzel trat dagegen die Nachfolge als König im Deutschen Reich an.

## Noch mehr Kurfürsten

D ie Zahl von sieben Kurfürsten blieb bis zur Mitte des 17. Jahrhunderts unverändert. Doch seit den Hussitenkriegen 1419 übte Böhmen seine Rechte nicht mehr aus und wurde erst 1708 wieder zum kurfürstlichen Kollegium zugelassen.

Eine weitere Änderung ergab sich in der Pfalz. Als der pfälzische Kurfürst Friedrich V. zu Beginn des Dreißigjährigen Krieges vom Kaiser geächtet wurde, übertrug man 1623 seine Kurwürde auf Maximilian I. von Bayern und bestätigte auf diese Weise die damaligen Machtverhältnisse in Süddeutschland. Auf dem Westfälischen Frieden 1648 wurde die Pfalz als Kurfürstentum wiederhergestellt und bekam eine achte Kurstimme.

Im Jahr 1692 erhöhte sich dann die Zahl der Kurfürsten auf neun. Herzog Ernst August von Braunschweig hatte innerhalb von zwei Jahrzehnten seine Herrschaft erheblich vergrößert. Außerdem hatte er Kaiser Leopold I. in den Kriegen gegen die Franzosen und die Osmanen beigestanden. Aufgrund seiner Hilfe und seiner Vormacht in Norddeutschland verhandelte er mit Leopold über die Kurfürstenwürde. Und so erreichte er, daß dieser ihn mit dem Kurfürstentum belehnte, das bald nach der aufstrebenden Residenzstadt Hannover genannt, aber wegen des Widerstands der etablierten Kurfürsten erst 1708 endgültig anerkannt wurde.

Mit dem Aussterben der Wittelsbacher erlosch 1777 die bayerische Kurwürde und fiel zusammen mit dem Herzogtum Bayern an die Pfalz, so daß es von da an wieder nur acht Kurfürstentümer gab.

# Entschlossenes Handeln

Es gab und gibt
in der deutschen
Geschichte eine Reihe von
herausragenden Persönlichkeiten, die den Gang
der Ereignisse weder dem
Zufall noch dem Wirken
anderer Menschen
überlassen wollten.
Mit Tatkraft, Weitsicht
und aus Überzeugung,
aber auch aus Berechnung
und oftmals mit dem
Mut der Verzweiflung
griffen sie aktiv
in das Geschehen ein,
um das Schicksal des
Landes in ihrem Sinn
zu beeinflussen.

# Kuriere für den Kaiser

*Die Einrichtung eines ständigen Kurierdienstes zwischen den habsburgischen Residenzen Innsbruck und Mechelen 1490 markierte den Beginn des deutschen Postwesens.*

*Unter diesem Wappen (oben) machte die Familie Taxis Karriere. Ihre Postillione beförderten in nur fünfeinhalb Tagen die Post über 1024 Kilometer von Innsbruck nach Mechelen (Karte). Das Zeichen der Taxisreiter war das Posthorn, mit dem sie ihr Kommen schon von weitem signalisierten (rechts).*

**GROSSE ERBSCHAFT** Zu Beginn des Jahres 1490 erhielt der lombardische Geschäftsmann Janetto von Tassis die fürstliche Summe von 300 Goldgulden ausbezahlt. Der Absender war niemand Geringeres als der deutsche Kö-nig Maximilian I. aus dem Haus Habsburg. Mit diesem Geld sollte Janetto gemeinsam mit seinem Bruder Franz von Tassis unverzüglich einen regelmäßigen Kurierdienst zwischen den beiden Städten Innsbruck und Mechelen bei Brüssel einrichten, damit wichtige Nachrichten schneller und zuverlässiger, als es bisher üblich war, befördert werden konnten.

Die Überlegung, die Maximilian bewog, einen solchen Auftrag zu erteilen, war einleuchtend. Nach dem frü-

Mechelen
Brüssel
Monschau
Köln
Burgen
*Main*
Worms
Speyer
*Rhein*
*Neckar*
Offenburg
Ulm
*Donau*
Freiburg
Stockach
Füssen
Nassereith
Innsbruck
*Inn*

hen Tod seiner Frau Maria von Burgund 1482 war der Großteil des burgundischen Erbes Maximilian zugefallen. Dadurch war der Besitz der Habsburger innerhalb des Reiches erheblich gewachsen. Diese Ländereien bezeichnete man damals als Niederlande, sie umfaßten ein Territorium, das in etwa dem Gebiet der heutigen Beneluxstaaten entspricht.

Um diesen Besitz, der weitab von seiner Residenz Innsbruck lag, verwalten und regieren zu können, brauchte Maximilian Boten, die seine zahlreichen königlichen Anweisungen und Erlasse per Brief rasch, diskret und sicher nach Mechelen, dem Amtssitz der neuen habsburgischen Lande, übermittelten.

**REITENDE BOTEN** Maximilians Wahl fiel auf die lombardischen Brüder Janetto und Franz von Tassis, weil sie sich bereits als Postmeister des Papstes und der Republik Venedig einen Namen gemacht hatten. Noch im gleichen Jahr nahmen die beiden, deren Name später zu Taxis eingedeutscht wurde, mit 80 Mann die erste Postlinie zwischen Innsbruck und Mechelen in Betrieb.

Die Kuriere mußten eine 1024 Kilometer lange Strecke bewältigen. Im Abstand von rund 38 Kilometern richtete man befestigte Poststationen ein. Dort übergaben die reitenden Boten die Briefe an ausgeruhte Postillione, die ohne Pause mit frischen Pferden zur nächsten Station weitergaloppierten. Schnelligkeit war Trumpf. Die Kuriere waren mit einem Signalhorn ausgerüstet, mit dem sie schon von weitem die Fährleute auf sich aufmerksam machten, die Stadtwächter alarmierten und der nächsten Poststation ihr Kommen ankündigten. Die Reiter trugen ein Schriftstück mit dem Siegel Maximilians bei sich, das sie als Kuriere des deutschen Herrschers legitimierte und ihnen im Notfall überall Tür und Tor öffnete.

**ERSTAUNLICHE LEISTUNG** Mit diesem einfachen, aber sehr effizienten Stafettensystem legten die Postillione bis zu 150 Kilometer am Tag zurück. Das war das Zehnfache dessen, was herkömmliche Botendienste bis dahin als Tagesleistung vorweisen konnten. Die Kuriere vollbrachten dabei Unglaubliches, denn die Straßen, sofern es überhaupt welche gab, waren schlecht ausgebaut, und die Witterung, vor allem im Winter, setzte Mensch und Tier erheblich zu. ☐

## Tempo mit Brief und Siegel

Der Kurierdienst der Brüder Taxis entpuppte sich als wahre Goldgrube. Im Auftrag Maximilians I. richteten die beiden immer mehr Postlinien ein, die die verstreut liegenden habsburgischen Länder im Reich und im übrigen Europa miteinander verbanden. So entstanden ständige Kurierdienste zwischen Wien und Freiburg sowie von Innsbruck über den Brenner nach Italien. Die Finanzierung dieser Postlinien bereitete dem Habsburger Herrscher bisweilen Schwierigkeiten, denn er litt ständig unter Geldmangel und konnte die Postreiter nicht immer pünktlich bezahlen. So sah er sich des öfteren gezwungen, wertvolle Ländereien und Schlösser an die Taxis zu verpfänden.

Auf der Suche nach einem finanzstärkeren Kunden knüpfte Franz von Taxis schon recht früh Kontakte zu Maximilians Sohn Philipp dem Schönen, der seit 1499 die Niederlande regierte und über ausgiebige Geldquellen verfügte. So wechselte Franz vom Vater zum Sohn und siedelte um die Jahrhundertwende nach Brüssel über, wo er als Hofpostmeister in Philipps Dienste trat. Nur wenige Jahre später hatte er sein Ziel erreicht: Am 18. Januar 1505 wurde er zum Generalpostmeister ernannt und sicherte sich in einem Vertrag mit Philipp das alleinige Recht der Postbeförderung für die habsburgischen Lande.

Als Gegenleistung für dieses Monopol garantierte Franz von Taxis, daß die Briefpost zwischen den beiden Städten Innsbruck und Mechelen nicht länger als fünfeinhalb Tage unterwegs war. Im Winter durfte es auch einen Tag länger dauern. Das entsprach einer Tagesleistung von durchschnittlich 200 Kilometern, ein Drittel mehr als zu Beginn der ersten Postlinie im Jahr 1490. Für die stolze Summe von etwa 800 000 Mark trug Franz außerdem dafür Sorge, daß die Briefe ordnungsgemäß zugestellt, die Beförderungszeiten eingehalten und das Briefgeheimnis gewahrt wurde.

*Jede Landespost hatte ihre eigenen Uniformen. Dieser Postillion aus der Biedermeierzeit arbeitete für das Königreich Hannover.*

## Reisen mit der Postkutsche

Franz von Taxis, zu Amt und Würden gekommen, besaß Geld und hatte Einfluß. Doch er wollte mehr. Zielstrebig und unbeirrt arbeitete er am Aufbau eines mächtigen Postimperiums, indem er den Kurierdienst weiter ausbaute. Mit sicherem Gespür erkannte er jedoch, daß die Zukunft auch im Personentransport lag.

Reisen war bis ins 16. Jahrhundert eine mühselige und beschwerliche Angelegenheit. Ob Adliger oder Bauer, man reiste auf schlechten Straßen zu Fuß oder per Pferd. Nur Frachtgut wurde mit schwerfälligen Karren von Ort zu Ort transportiert. Mit dem zukünftigen deutschen Kaiser Karl V. schloß Franz von Taxis daher 1516 einen Vertrag, der erstmals vorsah, daß auch Amtspersonen auf bestimmten Postlinien befördert werden konnten. Dies war der Beginn der Ära der Postkutsche. Da das Bedürfnis nach schnellen und bequemen Reisemöglichkeiten immer mehr zunahm, erhielt der Reichsgeneralpostmeister Lamoral von Taxis 100 Jahre später die Erlaubnis, nicht mehr nur Amts-, sondern auch Privatpersonen zu befördern.

Als weiteres Privileg sicherten sich die Taxis' das Recht, neben der habsburgischen Amtspost auch Privatbriefe zustel-

len zu dürfen. Damit erschloß sich die Familie Taxis eine zusätzliche sprudelnde Einnahmequelle.

Seit etwa der Mitte des 16. Jahrhunderts wurde die Post regelmäßig einmal wöchentlich mit dem Kurier befördert. Wer es besonders eilig hatte, der bediente sich der sogenannten Extrapost, die die Briefe auf besonderes Verlangen gegen eine höhere Gebühr durch schnelle Reiterstafetten ans Ziel brachte. Zu diesem Zeitpunkt gab es bereits geregelte Tarife für den Brieftransport. Das Porto wurde nach Gewicht und Strecke festgesetzt und vom jeweiligen Postmeister an den Poststationen gegen Beleg entgegengenommen. Die Briefe wurden mit Frankierungsvermerken wie *franco*, frei, oder *porto pagato*, bezahlt, versehen. Daneben gab es auch schon Nachnahmesendungen und sogar postalische Zahlungsanweisungen.

## Auseinandersetzungen um das Postmonopol

Im Jahr 1595 entschloß sich Kaiser Rudolf II. zu einem folgenschweren Schritt. Er ernannte Leonhard von Taxis zum Generaloberpostmeister des Reiches und übertrug ihm zwei Jahre später das Postmonopol, das nun nicht nur für die habsburgischen Lande, sondern für das gesamte Reichsgebiet galt.

Besonders die Reichsstädte und die protestantischen Staaten im Norden und Osten des Reiches, die von den Taxisschen Postlinien bisher nicht erfaßt worden waren, weil sie außerhalb des Interessengebietes der Habsburger lagen, widersetzten sich der Entscheidung des Kaisers. Die Herrscher sahen darin einen Angriff auf ihre landesherrliche Souveränität. Nach oft zähen Verhandlungen und erst gegen Zahlung von hohen Gebühren erklärten sich die Reichsfürsten dazu bereit, daß die Taxis' auf ihren Territorien Postlinien und Poststationen der Reichspost einrichten durften, behielten sich aber gleichzeitig das Recht vor, ihre eigenen Landespostdienste beizubehalten und weiter auszubauen.

Vor allem Kurfürst Friedrich Wilhelm von Brandenburg wies den Monopolanspruch des Kaisers und der Taxisschen Reichspost entschieden zurück. So ließ er 1646 eine eigene Postlinie von Kleve über Berlin nach Memel einrichten, um seine rheinischen Gebiete mit den ostpreußischen Landesteilen zu verbinden. Außerdem konnten die Hohenzollernherrscher gegen die Ansprüche der Taxis' durchsetzen, daß in Brandenburg nur die eigene staatliche Landespost Briefe und Waren befördern und eine eigene Fahrpostlinie einrichten durfte.

Da es nicht gelang, das Postwesen vollständig zu vereinheitlichen, einigten sich der Kaiser und die Reichsfürsten auf einen Kompromiß. Während die Taxissche Reichspost im Süden und Westen des Reiches ihre vorherrschende Stellung behaupten konnte, sollten im nord- und mitteldeutschen Raum die verschiedenen Landespostdienste ihren Einfluß behalten und weiter ausbauen. Unter dem gegenseitigen Konkurrenzdruck mußten Reichspost und Landespostdienste ihr Angebot verbessern und erweitern. So unterhielt die Reichspost seit 1660 auf ihren Linien einen regelmäßigen Postkutschendienst und gab eine Reichspostordnung heraus, die den Kunden unter anderem vor überhöhten Tarifen schützte.

Diese bei Landsberg stehende kursächsische Postmeilensäule mit Entfernungsangaben diente den Postreitern als Wegweiser (links).

Aus den Poststationen in den Städten entwickelten sich im 18. Jahrhundert die Gasthäuser Zur Post, die den Reisenden Unterkunft und Verpflegung gewährten.

Von Brehna nach
1 Zörbig 2 Sf ½
Gr.
2 Löbben 6 Sf ½
Nacken 9 Sf ⅜
1 Dessau 7 Sf ¾
2 Zerbst 13 Sf
Gommern 18 Sf ⅛
Gr.
3 Magdeburg 21 Sf ⅝
Bitterfeldt 2 Sf ⅝
Gräfenhaynche 6 Sf

*1824 wurden in Preußen die ersten Briefkästen eingerichtet. Dieses Modell stammt aus dem Jahr 1850 und trägt auf der Frontseite den preußischen Adler.*

## Von Brüssel über Frankfurt nach Regensburg

S eit den Tagen des Franz von Taxis befand sich die Firmenzentrale der Familie, die 1695 in den erblichen Reichsfürstenstand erhoben worden war und sich nun Thurn und Taxis nannte, in Brüssel. Doch nachdem im Spanischen Erbfolgekrieg die Stadt und die gesamten Posteinrichtungen zerstört worden waren, entschlossen sich die Thurn und Taxis', die Reichspostverwaltung 1702 nach Frankfurt am Main zu verlegen, das nun Mittelpunkt eines neuen deutschen Postnetzes wurde.

Allerdings zog man schon bald erneut um. Als 1748 der Reichstag seinen ständigen Sitz nach Regensburg verlegte, folgte man der Reichsverwaltung und siedelte ebenfalls in die Stadt an der Donau über. Noch heute hat die Familie dort ihren Stammsitz.

## Von der Landespost zur Reichspost

N ach dem Ende der Napoleonischen Ära gründeten die deutschen Fürsten auf dem Wiener Kongreß 1815 den Deutschen Bund. Er bestand aus 41 souveränen Einzelstaaten, in denen es insgesamt 17 eigenständige Postdienste gab, wobei man der Thurn-und-Taxisschen

Post in Thüringen und in Süddeutschland eine Sonderstellung einräumte.

Die Kleinstaaterei und die unterschiedliche Organisation der Landespostdienste führten zu erheblichen Behinderungen im Postverkehr in Deutschland. In den Stationen an den Landesgrenzen blieben Postsäcke liegen, Briefe wurden falsch zugestellt, und auch die Postkutschen fuhren mit Verspätung.

Um diese Probleme zu überwinden, schuf Preußen nach seinem Sieg über Österreich 1866 eine einheitliche Bundespost für den Norddeutschen Bund, in der alle deutschen Postverwaltungen, außer denen von Baden, Württemberg und Bayern, zusammengeschlossen waren. Mit dieser Umstrukturierung des deutschen Postwesens endete auch die Ära des privaten Postunternehmens der Familie Thurn und Taxis. Der preußische Staat übernahm gegen eine Abfindung von 3 Millionen Talern das Familienunternehmen.

Mit der Reichsgründung 1871 wurde die Bundespost in Kaiserliche Reichspost umbenannt, die für das gesamte Reichsgebiet zuständig war. Eine Ausnahme bildeten nur die beiden Königreiche Bayern und Württemberg, die ihre eigenen Verwaltungs- und Tarifvorschriften bis 1920 beibehielten und den Postverkehr mit dem benachbarten Ausland selbständig regelten.

## Beförderung zu Land, zu Wasser und in der Luft

U m Personen, Briefe und Frachtgut schneller befördern zu können, richtete die preußische Regierung 1819 auf der Strecke Berlin–Magdeburg eine Schnellpostlinie mit Eilwagen ein. Der dann aufkommenden Konkurrenz durch die Eisenbahn waren die Postkutschen aber nicht mehr gewachsen.

Bereits 1848, 13 Jahre nach der ersten Eisenbahnfahrt in Deutschland, setzte die großherzogliche Regierung in Baden erstmals einen Bahnpostwagen auf Schienen ein. Ein Jahr später nahm Preußen mit den rollenden „Bahn-Speditions-Bureaus" den regelmäßigen Bahnpostdienst auf. 1852 folgte Württemberg mit seinen „Fahrenden Postämtern". Während der Zugfahrt bearbeiteten Postbedienstete Einschreiben und Wertsendungen, füllten Paketkarten aus und stempelten die Briefe, so daß die Post bei An-

## BRIEFMARKEN FÜR DIE POST

*Neun Jahre nachdem Großbritannien die erste Briefmarke der Welt, die berühmte* Penny Black, *herausgegeben hatte, erschien auch in Deutschland das erste Postwertzeichen. Am 1. November 1849 stellte die bayerische Post die Ein-Kreuzer-Marke, die sogenannte Schwarze Einser, der Öffentlichkeit vor. Ein Jahr später brachten dann die Postverwaltungen der anderen deutschen Staaten ihre eigenen Postwertzeichen in Umlauf.*

*Die Einführung der Briefmarke erleichterte den Briefverkehr wesentlich. War es bis dahin üblich gewesen, daß der Empfänger bei der Zustellung der jeweiligen Postsendung eine Gebühr in bar entrichten mußte, so konnte nun der Absender bereits im voraus seine Postsendung mit einer Marke freimachen.*

*Bis zum Jahr 1914 richtete die Reichspost in ganz Deutschland, vor allem in ländlichen Gebieten, über 10 000 Postagenturen ein, wo der Absender Briefmarken kaufen sowie seine Briefe und Pakete aufgeben konnte. Das bisherige unübersichtliche Gebührensystem, das für jede Postsendung einen eigenen Tarif – je nach Gewicht und Entfernung gestaffelt – vorsah, wurde abgeschafft und durch einheitliche Portosätze ersetzt, die für eine raschere und billigere Beförderung sorgten.*

*ZUM 500. GRÜNDUNGSJAHR DER POST ERSCHIEN DIESE SONDERMARKE.*

Da sich in den deutschen Haushalten das Telefon sehr rasch durchsetzte, mußten in den Städten Fernsprechämter eingerichtet werden, in denen die zahlreichen Gespräche vermittelt wurden. Meist waren es Frauen, die wie hier 1911 im Fernsprechamt Kurfürst in Berlin an sogenannten Klappenschränken saßen und die Fernsprechteilnehmer durch ein Kabel miteinander verbanden.

kunft des Zuges am Zielort sofort zugestellt werden konnte.

Große Bedeutung im internationalen Postverkehr erlangte die Postschiffahrt. Bereits 1824 nahmen preußische Postschiffe auf der Ostsee ihren Dienst auf, und ab 1847 setzte die HAPAG, die Hamburg-Amerikanische Packetfahrt-Actiengesellschaft, Segelschiffe im regelmäßigen Postverkehr zwischen Hamburg und New York ein. Die Hinreise dauerte 42 Tage, die Rückfahrt 30 Tage. Neben dem anfallenden Frachtgut konnten auch bis zu 220 Passagiere befördert werden.

Der entscheidende Durchbruch im Schiffpostdienst gelang jedoch, als die HAPAG und der Norddeutsche Lloyd in den 50er Jahren darangingen, moderne, aus Eisen gefertigte Dampfschiffe einzusetzen. Die Überfahrt verkürzte sich damit auf 14–16 Tage. Gegen Ende des 19. Jahrhunderts unterhielt die Kaiserliche Reichspost eigene Dampferlinien in die deutschen Kolonien in Afrika, Asien und im Pazifik.

Auch die Erfindung des Automobils als Transportmittel machte sich die Post früh zunutze. 1903 wurden in Berlin die ersten Autos im Postdienst eingesetzt, und 1905 fuhren die ersten planmäßigen Postomnibusse in Bayern. Schon sieben Jahre später schlug die Geburtsstunde der deutschen Luftpost. Im Juni 1912 beförderten das Flugzeug *Gelber Hund* und der Zeppelin *Schwaben* im Rhein-Main-

Gebiet insgesamt 460 700 Luftpostsendungen. Die gelieferte Post wurde von Beamten der Reichspost noch am Landeplatz bearbeitet und dann zugestellt. Doch erst nach dem Ersten Weltkrieg, im Jahr 1919, richtete die Post eine regelmäßige Luftpostverbindung von Berlin nach Weimar ein, wo die verfassunggebende Nationalversammlung tagte. Auf diese Weise konnten die Abgeordneten schnell und umfassend mit den neuesten Nachrichten und Informationen aus der Hauptstadt versorgt werden.

Eine völlig neue Aufgabe übernahm die Reichspost im Jahr 1885, als Reichskanzler Bismarck die Rentenversicherung in Deutschland einführte. Die Auszahlung der Renten übertrug er nämlich der Post, die dafür eigene Auszahlungsschalter in den Postämtern einrichten mußte. Erste Postscheckämter entstanden 1909, und 1939 wurde der Postsparkassendienst eröffnet.

## Die neuen Medien – Telegraf und Telefon

Die Kaiserliche Reichspost beförderte nicht nur Briefe, Pakete und Personen, sondern nutzte auch in verstärktem Maß die neuen Techniken von Telegraf und Telefon. Im Jahr 1876 hatte der Schotte Graham Bell in Boston die

erste funktionierende Telefonleitung erfolgreich getestet. Schon ein Jahr später unternahm die Kaiserliche Reichspost mit dem Bellschen Apparat erste Versuche, die sehr vielversprechend waren und dem Telefon in Deutschland zum Durchbruch verhalfen. So richtete die Post 1881 in Berlin und im elsässischen Mülhausen die ersten Ortsnetze ein. Sechs Jahre später konnte man bereits Ferngespräche zwischen Berlin und Hamburg führen. Und um 1900 verfügte das Kaiserreich über ein Kabelnetz von mehr als 80 000 Kilometer Länge.

Von großer Bedeutung für die Post wurde die Telegrafie. Man erkannte rasch, daß die schnelle Übermittlung von Nachrichten im politischen, militärischen und wirtschaftlichen Bereich immer wichtiger wurde und daß dies ein lukratives Geschäft zu werden versprach. Einen ersten Schritt in diese Richtung tat man 1876, als Postdienst und Fernmeldewesen zur einheitlichen Reichspost- und Telegrafenverwaltung zusammengeschlossen wurden. Noch im gleichen Jahr begann man damit, ein unterirdisches Telegrafenkabel von Berlin nach Halle zu verlegen. Bis 1902 installierte die Post zahlreiche Seekabel im deutschen Küstenbereich, um die Nord- und Ostseeinseln mit dem Festland zu verbinden. Mit der Erfindung der drahtlosen Telegrafie um 1900 begann dann die Ära der Funkverbindungen.

# Maulkorb für die Katholiken

*Der Versuch Bismarcks, 1871 den Einfluß des politischen Katholizismus in Deutschland auszuschalten, schlug fehl und spaltete die junge Nation in zwei Lager.*

*Erst mit der Unterschrift des Reichskanzlers wurden die Kampfgesetze gegen die Katholiken rechtskräftig.*

*Diese Karikatur stellt den Kulturkampf als ein Schachspiel zwischen Bismarck und Papst Pius IX. dar. Während die Schachfiguren des Reichskanzlers die einzelnen antikirchlichen Gesetze symbolisieren, macht der Papst mit Verboten, Enzykliken und Dogmen seine Züge.*

**GEFÄNGNIS FÜR GEISTLICHE** Nach einer kontroversen Debatte im Reichstag trat am 10. Dezember 1871 im deutschen Kaiserreich ein Gesetz in Kraft, das den Geistlichen verbot, ihr Amt zu politischen Zwecken zu mißbrauchen. Andernfalls drohte ihnen Gefängnis oder sogar Festungshaft bis zu zwei Jahren. Einer der hartnäckigsten Verfechter dieser insbesondere gegen die Katholiken gerichteten Zwangsmaßnahme war Reichskanzler Otto von Bismarck.

**PAPST CONTRA BISMARCK** Ursache des Gesetzes war vor allem das im Jahr zuvor vom Ersten Vatikanischen Konzil verkündete Dogma von der Unfehlbarkeit des Papstes, das die Autorität Roms herausstrich, sowie der Anspruch der Kurie, die Kirche dem Staat überzuordnen. Das konfessionelle Zentrum, die erst 1870 gegründete Partei des politischen Katholizismus, begrüßte das Vorgehen des Vatikans und stand in klarer Opposition zur Politik des Reichskanzlers, die seiner Meinung nach das protestantische Preußen bevorzugte und das katholische Element im Reich benachteiligte. Daher sah Bismarck im Zentrum eine Gefahr für sein Lebenswerk – die gerade auf dem Schlachtfeld gegen Frankreich gewonnene Einheit des Reiches. □

## Standesamt und staatliche Schulaufsicht

Auf den sogenannten Kanzelparagraphen folgten in den nächsten Jahren weitere Gesetze, die den Einfluß der Kirche mehr und mehr einschränkten und die zum Teil noch heute Gültigkeit haben. Im Zuge dieser Maßnahmen kam es zu einer langjährigen Auseinandersetzung zwischen Kirche und Staat, die das politische Klima im jungen Kaiserreich nachhaltig bestimmte. Sie ging als Kulturkampf in die deutsche Geschichte ein. Bedeutendster Sprecher der Zentrumspartei und damit Bismarcks stärkster Gegenspieler war der ehemalige Justizminister im Königreich Hannover und nunmehrige Reichstagsabgeordnete Ludwig Windthorst.

Zu den wichtigsten Gesetzen des Kulturkampfes gehörte das Schulaufsichtsgesetz, das am 11. März 1872 in Preußen in Kraft trat. Es legte die Aufsicht über alle öffentlichen und privaten Schulen in die Hand des Staates und sollte richtungweisend für die weitere Entwicklung des Schulwesens im gesamten Deutschland sein. Unmittelbarer Anlaß war, daß in den Gebieten Preußens mit vorwiegend polnischer Bevölkerung die deutsche Sprache nur eine geringe Rolle spielte. So hielten die Geistlichen den Schulunterricht in der Muttersprache ab, statt dafür zu sorgen, daß die Kinder Deutsch lernten. Dies entsprach natürlich in keiner Weise den Interessen Bismarcks, und so versuchte er, mit dem Schulaufsichtsgesetz den Spielraum der Geistlichen in ihrer Funktion als Lehrer, Schulrat oder Schulinspektor einzuschränken.

Als das Gesetz in den preußischen Kammern debattiert wurde, kam es zu leidenschaftlichen Rededuellen unter den Abgeordneten. Weit über den eigentlichen Anlaß hinaus ging es den Parlamentariern letztlich um die Frage, wem zukünftig der Haupteinfluß auf die Schule zustehen solle, dem Staat oder der Kirche. So befürchtete Ludwig Windthorst in seiner Rede, daß durch die staatliche Schulaufsicht der Staat „notwendig ein konfessionsloser, ein religionsloser, rein heidnischer Staat, ein Staat ohne Gott" oder „selber Gott hier auf der Erde" werde. Am Ende jedoch stimmten die preußischen Parlamentarier mit einer stabilen Mehrheit für den Gesetzentwurf,

wenn auch ein Teil der Abgeordneten sich nur dafür entscheiden konnte, weil Bismarck ihnen gedroht hatte und der Kronprinz eingeschritten war. Das Zentrum und die Katholiken erlitten somit eine schwere politische Niederlage. Fortan büßte die Kirche ihren Einfluß auf die Erziehung der Jugend in erheblichem Umfang ein.

Auch auf einem anderen Gebiet mußte die Kirche ihre hoheitliche Stellung aufgeben, denn am 9. März 1874 führte Preußen die „obligatorische Zivilehe" ein. Das Gesetz legte fest, daß in Zukunft jede Eheschließung sowie auch sonstige Anlässe des Personenstandes wie Geburten und Todesfälle von staatlichen Standesbeamten beurkundet werden mußten. In den preußischen Rheinlanden galt die Zivilehe bereits seit der Napoleonischen Zeit und stand schon ein halbes Jahrhundert in den Forderungskatalogen der Liberalen. Wilhelm I. zögerte allerdings lange, bevor er das Gesetz unterzeichnete. Denn es nahm der Kirche die seit Jahrhunderten überkommene öffentliche

Aufgabe, die bürgerliche Rechtsstellung der Eheleute formell zu begründen. Die Presse unkte damals gar, man werde in Zukunft wohl „überkonfessionelle Friedhöfe" einrichten müssen, da sich die Geistlichen weigern würden, Personen zu beerdigen, die in nicht kirchlich geschlossenen Ehen gelebt hätten. Doch solche Prognosen bewahrheiteten sich nicht. Schon im folgenden Jahr wurde dieses preußische Gesetz in ganz Deutschland eingeführt, und Ehen zu schließen gilt seitdem als Recht und Pflicht des staatlichen Standesbeamten.

## Der Streit eskaliert durch die Kampfgesetze

Während die Schulaufsicht und die Zivilehe bleibende Hoheitsaufgaben des Staates wurden, was dazu führte, daß in den Gemeinden und Städten neue Behörden und Ämter entstanden, setzte Bismarck auch viele Kampfgesetze

*Auf dem Standesamt im 19. Jahrhundert: vor den Augen des Standesbeamten, der Zeugen und Familienangehörigen unterschreibt die junge Braut ihre Heiratsurkunde.*

durch, die nicht lange bestehen blieben und die vor allem seinem unversöhnlichen Gegensatz zur Zentrumspartei entsprangen. Zu diesen Bestimmungen gehörte das Jesuitengesetz von 1872, das den Orden der Gesellschaft Jesu im Reichsgebiet verbot und die Pater zwang auszuwandern. Es wurde erst zu Beginn des 20. Jahrhunderts wiederaufgehoben.

1873 traten in Preußen die ersten der sogenannten Maigesetze in Kraft, die unter anderem festlegten, daß Geistliche eine wissenschaftliche Ausbildung vorweisen mußten und ein staatliches Examen abzulegen hatten. Außerdem verschärften sie das staatliche Aufsichtsrecht über die Kirchen. Das Brotkorbgesetz von 1875 schließlich sperrte die staatlichen Zuschüsse Preußens an die katholische Kirche, und das noch im selben Jahr erlassene Klostergesetz verbot alle Orden und ordensähnlichen Kongregationen der katholischen Kirche, die nicht der Krankenpflege dienten, für das preußische Staatsgebiet.

## Der Widerstand der Kirche

Die katholische Kirche nahm die staatlichen Angriffe nicht tatenlos hin, sondern rief sogleich zum Widerstand gegen diese Gesetzgebung auf. Zahlreiche Geistliche und Bischöfe verloren im Verlauf dieser Auseinandersetzung ihre Ämter und wurden zu Geld- und Gefängnisstrafen verurteilt. Deshalb waren in Preußen sogar zeitweilig alle Bistümer verwaist. Bismarcks rücksichtsloses Vorgehen gegen die römische Kirche empörte jedoch nicht nur die deutschen Katholiken, sondern stimmte auch viele Protestanten nachdenklich, weil sie die Prinzipien des liberalen Staates, insbesondere seine Toleranz gegenüber den Religionsgemeinschaften und natürlich auch die Grundrechte, verletzt sahen. Papst Pius IX. verurteilte die „gottlose Gewalt" des Staates und erklärte Bismarcks Kampfgesetze in aller Form für ungültig. Da der Reichskanzler bei den Regierungen der katholischen Länder Italien, Österreich und Belgien keine Unterstützung in seinem Kulturkampf gewinnen konnte, hatte er sich auch international isoliert.

Es kam deshalb, wie es kommen mußte: Der Kulturkampf endete für den Reichskanzler mit einer schweren Niederlage, denn die Katholiken rückten nun enger zusammen. Sie gründeten Vereine und Zeitungen, die zum Forum des Widerstandes gegen den Staat wurden. Bei den Wahlen zum zweiten deutschen Reichstag im Jahr 1874 konnte die Zentrumspartei ihre Sitze von 63 im Jahr 1871 auf 91 erhöhen. Ähnlich erfolgreich war das Zentrum auch schon bei den preußischen Landtagswahlen des Vorjahres gewesen. So mußte Bismarck erleben, daß er seine Gegner, die er eigentlich entscheidend schwächen wollte, durch seine rechtsstaatlich fragwürdigen Kampfgesetze am Ende gestärkt hatte.

## Politisches Attentat auf den Kanzler

Am 13. Juli 1874 entging Bismarck in Bad Kissingen, wo er sich zur Kur aufhielt, nur denkbar knapp einem Pistolenattentat. Der Täter, ein Böttchergeselle namens Kullmann, folgte dem Staatsmann auf seiner Fahrt zu den Salinen und schoß auf ihn, als sein Wagen einen Moment anhalten mußte. Durch einen Zufall wurde Bismarck nur am Handgelenk getroffen. Als Motiv für den

Anschlag gab der Täter, ein junger Katholik, an, aus Empörung über den Kulturkampf gehandelt zu haben.

Das Attentat machte deutlich, wie sehr das politische und geistige Klima in Deutschland durch die Auseinandersetzung zwischen Staat und katholischer Kirche inzwischen vergiftet war. Nach dem Tod von Papst Pius IX. im Jahr 1878 suchte Bismarck schließlich den Ausgleich mit dessen Nachfolger. Dies war für ihn um so wichtiger, als er inzwischen den Kampf gegen die Sozialistische Arbeiterpartei und ihre Anhänger aufgenommen hatte und dabei die Unterstützung der Kirche sowie des Zentrums brauchte. In der zweiten Hälfte der 80er Jahre hoben sogenannte Friedensgesetze die meisten der Maßnahmen des Kulturkampfes wieder auf.

Jubelnd und mit Hitlergruß empfing die Zivilbevölkerung in Mainz die ersten deutschen Truppen, die über die Rheinbrücke auf das linke Ufer marschierten. Innerhalb von 24 Stunden rückten 24 000 Soldaten ins entmilitarisierte Rheinland ein.

Überall, wohin die deutschen Soldaten kamen, wurden sie als Befreier gefeiert. Als Willkommensgruß überreichten ihnen Kinder oftmals Blumensträuße.

# Riskantes Manöver

*Die deutsche Besetzung des entmilitarisierten Rheinlandes 1936 bedeutete das Ende des Versailler Vertrages und machte Hitler den Weg frei für seine expansive Außenpolitik.*

**JUBELNDER EMPFANG** In den frühen Morgenstunden des 7. März 1936 marschierten deutsche Truppen ins entmilitarisierte Rheinland ein. Während die Hauptmasse der Verbände vorsichtig abwartend am Rhein stehenblieb, zogen drei Infanteriebataillone in Richtung der strategisch wichtigen linksrheinischen Städte Aachen, Trier und Saarbrücken nahe der belgisch-luxemburgisch-französischen Grenze. Niemand hielt sie auf. Im Gegenteil: innerhalb kurzer Zeit säumten jubelnde Menschenmassen die Straßen. Mit Blumensträußen und „Sieg-Heil!"-Rufen begrüßte die Bevölkerung die Truppen. Denn wer konnte etwas dagegen haben, wenn Deutsche in Deutschland einmarschierten? Das war die einhellige Meinung an diesem Frühlingsmorgen im Rheinland.

Dabei stellte die Rheinlandbesetzung eine grobe Verletzung des Versailler Friedensvertrages von 1919 dar. In diesem Vertrag war nämlich festgelegt worden, daß im Rheinland keine deutschen Truppen stationiert werden dürften. Die Entmilitarisierung dieses Gebietes hatte die deutsche Regierung außerdem in den Locarno-Verträgen aus dem Jahr 1925 ausdrücklich gegenüber den Westmächten bekräftigt.

**SPANNENDE STUNDEN** Gegen alle Ratschläge seiner engsten Berater hatte Reichskanzler Adolf Hitler den Überraschungscoup geplant und durchgeführt. Er konnte nicht wissen, wie die Franzosen reagieren würden, aber er hatte ein riskantes Manöver gewagt und gewonnen.

Den Westmächten war zwar klar gewesen, daß Deutschland die Entmilitarisierung des Rheinlandes auf Dauer nicht hinnehmen würde, doch sie hatten den Überfall nicht zu einem so frühen Zeitpunkt erwartet. Der französische Generalstab überschätzte die deutsche Truppenstärke und riet daher von einem Gegenschlag ab. Die britische Regierung hegte keine ernsthaften Bedenken angesichts des unblutigen Einmarsches der Deutschen, und vom faschistischen Italien, das eine Annäherung an das Deutsche Reich suchte, war ohnehin kein Widerspruch zu befürchten.

**GÜNSTIGE GELEGENHEIT** Hitler hätte sich keinen günstigeren Zeitpunkt für seinen Coup ausdenken können. Die Bestimmungen der Verträge von Versailles und Locarno, die bis dahin die Eckpfeiler für die Sicherheit in Mitteleuropa gewesen waren, wurden in den 30er Jahren immer mehr aufgeweicht. Stärker als bisher suchten die europäischen Staaten die politische Stabilität mit zweiseitigen Verträgen zu sichern.

Eine Neuordnung der europäischen Mächtekonstellation zeichnete sich seit dem Jahr 1935 ab, als Frankreich einen militärischen Beistandspakt mit Rußland abschloß. Im selben Jahr bewies Großbritannien seine Annäherung an Deutschland mit einem beiderseitigen Flottenabkommen, das eindeutig gegen die Friedensbestimmungen des Versailler Vertrages verstieß. Hitler konnte im Frühjahr 1936 also zu Recht annehmen, daß die Westmächte nicht mehr darauf bestehen würden, daß die Verträge von Versailles und Locarno strikt eingehalten wurden.

**GESCHICKTER TAKTIKER** Diesen politischen Spielraum, der sich ihm damals bot, hatte der deutsche Diktator erkannt, und er nutzte ihn gleich am ersten Tag der Rheinlandbesetzung geschickt aus. Um die Mittagsstunde des 7. März betrat Hitler in Berlin die Rednertribüne des Reichstages und erklärte, die Demütigungen von Versailles wären ein für allemal beendet. Um sein Vorgehen auch international zu rechtfertigen, beschwor er das militärische Bündnis zwischen Frankreich und Rußland herauf, das gegen die Locarno-Verträge verstoße. Diese wären damit null und nichtig.

Unbeschreiblicher Jubel erscholl, als Hitler die Besetzung des Rheinlandes bekanntgab. Minutenlange Beifallsrufe unterbrachen seine Rede. Die nationalsozialistischen Abgeordneten applaudierten frenetisch, als sie hörten, daß die volle und uneingeschränkte Souveränität des Rheinlandes zum „primitiven Recht des deutschen Volkes" gehörte.

Im weiteren Verlauf seiner Rede versuchte Hitler, die europäischen Mächte zu beschwichtigen und von seiner Friedfertigkeit zu überzeugen. Deutschland wäre an einem dauerhaften Frieden in Europa interessiert, versicherte der Diktator mehrfach und machte seinerseits Vorschläge für einen Nichtangriffspakt.

Die Westmächte waren nur zu gern bereit, diesen Beteuerungen zu glauben, denn ein Blutvergießen wollten die europäischen Staatsmänner möglichst vermeiden – alle außer Adolf Hitler, der zu diesem Zeitpunkt schon Pläne für die Eroberung Osteuropas schmiedete. □

## Milliarden für die deutsche Aufrüstung

Im selben Jahr, in dem Hitler bei den Olympischen Spielen in der Weltöffentlichkeit für Frieden und Völkerverständigung warb, also 1936, gab er in einer geheimen Denkschrift seine wahren Absichten preis: „Die deutsche Armee muß in vier Jahren einsatzfähig sein. Die deutsche Wirtschaft muß in vier Jahren kriegsfähig sein."

Auf dem Parteitag im September stellte der Reichskanzler den Vierjahresplan vor und beauftragte Hermann Göring mit der Durchsetzung. Oberstes Ziel sollte die Unabhängigkeit des Reiches von ausländischen Rohstoffen sein. Göring führte eine Art Kommandowirtschaft ein. Vor allem trieb er die Wiederaufrüstung Deutschlands in atemberaubendem Tempo voran. Die Rüstungsausgaben, die 1933 bei 700 Millionen Reichsmark gelegen hatten, erreichten 1938 mit der enormen Summe von 17,2 Milliarden Mark die Hälfte aller Staatsausgaben. Diese Aufrüstung brachte eine gefährlich hohe Staatsverschuldung und Inflationsrate mit sich. Reichswirtschaftsminister Hjalmar Schacht, der das nicht mehr verantworten konnte, trat daher 1937 zurück. Damit hatte sich Göring als Wirtschaftsdiktator durchgesetzt.

Die Kriegsvorbereitungen gingen noch weiter. Im November 1937 legte Hitler konkrete Pläne für den „Anschluß" Österreichs, die „Zerschlagung" der Tschechoslowakei und die Eroberung von „Lebensraum im Osten" vor. Eine Niederschrift dieser geheimen Besprechung im Kreise führender Militärs fertigte sein Vertrauter, Wehrmachtsadjutant Friedrich Hoßbach, an. Als Hoßbach-Protokoll ging das Schlüsseldokument für Hitlers Kriegspläne, das erst nach dem Krieg bekannt wurde, in die Geschichte ein.

## Deutsche Bomben auf Guernica

Im Sommer 1936 probten in Spanien rechtsgerichtete Militärs den Aufstand gegen die neugebildete sozialistische Regierung, was zum Bürgerkrieg führte. Schon bald bildeten die Faschisten eine Regierung, an deren Spitze General Francisco Franco trat. Er suchte bei den beiden anderen Diktatoren Europas, Hitler und Mussolini, Unterstützung, die diese ihm gern gewährten. Hitler hatte dafür mehrere Gründe. Zum einen fürchtete er das Gespenst des Kommunismus in Europa, zum andern lockte ihn die Aussicht, im strategisch günstig gelegenen Spanien Fuß zu fassen. Vor allem aber drängte es ihn, seine noch im Aufbau befindliche Wehrmacht zu erproben.

Auf Francos ausdrückliches Hilfegesuch schickte Hitler 6000 freiwillige deutsche Soldaten in den Bürgerkrieg. Diese Legion Condor leistete einen entscheidenden Beitrag zum Sieg der Faschisten. Traurige Berühmtheit erlangten dabei die deutschen Kampfflieger bei der rücksichtslosen Zerstörung der kleinen baskischen Stadt Guernica am 26. April 1937. In einem dreistündigen Bombenhagel wurde Guernica dem Erdboden gleichgemacht, die Zahl der Opfer ist bis heute umstritten.

Die Tötung wehrloser Zivilisten löste weltweite Proteste aus. Hitler kümmerte sich jedoch wenig um den Sturm der Entrüstung, ihn interessierte nur die Tatsa-

Bereits im Jahr 1935 hatte Hitler in Deutschland die allgemeine Wehrpflicht wieder eingeführt. Der Aufmarsch der neuen Wehrmacht stärkte das Selbstbewußtsein (oben).

Nationalsozialistische Propaganda bestimmte in den Tagen vor der geplanten Volksabstimmung das Straßenbild Wiens und forderte zum „Ja" für den Anschluß Österreichs auf (links).

che, daß die deutsche Luftwaffe ihren Test bestanden hatte. Von den Westmächten drohten ihm sowieso keine ernsthaften Sanktionen, obwohl er vertragsbrüchig geworden war. Er konnte sicher sein, daß diese sich an die diplomatische Abmachung, sich nicht in den Bürgerkrieg einzumischen, hielten.

Die Kriegsvorbereitungen liefen weiter. Im Sommer 1938 veranlaßte er den Bau des Westwalls, einer 400 Kilometer langen Verteidigungslinie von Basel bis Aachen. Unter strenger Geheimhaltung bauten Tausende von Deutschen, die zum Arbeitsdienst herangezogen wurden, eine Kette von Bunkeranlagen und Panzersperren entlang der Grenze, die im Kriegsfall den belgischen und französischen Angriff aufhalten sollte.

## Hitler und Mussolini – eine neue Freundschaft

Die gemeinsame Unterstützung Francos im Spanischen Bürgerkrieg schweißte Italien und Deutschland enger zusammen. Als der italienische Außenminister Galeazzo Ciano im Oktober 1936 zu einem Besuch in Berlin weilte, warb Hitler für ein deutsch-italie-nisches Bündnis. Zwischen Deutschland und Italien gäbe es keine Interessengegensätze, aber viele weltanschauliche Gemeinsamkeiten, erklärte er. In geheimen Gesprächen machte Hitler deutlich, daß er die Annexion Abessiniens durch Italien akzeptieren wollte. Auch in der Spanienfrage wurde Einigkeit demonstriert. Beide Staaten erkannten Francos faschistisches Regime offiziell an. Die „Achse Berlin–Rom", wie Mussolini die neue Bündniskonstellation nannte, wurde durch offizielle Verträge untermauert.

1937 kam Mussolini selbst nach Berlin, um seine persönliche Freundschaft mit dem deutschen Diktator vor den

*Mit Verzweiflung und Tränen in den Augen verfolgte die tschechische Bevölkerung die Besetzung Prags 1939.*

Augen der Welt zu demonstrieren. Er war überwältigt vom Glanz und Pomp der Ehrungen sowie von den nationalsozialistischen Massenaufmärschen.

## Österreich unter NS-Herrschaft

N ach dem Ersten Weltkrieg hatten die Siegermächte der neugebildeten Republik Österreich untersagt, sich dem Deutschen Reich anzuschließen. Viele Deutsche und Österreicher empfanden dies als schreiende Ungerechtigkeit. Obwohl die Alpenrepublik inzwischen ein eigenes Staatsbewußtsein entwickelt hatte, tendierte ein Teil der Bevölkerung weiterhin zum Anschluß an Deutschland. Die nationalsozialistische Propaganda verstand es, diesen Wunsch politisch zu schüren.

Am 12. Februar 1938 ließ Hitler den österreichischen Bundeskanzler Karl Schuschnigg nach Berchtesgaden kommen und setzte ihn massiv unter Druck. Er forderte ihn ultimativ auf, die bis da-

hin verbotene NSDAP anzuerkennen und den nationalsozialistischen Vertrauensmann Arthur Seyß-Inquart zum Innenminister zu ernennen. Da die österreichischen Hilferufe an die anderen europäischen Staaten ungehört verhallten, blieb Schuschnigg nichts anderes übrig, als die Forderungen anzuerkennen.

In letzter Minute wollte Schuschnigg die Unabhängigkeit seines Landes retten und setzte eine Volksabstimmung für den 13. März an. Daraufhin ergriff der deutsche Diktator die Initiative. Am Morgen des 12. März marschierten deutsche Truppen über die Grenze. Triumphierend zog Hitler einen Tag später in Wien ein, wo ihn die jubelnde Menge mit Hitlergruß und Hakenkreuzfahnen empfing. In der Volksabstimmung am 10. April sprachen sich die Österreicher mit überwältigender Mehrheit für eine Vereinigung mit Deutschland aus.

## Das Ende der Tschechoslowakei

N ach dem Anschluß Österreichs richtete Hitler seinen Blick auf die Tschechoslowakei. Hier lebte in den westlichen Randgebieten eine starke deut-

DER ABSCHAUM DER MENSCHHEIT WENN ICH NICHT IRRE?

DER BLUTIGE MÖRDER DER ARBEITERKLASSE, WIE ICH ANNEHME?

*Die britische Presse kommentierte den Hitler-Stalin-Pakt mit beißender Ironie. Der Karikaturist des* Evening Standard *sah die beiden Diktatoren als Monster, die sich nicht ausstehen können, aber mit übertriebener Höflichkeit begegnen.*

sche Minderheit, die Sudetendeutschen. Sie waren nach dem Ersten Weltkrieg gegen ihren Willen in die neugegründete tschechoslowakische Republik einbezogen worden, träumten aber von der Zugehörigkeit zu einem Großdeutschen Reich. Diese Stimmung nutzte Hitler für seine Eroberungspläne.

In den 30er Jahren band er die Sudetendeutsche Partei mit ihrem Führer Konrad Henlein immer stärker an die deutschen Nationalsozialisten. Auf seine Weisung hin organisierte Henlein ein Freikorps mit sogenannten Terrorgruppen, die für ständige Unruhe und Bedrohung in dem Krisengebiet sorgen sollten. Hitler wollte den Konflikt in der Nachbarrepublik so lange schüren, bis er unter dem Vorwand, die „nationale Selbstbestimmung der deutschen Minderheit zu schützen", dort einmarschieren konnte. Im Mai 1938 spitzte sich die Situation dramatisch zu, und ein Krieg schien unvermeidlich.

Da trat der britische Premierminister Neville Chamberlain als Friedensvermittler auf den Plan. In mehreren Gesprächen suchte er im September 1938 den drohenden Krieg abzuwenden. Trotz aller Bemühungen schien ihm dies nicht zu gelingen. Der deutsche Diktator schraubte seine Forderungen immer höher und gab sich selbstbewußt. In letzter Minute schaltete die Regierung in London den italienischen Diktator Mussolini als Vermittler ein. Am 29. September berieten in München Vertreter Frank-

reichs, Deutschlands, Italiens und Großbritanniens über die Sudetenkrise. Nach stundenlangen Verhandlungen stimmten die beteiligten Staaten noch am selben Tag der sofortigen Abtretung des Sudetenlandes an Deutschland zu. Die Tschechoslowakei verlor damit knapp ein Viertel ihres Gebietes, ohne überhaupt gefragt worden zu sein.

Die Welt konnte noch einmal aufatmen. Es war nicht zum Krieg gekommen. Doch letztlich waren die Westmächte mit ihrer auf Verständigung ausgerichteten Politik gescheitert. Hitler hatte, indem er ihre Friedensbereitschaft schamlos ausnutzte, alle seine Forderungen durchsetzen können. Wenige Monate später zeichneten sich die Folgen dieser Beschwichtigungspolitik ab. Am 15. März 1939 ließ Hitler deutsche Truppen in Prag einmarschieren und errichtete das „Reichsprotektorat Böhmen und Mähren".

## Pakt mit den Kommunisten

Wenige Tage nach der Auflösung der Tschechoslowakei 1939 besetzten deutsche Truppen das Memelland. Jetzt wurde den europäischen Mächten klar, daß dies lediglich der Beginn einer aggressiven Expansionspolitik des deutschen Diktators sein konnte. Hitler war nur dann aufzuhalten, wenn sich alle Staaten geschlossen gegen ihn stellten.

Frankreich und Großbritannien warfen daher ihre ideologischen Bedenken über Bord und bemühten sich um ein Bündnis mit der kommunistischen Führung in Moskau. Diese verlangte als Gegenleistung für die Einbindung in eine gegen Hitler gerichtete Front territoriale Zugeständnisse in Ostmitteleuropa. Diese weitreichenden Expansionsansprüche der Sowjetunion konnten und wollten die Westmächte jedoch nicht erfüllen. Zur großen Enttäuschung der Briten und Franzosen scheiterten die Verhandlungen.

Unterdessen hatte auch das Deutsche Reich Kontakt zur Sowjetunion gesucht. Noch zu Beginn des Jahres 1939 bekämpfte die nationalsozialistische Propaganda den Bolschewismus als Schreckgespenst. Aber die politische Lage hatte sich seitdem merklich verändert. Hitler plante als nächstes den Angriff auf Polen. Er konnte dann nicht mehr auf die Nachgiebigkeit Großbritanniens und Frankreichs hoffen, denn die beiden Westmächte hatten Polen ihre Hilfe im Fall eines deutschen Angriffs zugesagt. Um einen Zweifrontenkrieg zu vermeiden, mußte Hitler im Vorfeld eine Verständigung mit dem sowjetischen Machthaber Josef Stalin erzielen. Nach monatelangem vorsichtigem Abtasten stellten der rote und der braune Diktator ihre ideologischen Bedenken hintenan und waren zu einem Bündnis bereit.

Mit einer Blankovollmacht versehen, flog der deutsche Außenminister Joachim von Ribbentrop am 23. August 1939 nach Moskau und unterzeichnete noch in derselben Nacht den deutsch-sowjetischen Nichtangriffspakt. In diesem Vertrag verpflichteten sich beide Seiten zu Gewaltverzicht und Neutralität im Kriegsfall. Ein Aufschrei des Entsetzens ging durch die europäischen Hauptstädte, als das für unmöglich gehaltene Bündnis der beiden politischen Erzfeinde bekannt wurde.

Der gesamte Wortlaut wurde allerdings erst nach dem Zweiten Weltkrieg veröffentlicht. In einem geheimen Zusatzprotokoll hatten sich nämlich Hitler und Stalin über die Aufteilung Ostmitteleuropas in zwei Interessensphären geeinigt. Damit war für Hitler der Weg frei zur Eroberung von „Lebensraum im Osten". Der Zweite Weltkrieg stand unmittelbar vor dem Ausbruch.

# Des Amtes enthoben

*Die vier rheinischen Kurfürsten erklärten 1400 König Wenzel aus dem Haus der Luxemburger wegen Untätigkeit kurzerhand für abgesetzt. Dieser im Reich einmalige Akt führte zu einem Dynastiewechsel in Deutschland.*

*Den sieben Kurfürsten des Reiches (ganz oben) stand nach der Goldenen Bulle von 1356, dem Grundgesetz des deutschen Mittelalters, das Recht zu, den König zu wählen. Daraus leiteten sie 44 Jahre später auch das Recht ab, König Wenzel (oben) abzusetzen.*

**FÜRSTLICHE VORLADUNG** Die Erzbischöfe von Trier, Mainz und Köln sowie der Pfalzgraf bei Rhein luden König Wenzel für den 11. August 1400 zu einem Fürstentag nach Oberlahnstein ein. Dort sollte sich der Herrscher für die Versäumnisse seiner Regierung rechtfertigen. Was die vier rheinischen Kurfürsten dem König vorwarfen, reichte ihrer Ansicht nach aus, um seine Absetzung zu betreiben: Wenzel hatte die Reichsgewalt in Italien verkommen lassen, die Spaltung der abendländischen Kirche nicht überwinden können und die Reichsgeschäfte sträflich vernachlässigt. So war er zehn Jahre lang dem Reich ferngeblieben und hatte sich statt dessen in Böhmen in seiner Residenzstadt Prag aufgehalten.

Die vier Kurfürsten wußten, daß ihr Vorhaben ein kühnes Unterfangen war, denn eine solche Vorladung war bisher einmalig in der deutschen Geschichte und durch kein Gesetz und keine Tradition gedeckt. Noch nie waren Reichsfürsten mit ihrem obersten Lehnsherrn so respektlos umgesprungen. Doch im Vertrauen auf die eigene politische Stärke hatten sie die Provokation gewagt.

**WARTEN AUF WENZEL** Am 10. August zogen die Fürsten mit großem Gefolge in Oberlahnstein am rechten Rheinufer ein. Der Tag ging vorüber, und auch der 11. August verstrich, ohne daß Wenzel oder ein Abgesandter seines Hofes erschienen wäre. Die versammelten Reichsfürsten warteten noch anderthalb Wochen, doch der König war offenbar nicht bereit, seine Krone vor ihnen zu verteidigen. Schließlich einigten sie sich in mehreren Verhandlungsrunden auf einen Nachfolger. Der Absetzung stand nun nichts mehr im Weg.

**PEINLICHE ZEREMONIE** Am Morgen des 20. August 1400 nahm Erzbischof Johann von Mainz vor den Toren der Stadt auf einem eigens aufgebauten Gerichtsstuhl Platz. Neben ihm saßen die drei anderen rheinischen Kurfürsten. Vor einer großen Volksmenge bezeichnete der Mainzer König Wenzel als einen „unnützen, säumigen und unwürdigen Herrscher des Reiches" und erklärte ihn für abgesetzt. Als dann eine Urkunde verlesen wurde, die das Vorgehen der Fürsten begründete, hörte die Menge betroffen zu.

Am folgenden Tag setzten die Kurfürsten über den Rhein und begaben sich in das Städtchen Rhens. Dort stießen die Territorien der vier rheinischen Landesherren aneinander, und dort wählten sie – um ihre gemeinsame Entschlossenheit zu unterstreichen – auf dem Königsstuhl, dem mittelalterlichen Beratungsplatz, aus ihrer Mitte den Pfalzgrafen Ruprecht zum neuen König. Mit Ruprecht bestieg mehr als 50 Jahre nach dem Tod Ludwigs des Bayern wieder ein Wittelsbacher den deutschen Thron und löste die Luxemburger ab.  □

## Herrscher
## ohne Ansehen

Der Sturz von König Wenzel und die Wahl eines neuen Herrschers fanden bei den anderen Reichsfürsten nur geringe Zustimmung. Auch die Reichsstädte hielten weiter loyal zu Wenzel, der keine Anstalten machte zurückzutreten, und erkannten den Gegenkönig nicht an. Beispielsweise öffnete die Reichsstadt Frankfurt Ruprecht ihre Tore im Oktober 1400 erst, nachdem er die Stadt mehr als sechs Wochen belagert hatte. Als Ruprecht nach Aachen reiste, um dort wie alle deutschen Könige vor ihm gekrönt zu werden, stand er ebenfalls vor verschlossenen Toren. So war er gezwungen, nach Köln auszuweichen, wo dann am Dreikönigstag 1401 die Krönung stattfand.

Ruprechts schärfster Widersacher war die königliche Familie der Luxemburger, die in Böhmen ihre Hausmacht hatte. Der Großteil des böhmischen Adels hielt zu Wenzel und weigerte sich standhaft, Ruprecht anzuerkennen. Ruprechts Versuche, die Streitigkeiten zwischen Wenzel und seinem jüngeren Bruder Sigismund sowie deren Auseinandersetzungen mit ihren Vettern Jobst und Prokop von Mähren für seine Zwecke auszunutzen, scheiterten kläglich.

Kurz nach seiner Krönung im Jahr 1401 rüstete Ruprecht zu einem Kriegszug gegen Prag, wo sein Widersacher Wenzel residierte. Obwohl Jobst und Prokop König Ruprecht unterstützten, mußte der Pfälzer das militärische Un-

*Die Festung Dilsberg, oberhalb des Neckars gelegen, diente Ruprecht von der Pfalz als Zufluchtsstätte, wenn seine kurpfälzische Residenz Heidelberg angegriffen wurde.*

*Die Ratsherren von Aachen verwehren dem neugewählten König Ruprecht den Zutritt in die Stadt.*

ternehmen abbrechen, als ihm das Geld ausging.

Die Versuche Ruprechts, als König seine pfälzische Hausmacht auf Kosten der benachbarten Territorialherren auszubauen, führten bald nach seiner Krönung zu heftigem Streit mit Erzbischof Johann von Mainz, seinem ehemaligen Verbündeten. Innerhalb von wenigen Jahren erhob sich in Südwestdeutschland eine breite Protestbewegung, die sich offen gegen König Ruprecht richtete. Im Herbst des Jahres 1405 schlossen Erzbischof Johann von Mainz, Markgraf Bernhard von Baden, Graf Eberhard III. von Württemberg, die Reichsstadt Straßburg sowie 16 schwäbische Reichsstädte in Marbach am Neckar für fünf Jahre einen militärischen Beistandspakt zum Schutz ihres Territoriums und ihrer Freiheiten.

König Ruprecht erkannte den Marbacher Bund zwar nicht an, besaß aber auch nicht die notwendige militärische und politische Macht, um ihn aufzulösen. Zähneknirschend mußte er sich den Territorialherren beugen, was das Ansehen und die Autorität der Reichsgewalt erheblich erschütterte.

## Wunschträume eines Königs

Angesichts dieser unsicheren Verhältnisse in Deutschland sah Ruprecht nur eine Möglichkeit, seine königliche Stellung aufzuwerten. Er mußte gegen alle Widerstände nach Rom ziehen und seine Krönung zum Kaiser durchsetzen. So hatte Ruprecht schon früh Papst Bonifaz IX. um die offizielle Anerkennung seiner Königswahl gebeten. Dieser vermied es jedoch, sich festzulegen, solange die Macht der Luxemburger im Reich nicht gebrochen war. Gleichwohl beschloß Ruprecht, nach Italien zu ziehen. Ermuntert wurde er dazu von Florenz und einigen anderen italienischen Städten. Diese waren mit dem übermächtigen Mailand verfeindet, das auf der Seite Wenzels stand, seit dieser die Stadt zum Herzogtum erhoben hatte.

Ruprechts Ziel war es, die Vormacht Mailands in Oberitalien zu brechen, seinem Gegenspieler Wenzel und dem Papst zu zeigen, wer tatsächlich die Macht im Reich innehatte, und danach als Kaiser eine unangefochtene Stellung einzunehmen. Von dieser Wunschvorstellung beflügelt, begab er sich im September 1401 nach Augsburg, wo sich ein stattliches Heer versammelt hatte.

## Entscheidung in Brescia

Das ganze Unternehmen stand von Anfang an unter einem schlechten Stern. Ein Drittel der angeheuerten Söldner mußte Ruprecht sogleich wieder entlassen, weil die zugesicherten Gelder nicht eintrafen. Dadurch verzögerte sich der Zug über den Brenner erheblich, so daß sich die oberitalienischen Städte für den Kampf rüsten konnten. Als es dann vor dem schwer befestigten Brescia zu einem ersten Gefecht kam, mußten die Truppen Ruprechts größere Verluste hinnehmen.

Daraufhin verließen Erzbischof Friedrich von Köln und Herzog Leopold von Österreich mit ihren Mannen entmutigt das Reichsheer und kehrten nach Hause zurück. Ruprecht überwinterte

*Nach zehnjähriger Unterbrechung gelangte mit Sigismund wieder ein Luxemburger auf den deutschen Thron.*

mit dem kleinen Rest seines Heeres in Padua und verhandelte mit den Städten Florenz und Venedig über die versprochene Unterstützung mit Geld und Truppen. Als die Gespräche kein greifbares Ergebnis brachten, zog Ruprecht im April 1402 unverrichteter Dinge nach Deutschland zurück. Er kehrte heim wie ein Besiegter: ohne Heer und ohne Kaiserkrone.

## Das Schisma spaltet Deutschland

In Deutschland erwartete Ruprecht neuer Ärger. Der Streit um die Kirchenspaltung, das sogenannte abendländische Schisma, hatte sich weiter zugespitzt und mußte endlich beigelegt werden. Seit dem Jahr 1378 gab es nämlich

zwei Päpste; der eine residierte in Rom, der andere im Exil in Avignon. Die Stimmen, die nach der Einheit der Kirche verlangten, wurden in den Ländern der Christenheit, so auch in Deutschland, immer lauter. Allzu viele Möglichkeiten, das Schisma zu beenden, waren in den letzten Jahren vertan worden. Nun griffen die Kardinäle zur Selbsthilfe und beriefen 1409 ein gemeinsames Konzil nach Pisa ein. Dorthin sollten die beiden Päpste kommen und durch ihren Rücktritt den Weg für eine Neuwahl freimachen.

Da weder Benedikt XIII. aus Avignon noch Gregor XII. aus Rom in Pisa erschien, setzte das Konzil beide ab, wählte mit Alexander V. einen neuen Papst und ernannte Erzbischof Johann von Mainz zu seinem Legaten. Ferner erkannte das Konzil Wenzel als rechtmäßigen deutschen König an. Diese Entscheidung gefährdete Ruprechts Machtstellung im Reich erheblich, denn er hatte sich im Vorfeld gegen das Konzil ausgesprochen und sich auf den römischen Papst Gregor XII. festgelegt. Die Kurfürsten und ein großer Teil des deutschen Klerus stellten sich dagegen hinter Alexander V. und verteidigten die Konzilsbeschlüsse. Damit ging ein Riß mitten durch Deutschland und spaltete König und Fürsten in zwei Lager.

Die Kurfürsten, allen voran Johann von Mainz, mußten ohnehin erkennen, daß sie mit Ruprecht eine schlechte Wahl getroffen hatten. Die Auseinandersetzung zwischen dem König und dem Erzbischof erreichte ihren Gipfel, als Johann immer unverhohlener die Demontage Ruprechts betrieb und seine Absetzung vorbereitete. Doch dieser gab nicht kampflos auf, zumal er eine Erneuerung des Marbacher Bundes verhindern und einige Fürsten auf seine Seite ziehen konnte. Eine kriegerische Auseinandersetzung zwischen den beiden Männern schien unvermeidlich.

Bevor es allerdings zum Kampf kam, starb Ruprecht am 18. Mai 1410 im Alter von 58 Jahren auf der Rückreise vom Nürnberger Fürstentag nach Heidelberg. Wie sein Vorgänger Wenzel vermochte auch er die selbstgesteckten Ziele nicht zu erreichen. Er hatte weder das Schisma beenden noch der Autorität der Krone in Deutschland wieder Geltung verschaffen können. Nun mußten die Kurfürsten erneut nach einem geeigneten Kandidaten Ausschau halten. Ihre Wahl fiel nach einigem Hin und Her auf Sigismund, Wenzels jüngeren Bruder.

# Die Welt der Ritter

Kaum ein Stand des Mittelalters wurde in Deutschland in Dichtungen und Sagen so romantisch verklärt und zu untadeligen Verfechtern aller nur denkbaren Tugenden gemacht wie die Ritter. Das wirkliche Leben sah jedoch anders aus. Die mittelalterlichen Ritter waren eine Kaste ausgebildeter Berufskrieger zu Pferde. Bevor sie durch die Schwertleite zu Rittern geschlagen wurden, mußten sie mehrere Jahre als Knappen an den Fürstenhöfen Dienst tun. In dieser Zeit lernten sie das Waffenhandwerk von Grund auf. Der Ritter erhielt von seinem Lehnsherrn ein Stück Land zur Nutzung, dafür mußte er im Kriegsfall für ihn kämpfen. Das Streitroß und die aufwendige Ausrüstung mußte er selbst finanzieren. Die Einkünfte aus dem Lehen reichten aber gerade eben aus, um davon leben zu können und die Burg zu erhalten. So waren die Ritter auf Fehden und Kriegszüge angewiesen, wo reiche Beute lockte. Erst diese sicherte ihren Lebensunterhalt.

In Friedenszeiten lebten die Ritter in Burgen mit dicken Mauern, überragt von Türmen und dem riesigen Bergfried. Mächtige Tore mit Zugbrücken über Wassergräben versperrten Unbefugten den Zutritt. Innerhalb der Mauern befand sich die Wohnanlage mit Wirtschaftsgebäuden und Ställen. Die Räume waren zugig und trotz der Kamine im Winter kaum zu heizen. Hölzerne Läden verschlossen nur notdürftig die Fensteröffnungen.

Im 14. Jahrhundert begann der soziale Abstieg des Rittertums. Bewegliche Söldnertruppen, die gegen Geld für jedermann Krieg führten, verdrängten die wegen ihrer Rüstungen schwerfälligen Ritterheere. Mit dem Aufkommen der Feuerwaffen verloren die Ritter vollends ihre Bedeutung.

**GUT GERÜSTET** *Die Ritter schützten sich mit eisernen Panzern vor feindlichen Angriffen (oben).*
**ZUFLUCHT** *Die hoch über dem Rhein gelegene Burg Sterrenberg bot dem Besitzer im Ernstfall Zuflucht und Schutz (rechts).*

***RITTERSCHLAG*** In einer feierlichen Zeremonie empfing der angehende Ritter kniend von seinem Lehnsherrn den Ritterschlag (links).
***KRÄFTEMESSEN*** Die Ritter stellten ihre Tapferkeit in Turnierkämpfen, wie dem Lanzenstechen, unter Beweis (ganz oben). Die farbenprächtige Aufmachung diente dazu, die Ritter voneinander zu unterscheiden.
***TÖDLICHER HIEB*** Die Zweikämpfe endeten oft tödlich, so daß Turniere in Deutschland zeitweilig verboten waren (oben).

Mit Fuhrwerken, die von Ochsen gezogen wurden und nur das Nötigste enthielten, machten sich die Siedler auf den beschwerlichen Weg in ihre neue Heimat (oben). Das Land östlich der Elbe bestand damals aus Urwald, durchzogen von Sümpfen und zahllosen Seen (ganz oben), die als erstes mühsam trockengelegt werden mußten.

# Aufbruch gen Osten

*Mit der Anwerbung von Siedlern 1143 für das von Slawen bewohnte Ostholstein begann die zwei Jahrhunderte während deutsche Ostkolonisation.*

**KÜHNER PLAN** Im Sommer des Jahres 1143 machte sich Graf Adolf II. von Holstein daran, einen ehrgeizigen Plan zu verwirklichen. Sein Interesse galt Wagrien, einer Landschaft, die sich im Osten an sein Herzogtum anschloß und bis zur Ostsee reichte. Seit dem frühen Mittelalter war das Land vom slawischen Stamm der Obodriten besiedelt, die sich bisher jeder Unterwerfung entzogen hatten.

Adolfs Ziel war es, Wagrien zu einem festen Bestandteil des Deutschen Reiches zu machen. Dazu war es aber notwendig, das bis dahin nur

dünnbesiedelte Land gründlich zu erschließen. So startete Graf Adolf eine der ersten und zugleich größten Werbekampagnen für die Besiedlung der Gebiete östlich der Elbe.

Die Boten Adolfs schwärmten in alle Himmelsrichtungen aus. Sie reisten bis nach Westfalen, Friesland und Flandern. Überall priesen sie den Leuten die Vorzüge des nahezu unberührten, weiten Landes an: Wagrien, das sei ein Land mit viel Platz für alle, mit bestem Ackerboden, Fisch und Fleisch im Überfluß und mit üppigen Weiden für das Vieh.

**GROSSE RESONANZ** Die Erfolgsaussichten der Werbeaktion waren nicht schlecht. Unter den Bauern in Deutschland herrschte zu jener Zeit bittere Armut. Es gab zu wenig Ackerland, dazu mußte man Frondienste leisten und hohe Abgaben an die Grundherren zahlen. Im Osten ein neues Leben zu beginnen war für viele Menschen damals eine attraktive Vorstellung. Daher setzte schon bald eine wahre Flut von Siedlern ein; am Ende waren fast 5000 Bauern mit ihren Familien unterwegs in ihre zukünftige Heimat Wagrien.

Der umtriebige Graf gab sich damit jedoch noch längst nicht zufrieden. Wagrien sollte nicht nur landwirtschaftlich erblühen, sondern auch ein Zentrum des Handels werden. Aus diesem Grund war es notwendig, eine städtische Marktsiedlung zu gründen. Noch während die Siedler in Richtung Wagrien strömten, begab sich Graf Adolf II. auf die Suche nach einem geeigneten Platz.

**SIEDLUNG AM FLUSS** Zu Beginn des Jahres 1144 wurde der Graf fündig. Am Zusammenfluß von Wakenitz und Trave gründete er einen Ort, den er Lübeck nannte. Die Stelle war gut gewählt. Die Stadt lag etwa 20 Kilometer von der Ostsee entfernt, gut geschützt vor den Angriffen beutelustiger Seeräuber. Von Vorteil war außerdem die Nähe zum aufstrebenden Hamburg. Schon nach kurzer Zeit war Lübeck eine der führenden Handelsstädte zwischen Nord- und Ostsee.

Graf Adolf II. konnte zufrieden sein. Die Kolonisation Wagriens war ein ebenso großer Erfolg wie die Gründung Lübecks. Die Zukunft sollte jedoch zeigen, daß durch diese Ereignisse Konflikte bereits heraufbeschworen wurden. Und die eigentliche Aufbauarbeit in Wagrien mußte erst noch geleistet werden.   □

## Privilegien für die Siedler

Den Tausenden von Siedlern, die der holsteinische Graf Adolf II. 1143 nach Wagrien geholt hatte, war nicht zuviel versprochen worden. Planmäßig ging man an die Organisation der Besiedlung. Allerorten wurden in bis dahin menschenleeren Gebieten Dörfer gebaut, die stets das gleiche Aussehen hatten. Zu beiden Seiten der Dorfstraße gruppierten sich die Häuser. Jede Siedlerfamilie erhielt ein Wohnhaus, ein Wirtschaftsgebäude und, an dieses angrenzend, ein Stück Land zur Bebauung.

Um den Bauern den Start zu erleichtern, forderte man von ihnen anfangs keine Abgaben. Auch später blieb der Zins an den Grundherrn in einem erträglichen Rahmen. Nach und nach wurde das unkultivierte Land erschlossen, Wälder machten Platz für Wiesen und Äcker. Die Verwaltung des Dorfes wurde ebenfalls geregelt. Man bestimmte aus dem Kreis der Neusiedler einen Dorfschulzen, dem neben anderen Aufgaben die dörfliche Gerichtsbarkeit oblag.

## Heftiger Streit um Lübeck

Graf Adolf II. war der Vasall des Sachsenherzogs Heinrich des Löwen. Aber er war nicht nur der Lehnsmann seines Herrn, sondern auch sein Freund. Nach 1143 jedoch wurde das gute Verhältnis der beiden Männer einer ernsten Belastungsprobe ausgesetzt. Der Stein des Anstoßes war der schnelle Aufstieg der von Adolf gegründeten Stadt Lübeck. Mit zunehmender Verärgerung registrierte Heinrich, daß Lübeck den ihm unterstellten Handelsstädten Bardowick und Lüneburg den Rang abzulaufen begann. Immer mehr Kaufleute siedelten von Bardowick nach Lübeck über, und

die von Adolf errichtete Saline drohte den Salzhandel Lüneburgs lahmzulegen. Die Forderung Heinrichs, ihm die Hälfte der Stadt Lübeck und der Saline in Oldesloe abzutreten, lehnte der geschäftstüchtige Graf ab.

Daraufhin griff Heinrich 1152 zu einer rigorosen Maßnahme: Er verhängte über Lübeck ein Marktverbot und ordnete an, den Warenverkehr allein über Bardowick abzuwickeln. Doch es sollte für Lübeck noch schlimmer kommen. 1157 wurde die Stadt von einer verheerenden Brandkatastrophe heimgesucht. Als die Lübecker um Erlaubnis baten, die Stadt an einer anderen Stelle wiederaufbauen zu dürfen, ergriff Heinrich die Gelegenheit beim Schopf.

Unweit des alten Lübeck, an der Wakenitz, ließ er eine neue Stadt errichten und nannte sie nach sich selbst Löwenstadt. Wegen eines zu kleinen Hafens hielt sich der kommerzielle Erfolg der Löwenstadt aber in engen Grenzen. So nahm Heinrich die Verbindung mit Adolf wieder auf und konnte ihn dazu überreden, ihm den Hafenplatz des niedergebrannten Lübeck abzutreten. Die Stadt wurde 1159 erneut aufgebaut und die Kaufleute von der Löwenstadt nach Lübeck beordert. Nicht zuletzt dank umfangreicher Werbemaßnahmen Heinrichs bei Kaufleuten in Dänemark, Schweden, Norwegen und Rußland nahm es schon bald wieder seine alte Führungsposition auf dem Handelssektor ein.

## Eroberung des Obodritenlandes

Im Jahr 1158 startete Heinrich der Löwe einen ersten Feldzug gegen die slawischen Obodriten und ihre Hauptstadt Schwerin. Damals hatte er,

*Neuartige Geräte wie der Eisenpflug erleichterten den Siedlern ihre Arbeit und verhalfen ihnen zu höheren Erträgen.*

gemeinsam mit dem Dänenkönig Waldemar, das gesamte Obodritenland erobert. Sechs Jahre später schien jedoch alles Erreichte wieder verloren, als die Obodriten sich zu einem großen Aufstand erhoben. Bei den nachfolgenden heftigen Auseinandersetzungen fand Graf Adolf II., der Initiator der ostelbischen Kolonisation, den Tod.

Schließlich konnte sich Heinrich der Löwe jedoch durchsetzen, gab den Obodriten aber einen Teil ihrer Unabhängigkeit zurück. Nur Schwerin blieb ihm direkt unterstellt. Damit hatte Heinrich in den Kolonisationsgebieten östlich der Elbe festen Fuß gefaßt. Wie geschickt seine Politik gegenüber den Obodriten war, zeigte sich schon 1168, als diese ihn bei der Eroberung der Insel Rügen sogar unterstützten.

## Kolonisierung nach Plan

**M**it der Anwerbung von Siedlern für das slawisch besiedelte Wagrien hatte Graf Adolf II. eine Entwicklung eingeleitet, die das ganze 12. Jahrhundert hindurch anhielt und im 13. Jahrhundert ihren Höhepunkt erreichte. Einfache Bauern und adlige Ritter, aber auch Mönche zog es in dieser Zeit in Richtung Osten, wo sie sich niederließen.

Die bevorzugten Siedlungsgebiete lagen in Pommern, Brandenburg, Schlesien, Böhmen, Mähren, Polen und Siebenbürgen. Allein in Schlesien entstanden in einem Zeitraum von rund 150 Jahren nicht weniger als 120 Städte und 1200 Dörfer. Von den einheimischen Für-

sten wurde dieser Zuzug aus Deutschland nicht ungern gesehen. Im Gegenteil: Die slawischen Herrscher machten selbst für die Einwanderung Werbung, sahen sie doch den Nutzen, den die landwirtschaftliche Erschließung ihrer bislang nur dünnbesiedelten Länder mit sich brachte.

Die gesamte Kolonisation von der Anwerbung bis zur Landverteilung wurde bald von eigens gegründeten Gesellschaften übernommen und perfektioniert. Sogenannte Lokatoren regelten in professioneller Weise alle anfallenden Formalitäten. Letztlich profitierten alle Beteiligten von der Kolonisation, zumal den neuen Siedlern umfangreiche, in der Heimat nicht zugestandene Privilegien gewährt wurden. Bei der Rodung und Kultivierung der neu erschlossenen Landstriche machte man auch auf technischem Gebiet große Fortschritte. So gestaltete sich die Arbeit dadurch leichter, daß man eiserne Pflüge, Dreschflegel sowie Wind- und Wassermühlen einsetzte und Pferde statt Ochsen als Zugtiere verwendete. Immer mehr setzte sich jetzt auch die ertragssteigernde Dreifelderwirtschaft durch, bei der Sommergetreide, Wintergetreide und Brache jährlich wechselten.

## Städte mit deutschem Recht

**I**m Zuge der deutschen Ostkolonisation entstanden nicht nur zahllose bäuerliche Siedlungen. Auf dem Gebiet der Städtegründung war man nicht weniger aktiv. Bis zum Ende des 13. Jahrhunderts gründeten die neuen Herren über 400 Städte im Osten. Bei der Anlage der Siedlungen ging man fast immer nach demselben Muster vor. Die Stadt wurde von einer ringförmigen Befestigungsmauer umgeben, deren vier Tore genau in die vier Himmelsrichtungen wiesen. Den Mittelpunkt der Siedlung bildete ein rechteckiger Marktplatz, von dem regelmäßig angeordnete Haupt- und Nebenstraßen ausgingen. Rostock, Königsberg und Krakau waren besonders eindrucksvolle Beispiele für dieses Grundmuster einer mittelalterlichen Ostsiedlung.

Die Einwohner der neuen Städte waren Kaufleute, Handwerker und andere

*Schon nach wenigen Jahren trug die harte Arbeit der Siedler Früchte: Die Ernte brachte gute Ergebnisse. Das Getreide wurde mit einer Sichel geschnitten, gebündelt und an den Grundherrn abgeliefert.*

Fachkräfte, die für einen lebhaften Aufschwung von Handel und Gewerbe sorgten. Ihr Wohlstand machte die Städte zu Zentren des kulturellen und kirchlichen Lebens.

Als Verfassung erhielten die neugegründeten Städte das bereits bewährte Recht einer deutschen Stadt, so daß sich deutsche Stadtrechte über den gesamten Osten ausbreiteten. Auf dem Land setzten sich deutsche Rechtsformen ebenfalls durch. Sie brachten den Siedlungsbauern wesentliche Vorteile, sowohl gegenüber der einheimischen Bevölkerung wie auch gegenüber den Bauern im Deutschen Reich.

## Klöster auf dem Vormarsch

Außer den Bauern, Kaufleuten, Handwerkern und Rittern waren auch die großen Mönchsorden an der Besiedlung der Gebiete östlich der Elbe beteiligt. Dabei spielte aber nicht nur der Wunsch, die Heiden zum Christentum zu bekehren, eine Rolle, sondern vor allem handfeste wirtschaftliche Gründe. Während des 12. und 13. Jahrhunderts entstanden überall im Osten Klöster, die in enger Verbindung zu den Mutterklöstern in Deutschland blieben.

Besonders aktiv waren die Prämonstratenser und die Zisterzienser. Der 1120 gegründete Orden der Prämonstratenser hatte sich in Frankreich und Deutschland sehr rasch ausgebreitet. Von Magdeburg aus widmete er sich der Christianisierung und agrarischen Erschließung vor allem der Landstriche im Nord-

osten des deutschen Kolonisationsgebietes. Zu den bedeutenden Klostergründungen der Prämonstratenser gehörten Havelberg, Jerichow und Brandenburg sowie östlich der Oder Stolp, Treptow und Grobe auf Usedom.

Die Zisterzienser waren schon am Ende des 11. Jahrhunderts in Burgund entstanden. Sie errichteten ihre Klöster

*Zisterzienser legten Ende des 12. Jahrhunderts den Grundstein für das Kloster Doberan an der Ostseeküste. Die Kirche wurde aus Backsteinen erbaut, ein damals weitverbreitetes Baumaterial im Ostseeraum.*

dort, wo es am unwegsamsten war, und arbeiteten hart an der Kultivierung des kargen Landes, wie es ihre strenge Ordensregel vorschrieb. Besondere Bedeutung erlangten die brandenburgischen Klöster Lehnin, Zinna und Chorin sowie Doberan in Mecklenburg. Die Zisterzienser waren die ersten, die das Land nicht nur für den Eigenbedarf bearbeiteten, sondern es auch an zinspflichtige Bauern verpachteten. Die Mönche wurden auf diese Weise zu Grundherren, die Klöster zu Wirtschaftsunternehmen.

Andere Orden nahmen sich diese Praxis zum Vorbild, wie etwa die Templer, die Johanniter und die Ritter des Deutschen Ordens. Über ihren erfolgreichen wirtschaftlichen Unternehmungen vergaßen die Mönche aber nicht ihren missionarischen Auftrag. Zahlreiche Klosterschulen und andere geistliche Anstalten entstanden in der Absicht, der Bevölkerung in den slawischen Gebieten Osteuropas die christliche Lehre näherzubringen.

## Im Zeichen des Löwen

*Der Welfenherzog Heinrich, dessen Wappentier der Löwe (Foto) war, gehörte zu den schillerndsten Herrschergestalten des Mittelalters. Er war ein ebenso erfolgreicher wie skrupelloser Machtmensch, der alle Höhen und Tiefen der Politik durchlebte. 1129 geboren, verstand er es unter Einsatz aller Mittel, die Dynastie der Welfen zu einer der einflußreichsten Familien in Deutschland zu machen. Die Basis seiner Macht bildete das Herzogtum Sach-*

*sen, das er bereits als Zwölfjähriger übertragen bekommen hatte. Von dort aus trug er wesentlich zur Eroberung und Besiedlung von Mecklenburg und Pommern bei. Der erbitterte Gegenspieler der Staufer starb am 6. August 1195 in seiner Residenzstadt Braunschweig, wo er im dortigen Dom begraben liegt.*

# Hinter den Linien

*Die im Frühjahr 1945 auf Weisung Stalins entstandene „Gruppe Ulbricht" schuf mit ihrer entschlossenen kommunistischen Aufbauarbeit die Keimzelle der späteren DDR.*

*Sieben Jahre nach seiner Emigration nach Moskau kehrte Walter Ulbricht 1945 nach Deutschland zurück, um einen sozialistischen Staat aufzubauen.*

*Nicht nur Ulbrichts Leute hatten große Schwierigkeiten, sich im zerstörten Berlin zurechtzufinden. Orientierungspunkte in der Trümmerlandschaft waren die Ruine des königlichen Schlosses (unten links) und die ausgebrannte Kuppel des Domes (rechts).*

**ERSTE KONTAKTE**  Am Nachmittag des 30. April 1945 entzog sich der Führer des Großdeutschen Reiches, Adolf Hitler, im Bunker der Berliner Reichskanzlei durch Selbstmord seiner Verantwortung. Zur gleichen Zeit führten sowjetische Politoffiziere einen Mann in der Uniform eines Obersten der Roten Armee durch die Ruinen der Stadt. Es handelte sich um den deutschen Exilkommunisten Walter Ulbricht.

Ulbricht war am Vortag in Begleitung von neun weiteren deutschen Kommunisten mit dem Flugzeug aus Moskau in der Nähe von Frankfurt/Oder gelandet und sofort nach Berlin gebracht worden. Mit seinen Begleitern traf er sich am folgenden Abend in Bruchmühle wieder, keine 35 Kilometer vom umkämpften Zentrum der Reichshauptstadt entfernt.

Dort berichtete er im Beisein der Sowjets von seinen Eindrücken in der zerstörten Stadt und gab schon erste Anweisungen. Am darauffolgenden Tag, dem 2. Mai, war die Schlacht um Berlin entschieden. Sofort nachdem die Kampfhandlungen eingestellt worden waren, begannen die Mitglieder der „Gruppe Ulbricht" unter der Aufsicht der sowjetischen Politoffiziere mit ihrer Arbeit.

**AUFTRAG AUS MOSKAU**  Walter Ulbricht, damals 51 Jahre alt, war Mitglied des Zentralkomitees der Exil-KPD in Moskau. Die Führung

HINTER DEN LINIEN 83

der sowjetischen KP hatte ihn zum Leiter einer in der Sowjetunion ausgebildeten deutschen Kadergruppe ausersehen, die – zusammen mit zwei anderen Gruppen – hinter den Linien der kämpfenden Roten Armee der künftigen Besatzungsmacht beim Wiederaufbau des öffentlichen Lebens im kommunistischen Sinn helfen sollte. Die „Gruppe Ulbricht" kam im Raum Berlin zum Einsatz, die zweite in Mecklenburg und die dritte in Sachsen.

**SCHWIERIGE SUCHE** Von der Bevölkerung weitgehend unbeachtet, die tagtäglich ums nackte Überleben kämpfen mußte, gingen die Schützlinge der sowjetischen Siegermacht ans Werk. Ulbricht wies die Mitglieder seiner Gruppe an, in alle Teile Berlins auszuschwärmen und so schnell wie möglich untergetauchte Kommunisten und sowjetfreundliche Mitarbeiter für die geplanten 20 Bezirksverwaltungen ausfindig zu machen. Mit den Adressen, die zum Teil noch aus der Vorkriegszeit stammten, liefen die KP-Funktionäre durch die zerbombten Straßen und suchten in den Ruinen nach Überlebenden, die bereit waren, sich für den Aufbau des Sozialismus politisch zu engagieren.

**ROTE ZELLEN** Die wenigen Kommunisten, die das NS-Regime und die Zerstörung der Reichshauptstadt überlebt hatten, reichten jedoch nicht aus, um eine funktionierende kommunistische Verwaltung aufzubauen. Daher bemühte sich die „Gruppe Ulbricht" auch um die Mitarbeit von geeigneten Sozialdemokraten und Leuten, die vor 1933 dem bürgerlichen Lager angehört hatten. Sie erhielten verantwortliche Positionen in den Arbeitervierteln bzw. den „bürgerlichen" Bezirken, aber man achtete stets darauf, daß die zahlenmäßig unterlegenen Kommunisten die strategisch wichtigen Posten besetzten: den des Bürgermeisters, des Personal- und des Polizeichefs. „Es muß", so Ulbricht, „demokratisch aussehen, aber wir müssen alles in der Hand haben."

**VOLLENDETE TATSACHEN** Nach dem gleichen Muster, wie Ulbricht die Bezirksverwaltungen bildete, ging er mit tatkräftiger Unterstützung der Sowjets auch daran, den Berliner Magistrat, die Stadtverwaltung für ganz Berlin, zusammenzustellen. Bereits am 19. Mai konnte die sowjetische Kommandantur den ersten Nachkriegsmagistrat Berlins in sein Amt einsetzen. Von den 17 Mitgliedern waren sechs offiziell Kommunisten, und hinter einigen als parteilos ausgegebenen Mitgliedern verbargen sich KP-Funktionäre.

Bevorzugt von der sowjetischen Besatzungsmacht und gestützt auf ihre Schlüsselpositionen in den Rathäusern und Amtsstuben der Berliner Bezirke, hatte die „Gruppe Ulbricht" noch vor dem Eintreffen der westlichen Alliierten Anfang Juli 1945 in Berlin vollendete politische Tatsachen geschaffen, die für den weiteren Verlauf der deutschen Nachkriegsgeschichte bestimmend wurden. Die Weichen für den Aufbau eines sozialistischen Staates in der sowjetischen Zone nach Moskauer Muster waren gestellt. □

*Um den sowjetischen Besatzungssoldaten die Orientierung in der zerstörten Stadt zu erleichtern, wurden überall im Stadtgebiet von Berlin Straßenschilder in deutscher und russischer Sprache angebracht.*

## Neubeginn des politischen Lebens

**N**ur einen Tag nachdem Marschall Georgi Schukow, Oberbefehlshaber der sowjetischen Truppen in Deutschland, verkündet hatte, daß nun wieder Parteien und Gewerkschaften in der Sowjetzone zugelassen seien, gingen die Kommunisten, die bereits zuvor von diesem Schritt informiert und durch die Aufbauarbeit der „Gruppe Ulbricht" gut vorbereitet waren, an die Öffentlichkeit.

Ihr Aufruf zur Wiedergründung der KPD vom 11. Juni 1945 war politisch so allgemein gehalten, daß er von fast allen Bevölkerungsschichten mitgetragen werden konnte. Die KPD gab sich in dieser Anfangszeit nach außen hin bewußt als Massenpartei, in der neben Kommunisten auch Sozialisten und linke Demokraten ihre politische Heimat finden konnten. Auf diese Weise versuchte die Führung der KPD sich ihren Einfluß in der Bevölkerung, die den kommunistischen Ideen zum großen Teil eher mißtrauisch gegenüberstand, zu sichern. Sie rief dazu auf, eine sogenannte antifaschistisch-demokratische Einheitsorganisation zu schaffen, in der neben der KPD auch alle anderen Parteien, die zur Mitarbeit bereit waren, vertreten sein sollten.

Allerdings gaben die Sowjets in ihrer Zone der KPD grundsätzlich den Vorzug. Das zeigte sich vor allem in Dingen des täglichen Lebens, wenn es darum ging, Papier zuzuteilen, Lizenzen von Druck- und Zeitschriften oder Räumlichkeiten und Verwaltungsstellen zu vergeben.

Um alle Lebensbereiche politisch besser durchdringen zu können, riefen die Kommunisten in der Sowjetzone weitere Massenorganisationen ins Leben, die angeblich überparteilich waren, in denen aber die Kommunisten das Sagen hatten. So entstand im Februar 1946 die Einheitsgewerkschaft FDGB und einen Monat später die FDJ, die Freie Deutsche Jugend, unter dem Vorsitz von Erich Honecker.

## Zwangsvereinigung von SPD und KPD

**A**ls sich schon im Herbst 1945 zeigte, daß der Rückhalt der Kommunisten in der Bevölkerung der Sowjetzone nicht so groß war wie von der KPD-Führung gewünscht, drängte die sowjetische Besatzungsmacht auf eine rasche Vereinigung der beiden Linksparteien KPD und SPD. Überall in der Sowjet-

Auf Druck der sowjetischen Besatzungsmacht schlossen sich im April 1946 KPD und Ost-SPD zur SED zusammen (unten).

Während Mitglieder der LPG Florian Geyer für den Sozialismus Propaganda betrieben (oben), erfüllten die Arbeiter im Eisenhüttenkombinat Ost nahe Eisenhüttenstadt (rechts) ihr Plansoll. Die Stadt entstand 1961 aus den Gemeinden Fürstenberg/Oder und Stalinstadt.

zone übten nun die kommunistischen Funktionäre auf die Sozialdemokraten politischen Druck aus. Durch Redeverbote, Verhaftungen und Entführungen wurden die Vereinigungsgegner in der SPD bald mundtot gemacht. Die Diskussion über einen Beitritt etwa auf gesamtdeutscher Ebene blockte man rigoros ab, eine Urabstimmung unter SPD-Mitgliedern gab es nicht.

So war die Gründung der SED, der Sozialistischen Einheitspartei Deutschlands, am 21. April 1946 in Ostberlin eine von der KPD erzwungene Vereinigung. Dabei fungierten die Sozialdemokraten, die in Ostberlin und der Sowjetzone beheimatet waren, mit ihren 680 000 Mitgliedern sozusagen als Blutspender für die KPD. Die SPD in den Westzonen und in Westberlin ging daraufhin unter Kurt Schumacher ihren eigenen Weg. Am Tag nach dem Vereinigungsparteitag erschien erstmals das Zentralorgan der SED, die Tageszeitung *Neues Deutschland*.

Die Bewährungsprobe für die SED kam im Herbst 1946, als in den Ländern der Sowjetzone Gemeinde- und Landtagswahlen durchgeführt wurden. Obwohl die beiden anderen zugelassenen Parteien, die Ost-CDU und die LDP, die

Liberal-Demokratische Partei, massiv behindert wurden, war das Ergebnis dieser letzten freien Wahlen in der Sowjetzone für die SED nur bedingt ein Erfolg. In den Gemeinden erhielt sie ingesamt 57,1, in den Landtagen nur 47,6 Prozent der Stimmen.

## Annäherung an Moskau

Kaum hatte sich die SED als zentrale politische Kraft in der Sowjetzone etabliert, begannen die führenden Kommunisten damit, sie von einer Massen- zu einer kommunistischen Kaderpartei umzuwandeln, in der nur noch die in Moskau ausgebildeten Politfunktionäre zu bestimmen hatten. Die Parteigremien, die bislang zu gleichen Teilen mit Sozialdemokraten und Kommunisten besetzt waren, wurden gesäubert. Die Sozialdemokraten verloren alle ihre Parteiämter und -funktionen, manchen von ihnen wurde der Prozeß gemacht, und einige von ihnen verschwanden in sowjetischen Lagern.

Der anfängliche Leitgedanke des „besonderen deutschen Wegs" zum Sozialismus galt nun nicht mehr. Die Sowjetunion wurde zum einzig gültigen Vorbild für einen zukünftigen sozialistischen deutschen Staat. Der auf Linientreue getrimmte Parteiapparat erhielt ein Politbüro und Kontrollkommissionen nach sowjetischem Vorbild. So sollte die „ideologische Reinheit" der Partei gewährleistet bleiben.

Walter Ulbricht, der immer wieder die Führungsrolle der SED im Staat betonte, stieg im Parteiapparat bald in die höchsten Ämter auf. Kaum ein Jahr nach der Gründung der DDR wurde er am 25. Juli 1950 Generalsekretär des Zentralkomitees der SED und damit zum starken Mann der DDR.

## Auf dem Weg zum Sozialismus

**A**uch in der Sowjetzone wurde eine Entnazifizierung durchgeführt: Bis August 1947 verloren 520 000 ehemalige NSDAP-Mitglieder ihren Arbeitsplatz. Die Schaltstellen von Verwaltung, Justiz und Polizei wurden nach Möglichkeit mit Kommunisten besetzt. Die Justizreform führte dazu, daß 85 Prozent der Richter und Staatsanwälte abgelöst wurden, die man durch kurzfristig ausgebildete sogenannte Volksrichter ersetzte. Von den fast 40 000 Lehrern hatten 28 000 der NSDAP angehört. Rasch angelernte Neulehrer nahmen ihre Stelle ein. Gleichzei-

tig kümmerte sich die Parteiführung intensiv um die Bildung ihrer Mitglieder. So baute die SED 1946 Internatsschulen auf, und noch im gleichen Jahr begannen die ersten Kurse in Marxismus-Leninismus für Parteifunktionäre an der Parteihochschule Karl Marx in Liebenwalde.

## Reform der Wirtschaft – VEB und LPG

**B**ereits im Herbst 1945 begann mit der Bodenreform die wirtschaftliche Umwälzung in der Sowjetzone. Jeder, der mehr als 100 Hektar Boden besaß,

galt als Großgrundbesitzer und wurde ohne Entschädigung enteignet. So wurden 35 Prozent der Landfläche der Sowjetzone verstaatlicht und neu verteilt, vor allem an Vertriebene, Landarbeiter und landarme Bauern. Nach diesen Enteignungen entfielen 1946 etwa 40 Prozent der landwirtschaftlichen Produktion auf die volkseigenen Betriebe. Ein Teil der VEBs wurde direkt der 1947 gegründeten Deutschen Wirtschaftskommission unterstellt, die die Wirtschaft von nun an zentral lenkte und im Lauf der Zeit immer mehr zum Kern des Staatsapparats wurde, aus dem später die Regierung der DDR hervorging.

Anfang der 50er Jahre begann die Parteiführung, die landwirtschaftlichen Betriebe, die sich noch in privater Hand befanden, zu „vergesellschaften", und zum Jahreswechsel 1952/53 hatten sich bereits Tausende von Bauern unter dem politischen Druck der SED mehr oder weniger freiwillig bereit gefunden, ihre Höfe zu landwirtschaftlichen Produktionsgenossenschaften, den LPGs, zusammenzuschließen.

Die im Juni 1948 durchgeführte Währungsreform vertiefte die Spaltung Deutschlands. Mit der neuen Währung konnten die Menschen in den neueröffneten Verkaufsstellen der staatlich geförderten Handelsorganisation, den sogenannten HO-Läden, neben rationierten Waren an Lebensmittel und Konsumgüter kaufen, allerdings zu stark überhöhten Preisen. Da die Planungsbehörden dem Aufbau der Schwerindustrie den Vorzug gaben, blieb die Produktion an Konsumgütern gering. Noch auf Jahre hinaus mußten Grundnahrungsmittel rationiert werden, und viele Waren blieben für die Bevölkerung unerschwinglich.

## Verfassung und Staatsgründung

**A**m 14. November 1946 veröffentlichte der Parteivorstand der SED einen Verfassungsentwurf für einen eigenen deutschen Staat sozialistischer Prägung. Es war der Vorläufer der ersten DDR-Verfassung, die vom Dritten Deutschen Volkskongreß und mit Billigung Moskaus am 30. Mai 1949 bestätigt wurde. Am 11. Oktober wurde Wilhelm Pieck, Kommunist der ersten Stunde und Mitglied der „Gruppe Ulbricht", zum Staatspräsidenten der DDR gewählt, während der ehemalige Sozialdemokrat Otto Grotewohl, federführend bei der Gründung der SED, das Amt des Ministerpräsidenten bekleidete.

## ÜBERSOLL FÜR DEN SOZIALISMUS

*Nach sorgfältiger technischer Vorbereitung förderte der 43jährige Bergmann Adolf Hennecke am 13. Oktober 1948 in einem besonders günstigen Stollen des Zwickauer Kohlenreviers während seiner Schicht insgesamt 24,4 m³ Steinkohle. Das waren 387 Prozent des damals üblichen Tagessolls. Diesen für Propagandazwecke gestellten Rekord nahm die SED-Führung zum Anlaß, die Arbeitsnormen in allen Betrieben zu erhöhen.*

*Mit der propagandistischen Ausschlachtung der Tat dieses westfälischen Bergarbeitersohns begann in der Sowjetzone die sogenannte Aktivistenbewegung. Die SED bediente sich dabei des sowjetischen Vorbildes der Stachanow-Bewegung. Der Kumpel Stachanow hatte in einem Schacht bei Stalino am 31. August 1935 die Norm angeblich um 1400 Prozent übererfüllt.*

*Als Ansporn zu Höchstleistungen, wie sie Hennecke vorgemacht hatte, wurde in der DDR dann der Ehrentitel „Held der Arbeit" als staatliche Auszeichnung eingeführt. Man verlieh ihn an Personen, die durch ihre „bahnbrechende Tätigkeit" zum wirtschaftlichen Fortschritt in der DDR beitrugen und sich durch vorbildliche Einzelleistungen hervortaten.*

*DER ORDEN „HELD DER ARBEIT" WAR EINE BEGEHRTE AUSZEICHNUNG.*

*Wie andere absolutistische Regenten stellte auch das bayerische Kurfürstenpaar Ferdinand Maria und Adelheid seinen Machtanspruch gern zur Schau. Stattliche Gewänder aus feinstem Tuch, eine selbstbewußte Körperhaltung und königliche Insignien, wie das Diadem, sollten die unumschränkte Herrschaft symbolisieren.*

*Aus Anlaß seiner Vermählung in Turin brachte Ferdinand Maria dem Bruder seiner Gemahlin, dem Herzog von Savoyen, wertvolle Prunkwaffen als Geschenk mit. Diese Pulverflasche weist kostbare Elfenbeineinlagen auf.*

# Von Gottes Gnaden

*Nachdem Kurfürst Ferdinand Maria im Jahr 1654 die Regierung übernommen hatte, wurde das Herzogtum Bayern zum Vorreiter des Absolutismus in Süddeutschland.*

**MÜNDIG** Am 31. Oktober des Jahres 1654 feierte der bayerische Kurfürst Ferdinand Maria seinen 18. Geburtstag. Damit war er volljährig und berechtigt, die Regierungsgeschäfte im Land zu führen, die seit gut drei Jahren seine Mutter Maria Anna ausübte. Sie hatte nach dem Tod ihres Gatten, des Kurfürsten Maximilian I., die Regentschaft für ihren minderjährigen Sohn übernommen. Nun übergab sie ihm in einem feierlichen Akt die staatlichen Hoheitsrechte. Sicherlich ahnten die anwesenden Festgäste nicht, daß sich an diesem Tag in der Münchener Residenz nicht nur ein Generationswechsel vollzog, sondern daß hier ein neuer Regierungsstil Einzug halten sollte, der einschneidende Veränderungen im Staatsaufbau mit sich brachte.

Dem jungen Regenten schwebte nämlich vor, seine Macht beträchtlich auszuweiten. Absoluter Herrscher wollte er sein, allein Gott verantwortlich, von dessen Gnaden er seinen Herrschaftsanspruch ableitete. Dafür mußten auch alle anderen politischen Kräfte, die seine Macht einengen konnten, ausgeschaltet werden. Das betraf vor allem die privilegierten Stände, den Adel und den Klerus. Ein gutes Vorbild war Ferdinand hierbei sein Vater, der seine Position bereits erheblich gestärkt und sich darüber hinaus die Kurwürde gesichert hatte.

**GLANZVOLL** Noch kurz vor seinem Tod hatte Maximilian die Ehe seines Sohnes mit Adelheid Henriette von Savoyen arrangiert und so die Verbindung zu dem mächtigsten Fürstengeschlecht Norditaliens hergestellt, um Einfluß und Ansehen des bayerischen Hofes zu vergrößern.

Mit ihrer Hochzeit erlangte Adelheid eine bedeutende Rolle im höfischen Leben in München. Ihr Interesse und ihre Vorlieben galten der Kunst und der Kultur. Sie dichtete, malte, musizierte, liebte das Theater und setzte in der Residenzstadt eine glanzvolle Hofhaltung in Szene, um die Stellung des kurfürstlichen Hauses hervorzuheben.            □

## Italienisches Barock für die Residenzstadt

Der absolutistische Herrschaftsanspruch des jungen Fürsten Ferdinand Maria sollte sich auch in der Architektur Münchens, der Hauptstadt Bayerns mit dem kurfürstlichen Hof als strahlendem Mittelpunkt, widerspiegeln. Deshalb gab Kurfürstin Adelheid Henriette nach dem Regierungsantritt ihres Gatten die ersten Impulse für den Ausbau Münchens mit Kirchen, Klöstern, Adelspalästen und repräsentativen öffentlichen Gebäuden. Aus Italien brachte sie das Barock mit. Seine Freude an schwungvollen Ornamenten, bildhaften Darstellungen, Farben und rhythmischen Formen machten es zum prachtvollen Verkünder von Ruhm und Bedeutung des bayerischen Herrscherhauses.

Zum Dank für die Geburt des Sohnes Maximilian Emanuel ließ Adelheid Henriette ab 1663 die mit einer mächtigen Kuppel bekrönte Theatinerkirche errichten, die für das italienische Barock in Süddeutschland bahnbrechende Wirkung erlangte. Um diese, wie sie meinte, „schönste und wertvollste Kirche wie keine andere in der Stadt" zu bauen, rief die Kurfürstin zwei in Europa berühmte Künstler, den italienischen Baumeister Agostino Barelli und später den Schweizer Enrico Zuccalli, zu sich an den Hof.

1664 begann Barelli auch mit dem Bau des Lustschlosses Nymphenburg, einer der größten Schloßanlagen des Barock. Häufig nutzte das Fürstenpaar den repräsentativen Gebäudekomplex mit dem ausgedehnten französischen Garten, um prachtvolle Feste zu veranstalten.

## Hohe Gäste am bayerischen Hof

Hochgestellte Persönlichkeiten und der Adel gaben sich ein Stelldichein, wenn das bayerische Kurfürstenpaar in seine Residenz zu großen Bällen, Kammermusikabenden oder Theateraufführungen einlud. Winterlichen Fastnachtsspielen und Maskenbällen folgten sommerliche Schäferspiele und Gondelfahrten im Park von Schloß Nymphenburg. Festzüge und Bankette wechselten ab mit Ritter- und Turnierspielen, und am Starnberger See wartete das Prunkschiff *Bucentaurus* auf die Hofgesellschaft. Auch hier waren wieder Italiener am Werk. Venezianische Schiffbauer hatten es gestaltet, als Vorbild diente ihnen die Prunkbarke der Dogen, mit der diese alljährlich zu Himmelfahrt hinausfuhren, um die symbolische Vermählung Venedigs mit dem Meer zu zelebrieren.

Wegen seiner prachtvollen Hofhaltung hatte das kurfürstliche Paar im Deutschen Reich ein solches Ansehen erlangt, daß im Jahr 1657 sogar Leopold I., der König von Ungarn und Böhmen und spätere Kaiser, mit einem Gefolge von 1500 Personen zu Besuch in die Münchener Residenz kam. Einer der Höhepunkte des Ehrenprogramms war der Festzug. Auf einem Prunkwagen fuhr der Kurfürst persönlich als Sonnengott mit, umringt von den neun Musen und einem geflügelten Löwen. Ein sogenanntes Kopfrennen

*Immer wieder lud der Teich in der Gartenanlage des Nymphenburger Schlosses zu kurzweiligen Fahrten mit den venezianischen Gondeln ein.*

*Um die Staatseinnahmen zu verbessern, förderte Kurfürst Ferdinand Maria den Aufbau von Manufakturen. Später wurden vermehrt Maschinen eingesetzt.*

schloß sich an, bei dem Ritter vom galoppierenden Pferd aus mit der Lanze nach hölzernen Köpfen stießen. Anschließend zog die Gesellschaft zur Jagd, und abends traf man sich zum Tanz.

## Alle Macht dem Kurfürsten

Kurfürst Ferdinand Maria ließ sich nicht nur als absolutistischen Herrscher feiern, sondern baute seit seinem Regierungsantritt seine Machtposition auch konsequent aus. Der Staatsaufbau konzentrierte sich auf seine Person, die Fäden liefen bei ihm zusammen.

Die Verwaltung war zentralisiert, und die Beamten unterstanden den staatlichen Anordnungen. Nach und nach übernahmen sie im Namen des Kurfürsten alle öffentlichen Aufgaben wie die Rechtsprechung oder das Polizeiwesen. Adel, hohe Geistlichkeit und die Vertreter der Städte wurden zunehmend ausgeschaltet. Nur über die Staatseinnahmen konnte der Kurfürst noch nicht allein verfügen, hier bewahrten sich die Stände das Recht der Steuerbewilligung.

Darüber hinaus legte Ferdinand großen Wert darauf, sich ein ihm ergebenes Heer zu schaffen. Zwar stützte auch er sich – wie sein Vater – auf Söldner, doch wurden diese jetzt nicht mehr von einzelnen Heerführern angeworben und bezahlt, sondern sie waren ihm verantwortlich und ihm ergeben.

## Staatsbetriebe für die Finanzierung des Hofes

Das prachtvolle höfische Leben sowie der Unterhalt der Beamtenschaft und des Heeres stellten für die absolutistischen Herrscher, wie auch für Ferdinand, eine große finanzielle Belastung dar. Es war daher erforderlich, die Wirtschaft, insbesondere den Handel, staatlich zu fördern und zu lenken. Schutzzölle für die eigene Wirtschaft und Steuererleichterungen für den Export sollten helfen, die Einnahmen des Staates zu erhöhen. Für den Ausbau des Handels ließ Ferdinand schließlich systematisch Verkehrswege anlegen, wobei er sich bemühte, die Fernhandelswege durch Bayern zu leiten. Denn Fuhrbetriebe und Gaststätten profitierten davon, und die Zolleinnahmen waren beträchtlich.

Um die Produktion zu erhöhen, ließ Ferdinand zahlreiche staatliche Handwerksbetriebe errichten. Als Fehlschlag erwies sich jedoch die Gründung einer Seidenmanufaktur, ein Lieblingsprojekt der Kurfürstin. Hingegen warfen die staatlichen Tabakbetriebe gute Gewinne ab, und im Bayerischen Wald belebten neue Fabrikationsstätten die Glasherstellung. Die Glaswaren wurden bis in die Niederlande, nach Skandinavien, Italien, Amerika und in den Orient exportiert.

Auch das Tuch- und Lodengewerbe in Ober- und Niederbayern sowie die Leinenindustrie florierten, wodurch die Schafzucht Auftrieb erhielt. In der Oberpfalz wurden spinnbare Edelmetalldrähte gefertigt, sogenannte Leonische Fäden, die zu Borten, Tressen, Hutschnüren und Fransen verarbeitet wurden, eine Zierde, die an luxuriöser Kleidung damals nicht fehlen durfte.

Bedeutendste Exportprodukte blieben jedoch weiterhin Agrarerzeugnisse wie Fleisch und Getreide. Unter anderem

*In langen Prozessionen unternahmen die Katholiken, darunter Kinder und alte Leute, regelmäßig Wallfahrten zu den vielen Gnadenkapellen.*

wurden Süddeutschland, Tirol und die Schweiz mit bayerischem Getreide beliefert. Entscheidend für den Export war außerdem der Salzabbau, wofür der Staat sowohl das Produktions- als auch das Handelsmonopol besaß. Ferdinand gelang es sogar, durch die systematische Suche nach neuen Absatzmärkten den Salzhandel zu verdoppeln.

*In Bayern entstanden zahlreiche Barockkirchen. Diese ursprünglich mittelalterliche Kapelle bei Jesenwang wurde im Stil der damaligen Zeit umgebaut.*

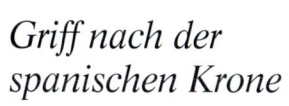

## Zwiebeltürme und Gottvertrauen

D er Barockstil, den insbesondere Kurfürstin Adelheid Henriette gefördert hatte, blieb in Bayern nicht nur Ausdruck des absolutistischen Anspruchs des Fürsten und seines Repräsentationswillens, sondern wurde im gesamten Land zum Symbol der Volksfrömmigkeit. Überall entstanden Kirchen mit dem barocken Zwiebelturm als charakteristischem Merkmal. Sie vermittelten einen Eindruck von heiterer Religiosität, der dem bayerischen Katholizismus mit seiner Freude an Festen, Farben und Wallfahrten entsprach.

Zu den bedeutendsten Baumeistern des bayerischen Barock gehörten die Asam-Brüder, deren künstlerische Wirkung weit über die Grenzen des Landes hinausging. Zu den berühmtesten Werken zählen die Abteikirche in Weingarten, in der Cosmas Damian Asam die Fresken schuf, sowie die Klosterkirche in Rohr, die er zusammen mit seinem Bruder Egid Quirin neu gestaltete.

Zu wahren Zentren der Kunst und Kultur entwickelten sich die Klöster, die großen Einfluß auf die überwiegend katholische Bevölkerung ausübten. Zusammen mit den konfessionellen Universitäten waren sie für die Bildung und Ausbildung des Volkes zuständig. Der dort herrschende religiöse Anspruch war ebenso absolut wie der weltliche des Fürsten, und der Klerus forderte von seinen Gläubigen den vollkommenen Gehorsam gegenüber der staatlichen Obrigkeit. So wurde die katholische Kirche eine der tragenden Säulen des absolutistischen Kurfürstentums in Bayern.

## Griff nach der spanischen Krone

N ach dem Tod des Kurfürsten Ferdinand Maria im Jahr 1679 trat sein Sohn Maximilian II. Emanuel die Nachfolge an. Inzwischen war Bayern zur führenden politischen Macht in Süddeutschland aufgestiegen. Maximilian suchte nun seinen persönlichen Ruhm und die Bedeutung der Wittelsbacher noch weiter zu erhöhen.

Die Gelegenheit dazu bot sich ihm

1700 mit dem Tod des spanischen Königs Karl II. Nachdem der von ihm eingesetzte Erbe bereits im Jahr darauf starb, meldete der bayerische Kurfürst aufgrund verwandtschaftlicher Beziehungen Ansprüche auf die Krone an. 1701, beim Ausbruch des Spanischen Erbfolgekrieges, schloß er sich mit dem französischen König zusammen, der sich im Kampf um den spanischen Thron gegen den Kaiser und dessen Verbündete stellte.

In der Schlacht bei Höchstädt 1704 wurde das französisch-bayerische Heer jedoch von den kaiserlichen Truppen vernichtend geschlagen. Der Kurfürst wich nach Brüssel aus, der Kaiser verhängte die Acht über ihn, und Bayern wurde besetzt. In Kampf um Ehre, Macht und Ruhm hatte Maximilian II. Emanuel mit einem zu hohen Einsatz gespielt.

# Reifrock und Allongeperücke

Der französische König Ludwig XIV. war das Vorbild seiner Zeit. Die deutschen Fürsten kopierten den aufwendigen Lebensstil des französischen Hofes. In Adelskreisen redete man nur französisch, Deutsch galt als die Sprache der ungebildeten Bauern und Kleinbürger. Man baute prächtige Schlösser nach dem Muster von Versailles und legte weitläufige Parks und Gärten an, wo verträumte Ruinenlandschaften und verschwiegene Pavillons zu geheimen und romantischen Schäferstündchen einluden.

Die barocke Lebensführung, die von einer maßlosen Geltungs- und Verschwendungssucht geprägt war, folgte ebenfalls dem französischen Ideal. Die Damen schmückten sich mit Schönheitspflästerchen, schnürten den Oberkörper eng ein und trugen einen um so üppiger ausladenden Reifrock. Die Herren folgten dem Vorbild des Sonnenkönigs selbst, der wegen seines schütteren Haupthaares seit 1673 eine langlockige Perücke trug. Sie bestimmte bis weit ins 18. Jahrhundert hinein die Haarmode in Adelskreisen.

Die höfische Gesellschaft liebte es, verschwenderische Feste zu veranstalten. Opern, Maskenbälle, Feuerwerke, Jagdpartien und Schäferspiele waren die beliebtesten Lustbarkeiten, die durch eigens dafür komponierte Musik einen eleganten Rahmen erhielten.

**BAROCKE ELEGANZ** *Für die Dame von Welt stellte der Fächer ein unentbehrliches Requisit im täglichen Leben dar (oben).*
**ZERSTREUUNG** *Konzerte im fürstlichen Schloßpark waren beliebte Formen der höfischen Unterhaltung (rechts).*

**LEBENSLUST** Die Damen und Herren des Hofes genossen in heiterer Unbeschwertheit die idyllische Natur (oben).

**GUNSTBEWEIS** Herzog Eberhard Ludwig von Württemberg ließ eigens für seine Mätresse 1720 in Ludwigsburg ein Lustschloß errichten und nannte es bezeichnenderweise Favorite (oben links).

**ÜPPIGE MODE** Die höfische Kleidung war farbenfroh und aufwendig gearbeitet (rechts).

*Der Legende zufolge hat ein Schwert den hölzernen Deckel dieses Buches gespalten, das Bonifatius gehörte. Der Missionar soll es als Schutz gegen einen heidnischen Angriff vor sich gehalten haben.*

# Schlagender Beweis

*Eindrucksvoll bewies der angelsächsische Missionar Bonifatius 723 den germanischen Stämmen die Macht des Christengottes und besiegelte damit den Niedergang des Heidentums in Deutschland.*

*Halb schadenfroh, halb ängstlich blickten die heidnischen Hessen, als sich der heilige Bonifatius daranmachte, die Donarseiche zu fällen. Sie erwarteten ein Strafgericht ihres Gottes Donar, das jedoch ausblieb.*

**MISSION IN HESSEN** Jahrelang schon versuchte der Abt Bonifatius, die heidnischen Germanenstämme zum Christentum zu bekehren – mit mäßigem Erfolg. Während seiner Mission in Hessen 723 beschloß er, ein Zeichen zu setzen, denn er hatte erkannt, daß Worte allein nicht ausreichten. An einer gewaltigen Eiche bei Geismar, die dem Gott Donar geweiht war, wollte er den widerstrebenden Germanen die Überlegenheit seines Glaubens drastisch vor Augen führen. Er verkündete, daß er das heidnische Heiligtum fällen würde.

**KRÄFTIGER BISCHOF** Als Bonifatius die Axt hob und zum Schlag in den meterdicken Stamm ansetzte, hatte sich eine große Menge von Ungläubigen versammelt. Sie hofften auf ein Strafgericht Donars. Doch vergebens warteten sie auf den Blitz, der den Frevler treffen sollte.

Erst wenige Zentimeter hatte sich das Beil des Missionars in das Holz vorgearbeitet, als ein Sturm aufkam, der den Baum so heftig schüttelte, daß die mächtige Krone zur Erde fiel. Der Stamm zerbarst in vier Teile. Die Umstehenden waren überzeugt, daß dies ein Zeichen des Christengottes sei, und wendeten sich von ihrem heidnischen Glauben ab. Auf dieser Tat gründete der Erfolg von Bonifatius' Deutschlandmission.

**MUTIGER EINSATZ** Endlich begann seine harte Arbeit, die 716 mit Missionsversuchen in Friesland angefangen hatte, Früchte zu tragen. Damals hieß der aus England stammende Missionar noch Winfried, war ein unbekannter Mönch und hatte nur wenig Erfolg. Doch er blieb hartnäckig. 719 betraute ihn Papst Gregor II. offiziell mit der Germanenmission und gab ihm den Namen Bonifatius. 722 weihte er ihn zum Bischof und sorgte dafür, daß er einen Schutzbrief erhielt, damit er unbehelligt als Apostel der Deutschen, wie man ihn später nannte, wirken konnte. □

*Viele tausend Heiden ließen sich von Bonifatius taufen. Damals wurde der Täufling unbekleidet und mit dem ganzen Körper in einem Becken untergetaucht.*

## Bekehrung der Hessen und Thüringer

**S** ystematisch missionierte Bonifatius bei den Germanenstämmen. Sein Erfolg beruhte nicht zuletzt darauf, daß er die Sprache der Einheimischen erlernte und seine Predigten in ihrer Muttersprache hielt. Außerdem ließ er viele Glaubensbrüder und -schwestern als Helfer aus England kommen. Ungefährlich war ihre Missiontätigkeit nicht. Sie forderte „ein Leben unter Hunger, Durst und Kälte und unter Überfällen der Heiden", wie es einer der Missionare in einem Brief schildert. Dennoch war bald ganz Hessen christianisiert. Danach wandte sich Bonifatius nach Thüringen. Auch dort gelang es ihm, die Menschen vom Heidentum abzubringen.

Als Burgen des Glaubens, die das Christentum festigen sollten, gründete der Benediktiner zahlreiche Klöster, darunter Amöneburg, Fritzlar und Ohrdruf, sowie ein Frauenkloster in Tauberbischofsheim. Das Kloster Fulda, das sein Schüler Sturmi 744 in seinem Auftrag gründete, lag Bonifatius besonders am Herzen. Er legte selbst den Grundstein zur Klosterkirche und überwachte die Bauarbeiten. Schon bald lebten dort 400 Mönche, die Landwirtschaft betrieben, Handwerk, Wissenschaft und Kunst förderten.

## Bonifatius als Reformer der Kirche

**N** achdem Bonifatius den christlichen Glauben in weiten Teilen Deutschlands verbreitet hatte, wandte er sich anderen Aufgaben zu. Im Auftrag des Papstes machte er sich 739 daran, die Amtsbezirke der Bischöfe, die sogenannten Bistümer, zu ordnen. Zusätzlich zu dem bereits bestehenden Bischofssitz Salzburg gründete er in Bayern die Bistümer Passau, Freising und Regensburg. Ab 741 errichtete er weitere Bischofssitze in Eichstätt, Würzburg, Erfurt und Büraburg. Damit vollendete er den organisatorischen Zusammenschluß seines Missionsgebietes.

Aber nicht nur eine räumliche Ordnung, sondern auch innere Reformen führte Bonifatius ab 742 durch. Bis dahin war sich die Kirche fast 50 Jahre selbst überlassen gewesen. Unterstützung fand der Reformer bei dem fränkischen Herrschaftsverwalter Karlmann. Dieser berief mehrere Reichssynoden unter Leitung von Bonifatius ein, in denen unter anderem die Besetzung der Bischofsstühle, die Lebensführung der Geistlichen sowie Besitzstreitigkeiten zwischen Kirche und Thron geregelt wurden. Alle Maßnahmen ließ Bonifatius vom Papst absegnen und unterstellte so die geeinte fränkische Reichskirche dem Heiligen Stuhl in Rom.

## Märtyrertod bei den Friesen

**A** ls 80jähriger entschloß sich Bonifatius, noch einmal auf Missionsreise in das immer noch heidnische Friesland zu gehen. Als er am 5. Juni 754 bei Dokkum Neugetaufte firmen wollte, stürmten beutegierige Friesen in das Lager. Bonifatius und seine Gefährten starben den Märtyrertod. Seinem Wunsch entsprechend, bestattete man ihn im Kloster Fulda. Sein Grab wurde zu einem berühmten Wallfahrtsort.

## DAS SCHICKSAL DES HEILIGEN KILIAN

*Einer der ersten Missionare in Bayern war der irische Wanderbischof Kilian. Um 680 kam er in die Gegend von Würzburg, wo er Herzog Gozbert bekehrte. Der Herzog hatte die Witwe seines Bruders geheiratet, was damals nach christlichem Gesetz als Blutschande galt. Kilian überzeugte Gozbert, sich von seiner Frau Geilana zu trennen.*

*Diese aber nutzte einen Kriegszug des Herzogs, um Kilian und seine Gefährten im Jahr 689 ermorden zu lassen. Eilig verscharrten die Mörder die Leichen samt ihren Gewändern und heiligen Büchern. Als Herzog Gozbert zurückkehrte, erzählte ihm Geilana, die Mönche seien weitergezogen. Doch brachte ihr die Bluttat nicht das ersehnte Glück. Der Legende zufolge bestrafte Gott sie und die Mordbuben, indem er einen bösen Geist in sie fahren ließ, der sie so lange quälte, bis sie starben.*

*Der von Bonifatius eingesetzte erste Würzburger Bischof Burchard erwirkte in Rom 748 die Erlaubnis, einen Heiligenkult für den Märtyrer zu begründen. Über den Gebeinen Kilians wurde der Dom von Würzburg errichtet. Noch heute wacht eine Statue des Würzburger Schutzpatrons auf der Mainbrücke (Abbildung) über die Stadt.*

*Kilians Ruhm war so groß, daß er 30 Jahre später im Heiligenkalender Karls des Großen gleichrangig neben Bonifatius genannt wurde.*

Nach solchen Konstruk-
tionszeichnungen (ganz
oben) baute der Pionier
des deutschen Eisen-
bahnwesens, August
Borsig, seine ersten
Lokomotiven.

# Volle Kraft
# voraus
*Um konkurrenz-
fähige Lokomotiven
bauen zu können, scheute August Borsig im
Jahr 1841 nicht vor Industriespionage zurück.
Damit begann der Aufstieg Deutschlands zur
Eisenbahnnation.*

**REPARATURAUFTRAG** Im Jahr 1841 trug
die Berlin-Potsdamer Eisenbahngesell-
schaft dem selbständigen Maschinen-
bauer August Borsig an, ihre beiden
defekten amerikanischen Norris-Lokomotiven *America* und *Prussia* zu repa-
rieren. Diese beiden Modelle waren
damals neben elf englischen Zugma-
schinen auf der ersten preußischen
Eisenbahnlinie im Einsatz, die von Ber-
lin-Zehlendorf nach Potsdam führte.

Borsig war bereit, den Auftrag anzunehmen, stellte jedoch eine Bedingung: Um die Lokomotiven wirklich

wieder betriebsfähig machen zu können, so argumentierte er, benötige er
die amerikanischen Originalkonstrukti-
onspläne. Der pfiffige 36jährige Unternehmer wußte, daß sich die deutschen Ingenieure bisher schwer damit
taten, die technischen Probleme der
Kraftübertragung vom Dampfkessel
auf die Räder optimal zu lösen. Deshalb kauften die ersten deutschen
Eisenbahngesellschaften auch aus-
nahmslos englische und amerikanische Lokomotiven; nur sie bürgten damals für Qualität und Sicherheit.

**BUBENSTÜCK** Borsig erhielt die gewünschten Konstruktionspläne, und da er ein cleverer Geschäftsmann war, machte er sich Aufzeichnungen von den amerikanischen Originalen. Für ihn begann nun eine Zeit des fieberhaften Tüftelns und Bastelns. Er hatte nämlich schon mit dem Bau einer eigenen Lokomotive begonnen, und da kamen ihm die neuen Erkenntnisse gerade recht.

Noch im selben Jahr war seine erste Lokomotive, die *Borsig,* fertig. Der gebürtige Breslauer hatte sich nicht damit begnügt, die Norris-Lokomotiven einfach nur nachzubauen, sondern hatte sie auch wesentlich verbessert: Längere Rohre des Heizkessels erhöhten die Dampfleistung, ein günstigerer Winkel zwischen Treib- und Kolbenstange optimierte die Kraftübertragung, und drei statt bisher zwei Laufachsen sorgten für eine bessere Gewichtsverteilung.

Im Sommer 1841 hatte die *Borsig* Premiere. Auf der Strecke von Berlin nach Köthen stellte sie sich zischend und dampfend der Wettbewerbsfahrt mit einer englischen Lokomotive – und gewann! Das Ziel, den 65 Kilometer südlich von Berlin gelegenen Bahnhof Jüterbog, erreichte Borsigs Lokomotive zehn Minuten früher als das englische Modell. Damit war das Eisenbahnmonopol der Amerikaner und Engländer gebrochen. ☐

## Vom kleinen Handwerker zum Großindustriellen

Auf der Berliner Gewerbeausstellung 1844 war eine Lokomotive aus der Werkstatt August Borsigs die Hauptattraktion. Er nannte das Modell mit der Fabriknummer 24 nach Wilhelm Beuth, dem Gründer des Königlichen Gewerbeinstituts in Berlin, das er selbst besucht und dem er viel zu verdanken hatte. Die Lokomotiven der *Beuth*-Reihe wurden seit 1843 gebaut und wiesen gegenüber Borsigs ersten Modellen viele technische Neuerungen auf. Als die Messe ihre Tore schloß, ging der Unternehmer mit einem dicken Auftragsbuch heim.

Borsig betrieb seinen Aufstieg mit wahrer Besessenheit. Manche Hutkrempe soll er sich im Zorn heruntergerissen haben, wenn ein Mitarbeiter seinen hohen Qualitätsanspruch nicht erfüllte. Doch zog er viele fähige Männer an, und mit ihnen konnte er sich erfolgreich gegen internationale und deutsche Konkurrenz behaupten. Seine Arbeiter hatten es nicht schlecht und verdienten, gemessen an den damaligen Verhältnissen, ein gutes Geld; er richtete ihnen sogar, vorbildlich für seine Zeit, eine Kranken- und Sterbekasse ein.

Am 25. März 1854 ließ sich der bodenständige Unternehmer für die Fertigstellung seiner 500. Lokomotive feiern. Sein Betrieb hatte die Jahre der wirtschaftlichen Depression von 1848 bis 1851 gut überstanden und war inzwischen von der Chausseestraße nach Berlin-Moabit umgezogen, wo Borsig am Spreeufer die damals modernste Maschinenbaufabrik und Eisengießerei in Deutschland hatte hochziehen lassen, die keinen internationalen Vergleich zu scheuen brauchte und rund 1200 Menschen Arbeit gab. In seiner ersten bescheidenen Fabrik, mit der er sich 1837 selbständig gemacht hatte, waren gerade mal 50 Leute beschäftigt gewesen. Aus dem Kleinunternehmer war ein erfolgreicher Großindustrieller geworden.

Borsig starb noch im Jubiläumsjahr 1854 im Alter von nur 50 Jahren. Seinem Sohn Albert hinterließ er ein stattliches Unternehmen mit Produktionsstätten, in denen das Eisen nun auch geschmiedet, gewalzt und gedreht werden konnte, was den Betrieb unabhängig von Zuliefererfirmen machte. Neben Lokomotiven stellte das Werk inzwischen auch Bahnbrücken und Eisenbahnzubehör her.

Kurz vor seinem Tod hatte der Firmengründer reiche Kohlegruben in Oberschlesien erworben, und da nun mehr Kohle zur Verfügung stand, als für die Eisenbahnproduktion nötig war, wurde aus der Lokomotivfabrik ein Montankonzern, der im Hüttenwesen bald die Führung in Europa übernehmen

*Mit gemischten Gefühlen hatte die deutsche Bevölkerung am 7. Dezember 1835 die erste Zugfahrt zwischen Nürnberg und Fürth beobachtet.*

sollte. 1872 gründete Albert Borsig das erste deutsche Stahlwerk.

Gleichzeitig schnellten die Produktionsziffern des Lokomotivbaus immer rasanter in die Höhe. Mehr als 2500 Loks verließen allein bis zur Gründung des Deutschen Reiches 1871 die Borsigschen Werkshallen. Als in den 70er Jahren immer mehr private Eisenbahngesellschaften verstaatlicht wurden, begann es im Lokomotivbau und damit bei den Borsigs zu kriseln. Die stürmischen Anfangsjahre fanden so ein Ende.

## Das Zeitalter der Eisenbahnen

Mit dem Eisenbahnbau im 19. Jahrhundert war ein neues Zeitalter angebrochen. Die Fortbewegung war nun nicht mehr wie in der Zeit der von Pferden gezogenen Postkutschen den Grenzen der Natur unterworfen. Die mechanische Antriebskraft öffnete die Räume und ließ die Zeit schrumpfen, die Gesandte, Geschäfts- oder Bildungsreisende aufzuwenden hatten, um an ihr Ziel zu kommen. Immer weitere Strecken konnte man in immer kürzerer Zeit zurücklegen, und das ganze Leben bekam einen schnelleren Rhythmus. Personen und Güter eilten von Stadt zu Stadt und überwanden so Deutschlands kleinstaatliche Enge im Handumdrehen. Ganze Landschaften veränderten ihr Gesicht, seit

diese „Kunststraßen aus Eisen", wie man die Schienenwege damals oft nannte, durch sie hindurchliefen. Eifrig wurden allenthalben Bahndämme aufgeschüttet, Hügel durchstochen, Tunnel, Viadukte und Eisenbahnbrücken gebaut. Tausende von Menschen fanden in dieser neuen Branche Arbeit, sei es als Eisenbahningenieure, Streckenbauer, Bahnwärter oder als Zugpersonal.

Beileibe nicht alle Zeitgenossen sahen in den schnaubenden Feuerrössern einen Segen. Ärzte bezweifelten, daß der menschliche Organismus die „Höllenfahrten im Geschwindgalopp" aushalten könnte. Rasche Bewegung, so prophezeiten sie, würde bei den Passagieren Gehirnerkrankungen hervorrufen, und ältere Menschen könnten beim Einfahren in Tunnel durch den abrupten Luftdruckwechsel vom Schlag getroffen werden. Manche sahen in den dampfenden Ungetümen gar Ausgeburten des Teufels, und der Papst untersagte seinen Schäfchen, damit zu reisen.

Doch den Siegeszug der Eisenbahn in Deutschland vermochte keiner mehr aufzuhalten. Bis zur Jahrhundertmitte durchzogen 6044 Kilometer Schienen die deutschen Lande; 1870 erreichte das Schienennetz bereits 19 600 und 1910 stolze 62 000 Kilometer. Waren die Eisenbahnlinien in den Anfangsjahren fast ganz in privater Hand und die einzelnen Strecken noch völlig unabhängig voneinander und ohne jede übergreifende Planung errichtet worden, so begann man

sie um die Jahrhundertmitte zu koordinieren. Mit den Jahren überwanden die Bahnen die Ländergrenzen und verbanden alle größeren deutschen Städte; bereits 1851 hatte man die erste Nord-Süd-Verbindung zwischen Berlin und München hergestellt.

## Deutsche Qualitätsarbeit aus „Feuerland"

Früher als andere deutsche Länder bemühte sich Preußen, die Eisenbahn unter staatliche Kontrolle zu bekommen. Bereits 1838 erließ die Regierung ein Eisenbahngesetz, wonach alle Privateisenbahnen vom Staat genehmigt werden mußten. Preußische Militärs erkannten früh die strategische Bedeutung der Eisenbahn und ließen das Netz planmäßig ausbauen; 1842 erarbeiteten sie einen Streckenplan für ganz Preußen. Vier Jahre später schlossen sich 10 der 17 Bahngesellschaften zu einem gemeinsamen Verband zusammen; Signale, technische Anlagen und die verschiedenen Spurweiten wurden vereinheitlicht, was einen durchgehenden Verkehr ermöglichte. Um das Jahr 1855 hatte Preußen seine einzelnen Linien so weit verbun-

*Borsigs Maschinenbaufabrik und Eisengießerei in der Chausseestraße in Berlin war das Herz des deutschen Eisenbahnbaus.*

den, daß man bereits von einem flächendeckenden Eisenbahnnetz sprechen konnte, das vom Rheinland bis nach Ostpreußen reichte. Schon damals war Berlin bedeutendster deutscher Eisenbahnknotenpunkt. Von der preußischen Hauptstadt gingen vier große Fernbahnen aus: nach Frankfurt an der Oder, Hamburg, Halle und Magdeburg. Vor den Toren der Stadt entstanden deshalb große Kopfbahnhöfe mit repräsentativen Eingangshallen.

Berlin war auch das Zentrum der deutschen Eisenbahnindustrie. Hier lagen die Borsig-Werke sowie die Konkurrenzunternehmen der anderen Gründerpioniere wie Franz Anton Egells, bei dem August Borsig in die Lehre gegangen war, und Louis Schwarzkopff, der seinerseits bei Borsig gelernt hatte. Sie alle hatten ihre Maschinenbaufabriken, Lokomotiv- und Waggonwerke in der Chausseestraße vor dem Oranienburger Tor. Die Berliner Schnauze fand für das lärmerfüllte Industriegebiet einen treffenden Namen: Sie nannte es „Feuerland".

In keinem anderen Land wurden damals so viele Eisenbahnen gebaut wie in Preußen, und nirgends in Deutschland waren so frühzeitig alle Bedingungen geschaffen, um auch den Gütertransport konsequent auf die Bahn zu verlegen. Als die industrielle Revolution nach der Jahrhundertmitte in Deutschland mit Macht einsetzte und die Eisenbahn zum wichtigsten Transportmittel wurde, hatte Preußen die Führung als bedeutendster Eisenbahnstaat übernommen.

Nach der Reichsgründung 1871 gingen die meisten Privatbahnen in den Besitz der Länder über. Die Zusammenarbeit zwischen den Länderbahnen wurde immer enger, woraus schließlich 1920 die Deutsche Reichsbahn hervorging. Durch diesen Zusammenschluß war Deutschland zur führenden Eisenbahnnation Europas geworden.

## *Motor der Industrialisierung*

Die Eisenbahn wurde in kürzester Zeit zum mächtigsten Wirtschaftsfaktor Deutschlands. Die neu entstandenen Lokomotiv- und Waggonfabriken erhöhten die Nachfrage nach Kohle, Eisen und Maschinen beträchtlich. Und seit man begonnen hatte, den Gütertransport auf die Schienen zu verlegen, konnten Erz und Kohle in immer größeren Mengen und zudem wesentlich schneller und billiger als zuvor von den Bergwerken zur verarbeitenden Industrie transportiert werden, wo man beides dazu verwendete, Stahl herzustellen und Dampfmaschinen zu betreiben.

So kam ein Kreislauf in Gang, der eine produktive Industrie erst richtig möglich machte. Je mehr Maschinen man betreiben konnte, desto mehr Produkte konnte man herstellen. Die Förderung von Eisenerz und Kohle wurde dadurch immer mehr in die Höhe getrieben. Überall schossen eisen- und stahlverarbeitende Fabriken und Maschinenbaubetriebe aus dem Boden, und die Montanindustrie erlebte einen gewaltigen Aufschwung.

Das Ruhrgebiet mit seinen reichen Rohstoffvorkommen entwickelte sich zu einem der größten industriellen Ballungsgebiete Europas, und Großbetriebe wie Mannesmann und Krupp genossen bald Weltruf. Um das Streckennetz der Eisenbahn weiter ausbauen und modernisieren zu können, war ein gewaltiger Kapitalbedarf notwendig, den ein einzelner Unternehmer allein nicht aufbringen konnte. Aus diesem Grund schuf man Aktien- und Kapitalgesellschaften und gründete Großbanken.

So war der Eisenbahnbau eine der wesentlichsten Triebkräfte der Industrialisierung in Deutschland und veränderte bis zur Wende des 20. Jahrhunderts fast alle Lebensbereiche einschneidend.

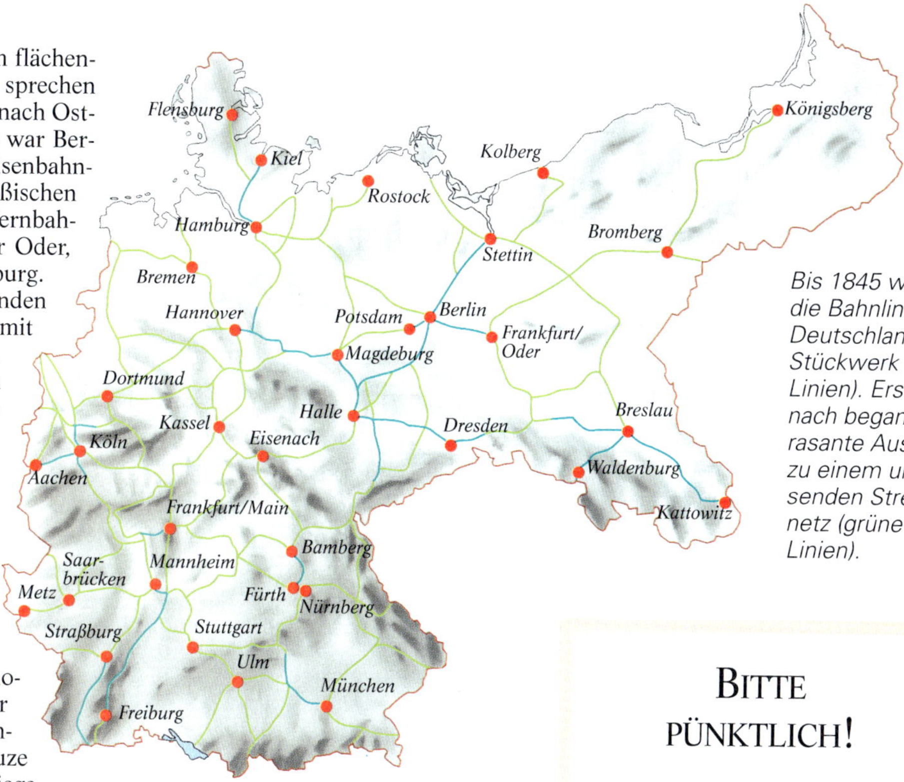


*Bis 1845 waren die Bahnlinien in Deutschland nur Stückwerk (blaue Linien). Erst danach begann der rasante Ausbau zu einem umfassenden Streckennetz (grüne Linien).*

## BITTE PÜNKTLICH!

Fahrplan für die regel- mäßigen Dampf- wagenzüge auf der Berlin-Hamburger Eisenbahn.
Bis auf Weiteres.

Richtung nach Hamburg.

| Abgang von | 1. Erster Personenzug nach Hamburg. | 2. Zweiter Personenzug nach Hamburg. | 3. Zwischenzug von Berlin nach Wittenberge, von Wittenberge nach Hamburg. | 4. Güterzug nach Hamburg. |
|---|---|---|---|---|
| | Morgens | Nachmitt. | Nachmitt. | Morgens |
| Berlin | 7 Uhr | 2¼ Uhr | 5½ Uhr | 6 Uhr |
| Spandau | 7¼ " | 2½ " | 5¾ " | 6¼ " |
| Nauen | 7¾ " | 3 " | 6¼ " | 7 " |
| | | | Abends | |
| Paulinenaue | 8 " | 3¼ " | 6¾ Uhr | 7½ " |
| Friesack | 8½ " | 3¾ " | 7¼ " | 8¾ " |
| Neustadt a. D. | 9 " | 4 " | 7½ " | 9¼ " |
| Zernitz | 9¼ " | 4¼ " | 7¾ " | 9½ " |
| Glöwen | 9¾ " | 5 " | 8¼ " | 10 " |
| Wilsnack | 10 " | 5¼ " | 8¾ " | 10½ " |
| | | | Ankunft in Wittenberge 9¼ à 9¾ U. | |
| | | | Abgang | |

FÜR EINEN GEREGELTEN ZUGVERKEHR WURDEN FAHRPLÄNE NÖTIG.

*Als Borsig seine erste Lokomotive baute, hatte jeder deutsche Staat seine eigene Zeit; so betrug der Zeitunterschied zwischen Königsberg und Köln eine Stunde. Dies schuf Probleme beim Erstellen der Fahrpläne. Erst 1893 wurde im Zuge der engeren Zusammenarbeit der Länderbahnen die mitteleuropäische Zeit für alle Länder verbindlich eingeführt. Seither hatten Bahnhofsuhren Hochkonjunktur.*

*Der Magdeburger Dom ist das Wahrzeichen der Elbestadt und Symbol für die zentrale Stellung Magdeburgs in der Kirchengeschichte des Mittelalters.*

# Auf zu neuen Ufern

## Die Gründung des Mauritiusklosters

*937 war der erste Schritt von Otto dem Großen, das kleine Magdeburg zum Zentrum der nach Osten gerichteten Reichspolitik zu machen.*

*Otto I. begründete gegen mancherlei Widerstand den Aufstieg Magdeburgs – dank seiner Fähigkeit, ein einmal gesetztes Ziel hartnäckig und unermüdlich zu verfolgen.*

**GRUNDSTEIN** Eine glanzvolle Versammlung der weltlichen und geistlichen Großen des Reiches hatte sich am 21. September 937 in Magdeburg eingefunden: König Otto I. hielt in dieser an der Ostgrenze gelegenen Pfalz einen Hoftag ab, und als Höhepunkt der Feierlichkeiten stiftete er ein Benediktinerkloster. Es war seine erste wichtige Klostergründung knapp ein Jahr nach der Krönung zum König.

Das Kloster wurde mit Mönchen aus Sankt Maximin in Trier besetzt und mit reichem Grundbesitz und Burgen ausgestattet. Dazu erhielt es Nutzungsrechte in den Gebieten östlich der Elbe sowie Tributeinkünfte von den dort ansässigen Slawen.

**SYMBOL** Der feierliche Gründungsakt und die großzügige Ausstattung des Klosters wiesen auf die besondere Rolle hin, die ihm Otto I. zugedacht hatte. Sogar die Tatsache, daß der heilige Mauritius zum Schutzpatron gewählt wurde, war bedeutsam. Denn Mauritius war einer der wichtigsten Reichsheiligen, hatte er sich doch als Anführer einer römischen Legion geweigert, Christen zu verfolgen, und war deshalb den Märtyrertod gestorben. Ein Kriegsmann, der sich zum Christentum bekehrt hatte, konnte nur eines bedeuten: es ging nicht nur darum, den christlichen Glauben zu bewahren, sondern er sollte auch über die Grenzen des Reiches hinausgetragen werden.

**NACH OSTEN** Das Gebiet östlich der Elbe war seit geraumer Zeit ein gefährlicher Unruheherd, weil die dort siedelnden Slawen sich nicht nur in wechselnden Bündnissen untereinander bekämpften, sondern sich auch mit sächsischen Adligen verbündeten, die gegen den deutschen König rebellierten.

Otto I. kannte die Lage schon seit seiner Jugend, da er im östlichen Sachsen aufgewachsen und dann in Magdeburg zu Hause gewesen war. Die Gründung des Mauritiusklosters kündigte daher eine neue Ostpolitik des Königs an: nach der Befriedung der Slawen sollte mit der deutschen Herrschaft über die neuen Gebiete dort auch der christliche Glaube Einzug halten. □

## Feuer und Schwert im Dienst des Kreuzes

D ie Gründung des Mauritiusklosters in Magdeburg war der erste Schritt auf dem langen Weg, das Christentum weiter nach Osten zu tragen. Damit die Mönche aber planvoll und ungefährdet missionieren konnten, mußten zuvor stabile politische Verhältnisse geschaffen werden.

Daher griff Otto I. auf ein bewährtes Mittel zurück: die Errichtung von Marken. Seit Karl dem Großen war eine Mark – das Wort leitet sich vom althochdeutschen *marcha* für Grenze ab – ein unter besonderem militärischem Schutz stehendes Gebiet an den Grenzen des Reiches. Der Markgraf war mit weitreichenden Befugnissen ausgestattet und stieg oft zum Herzog auf.

Während bisher der Schutz der Ostgrenze zahlreichen kleinen Grafen anvertraut gewesen war, faßte Otto I. nun die Kräfte zusammen und erhob die energischen sächsischen Adligen Hermann Billung und Gero zu Markgrafen. Gero erhielt die Mark östlich der Saale und an der mittleren Elbe, Hermann Billung die Mark östlich der Niederelbe.

Hermann Billung schlug schnell den slawischen Stamm der Redarier und zwang ihn in die Tributpflicht. In mehrjährigen Kämpfen besiegte er daraufhin die Obodriten und Wagrier und schob die Grenze seiner Mark bis zur Odermündung vor.

Auch Gero führte den Kampf gegen die Slawen mit außerordentlicher Härte, ja Grausamkeit. So lud er einmal 30 slawische Fürsten zu einem Gastmahl ein und ließ sie, nachdem sie betrunken eingeschlafen waren, heimtückisch ermorden. Diesen Bruch des Gastrechts rechtfertigte er mit der Behauptung, er sei nur einem gegen ihn geplanten Anschlag zuvorgekommen – das war zwar eine recht schwache Ausrede, aber Gero gelang es mit solchen Methoden, eine riesige Mark aufzubauen.

Derweil drohte im Südosten neue Gefahr für die Pläne von Otto I. Denn in Böhmen, das Ottos Vater schon einige Jahre zuvor unter den Einfluß des Reiches gebracht hatte, war Herzog Boleslaw I. an die Macht gekommen, indem er seinen eigenen Bruder erschlug. Alsbald versuchte Boleslaw, die deutsche Oberherrschaft wieder abzuschütteln.

Jahrelang zog sich der Grenzkrieg hin, bis ein großer Heereszug 950 die Böhmen endgültig unterwarf. Herzog Boleslaw huldigte dem deutschen König und gelobte, Heeresdienst zu leisten.

## Sieg über die ungarischen Reiterhorden

*Mit unerbittlicher Gewalt prallten das Reichsheer und die Ungarn in der Schlacht bei Augsburg zusammen.*

I m Jahr 953 sah es so aus, als ob die neue Ostpolitik von Otto I. trotz aller Erfolge gegen die Slawen zum Scheitern verurteilt wäre: im Reich gärte es, einige mächtige Fürsten verschworen sich gegen den König, und es kam zu einem regelrechten Bürgerkrieg.

Auf eine solche Schwäche des Königs hatten die Ungarn, ein wildes Reitervolk an der Südostflanke des Reiches, nur gewartet – im Frühjahr 954 fielen sie in gewaltigen Schwärmen plündernd und brandschatzend in Bayern und Franken ein. So groß war der Erfolg ihrer Raubzüge, daß sie von Otto Tribut verlangten, wenn er Frieden haben wolle. Aber der König lehnte das dreiste Ansinnen ab, weshalb mit einem erneuten ungarischen Angriff fest zu rechnen war.

Tatsächlich erschienen die Ungarn ein Jahr später vor der befestigten Stadt Augsburg. Doch Otto war es in der Zwischenzeit gelungen, die Verschwörung niederzuschlagen und ein Reichsheer aufzustellen. Während also die Verteidiger Augsburgs die Ungarn aufhielten, kam der König mit einem großen Truppenaufgebot herbeigeeilt.

Am 10. August 955 begann dann die dreitägige Schlacht südlich der Stadt Augsburg. Die Abteilung der Sachsen führte Otto selbst in den Kampf: in der rechten Hand das Schwert und in der linken die heilige Lanze, mit der der Legende nach ein römischer Kriegsknecht Christus am Kreuz in die Seite gestochen haben soll. Die Reliquie erwies sich als wirkungsvoll, denn nach einem ungünstigen Beginn trug das Reichsheer einen überwältigenden Sieg davon. Zahlreiche Ungarn fanden auf dem Schlachtfeld den Tod, andere ertranken beim Versuch, über den Lech zu entkommen. Nur wenigen gelang es, in die Heimat zu fliehen,

*Die Helme slawischer Krieger waren konisch geformt und hatten zum Schutz der Nase vorn einen breiten Metallstreifen.*

da sie von den Besatzungen der bayerischen Burgen verfolgt wurden.

Der Sieg Ottos I. war von großer Bedeutung, da mit einem Schlag die von den Ungarn ausgehende Gefahr für Europa gebannt war. Sie stellten ihre Plünderungszüge für immer ein, wurden an der mittleren Donau und an der Theiß seßhaft und öffneten sich der christlichen Missionierung.

Nun wurden auch im äußersten Südosten des Reiches Marken errichtet und systematisch besiedelt, so daß sie dem bayerischen Kernland bald völlig angeglichen waren. Die bedeutendste war die Ostmark – in späteren Quellen *Ostarrichi* genannt –, aus der im Verlauf der Jahrhunderte Österreich erwachsen sollte.

## Nochmals gegen die Slawen im Osten

T rotz seines großen Sieges über die Ungarn konnte sich Otto I. nicht auf seinen Lorbeeren ausruhen. Denn die Slawen östlich der Elbe glaubten angesichts der ungarischen Angriffe und der vermeintlichen Schwäche des deutschen Königs, die Reichsherrschaft abschütteln zu können. Unter der Führung der Obodriten erhoben sich daher einige slawische Stämme, und als sich ihnen auch noch der sächsische Rebell Wichmann anschloß, drangen sie sogar in das Stammland der Sachsen ein.

So mußte Otto gleich nach dem Kampf gegen die Ungarn zum Feldzug gegen die Slawen rüsten. Das Reichsheer stieß weit nach Nordosten vor und geriet in dem unwegsamen Gelände in schwere Bedrängnis. Aber am Fluß Recknitz in Mecklenburg errang Otto I. zwei Monate nach der Schlacht bei Augsburg einen weiteren überragenden Sieg über die Heiden. Beide Erfolge brachten ihm nicht nur den Beinamen der Große ein, sondern bedeuteten auch einen entscheidenden Schritt auf dem Weg zum Kaisertitel.

Während die Slawen an der Elbe also in langen Kämpfen unterworfen worden waren, bildete sich weiter östlich aus mehreren slawischen Stämmen ein neuer Staat heraus, der bald den Namen Polen erhielt. Dessen Herzog Mieszko I. versuchte, seinen Einflußbereich nach Westen auszudehnen und die Elbslawen wieder aus dem Deutschen Reich herauszulösen. Als er aber durch die Reichstruppen in eine schwierige Lage geriet, gab er auf und schloß 963 mit dem Markgrafen Gero einen Vertrag. Darin erkannte er die deutsche Oberhoheit an und verpflichtete sich, Tribut zu zahlen.

Durch diese lose Bindung Polens an das Reich war die Odergrenze gesichert. Deutsche und Polen waren Nachbarn geworden, und Geros Vertrag bildete den Anfang der durch fast alle Zeiten schwierigen deutsch-polnischen Beziehungen.

## NACHWUCHS FÜR DEN STAATSDIENST

*Die Festigung des Reiches durch die Erfolge von Otto I. zog auch eine kulturelle Blüte nach sich, von der vor allem die Domschulen profitierten.*

*Im Osten erlangte Magdeburg bald große Berühmtheit, während im Westen das Erzbistum Köln die Führung übernahm, denn dort war der jüngste Bruder von Otto dem Großen Erzbischof und kümmerte sich persönlich um die aufstrebende Domschule.*

*Theologisches Wissen und später höfisch-sakrale Buchmalerei waren die Schwerpunkte. Daneben aber gehörte es zu den wichtigsten Zielen, die lateinische Sprache in Wort und*

*MIT EINEM FEDERMESSER SPITZTEN DIE MÖNCHE IHRE SCHREIBFEDERN AN.*

*Schrift perfekt zu beherrschen. Das erleichterte eine spätere Verwaltungstätigkeit sehr, war doch Latein die Sprache der Kanzleien. Auf diese Weise zogen die Domschulen qualifizierten und königstreuen Nachwuchs heran. Entsprechend wurden sie vom Königshof auch gefördert.*

*Der Ruhm der Klosterschulen dagegen beruhte vor allem auf den schriftlichen Werken, die ihre Schüler hervorbrachten. Dabei wurden geistliche Texte nicht einfach kopiert, um sie der Nachwelt zu erhalten, sondern in vielfältiger Weise ausgeschmückt, etwa mit herrlichen Initialen.*

Adalbert von Prag erhält vom Kaiser den Bischofsstab – Zeichen dafür, wie groß der Einfluß der weltlichen Macht auf die Geschicke der Kirche war.

## Magdeburg – die Metropole des Ostens

Elf Jahre nachdem das Magdeburger Mauritiuskloster gegründet worden war, hatte das Christentum östlich der Elbe so weit Fuß gefaßt, daß die ersten zwei Bistümer errichtet werden konnten: Brandenburg und Havelberg. Damit war Otto I. seinem Ziel, Magdeburg zum Erzbistum und Zentrum der Ostmission zu erheben, einen großen Schritt näher gekommen.

Aber noch gehörte das Mauritiuskloster zum Bistum Halberstadt und war verwaltungsmäßig dem Erzbistum Mainz unterstellt. Zwar erreichte Otto 954 die grundsätzliche Zustimmung des Papstes für seine kirchenpolitischen Pläne, aber sowohl der Erzbischof von Mainz als auch der Bischof in Halberstadt wehrten sich erfolgreich dagegen, daß ihr Einflußbereich verkleinert und eine neue Kirchenprovinz gegründet wurde.

Doch der König betrieb sein Projekt energisch und mit der ihm eigenen Ausdauer weiter. Durch seine Förderung blühten Magdeburg und das Kloster auf. Und als er 962 in Rom – nicht zuletzt wegen seiner Siege über die Ungarn und Slawen – zum Kaiser gekrönt wurde,

erreichte er nochmals die päpstliche Unterstützung für seine Bistumspläne.

Dennoch dauerte es weitere sechs Jahre, bis eine Synode konkrete Beschlüsse faßte: Magdeburg sollte nun endlich Erzbistum werden und die Bistümer Brandenburg und Havelberg – bisher zu Mainz gehörig – umfassen sowie die noch zu errichtenden Bistümer Merseburg, Zeitz und Meißen. Die Verwirklichung der Beschlüsse wurde dann 968 dadurch erleichtert, daß der Mainzer Kirchenfürst und der Halberstädter Bischof fast gleichzeitig starben. Erzbischof in Magdeburg wurde Adalbert I., der aus Sankt Maximin in Trier stammte und mit der slawischen Welt vertraut war. Magdeburg war nun auch organisatorisch das Missionszentrum für den Osten.

Mit der Errichtung der Bistümer war zwar der äußere Rahmen für die weitere Mission geschaffen, aber bis das Christentum wirklich in den Völkern verwurzelt war, verging noch eine lange Zeit.

## Konkurrenten für Magdeburg

Magdeburg war endlich Erzbistum geworden. Doch Otto der Große verfolgte schon den nächsten Schritt seiner Ostpolitik und setzte sich beim böhmischen Herzog und beim Papst für die Errichtung des Bistums Prag ein.

Tatsächlich wurde es kurz nach seinem Tod 973 gegründet. Die Kathedralkirche

auf der Prager Burg wurde dem heiligen Veit geweiht, das Bistum aber nicht Magdeburg, sondern Mainz unterstellt – wohl um die fünf Jahre zuvor erfolgte Schmälerung etwas zu mildern.

Einer der ersten Bischöfe des Bistums, Adalbert von Prag, ging später als Missionar zu den Preußen. Dort starb er 997 den Märtyrertod und wurde schon zwei Jahre danach heiliggesprochen.

Im Jahr 1000 pilgerte Kaiser Otto III. zu Adalberts Grab in Gnesen, wo er auch die Errichtung des Erzbistums Gnesen bestätigte. Damit wurde Polen zwar endgültig an den christlichen Westen herangeführt, gleichzeitig beendete aber der Aufbau einer polnischen Nationalkirche die östliche Ausbreitung des Erzbistums Magdeburg.

## Die Reichskirche als Stütze des Kaisers

Otto der Große förderte die Kirche nicht nur, weil er als König und Kaiser den Schutz des Christentums versprochen hatte, sondern weil er erkannte, daß sie als einzige Instanz über den mächtigen Stammesfürsten des Reiches stand, die oftmals nur für ihre eigenen Ziele eintraten.

Daher stattete der König Bischöfe und Äbte mit umfangreichem Grundbesitz aus. Oft waren damit auch weltliche Rechte wie Gerichtsbarkeit, Markt- und Zollrechte verknüpft. Als Gegenleistung verpflichteten sich die geistlichen Herren zum Königs- und Heeresdienst; letzteren erfüllten sie mit Hilfe ritterlicher Gefolgsleute, die dafür wiederum Kirchengut erhielten.

Durch die Ehelosigkeit der geistlichen Würdenträger entstanden keine Erbansprüche, so daß der König die Ämter immer wieder neu besetzen konnte. Da die meisten Bischöfe zuvor in der königlichen Hofkapelle Dienst getan hatten, war eine königstreue Kirchenpolitik fast immer gewährleistet. So wurde die Verbindung zwischen König und Reichskirche zur schärfsten Waffe gegen die Machtinteressen der Fürsten.

*Im Gasthof Zum Mohren in Eisenach (rechts) schlug 1869 die Geburtsstunde der deutschen Sozialdemokratie.*

*Der von Lassalle gegründete Allgemeine Deutsche Arbeiterverein schrieb sich den Wahlspruch der Französischen Revolution auf seine Fahnen.*

# Im Kampf für die Arbeiterklasse

*Auf dem Arbeiterkongreß in Eisenach wurde im August 1869 die Sozialdemokratische Arbeiterpartei, die Vorläuferin der SPD, gegründet.*

**AUFRUF MIT FOLGEN**    Im Sommer 1869 wurden die deutschen Arbeitervereine aufgerufen, zu einem sozialdemokratischen Arbeiterkongreß zusammenzukommen. Die Zeit sei nun reif, so hieß es in dem Aufruf, die zersplitterten Kräfte der Arbeiterbewegung zu einen und eine neue Partei zu gründen, die die Interessen der Lohnabhängigen wirkungsvoll vertreten könne. So trafen sich vom 7. bis 9. August in Eisenach 262 Arbeiterführer aus ganz Deutschland. Die Delegierten vertraten die diversen Arbeitervereine, die im Vereinstag Deutscher Arbeitervereine, dem VDAV, zusammengeschlossen waren, und den 1863 von Ferdinand Lassalle gegründeten Allgemei-

beim Tod des Königs verhalten würde, sondern ergriff die Initiative, indem er Rudolf nötigte, die Nachfolgeregelung zu seinen Gunsten zu erneuern. 1032 starb Rudolf schließlich nach fast 40jähriger Regierungszeit. Eine Gesandtschaft überbrachte Konrad Krone und Insignien Burgunds. Doch ein Neffe Rudolfs, der mächtige Graf Odo von der Champagne, erhob ebenfalls Anspruch auf das Erbe und unterwarf sich Teile von Burgund. Viele Große des Landes erkannten seinen Anspruch an, wog für sie doch die Blutsverwandtschaft mit Rudolf schwerer als die vertragliche Regelung mit Konrad. Die Waffen mußten entscheiden.

So marschierte der Kaiser mit einem starken Heer von Norden in Burgund ein, während ein zweites Heer von Süden her anrückte. Diesem Druck mußte Graf Odo weichen. Nun huldigten auch die oppositionellen burgundischen Fürsten dem Kaiser. Am 1. August 1034 feierte Konrad II. mit einem Gefolge aus deutschen, italienischen und burgundischen Großen in Genf seine Krönung zum König von Burgund. Das Fest unterstrich die Vereinigung der drei Reiche Deutschland, Italien und Burgund.

Damit war endgültig die Länderdreiheit entstanden, die die mittelalterlichen Zeitgenossen als Römisches Reich bezeichneten. Dieser Zusammenschluß erhöhte nach außen die Macht des Kaiser-

tums, hatte aber noch einen sehr praktischen Nutzen. Nun beherrschte der Kaiser mit dem Großen Sankt Bernhard, Mont Cenis und Simplon die am meisten benutzten Alpenpässe, eine wichtige Voraussetzung für die Beherrschung Italiens.

Kaiser Friedrich Barbarossa erfüllte den Gedanken der drei Königreiche über 100 Jahre später wieder mit neuem Leben, als er 1156 die burgundische Erbin Beatrix heiratete. Der Stauferkaiser ließ sich schließlich 1178 in Arles, das damals zur burgundischen Herrschaft gehörte, in einem feierlichen Akt zum König von Burgund krönen.

## Die Salier – eine machtvolle Dynastie

**K**onrad II. begründete nach dem Aussterben der sächsischen Kaiser 1024 die neue Herrscherdynastie der Salier, die vier deutsche Könige und Kaiser stellte, bis sie mit Heinrich V. im Jahr 1125 erlosch. Die Salier stammten aus einem rheinfränkischen Adelsgeschlecht, das seinen Sitz im Wormsgau zwischen Mainz und Speyer hatte.

Nach der Festigung seiner Herrschaft und der Kaiserkrönung in Rom 1027 beschloß Konrad II., als Grablege für sein Geschlecht an der Stelle des alten frän-

*Der großartige Kaiserdom in Speyer kündet bis heute von der machtvollen Herrschaft der Salier in Deutschland.*

kischen Doms in Speyer ein neues Gotteshaus zu errichten. 1030 legte er den Grundstein zu dem Bau, der die größte Kirche des Abendlandes werden sollte. Der Kaiserdom von Speyer ist bis auf den heutigen Tag das größte romanische Bauwerk Europas. Konrad demonstrierte mit diesem gewaltigen Bauvorhaben eindringlich seinen Machtanspruch – für seine Person wie auch für die von ihm begründete Dynastie. Zugleich verkörperte der Dom in seiner großartigen Gestaltung überdies Anspruch und Idee des Kaisertums, wie es keinem späteren Bauwerk mehr gelang.

Als Konrad II. 1039 starb, war die Krypta, die seinen Leichnam aufnehmen sollte, gerade erst fertiggestellt. Vier Jahre später wurde seine Gemahlin Gisela neben ihm beigesetzt. Ihre letzte Ruhestätte fanden hier auch die anderen salischen Kaiser Heinrich III., Heinrich IV. und Heinrich V. Nach dem Erlöschen der Salierdynastie wurden im Dom ebenfalls die Kaiserin Beatrix, die burgundische Gemahlin Friedrich Barbarossas, und ihre Tochter Agnes sowie die deutschen Könige Philipp von Schwaben, Rudolf von Habsburg, Adolf von Nassau und Albrecht von Habsburg bestattet.

*Der erste Motorwagen von Carl Benz aus dem Jahr 1886 hatte einen Hubraum von 984 cm³ und erreichte 15 km/h.*

# Automobile im Vormarsch

*Zielstrebig und unbeirrt entwickelten die beiden Erfinder Gottlieb Daimler und Wilhelm Maybach 1885 das erste Fahrzeug mit Benzinmotor. Damit gelang ihnen der Aufbruch ins motorisierte Zeitalter.*

*Die Ingenieure Carl Benz aus Karlsruhe (links oben), Wilhelm Maybach aus Heilbronn (rechts oben) und Gottlieb Daimler aus Schorndorf (vorn) waren die Pioniere des Automobils in Deutschland.*

**HOLPRIGE TESTFAHRT**   Am 10. November 1885 holte ein junger Mann ein befremdlich aussehendes Vehikel mit zwei Rädern aus dem Schuppen. Auf der Straße ließ er unter fachmännischer Aufsicht seines Vaters und dessen Partners den Motor an und knatterte mit 0,5 PS auf eisenbeschlagenen, ungefederten Holzrädern puffend, stinkend und Staub aufwirbelnd von dannen. Die Wegstrecke, die er zurücklegte, betrug drei Kilometer und führte ihn von Cannstatt neckarabwärts nach Stuttgart-Untertürkheim.

Der junge Mann hieß Paul Daimler, sein Vater war der berühmte Erfinder

Gottlieb Daimler, und dessen Partner war der begabte Konstrukteur Wilhelm Maybach. Bei dem röhrenden Vehikel handelte es sich um den legendären „Reitwagen", das erste mit Benzin betriebene Motorrad.

**OTTO GEGEN DAIMLER** Begonnen hatte diese Entwicklung neun Jahre zuvor, als der Erfinder und Leiter der Gasmotorenfabrik Deutz, Nikolaus August Otto, den ersten Viertaktmotor konstruierte. Dieser Ottomotor ließ sich allerdings noch nicht in ein Fahrzeug einbauen, war überdies sehr störanfällig und lief mit einer viel zu geringen Umdrehungszahl.

In der Folgezeit kam es zwischen Nikolaus Otto und seinem Kollegen Gottlieb Daimler, der ebenfalls bei der Deutzer Firma arbeitete, zu erheblichen Meinungsverschiedenheiten über die Weiterentwicklung und Verwendung dieses Verbrennungsmotores. Daimler, ein 48jähriger Tüftler aus dem Schwäbischen, der Erfindergeist mit praktischem Geschäftssinn verband, beschloß daher, sich selbständig zu machen. 1882 kehrte er an den Neckar zurück. Seinen Freund Wilhelm Maybach nahm er als Chefkonstrukteur mit.

**SCHWÄBISCHE TÜFTLER** In Cannstatt begann nun eine Zeit fieberhaften Arbeitens, Ausprobierens und Verbesserns, um den Ottomotor fahrzeugtauglich zu machen. Als Werkstatt diente den beiden Erfindern ein umgebautes Gewächshaus inmitten eines 7000 m² großen Gartengrundstücks, das Daimler für 75 000 Mark erworben hatte.

Ende 1883 hatten die beiden Schwaben nach zahlreichen Detailverbesserungen ihr Ziel erreicht. Der Motor war wesentlich kleiner und drehte erheblich schneller als das von Otto konstruierte Modell. Daimler ließ sich die Erfindung patentieren und bestellte beim Stuttgarter Glockengießer Kurz einen ersten Versuchsmotor, mit dem im Mai 1884 bereits 600 Umdrehungen pro Minute erzielt wurden.

Um dem 90 Kilogramm schweren Motor zukünftig einen möglichst großen Absatzmarkt zu sichern, mußten sie ihn in ein verhältnismäßig billiges Fahrzeug einbauen. So verfielen sie auf das Fahrrad. Nur robuster sollte es sein, um den schweren Motor und den Fahrer gleichzeitig tragen zu können, und es sollte Stützräder haben, da sich keiner der beiden Erfinder den Balanceakt auf dem Zweirad zutraute.

Während Maybach erste, noch unsichere und mit Bangen und Hoffen begleitete Probefahrten im Garten hinter der Werkstatt unternahm, erhielt Daimler am 29. August 1885 das Patent auf den „Reitwagen". Im November trau-

ten sich die Schwaben dann mit diesem ersten Motorrad auf die Straße. Im Jahr darauf bauten die beiden ihre erste Benzinmotorkutsche. Als Karosse verwendeten sie ein leichtes Pferdefuhrwerk, das sie für 795 Mark erworben hatten und mit einem 1,5-PS-Motor ausrüsteten.

**DER ERSTE BENZ** Auch anderswo schlug die Stunde der Autopioniere. In Mannheim bemühte sich der 42jährige Ingenieur Carl Benz schon seit Jahren um die Entwicklung eines völlig neuen und gebrauchstüchtigen Straßenfahrzeugs. In der von ihm 1883 mitbegründeten Gasmotorenfabrik baute er unabhängig von den beiden Schwaben einen dreirädrigen Motorwagen, für den er im Januar 1886 das kaiserliche Patent erhielt und mit dem er am 3. Juli seine erste Probefahrt durch Mannheim unternahm.

Das Echo in der Öffentlichkeit auf diese bahnbrechende Erfindung war indes niederschmetternd. Der Polizei war die Verwendung des „hochgefährlichen Benzins" ein Dorn im Auge, die Behörden fürchteten um die öffentliche Sicherheit, Passanten beschwerten sich über den Lärm und den Gestank des knatternden Ungetüms, und Reiter beklagten sich darüber, daß ihre Pferde scheuten. □

*In dieser Cannstatter Werkstatt entwickelten Daimler und Maybach den „Reitwagen" (Bildmitte), das erste mit Benzin angetriebene Motorrad.*

## Erste Fernfahrt Mannheim–Pforzheim

D em Hohn und Spott, mit dem die Öffentlichkeit anfangs das neue Fortbewegungsmittel überschüttete, begegnete Carl Benz mit dem festen Entschluß, seine Erfindung durchzusetzen: „Den mutigen Glauben an die Zukunft vermochte mir keiner zu rauben, und es gab auf der Welt nur einen Menschen, der ebenso mutig glaubte und hoffte – meine Frau."

Bertha Benz war es dann auch, die im Sommer 1888 ohne Wissen ihres Mannes das Automobil aus der Werkstatt holte und mit ihren beiden Söhnen zur ersten Autofernfahrt der Geschichte startete. Sie führte die drei beherzten Pioniere über 180 Kilometer von Mannheim nach Pforzheim und wieder zurück. Zwar gab es unterwegs einige Pannen, und in Pforzheim kam es zu einem gewaltigen Menschenauflauf, doch die drei erreichten wohlbehalten wieder Mannheim. Das Automobil hatte seinen ersten Härtetest erfolgreich bestanden.

## Daimler-Benz – ein Name wird zum Markenzeichen

W eder Daimler noch Benz gelang es in den ersten Jahren, auch nur einen einzigen ihrer Wagen zu verkaufen. Niemand war bereit, das Risiko einzugehen, einen dieser unfertigen, ständig defekten Prototypen zu erwerben. Außerdem standen die meisten Menschen dem neuen Verkehrsmittel mißtrauisch und ablehnend gegenüber. Im September 1888 zog Carl Benz mit seinem Motorwagen allerdings die Auf-

merksamkeit der Münchner auf sich, als er von den Behörden die Erlaubnis bekam, anläßlich der Gewerbeausstellung mit seinem verbesserten „Modell 3" täglich zwei Stunden durch die bayerische Landeshauptstadt zu tuckern. Doch fühlte sich auch dadurch noch kein Zeitgenosse angesprochen, einen seiner Wagen zu kaufen.

Erst 1893 wendete sich das Blatt. „Viktoria!" soll Benz ausgerufen haben, als ihm nach langen Mühen die Entwicklung einer neuartigen Lenkung gelungen war. Diese Erfindung führte zu Benz' erstem Vierradwagen. Die Billigversion dieses Viktoria-Benz, seit 1894 unter der Bezeichnung Benz-Velo für 2000 Mark angeboten und schon bald weltweit verkauft, war das erste serienmäßig produzierte Auto.

1899 wurde die Firma Benz & Co. in Mannheim, die damals bereits 700 Arbeiter beschäftigte und der größte Automobilhersteller der Welt war, in eine Aktiengesellschaft umgewandelt. Sie besaß Vertretungen in vielen Ländern der Erde, um die jährlich 570 produzierten Automobile besser absetzen zu können.

Auch die Konkurrenz aus dem Schwäbischen befand sich inzwischen auf Erfolgskurs. Seit 1901 produzierte die Daimler-Motoren-Gesellschaft, die ihren Betrieb aus dem Daimlerschen Gewächshaus mittlerweile nach Untertürkheim verlegt

hatte, ihre Personenwagen erfolgreich unter dem Markennamen Mercedes. Automobile wurden zu begehrten Luxusgütern im Kaiserreich, und die Firmen gingen zur Serienfertigung über. Während in Deutschland 1901 erst 832 Personenwagen hergestellt wurden, waren es 1912 bereits 12 400.

Die Nachkriegszeit und die Inflation von 1923 jedoch brachten beide Firmen, deren Gründungsväter Technikge-

*Das von Clara, der Tochter von Carl Benz, gesteuerte Benz-Velo von 1894 war das erste in Serie gebaute Auto, von dem rund 1200 Stück gefertigt wurden.*

*Im Kaiserreich waren die Automobilausstellungen (rechts) sehr beliebt beim Publikum, und in Großstädten wie Berlin herrschte bereits ein reges Verkehrstreiben (oben).*

schichte geschrieben hatten, fast an den Rand des Ruins. In zähen Verhandlungen einigten sich die beiden langjährigen Konkurrenten 1926 schließlich auf eine folgenreiche Fusion: Es entstand die Daimler-Benz-AG. Ihre und auch die anderen deutschen Automobile genossen international einen hervorragenden Ruf, und Namen wie Mercedes-Benz, Adler-Triumph, Horch, BMW und Opel setzten in der Branche Wertmaßstäbe.

## Das Automobil setzt sich durch

D as Automobil setzte seinen Siegeszug auf deutschen Straßen unaufhaltsam fort. Am 1. Januar 1892 holte der Berliner Textilfabrikant Rudolf Herzog das erste Auto an die Spree. Es bekam das behördliche Kennzeichen IA-1 und mischte sich keck unter die herkömmlichen Fuhrwerke, Droschken und Pferdeomnibusse.

Schon bald konkurrierten die neuen Motorwagen auch mit der elektrischen Straßenbahn und der Berliner Hochbahn, die seit 1902 in der Hauptstadt ihren Betrieb aufgenommen hatte. Allmählich legten die Menschen ihre Berührungsängste vor dem neuen Gefährt

ab. 1905 wurden die ersten Kraftomnibusse in Betrieb genommen. Mutige Berliner Fahrgäste zahlten zehn Pfennig für eine Fahrt auf dem offenen Oberdeck. Etwa um die gleiche Zeit kamen auch die ersten motorisierten Feuerwehren im Kaiserreich zum Einsatz.

## Publikumsmagnet Autorennen

S eit der Jahrhundertwende berichteten die Zeitungen über immer neue Geschwindigkeitsrekorde und aufregende Fernfahrten mit dem Automobil. Im Jahr 1903 wurde in Stuttgart – zunächst als Motorradfahrer-Vereinigung – der heutige ADAC gegründet. 1911 war der

Allgemeine Deutsche Automobil Club bereits die größte Kraftfahrer-Vereinigung Deutschlands mit 17 000 Mitgliedern. Auch ein neuer Sport entstand, der Motorrennsport. Autorennen waren bald ein neuer Publikumsmagnet. Sie sicherten den Autofirmen internationale Aufmerksamkeit, boten den Konstrukteuren die Möglichkeit, mit neuen Chassis, Motoren und Reifen zu experimentieren, und verhalfen den Zeitungen zu spektakulären Meldungen.

Kaum vorstellbar erschien den Lesern damals der Geschwindigkeitsrekord, den ein Rennwagen der Firma Benz am 16. März 1910 in den USA aufstellte. In Daytona erreichte der Blitzen-Benz mit seinem 200 PS starken 21,5-l-Motor sensationelle 228,1 km/h. Vor allem in den 20er und 30er Jahren erfreute sich der

Motorrennsport in Deutschland großer Beliebtheit. Rennfahrer wie Bernd Rosemeyer und Rudolf Caracciola waren die Publikumslieblinge und feierten auf ihren Silberpfeilen große Erfolge.

## Von der Avus bis zur Autobahn

Um Autorennen durchführen zu können, benötigte man geeignete Pisten. Bereits vor dem Ersten Weltkrieg entstanden im Kaiserreich provisorische, noch schlecht ausgebaute Rennstrecken. Sie beflügelten die Phantasie der Bauingenieure und ersten Verkehrsplaner, die sich Gedanken über die rapide wachsende Motorisierung machten und sich um geeignete Straßenkonzepte bemühten.

Im Berliner Grunewald begannen im Jahr 1913 die Bauarbeiten an der Avus, der „Automobilverkehrs- und Übungsstraße". Zum Zeitpunkt ihrer Eröffnung 1921 war sie mit 9,8 Kilometern die längste kreuzungsfreie Autostraße der Welt. Die acht Meter breite Piste war mit einem 25 Zentimeter dicken Belag versehen und besaß einen grünen Mittelstreifen zwischen den beiden Fahrbahnen. Von dieser Straßenführung bis zur ersten

## Der Eiserne Gustav

*Der Siegeszug des Automobils bedeutete das Ende des Berufsstandes der Pferdedroschkenkutscher. Einer von ihnen war das Berliner Original Gustav Hartmann (Foto). Nicht bereit, sich den neuen Gegebenheiten anzupassen, entschloß er sich zu einer letzten großen Kutschfahrt von Berlin nach Paris. Am 2. April 1928 brach er auf und wurde in den Städten Magdeburg, Hanno-*

*ver, Dortmund, Köln und Trier stürmisch bejubelt. Als er am 4. Juni, seinem 69. Geburtstag, mit seiner Pferdedroschke in Paris eintraf, war er längst ein Star der internationalen Presse geworden. Der „Eiserne Gustav", der sich durch nichts beirren ließ und weder Wind noch Regen scheute, kehrte am 12. September wohlbehalten von seiner letzten großen Ausfahrt nach Berlin zurück.*

Autobahn war es nur noch ein kleiner Schritt.

Ein erstes Teilstück zwischen Köln und Bonn übergab 1932 Konrad Adenauer, der Oberbürgermeister der Domstadt, nach vierjähriger Bauzeit dem Verkehr. Nach der Machtübernahme der Nationalsozialisten im Jahr 1933 erklärte Adolf Hitler den Bau von Fernstraßen zur Staatsaufgabe, schuf das „Unternehmen

Reichsautobahn" und ließ die Arbeiten an zwei Nord-Süd- und Ost-West-Verbindungen beginnen. Der erste Streckenabschnitt zwischen Frankfurt und Darmstadt wurde 1935 in Anwesenheit Hitlers feierlich eröffnet. Bei Kriegsbeginn 1939 betrug das deutsche Autobahnnetz bereits 2100 Kilometer.

## Der Volkswagen – ein Auto für alle

Seit der Weltwirtschaftskrise 1929 bemühten sich die deutschen Automobilhersteller, mit einem preiswerten Auto neue Käuferschichten zu gewinnen, um auf diese Weise ihre Absatzprobleme zu überwinden. Aus propagandistischen und wirtschaftlichen Gründen beauftragte Adolf Hitler 1934 den Automobilkonstrukteur Ferdinand Porsche mit der Entwicklung eines Kleinwagens, der zuverlässig und familienfreundlich sein sollte und nicht mehr als 1000 Reichsmark kosten durfte.

Das Vorhaben wurde vom Reichsverband Deutscher Automobilhersteller RDA im Rahmen des NS-Programms „Kraft durch Freude" finanziert. Produziert wurde das Auto in einem eigens dafür errichteten Werk in Wolfsburg. 1938 lief dann der erste Volkswagen vom Band. Doch die eigentliche Erfolgsgeschichte des Käfers begann erst nach dem Krieg.

*In den 30er Jahren mußten die Arbeiter den Straßenbelag noch mühsam mit der Hand auftragen, wie hier auf der Autobahn München–Rosenheim.*

# Im Dunkel
# der Nacht

Die deutsche
Geschichte ist
reich an dramatischen
Begebenheiten.
Die näheren Umstände
des Geschehens sind dabei
allerdings oft kaum bekannt.
Denn viele bedeutsame
Ereignisse der Vergangenheit
haben sich zu nächtlicher
Stunde, häufig unbemerkt
von der Öffentlichkeit
und manchmal unter
geheimnisvollen Vorzeichen,
zugetragen.

*Generalfeldmarschall Wilhelm Keitel (Mitte) bei der Unterzeichnung der zweiten Kapitulationsurkunde am 9. Mai 1945 in Berlin-Karlshorst*

# Waffenruhe an allen Fronten

*Die Kapitulation der deutschen Wehrmacht im Mai 1945 bedeutete das Ende des Zweiten Weltkrieges und den Zusammenbruch des Dritten Reiches. Für die Überlebenden schlug die Stunde Null.*

**OHNE BEDINGUNGEN** In der Nacht zum 7. Mai 1945, um 2.41 Uhr, unterzeichnete der Chef des deutschen Wehrmachtführungsstabes, Generaloberst Alfred Jodl, im Hauptquartier der Amerikaner in Reims die bedingungslose Kapitulation. Zuvor hatte ihm der Oberbefehlshaber der US-Streitkräfte, General Dwight D. Eisenhower, damit gedroht, die Luftangriffe fortzusetzen und die Verhandlungen abzubrechen, wenn die Deutschen die Maßgaben der Alliierten nicht akzeptierten. Dann sollten Soldaten, die auf der Flucht vor den Sowjets waren, auch keine Möglichkeit mehr haben, sich zu ergeben.

*Nach der Einnahme der weitgehend zerstörten Hauptstadt Berlin stiegen Soldaten der Roten Armee auf das Dach des Reichstagsgebäudes, um dort als Zeichen der Machtübernahme die Sowjetflagge zu hissen.*

**TAKTISCHE MANÖVER** Bereits einige Tage vorher hatten einzelne Heeresgruppen an diversen Frontabschnitten, unter anderem in Italien, Süd- und Nordwestdeutschland, Teilkapitulationen erreicht. Auch Jodl hatte von Großadmiral Karl Dönitz, der seit dem Selbstmord Adolf Hitlers am 30. April des Jahres die Regierungsgeschäfte leitete, nur die Vollmacht erhalten, eine Teilkapitulation zu unterzeichnen. Dönitz wollte auf diese Weise Zeit gewinnen, um möglichst vielen Flüchtlingen und Truppenverbänden des Ostheeres noch die Möglichkeit zu geben, sich in den Machtbereich der westlichen Kriegsgegner abzusetzen.

Als Jodl am Nachmittag des 6. Mai im Hauptquartier von General Eisenhower eintraf, wollte er folglich nur eine Teilkapitulation für die Westfront akzeptieren. Falls die Alliierten sich darauf nicht einließen, sollte der Generaloberst einer Gesamtkapitulation nur dann zustimmen, wenn zwischen dem Abbruch der Kampfhandlungen und der Einstellung der Truppenbewegungen eine Zeitspanne von mehreren Tagen läge. Doch General Dwight D. Eisenhower durchschaute das Verzögerungsmanöver, lehnte die Forderung der deutschen Delegation darum strikt ab und verlangte die sofortige Unterzeichnung der Gesamtkapitulation.

Jodl teilte der Reichsregierung daraufhin in einem verzweifelten Funkspruch mit: „Ich sehe keinen anderen Ausweg als Chaos oder Unterzeichnung. Erbitte sofortige drahtlose Bestätigung, ob ich die Vollmacht habe, die Kapitulation zu unterzeichnen." Dönitz erkannte die Not der Stunde und gab schließlich nach. So setzte Jodl am frühen Morgen seine Unterschrift unter die Kapitulationsurkunde, nach der am 8. Mai um 23.01 Uhr die Waffen schweigen sollten. Den deutschen Soldaten blieben jetzt noch knapp zwei Tage Zeit, sich vor einer Gefangennahme durch sowjetische Truppen in Sicherheit zu bringen.

**TAG DER SOWJETS** Obwohl der Krieg nun beendet war, forderte der sowjetische Staats- und Parteichef Josef Stalin, daß der Kapitulationsakt im Machtbereich der Roten Armee wiederholt würde. Er hatte schon die Teilkapitulationen mit großem Argwohn verfolgt, da er fürchtete, von den westlichen Alliierten und den Deutschen hintergangen zu werden, und gab sich deshalb mit der Reimser Gesamtkapitulation keinesfalls zufrieden.

Daher befahl Karl Dönitz den Chef des Oberkommandos der Wehrmacht, Generalfeldmarschall Wilhelm Keitel, den Oberbefehlshaber der Kriegsmarine, Generaladmiral Hans-Georg von Friedeburg, sowie Generaloberst Stumpff, den Vertreter des verwundeten Oberbefehlshabers der Luftwaffe, Ritter von Greim, in die völlig zerstörte Reichshauptstadt.

In der militärtechnischen Schule in Berlin-Karlshorst, wo sich das sowjetische Hauptquartier befand, unterschrieben die deutschen Offiziere erneut eine Kapitulationsurkunde. Als der letzte Schriftzug getan war, standen die Zeiger auf 0.16 Uhr. Es war der 9. Mai 1945. Im Anschluß an die Un-

terzeichnung servierten die Sowjets – so wird erzählt – der deutschen Delegation ein reichhaltiges Essen mit Sekt und russischem Kaviar.

**STUNDE NULL** Die Deutschen erfuhren von der bedingungslosen Kapitulation bereits wenige Stunden nach der Unterzeichnung in Reims. Die Nachricht verbreitete sich schnell über den Rundfunk. Nicht nur für die Soldaten schwiegen an allen Fronten die Waffen, auch für die Zivilbevölkerung bedeutete dieser historische Akt das Ende des totalen Krieges, dessen Bombenangriffe über Millionen von Menschen unsägliches Leid gebracht hatten. Zahllose Alte, Mütter und Kinder waren im Bombenhagel schwer verletzt worden oder zu Tode gekommen. Die Überlebenden standen nun vor dem absoluten Neuanfang. Ihnen schlug die Stunde Null. □

## Jagd auf die Mitglieder der NS-Führung

R und zwei Wochen nach der Kapitulation, am 23. Mai 1945, verhafteten die Alliierten die Mitglieder der Regierung Dönitz in ihrem letzten Hauptquartier, der Marineschule Mürwik bei Flensburg, und überführten sie in die Kriegsgefangenschaft. Dies geschah auf erheblichen Druck Moskaus, denn noch immer befürchtete Stalin, daß sich die westlichen Alliierten – die USA, Großbritannien und Frankreich – auf Kosten sowjetischer Interessen zu einer Zusammenarbeit mit der deutschen Führung entschließen würden. Tatsächlich jedoch

*Selbst Kinder müssen sich in der Welt der Trümmer zurechtfinden und die Hinweise der Besatzer beachten.*

war auch unter den westlichen Siegermächten das Mißtrauen gegenüber den gerade besiegten Deutschen zu groß, als daß sie ihnen die Regierungsgewalt überlassen hätten.

Inzwischen hatten die Alliierten Sonderkommandos gebildet, die nach den Hauptkriegsverbrechern suchen sollten. So wurde zum Beispiel am Tag der Kapitulation der Reichskommissar der besetzten Niederlande, Arthur Seyß-Inquart, gefaßt, als er sich in einem Schnellboot auf dem Weg in die Niederlande befand. Einige der NS-Größen gingen den Besatzungsmächten eher zufällig ins Netz: Der berüchtigte Reichsführer der SS, Heinrich Himmler, war, wie einige andere auch, mit einem Decknamen untergetaucht. Als Heinrich Hitzinger und mit einem neuen Ausweis versehen, versuchte er zu flüchten, doch einem britischen Soldaten an einem Kontrollpunkt kam der Mann mit einer Augenklappe verdächtig vor, weil er im Gegensatz zu allen anderen Passanten freiwillig seine Papiere zeigte. Die Briten nahmen ihn in Gewahrsam, und nach einem Tag gab sich Himmler schließlich selbst zu erkennen. Dem anstehenden Gerichtsverfahren entzog er sich allerdings durch die Einnahme einer Giftkapsel.

Alfred Rosenberg, der NS-Ideologe und Reichsminister für die besetzten Ostgebiete, wurde von britischen Soldaten, die nach Heinrich Himmler fahndeten, in einem Lazarett entlarvt, und Julius Streicher, der Herausgeber des antisemitischen Hetzblattes *Der Stürmer*, fiel, wieder rein zufällig, einem amerikanischen Major in die Hände. Getarnt als Maler, lebte er zurückgezogen in einem Bauernhaus in Bayern. Ausgerechnet dort machte der Amerikaner während einer Autofahrt eine Pause, und bei einer kurzen Unterhaltung verriet sich Julius Streicher selbst.

Hermann Göring, Hitlers Reichsmarschall, hatte sich bereits kurz nach der Kapitulation selbst den Amerikanern gestellt. Er fürchtete, von der SS ermordet zu werden, da Hitler seine Liquidierung angeordnet hatte. Nun hoffte er, bei den Siegern Schutz zu bekommen, und ließ sich daher von den Amerikanern festnehmen.

## Deutschland vor der Teilung

Am 5. Juni 1945 verkündeten die vier Oberbefehlshaber der Siegermächte die Übernahme der obersten Regierungsgewalt. Deutschland sollte in vier Besatzungszonen und Berlin in vier Sektoren aufgeteilt werden, wobei die Siegermächte in den ihnen unterstehenden Gebieten eigenverantwortlich handeln konnten. Alle „Deutschland als ganzes betreffenden Angelegenheiten" fielen nun in die Zuständigkeit des Alliierten Kontrollrates mit Sitz in Berlin. Er setzte sich aus den vier Oberbefehlsha-

bern zusammen. Sie mußten ihre Beschlüsse einstimmig fassen, was sich als eine schwere Hypothek erwies, da die Auffassungen der Siegermächte über Deutschlands Zukunft schon bald auseinandergingen. Daher stellte der Kontrollrat seine Arbeit auch nach einigen Jahren wieder ein – die Siegermächte konnten sich nicht mehr einigen.

Vier Stadtkommandanten regierten die ehemalige Reichshauptstadt Berlin. Auch sie sollten in den nächsten Monaten kaum noch Übereinkünfte erzielen. Mehr und mehr konzentrierten sich die Westalliierten einerseits und die Sowjets andererseits auf ihre jeweiligen Besatzungszonen, das Interesse an einem geeinten Deutschland nahm ab, so daß die Spaltung des Landes in einen West- und einen Ostteil vorprogrammiert war.

Noch während die Siegermächte in ihre Zonen einrückten, hatte Stalin bereits eine erste ernste Mißstimmung unter den Alliierten provoziert. Ohne Rücksprache mit den Verbündeten gliederte er die Gebiete östlich der Oder und der Neiße aus der sowjetischen Besatzungszone aus und stellte sie unter polnische Verwaltung. So nutzte er die nur als Provisorium gedachte Teilung Deutschlands, um die europäische Landkarte zugunsten des sowjetischen Einflußbereichs zu verändern.

## Das Gipfeltreffen der Großen Drei

Vom 17. Juli bis zum 2. August 1945 trafen im Schloß Cecilienhof in Potsdam die Großen Drei zusammen, um über die Zukunft des besiegten Landes zu beraten. Aus den USA war der Nachfolger des im Frühjahr verstorbenen amerikanischen Präsidenten Franklin D. Roosevelt, Harry S. Truman, gekommen,

*Im Schloß Cecilienhof in Potsdam (oben), das 1913 für den Kronprinzen Wilhelm errichtet worden war, entschieden 1945 (rechts) der britische Premierminister Clement Attlee, US-Präsident Harry S. Truman und der sowjetische Staatschef Josef Stalin (von links) über das Schicksal der Deutschen.*

*Das Plakat (oben) zum Nürnberger Prozeß fällte ein klares Urteil. Auf der vorderen Anklagebank (rechts) sitzen (von links) Hermann Göring, Rudolf Heß, Joachim von Ribbentrop, Wilhelm Keitel, Ernst Kaltenbrunner und Alfred Rosenberg.*

stungen, über deren Höhe sich die Siegermächte nicht äußerten. Grundsätzlich sollte Deutschland die Kriegsentschädigungen durch Sachwerte, wie beispielsweise demontierte Fabrikanlagen, leisten, und grundsätzlich sollten dabei die Alliierten die Wiedergutmachungen aus ihren eigenen Besatzungszonen ziehen. Nur die Sowjetunion, die durch den Kriegsverlauf in besonderem Maß getroffen war, konnte sich auch aus den übrigen Gebieten bedienen.

Einig waren sich die drei Mächte darin, daß der politische Wiederaufbau nur auf einer demokratischen Grundlage erfolgen dürfe. Aus Angst vor einem zu starken Deutschland sollten Regierung, Gesetzgebung und Rechtsprechung strikt

aus Großbritannien Premierminister Winston Churchill, den später, nach seiner Wahlniederlage im britischen Unterhaus, Clement Attlee ablöste, und schließlich aus der Sowjetunion Staats- und Parteichef Stalin. Der Konferenzverlauf machte deutlich, daß das gute Einvernehmen aus den Tagen der Waffenbrüderschaft inzwischen getrübt war. Churchill und Truman fühlten sich brüskiert durch Stalins eigenmächtiges Vorgehen im Osten. Doch war man allseits darauf bedacht, es nicht zu einem Eklat kommen zu lassen. Letztlich stimmte der Westen der Oder-Neiße-Linie als provisorischer Grenze zu. Auch der Ausweisung der deutschen Bevölkerung aus Polen, Ungarn und der Tschechoslowakei gaben die westlichen Alliierten nachträglich ihre Zustimmung.

Langwierige Diskussionen entwickelten sich um die Frage der Reparationslei-

getrennt werden, Deutschland als Bundesstaat mit weitgehender Eigenständigkeit der Länder organisiert werden. Darüber hinaus sollte das besetzte Land entmilitarisiert und der Nationalsozialismus ausgerottet werden. Ehemalige Mitglieder der NSDAP sollten keine verantwortlichen Stellen des öffentlichen Lebens mehr bekleiden, und Funktionäre des Dritten Reiches sollten verhaftet, Kriegsverbrecher abgeurteilt werden.

## Verurteilt zum Tod durch den Strang

Entsprechend der Beschlüsse von Potsdam begannen die Alliierten mit der Aburteilung der NS-Funktionäre. In Nürnberg, der Stätte der Reichsparteitage, wurde ihnen der Prozeß gemacht.

Der erste Verhandlungstag war der 20. November 1945, und es verging ein knappes Jahr, bis die Richter ihre Urteile fällten. Als Straftatbestände galten vor allem die Führung eines Angriffskrieges, Kriegsverbrechen und die Verfolgung aus politischen, rassischen oder religiösen Gründen.

Das Beweismaterial des Gerichtes gegen die 22 angeklagten Spitzenfunktionäre des Hitler-Regimes war erdrückend. Die Sieger hatten nach Abschluß der Kampfhandlungen tonnenweise Aktenmaterial über die Regierung, die NSDAP und das Militär sichergestellt. So erfuhren die deutsche und die internationale Öffentlichkeit erstmals das ganze Ausmaß der nationalsozialistischen Verbrechen.

Am 30. September und 1. Oktober 1946 verlasen die Richter den Urteilsspruch. Zwölf Angeklagte wurden zum Tod verurteilt: Hermann Göring, Alfred Jodl, Alfred Rosenberg, Julius Streicher, Wilhelm Keitel, Arthur Seyß-Inquart, Außenminister Joachim von Ribbentrop, der Chef des Sicherheitsdienstes, Ernst Kaltenbrunner, der Reichsprotektor von Böhmen und Mähren, Wilhelm Frick, der Verantwortliche für die Zwangsarbeit, Fritz Sauckel, sowie der Generalgouverneur von Polen, Hans Frank, und in Abwesenheit Martin Bormann – Hitlers Sekretär der letzten Jahre.

Drei Angeklagte wurden zu lebenslanger Haft verurteilt, darunter Rudolf Heß, Hitlers Stellvertreter. Vier Beschuldigte, wie der Rüstungsminister Albert Speer und Karl Dönitz, erhielten langjährige Freiheitsstrafen. Gegen den Einspruch des sowjetischen Richters erkannte das Gericht in drei Fällen auf Freispruch.

Am 16. Oktober 1946 schließlich wurden die Todeskandidaten gehängt, Hermann Göring konnte sich allerdings der Urteilsvollstreckung durch Selbstmord entziehen; es gelang ihm, sich zu vergiften. Julius Streicher schrie noch auf den Stufen des Galgens „Heil Hitler!" und starb mit einem antisemitischen Fluch auf den Lippen.

## Entnazifizierung der Deutschen

Die Siegermächte waren nicht nur darauf bedacht, die Mitglieder der NS-Führung zu verurteilen, sondern auch darauf, die deutsche Bevölkerung auf ihre Vergangenheit hin zu überprüfen. Schon bald nach Kriegsende wurde daher in den vier Besatzungszonen die sogenannte Entnazifizierung durchgeführt.

Allein bis Ende 1946 ließen die alliierten Vollzugsbehörden etwa 240 000 Personen inhaftieren, wobei sie jedoch einen großen Teil schnell wieder auf freien Fuß setzten.

Die amerikanische Militärregierung entwickelte ein kompliziertes Verfahren, die Bevölkerung mit ausführlichen Fragebogen zu überprüfen. Damit waren alle Personen, die über 18 Jahre alt waren, gezwungen, mehr als 130 Fragen zu ihrer Persönlichkeit und ihrem Werdegang, insbesondere im Dritten Reich, zu beantworten. Abhängig von dem Ergebnis der Untersuchung galt der Betroffene als Hauptschuldiger, Belasteter, Minderbelasteter, Mitläufer oder als Entlasteter. Die Sühnemaßnahmen reichten vom Arbeitslager über die Amtsentlassung oder den Entzug des Wahlrechts bis hin zu Bußgeldzahlungen.

Am strengsten gingen die Amerikaner vor, großzügiger die Briten und Franzosen. Durch die unterschiedliche Auslegung kamen die Spruchkammern schnell in Verruf. Während beispielsweise in der britischen Zone die Betroffenen in der Mehrzahl der behandelten Fälle als Entlastete galten, war dies in der US-Zone dagegen nur bei einem geringen Prozentsatz der Fall. Als die Westmächte im Zuge des kalten Krieges ihren politischen Kurs wechselten und erkannten, daß sie die Deutschen für den wirtschaftlichen und politischen Neubeginn, auch in Europa, brauchten, stellten sie allmählich die Entnazifizierungsverfahren ein, sogar gegen Schwerbelastete. Die deutsche Bevölkerung reagierte darauf mit Unmut, und so machte dann der Spruch die Runde: Die Kleinen hängt man auf, die Großen läßt man laufen.

Die sowjetischen Machthaber entfernten in ihrer Besatzungszone, der späteren DDR, rigoros Richter, Staatsanwälte und auch Lehrer aus ihren Ämtern, die der NSDAP oder anderen NS-Gliederungen angehört hatten. Darüber hinaus nutzte der Kreml das Entnazifizierungsverfahren aber ebenfalls dazu, Personen mundtot zu machen, die sich den Anordnungen und Reformmaßnahmen aus Moskau widersetzten.

## Hamsterfahrten und Zigarettenwährung

**N**ach der Kapitulation herrschte in Deutschland ein unbeschreibliches Chaos. Zahlreiche Großstädte lagen in Schutt und Asche. Die Bombenangriffe hatten ganze Straßenzüge in den Stadtzentren dem Erdboden gleichge-

*Wie hier am Bahnhof in Berlin-Grunewald machten die Frauen Hamsterfahrten aufs Land, um ihre Familien zu versorgen. Erschöpft von den Strapazen kehrten sie manchmal mit vollen Säcken heim (oben).*

*Auf dem Weg in die Kriegsgefangenschaft zogen unzählige Reihen deutscher Soldaten nach der Kapitulation durch die zerstörten Städte ihres Landes (unten).*

macht. Man schätzte damals, daß die gesamte Schuttmasse einen Trümmerberg von mehreren hundert Millionen Kubikmetern ergeben würde.

Millionen Wohnungen waren total zerstört beziehungsweise so beschädigt, daß ein Neubau erforderlich wurde. Die Menschen lebten in Ruinen, Kellerräumen unter den Trümmern oder in Notunterkünften wie Baracken und auch Blechhütten. Unzählige Verkehrs- und Nachrichtenverbindungen waren unterbrochen, Strom-, Gas- und Wasserleitungen vielfach zerstört.

Über 5 Millionen Deutsche waren Opfer des Krieges geworden. Die Überlebenden, die stets in Sorge um die nächste Mahlzeit für die Familie und über das Los verschollener Angehöriger waren, konnten ihren

Blick immer nur auf den nächsten Tag richten. Die schon während des Krieges erheblich eingeschränkte Versorgung mit Lebensmitteln brach nun vollends zusammen. Zwar setzten die Alliierten die Verteilung der lebensnotwendigen Güter auf Bezugschein fort, doch konnten die Besatzungsbehörden die Menschen nicht immer ausreichend versorgen, zumal die

## Massenwanderung der Vertriebenen

Unvorstellbar große Flüchtlingsströme aus dem Osten verschärften die Notlage in den westlichen Besatzungszonen noch zusätzlich. Waren die Menschen bereits in den letzten Kriegs-

Millionen Deutsche in die Gebiete der westlichen Alliierten. Insgesamt wurden etwa 12 Millionen Menschen gezwungen, ihre Heimat im Osten und Südosten Europas zu verlassen. Auf ihrem leidvollen Zug nach Westen waren sie bepackt mit ihrem wenigen Hab und Gut, das sie noch vor dem Zugriff der Sowjets retten konnten. Bei Wind und Wetter waren sie häufig monatelang unterwegs, und nicht selten verloren sich bei dem allgemeinen Durcheinander Familienmitglieder für Jahre aus den Augen.

## Zehn Jahre in sowjetischer Kriegsgefangenschaft

Einen qualvollen Weg hatten auch Millionen deutscher Soldaten vor sich, die in Gefangenschaft gerieten. Unter vielfach menschenunwürdigen Umständen wurden sie in großen Internierungslagern zusammengezogen, wo sie auf ihren Abtransport warten mußten. Viele starben an den Seuchen, die in den Lagern grassierten, andere an Entkräftung, und Tausende kamen auf dem Weg zu ihren Bestimmungsorten um.

Aus den sowjetischen Straflagern kehrten Zehntausende erst 1955 zurück. Sie gingen als die Spätheimkehrer in die deutsche Geschichte ein. Mancher der Überlebenden wußte von geradezu grotesken Urteilen zu berichten: Es soll Verurteilungen zu 25 Jahren Straflager gegeben haben, nur weil die Papiere des Betroffenen ihn als Generalvertreter auswiesen, was für die sowjetischen Justizbehörden soviel bedeutete, wie einen Vertreter des Generals vor sich zu haben.

*Mit Pferd und Wagen transportieren diese Flüchtlinge auf dem Weg in den Westen ihr letztes Hab und Gut (oben). Sie mußten in ihrer alten Heimat Haus und Hof verloren geben.*

monaten in Massen vor der anrückenden Roten Armee geflohen, so hatten die Beschlüsse der Potsdamer Konferenz eine wahre Völkerwanderung zur Folge. Bis Oktober 1946 gelangten schon mehrere

Reparationsbestimmungen die deutsche Wirtschaft lahmlegten. Es folgten bittere Hungerjahre, in denen insbesondere die Frauen, die die alltäglichen Sorgen zu tragen hatten, zur Selbsthilfe griffen.

Hamsterfahrten aufs Land bestimmten ihren Lebensrhythmus. Im Tausch gegen Kleidung, Geschirr und andere Wertgegenstände bekamen sie Kartoffeln, Milchprodukte oder Fleisch. Auf dem schwarzen Markt war bei entsprechender Bezahlung, etwa mit Schmuck oder Zigaretten, nahezu alles zu haben. Mit der Reichsmark dagegen konnte man kaum noch etwas erstehen, denn das Geld war inzwischen fast wertlos geworden. Die Polizei kontrollierte diesen Markt scharf, konnte ihn aber niemals ganz unterbinden. Doch dies hatte auch sein Gutes, denn letztlich bewahrte der illegale Handel Tausende vor einem grausamen Hungertod.

## HILFE AUS ÜBERSEE

*Die mangelhafte Versorgung der europäischen Bevölkerung, insbesondere der Alten, Frauen und Kinder, veranlaßte ausländische Wohlfahrtsverbände, direkt Hilfe zu leisten. Am bekanntesten war die amerikanische Organisation CARE, Cooperative for American Remittances to Europe. Sie begann ihre Aktion im Juni 1946, als sie mit Unterstützung ausschließlich priva-* *ter Spenden 2,8 Millionen Rationspakete aus Beständen der US-Armee aufkaufte und als CARE-Pakete nach Übersee sandte. Davon profitierten vor allem die Deutschen der westlichen Besatzungsgebiete. Wenn die Familien ihre Pakete öffneten, dann gingen den kleinen Kindern die Augen über – erstmals in ihrem Leben bekamen sie Schokolade zu sehen.*

**CARE**
Paket-
Ausgabestelle
**Arbeiter Wohlfahrt München**

*DIE VERTEILUNG DER LEBENS-MITTEL WAR GUT ORGANISIERT.*

*Dutzende von Fuhrwerken brachten jeden Monat mehrere hundert Eichenfässer nach Konstanz, um die über 1000 Teilnehmer des Konzils mit Wein zu versorgen.*

# Verhängnis im Morgengrauen

*Die Hinrichtung des tschechischen Predigers Jan Hus in Konstanz 1415 beschwor die Hussitenkriege herauf und entfremdete Böhmen dem Reich.*

*Jan Hus, der bei lebendigem Leib verbrannt wurde, trug bei seiner Hinrichtung eine Schandmütze als Zeichen seiner Verwerflichkeit.*

**FLAMMENTOD** Im Morgengrauen des 6. Juli 1415 versammelte sich eine große Anzahl von neugierigen Menschen vor den Toren von Konstanz am Ufer des Rheins. Ein Schauspiel wie die Verbrennung eines Ketzers gab es schließlich nicht alle Tage zu sehen. Noch bevor es richtig hell wurde und sich die Morgennebel über dem Fluß aufgelöst hatten, zündete der Henker den Scheiterhaufen an. Und während die Flammen in die Höhe schossen, begann der Todgeweihte Jan Hus für diejenigen, die ihn verurteilt hatten, laut zu beten. Standhaft ertrug er die Qualen des Feuertodes, und kein Schmerzenslaut kam über seine Lippen. Als er zum drittenmal das Gebet gesprochen hatte, starb er. Danach sammelte der Henker die Aschereste des Ketzers sorgsam ein und verbrannte sie noch einmal. Nichts sollte, so forderte es das Urteil, von ihm übrigbleiben und an ihn erinnern.

**TSCHECHISCHER MÄRTYRER** Doch die Richter, die Jan Hus auf der Kirchenversammlung in Konstanz verurteilt hatten, mußten bald erkennen, daß sie sich getäuscht hatten und daß der Flammentod den Ketzer erst zum Märtyrer machte. Mit Hus starb nicht nur einer jener Männer, die es gewagt hatten, die hohe Geistlichkeit mit dem Ruf nach Kirchenreformen herauszufordern, mit ihm verbrannte auch ein Böhme, der in seiner Heimat über eine große und treue Anhängerschaft verfügte. Der Flammentod des frommen Predigers rief in Böhmen, das damals zum deutschen Herrschaftsgebiet gehörte, eine solche Entrüstung hervor, daß 452 böhmische Adlige und Ritter die Hinrichtung in einem Protestschreiben als „Schmach für die tschechische Zunge" geißelten.

Was hatte es auf sich mit diesem Jan Hus, der aus einfachen Verhältnissen stammte und den der einheimische Adel so verehrte? Zur Welt kam der spätere Märtyrer um das Jahr 1370 in dem südböhmischen Dörfchen Husinec, von dem sich sein Name herleitete. Er studierte an der Prager Universität Theologie und schloß sich dem Kreis der tschechischen Kirchenkritiker an.

**MUTIGE WORTE** Ab 1402 begann Hus in Prag zu predigen, und seine wortgewaltige, in tschechischer Sprache vorgetragene Kritik an den Mißständen der Kirche begeisterte seine Landsleute. Er wetterte gegen den unerträglichen Pomp und Luxus beim hohen Klerus und forderte unter anderem, den Kirchenbesitz und die Heiligenverehrung abzuschaffen. Seine Kritik richtete sich vor allem gegen die deutschen Geistlichen und die deutsche Oberschicht in Böhmen.

Diese ketzerischen Ansichten machten ihn für die Kirche untragbar. Als der böhmische Prediger 1412 den Handel mit dem Ablaß, durch den sich die Gläubigen von ihren Sündenstrafen freikaufen konnten, als unchristlich anprangerte, kam es zum Bruch mit der Kirche, die sich das einträgliche Geschäft nicht verderben lassen wollte.

**ZUM KETZER VERURTEILT** Zwei Jahre später trat in Konstanz ein seit Jahren erwartetes Kirchenkonzil zusammen, um unter anderem den unliebsamen tschechischen Kritiker an die Kandare zu nehmen. Hus selbst drängte es ebenfalls zur Versammlung der hohen Geistlichkeit. Er hielt sie für den rechten Ort, um seine kritischen Ansichten offen vortragen zu können.

Vom deutschen Herrscher Sigismund war ihm freies Geleit zugesichert worden. Am 3. September 1414 traf Hus in Konstanz ein. Doch bereits nach dem ersten Treffen mit den Kirchenfürsten mußte er erkennen, daß sie nicht mit ihm über seine Lehre diskutieren wollten, sondern von ihm unbedingten Gehorsam verlangten. Hus war aber nicht bereit, sich zu unterwerfen, zumal ihn das Konzil nicht widerlegen konnte. Überdies wollte er vermeiden, mit einem Widerruf der Reformbewegung in Böhmen den Todesstoß zu versetzen.

Mit dieser unbeugsamen Haltung hatte er die Autorität des Konzils jedoch schwer geschädigt. Es zeigte sich nun, daß das Schreiben des deutschen Königs nur ein wertloser Fetzen Papier war, der ihm keine Sicherheit bot. Auf Befehl Sigismunds wurde Hus verhaftet und vom Konzil daraufhin als Ketzer zum Tod auf dem Scheiterhaufen verurteilt. ☐

## Aufstände und Unruhen in Böhmen

*Unter freiem Himmel und im Zeichen des Laienkelches reichten böhmische Prediger das Abendmahl.*

Die Nachricht von der Hinrichtung des Predigers Jan Hus verbreitete sich rasch in Böhmen. Sein Feuertod war der letzte Anstoß für eine Bewegung in Böhmen, die sowohl den Adel als auch die Bauern erfaßte. Ihre Anhänger erhielten von ihren Gegnern einen Namen, der als Schimpfwort gemeint war, sich aber bald zum Schreckensruf entwickeln sollte: Hussiten. Der Aufstand richtete sich gegen die katholische Kirche, vor allem jedoch gegen die fremden Herren, die Böhmen regierten.

Schon seit 400 Jahren galt das böhmische Land als Teil des Deutschen Reiches, und nicht nur das: Noch 50 Jahre zuvor war Prag unter Karl IV. sogar kaiserliche Residenz- und heimliche Reichshauptstadt gewesen. Die Herrscher riefen deutsche Kauf- und Bergleute sowie Burggrafen, Bischöfe und kaiserliche Ratgeber nach Böhmen, die bald das Sagen im Land hatten. Diese deutsche Oberschicht aber hielt zur katholischen Geistlichkeit. Die kirchenfeindlichen Töne der Hussiten verbanden sich so auch mit nationalen Parolen. Die Priester in den Prager Kirchen predigten deshalb vier Jahre nach dem Tod des Jan Hus nicht mehr auf deutsch, sondern nur auf tschechisch.

Nicht nur die Sprache änderte sich in dieser Zeit in den Kirchen. Auch theologisch setzte sich eine Neuerung durch, die schnell als Symbol der böhmischen Reform galt und sie auf den Fahnen symbolisierte: der sogenannte Laienkelch. Er führte selbst dem einfachen Menschen vor Augen, daß in einer neuen Kirche der Priester nicht über dem Gläubigen, sondern mit ihm auf derselben Stufe stand. Beim Abendmahl erhielten nun alle Teilnehmer neben dem Brot auch den Kelch mit Wein, der bis dahin allein den Klerikern vorbehalten war.

Im Sommer 1419 entluden sich die Spannungen im Land schlagartig. Am 30. Juli überfielen der ehemalige Mönch Johann von Seelau und seine Anhänger das Rathaus in Prag und warfen 13 königstreue Katholiken über die Fensterbrüstung auf die Straße. Der trunksüchtige böhmische König Wenzel, ein Bruder des deutschen Herrschers Sigismund, erlitt nach diesem kaum verhüllten Angriff auf seine Autorität einen Schlaganfall und starb kurz darauf. Anarchie breitete sich in Böhmen aus, und die Hussiten ergriffen die Macht.

Erbitterte Kämpfe, Aufruhr und Plünderungen gehörten nun zum Alltag in Böhmen. Katholiken und Hussiten verfolgten sich grausam, selbst die unterschiedlichen Teile der Reformbewegung bekämpften sich gegenseitig. Dabei tat sich auch eine streng religiöse Gruppierung hervor, der sich vor allem arme Bauern angeschlossen hatten. Sie wollte in der südböhmischen Stadt Tabor das Reich Gottes auf Erden verwirklichen. „Jegliche Unterdrückung der Armen, Steuern und alle Fürstenwürden" sollten dort abgeschafft werden. Privates Eigentum galt als Todsünde. Für die Bauern, Handwerker und Kleinbürger standen Bottiche bereit, in die sie ihr Geld und

*Der Hussitenführer Jan Žiška (Bildmitte) fügte 1420 dem Reichsheer bei Prag eine bittere Niederlage zu.*

Der böhmische Landtag, in dem der Adel, die Städte und die Dörfer vertreten waren, setzte daraufhin den König im Juni 1421 als Herrscher von Böhmen kurzerhand ab. Statt seiner sollte ein 30köpfiges Direktorium die Geschicke des Landes bestimmen. Damit war Böhmen für König Sigismund vorerst verloren, und auch der Kreuzzug endete mit einem Fiasko.

Das durch die Verluste erheblich dezimierte Reichsheer mußte in den folgenden Jahren noch mehrere schmerzliche Niederlagen gegen die Hussiten einstecken. Die militärische Überlegenheit der Aufständischen unter ihrem überragenden Heerführer Jan Žiška war so eindeutig, daß der „Hussitensturm" schließlich außerhalb des verwüsteten Böhmen in die Offensive gehen konnte.

ihren Schmuck werfen sollten. Tabor entwickelte sich mit seinen fanatischen Anhängern zum kriegerischen Zentrum des Aufstands.

Trotz der Gegensätze faßten die Hussiten ihre Forderungen in den sogenannten Vier Prager Artikeln zusammen. Darin verlangten sie den Laienkelch, die Freiheit der Predigt auch für Nichtpriester, den Verzicht der Kirche auf weltliche Herrschaft und ihren Besitz sowie die Bestrafung der Sünder unter den Geistlichen.

König Sigismund an, als er im Mai 1420 nach Böhmen zog, um die Hussiten zur Räson zu bringen. Die riesige Streitmacht nützte ihm aber wenig, denn er erlitt eine empfindliche Niederlage bei Prag. Sigismund gelang es zwar, sich am 28. Juli auf der Prager Burg vor den Toren der unbezwungenen Stadt als Erbe seines Bruders Wenzel zum böhmischen Herrscher krönen zu lassen; doch an Allerheiligen desselben Jahres schlug ein hussitisches Heer seine Streitmacht in die Flucht.

## „Herr, hilf uns, die Hussiten kommen!"

I m Jahr 1425 fielen die hussitischen Heerhaufen erstmals in Österreich ein. Fünf Jahre später zerstörten über 40 000 Mann die Städte Torgau, Plauen und Hof, um dann Franken anzugreifen.

## Reichskrieg gegen die Hussiten

I m März 1420 riefen das geistliche und das weltliche Oberhaupt der Christenheit, Papst Martin V. und der deutsche König Sigismund, zum Kreuzzug gegen die böhmischen Ketzer auf. Aus der Glut des Konstanzer Scheiterhaufens war endgültig wieder eine lodernde Flamme geworden. Sie sollte die christliche Welt noch über ein Jahrzehnt in Atem halten.

Angeblich über 100 000 Mann führte

*Die Hussiten stellten ihre Wagen dicht an dicht im Kreis auf und verbanden sie mit Ketten und Holzplanken. Diese Wagenburgen dienten ihnen als Feldlager und als Festung bei einem Angriff.*

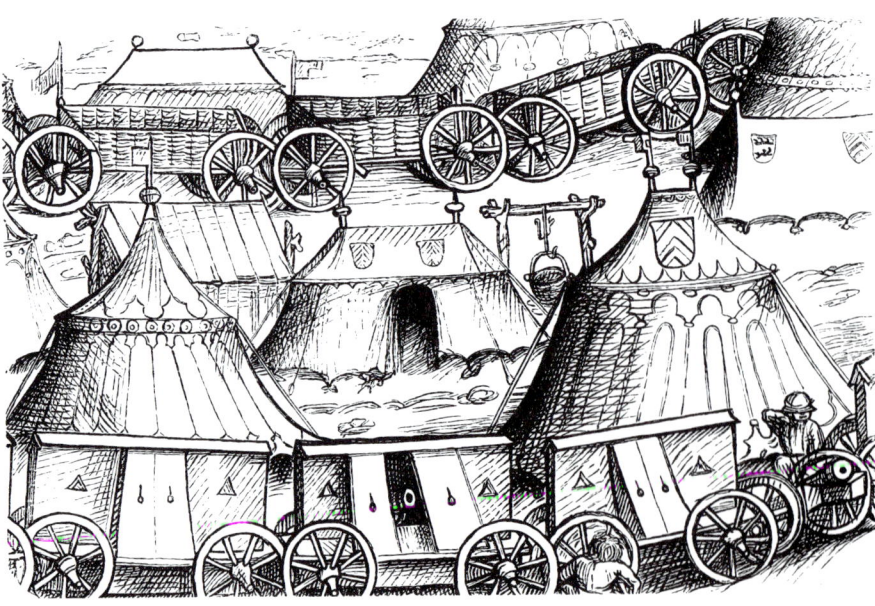

*In den Hussitenkriegen kämpfte Kaiser Sigismund um seine Herrschaft im Königreich Böhmen.*

Als selbst Bayreuth und Kulmbach ihrer Zerstörungswut zum Opfer fielen, kaufte sich das Bistum Bamberg mit 12 000 Gulden von einem ähnlichen Schicksal frei. Das Beispiel machte Schule. Obwohl die Reichsstadt Nürnberg über wehrhafte Mauern verfügte, sah der Rat der Stadt keine Chance, gegen die kampferprobten hussitischen Truppen bestehen zu können, und griff ebenfalls zur Geldschatulle. Auch in weiten Gebieten Schlesiens, Sachsens, Bayerns und Brandenburgs bis hin zur Ostsee verbreiteten die Hussiten Angst und Schrecken im Reich.

## Das Deutsche Reich – ein Papiertiger

D as Deutsche Reich erwies sich bei den Einfällen der Hussiten als Papiertiger. Eine wirksame Verteidigung der bedrohten Bevölkerung blieb aus. Statt sich zusammenzuschließen und der äußeren Bedrohung gemeinsam zu begegnen, verzettelten sich König Sigismund und die mächtigen Kurfürsten weiter in internen Machtkämpfen. Dem zersplitterten Reich fehlte es an einer zentralen leistungsfähigen Verwaltung und an einem kampferprobten Heer. Wenn der König einen Krieg beginnen wollte, war er auf die Hilfe der Fürsten und der Reichsstädte angewiesen, denen die eigenen Interessen allerdings weitaus wichtiger waren.

Das zeigte sich auch 1427, als der Nürnberger Reichstag erstmals mit einer Reichskriegssteuer von fünf Prozent des Einkommens die Mittel für einen großen Feldzug beschaffen wollte. Der Erfolg blieb jedoch aus; die „Hussitensteuer" brachte nur wenig Geld in den Staatssäckel. Zudem blieb Sigismund Deutschland bis auf kurze Stippvisiten acht Jahre lang – bis 1430 – fern, um sich um außenpolitische Konflikte und um seine Kaiserkrönung zu kümmern.

Doch trotz aller militärischen Erfolge gerieten die Hussiten mit zunehmender Dauer des Krieges politisch immer mehr in die Isolierung. So wuchs unter den gemäßigten Hussiten wie auch bei einigen vom Krieg betroffenen Reichsfürsten zusehends die Bereitschaft zum Kompromiß. Die letzte katastrophale Niederlage eines Reichsheeres 1431 überzeugte schließlich den Papst davon, daß es an der Zeit war, die starre Haltung der Kirche aufzugeben und miteinander zu verhandeln.

## Kompromiß nach 18 Jahren Krieg

N ach Jahren der Verwüstung und Brandschatzung siegte auf beiden Seiten die Vernunft. Am 30. November 1433 einigten sich Kirche, König Sigismund – inzwischen zum Kaiser gekrönt – und die gemäßigten Hussiten auf einen Kompromiß. Der Papst sprach die Hussiten vom Vorwurf der Ketzerei frei und erkannte sie als religiöse Minderheit an. Von ihren ursprünglichen theologischen Forderungen konnten die Hussiten nur den Laienkelch durchsetzen.

Die radikalen Hussiten unter ihrem Führer Prokop erkannten den Kompromiß jedoch nicht an und kämpften weiter. Erst als sie 1434 vom Heer der gemäßigten Hussiten besiegt wurden, galten die Vereinbarungen für ganz Böhmen. Zwei Jahre später erreichte Sigismund in den Iglauer Verträgen, daß er als böhmischer König anerkannt wurde.

## Böhmen geht eigene Wege

D ie Verträge von Prag und Iglau beendeten die Hussitenkriege. Die Ideen des Jan Hus aber wirkten weiter. Das tschechische Nationalbewußtsein hatte einen kräftigen Schub erhalten. Das Reich und Böhmen entfremdeten sich in der Folge politisch immer mehr. Die Hussiten bereiteten damit die spätere Bildung

## FEUERWAFFEN UND WAGENBURGEN

*„Schlagt zu, schlagt zu, schlagt zu, laßt keinen mehr am Leben"*, so hieß es in einem berüchtigten Kampflied, das die Hussiten in der Schlacht sangen. Es machte bei den Feinden die Runde und sorgte überall dort, wo sie auftauchten, für Angst und Schrecken.

*Dabei war das Erfolgsgeheimnis des hussitischen Volksheeres eigentlich einfach: es beruhte auf strenger Disziplin und einer besonderen Kampftaktik. Der hussitische Heerführer Žiška schaffte es dabei mit einer genialen Lösung, aus der Not eine Tugend zu machen.*

*Da die meist armen „Gottesstreiter" den schwerbewaffneten Berittenen ohne Pferd und Rüstung gegenübertreten mußten, ließ Žiška aus den Fuhrwerken des Trosses einen Kreis bilden. Diese Wagenburgen schützten die Hussiten wirkungsvoll vor den Attacken der Reiter. Zugleich boten sie aber auch die Möglichkeit, Geschütze und Hakenbüchsen fest zu montieren und aus der sicheren Deckung heraus die heranstürmenden Reiter unter Feuer zu nehmen,*

*Die Hussiten waren die ersten, die die damals gerade aufkommenden Feuerwaffen in dieser todbringenden Weise einsetzten. Sie richteten damit unter den Rittern ein verheerendes Blutbad an.*

eines eigenständigen tschechischen Staates mit vor. Eigentlicher Gewinner war der böhmische Adel, die mächtigste Kraft im Land, die vom König nie bezwungen werden konnte.

Für die Kirche bedeutete das Auftreten der Hussiten eine schwere Niederlage. Nicht nur hatte es ein kleines Land geschafft, sich fast zwei Jahrzehnte lang gegen die vereinte Macht der Christenheit zu behaupten, sondern der Klerus mußte sich auch mit dem Verlust seiner Güter in Böhmen und mit der Gründung einer eigenständigen böhmischen Landeskirche abfinden. Es sollten jedoch kaum mehr 100 Jahre vergehen, bis der Kirche erneut ein Ketzer ins Haus stand, diesmal allerdings noch wesentlich erfolgreicher: der Mönch Martin Luther in Wittenberg.

# Überraschende Zusage

*Noch am Wahlabend des 28. September 1969 beschlossen Willy Brandt und Walter Scheel, eine Regierung zu bilden, die den Ausgleich mit dem Osten suchen wollte.*

*Die Karikatur verdeutlichte die Koalitionsmöglichkeiten (oben), doch Willy Brandt und Walter Scheel waren sich schnell einig, gemeinsam zu regieren (unten).*

**FALSCHE HOFFNUNGEN** Als am Wahlabend die Wahllokale geschlossen hatten und im Fernsehen die ersten Hochrechnungen veröffentlicht wurden, schien es keine Frage zu sein, wer die neue Regierung stellen würde. Die CDU/CSU lag im Bereich der absoluten Mehrheit und hatte augenscheinlich einen großen Sieg errungen. Im Kreis der Christdemokraten rechnete an diesem Abend kaum einer damit, daß Bundeskanzler Kurt Georg Kiesinger die Macht noch entgleiten könnte.

In der SPD-Zentrale war man etwas gedämpfter Stimmung, bei der FDP dagegen herrschte deprimiertes Schweigen. Die Partei hatte zwei Fünftel ihres Stimmenanteils eingebüßt und lag nur knapp über der Fünfprozentmarke. Ihr Vorsitzender Walter Scheel fühlte sich als „Verlierer der Wahl", wie er vor laufenden Kameras bereits vor 20 Uhr einräumte.

Dabei erlaubte das Wahlergebnis, die Union erhielt 46,1 Prozent, die SPD 42,7 Prozent und die FDP 5,8 Prozent der Zweitstimmen, den drei Parteien verschiedene Möglichkeiten der Regierungsbildung. Noch am Abend des 28. September riß Willy Brandt, Kanzlerkandidat und Parteivorsitzender der SPD, das Gesetz des Handelns an sich.

Als die Hochrechnungen eine knappe Mehrheit für eine sozialliberale Koalition signalisierten, ließ sich Brandt vom SPD-Präsidium, trotz Bedenken von Herbert Wehner und anderen führenden Sozialdemokraten, grünes Licht für Verhandlungen mit der FDP geben.

**HEIMLICHE RUNDE** Unterdessen kam es auf Initiative von Alex Möller, dem späteren Finanzminister, in dessen Bonner Privatwohnung zu einer informellen, vertraulichen Zusammenkunft einiger Spitzenpolitiker beider Parteien. Man war sich schnell einig, daß man eine Koalitionszusage noch in dieser Nacht abgeben sollte. So nahm die Runde Kontakt zu Brandt auf, der sich in der SPD-Zentrale im Erich-Ollenhauer-Haus aufhielt, und zu Walter Scheel, der sich tief enttäuscht schon frühzeitig nach Hause begeben hatte.

**„WIR MACHEN ES!"** Ungefähr um 22.30 Uhr kam es zum alles entscheidenden kurzen Telefongespräch zwischen den beiden Parteivorsitzenden. Brandt rief Scheel an und sagte ihm: „Wir machen es!" Ein wortkarger, niedergedrückter FDP-Chef stimmte ihm schließlich zu und antwortete mit dem knappen Satz: „Ja, tun Sie das!"

Kurz vor Mitternacht trat Brandt vor die Fernsehkameras und informierte die deutsche Öffentlichkeit über die Koalitionsabsprache mit der FDP. „Man hat doch vorher gesagt", so führte er selbstbewußt aus, „wer FDP wählt, wählt FDP und SPD. SPD und FDP haben mehr als CDU und CSU. Das ist das Ergebnis."

**HARTE ZEITEN** Die Koalitionsaussage traf die Union hart. Sie mußte nach 20 Jahren Regierungsverantwortung erstmals in die Opposition. Rainer Barzel übernahm die Rolle des Oppositionsführers im Bundestag. Auch bei den Freidemokraten gab es gewichtige Stimmen, die eher eine Koalition mit der CDU/CSU als mit der SPD befürworteten, doch sie konnten sich nicht durchsetzen.

Die sozialliberale Koalition verfügte über 254 Sitze im neugewählten Bundestag, nur fünf Mandate mehr, als zur Wahl des Bundeskanzlers notwendig waren. Am 21. Oktober wurde Brandt mit 251 Stimmen zum Kanzler gewählt. Trotz der knappen Mehrheit ging die neue Regierung entschlossen daran, ihre angekündigte Entspannungspolitik mit dem Osten in die Tat umzusetzen. ☐

## Aussöhnung mit Moskau und Warschau

D as Konzept der neuen Ostpolitik der sozialliberalen Regierung hieß „Wandel durch Annäherung" und sollte den Frieden in Europa sicherer machen. Als ihr Architekt galt Egon Bahr, langjähriger enger Vertrauter Willy Brandts und seit dem Regierungswechsel Staatssekretär im Bundeskanzleramt.

Der Regierung Brandt/Scheel war bewußt, daß die Aussöhnung mit den östlichen Nachbarn auch 25 Jahre nach der militärischen Niederlage Hitler-Deutschlands psychologisch, politisch und völkerrechtlich ein schwieriges Unterfangen sein würde. Aber der Ostblock war ebenfalls an einer Entspannung der politischen Lage interessiert und daher bereit, den neuen Tönen aus Deutschland Aufmerksamkeit zu schenken.

Schon in seiner Regierungserklärung hatte der Kanzler den Staaten des Warschauer Pakts Abkommen über „den gegenseitigen Verzicht auf Anwendung oder Androhung von Gewalt" sowie die Achtung der „territorialen Integrität" angeboten. Als Gegenleistung erwartete Bonn, daß die UdSSR die Bindung Westberlins an die Bundesrepublik, den Viermächtestatus für ganz Berlin und das

Recht aller Deutschen auf Selbstbestimmung anerkannte.

Der Schlüssel für das Gelingen dieser Politik lag in Moskau. Nach schwierigen Verhandlungen konnten Brandt und Scheel am 12. August 1970 in Moskau den Vertrag zwischen der Bundesrepublik und der UdSSR unterzeichnen. Die Partner garantierten darin die Unverletzlichkeit der bestehenden Grenzen in Europa, einschließlich der Oder-Neiße-Grenze und der Grenze zwischen der Bundesrepublik und der DDR. Auch der Vertrag mit Polen vom 7. Dezember 1970 sprach von der Unverletzlichkeit der Grenze an Oder und Neiße.

Die Unterzeichnung dieser beiden Verträge machte den Weg frei für das Viermächteabkommen über Berlin im September 1971. Darin sagte die Sowjetunion zu, die engen Bindungen der drei Westsektoren an die Bundesrepublik anzuerkennen, die freien Zugangswege durch das Territorium der DDR nicht zu behindern und den Westberlinern Besuche in Ostberlin und der DDR zu gestatten. Diese Garantien bestätigten den politischen Status von Westberlin und sorg-

*Staatssekretär Bahr passierte den Grenzübergang Heinrich-Heine-Straße in Berlin, um mit der DDR-Führung erneut zu verhandeln.*

ten damit für eine Entspannung und Normalisierung der politischen Verhältnisse in Deutschland und Europa.

## Deutsch-deutsche Verständigung

F ür die Koalition war die deutschdeutsche Verständigung ein wesentlicher Bestandteil der neuen Ostpolitik. „Wandel durch Annäherung" – das hieß auch, das Gespräch mit der DDR-Führung zu suchen. Die Deutschlandpolitik der sozialliberalen Koalition zielte darauf ab, mit der DDR konkrete Absprachen und Abkommen zu treffen, die den Menschen in Deutschland praktische Erleichterungen bringen sollten. Nach den Worten Brandts ging es darum, „daß das Verhältnis zwischen den Teilen Deutschlands aus der gegenwärtigen Verkrampfung gelöst wird."

Ein bedeutsames Zeichen setzte das erste deutsch-deutsche Gipfeltreffen in Erfurt. Dort traf am 19. März 1970 Willy Brandt mit Willi Stoph, dem Vorsitzenden des DDR-Ministerrats, zusammen. Mit begeisterten „Willy!-Willy!"-Rufen holten Tausende von Erfurter Bürgern den Bundeskanzler ans Fenster seines Hotels in der Innenstadt. In diesem Mo-

*Am 18. September 1973 wehten vor der UNO in New York erstmals die Fahnen beider deutschen Staaten.*

ment zeigte sich, daß das vielzitierte Zusammengehörigkeitsgefühl der Deutschen keine leere Phrase war. Die Begegnung brachte zwar kein greifbares Ergebnis, aber ein Anfang war gemacht.

Es folgten Monate zäher Verhandlungen. Am 17. Dezember 1971 konnte das Transitabkommen zwischen der Bundesrepublik und der DDR unterzeichnet werden. Der Vertrag regelte im einzelnen den Zugang von und nach Berlin. Mit dem später abgeschlossenen Verkehrs-

*Tief bewegt, kniete Willy Brandt 1970 in Warschau zum Gedenken an die Opfer des NS-Regimes am jüdischen Mahnmal nieder.*

vertrag schuf man größere Reiseerleichterungen und für DDR-Angehörige die Möglichkeit, in den Westen zu Verwandtenbesuchen zu fahren. Auch die Verhandlungen über den Grundlagenvertrag kamen zu einem befriedigenden Ende. Er stellte die deutsch-deutschen Beziehun-

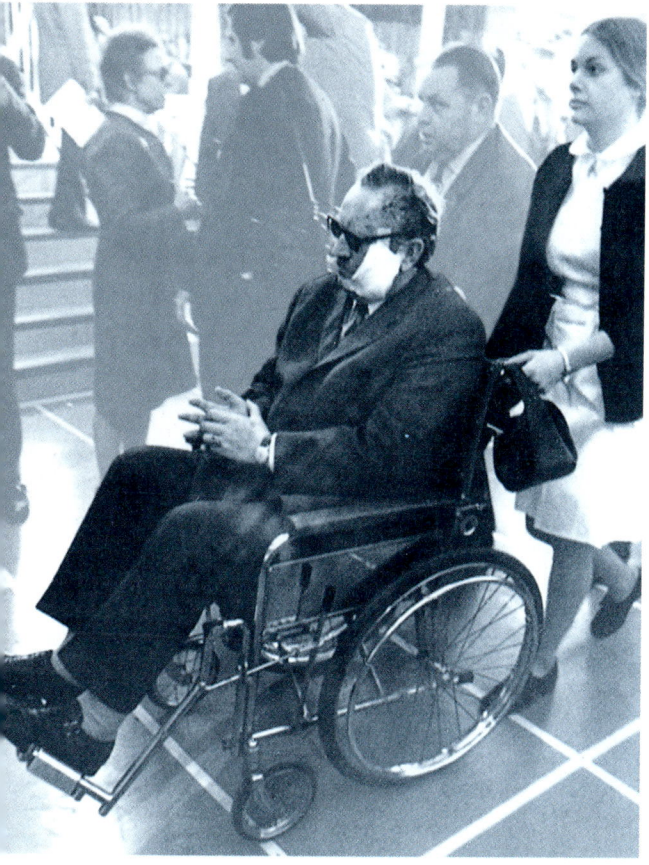

*Für die Abstimmung über das Mißtrauensvotum im Bundestag am 27. April 1972 zählte jede Stimme. Selbst der kranke SPD-Abgeordnete Hans Leip wurde im Rollstuhl in den Plenarsaal gefahren.*

weigerte den Verträgen die Zustimmung. Auch mehrere Abgeordnete der Regierungskoalition waren gegen die Ostverträge und wechselten in den folgenden Wochen zur Opposition über. Dadurch büßte die Regierung ihre knappe parlamentarische Mehrheit ein.

Die CDU/CSU-Fraktion entschloß sich daher zu handeln und brachte Ende April 1972 zum erstenmal in der Geschichte der Bundesrepublik ein konstruktives Mißtrauensvotum ein, um den Kanzler zu stürzen und Rainer Barzel zu seinem Nachfolger zu wählen. Doch zur Überraschung aller scheiterte der Antrag. Barzel erhielt nur 247 Stimmen und verfehlte um zwei Stimmen die erforderliche absolute Mehrheit. Bis heute läßt sich nicht mit Sicherheit feststellen, wer aus den eigenen Reihen Barzel seine Stimme verweigert hatte. Am 17. Mai billigte der Bundestag bei Stimmenthaltung der Opposition die Verträge mit Moskau und Warschau.

gen auf eine realistische Basis, indem er von der Existenz zweier deutscher Staaten ausging. So ebnete dieser Vertrag auch den Weg für die Aufnahme beider deutschen Staaten in die UNO.

## Auseinandersetzungen um die Ostverträge

**D**amit die Verträge in Kraft treten konnten, mußte der Bundestag ihnen allerdings noch zustimmen. Die Opposition erhob ernste Bedenken, insbesondere gegen die Textpassagen aus dem Moskauer und dem Warschauer Vertrag über die Unverletzlichkeit der Grenzen. Die CDU/CSU sprach vom „Ausverkauf der deutschen Interessen" und befürchtete, die ehemaligen deutschen Ostgebiete und das Recht auf Wiedervereinigung preiszugeben. Da die Grenzen in den Vertragswerken zwar als „unverletzlich", aber nicht als „unveränderlich" bezeichnet worden waren, machte die Regierung indes nicht ohne Logik geltend, daß friedliche Veränderungen in Europa auch weiterhin möglich seien.

„So nicht", erklärte Oppositionsführer Rainer Barzel bei der ersten Lesung der Ostverträge im Bundestag 1972 und ver-

## Wählervotum für die neue Ostpolitik

**D**as gescheiterte Mißtrauensvotum führte den Politikern deutlich die parlamentarische Pattsituation vor Augen. Aus diesem Grund trat Bundeskanzler Brandt im Herbst 1972 von seinem Amt zurück und machte den Weg frei für vorgezogene Neuwahlen. Die SPD/FDP-Koalition errang einen überzeugenden Wahlsieg. Dies war ein eindeutiger Vertrauensbeweis der Wähler für die Politik des „Wandels durch Annäherung". Damit verfügte die sozialliberale Koalition nun über eine komfortable Mehrheit, die ihr bis 1982 die Regierung in Bonn sicherte, auch wenn Brandt wegen der Affäre Guillaume das Kanzleramt 1974 an Helmut Schmidt abgeben mußte.

# Die D-Mark kommt

*Die Währungsreform in den Westzonen im Juni 1948 war ein entscheidender Anstoß zur Gründung der Bundesrepublik Deutschland.*

**SELTSAME EINKÄUFE** Am Samstag, den 19. Juni 1948 herrschte in den Westzonen eine hektische Betriebsamkeit. Überall versuchten die Menschen ihre Reichsmark an den Mann Montag ihre Gültigkeit verlieren, an ihre Stelle die Deutsche Mark treten. Jedem Bewohner stand ein Kopfgeld von 60 D-Mark im Tausch gegen die gleiche Menge Reichsmark zu.

Die Ausgabe der neuen Banknoten begann am Sonntag, den 20. Juni. Jeder erhielt eine erste Rate von 40 D-Mark; der Rest folgte im August. Guthaben und Bestände der alten Währung wurden im Oktober im Verhältnis 6,5 : 100 abgewertet. So mußten Sparer herbe Verluste hinnehmen, während Sachwerte wie Immobilien und Aktien ihren Wert behielten. Löhne und Gehälter wurden in gleicher Höhe weitergezahlt. Die neuen Scheine waren Ende 1947 in den USA gedruckt und im Frühjahr 1948 in der neugeschaffenen Zentralbank der deutschen Länder in Frankfurt zwischengelagert worden.

*Am Tag der Währungsreform herrschte an den Geldausgabestellen ein gewaltiger Andrang (oben). Jeder Bewohner der Westzonen erhielt zunächst ein Kopfgeld von 40 D-Mark (ganz oben). Die neue Währung sollte Westdeutschland den Aufschwung bringen.*

zu bringen, und sei es für die merkwürdigsten Dinge. In Drogerien etwa wechselten ungeheure Mengen Badesalz den Besitzer, und manche Leute machten Dauerrundfahrten in den Straßenbahnen, nur um ihr Geld loszuwerden. Auslöser dafür war eine Rundfunkmeldung vom Vortag, in der die westlichen Besatzungsmächte für den kommenden Sonntag eine Währungsreform in den drei Westzonen angekündigt hatten. Die Reichsmark sollte in der Nacht zum

**SCHLARAFFENLAND** Am Montag morgen nach der Währungsreform trauten die Nachkriegsbürger ihren Augen nicht mehr. Die Schaufenster hatten sich über Nacht wieder mit den schönsten Dingen gefüllt, die die Ladenbesitzer bis dahin gehortet hatten. Besonders Radioapparate und Elektrogeräte lockten Interessenten an, auch Obst und Gemüse waren wieder zu haben. Doch nur wenige kauften etwas, die meisten mochten das Wunder nur bestaunen.    □

## Auf dem Weg zur Marktwirtschaft

Ohne die Währungsreform wären die Westzonen wohl kaum in die amerikanische Marshallplanhilfe einbezogen worden, die die Nachkriegswirtschaft in Westeuropa stabilisieren und damit eine weitere Ausdehnung des Kommunismus verhindern sollte. In Westdeutschland lief das gewaltige Hilfsprogramm im Herbst 1948 an. Es bestand im wesentlichen aus der Lieferung von Waren und Krediten; die Erlöse, die man durch den Verkauf dieser Waren erzielte, wurden bei der Bank deutscher Länder gesammelt und der so entstandene Fonds für Investitionen verwendet.

Für den wirtschaftlichen Aufbau und die Bildung eines nichtkommunistischen deutschen Teilstaates hatten die Amerikaner bereits 1946 geworben, doch zunächst nur die Briten davon überzeugen können. Am 1. Januar 1947 schlossen die USA und Großbritannien ihre beiden Zonen zum Vereinigten Wirtschaftsgebiet der Bizone zusammen. Im Juni wurde ein Wirtschaftsrat gegründet, der Verwaltungsabteilungen für Wirtschaft, Verkehr, Ernährung, Post und Finanzen errichtete; Ludwig Erhard, der 1945/46 bayerischer Minister für Handel und Gewerbe war, wurde zum Direktor der Wirtschaftsverwaltung berufen. Erhard war es auch, der noch am Sonntag der Währungsreform, ohne die Militärgouverneure um Erlaubnis zu bitten, im Rundfunk den Ausstieg aus der staatlichen Bewirtschaftung und Preisbindung ankündigte – was mit dazu führte, daß danach die Läden wieder gefüllt waren.

Volle Regale waren an sich ein gutes Zeichen. Aber das neue Geld war äußerst knapp, und 2 Millionen Menschen waren arbeitslos. Die Aufhebung der Preisbindung, von der allerdings Nahrungsmittel, Dünger, Mieten, Verkehrsmittel und Kraftstoff nicht betroffen waren, führte schnell zu deutlichen Preissteigerungen. Doch auf lange Sicht ging es wirtschaftlich aufwärts. Dem konnten sich auch die Franzosen nicht verschließen, die sich nach Kriegsende gegen ein wiedererstarkendes Deutschland eingesetzt hatten. Im April 1949 trat die französische Besatzungszone dem Vereinigten Wirtschaftsgebiet bei. Die Bizone wurde zur Trizone, aus der in wenigen Wochen die Bundesrepublik Deutschland entstehen sollte. In Augsburg wurde im selben Jahr der erste Supermarkt eröffnet – die mageren Jahre waren vorbei.

## Rosinenbomber für Westberlin

Ursprünglich hatten die vier Siegermächte im Alliierten Kontrollrat eine gemeinsame Währungsreform angestrebt, doch zeigte sich bald, daß die politischen Interessen von Ost und West unvereinbar waren. Während sich die UdSSR für einen neuen deutschen Staat mit starker Zentralgewalt einsetzte, strebten die USA ein föderales Deutschland an. Zum Bruch kam es dann, als der Oberbefehlshaber der sowjetischen Streitkräfte in Deutschland, Wassili Sokolowski, den Kontrollrat am 20. März 1948 demonstrativ verließ – aus Protest gegen die Verhandlungen über die Gründung eines deutschen Weststaates, die die Westmächte in London führten.

Die ganze Härte des kalten Krieges traf die alte Reichshauptstadt Berlin. Sie war ebenfalls in vier Sektoren unterteilt, doch konnte man die Westsektoren zu Land nur durch die sowjetische Zone erreichen – oder aber aus der Luft. Ab dem Frühjahr 1948 ließen die Sowjets wieder-

Buchstäblich über Nacht wurden die Läden wieder mit einer Fülle von Waren bestückt. Vor den Schaufenstern bildeten sich Menschentrauben, die ungläubig die so lang vermißten Genüsse bestaunten (oben).

Mit diesem Plakat wurde in den deutschen Westzonen für die amerikanische Marshallplanhilfe geworben (links). Neben Krediten kamen große Mengen an dringend benötigten Lebensmitteln und Rohstoffen ins Land.

holt Zufahrtswege sperren und Fahrzeuge zurückweisen.

Nachdem sich die drei Westmächte zum Alleingang in der Währungsreform entschlossen hatten, stoppten die Sowjets in der Nacht zum 19. Juni jeden Personenverkehr auf Straße und Schiene aus den Westzonen in die Westsektoren der Stadt, um, wie es hieß, einen befürchteten Währungsschmuggel zu unterbinden. Am Morgen des 23. Juni verkündete die sowjetische Besatzungs-

*Da die Alliierten die Kosten für die Luftbrücke nicht allein tragen konnten, führte man 1948 als Notopfer für Berlin eine Sondersteuer ein, die auch auf Postsendungen erhoben wurde.*

macht eine eigene Währungsreform, die auch für die Berliner Westsektoren gelten sollte. Die westlichen Stadtkommandanten reagierten prompt: sie verboten die Ostmark in ihren Sektoren und führten statt dessen die D-Mark ein. Damit eskalierte der Konflikt. Noch am Abend stellten die Sowjets die Stromversorgung für Westberlin ein. Am darauffolgenden Morgen um 6 Uhr, an dem Tag, an dem auch in Westberlin die neue D-Mark Gültigkeit erlangte, sperrten sie alle Schienen-, Straßen- und Schiffahrtswege für den Güter- und Personenverkehr. Sämtliche Lieferungen zu Land und zu Wasser waren damit unterbunden. Die Blockade der Stadt hatte begonnen, über 2 Millionen Menschen waren eingeschlossen und von der Versorgung abgeschnitten. Die Nahrungs- und Braunkohlevorräte reichten noch für einen starken Monat.

Mit der Blockade wollten die Sowjets eine gesonderte Entwicklung der Westsektoren verhindern und die Westmächte dazu zwingen, die Stadt preiszugeben. Da die westlichen Alliierten es nicht auf

eine militärische Auseinandersetzung ankommen lassen wollten, beschloß man, die Bevölkerung aus der Luft zu versorgen. Alle verfügbaren US-Transportflugzeuge kamen unverzüglich zum Einsatz; es handelte sich dabei anfangs jedoch nur um 112 zweimotorige C-47, die gerade je 2,5 Tonnen Last transportieren konnten. Der tägliche Bedarf der Stadt betrug aber 4500 Tonnen Lebensmittel und mehr als 2500 Tonnen Kohle für Stromversorgung und Hausbrand.

In der Stadt ergingen Durchhalteappelle an die Bevölkerung. Und während ein Hilferuf an die Vereinten Nationen ungehört verhallte, bauten Amerikaner, Briten und Franzosen die Luftbrücke zu einem immer leistungsfähigeren Versorgungssystem aus. Weitere, größere Transportmaschinen machten es möglich, immer mehr Kohle, Lebensmittel und Medikamente und schließlich sogar Autos und Maschinen in die Westsektoren einzufliegen. Am Ostersamstag 1949 waren es fast 13 000 Tonnen. Detaillierte Pläne und eine maximale Auslastung der Luftkorridore waren dazu ebenso nötig wie effiziente Radarsysteme, welche die Nachtflüge erleichterten.

Alle zwei bis drei Minuten landeten die Rosinenbomber, wie die Flugzeuge von der Bevölkerung genannt wurden, auf den Westberliner Flughäfen. Pausenloses Motorengedröhn erfüllte den Luftraum. Im französischen Sektor stampften die Alliierten mit tatkräftiger Unterstützung der Berliner in nur 92 Tagen den Flugplatz Tegel aus dem Boden; er wurde am 5. November in Betrieb genommen.

*Viele Westberliner verfolgten an den Flughäfen Start und Landung der Rosinenbomber, die während der Blockade alles, was die Stadt zum Überleben brauchte, einflogen (oben).*

*Da lang geht's zum Parlamentarischen Rat: Dieses Schild stand an der Straße nach Bonn und wies den Mitgliedern des Gremiums den Weg (rechts).*

Die Lebensbedingungen im blockierten Westberlin waren karg. Die Stromversorgung funktionierte nur stundenweise und zu den ungewöhnlichsten Uhrzeiten; viele Betriebe arbeiteten notfalls auch nachts. Zudem reichten die zugeteilten Kohlenmengen kaum aus. Aber der ungeheure Kraftakt der westlichen Alliierten hatte Erfolg. Ende Januar 1949 signalisierte Stalin, er wollte nicht weiter darauf bestehen, daß die Ostwährung auch in den Westsektoren eingeführt werden sollte, und im Mai wurde nach geheimen Verhandlungen ein Viermächteabkommen erzielt, das die Aufhebung der Blockade für den 12. Mai 1949 bestimmte.

Während der elfmonatigen Blockade waren in rund 200 000 Flügen etwa 1,5 Millionen Tonnen Versorgungsgüter eingeflogen worden.

## Berlin wird eine geteilte Stadt

Die Währungsreform war nicht nur Anlaß der Berlinblockade, sondern führte letztlich auch zur Spaltung der Stadt. Nachdem der sowjetische Vertreter am 1. Juli 1948 aus der Alliierten Stadtkommandantur ausgeschieden und damit das Ende der Viermächteverwaltung für Berlin gekommen war, entschlossen sich die Sowjets und die kom-

ihre Arbeit überhaupt fortsetzen zu können, mußten die Stadtverordneten ihre Sitzungen schließlich in den Westteil Berlins verlegen und ins Schöneberger Rathaus umziehen. Der Magistrat folgte nach einigen Wochen.

Die Ostberliner Abgeordneten, die im Stadthaus verblieben waren – in der Mehrzahl SED-Mitglieder –, erklärten den Magistrat am 30. November für abgesetzt und erhoben Friedrich Ebert, den Sohn des früheren Reichspräsidenten, zum Berliner Oberbürgermeister. Sein Anspruch, ganz Berlin zu vertreten, wurde jedoch in den Westsektoren nicht anerkannt.

Dort fanden am 5. Dezember Wahlen statt, wobei die SPD 64,5 Prozent der Stimmen für sich verbuchen konnte. Ernst Reuter, der bereits 1947 zum Oberbürgermeister von ganz Berlin gewählt worden war, sein Amt aufgrund eines sowjetischen Vetos jedoch nicht hatte antreten können, wurde erneut in das Amt gewählt. In der Praxis blieb seine Tätigkeit freilich auf den Westteil beschränkt, so wie die Friedrich Eberts, der die Legalität der Wahlen bestritten hatte, auf den Ostteil. Die Stadt hatte nun zwei Magistrate – die politische Trennung zwischen Ost- und Westberlin war vollzogen.

## CHECKPOINT CHARLIE

*Der weitläufige Platz am ehemaligen Checkpoint Charlie in Berlin ist heute eine einzige Baustelle. An dem berühmten Grenzübergang entsteht ein riesiges Geschäftszentrum. Bis vor kurzem standen hier noch Schlagbäume, ein Stück Mauer und ein alter DDR-Kontrollturm – Zeitzeugen der vier Jahrzehnte während Trennung von Ost- und Westberlin. Später sollen diese Symbole der Teilung als Teile des Museums am Checkpoint Charlie wiederaufgebaut werden.*

*Das Museum wurde 1963 im ehemaligen Café Köln eingerichtet; es dokumentiert die wichtigsten Stationen in der Geschichte der Stadt: von der Luftbrücke über den 17. Juni 1953 und den Mauerbau 1961 bis zum Abbau des Grenzüberganges am 22. Juni 1990. Heißluftballons, ein Mini-U-Boot und andere Fahrzeuge, in denen Menschen die Flucht in den Westen gelang, erwecken diese Geschichte zu neuem Leben.*

*Der 1945 eingerichtete Checkpoint Charlie war einer der Grenzübergänge in der geteilten Stadt gewesen. Unvergessen das Schild mit der Aufschrift: „Sie verlassen den amerikanischen Sektor". Der Übergang verband den amerikanischen mit dem sowjetischen Sektor und durfte nur von Ausländern benutzt werden.*

munistische SED, den von allen Berlinern gewählten Magistrat fortan nicht mehr in ihrem Sektor zu dulden. Seit 1946 hatten sich im Magistrat die Spannungen zwischen der Einheitspartei und den demokratischen Parteien zusehends verschärft. Gezielte Störaktionen sollten nun die Arbeit der Stadtverordnetenversammlung im Neuen Stadthaus, das im Bezirk Mitte des sowjetischen Sektors lag, unmöglich machen. SED-Demonstranten belästigten wiederholt Verordnete der anderen Parteien und versuchten sie daran zu hindern, das Gebäude zu betreten. Die Polizei des Ostsektors unternahm trotz mehrmaliger Aufforderung nichts dagegen.

Am 6. September eskalierte die Situation, als eine größere Menschenmenge den Sitzungssaal besetzte; die Versammlung konnte nicht zusammentreten. Um

## Ein Grundgesetz für Westdeutschland

Wenige Tage nach der Währungsreform erteilten die Westalliierten den Ministerpräsidenten der westdeutschen Länder den Auftrag, eine verfassunggebende Versammlung einzuberufen. Die Dokumente, die den Rahmen der staatlichen Neuordnung festlegten, wurden ihnen am 1. Juli 1948 von den drei Militärgouverneuren übergeben. Die Londoner Konferenz der Westmächte war im Juni zu dem Ergebnis gelangt, daß nun die Zeit reif war, einen westdeutschen Teilstaat zu errichten – einen demokratischen Staat föderalistischen Typs mit garantierten Menschenrechten.

Am 1. September konstituierte sich in Bonn ein Parlamentarischer Rat aus 65

von den Landtagen gewählten Abgeordneten, nachdem im Vormonat ein Expertengremium in Herrenchiemsee die Vorarbeit geleistet und alternative Verfassungsentwürfe erarbeitet hatte. Präsident wurde der führende CDU-Politiker und frühere Kölner Oberbürgermeister Konrad Adenauer, Vorsitzender des Hauptausschusses Carlo Schmid, SPD.

Nach monatelangen, teilweise schwierigen Beratungen kam man schließlich zu einem tragfähigen Ergebnis, und am 8. Mai 1949, auf den Tag vier Jahre nach der Kapitulation, wurde das vorläufige Grundgesetz mit 53 gegen zwölf Stimmen verabschiedet. Es trat am 24. Mai nach der Zustimmung der Länderparlamente und Alliierten in Kraft. Aus den Westzonen war ein neuer Staat entstanden – die Bundesrepublik Deutschland.

*Ein Heer von Fackelträgern zog am Abend des 30. Januar durch das Brandenburger Tor, um Hitler zu huldigen.*

# Gunst der Stunde

*Die Ernennung zum Reichskanzler am 30. Januar 1933 nutzte Adolf Hitler zur nationalsozialistischen Machtergreifung und zur Errichtung des Dritten Reiches.*

*Als Hitler zum Reichskanzler ernannt wurde, wollte niemand die tödliche Gefahr wahrnehmen, die von diesem fanatischen Eiferer ausging. Binnen kurzem machte er aus dem Rechtsstaat eine Diktatur.*

**IM SCHEIN DER FACKELN**  Der Abend des 30. Januar 1933 stand ganz im Zeichen der Nationalsozialisten. Im Regierungsviertel in Berlin hob der neuernannte nationalsozialistische Innenminister Wilhelm Frick die Bannmeile auf und erließ für alle anderen Parteien ein Demonstrationsverbot. Daraufhin versammelten sich im Berliner Tiergarten mehr als 25 000 SA- und SS-Männer und zogen im Schein der Fackeln und unter den Klängen mehrerer Spielmannszüge durch das Brandenburger Tor und an der Reichskanzlei vorbei. Es war die Idee des Propagandaleiters der NSDAP, der Nationalsozialistischen Deutschen Arbeiterpartei, Joseph Goebbels, gewesen, mit einem solchen Fackelzug die Ernennung Adolf Hitlers zum Reichskanzler zu feiern. Bis weit nach Mitternacht marschierten die braunen Kolonnen unter ständigen „Sieg-Heil!"-Rufen an den Fenstern vorbei, an denen Hitler und seine Mitstreiter Goebbels, Hermann Göring, Rudolf Heß und ein Haus weiter der Reichspräsident Paul von Hindenburg standen.

Im ganzen Land konnte man die Kundgebung am Radio mitverfolgen. Goebbels hatte gegen den Protest der Verantwortlichen des Rundfunks eigens dafür das Programm unterbrechen lassen. Dies war die erste Zwangsmaßnahme einer Partei, die nun in atemberaubendem Tempo die Macht im Staat an sich riß.

**VERHÄNGNISVOLL** Begonnen hatte der Tag der sogenannten Machtergreifung gegen 11.30 Uhr, als Adolf Hitler im Empfangssaal des Reichspräsidenten seinen Eid auf die Weimarer Verfassung ablegte. Der Führer der NSDAP, die seit einem halben Jahr die stärkste Fraktion im Reichstag stellte, hatte es geschafft: Hindenburg hatte ihn nach dem Rücktritt des Kabinetts Schleicher endlich zum Reichskanzler ernannt – und das, obwohl Hitler nie ein Hehl daraus gemacht hatte, daß er den Rechtsstaat zerstören wollte.

Mit Hitler vereidigte Hindenburg zwei weitere Nationalsozialisten: Hermann Göring wurde Reichsminister ohne Geschäftsbereich und Wilhelm Frick Innenminister. Das Amt des Vizekanzlers hatte sich der Zentrumspolitiker und frühere Reichskanzler Franz von Papen gesichert. Er galt als der eigentliche Schmied dieser Regierungskoalition des „nationalen Zusammenschlusses".

**TEUFELSPAKT** Von Papen hatte den greisen Reichspräsidenten, der Hitler lange abgelehnt hatte, schließlich überzeugen können, diesen zum Kanzler zu ernennen. Da Hitler von der Regierungsarbeit nichts verstünde, so argumentierte von Papen, sei er von kompetenten national gesinnten und konservativen Fachleuten eingerahmt und stelle, auf diese Weise gezähmt, politisch keine Gefahr mehr dar. Zudem befänden sich die Nationalsozialisten mit drei Ministern gegenüber acht konservativen deutlich in der Minderheit. Doch diese Ansicht erwies sich als Trugschluß.

Noch am selben Nachmittag hielt Hitler die erste Kabinettssitzung ab, in der er durchsetzte, den Reichstag auflösen und Neuwahlen ausschreiben zu lassen, um sich die Machtergreifung vom deutschen Volk bestätigen zu lassen.  ☐

## Straßenterror und Schießerlaß

**D**er NS-Terror begann bereits in der Nacht des 30. Januar 1933: Auf dem Rückweg vom Fackelzug befahl der Führer des SA-Sturmes 33, Hans Maikowski, seinem Trupp, einen Umweg durch einen von Kommunisten beherrschten Stadtteil Berlins zu machen, um diese zu provozieren. Es kam zu einer Straßenschlacht. Am Ende beklagte man mehrere Verletzte; der SA-Führer selbst und ein Polizist waren tot. Sie waren die ersten Toten des neuen Regimes, denen noch viele folgen sollten.

Nachdem der Reichstag am 1. Februar 1933 aufgelöst worden war, setzten sich die Nationalsozialisten das Ziel, bei den für den 5. März anberaumten Neuwahlen die absolute Mehrheit zu gewinnen. Dazu nutzte die NSDAP alle staatlichen Machtmittel, die ihr ja nun zur Verfügung standen, um einerseits ihre Propaganda zu verbreiten und andererseits ihre politischen Gegner einzuschüchtern, zu verfolgen oder ganz auszuschalten. Eine Welle des Terrors rollte über Deutschland hinweg, bei der in blutigen Straßen- und Saalschlachten zahllose Menschen ihr Leben verloren. Die rechtliche Handhabe für diese massiven Gewaltakte wurde am 4. Februar mit einer Notverordnung geschaffen, mit der die Regierung Hitler politische Versammlungen untersagen sowie Zeitungen beschlagnahmen oder auf begrenzte Zeit verbieten konnte.

Mit der Ernennung Hermann Görings zum kommissarischen Innenminister in Preußen erhielt ein Nationalsozialist im größten deutschen Land die Befehlsgewalt über den Polizeiapparat. Alle demokratisch gesinnten Beamten ließ er durch Angehörige der nationalsozialistischen Kampfverbände ersetzen. Am 17. Februar 1933 erließ Göring den sogenannten Schießerlaß, der den rücksichtslosen Gebrauch der Schußwaffe gegen politische Gegner anordnete. Wenige Tage später richtete er eine 50 000 Mann starke Hilfspolizei aus SA-Mitgliedern ein, die nur ihm verantwortlich war.

## Reichstagsbrand und Kommunistenhatz

**A**m Abend des 27. Februar schlich sich der niederländische Kommunist Marinus van der Lubbe in den leeren Reichstag und setzte Teile des Gebäudes in Brand. Die NSDAP ließ sofort verbrei-

## DER GRIFF NACH DER JUGEND

*MIT GROSSEM PROPAGANDAAUFWAND WARB MAN UM DIE JUGEND.*

*In der Nachwuchsorganisation der NSDAP wurden deutsche Jungen und Mädchen auf die Ideologie der Partei eingeschworen. Sie gliederte sich in Jungvolk und Jungmädelbund für die bis 14jährigen sowie Hitlerjugend und Bund Deutscher Mädel für die 14–18jährigen. Nach dem Führerprinzip aufgebaut, organisierte die HJ die Freizeit der Jugendlichen im Dritten Reich und die vormilitärische Ausbildung. Besonders Fahrten und Zeltlager begeisterten die jungen Leute.*

ten, es habe sich dabei um das Signal der Kommunisten zur Entfesselung eines Aufstandes gehandelt. Noch in derselben Nacht nahmen Verhaftungskommandos rund 4000 Personen fest, vor allem KPD-Abgeordnete sowie andere prominente Gegner des Nationalsozialismus. Die Parteibüros der KPD wurden geschlossen und ihre Presse verboten.

Den Reichstagsbrand nutzte Hitler als Vorwand, um unmittelbar danach den Reichspräsidenten zu veranlassen, die „Verordnung zum Schutz von Volk und Staat" zu erlassen, welche die wichtigsten Grundrechte auf unbegrenzte Zeit außer Kraft setzte und damit den permanenten Ausnahmezustand herstellte. Der willkürlichen Verfolgung und Terrorisierung waren keine Grenzen mehr gesetzt. Ohne richterliche Kontrolle konnten nun unbe-

In Berlin und anderen deutschen Universitätsstädten brannten am 10. Mai 1933 die Scheiterhaufen. Studenten sammelten sogenanntes undeutsches Schrifttum namhafter Wissenschaftler, Künstler und Schriftsteller und karrten die Bücher auf Lastwagen zur Verbrennung (rechts).

In den Abendausgaben vom 2. Mai 1933 war zu lesen, daß an diesem Tag die deutsche Gewerkschaftsbewegung zerschlagen und ihre Führer verhaftet worden waren (unten).

**Berliner Börsen-Courier**

Nr. 202. 65. Jahrg.
Berlin, Dienstag, 2. Mai 1933.

Abend-Ausgabe **10 Pf.**
mit Kurszettel

Tageszeitung für alle Gebiete    Telegr.-Adr.: Börsencourier, Berlin

Telefon Merkur 2485—39

## Alle Führer der freien Gewerkschaften in Schutzhaft

**Die Tat**

Der Aktionsausschuß zum Schutz der | Gewerkschaftsführer Wissel wurde in | Gewerkschaftsbeamten die Aufforderung er-
deutschen Arbeit, der unter Führung des | Schutzhaft genommen. Die Gewerk- | hielten, ihre Arbeit im Dienste der deutschen

queme Personen in sogenannte Schutzhaft genommen werden. Tausende Kommunisten und andere politische Gegner wurden in provisorische Konzentrationslager der SA und SS verschleppt. Zu den ersten KZs gehörten Dachau bei München und Oranienburg bei Berlin.

## Beginn der Gleichschaltung

**B**ei den Neuwahlen zum Deutschen Reichstag am 5. März 1933 erreichte die NSDAP trotz der massiven Propaganda und des Terrors im Wahl-

kampf nur 43,9 Prozent der Stimmen, erst zusammen mit dem Koalitionspartner DNVP, der Deutschnationalen Volkspartei, eine knappe absolute Mehrheit.

Nach der Wahl verschärfte sich der braune Terror erheblich. Speziell in den Großstädten veranstalteten Polizei und SA-Hilfstrupps Razzien und nahmen Juden, Sozialdemokraten oder andere denunzierte Personen fest. Bis Oktober wurden rund 100 000 Menschen inhaftiert, und mindestens 500 Tote waren zu beklagen. Im Mai 1933 ließ Goebbels, inzwischen zum Reichsminister für Volksaufklärung und Propaganda ernannt, Bücher mißliebiger Autoren öffentlich verbrennen. Viele gefährdete Personen

konnten sich aber rechtzeitig in Sicherheit bringen und das Land verlassen.

Noch am Tag der Reichstagswahl entfesselten SA und SS Unruhen in nicht von Nationalsozialisten regierten Ländern, worauf die Regierungen wegen ihrer Unfähigkeit, die öffentliche Ordnung aufrechtzuerhalten, abgesetzt wurden. Das „Gesetz zur Gleichschaltung der Länder mit dem Reich" vom 31. März legte fest, daß die Länderparlamente entsprechend dem Ergebnis der letzten Reichstagswahl neu zu bilden seien, allerdings ohne die KPD. Dann setzte man nationalsozialistische Statthalter ein, die das Recht erhielten, Länderregierungen ein- und abzusetzen. In den Gemeinden wurden die Bürgermeister und Kommunalbeamten von Nationalsozialisten abgelöst. Am 30. Januar 1934 wurden die Länderparlamente ganz beseitigt.

Schließlich fielen auch die Freien Gewerkschaften der Gleichschaltung zum Opfer: Einen Tag nach den staatlich verordneten Feierlichkeiten zum 1. Mai besetzten SA- und SS-Rollkommandos in ganz Deutschland ihre Verwaltungsgebäude und Betriebe und verhafteten die führenden Funktionäre. An die Stelle von Gewerkschaften und Arbeitgeberorganisationen trat die der NSDAP angeschlossene Deutsche Arbeitsfront, in die das Vermögen, die Einrichtungen und die Mitglieder der Gewerkschaften zwangsüberführt wurden.

Der nächste Schritt auf dem Weg zur unumschränkten Macht war die Zerschlagung der übrigen Parteien. Sie wurden entweder wie die SPD verboten oder gezwungen, sich „freiwillig" aufzulösen. Am 14. Juli 1933 erließ die Regierung Hitler das Gesetz gegen die Neubildung von Parteien – damit war Deutschland zum Einparteienstaat geworden, in dem nur noch die NSDAP das Sagen hatte.

## Die letzten Hürden bis zum Führerstaat

Am 21. März 1933 organisierte Joseph Goebbels zur Eröffnung des neugewählten Reichstages einen feierlichen Staatsakt in der Potsdamer Garnisonkirche. Mit Absicht wählte er den Tag, an dem 1871 der erste Reichstag des kaiserlichen Deutschland eröffnet worden war. In seiner Rede verkündete Hitler, daß sich von nun an die Kräfte der alten preußisch-deutschen Tradition und die des neuen nationalsozialistischen Deutschland die Hand reichen würden. Reichspräsident von Hindenburg nahm die tiefe Verbeugung des neuen Reichskanzlers entgegen. Diese Geste brachte Hitler damals im In- und Ausland viele Sympathien ein.

Doch bereits zwei Tage später zeigte der Kanzler sein wahres Gesicht, als er nach seiner Regierungserklärung das „Gesetz zur Behebung der Not von Volk und Reich" einbrachte. Mit diesem Ermächtigungsgesetz würde die nationalsozialistische Regierung fortan Gesetze, auch mit verfassungsänderndem Inhalt, beschließen können, ohne sich bei Reichstag oder Reichsrat die Zustimmung dazu holen zu müssen. SA- und SS-Einheiten hatten den Reichstag hermetisch abgeriegelt, was jedoch Otto Wels, den Vorsitzenden der SPD, nicht daran hinderte, die Unrechtshandlungen der NSDAP offen anzuprangern. Seine mutige Rede sollte das letzte freie Wort im Parlament der ersten deutschen Demokratie sein. Doch Wels konnte die Dinge nicht mehr aufhalten; das Ermächtigungsgesetz erhielt mehr als die erforderliche Zweidrittelmehrheit. Nur die 94 anwesenden SPD-Mitglieder votierten dagegen; sämtliche 81 KPD-Abgeordneten fehlten, weil sie entweder verhaftet oder untergetaucht waren.

Als Reichspräsident von Hindenburg am 2. August 1934 starb, ließ Hitler die Nachfolgefrage gar nicht erst aufkommen. Noch am selben Tag traten überall im Reich die Soldaten an, um – statt wie bisher auf die Verfassung – auf Hitler den Treueid zu leisten. Das Amt des Reichspräsidenten wurde mit dem des Reichskanzlers zusammengelegt; Hitler war nun Staatsoberhaupt, Regierungschef, Oberbefehlshaber der Wehrmacht und Parteiführer in einer Person. Die Machtergreifung war damit abgeschlossen.

## Terror und Willkür der Gestapo

Um tatsächliche und angebliche Gegner des nationalsozialistischen Regimes vorbeugend ausschalten zu können, ging der Leiter der SS, Heinrich Himmler, nur wenige Wochen nach der Machtergreifung daran, die führenden Ämter der politischen Polizei in den deutschen Ländern mit Vertrauensleuten zu besetzen. Drei Jahre später hatte Himmler sein Ziel erreicht. Zusammen mit seinem Stellvertreter Reinhard Heydrich war er 1936 Herr über die Geheime Staatspolizei im Reich.

Aufgabe der Gestapo war es, alle „staatsgefährlichen Bestrebungen" zu bekämpfen, verdächtige Personen – ohne Angabe von Gründen – in sogenannte Schutzhaft zu nehmen und die Betroffenen in Konzentrationslager einzuweisen. Die Gestapo hatte ihren Sitz in Berlin in der Prinz-Heinrich-Straße. In den Kellern des Gebäudekomplexes befand sich das berüchtigte Gestapo-Gefängnis, in dem Tausende von NS-Gegnern verhört und gefoltert und viele ohne Gerichtsverfahren hingerichtet wurden. Es genügte damals, die Gestapo-Adresse zu erwähnen, um in der deutschen Bevölkerung Angst und Beklemmung auszulösen.

Da die Gestapo an keine rechtsstaatlichen Normen gebunden war, entfaltete sie im ganzen Reich ein lückenloses und perfektes Überwachungssystem, in dem jeder in Angst lebte, von seinen Mitmenschen bespitzelt zu werden. Nicht selten verrieten Kinder ihre Eltern wegen angeblicher Volksverhetzung an die Gestapo. Und so mancher denunzierte seinen Nachbarn, weil er ihn aus persönlichen Gründen nicht leiden konnte.

Im Zweiten Weltkrieg gehörten Gestapo-Einheiten auch den gefürchteten Einsatzgruppen an, die in den eroberten Gebieten vor allem Juden, Polen, Russen, Sinti und Roma verfolgten. Die Gesamtzahl der Menschen, die der Gestapo zum Opfer fielen, läßt sich bis heute nicht beziffern.

## KdF – Freizeit im Dritten Reich

*Für die Freizeitgestaltung der Erwachsenen wurde im November 1933 eine Organisation geschaffen, der unter anderem die Aufgabe zufiel, die vielfach noch ablehnend eingestellte Arbeiterschaft für die Ziele des Nationalsozialismus zu gewinnen. Sie nannte sich „Kraft durch Freude" und warb vor allem mit staatlich subventionierten Wochenendfahrten und Reisen ins In- und Ausland, zum Teil auf KdF-eigenen Dampfern, um die Arbeiter. 1934 machten 2 Millionen Deutsche unter der Leitung politisch geschulter Reiseleiter Urlaub mit der NS-Organisation, drei Jahre später waren es bereits 9 Millionen.*

*Die nationalsozialistisch gelenkte Freizeitbetreuung eines großen Teils der deutschen Bevölkerung war ein gigantisches Unterfangen, das außerdem Vorträge, kulturelle Veranstaltungen sowie politische Kurse anbot und den Betriebssport einführte. Die übergeordneten Ziele dieser Massenbewegung bestanden darin, ein Gemeinschaftsgefühl in der Bevölkerung herzustellen, den Arbeitsfrieden zu erhalten und vor allem das Volk auf die nationalsozialistische Ideologie einzuschwören.*

*DIE FARBENFROHEN KdF-PLAKATE SOLLTEN DAS REISEFIEBER WECKEN.*

Jeder der deutschen Kleinstaaten verfügte über eigene Zollstempel. Diesen benutzten die Zöllner der Hansestadt Hamburg, um die kontrollierten Waren zu kennzeichnen.

# Beginn einer neuen Zeit

*In der Neujahrsnacht 1834 traten die Bestimmungen des Zollvereins in Kraft. Damit fielen die Zollgrenzen in Deutschland, und es entstand die Voraussetzung für die Bildung eines einheitlichen deutschen Wirtschaftsraumes.*

**OFFENE GRENZEN** Zum Jahreswechsel 1834 herrschte auf den Fernhandelsstraßen in Mitteldeutschland ein ungewöhnlich reges Treiben. Vollbeladene Pferdefuhrwerke bewegten sich in endlos langen Zügen auf die Landesgrenzen zu. Vor den Mauthäuschen kam es bereits am frühen Abend zu zahlreichen Staus. Umringt von einer fröhlich lärmenden Menge, warteten die Kutscher voller Spannung auf den Beginn des neuen Jahres. Mit dem letzten Glockenschlag um Mitternacht hoben die Zöllner die Schlagbäume, die Pferde zogen an, und unter Peitschenknallen und dem Jubel der Anwesenden passierten die ersten Gespanne die Binnengrenzen, ohne die bis dahin üblichen Zölle bezahlen zu müssen.

Die Karikatur nahm die verwirrende Vielfalt der innerdeutschen Zollgrenzen im 19. Jahrhundert aufs Korn.

Ursache für diese allgemeinen Begeisterungsstürme in jener Silvesternacht war ein Bündel von Verträgen zwischen dem Königreich Preußen und 18 anderen deutschen Klein- und Mittelstaaten, die nun in Kraft waren. Sie machten die zahlreichen Zollbarrieren, Schlagbäume und Grenzposten zwischen diesen deutschen Staaten überflüssig und ermöglichten der Wirtschaft einen freien Warenverkehr.

**CHAOTISCHE WIRTSCHAFT** Bis dahin hatte in Deutschland ein wirtschaftspolitisches Chaos geherrscht, in dem sich liberale Politiker, fortschrittliche Nationalökonomen, Kaufleute, Handwerker und Fabrikanten zurechtzufinden versuchten.

Seit dem Wiener Kongreß 1815 war Deutschland in eine Vielzahl von Königreichen, Fürstentümern und Stadtstaaten zersplittert, die alle eifersüchtig auf ihre Eigenständigkeit bedacht waren. Eine gemeinsame, aufeinander abgestimmte Wirtschaftspolitik gegenüber dem Ausland gab es nicht, und eine Menge von unterschiedlichen Binnenzöllen behinderte den freien Handel in Deutschland ganz erheblich. Allein im Königreich Preußen, dem größten deutschen Staat, gab es 67 verschiedene Zolltarife.

Wer beispielsweise Waren von Königsberg an den Rhein versenden wollte, mußte an Dutzenden von Mauthäuschen haltmachen, seine Papiere kontrollieren lassen und hohe Gebühren entrichten. Diese umständliche Prozedur verzögerte die Lieferzeiten erheblich und verteuerte die einheimischen Produkte dermaßen, daß sie mit den ausländischen Erzeugnissen kaum mehr konkurrieren konnten.

**LIBERALES PREUSSEN** Dies war ein unhaltbarer Zustand. Um seine Wirtschaft vor dem Ruin zu schützen, schaffte Preußen im Jahr 1818 die Binnenzölle ab. Abgaben wurden nur noch an den Landesgrenzen fällig, und es herrschte Handelsfreiheit. Bis auf wenige Ausnahmen durften sämtliche Waren zollfrei ein- und ausgeführt werden.

Nach jahrelangen, mühsamen Verhandlungen gelang es Preußen schließlich, seine Nachbarstaaten davon zu überzeugen, daß es nur von Vorteil sein konnte, auf wirtschaftlichem Gebiet zusammenzuarbeiten und der Gründung des Deutschen Zollvereins zuzustimmen. □

## Auf dem Weg zu einem gemeinsamen Markt

Im Deutschen Zollverein waren 1834 lediglich 18 der insgesamt 41 Staaten des Deutschen Bundes organisiert. Die wichtigsten Mitglieder neben Preußen waren die süddeutschen Länder Bayern und Württemberg sowie die sächsischen und thüringischen Staaten. Um ihr Ziel – einen einheitlichen deutschen Markt ohne Binnenzölle, aber mit einer Zollgrenze gegenüber dem Ausland – zu erreichen, führten die Vertreter des Zollvereins in den folgenden Jahren intensive Gespräche mit den Mitgliedern der anderen deutschen Regierungen über einen möglichen Beitritt.

Aber nicht alle deutschen Staaten waren bereit, dem neuen Bund beizutreten. Die Furcht vor massiver wirtschaftlicher Bevormundung durch den übermächtigen Handelspartner Preußen war weit verbreitet. Vor allem die badischen Liberalen standen dem Zollverein skeptisch gegenüber; sie hatten große Vorbehalte gegen eine, wie sie meinten, indirekte Einflußnahme Preußens auf den Haushalt ihres Staates; so dauerte es bis 1835, ehe das Großherzogtum Baden dem Zollverein beitrat. Wenige Monate später schlossen sich dann das Herzogtum Nassau und die Reichsstadt Frankfurt, die zunächst um ihre privilegierte Stellung im internationalen Handel gefürchtet hatte, dem Zollverein an.

Die Regierung des Fürstentums Waldeck-Pyrmont zögerte lange, doch 1838 mußte auch sie erkennen, daß gegen die geballte Wirtschaftsmacht des Zollvereins ein Kleinstaat auf Dauer keine Überlebenschance hatte, vor allem wenn die Kosten für die Überwachung der Grenzen die Zolleinnahmen bei weitem überstiegen. So kam es, daß bereits 1842 die Zahl der Zollvereinsmitglieder von 18 auf 28 gestiegen war und rund 25 Millionen Menschen davon profitierten.

Als hartnäckigster Gegner des von Preußen geführten Zollvereins entpuppte sich das Königreich Hannover. Kein Wunder, denn der Staat war zwischen den rheinischen und den brandenburgischen Landesteilen Preußens eingekeilt und fürchtete um seine politische und wirtschaftliche Unabhängigkeit. Zusammen mit seinen norddeutschen Nachbarn Braunschweig, Oldenburg und Schaumburg-Lippe rief man als Gegengewicht zum Zollverein den sogenannten Steuerverein ins Leben, der allerdings nur bis 1854 existierte.

Die Reichseinigung von 1871 brachte dann die endgültige zollpolitische Einheit

Deutschlands. Eine Ausnahme bildeten jedoch die beiden Hansestädte Hamburg und Bremen, die sich erst im Jahr 1888 dem Zoll- und Handelsgebiet anschlossen und die allgemeine deutsche Zollgrenze akzeptierten.

## Der Aufschwung der Wirtschaft

Oberstes Organ des Deutschen Zollvereins war die Konferenz der Bevollmächtigten der einzelnen Mitgliedsstaaten. Auf Drängen der Kleinstaaten mußten alle Beschlüsse dieses Gremiums einstimmig gefaßt werden, so daß eine Vormachtstellung Preußens verhindert wurde. Allerdings ermächtigten die Mit-

*Ein alltägliches Bild im 19. Jahrhundert: Fuhrwerke und Postkutschen mußten eine Zollschranke passieren, ehe sie in die Stadt fahren durften (links).*

*Die Leitwährungen des Deutschen Zollvereins waren der süddeutsche Gulden und der norddeutsche Taler (unten).*

gliedsstaaten die Regierung in Berlin, mit ausländischen Staaten im Namen des Zollvereins Handelsverträge und Zollabkommen abzuschließen.

Bereits im ersten Jahr seines Bestehens zeigte sich, daß der zollpolitische Zusammenschluß ein voller Erfolg war. Die Verluste aus dem Schmuggelgeschäft gingen erheblich zurück, die Verwaltungskosten für die Unterhaltung von Zollstationen sanken rapide, und die Einnahmen, die entsprechend der Einwohnerzahl der Mitgliedsstaaten umgelegt wurden, stiegen merklich an. Der zollfreie Warenverkehr zwischen Ostsee und Alpen nahm beträchtlich zu und steigerte die Produktion der Industrie in Deutschland, die damals noch im Aufbau war, ganz erheblich.

Nachdem die Binnenzölle abgeschafft worden waren, mußten die Kaufleute nicht mehr mühsam die verschiedenen Zoll- und Münzbestimmungen studieren, ehe sie ihre Warenlieferungen versandten. Und Privatleute, die im Gebiet des Zollvereins unterwegs waren, mußten auch nicht mehr für kleine Mengen zollpflichtiger Waren – etwa Tabak – an jeder Grenze und vor jedem Stadttor immer wieder erneut Abgaben entrichten, die den Warenwert schließlich bei weitem überstiegen. Außerdem entfielen die lästigen und oftmals langwierigen Zwangspausen, die die Postkutschen an den Grenzstationen einlegen mußten und die die Reisedauer noch mehr in die Länge zogen.

## Ausbau des Verkehrsnetzes

In den meisten deutschen Staaten waren vor dem Beitritt zum Zollverein die Verkehrsverhältnisse katastrophal. Zahlreiche Straßen, die diesen Namen eigentlich nicht verdienten, verwandelten sich bei Schnee oder Regen oftmals in eine einzige Schlammwüste, so daß an ein Fortkommen für die Fuhrwerke nicht zu denken war. Diese Straßen erhielten einen festen Untergrund. Nun konnte auch bei schlechtem Wetter der Verkehr ungehindert passieren. Es zeigte sich aber auch, daß viele der vorhandenen Straßen dem nach 1834 rasch zunehmenden Güterverkehr einfach nicht mehr gewachsen waren. Es gehörte deshalb zu den vordringlichsten Maßnahmen des Zollvereins, die bestehenden Fuhrwege auszubauen und neue zollfreie Fernstraßen zu fördern.

Darüber hinaus verhinderten vor der Zollunion manchmal auch politische Erwägungen oder persönliche Animositäten zwischen den Fürstenhäusern den Bau von wichtigen Handelsstraßen. So konnte beispielsweise die Straße zwischen Weimar und Rudolstadt, die für den Warentransport dringend notwendig war, nicht angelegt werden, weil die einzig mögliche Trasse durch eine kleine Exklave der Herrschaft Altenburg führte, deren Regierung sich beharrlich weigerte, ihre Zustimmung zum Bau zu ge-

ben. Als Mitglieder des Zollvereins gelang es allen beteiligten Parteien jedoch, einen Kompromiß zu finden.

Gleichzeitig mit dem Straßenbau erweiterte man im Geltungsbereich des Zollvereins das Netz der Wasserstraßen erheblich. Flußabschnitte wurden in den folgenden Jahren schiffbar gemacht, und man begann, Kanäle anzulegen. Dampfschiffe verkehrten auf den Binnenwasserstraßen und sorgten dafür, daß Rohstoffe und Waren schnell befördert wurden.

Die einschneidendste technische Neuerung, die mit den Fortschritten des Zollvereins einherging, war die Einführung der Eisenbahn. 1835, nur ein Jahr nach der Gründung der Handelsunion, fuhr auf einer Versuchsstrecke zwischen Nürnberg und Fürth die erste deutsche Eisenbahn. In den Jahren danach dehnte sich das Streckennetz mit ungeahnter Geschwindigkeit aus und wurde zum Vorreiter des Wirtschaftsaufschwungs in Deutschland schlechthin.

## Fester Wechselkurs zwischen Taler und Gulden

Doch die Abschaffung der Binnenzölle und die allgemeinen Verbesserungen der Verkehrssituation reichten nicht aus, um aus den deutschen Staaten eine einheitliche Zollunion zu machen. Ohne die Regelung der Münzverhältnisse wäre die Arbeit des Deutschen Zollvereins letztlich nur Stückwerk geblieben.

So unübersichtlich und hinderlich wie das alte Zollsystem waren im Jahr 1834 auch die Währungen und die Wechselkurse in und zwischen den Staaten des Deutschen Bundes. In Preußen und in den meisten mitteldeutschen Ländern war der Taler das am weitesten verbreitete Zahlungsmittel, in Süddeutschland galt dagegen der Gulden als Leitwährung. Die Vereinheitlichung der unterschiedlichen Währungen für das Gebiet des Zollvereins wurde im Jahr 1838 in der Dresdner Münzkonvention vorgenommen.

Dabei legte man einen festen Wechselkurs zwischen den beiden stärksten Währungen fest: Vier Taler sollten von nun an sieben Gulden entsprechen. Darüber hinaus verpflichteten sich jene Staaten, die über keine dieser Währungen verfügten, bis 1841 eine der beiden Münzen als Leitwährung anzunehmen.

Damit war ein weiteres Handelshemmnis beseitigt, auch wenn es immer noch mehrere Währungen nebeneinander gab und es bis zur Reichsgründung 1871 dauern sollte, ehe in Deutschland die Mark als verbindliches Zahlungsmittel eingeführt wurde.

*Vom Wegfall der innerdeutschen Zollschranken profitierten vor allem die kleinen Händler und Kaufleute, die auf den Messen ihre Waren des alltäglichen Bedarfs feilbieten konnten.*

## Freier Handel oder Schutzzölle

Die wirtschaftspolitischen Erfolge bestätigten die Arbeit des Zollvereins. Und je mehr deutsche Staaten sich ihm anschlossen, um so mehr drohte Österreich, die um die Mitte des 19. Jahrhunderts politisch führende Kraft im Deutschen Bund, ins Abseits zu geraten.

Die Wiener Regierung unterbreitete daher 1850 den deutschen Staaten den Plan eines mitteleuropäischen Zollbundes mit österreichischer Führung. Die Vorstellung einer solchen Handelsunion unter Ausschluß von Preußen fand zwar großen Widerhall in den deutschen Staaten, doch Preußen wandte sich gegen diese Lösung, die zwangsläufig den österreichischen Einfluß in Deutschland vergrößert hätte, was nicht im Interesse Berlins lag. Der österreichische Vorstoß scheiterte nicht zuletzt auch deshalb, weil man in Wien die heimischen Waren durch hohe Zölle vor unliebsamer Konkurrenz zu schützen suchte, während der Zollverein im freien Handel das System der Zukunft sah.

Einen wichtigen Schritt in Richtung der nationalstaatlichen Einheit Deutschlands, die 1871 dann Wirklichkeit werden sollte, bildete schließlich der preußisch-französische Handelsvertrag von 1862. Er regelte den umfassenden Freihandel zwischen den Staaten diesseits und jenseits des Rheins und richtete sich zugleich gegen Wien, das an seinen Grenzen noch immer Schutzzölle auf deutsche Waren erhob.

## EIN EUROPA OHNE GRENZEN

*DIE BLAUE FAHNE MIT DEN ZWÖLF STERNEN IST DAS ZEICHEN DER EU.*

*1957 gründeten Frankreich, Italien, die Bundesrepublik Deutschland und die Beneluxstaaten in Rom die Europäische Wirtschaftsgemeinschaft. Die EWG hatte sich zum Ziel gesetzt, die Zollgrenzen in Europa zu beseitigen. Diese europäische Zollunion war 1968 vollendet. Ein Jahr danach wurde aus der EWG die EG, der momentan 15 europäische Staaten angehören. Im Vertrag von Maastricht wurde dann 1992 die Europäische Union mit dem Ziel gegründet, einen europäischen Binnenmarkt zu schaffen, in dem Personen- und Warenkontrollen an den Grenzen aufgehoben sind, und so die politische Einigung Europas voranzutreiben.*

# Die gute alte Zeit

**B**iedermeier – das ist heute der Inbegriff der guten alten Zeit, deren kleinbürgerliches Glück der Maler Carl Spitzweg in seinen idyllischen Bildern einfühlsam dargestellt hat. Entstanden ist das Wort durch die Verschmelzung der Namen Biedermann und Bummelmaier, zwei satirischen Gestalten in der humoristischen Zeitschrift *Fliegende Blätter*, und es stand von Anfang an für Begriffe wie Spießbürgerlichkeit, Biederkeit und Selbstzufriedenheit. Das Biedermeier kennzeichnet die Epoche zwischen 1815 und 1848 in Deutschland, in der die Welt in Ordnung war. Dabei war diese Ordnung eher erdrückend als befreiend. Politische Bevormundung mit Verboten und Verfolgungen, eine allmächtige Zensur und die wirtschaftliche Not nach den entbehrungsreichen Napoleonischen Kriegen führten dazu, daß die Bürger der Politik den Rücken kehrten und sich ins Private zurückzogen, um im Kreis der Familie und Freunde ihr individuelles Glück zu finden.

Man pflegte einen schwärmerischen Freundschaftskult, suchte Geselligkeit am Stammtisch und war Mitglied in einem der zahllosen Kegelclubs, Gesang-, Turn- oder Schützenvereine. Als braver Bürger, der niemals auffiel, liebte man die heimelige Geborgenheit des eigenen Zuhauses, gab sich bescheiden und legte großen Wert auf Rechtschaffenheit. Korrekt war auch die Kleidung. Die Herren folgten dem englischen Vorbild und trugen Steghosen, einen frackähnlichen Rock, kurze Weste und ein Hemd mit hohem Kragen, dem Vatermörder. Dazu kamen Zylinderhüte in verschiedenen Farben und ein Stock mit silbernem Knauf. Die Damen orientierten sich dagegen an der Pariser Mode. Unter dem Stufenrock, den aufgebauschten Ärmeln und dem breiten Dekolleté preßten sie sich in ein enges Korsett, um die Taille zu betonen. Als Haartracht kamen um 1835 die Korkenzieherlocken an den Schläfen auf, mit denen sich vor allem die jungen Mädchen schmückten.

**SCHLICHT UND SCHÖN**
*Die Möbel des Biedermeier sollten solide und zweckmäßig sein. Diese Vitrine aus Nußbaum mit gewölbter Front und rundbogiger Öffnung* diente einem begüterten Zeitgenossen als Bücherschrank (links).
**FREIZEITVERGNÜGEN** *In bürgerlichen Kreisen war es damals üblich, daß die Familie sonntags* nach der Kirche einen Spaziergang unternahm. Man entdeckte die Natur, genoß die idyllische Landschaft und entspannte sich von den Mühen des Alltags (oben).

**MÄRCHENSTUNDE** Die Märchen der Brüder Grimm erfreuten sich sowohl bei den Kindern als auch bei den Erwachsenen großer Beliebtheit (ganz links).

**LIEBE ZUM DETAIL** Die Damen der gehobenen Kreise bevorzugten solche mit winzigen Perlen bestickten Handtäschchen (links).

**BESCHAULICH** Die bürgerliche Familie der Biedermeierzeit strebte nach Gemütlichkeit und Harmonie. Sie fühlte sich in den eigenen vier Wänden am wohlsten und war stolz auf diese Idylle (unten).

Am Abend des 9. November verkündete Politbüromitglied Günter Schabowski einer überraschten Öffentlichkeit die Öffnung der Grenzen (oben). Die Nachricht schlug wie eine Bombe ein. In ganz Berlin feierten „Ossis" und „Wessis", wie hier am Brandenburger Tor (ganz oben), überglücklich die Freiheit aller Deutschen.

# Spektakel im Schein- werferlicht

*Die Öffnung der Mauer am 9. November 1989 führte nach 40 Jahren zur Wiedervereinigung Deutschlands. In dieser Nacht feierten Abertausende Deutsche aus Ost und West ihr Wiedersehen.*

*Tausende von DDR-Flüchtlingen kletterten im September 1989 über den Zaun der deutschen Botschaft in Prag. Teilweise versuchten tschechoslowakische Polizeibeamte, sie zurückzuhalten (oben).*

ihre Ausreise zu erzwingen. Gleichzeitig nutzten Tausende ihren Urlaub in Ungarn, um über die Grenze nach Österreich zu fliehen. Als Ungarn am 11. September die Schlagbäume für DDR-Bürger öffnete, reisten innerhalb von drei Wochen fast 25 000 aus. In den Botschaften in Warschau und Prag dagegen harrten noch rund 4000 Menschen unter schlimmen Bedingungen aus.

Da die DDR am 7. Oktober die offiziellen Feiern zum 40. Jahrestag ihrer Staatsgründung ohne Störungen durchführen wollte, willigte sie schließlich nach Verhandlungen mit dem bundesdeutschen Außenminister Hans-Dietrich Genscher in die Ausreise aller Botschaftsflüchtlinge ein. In Sonderzügen gelangten sie in den ersten Oktobertagen in den Westen.

**„WIR SIND DAS VOLK!"** Die meisten Bürger allerdings wollten in der DDR bleiben, forderten jedoch demokratische Erneuerungen und vor allem freie Wahlen. Die Montagsdemonstrationen in Leipzig wurden machtvoller; fast 150 000 Menschen gingen am 16. Oktober auf die Straßen. „Wir sind das Volk!" stand selbstbewußt auf ihren Transparenten.

Zwei Tage später wurde Erich Honecker gezwungen, als Generalsekretär der SED und Vorsitzender des DDR-Staatsrats zurückzutreten; sein Nachfolger wurde Egon Krenz. Am 9. November kam es dann zur Öffnung der Grenzen. Daß dies den Anfang vom Ende der DDR einleiten würde, ahnte damals jedoch wohl keiner. ☐

*Die Mauer wurde meistbietend verkauft, das Stück zu mehreren tausend Mark.*

**ÜBERRASCHENDE NEUIGKEIT** Am Donnerstag, dem 9. November 1989, um 18.57 Uhr überraschte das SED-Politbüromitglied Schabowski die versammelte Presse mit der Mitteilung, daß ab sofort DDR-Bürger ausreisen dürften. Visa würden kurzfristig erteilt.

Über die Tragweite dieser Entscheidung waren sich die DDR-Verantwortlichen wohl nicht ganz im klaren. Denn bereits zwei Stunden später eilten Tausende Ostberliner zu den Grenzübergängen. Noch durften nur Personen mit gültigen Reisedokumenten passieren, aber der Ansturm von Autos und Fußgängern wurde immer größer. Gegen 22 Uhr drängten am Übergang Bornholmer Straße rund 20 000 Menschen gegen die Sperrgitter und forderten in Sprechchören, nach Westberlin durchgelassen zu werden. Die Lage drohte außer Kontrolle zu geraten.

**FREUDENTAUMEL** Um 23.14 Uhr gab ein Grenzoffizier den Befehl, die Schlagbäume zu öffnen. Ungehindert stürmten die Massen nun in den Westen, hu-

pende Trabis fuhren durch Spaliere jubelnder Westberliner, wildfremde Menschen fielen sich in die Arme und weinten vor Glück. An den anderen Übergängen spielten sich ähnliche Szenen ab. Am Brandenburger Tor wurde sogar auf der Mauerkrone getanzt. Viele konnten es immer noch nicht fassen: Nach 28 Jahren war die Mauer durchlässig geworden.

Vorausgegangen war ein ständig wachsender Unmut der DDR-Bevölkerung über ihren Staat – über Bespitzelung, Versorgungsengpässe und fehlende Meinungs- und Reisefreiheit. Während sich andere Ostblockländer für Reformen öffneten, beharrte die DDR unbeirrt auf ihrer alten Position des doktrinären Kommunismus.

**MASSENFLUCHT** Viele DDR-Bürger hatten nur noch den Wunsch, dem abgewirtschafteten Staat den Rücken zu kehren; sie flüchteten seit August 1989 in die Bonner Botschaften in Prag, Budapest, Warschau und die Ständige Vertretung in Ostberlin, um

## Mit dem Trabi in den Westen

Die friedliche Invasion aus dem Osten setzte sich auch am Wochenende nach dem 9. November 1989 fort. Millionen von Ostdeutschen zog es zu Kurzbesuchen in die Bundesrepublik Deutschland und nach Westberlin; vor den Grenzübergängen bildeten sich bis zu 60 Kilometer lange Autokolonnen. Auch vor Ämtern, Banken und Sparkassen im Westen stand man Schlange: Dort bekam jeder DDR-Bürger ein Begrüßungsgeld von 100 Mark. Bald quollen die Innenstädte und Einkaufszentren über. Wer noch niemals im Westen war, stand staunend vor dem üppigen Warenangebot. Gekauft wurden vor allem Walkmen und Radios, aber auch Südfrüchte und Kaffee.

## Keine Zukunft für Wendehälse

Nachdem die gesamte DDR-Regierung am 7. November 1989 und tags darauf auch das Politbüro geschlossen zurückgetreten waren, wählte die Volkskammer am 13. November den SED-Bezirkschef von Dresden, Hans Modrow, als Nachfolger von Willy Stoph zum neuen Ministerpräsidenten. Doch obwohl Modrow in seiner Regierungserklärung weitreichende Reformen ankündigte, gelang es auch ihm nicht, das tiefsitzende Mißtrauen der Bevölkerung gegenüber der Partei und sogenannten Wendehälsen wie Egon Krenz zu zerstreuen. Die Bürger nahmen der Einheitspartei den Willen zum radikalen Neubeginn nicht ab, und die Massendemonstrationen in Leipzig und anderen Städten gegen die SED und ihr Machtmonopol gingen unvermindert fort.

Unter dem massiven Druck der Öffentlichkeit sah sich die Partei schließlich gezwungen, auf ihren in der Verfassung verankerten politischen Führungsanspruch zu verzichten. Am 3. Dezember 1989 traten Zentralkomitee und Politbüro geschlossen zurück. Dies bedeutete das politische Ende für Egon Krenz, der drei Tage später auch sein Amt als Staatsratsvorsitzender niederlegte. Gegen Honecker, Stoph und den ehemaligen Minister für Staatssicherheit Erich Mielke wurden Ermittlungsverfahren wegen des Verdachts krimineller Delikte eingeleitet.

Die Opposition drängte nun, auf Regierungsentscheidungen Einfluß nehmen zu können. So trat am 7. Dezember 1989 auf Einladung der Kirchen der sogenannte runde Tisch zu seiner konstituierenden Sitzung zusammen. Neun oppositionelle Gruppierungen wie „Demokratie Jetzt", „Neues Forum" und Sozialdemokraten saßen den Repräsentanten der Volkskammerparteien und der Regierung gegenüber. Man legte einen Termin für Neuwahlen zur Volkskammer fest, begann mit der Ausarbeitung einer neuen Verfassung und übte Druck auf die Regierung aus, den Staatssicherheitsdienst auszuschalten. Am 5. Februar 1990 wurde eine „Regierung der nationalen Verantwortung" gegründet, in die nun auch die wichtigsten Kräfte der Opposition eingebunden waren.

## Die DDR droht auszubluten

Unterdessen hielt die Abwanderung der DDR-Bevölkerung ungebrochen an; täglich gingen rund 2000 Übersiedler in den Westen, die die Hoffnung auf ein besseres Leben in ihrer Heimat aufgegeben hatten. 1989 hatten fast 350 000 Menschen der DDR den Rücken gekehrt. Noch im Frühjahr 1990 zog es Zehntausende von Ostdeutschen in die Bundesrepublik Deutschland. Während die DDR langsam ausblutete, stand der Westen durch den anhaltenden Strom von Übersiedlern enormen Problemen, vor allem bei der Unterbringung, gegenüber. In der westdeutschen Bevölkerung nahm die Sympathie für die Flüchtlinge zusehends ab, war doch gleichzeitig eine

*Nach der Öffnung der Grenze forderten die DDR-Bürger in zahlreichen Demonstrationen freie Wahlen und schnelle Reformen. Deutlich sprachen sie der neuen SED-Führung unter Egon Krenz ihr Mißtrauen aus.*

*Mit Sack und Pack kamen ganze Familien im Westen an, wo sie in Notunterkünften Aufnahme fanden (oben).*

*Bei seinem Besuch bei Bundeskanzler Kohl im Februar 1990 drängte Modrow auf rasche Finanzhilfe (rechts).*

große Zahl von Aussiedlern aus Osteuropa unterzubringen und zu versorgen. Und die Übersiedler, die mit den schönsten Hoffnungen angereist waren, wurden in überfüllten Auffanglagern und beengten Notunterkünften rasch von der Realität eingeholt.

## Der schnelle Weg zur Wiedervereinigung

Nach der Maueröffnung wurde bei den Massendemonstrationen in den großen Städten der DDR auch der Ruf nach Wiedervereinigung laut. „Wir sind ein Volk!" und „Deutschland einig Vaterland!" war auf den Fahnen der Befürworter eines vereinten Deutschland zu lesen. Andere Demonstranten sprachen sich indessen strikt dagegen aus.

Bereits am 28. November 1989 legte Bundeskanzler Helmut Kohl dem Deutschen Bundestag einen Zehnpunkteplan zur Deutschlandpolitik vor, der für eine Übergangszeit „konföderative Strukturen" zwischen der DDR und der BRD mit dem Endziel einer Föderation anstrebte. Unter der Bedingung, daß in der DDR ein grundlegender, unwiderruflicher Wandel in Gang gesetzt würde, wurden wirtschaftliche Soforthilfen in Aussicht gestellt. Als Kohl am 19. Dezember in Dresden erstmals mit dem DDR-Ministerpräsidenten Hans Modrow zusammenkam, wurde er von Zehntausenden

von Menschen mit stürmischem Beifall bedacht. Modrow reiste am 13. Februar 1990 zum Gegenbesuch nach Bonn, doch die erhoffte Soforthilfe in Höhe von 15 Milliarden Mark wurde abgelehnt, und Modrow mußte mit leeren

Händen heimkehren. Der Bundesregierung in Bonn war klar, daß Modrows Tage als Ministerpräsident gezählt waren, denn am 18. März 1990 sollten in der DDR vorgezogene Volkskammerwahlen stattfinden.

Der Wahlabend endete mit einer faustdicken Überraschung, denn entgegen allen Prognosen bekam das konservative, von der bundesdeutschen CDU/CSU unterstützte Wahlbündnis „Allianz für Deutschland" mit 48 Prozent die meisten Stimmen. Der klare Favorit, die SPD, brachte es nur auf knapp 22 Prozent. Die SED-Nachfolgepartei PDS erreichte 16 Prozent. Die erste aus allgemeinen, freien und geheimen Wahlen hervorgegangene DDR-Volks-

## STASI – ALTLAST UND KEIN ENDE

*Am 15. Januar 1990 stürmten etwa 2000 aufgebrachte Demonstranten die Gebäude des ehemaligen DDR-Ministeriums für Staatssicherheit in Ostberlin und demolierten Teile der Einrichtung. Damit machten sie ihrem Zorn über einen perfekten Überwachungsapparat Luft, für den unter der Leitung von Erich Mielke rund 85 000 hauptamtliche Mitarbeiter und eine Vielzahl von inoffiziellen Mitarbeitern tätig gewesen waren.*

*Mit dem „Stasi-Unterlagengesetz" schuf der gesamtdeutsche Gesetzgeber im November 1991 die Voraussetzungen für die allgemeine Nutzung von*

*180 Kilometer Aktenbeständen, in denen Schnüffelberichte über 6 Millionen DDR-Bürger enthalten sind. Die Behörde von Joachim Gauck, dem Sonderbeauftragten der Bundesregierung für dieses Archivmaterial, sieht sich einer beispiellosen Antragsflut auf Akteneinsicht und Personenüberprüfung gegenüber. Immer noch werden Politiker und andere Persönlichkeiten des öffentlichen Interesses als ehemalige Spitzel der Stasi überführt, doch die Stimmen werden lauter, die verlangen, die brisanten Akten zu schließen und die Vergangenheit endgültig ruhen zu lassen.*

kammer wählte am 12. April den CDU-Kandidaten Lothar de Maizière zum neuen Regierungschef.

Zur gleichen Zeit bewegte die gesamtdeutsche Öffentlichkeit die Debatte um den verfassungsrechtlichen Weg in die Einheit. Sollte die DDR ihren Beitritt zur Bundesrepublik Deutschland erklären, wie es der Artikel 23 des Grundgesetzes vorsah, oder sollte eine Verfassunggebende Versammlung für ganz Deutschland einberufen werden und eine neue Verfassung ausarbeiten? Am Ende fand sich eine politische Mehrheit für den Beitritt – nicht zuletzt deshalb, weil man glaubte, keine Zeit verlieren zu dürfen.

Am 18. Mai 1990 schlossen die beiden deutschen Staaten einen Staatsvertrag zur Errichtung einer Wirtschafts-, Währungs- und Sozialunion. Kernpunkt dieses Abkommens war die Einführung der D-Mark in der DDR ab dem 1. Juli des Jahres. Löhne, Gehälter, Renten und Mieten wurden im Verhältnis 1:1 umgestellt. Ein zweiter deutsch-deutscher Staatsvertrag, der sogenannte Einigungsvertrag, wurde am 31. August 1990 unterzeichnet und regelte auf insgesamt etwa 1000 Seiten alle noch verbleibenden Fragen des Beitritts der DDR zur Bundesrepublik Deutschland.

## Grünes Licht aus dem Ausland

I n den Tagen nach dem Fall der Berliner Mauer genossen die Deutschen die rückhaltlosen Sympathien der Weltöffentlichkeit. Doch die Eile, mit der anschließend die Wiedervereinigung vor-

angetrieben wurde, rief in den europäischen Nachbarländern bald Besorgnis hervor. Spätestens seit Helmut Kohls Zehnpunkteplan, der im Ausland für einige Irritation gesorgt hatte, stand die deutsche Frage auf der Tagesordnung der Gipfeldiplomatie.

Der UdSSR kam bei der Lösung des deutschen Problems eine besondere Rolle zu, hatte doch Staats- und Parteichef Michail Gorbatschow mit seiner Reformpolitik der friedlichen Revolution in der DDR den Weg bereitet. Zunächst war man im Kreml der Meinung, die Lösung dürfe weder den Deutschen allein noch den USA überlassen bleiben. Doch am

*Michail Gorbatschow, DDR-Ministerpräsident Lothar de Maizière und die Außenminister feiern die Unterzeichnung des Zwei-plus-Vier-Vertrages 1990 in Moskau.*

10. Februar 1990 erreichten Bundeskanzler Helmut Kohl und Außenminister Hans-Dietrich Genscher in Moskau die Zusage, daß die UdSSR die Entscheidung der Deutschen, in einem Staat leben zu wollen, respektieren werde und daß die Deutschen den Zeitpunkt und den Weg der Einigung selbst bestimmen sollten. Dies war der entscheidende außenpolitische Durchbruch auf dem Weg zur Wiedervereinigung.

## DIE ALTE UND NEUE HAUPTSTADT

*Nachdem bereits im Einigungsvertrag vom August 1990 die ehemalige Reichshauptstadt Berlin als Hauptstadt des neuen Gesamtdeutschland festgelegt worden war, entschied sich der Deutsche Bundestag nach einem sehr emotionalen elfstündigen Redemarathon am 20. Juni 1991 auch für Berlin als Parlaments- und Regierungssitz.*

*Das Ergebnis der Abstimmung fiel denkbar knapp aus: Die bisherige Bundeshauptstadt Bonn erhielt gerade mal 17 Stimmen weniger als Berlin. Die Sympathien für die eine oder andere Stadt gingen quer durch alle Parteien.*

*VOR DER ABSTIMMUNG WURDE MIT AUFKLEBERN FÜR BERLIN GEWORBEN.*

*Zu den Befürwortern Berlins, die die Bedeutung der einst geteilten Stadt als Symbol des deutschen Einheitswillens hervorhoben, gehörte auch der frühere Bundeskanzler Willy Brandt. Die Abgeordneten, die sich für Bonn aussprachen, führten unter anderem die immensen Umzugskosten ins Feld, die mit 20 Milliarden veranschlagt werden.*

*Bis zum Jahr 2000 soll der Umzug vom Rhein an die Spree vollzogen sein. Der Bundestag wird im alten Reichstagsgebäude Quartier beziehen. Einige Ministerien sollen allerdings in Bonn verbleiben.*

*Nach der Wiedervereinigung wurden die alten DDR-Partei- und Staatssymbole demontiert (oben).*

*Am 3. Oktober 1990 wehten vor dem Berliner Reichstag die Fahnen der 16 Bundesländer (rechts).*

und der beiden deutschen Staaten, die sogenannten Zwei-plus-Vier-Gespräche, die am 5. Mai in Bonn begonnen hatten, zügig zum Abschluß gebracht werden. Ziel dieser Runde war es, den Einigungsprozeß international abzusichern und die alliierten Rechte vollständig abzulösen.

Am 12. September 1990 unterzeichneten die sechs Außenminister das Abschlußdokument in Moskau. In dem Vertrag erkannte Deutschland die Oder-Neiße-Linie als polnische Westgrenze an und verzichtete damit endgültig auf die ehemaligen deutschen Ostgebiete, erhielt dafür aber von den vier Alliierten die Zustimmung zur Vereinigung und zum Eintritt der einstigen DDR in die NATO. Der deutschen Einheit stand nach mehr als 40 Jahren nun nichts mehr im Weg.

und die Volkskammer zu einem Festakt ins Ostberliner Schauspielhaus geladen. Draußen begannen Tausende am Brandenburger Tor und an anderen Plätzen in Berlin die Wiedervereinigung zu feiern. Um Mitternacht ertönte die Freiheitsglocke vom Turm des Schöneberger Rathauses, und vor dem Reichstag hißte man das schwarzrotgoldene Banner. Ein Feuerwerk beendete den symbolischen Akt.

Am 4. Oktober fand die erste Sitzung des gesamtdeutschen Bundestages im Berliner Reichstag statt. 144 neue Abgeordnete aus dem Osten nahmen ihre Plätze ein; die neuen Bundesminister aus der ehemaligen DDR wurden vereidigt. Wenig später hatte die Deutschen der Alltag wieder. Freude mischte sich mit Sorgen über eine noch ungewisse Zukunft.

## Erster gemeinsamer Urnengang

B ei den Landtagswahlen in den fünf neuen Bundesländern am 14. Oktober 1990 ging die CDU als klarer Sieger hervor. Nur im Land Brandenburg wurde die SPD mit Manfred Stolpe, einem führenden Kopf der evangelischen Kirche, stärkste Partei. Zweieinhalb Monate später fiel das Ergebnis bei den ersten gesamtdeutschen Bundestagswahlen ähnlich aus. Mit 43,8 Prozent der Stimmen stand die CDU klar an die Spitze der Wählergunst, die SPD mußte mit gut zehn Prozent weniger eine empfindliche Niederlage hinnehmen. Die FDP erzielte elf Prozent. Helmut Kohl wurde am 17. Januar 1991 zum ersten gesamtdeutschen Bundeskanzler einer Regierungskoalition aus CDU/CSU und FDP gewählt.

In den neuen Bundesländern standen drängende Probleme an. Viele marode Betriebe waren gezwungen, nach der Wiedervereinigung zu schließen, zahlreiche Menschen wurden arbeitslos oder mußten kurzarbeiten. Für den wirtschaftlichen Aufbau im Osten Deutschlands und die Beseitigung der ökologischen Altlasten mußte der Staat gewaltige Summen mobilisieren. Die Einheit forderte nun ihren Preis.

Am 16. Juli 1990 traf Kohl im Kaukasus erneut mit dem sowjetischen Staats- und Parteichef zusammen. Zum großen Erstaunen der Weltöffentlichkeit gab Gorbatschow nun auch seinen bisherigen Widerstand gegen eine NATO-Mitgliedschaft des zukünftigen Gesamtdeutschland auf. So konnten die Verhandlungen zwischen den Außenministern der vier Siegermächte des Zweiten Weltkrieges

## Der Tag der Deutschen Einheit

U m die Mittagsstunde des 3. Oktober 1990 wurde die Vereinigung der beiden deutschen Staaten mit einem feierlichen Staatsakt in der Berliner Philharmonie begangen. Am Vorabend hatte die scheidende Regierung der DDR

*Kaum hatte Lenin russischen Boden betreten, begann er die Revolution zu organisieren.*

# Geheimnis-volle Reise

*Lenins Fahrt 1917 durch Deutschland nach Rußland führte im Ersten Weltkrieg vorzeitig zum Frieden an der Ostfront.*

*In einem solchen Zug dürften Lenin und seine Genossen Deutschland durch-quert haben (unten). Die Reise führte von Gottmadingen über Stuttgart, Karlsruhe, Mannheim, Frankfurt und Berlin nach Saß-nitz auf Rügen (Karte).*

**MERKWÜRDIGE FAHRGÄSTE**   Am Abend des 9. April 1917 stieg eine Gruppe von 33 Frauen und Männern in Gott-madingen an der deutsch-schweizeri-schen Grenze unter strengen Sicher-heitsvorkehrungen in einen Sonder-zug um, der auf einem Nebengleis wartete. Unter den geheimnisvollen Reisenden befand sich auch Wla-dimir Iljitsch Lenin, der aus dem Zü-richer Exil nach Petrograd, dem heu-tigen Sankt Petersburg, reiste, um in Rußland nach dem Sturz des Zaren die Revolution auszurufen.

**PLOMBIERTER ZUG**   Über Mittelsmän-ner hatte Lenin bereits Monate zuvor in Geheimverhandlungen mit den deutschen Militärbehörden die Be-dingungen ausgehandelt, unter de-nen er mit freiem Geleit durch das Kaiserreich reisen konnte. Nur we-nige Personen waren eingeweiht in den Transport, von dem die deutsche Regierung offiziell nichts wissen wollte. Die Waggons des Sonderzu-ges waren verplombt und die Fenster verhängt. Den Reisenden war es nicht gestattet, auf den Bahnhöfen den Zug zu verlassen. Sie wurden un-terwegs ausreichend mit Lebensmit-teln versorgt. Nach dreitägiger Fahrt erreichte die Gruppe unerkannt Saß-nitz, dort wartete ein Schiff auf sie. Am 16. April trafen die Be-rufsrevolutionäre in Petro-grad ein, wo wenige Mo-nate später die Oktober-revolution begann.   □

## Im Osten ruhen die Waffen

D rei Jahre tobte nun schon der Erste Weltkrieg. Und es deutete sich an, daß die beiden Mittelmächte Deutschland und Österreich-Ungarn nicht in der Lage waren, den verlustreichen Zweifrontenkrieg noch länger aufrechtzuerhalten. Die deutsche Militärführung war daher bestrebt, den Krieg im Osten so schnell wie möglich zu beenden, um die freiwerdenden Kräfte an der Westfront einzusetzen, damit diese dort den Kämpfen die entscheidende Wende gaben.

Die Oberste Heeresleitung hatte richtig kalkuliert, als sie Lenin die Rückkehr aus dem Exil nach Rußland ermöglichte. Die Bolschewiken nutzten tatsächlich die politische Verwirrung, die nach dem Sturz des Zaren in dem Riesenreich entstanden war, und riefen am 6. November die Revolution aus. In dieser innenpolitisch schwierigen Situation war Lenin verständlicherweise nicht an einer Fortsetzung des Krieges interessiert. Als Vertreter der neuen Regierung bot daher Leo Trotzkij am 28. November 1917 Deutschland einen Waffenstillstand an, der am 15. Dezember unterzeichnet wurde.

Die Friedensverhandlungen in der weißrussischen Stadt Brest-Litowsk zogen sich jedoch hin. Erst als die Deutschen im Februar 1918 erneut den Kampf aufnahmen, unterzeichnete Rußland am 3. März den Friedensvertrag. Rußland mußte auf Polen, Finnland, das Baltikum und die Ukraine verzichten und verpflichtete sich dazu, Deutschland eine Entschädigung von 6 Milliarden Goldmark zu zahlen. Diese Vereinbarungen wurden allerdings hinfällig, als Deutschland im November den Waffenstillstand mit den Alliierten unterzeichnen mußte.

## Friedensvertrag mit Rumänien

D em Vertrag mit Rußland folgte zwei Monate später der Frieden mit Rumänien. Am 27. August 1916 hatte der rumänische König Ferdinand I. Österreich-Ungarn den Krieg erklärt; seine Truppen marschierten in Siebenbürgen ein und trachteten danach, in der Bukowina die Verbindung zu russischen Einheiten herzustellen. Doch schon drei Monate danach wurde ihr Vormarsch gestoppt. Deutsche, österreichische und bulgarische Truppen zogen daraufhin am 6. Dezember in Bukarest ein und besetzten den größten Teil des Landes. Anderthalb Jahre später, am 7. Mai 1918, beendete der Friede von Bukarest den Krieg mit Rumänien. Damit war der Kampf im Osten endgültig beendet, doch brachte das nicht die von den deutschen Militärs erhoffte Wende.

*Als die russischen und die deutschen Soldaten vom bevorstehenden Frieden erfuhren, kam es zu spontanen Verbrüderungsszenen an der Front.*

## Frühjahrsoffensive im Westen gescheitert

I m März 1918 standen mehr als 3,5 Millionen deutsche Soldaten im Westen weit im Feindesland. In ihren Verteidigungslinien hielten sie zwar dem Ansturm der Gegner noch stand, aber die Materialüberlegenheit der Alliierten, vor allem der Amerikaner, wuchs von Tag zu Tag. General Ludendorff entschloß sich daher, alles auf eine Karte zu setzen. Seine Devise lautete „Sieg oder Untergang". Er ließ über 500 000 Soldaten aus dem Osten an die Westfront bringen und gab den Befehl zum Angriff.

Vom März bis zum Juli 1918 setzten die deutschen Divisionen an mehreren Punkten der Front zur Offensive an und erzielten teilweise beträchtliche Geländegewinne, doch konnten die erschöpften Truppen die eroberten Stellungen nicht halten. Die alliierten Verbände drängten im August die Deutschen in ihre Ausgangspositionen zurück. Der Krieg, das wurde nun auch den Unbelehrbaren in Deutschland klar, war nicht mehr zu gewinnen. Die endgültige Niederlage drei Monate später war unabwendbar.

# Organisierter Terror

*Die sogenannte Reichskristallnacht vom 9. auf den 10. November 1938 leitete eine neue Phase der systematischen Judenverfolgung im Dritten Reich ein.*

*Den gelben Davidstern mußten die verfolgten und entrechteten Juden ab September 1941 im gesamten Reichsgebiet tragen. Wer ihn trug, wurde zum „Untermenschen" abgestempelt, an dem die schlimmsten Verbrechen verübt werden konnten. 6 Millionen Juden fanden auf grausamste Weise den Tod.*

*Im ganzen Reich wurden am 9. November 1938 wie hier in München jüdische Gotteshäuser in Brand gesteckt. Polizei und Feuerwehr unternahmen so gut wie nichts dagegen. Sie beschränkten sich in der Hauptsache darauf, die Schaulustigen fernzuhalten.*

**MORD UND ZERSTÖRUNG** Es war eine Nacht des Grauens. Eine Welle von gelenkter Gewalt rollte an jenem 9. November 1938 über Deutschland hinweg, die sich gegen die deutschen Juden, ihre Betriebe, Gotteshäuser, Schulen und Wohnungen richtete und eine Spur von Tod und Verwüstung hinter sich herzog. Überall gingen Synagogen in Flammen auf, nationalsozialistische Horden plünderten und zerstörten an die 7500 Geschäfte und Warenhäuser von Juden und schändeten ihre Friedhöfe. Kein jüdisches Zentrum blieb verschont. Und wer es wagte, sich den braunen Schlägertrupps des Kampfverbandes SA zu widersetzen, den mißhandelten und verprügelten sie; Tausende wurden zum Teil schwer verletzt, 91 Juden ermordet. Über 25 000 wurden festgenommen und in Konzentrationslager verschleppt.

Am nächsten Morgen wurde das ganze Ausmaß der Ausschreitungen sichtbar. In den Geschäften lagen zertrümmerte Möbel, zerschlagenes Porzellan, kaputte Waren. Dichte Rauchschwaden hingen über den ausgebrannten Synagogen; 191 waren ein Raub der Flammen und weitere 76 vollständig demoliert worden. Die Straßen waren mit Scherben zerbrochener Fensterscheiben übersät, weshalb die NSDAP bald beschönigend von der Reichskristallnacht sprach.

**WILLKOMMENES ATTENTAT** Anlaß für diesen bislang beispiellosen Pogrom gegen jüdische Bürger war das Attentat auf den deutschen Botschaftsrat Ernst vom Rath in Paris gewesen, das ein junger polnischer Jude namens Herschel Grynszpan zwei Tage zuvor verübt hatte. Die Nachricht vom Tod des Diplomaten erreichte Adolf Hitler am Abend des 9. November im Münchener *Alten Rathaus*, wo er die Parteiführung und Mitstreiter der ersten Stunde zu einem Kameradschaftsabend geladen hatte. Gegen

22 Uhr zog sich der „Führer" zurück, und Reichspropagandaminister Joseph Goebbels übermittelte den Versammelten Hitlers Befehl, keine Ausschreitungen gegen Juden zu organisieren; entstünden sie aber spontan, dann sollte man auch nichts dagegen unternehmen.

**BEFEHL ZUM LOSSCHLAGEN** Die anwesenden Gauleiter faßten diese Worte so auf, wie sie wohl auch gemeint waren: als Weisung zum Losschlagen, wobei die Partei jedoch nicht als Urheber der Gewalttätigkeiten in Erscheinung treten wollte. Umgehend forderten die Gauleiter ihre Propagandadienststellen mehr oder weniger unverhohlen zu Vergeltungsaktionen auf. So lief in den folgenden Stunden in ganz Deutschland eine planmäßige Aktion an, bei der SA-Männer und NSDAP-Mitglieder in Zivil auftraten und man alles daran-

*Bereits 1933, kurz nach der Machtergreifung, hatte die NSDAP zum Boykott jüdischer Läden aufgerufen.*

setzte, den Anschein zu erwecken, als handelte es sich um ein spontanes Aufbegehren des deutschen Volkes, das seinem „gerechten Zorn über den feigen jüdischen Meuchelmord", wie es Goebbels tags darauf formulierte, freien Lauf ließ.

Die meisten Deutschen nahmen den offenen Terror gegen ihre jüdischen Nachbarn schweigend hin und schauten einfach weg. Nur wenige brachten den Mut auf, die brutalen Ausschreitungen der Nationalsozialisten offen zu kritisieren.  □

## Diskriminiert und entrechtet

Nicht genug, daß die jüdischen Opfer des Pogroms vom Staat keinerlei Entschädigung erhielten, wurde ihnen am 12. November 1938 auch noch die Wiedergutmachung für den in dieser Nacht entstandenen Schaden auferlegt, der mehrere 100 Millionen Reichsmark betrug. Überdies mußten die Juden für den Mord an vom Rath eine Kollektivstrafe von 1,25 Milliarden Reichsmark zahlen.

Nachdem die NSDAP die Juden schon in den Jahren zuvor durch Berufsverbote aus fast allen Berufen verdrängt und zu Staatsbürgern minderen Rechts deklassiert hatte, beraubte sie sie unmittelbar nach der Kristallnacht gänzlich ihrer Existenzgrundlage. Jetzt verbot man ihnen auch, Geschäfte, Banken und Handwerksbetriebe zu besitzen oder zu führen. Die Geschäfte wurden enteignet und an sogenannte Arier übergeben; jüdisches Eigentum wurde eingezogen. Eine endlose Reihe von diskriminierenden Erlassen und Verordnungen beschnitt den Lebensraum der deutschen Juden immer mehr und machte sie zu geächteten Außenseitern. So mußten jüdische Frauen und Männer den zusätzlichen Vornamen Sarah oder Israel führen und erhielten zur rassischen Identifizierung den Eintrag „J" in ihre Pässe. Sie durften nicht mehr in Theater, Kinos oder Parks gehen und ab 1941 keine öffentlichen Verkehrsmittel mehr benutzen.

Derart entrechtet und in wachsender Angst um ihr nacktes Leben, wollten die meisten der etwa 375 000 Bürger mosaischen Glaubens, die 1938 noch im

*Juden aus dem Warschauer Getto wurden täglich zur Zwangsarbeit in Rüstungsbetriebe gefahren.*

Deutschen Reich einschließlich Österreichs lebten, auswandern, doch scheiterte dies häufig an den Kosten. Um die verhaßten Juden hinauszudrängen und das Reich „judenfrei" zu machen, wurde Anfang 1939 auf Initiative des Chefs der Sicherheitspolizei, Reinhard Heydrich, die Reichszentrale für jüdische Auswanderung geschaffen. In einer Massenflucht brachten sich zwischen 1938 und dem generellen Auswanderungsstopp für Juden vom 23. Oktober 1941 mindestens 170 000 deutsche Juden noch rechtzeitig im Ausland in Sicherheit.

## Die Deportation der Juden

Bei Kriegsbeginn am 1. September 1939 hatte sich die Zahl der Juden im Reich bereits um mehr als die Hälfte reduziert, doch Hitler wollte sämtliche in Europa lebende Juden vernichten. Mit der Eroberung osteuropäischer Gebiete bot sich ihm die Möglichkeit, alles „minderwertige Leben auszumerzen", um für die „arische Rasse" neuen Lebensraum zu schaffen.

Nach dem siegreichen Polenfeldzug begannen die SS, der Sicherheitsdienst und deren berüchtigte mobile Einsatzgruppen damit, alle polnischen Juden in größere Städte zu deportieren, wo man sie in Gettos zusammentrieb. In die Gettos von Warschau und Lodz brachte man ab dem Winter 1939/40 auch unzählige Juden aus dem Reichsgebiet und aus dem Protektorat Böhmen und Mähren sowie

später aus den besetzten Gebieten Westeuropas und verurteilte sie zu Zwangsarbeit. In dem nur 4 km² großen Warschauer Getto drängten sich Anfang 1942 500 000 Juden unter menschenunwürdigen Bedingungen. Durch Seuchen, Unterernährung und mangelnde ärztliche Versorgung starben schon in den ersten anderthalb Jahren 100 000 Menschen.

Nach dem Beginn des Rußlandfeldzuges eröffneten die Einsatzgruppen den Völkermord. In einem grausamen Massaker in der Schlucht Babij Jar bei Kiew ermordete die Einsatzgruppe C Ende September 1941 33 771 ukrainische Juden, darunter viele Frauen und Kinder. Bis Ende 1942 fanden in Massenexekutionen 1,4 Millionen „rassisch und politisch unerwünschte Elemente" den Tod.

## Auf dem Weg zur „Endlösung"

Die Greueltaten der Einsatzgruppen stießen bei der Wehrmacht vielfach auf Ablehnung, weshalb man Überlegungen anstellte, wie man unauffälliger und gleichzeitig effizienter töten könnte. So fand am 20. Januar 1942 am Großen Wannsee in Berlin die „Konferenz zur Endlösung der Judenfrage" statt. Vor hohen SS-Führern und Parteibeamten entwickelte Reinhard Heydrich in einer zynisch umschreibenden Sprache ein neues, von Hitler genehmigtes Konzept der endgültigen Vernichtung des europäischen Judentums: Europa sei von West nach Ost „durchzukämmen" und ganz von Juden zu säubern, die dann in Lager in Osteuropa verbracht werden und dort zum Arbeitseinsatz kommen sollten. Ein großer Teil würde durch „natürliche Verminderung" ausfallen, der Rest müßte „entsprechend behandelt" werden. Was das bedeutete, war allen klar: Völkermord! Doch keiner äußerte Bedenken. Dem Wahn der Massenvernichtung stand nichts mehr entgegen.

## Der Holocaust – Mord an einem ganzen Volk

Unter strenger Geheimhaltung begann im Juni 1942 in zahlreichen polnischen Konzentrationslagern die letzte und barbarischste Phase der Judenvernichtung. Das Konzentrationslager Auschwitz in Ostoberschlesien, das aus dem Stammlager, dem Vernichtungslager Birkenau sowie nahezu 40 Neben- und Außenlagern bestand, war mit einem Terrain von etwa 40 km² die größte der Todesfabriken. Hierher und in die Vernichtungslager Majdanek, Treblinka, Chełmno, Bełzec und Sobibór ließen die Nationalsozialisten Juden aus 23 europäischen Ländern transportieren, in Güterwagen zusammengepfercht wie Schlachtvieh. Gleich nachdem die Züge in Auschwitz angekommen waren, prüften SS-Ärzte die Arbeitstauglichkeit der Ankömmlinge und befanden mit einem Handzeichen über Leben und Tod: Drei Viertel, in er-

### ADOLF EICHMANN – ORGANISATOR DES TODES

*Zur schrecklichen Symbolfigur des Völkermordes an den Juden wurde SS-Obersturmbannführer Adolf Eichmann, der das Judenreferat im Reichssicherheitshauptamt leitete. Im Rahmen der „Endlösung" betrieb seine Dienststelle die Deportation von Millionen Juden in die Massenvernichtungslager. Mit pedantischer Akkuratesse wurde ihm jeder Abtransport in die Konzentrationslager gemeldet. Seine seelenlose bürokratische Effizienz machte ihn zum eigentlichen Organisator der Judenvernichtung.*

*Nach Kriegsende tauchte Eichmann in Argentinien unter, wo er 1960 vom israelischen Geheimdienst entführt wurde. Der Prozeß, der ihm anschließend in Israel gemacht wurde, sorgte für weltweites Aufsehen. Mehrere Wochen lang wurde dokumentarisches Material verlesen, das die Greueltaten der Nationalsozialisten belegte und Eichmann auf das schwerste belastete. Dadurch erfuhr die breite Öffentlichkeit erstmals Einzelheiten über den Völkermord, der in deutschem Namen an den europäischen Juden verübt worden war. Eichmann, der bis zum Schluß keinerlei Reue zeigte, wurde zum Tode verurteilt und am 1. Juni 1962 hingerichtet.*

Endstation Auschwitz: noch an der Rampe wurde entschieden, wer gleich „ins Gas" mußte und wer noch zum Arbeiten zu gebrauchen war (oben).

gungen auf den Transporten das Leben von rund 6 Millionen Juden ausgelöscht. Hinter den Stacheldrahtzäunen der Todeslager verhallte, ungehört von der Außenwelt, der millionenfache Aufschrei eines ganzen Volkes.

Im KZ Auschwitz (oben) fanden mindestens 1,5 Millionen unschuldiger Menschen den Tod. Hinter den Abertausenden von Eheringen, die man den Leichen abnahm (rechts), verbirgt sich unvorstellbares Leid.

## Aufstand im Warschauer Getto

Auch die Bewohner der polnischen Gettos wurden seit Juli 1942 in die Vernichtungslager geschickt. Aus dem Warschauer Getto hatten die Nationalsozialisten bereits den Großteil der Juden nach Treblinka abtransportiert, als sich am 19. April 1943 die restlichen rund 70 000, die ihnen nun in den Tod folgen sollten, mit dem Mut der Verzweiflung erhoben.

Die Männer hatten sich in den Rüstungsbetrieben, wo sie arbeiteten, heimlich Waffen besorgt und leisteten der Waffen-SS und der Polizei erbitterten Widerstand, doch letztlich gab es kein Entrinnen. Nahezu alle Bewohner kamen ums Leben. Viele starben bei den Kämpfen, die meisten erstickten und verbrannten, als die Nazis Feuer an das Getto legten, oder ertranken, als die unterirdischen Kloaken geflutet wurden, in die sie sich geflüchtet hatten. Als der Aufstand am 16. Mai niedergeschlagen war, war das Getto dem Erdboden gleichgemacht.

ster Linie Frauen, Kinder und Alte, wurden zum sofortigen Töten bestimmt, der Rest fristete ein menschenunwürdiges Dasein als Arbeitssklaven. Sadistische Wachmannschaften fügten den Häftlingen unsagbare Qualen zu, Ärzte führten an ihnen grausame pseudowissenschaftliche Experimente durch, die meist zum Tod der Opfer führten.

Um mehrere tausend Menschen pro Tag ermorden zu können, wählten die Nazis die Vergasung als wirkungsvollste Methode. Frauen, Männer und Kinder wurden zu Hunderten in Kammern geschleust, die ihre Mörder als Badeanstalten getarnt hatten. Waren die Türen verschlossen, so warfen sie von oben das von den IG-Farben entwickelte Blausäurepulver Zyklon B ein. 15 Minuten dauerte der qualvolle Erstickungstod. Bevor die Leichen in die Verbrennungsöfen kamen, mußten jüdische Häftlinge dem „Menschengut" Zahngold ausbrechen, die Ringe entfernen und weiblichen Leichen die Haare abschneiden.

Die Bilanz dieses mit höchster Perfektion und absoluter Kaltblütigkeit durchgeführten Massenmordes ist schrecklich: Mindestens 3 Millionen Juden fanden in den Gaskammern den Tod; insgesamt wurde durch Vergasen, Erschießen, Auszehrung und die unmenschlichen Bedin-

*Nur mit knapper Not entkam der Kaiser seinen Häschern über den verschneiten Brenner nach Villach – begleitet von wenigen Getreuen (oben).*

*Dieser macht-bewußte Mann zwang seinen Dienstherrn zur peinlichen Flucht: Kurfürst Moritz von Sachsen.*

# Flucht eines Kaisers

*Als Karl V. 1552 vor seinem eigenen Reichsfeldherrn fliehen mußte, bahnte sich das Ende der zentralen Rolle an, die das Deutsche Reich bis zu diesem Zeitpunkt in Europa gespielt hatte.*

**DEMÜTIGEND**   Am Abend des 19. Mai 1552 herrschte vor der Hofburg in Innsbruck aufgeregtes Treiben, denn Karl V., Kaiser und eigentlich mächtigster Mann Europas, mußte fliehen – vor Moritz von Sachsen, Kurfürst und Reichsfeldherr, der die kaiserlichen Schutztruppen geschlagen hatte und nun ins Inntal vordrang.

Seit ein paar Monaten schon hielt sich Karl V. in Innsbruck auf. Er wußte zwar, daß es im Reich im Gefolge der Reformation gärte, daß die Deutschen seine spanischen Truppen als unrechtmäßige Besatzung ansahen und sich einige Fürsten gegen ihn erhoben hatten. Aber Karl hatte alle Warnungen, daß sogar ihm selbst Gefahr für Leib

grenze zwischen dem Reich und Frankreich.

**NIEDERLAGE IM FELD** Was war geschehen, daß der Kaiser in Wien sich gezwungen sah, einen solchen Vertrag anzuerkennen? Seit dem Ausbruch der Französischen Revolution im Jahr 1789 kämpften die europäischen Mächte in wechselnden Bündnissen gegen die Verbreitung der revolutionären Ideen und gegen die Expansionsbestrebungen Frankreichs unter der Führung Napoleons, der sich unterdessen zum Alleinherrscher gemacht hatte.

Hauptgegner des Korsen waren Franz II. und die mit ihm verbündeten Reichsfürsten. Im Jahr 1800 hatten die kaiserlichen Truppen bei Marengo in Norditalien und bei Hohenlinden in Bayern zwei verheerende Niederlagen erlitten. Napoleon nutzte den Sieg und diktierte dem Kaiser seine Friedensbedingungen, die dann in Lunéville unterzeichnet wurden.

**UMVERTEILUNG** Als besonders bedeutungsvoll für das Deutsche Reich erwies sich ein Artikel des Vertrages, der die Bestimmung enthielt, daß diejenigen weltlichen Herren, die bisher linksrheinischen Besitz innehatten, mit Gebieten auf dem rechten Ufer des Rheins entschädigt werden sollten. Das Problem aber war: die rechtsrheinischen Gebiete hatten natürlich samt und sonders ihre Besitzer – weltliche Herren, Reichsritter, Reichsfürsten und Städte, vor allem aber Landesherren, die sich alle im Lauf der Zeit mehr oder weniger umfangreiche Territorien angeeignet hatten.

Ungeachtet dieser Schwierigkeiten war Napoleon entschlossen, die Macht seines habsburgischen Gegenspielers zu brechen und das Deutsche Reich in seiner bisherigen Form endgültig zu zerstören. Unter Androhung weiterer kriegerischer Schritte setzte er durch, daß die geistlichen Herren, ohne gefragt zu werden, enteignet werden sollten, damit Manövriermasse für die Entschädigung vorhanden war.

**ENDE IN ETAPPEN** Franz II. blieb angesichts der militärischen Überlegenheit der napoleonischen Heere nichts anderes übrig, als diese umfangreiche geographische Flurbereinigung innerhalb des Reiches zu akzeptieren. Was Napoleon im Vertrag von Lunéville so kühn ins Auge faßte, wurde zwei Jahre später in die Tat umgesetzt. □

## Großer deutscher Ländertausch

Den Politikern im Deutschen Reich war klar, daß es sehr schwierig werden würde, die Bestimmungen des Vertrages von Lunéville umzusetzen, da durch die Entschädigungsregelungen etliche Herrschaften beziehungsweise Territorien von der deutschen Landkarte verschwinden mußten. So übertrug man diese heikle Aufgabe einem Ausschuß, der sogenannten Deputation des Reichstages, und im Frühjahr 1803 wurde der danach benannte Reichsdeputationshauptschluß verabschiedet.

Die Mitglieder des Ausschusses waren in ihrer Entscheidung jedoch nicht frei. Sie mußten sich in wesentlichen Punkten den Vorstellungen Napoleons beugen. Der französische Herrscher drängte darauf, daß neben den beiden deutschen Großmächten Österreich und Preußen ein „drittes Deutschland" geschaffen werden müsse. Statt aus unzähligen Kleinstaaten sollte das Reich von nun an nur noch aus wenigen, politisch berechenbaren und nur lose unter einem Dachverband zusammengefaßten Territorien bestehen. Sie sollten untereinander aufmerksame Konkurrenten sein und sich so gegenseitig in Schach halten. Das Deutsche Reich sollte, so Napoleon, nie wieder zu einer bedeutenden Macht in Europa aufsteigen können.

Also beschloß der Ausschuß am Verhandlungstisch Tauschgeschäfte von unvorstellbaren Ausmaßen, wobei auf die Einwohner der betroffenen Gebiete keinerlei Rücksicht genommen wurde. Ihre persönlichen Wünsche und Vorstellungen spielten bei dem Handel keine Rolle. So wie ihre angestammten Gebiete zwischen den Landesherren hin und her wechselten, so wurden auch sie wie bloße Schachfiguren von einem Herrscher zum anderen geschoben. Mehrere Millionen Menschen mußten sich damit abfinden, unter eine neue Obrigkeit zu geraten.

Unter dem Protest der katholischen Kirche wurden fast alle geistlichen Herrschaften aufgelöst sowie die Hoheitsrechte und der gesamte kirchliche Besitz bis hin zu Kunstschätzen und Büchern eingezogen. Fast alle Reichsstädte wurden enteignet und verloren damit ihre Selbständigkeit. Ausnahmen bildeten die Städte Lübeck, Hamburg, Bremen, Augsburg, Nürnberg und Frankfurt am Main. Statt wie bisher unmittelbar dem Reich zu unterstehen, wurden sie nun dem jeweiligen Landesherrn unterworfen.

Die eigentlichen Nutznießer der enteigneten Kirchengüter und aufgelösten Kleinstaaten waren die großen deutschen Länder. Insbesondere Preußen, das sich bewußt aus den Kriegen gegen Napoleon herausgehalten hatte, konnte enorme Landgewinne verzeichnen. Es erhielt weite Gebiete in Nordwestdeutschland – insgesamt etwa das Fünffache seiner linksrheinischen Verluste. Fast 600 000 Menschen dieser Region kamen unter die Herrschaft des preußischen Königs, dessen Land neben Österreich somit zur führenden Macht im Deutschen Reich aufstieg.

Im Süden erwarben Württemberg, Bayern und Baden große Gebiete. Württemberg wurde das Vierfache seiner Verluste zugesprochen. Hier wechselten weit über 100 000 Menschen ihre Landeszugehörigkeit. Baden konnte sich etwa das

*Nachdem Kaiser Napoleon im Jahr 1806 Bayern zum Königreich erhoben hatte, ließ sich Maximilian I. Joseph eigens von einem Pariser Goldschmied Kroninsignien anfertigen. Die Entwürfe stammten von dem Architekten des französischen Kaisers. Die bayerische Krone konnte sich an Pracht und Wert durchaus mit denen der alten Herrscherdynastien messen.*

Achtfache seiner Gebietsverluste aneignen. Zwar mußte es 25 000 Untertanen abgeben, doch die aufgelöste rechtsrheinische Pfalz brachte dem Land über 230 000 neue Einwohner. Und Bayern erhielt als Ersatz für die rechtsrheinische Pfalz vor allem schwäbische und fränkische Gebiete. Damit gewann Bayern 880 000 neue Untertanen, mußte allerdings auch 730 000 Einwohner abtreten.

## Hohe Belohnung für Napoleons Verbündete

N apoleon konnte mit den Ergebnissen der territorialen Umgestaltung in Deutschland zufrieden sein: Mit Bayern, Baden und Württemberg waren im Süden geschlossene Mittelstaaten entstanden, die er in Zukunft für seine politischen und militärischen Ziele einsetzen konnte. Schon bald unterzog Napoleon denn auch die von ihm so reich beschenkten süddeutschen Länder einer harten Probe.

Im April 1805 gingen Großbritannien und Rußland nach mehrfachen kriegerischen Auseinandersetzungen mit dem Korsen eine neuerliche Allianz gegen Frankreich ein. Denn Napoleon, der sich in der Zwischenzeit selbst zum Kaiser gekrönt hatte, war weiterhin bestrebt, seinen Einfluß in Europa auszubauen. Auch Österreich trat der Koalition bei, während Preußen unverändert bei seinem Neutralitätskurs blieb.

Napoleon drängte nun die süddeutschen Staaten, ihm beizustehen. Nur zu gern hätten sie sich aus dem Konflikt herausgehalten, mußten sie bei einer Niederlage doch um ihre neu erworbenen Gebiete fürchten. Aber der Kaiser der Franzosen ließ nicht locker, und am 25. August 1805 unterzeichnete Bayern als erstes Land den erbetenen Vertrag und sicherte dem französischen Herrscher als Unterstützung ein Kontingent von 20 000 Soldaten zu. Dem Beispiel Bayerns folgten wenig später Baden und Württemberg. Insgesamt konnte sich Napoleon auf diese Weise Unterstützungstruppen von über 30 000 Mann für den bevorstehenden Waffengang sichern.

So fochten die drei deutschen Staaten daraufhin Seite an Seite mit Napoleon

*Napoleon ließ sich in der französischen Hauptstadt von den Delegierten der deutschen Fürsten zum Schutzherrn des Rheinbundes ausrufen.*

gegen Österreich, Großbritannien und Rußland. Am 2. Dezember 1805 schlug Napoleon bei Austerlitz in Mähren seine Gegner vernichtend, und einige Tage später mußten die Österreicher im Frieden von Preßburg hohe Gebietsverluste in Italien und Süddeutschland in Kauf nehmen. Seine Verbündeten belohnte Napoleon nach diesem glänzenden Sieg äußerst großzügig: Bayern und Württemberg wurden souveräne Königreiche, und Baden erhielt den Rang eines Großherzogtums. Auf Kosten Österreichs konnten die drei Länder zudem ihre Gebiete beträchtlich vergrößern.

Bezeichnenderweise wurde der Begriff Deutsches Reich im Preßburger Frieden schon nicht mehr erwähnt, statt dessen wurde nur vom Deutschen Bund gesprochen. Das Deutsche Reich stand vor dem Zusammenbruch.

## Das Ende des Deutschen Reiches

N apoleon beließ es nicht bei den Ergebnissen des Friedensvertrages von Preßburg, sondern vollzog einige Monate später die tatsächliche Auflösung des Reiches und am 12. Juli 1806 unterzeichneten 16 deutsche Fürsten – vor al-

## ALS MÄRTYRER VEREHRT

*Am 26. August 1806 wurde der Nürnberger Buchhändler Johann Philipp Palm in Braunau am Inn von einem französischen Kriegsgericht wegen Hochverrats zum Tod verurteilt und bereits drei Stunden später erschossen. Die Hinrichtung (Abbildung) erregte die Gemüter und schürte den Haß gegen Napoleon, der Deutschland besetzt hatte.*

*Palms Vergehen bestand lediglich darin, eine gegen die Fremdherrschaft gerichtete anonyme Schrift verlegt zu haben. Diese prangerte das Verhalten der französischen Besatzungstruppen an und rief zum Widerstand gegen sie auf.*

*Schon bald nach seinem Tod wurde Johann Philipp Palm von vielen deutschen Patrioten als Märtyrer verehrt.*

len Dingen aus Süd- und Westdeutschland – in Paris einen Vertrag mit Frankreich und schlossen sich zum Rheinbund zusammen. Die Reichsfürsten riefen Napoleon zu ihrem Schutzherrn aus und gingen mit ihm ein Militärbündnis ein, für das sie Truppenkontingente zur Verfügung stellten. Außerdem proklamierten sie ihren Austritt aus dem Deutschen Reich und erklärten sämtliche Reichsgesetze für „null und nichtig".

Napoleon ließ einen Gesandten vor dem Reichstag in Regensburg erklären, daß Frankreich die Reichsverfassung nicht mehr billige und daher das Reich völkerrechtlich nicht mehr anerkennen könne. Die maßgeblichen Organe – insbesondere der Kaiser, der Reichstag und das Reichskammergericht – durften danach nicht mehr tätig werden.

In den folgenden Jahren konnte der Rheinbund weitere Staaten hinzugewinnen, und schließlich gliederten sich ihm beinahe alle deutschen Einzelstaaten an. Nach der verheerenden Niederlage des französischen Kaisers 1813 bei Leipzig brach die Konföderation allerdings wieder auseinander.

*Ein Flugblatt informierte die Berliner, daß König Friedrich Wilhelm III. eine „Bataille" verloren habe (rechts). Es handelte sich aber keineswegs um die Niederlage in einem kleinen Scharmützel, sondern um die Doppelschlacht bei Jena und Auerstedt. Trotz zahlenmäßiger Überlegenheit der preußischen Truppen hatten die französischen Soldaten in diesem entscheidenden Kampf ihre Feinde aufreiben können (unten).*

**Der König hat eine Bataille verlohren. Jetzt ist Ruhe die erste Bürgerpflicht. Ich fordere die Einwohner Berlins dazu auf. Der König und seine Brüder leben!**

**Berlin, den 17. October 1806.**

**Graf v. d. Schullnburg.**

## Abdankung des Kaisers

Nachdem die deutschen Fürsten den Rheinbund unterzeichnet hatten, setzte Napoleon Kaiser Franz II. weiterhin unter Druck und forderte ihn auf, die Krone niederzulegen. Am 6. August 1806 trat der Monarch daher zurück und erklärte das Deutsche Reich offiziell für aufgelöst.

Wie nahmen die Deutschen die Nachricht von diesem doch sehr einschneidenden Ereignis auf? Vorbereitet durch die bahnbrechenden Geschehnisse während und nach der Französischen Revolution, reagierte die deutsche Bevölkerung im allgemeinen gelassen, ja sogar mit einer gewissen Gleichgültigkeit. Das Reich in seiner territorialen Aufsplitterung und Feudalstruktur galt einfach als überholt. Auch der Dichter Johann Wolfgang von Goethe war nicht gerade beeindruckt von dem, was geschah. Er befand sich in dieser Zeit auf Reisen und notierte nur lakonisch, der Streit seines Postkutschers habe ihn mehr interessiert als diese Nachricht vom Untergang des Deutschen Reiches.

## Kein Kriegsglück für Preußen

Anfänglich hatte sich das Königreich Preußen an den Auseinandersetzungen der europäischen Großmächte mit dem revolutionären Frankreich beteiligt, sich dann aber aus den Folgekriegen herausgehalten und zu Frankreich vorsichtige Distanz gewahrt. Nach der vernichtenden Niederlage der Alliierten bei Austerlitz Ende 1805 geriet Preußen jedoch zunehmend unter französischen Druck. Schließlich forderte Napoleon sogar Hilfstruppen gegen Rußland und versuchte Preußen und Großbritannien – die beiden für ihn noch gefährlichen Gegner – in einen Krieg zu verwickeln.

Auch ließ der französische Kaiser keine Gelegenheit aus, die preußische Krone zu provozieren. Als die Regierung in Berlin zu Beginn des Jahres 1806 erfuhr, daß Napoleon mit den Briten heimlich über die Rückgabe Hannovers verhandelte, das er gerade erst den Preußen zugesprochen hatte, war König Friedrich Wilhelm III. außer sich. Ein weiteres Mal wollte er sich nicht wie ein Vasall des Franzosenkaisers behandeln lassen. Bei Hof war man solche Demütigungen nun endgültig leid.

Am 9. August 1806 befahl der preußische König die Mobilmachung und überreichte Napoleon Ende September ein Ultimatum, das den Abzug der französischen Soldaten aus Süddeutschland forderte. Daraufhin ließ Napoleon dem König mit beißendem Spott mitteilen, als guter Ritter habe er sich auf die Einladung zu einem Rendezvous eingefunden: er stehe mitten in Sachsen.

Am 9. Oktober erklärte ihm Preußen den Krieg, und Napoleon reagierte so-

*Die in schwarzen Velours gebundene und mit Gold verzierte Erstausgabe des Code civil trägt dreifach das Initial seines Urhebers Napoleon.*

fort. An einem Tag, am 14. Oktober 1806, schlug er in den zwei Schlachten bei Jena und bei Auerstedt die preußischen Heere vernichtend. Am 27. Oktober nahm er Berlin ein und ritt als triumphierender Sieger stolz durch das Brandenburger Tor. Nun war der Franzosenkaiser auf dem Gipfel seines Erfolges.

Preußen aber erlebte die bittersten Monate seiner bisherigen Geschichte. Das Königspaar, Friedrich Wilhelm III. und seine Gattin Luise, floh mit seinen Kindern vor den französischen Truppen und fand schließlich nach beschwerlichen Etappen in der nordöstlichsten Ecke Preußens, in Königsberg, Unterschlupf.

Preußen gab sich zunächst aber noch nicht endgültig geschlagen. Es verbündete sich mit Zar Alexander I., und den russisch-preußischen Truppen gelang es sogar in der Schlacht von Preußisch Eylau im Februar 1807, den siegesverwöhnten Franzosen Paroli zu bieten – der Kampf endete unentschieden.

Doch kurz darauf schwenkte der Zar um, brach seine Bündnisverpflichtungen mit Preußen und traf sich mit Napoleon auf einem Floß auf der Memel, und am 7. Juli 1807 schloß er einen Separatfrieden mit dem französischen Kaiser, der daraufhin Preußen den Frieden von Tilsit diktieren konnte.

Zwar versuchte Königin Luise noch durch einen Bittgang die Bedingungen des Friedensabkommens zu mildern, doch Napoleon, obwohl persönlich von ihr ausgesprochen beeindruckt, ließ sich nicht umstimmen. Preußen mußte sich beugen.

## Ende der Großmachtrolle

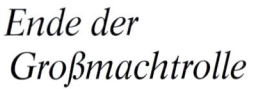

D er Vertrag von Tilsit beendete Preußens Rolle als europäische Großmacht und ließ es in die Bedeutungslosigkeit eines Mittelstaates, vergleichbar mit Sachsen und Bayern, absinken. Rund 5 Millionen Einwohner und knapp 190 000 km² verlor das Königreich, das entsprach etwa der Hälfte seines bisherigen Territoriums.

Unter anderem mußte es weite Gebiete seiner polnischen Besitzungen, die es sich in der zweiten Hälfte des 18. Jahrhunderts angeeignet hatte, abtreten. Zudem mußte es auf seine Gebiete westlich der Elbe verzichten. Aus den übereigneten Territorien wur-

den in erster Linie das Herzogtum Warschau und das Königreich Westphalen gebildet.

Weitere Demütigungen kamen hinzu. Preußen mußte seine Armeestärke begrenzen, es wurden ihm hohe Kriegsentschädigungen auferlegt, und französische Truppen besetzten von nun an das Land.

## Unter französischer Herrschaft

N apoleon hatte sich mit seinen Kriegen und Friedensbestimmungen großen Einfluß über weite Bereiche Deutschlands verschafft. Er hatte für seine Familienmitglieder neue Staaten geschaffen, wie das Königreich Westphalen, das sein Bruder Jérôme regierte. Neben preußischen Provinzen bestand es aus Kurhessen, Braunschweig, Teilen von Hannover und Sachsen sowie einigen westfälischen Gebieten.

Insbesondere in den linksrheinischen Territorien, die seit dem Frieden von Lunéville im Jahr 1801 Frankreich gehörten, ließ der Franzosenkaiser den Staatsaufbau reorganisieren und straffen. Sie wurden nach dem zentralistischen Verwaltungssystem Napoleons in Departements eingeteilt: In Aachen, Koblenz, Trier und Mainz saßen nun Präfekten, die französisches Recht anwendeten.

Darüber hinaus ließ Napoleon in einigen Ländern Deutschlands den sogenannten Code civil einführen – das von ihm in Auftrag gegebene moderne Zivilgesetzbuch, das 1804 in Frankreich in Kraft getreten war. In diesem Gesetzeswerk, das einen Markstein für die Emanzipation des Bürgertums gegenüber dem Adel darstellte, waren die Errungenschaften der Französischen Revolution festgeschrieben. Nun erlebten auch weite Kreise der deutschen Bevölkerung so einschneidende gesellschaftliche Reformen wie die Abschaffung der feudalen Privilegien und die Einführung der Gleichheit vor dem Gesetz.

Später bewertete Napoleon sein Gesetzbuch als die bedeutendste Leistung seines Lebens. Nicht seine siegreichen Schlachten, so schrieb er, würden sich dereinst im Gedächtnis der Nachwelt erhalten, sondern sein epochemachendes Gesetzeswerk. Tatsächlich blieb der Code civil auch nach dem Ende der Napoleonischen Herrschaft in vielen deutschen Ländern und in einigen Staaten Europas von weitreichender Bedeutung. Als 1900 in Deutschland das Bürgerliche Gesetzbuch eingeführt wurde, war es deutlich vom Code civil beeinflußt.

*Die Karikatur der englischen Zeitschrift Punch, die den Reichskanzler als Lotsen darstellt, der das Schiff verläßt, brachte sowohl die Bewunderung für Bismarcks staatsmännische Leistung als auch die Unsicherheit über Deutschlands künftigen politischen Kurs zum Ausdruck.*

# Der Lotse muß von Bord

*Mit der Entlassung Bismarcks durch Kaiser Wilhelm II. im Jahr 1890 änderte sich auch der politische Kurs in Deutschland.*

**UNWÜRDIGER ABSCHIED** Am Nachmittag des 20. März 1890 nahm der Kanzler des Deutschen Reiches, Otto Fürst von Bismarck, sein Entlassungsschreiben entgegen. Sein Nachfolger, General Leo Graf von Caprivi, bezog unverzüglich dessen Dienstvilla, und Bismarck verließ Berlin bereits neun Tage später. Die militärischen Ehren, die ihm bei seiner Abreise am Bahnhof erwiesen wurden, bezeichnete er später als ein „Leichenbegräbnis erster Klasse".

Das äußerst höflich formulierte Entlassungsschreiben, das Bismarck von Kaiser Wilhelm II. erhielt, war zwar der Form nach nur die Antwort auf das von ihm selbst eingereichte Gesuch, doch hatte ihn der Kaiser zuvor aufgefordert, um seine Entlassung zu bitten. Nur „betrübten Herzens", ließ der Kaiser ihn nun wissen, könne er Bismarcks Bitte stattgeben, er tue dies aber in der festen Zuversicht, daß der Kanzler dem Vaterland noch lange mit Rat und Tat zur Verfügung stehe.

**GENERATIONSWECHSEL** In Wahrheit stand Bismarck mit seinen 75 Jahren dem jungen, knapp 30jährigen Kaiser, der 1888 nach dem Tod seines Vaters den Thron bestiegen hatte, einfach im Weg. Den erfahrenen „alten Herrn", der für ihn die Generation seines Großvaters verkörperte, wollte er loswerden, um selbst mehr Einfluß auf die Innen- und Außenpolitik nehmen zu können. „Sechs Monate will ich den Alten verschnaufen lassen, dann regiere ich selbst", soll Wilhelm II. bereits im Sommer 1888 gesagt haben.

**POLITISCHE DIFFERENZEN** Die unterschiedlichen politischen Positionen von Kanzler und Kaiser zeigten sich besonders deutlich seit den Massenstreiks des Jahres 1889. Während Wilhelm II. durchaus bereit war, der Arbeiterschaft entgegenzukommen, hielt Bismarck an seinem Konfrontationskurs fest. Als der Kanzler Anfang 1890 keine Parlamentsmehrheit für die Verlängerung des gegen die Sozialdemokratie gerichteten Sozialistengesetzes bekam, war seine Entlassung nur noch eine Frage der Zeit. Differenzen in außenpolitischen und staatsrechtlichen Fragen kamen hinzu, und so ließ der Kaiser seinen Kanzler fallen. Damit war der Weg frei für Wilhelms sogenanntes persönliches Regiment. □

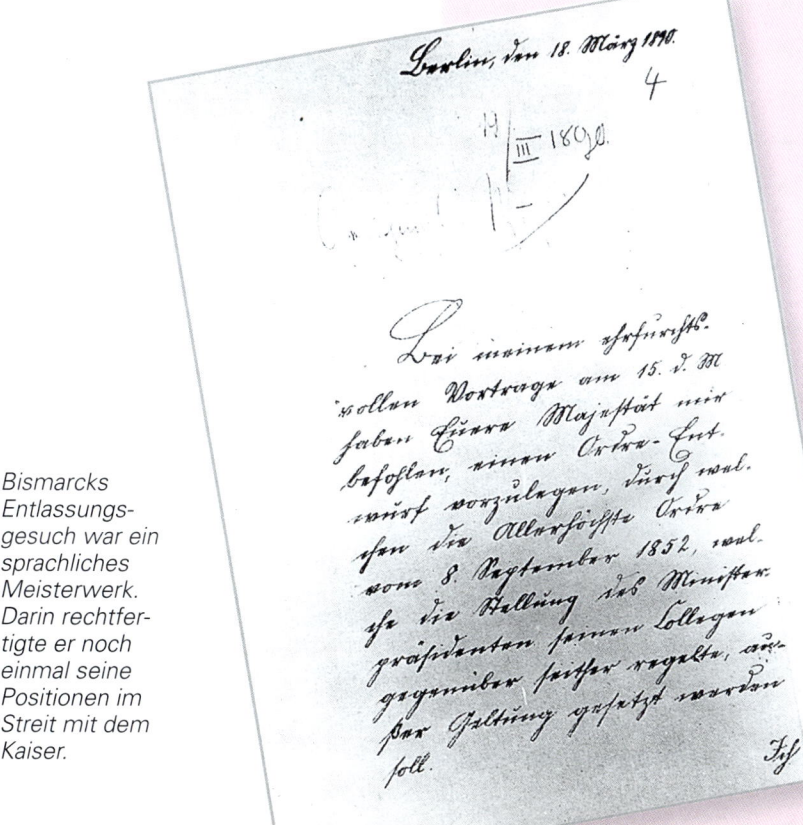

*Bismarcks Entlassungsgesuch war ein sprachliches Meisterwerk. Darin rechtfertigte er noch einmal seine Positionen im Streit mit dem Kaiser.*

Wilhelm II. (links im Bild) umgab sich mit einer Reihe von persönlichen Beratern, wie dem Fürsten zu Eulenburg und Hertefeld (rechts im Bild), die er mit Vorliebe zu seinen Jagdpartien einlud.

In Berlin versammelten sich unzufriedene Arbeiter, um vor dem kaiserlichen Schloß gegen die unzulänglichen Arbeits- und Lebensbedingungen zu demonstrieren. Der Protestzug wurde von der Polizei mit brutaler Gewalt auseinandergetrieben (unten).

## Eigenwilliger Führungsstil

Nach Bismarcks Entlassung fühlte sich Wilhelm II. frei, die Grundlinien der deutschen Politik selbst zu bestimmen. Seinen neuen, ganz persönlichen Führungsstil beschrieb er selbst mit den Worten: „Die Minister redigieren wohl, aber sie regieren nicht." Von politischen Beobachtern wurde dies jedoch durchaus mit Sorge betrachtet. So hieß es bald in diplomatischen Kreisen in Berlin, daß der Kaiser in alle Entscheidungen eingreift, für alles die Verantwortung tragen will und die Fachminister seiner Regierung lediglich als Vollzugsbeamte ansieht, die zu tun haben, was er für richtig hält. Tatsächlich konnte es vorkommen, daß er seine Kabinettschefs mit „Ihr alten Esel" anredete, und über seine Diplomaten äußerte er einmal, sie hätten „die Hosen voll, daß die ganze Wilhelmstraße zum Himmel stinkt". Auch in der Öffentlichkeit machte sich der Kaiser durch hochtrabendes, taktloses Gerede allzuoft unbeliebt.

Ein entscheidender Schwachpunkt in Wilhelms Regierungspolitik war seine Vorliebe für persönliche Berater, die ihm schmeichelten. Diese Männer, wie zum Beispiel Friedrich von Holstein oder Philipp Fürst zu Eulenburg und Hertefeld, vermieden es, hohe politische Ämter zu bekleiden, operierten als graue Eminenzen aus dem Hintergrund, spannen Intrigen, schufen Abhängigkeiten und beeinflußten so Wilhelms politische Entscheidungen und Äußerungen.

## Frischer Wind in der Innenpolitik

Nach Wilhelms eigenen Worten sollte sich durch Bismarcks Entlassung die politische Richtung nicht ändern. Doch unter dem neuen Reichskanzler Caprivi schlug das deutsche Staatsschiff einen ganz neuen Kurs ein, der zunächst der deutschen Arbeiterschaft zugute kam. Am 30. September 1890 wurde das seit zwölf Jahren bestehende Sozialistengesetz, das sich gegen die Sozialdemokraten richtete, nicht mehr verlängert. Der junge Monarch wollte als Kaiser der Arbeiterschaft in die Geschichte eingehen und setzte darauf, der inzwischen stark angewachsenen Arbeiterbewegung durch eine großzügige Gesetzgebung entgegenzukommen.

Am 1. Juni 1891 trat eine neue Gewerbeordnung in Kraft. Sie verbot die damals in Deutschland noch weitverbreitete Kinder- und Sonntagsarbeit. Die Arbeitszeit von Jugendlichen unter 16 Jahren wurde auf zehn Stunden, von Frauen auf elf Stunden täglich eingeschränkt. Die preußische Bergwerksnovelle ein Jahr später verstärkte die staatliche Aufsicht im Bergbau und zwang die Grubenbesitzer, Arbeitsordnungen in ihren Betrieben einzuführen und dafür zu sorgen, daß sie eingehalten wurden.

*Die 1807 von Großbritannien besetzte Insel Helgoland fiel 1890 im Austausch mit Sansibar an das Deutsche Reich und wurde zum stark befestigten Marinestützpunkt ausgebaut.*

## Volle Kraft zurück

**D**och schon nach wenigen Jahren schlug Wilhelm II. aus Furcht, daß die Sozialdemokraten zu rasch erstarken könnten, eine völlig andere Gangart ein. Unter dem Einfluß des bereits 75jährigen Fürsten Chlodwig zu Hohenlohe-Schillingsfürst, der am 29. Oktober 1894 als Nachfolger Caprivis zum Reichskanzler berufen worden war, kam es zu einer Kehrtwende in seiner Politik gegenüber der Arbeiterschaft.

Wer nun öffentlich zum Klassenkampf aufrief, Werte wie Ehe, Familie und Eigentum diffamierte oder den Staat und seine Organe verächtlich machte, der sollte hart bestraft werden. Diese 1894 im Reichstag eingebrachte sogenannte Umsturzvorlage scheiterte aber am Widerstand der Liberalen. Angenommen wurde dagegen vier Jahre später die Lex Arons, ein Gesetz, das Sozialdemokraten vom akademischen Lehramt ausschloß. Es war benannt nach dem SPD-Mitglied und Physiker Dr. Leo Arons, dem damit die Lehrbefugnis entzogen wurde. Besonders umstritten war auch die von der Regierung vorgelegte sogenannte Zucht-

hausvorlage von 1899, nach der schon das Beitrittswerben für eine Gewerkschaft oder die Aufforderung zum Streik mit Haft geahndet werden sollte. Sie wurde freilich vom Reichstag abgelehnt.

## Außenpolitischer Schlingerkurs

**S**chwankend und ohne erkennbares Konzept verhielt sich Kaiser Wilhelm II. auch in der Außenpolitik. Den noch von Bismarck mit Rußland ge-

schlossenen Rückversicherungsvertrag verlängerte der Kaiser entgegen dem ausdrücklichen Wunsch der Russen nicht. Der Vertrag galt als ein Eckpfeiler der deutschen Außenpolitik, er band Rußland an Deutschland und verhinderte ein Bündnis des Zarenreiches mit Frankreich. Reichskanzler Caprivi vertraute dagegen lieber auf eine Zusammenarbeit mit Großbritannien. So kam es zu einem außenpolitischen Geschäft: dem Tausch der Kolonie Sansibar gegen die damals britische Insel Helgoland. Als vorgeschobener Posten zum Schutz der deutschen Nordseeküste, insbesondere des neugebauten Nord-Ostsee-Kanals, schien die Insel besonders nützlich. Das Geschäft stieß im Kaiserreich wegen seiner weitreichenden Zugeständnisse in den Kolonialfragen allerdings auf Widerstand.

Doch die guten Beziehungen zu Großbritannien, die der Helgoland-Sansibar-Vertrag deutlich gemacht hatte, waren dank Wilhelms Ungeschicklichkeiten nicht von langer Dauer. So empfand man seine Depesche, mit der er dem Präsidenten der Burenrepublik Transvaal, Ohm Krüger, 1896 zu seinem Sieg über die britische Kolonialmacht gratulierte, in London als schlimmen Affront.

Auch im Herbst 1898 stiftete der Kaiser auf seiner Orientreise außenpolitischen Unfrieden, als er sich als Schutzherr der Muslime aufspielte, die hauptsächlich in britischen und russischen Einflußgebieten lebten. Folglich verschlechterten sich die Beziehungen des Kaiserreiches zu diesen beiden Ländern, und im Ausland verstärkte sich das Bild Wilhelms als eines unberechenbaren und wechselhaften, von seinen Gefühlen geleiteten Herrschers.

## DER HAUPTMANN VON KÖPENICK

*Ein gutes Beispiel für den militärischen Geist und die Untertanenmentalität in der Wilhelminischen Ära war die Geschichte des arbeitslosen Schuhmachers Wilhelm Voigt. Er lieh sich am 16. Oktober 1906 eine Hauptmannsuniform, die ihm noch nicht einmal paßte, und befahl einem zufällig auf der Straße vorbeimarschierenden Trupp Soldaten, den Bürgermeister von Köpenick zu verhaften und die Köpenicker Stadtkasse zu beschlagnahmen. Die Soldaten befolgten den Befehl, ohne zu zögern.*

*Kaum jemand entsetzte sich über diesen blinden Gehorsam gegenüber*

*Uniformträgern, statt dessen lachte ganz Deutschland über den gelungenen Streich. Der Kaiser fand den Vorfall „zum Piepen" und lobte darüber hinaus den Gehorsam der in die Angelegenheit verwickelten Soldaten. Wilhelm Voigt büßte für seine Tat mit 20 Monaten Haft.*

*Der Streich des Berliner Originals beeindruckte die Deutschen so sehr, daß Gaunereien mit vorgetäuschter Autorität noch heute als Köpenickiaden bezeichnet werden. Die literarische Umsetzung der Begebenheit durch Carl Zuckmayer wurde unter anderem mit Heinz Rühmann verfilmt.*

*Friedrich der Große überzeugte sich höchstpersönlich von der Qualität der reifen Kartoffeln (unten). Die Pflanze stammte ursprünglich aus Südamerika und wurde in Europa anfänglich nur wegen ihrer weißen Blütenpracht zur Zierde angebaut (oben).*

# Kartoffeln auf Befehl

*Um eine drohende Hungersnot abzuwenden, zwang der Alte Fritz 1756 seine Bauern, die in Preußen bis dahin unbekannte Kartoffel anzubauen. So wurde die Knolle zum Grundnahrungsmittel der Deutschen.*

**KRISENSITUATION**   Im Jahr 1756 befand sich das Königreich Preußen in einer äußerst schwierigen Lage. Das Land rüstete sich erneut für einen Krieg gegen Österreich. Junge Bauern und Landarbeiter wurden zum Heeresdienst gepreßt, und das Getreide, Hauptnahrungsquelle der Bevölkerung, würde womöglich auf den Feldern verrotten. In dieser Notsituation griff Friedrich der Große zu einer ungewöhnlichen Maßnahme. Er unterzeichnete einen Erlaß, in dem er den Bauern in Pommern und Schlesien befahl, ausschließlich die bis dahin weitgehend unbekannte Kartoffel auf ihren Äckern anzubauen. Um das Mißtrauen der Landbevölkerung gegenüber der fremdartigen Knolle zu zerstreuen, ließ der König zahllose Kartoffelfelder anlegen, die von Soldaten tagsüber streng bewacht wurden. Diese Maßnahme erregte so sehr die Neugier der Bauern, daß sie die offensichtlich kostbare Frucht in der Nacht ausgruben, um ihr Geheimnis zu ergründen.

**KNOLLENKONTROLLE**   Bereits zwölf Jahre zuvor hatte Friedrich der Große schon einmal versucht, den Anbau der Kartoffel in seinem Königreich durchzusetzen. Doch die meisten Bauern konnten mit der exotischen Pflanze damals nicht viel anfangen und verfütterten sie ans Vieh. Diesmal aber wollte der König sichergehen und ließ in den folgenden Monaten preußische Dragoner durchs Land ziehen, die die königliche Anordnung überwachen sollten. Sie kontrollierten, ob die kostenlos verteilten Schößlinge auch wirklich gepflanzt und sorgsam gehegt und gepflegt wurden.                    □

## Eine Knolle sichert das Überleben

Welche Bedeutung dem berühmten „Kartoffelbefehl" des preußischen Königs zukam, erwies sich erst in den folgenden Jahren. Der Krieg, der bis 1763 tobte und Preußen an den Rand der Vernichtung brachte, zerstörte den Großteil der landwirtschaftlichen Nutzflächen. Doch während das Getreide auf den vom Krieg verwüsteten Feldern zertrampelt wurden und damit nicht mehr zu verwerten war, konnte man auf den wenigen Kartoffeläckern noch ernten, da die braunen Knollen unter der Erde wuchsen. So waren die anfänglich von der Bevölkerung abgelehnten Kartoffeln in diesen schlimmen Zeiten oftmals das einzige, was die von Hunger und Entbehrungen geplagten Menschen zu essen hatten.

Auch nach dem Krieg änderte sich die Lage kaum. Die preußische Landwirtschaft steckte in einer tiefen Krise. Zahlreiche Mißernten führten dazu, daß die Getreidepreise in Preußen drastisch anstiegen und weite Teile der Bevölkerung das lebensnotwendige Korn nicht mehr bezahlen konnten. In Berlin mußten die Menschen für Roggen beispielsweise fünfmal soviel bezahlen wie vor dem Krieg. Deshalb zogen die hungernden Familien den Anbau der billigeren Kartoffel dem des ständig teurer werdenden Getreides vor.

## Widerstand gegen die Kartoffel

Auch wenn die Kartoffel viele Menschen in Preußen vor dem Hungertod bewahrte, stand man in den anderen deutschen Staaten der neuartigen Hackfrucht noch lange Zeit ablehnend gegenüber. In den ersten Jahren schmälerten vor allem unsachgemäße Anbaumethoden erheblich den Ertrag und führten zu zahlreichen Mißernten.

Darüber hinaus kam es zu fatalen Mißverständnissen. Viele Bauern hielten nämlich fälschlicherweise die grünen Beeren für die eßbare Frucht und verzehrten diese giftigen Pflanzenteile statt der nahrhaften Knolle, was zu schweren Vergiftungen führte. Es gab sogar Todesfälle.

Das brachte der Kartoffel gegen Ende des 18. Jahrhunderts zu Unrecht den Ruf einer Teufelspflanze ein. Die Kirche warnte entschieden vor dem Genuß des Erdapfels, da er angeblich sexuelle Begierden entfache. Und der Aberglaube tat

Ende des 19. Jahrhunderts war die Kartoffel nicht mehr wegzudenken aus der deutschen Küche. In den Städten gab es fast an jeder Straßenecke einen Stand, an dem die verschiedensten Sorten angeboten wurden (oben).

ein übriges. Die nicht sehr ansehnliche Form der Knolle erinnerte viele Menschen an Pestbeulen. Ihr Genuß, so dichtete man der Kartoffel an, führe zur Verblödung; eine Ansicht, die von Wissenschaftlern noch bis weit ins 19. Jahrhundert ernsthaft vertreten wurde.

Den größten Hemmschuh für die Verbreitung der Kartoffel stellten die allmächtigen Grundbesitzer dar. In Bayern und der Pfalz, aber auch in anderen Regionen Deutschlands, widersetzten sie sich entschieden dem Anbau der Knollenfrucht, da er den Handel mit Getreide ruinierte und ihre einträglichen Zehnteinnahmen verringerte.

## Der Deutschen liebstes Nahrungsmittel

Nach dem Erlaß Friedrichs des Großen sollte es aus diesen verschiedenen Gründen noch 100 Jahre dauern, bis man die Vorzüge der braunen Knolle erkannt hatte und sie sich als Grundnahrungsmittel allgemein in Deutschland durchsetzte. Die Kartoffel stellte keine großen Ansprüche an den Boden, lieferte hohe Erträge und ließ sich problemloser ernten als Getreide. Außerdem war sie sehr nahrhaft, enthielt viel Stärke, Vitamine und hochwertiges Eiweiß und war auf vielfältige Weise zuzubereiten. Vor allem die ärmeren Bevölkerungsschichten verhalfen dem Erdapfel zum Durchbruch in der deutschen

Mit Plakaten wurden die Deutschen während des Ersten Weltkrieges aufgefordert, mehr Kartoffeln anzubauen, um der Lebensmittelknappheit zu begegnen.

Küche. Lag der jährliche Kartoffelverbrauch pro Kopf in Deutschland um das Jahr 1800 noch bei 50 Kilogramm, so schnellte er bis 1850 auf erstaunliche 250 Kilogramm empor.

Als Ende des 19. Jahrhunderts die Verwendung von künstlichem Dünger in der Landwirtschaft aufkam, stiegen die Erträge erheblich an. Während die deutschen Bauern 1880 noch sieben Tonnen Kartoffeln aus einem Hektar Boden holten, verdoppelte sich die Ernte bis zum Jahr 1900 nahezu und stieg bis 1937 sogar auf 19 Tonnen pro Hektar.

*Rund 2400 Ritter und noch mehr Fußvolk fielen in der Schlacht zwischen Ludwig dem Bayer und Friedrich dem Schönen.*

*Der Löwe und das weiß-blaue Rautenmuster sind bis zum heutigen Tag Kennzeichen des bayerischen Landeswappens.*

# Die letzte Ritterschlacht

*König Ludwig der Bayer drängte seinen Gegenspieler Friedrich den Schönen 1322 zum Kampf bei Mühldorf am Inn, der dem Wittelsbacher den Thron im Reich sicherte.*

**GEFECHT IM HERBST**  Nach einer Doppelwahl waren sich die beiden Könige Ludwig der Bayer und sein Vetter Friedrich der Schöne, ein Habsburger, acht Jahre lang aus dem Weg gegangen. Doch nun, im Jahr 1322, hielt der Wittelsbacher Ludwig die Zeit für gekommen, daß ein Kampf die überfällige Entscheidung herbeiführen sollte, wer als alleiniger Herrscher den deutschen Thron besteigen würde.

Bisher hatten die Rivalen eine Schlacht vermieden, weil keiner der beiden sicher sein konnte, zu gewinnen. Im Sommer 1322 sagte Ludwig dann den Kampf an. Friedrich war nach damaligem Ehrverständnis gezwungen, diese Herausforderung anzunehmen, sonst hätte er das Gesicht verloren. Die Kontrahenten setzten die Schlacht für den Herbst bei Mühldorf am Inn fest.

**BUNTE HEERE**  Als die Zeit gekommen war, zog Friedrich der Schöne mit etwa 2200 habsburgischen Rittern, 6600 Mann Fußvolk und 4000 berittenen Ungarn und mongolischen Kumanen als Hilfstruppen von Wien nach Bayern. Inzwischen hatte sich auch die Streitmacht des Wittelsbachers Ludwig in Bewegung gesetzt: ein zusammengewürfeltes Heer aus bayerischen Soldaten, Rittern vom Mittel- und Niederrhein und aus Franken sowie Truppen aus mehreren Reichsstädten. Auch König Johann von Böhmen und Herzog Heinrich von Niederbayern mit ihren Rittern als Verstärkung dazugestoßen.

**IM STICH GELASSEN** Am 27. September trafen die gegnerischen Truppenverbände am vereinbarten Schlachtort in Mühldorf ein. Allerdings war Friedrich noch nicht kampfbereit. Ungeduldig wartete er auf die Ankunft seines Bruders Leopold, Herzog von Österreich, der versprochen hatte, ihn mit 800 Berittenen zu unterstützen. Boten, die den Bruder zur Eile drängen sollten, hatten diesen nicht erreicht. Diese Schwäche Friedrichs nutzte Ludwig aus und begann am folgenden Tag die Schlacht. Mit dem wilden Lärm von Fanfaren und lautem Kriegsgeschrei eröffneten die Böhmen den Kampf. Doch Friedrichs österreichische Truppen setzten sich heftig zur Wehr und brachten die Angreifer in arge Bedrängnis. Die Linien der Bayern und Böhmen drohten auseinanderzubrechen. Erst als deren Ritter absaßen und die Pferde ihrer Gegner erstachen, begannen die Reihen Friedrichs zu wanken.

**GEHEIME RESERVE** Das war das Signal für den Einsatz einer versteckten Reiterreserve auf Ludwigs Seite, die sich bis zu diesem Zeitpunkt verborgen gehalten hatte. Die ausgeruhten Ritter wüteten so unter den vom langen Kampf bereits erschöpften Feinden, daß die Ungarn und Kumanen flohen und sich bald darauf auch die Österreicher ergaben. Der Wittelsbacher hatte einen großen Sieg errungen. In der acht Stunden tobenden Schlacht waren auf habsburgischer Seite rund 1400 Ritter gefallen, auf bayerischer etwa 1000, die Verluste unter dem Fußvolk nicht mitgerechnet. Außerdem hatte Ludwig mehr als 1000 Gefangene gemacht, und – was ein noch größerer Triumph war – auch sein Rivale Friedrich der Schöne war darunter.

**OHNE FEUERWAFFEN** Die Schlacht bei Mühldorf war die letzte große Ritterschlacht auf deutschem Boden, da sie noch ohne Feuerwaffen geführt wurde. Dem Wittelsbacher sicherte der Sieg endgültig den umstrittenen Thron im Deutschen Reich. □

## Freiheit gegen Thronverzicht

Der siegreiche Wittelsbacher ließ Friedrich den Schönen auf der Burg Trausnitz in der Oberpfalz inhaftieren. Der Habsburger wurde dort streng bewacht, aber gleichwohl mit der Ehrerbietung behandelt, die einem königlichen Gefangenen damals zustand. Zu Beginn des Jahres 1325 nahm Ludwig Verbindung zu ihm auf und versprach ihm die Freiheit, falls er auf den Thron verzichte. Friedrich stimmte zu, denn eine Befreiung aus der Gefangenschaft war sonst nicht zu erwarten. Er mußte außerdem versprechen, die im Habsburger Besitz befindlichen Reichsgüter wieder der Krone zu übertragen und König Ludwig IV. gegen alle Feinde beizustehen.

Aber die Annäherung zwischen den ehemaligen Rivalen ging noch weiter: Am 5. September 1325 ernannte Ludwig den Vetter sogar zum Mitkönig und sicherte ihm eine gemeinsame Regierung zu, denn er wollte sich die Habsburger geneigt machen. Durch diesen Schachzug wollte er den Einfluß des Papstes auf die Politik im Reich beschneiden. Solange nämlich die mächtigsten Fürstenhäuser dieser Jahre, Habsburg, Luxemburg und Wittelsbach, miteinander verfeindet waren, konnte der Papst diese in-

nenpolitische Schwäche ausnutzen und sich in die Belange des Deutschen Reiches einmischen. Taten sich die Familien aber zusammen, schwanden seine Eingriffsmöglichkeiten, und seine Macht wurde deutlich geringer.

Auch wenn er nun zum Mitkönig erhoben war, griff Friedrich bis zu seinem Tod am 13. Januar 1330 nicht mehr spürbar in die Reichspolitik ein. Mit seinem Sieg bei Mühldorf hatte Ludwig die Habsburger aus dem Wettbewerb um die deutsche Königskrone hinausgedrängt. Wie sich zeigen sollte, für mehr als 100 Jahre, bis mit Albrecht II. wieder ein Habsburger auf den Thron kam.

## Hausmacht für die Bayern

Gezielt und oftmals skrupellos versuchte der Wittelsbacher Ludwig seine Hausmacht auszubauen. Damit waren im Mittelalter jene Territorien gemeint, die sich im erblichen Besitz der Königsfamilie befanden. Zwar war der König Herrscher über das gesamte Reich, nicht aber der Besitzer aller Län-

*28 Monate saß König Friedrich hinter den dicken Mauern der Burg Trausnitz in der Oberpfalz gefangen.*

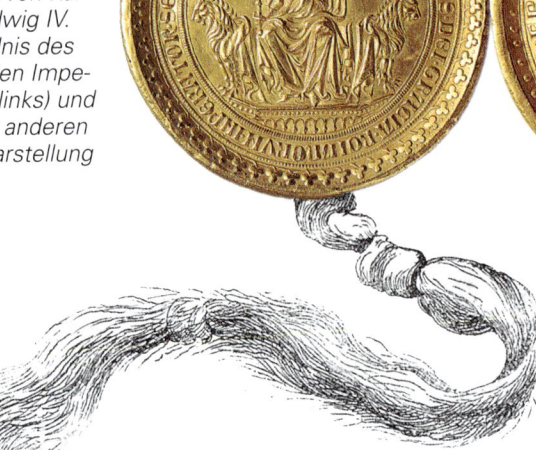

dereien darin. Nur die familiären Erblande waren sein Eigentum, der weitaus größere Teil jedoch gehörte den Fürsten und Herzögen. Wurden sie zu stark, konnten sie seine Macht als König gefährden. Deshalb war eine solide Hausmacht die beste Grundlage, um sich gegen die Fürsten durchzusetzen.

Bei seinem Regierungsantritt hatte Ludwig nur Oberbayern besessen, drei Jahre später kam die Pfalz dazu. Mit weiteren Zugewinnen verdreifachte er während seiner Herrschaft die Hausmacht der Wittelsbacher. Als das Geschlecht der Askanier ausstarb, fielen ihre Ländereien an den König. Ohne zu zögern, übertrug er 1323 die Mark Brandenburg seinem erst achtjährigen Sohn Ludwig. Mehr als der reine Landgewinn zählte, daß er mit Brandenburg und der Pfalz auch die Stimmen der dort regierenden Kurfürsten gewonnen hatte, die wichtige Entscheidungen im Reich und auch die Königswahlen maßgeblich beeinflußten.

Als Ludwig Tirol an sich riß, zeigte sich, daß er selbst vor unlauteren Methoden nicht zurückscheute. Die Erbin des Landes, die Gräfin Margarete Maultasch, war mit dem Sohn des böhmischen Königs verheiratet. Um an das Land zu kommen, erklärte Ludwig im Jahr 1342 die Ehe kurzerhand für geschieden und vermählte Margarete mit seinem Sohn

*Rom war der Krönungsort der deutschen Kaiser. Deshalb befindet sich auf der einen Seite des Siegels von Kaiser Ludwig IV. ein Bildnis des sitzenden Imperators (links) und auf der anderen eine Darstellung Roms.*

Ludwig. Damit machte sich Ludwig seine ehemaligen Verbündeten aus Böhmen zu Feinden, doch das kümmerte ihn nicht. Auch für sich selbst hatte Ludwig eine gewinnträchtige Hochzeit eingefädelt, als er seine zweite Ehe mit Margarete von Hennegau-Holland schloß. Nachdem ihr Bruder Graf Wilhelm IV. 1345 kinderlos gestorben war,

zog Ludwig die reichen Grafschaften Holland, Seeland, Friesland und Hennegau an sich. Rücksichtslos setzte er sich dabei über die Erbansprüche Eduards III. von England hinweg, der mit Margaretes Schwester verheiratet war.

## Machtprobe mit dem Papst

D ie Haltung des Papstes war stets von höchster Bedeutung gewesen, wenn es um die Anerkennung der deutschen Könige ging. Für die Kaiserkrönung war sie sogar unverzichtbar, denn nur der Papst allein konnte einen deutschen Herrscher zum Kaiser erheben. Als Ludwig und Friedrich 1314 beide zum deutschen König gewählt worden waren, hatte Papst Johannes XXII. sich zunächst aus dem Streit herausgehalten. Das änderte sich, als sich Ludwig acht Jahre später als alleiniger König durchsetzte und daraufhin die deutschen Ansprüche in Italien deutlich machte. Da ließ der Papst, der seinen Sitz nach Avignon verlegt hatte, plötzlich verkünden, daß Ludwig zurücktreten müsse.

Ein zermürbender Kampf mit dem Heiligen Stuhl bestimmte von nun an die Regierung Ludwigs. Doch der König blieb gelassen und erklärte, seine Wahl sei auch ohne Papst rechtens. Dieser könne ihn höchstens noch zum Kaiser krönen. Daraufhin spitzte sich der Streit zu, denn Johannes bannte und exkommu-

*Am Königsstuhl in Rhens bei Koblenz, wo im Mittelalter die Könige dem Volk vorgestellt wurden, votierten die Kurfürsten 1338 gegen die Papstmacht.*

nizierte ihn 1324. Selbst das traf den König nicht sonderlich. Er zog nach Rom und ließ sich im Januar 1328 von einem Laien, der als Stellvertreter des römischen Volkes auftrat, zum Kaiser krönen.

Johannes XXII. rief zum Kreuzzug gegen Ludwig auf, worauf dieser wiederum den Papst für abgesetzt erklärte und Nikolaus V. als Gegenpapst wählen ließ, der ihm aus Dankbarkeit nochmals die Kaiserkrone aufsetzte. Doch kaum war Ludwig wieder nach Deutschland gezogen, unterwarf sich Nikolaus reumütig Papst Johannes XXII.

Erst nach dem Tod Johannes' im Jahr 1334 kam es zu Friedensverhandlungen zwischen dem Bayern und dem Heiligen Stuhl, die jedoch scheiterten, weil der neue Papst Benedikt XII. weiterhin den Verzicht auf die Kaiserkrone forderte. Für die Kirche war Ludwig auf ewig ein Ausgestoßener. Im Deutschen Reich aber standen die Fürsten fest auf seiner Seite.

## Kurfürsten pochen auf ihr Recht

Das Scheitern der Aussöhnungsversuche mit dem Papst hatte in Deutschland Empörung ausgelöst. Während die Bischöfe der bedeutendsten Städte an Benedikt XII. appellierten und ihn zum Einlenken aufforderten, erklärten 1338 Vertreter des Adels und der Städte auf dem Frankfurter Reichstag alle Maßnahmen des Papstes gegen den Kaiser für ungültig.

Noch größer war der Unmut der Kurfürsten. Sie waren es schließlich, die bestimmten, wer in Deutschland König wurde. Wenn die Anerkennung des Königs aber vom Papst abhängig war, bedeutete das, daß ihre Entscheidung der päpstlichen untergeordnet war. Dagegen wehrten sie sich. Im Juli 1338 trat der Kurfürstentag, der sogenannnte Kurverein, in Rhens bei Koblenz zusammen und schloß ein Bündnis gegen jeden, der Reichs- oder Kurfürstenrechte anzutasten ver-

*Im Erbvertrag von Pavia 1329 übergab Ludwig IV. seinen Neffen Rudolf und Ruprecht die Oberpfalz. Damit spalteten sie sich von der bayerischen Linie der Wittelsbacher ab.*

suchte. Ein von ihnen gewählter deutscher König müsse keineswegs vom Papst in seinem Amt bestätigt werden, um den Titel führen und das Reich regieren zu dürfen, so die Kurfürsten. Etwas kaum Vorstellbares war damit geschehen: Mit Zustimmung der Erzbischöfe von Köln, Mainz und Trier hatte der Kurverein den Einfluß des Papstes auf die Königswahl im Reich abrupt beendet.

Dem Kaiser reichte eine Erklärung aber nicht. In scharfen Worten verankerte er die Entscheidung zusätzlich in einem Gesetz. Ludwig stand jetzt auf dem Höhepunkt seiner Macht. Er hatte die jahrhundertelang geltenden Ansprüche des Papstes zurückgewiesen.

## Verschleudertes Vermächtnis

War Ludwig auch lange Jahre der gefeierte Herrscher gewesen, so wendete sich in den 40er Jahren das Blatt. Seine skrupellose Hausmachtpolitik machte ihm viele Feinde, und immer offener redeten die Fürsten über einen Gegenkönig aus dem Haus der Luxemburger, bis sie tatsächlich Karl IV. wählten. Allerdings kam es nicht mehr zum Kampf zwischen den beiden; bei einer

Bärenjagd erlag Ludwig im Jahr 1347 einem Schlaganfall.

Anstatt die Hausmacht nach Ludwigs Tod zusammenzuhalten, schlossen seine sechs Söhne zahlreiche Teilungsverträge, die den Besitz zersplitterten. Zuletzt gab es vier getrennte Herrschaftsgebiete, die schließlich fast ganz verlorengingen. Ludwig V. herrschte in Oberbayern und Tirol, Stephan II. in Niederbayern. Von den vier Stiefbrüdern aus zweiter Ehe regierten Ludwig VI. und Otto der Faule gemeinsam in Brandenburg, Wilhelm und Albrecht in den niederländischen Grafschaften und im winzigen Herzogtum Straubing.

Der Niedergang begann mit dem Verlust Tirols, das nach dem Aussterben der oberbayerischen Linie 1363 an die Habsburger fiel. 1373 ging Brandenburg an Kaiser Karl IV. verloren. Die niederländischen Grafschaften gelangten 1425 unter die Herrschaft Burgunds. Herzog Stephan II. gelang es, Nieder- und Oberbayern zu vereinigen. Dieses bayerische Stammland war das einzige, was den Erben Ludwigs IV. am Ende blieb.

So gering war die Macht der Wittelsbacher durch die Aufteilung ihrer Erblande geworden, daß es den bayerischen Fürsten nur noch zweimal in der Geschichte gelang, 1400 mit König Ruprecht von der Pfalz und 1742 mit Kaiser Karl VII., den deutschen Thron zu besteigen.

*Der Reichsfreiherr vom und zum Stein war studierter Jurist und stammte aus einem alten Adelsgeschlecht, das bei Nassau an der Lahn beheimatet war.*

# Verordnete Freiheit

*Die Bauernbefreiung im Königreich Preußen im Jahr 1807 brachte tiefgreifende gesellschaftliche Umwälzungen in Deutschland mit sich.*

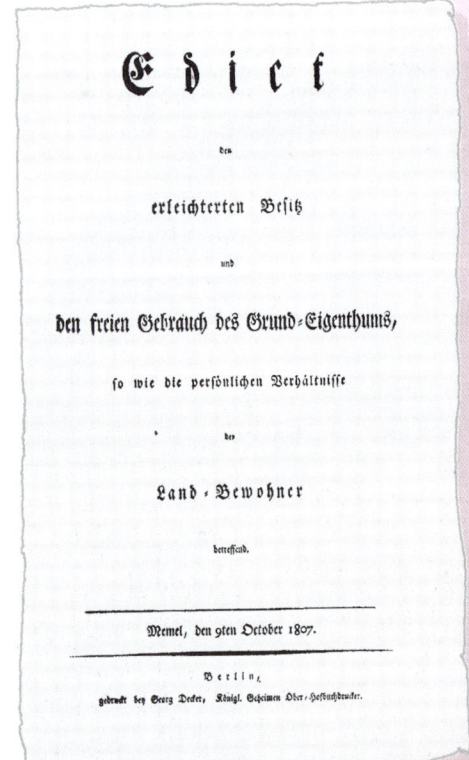

*Das Oktoberedikt, mit dem König Friedrich Wilhelm III. den Bauern in Preußen ihre Freiheit gewährte, fand in der Öffentlichkeit ein geteiltes Echo.*

**ÜBERFÄLLIGE REFORM** Nur wenige Tage nachdem der Reformpolitiker Karl Reichsfreiherr vom und zum Stein als leitender Minister an die Spitze der preußischen Verwaltung getreten war, erließ König Friedrich Wilhelm III. am 9. Oktober 1807 in Memel ein epochemachendes Gesetz. Es nannte sich „Edikt über den erleichterten Besitz und den freien Gebrauch des Grundeigentums sowie die persönlichen Verhältnisse der Landbewohner" und hob für das Königreich Preußen die seit dem Mittelalter geltende Leibeigenschaft der Bauern auf. Was bewog den konservativ denkenden König dazu, dem Bauernstand mit einem Schlag die Freiheit zu schenken und dem Adel damit ein seit Jahrhunderten verbrieftes Herrschaftsprivileg zu nehmen?

**BESIEGTES LAND** Zu diesem Gesetz kam es unter dem Zwang der politischen Ereignisse. Wenige Monate zuvor hatte Napoleon Preußen vernichtend geschlagen und Friedrich Wilhelm III. im Frieden von Tilsit gezwungen, auf die Hälfte seines Territoriums zu verzichten. 150000 französische Soldaten standen auf preußischem Staatsgebiet, um die Zahlungen der hohen Kriegskontributionen zu überwachen. Sie mußten verpflegt werden, während die einheimische Bevölkerung hungerte. Der Handel und vor allem die Landwirtschaft lagen völlig danieder. Der preußische Staat kämpfte verzweifelt um sein Überleben, und niemand wußte, wie es weitergehen sollte.

**EIN NEUER GEIST** In dieser schwierigen Situation meldeten sich die Reformer um den Reichsfreiherrn vom und zum Stein zu Wort und forderten die Wiederherstellung des preußischen Staates in altem Glanz und die Gesundung der Wirtschaft. Diese Ziele seien, so ihre Forderung, aber nur auf dem Weg der inneren Reformen zu erreichen. Ein Herrscher müsse seine Untertanen als freie, mündige Bürger ansehen und nicht als sture Befehlsempfänger; er müsse Gesetze erlassen, die die Entfaltungskräfte eines jeden einzelnen wirken ließen und ihn zu einem selbstverantwortlichen Handeln anleiteten.

**FREIHEIT MIT RISIKO** Diese Argumente verfehlten nicht ihre Wirkung auf den König. Und so hieß es im Vorwort zum Oktoberedikt, daß mit diesem Gesetz die Bauern frei sein sollten und das Recht erhielten, selbst Eigentum erwerben zu können – mit all den Vorteilen, aber auch all den Risiken, die mit dieser Freiheit verbunden waren. Der Bauer sollte in Zukunft Herr auf eigenem Grund und Boden werden können, ohne den Bevormundungen und Einschränkungen des Gutsherrn unterworfen zu sein. Außerdem sollte jeder selbst entscheiden können, wo er sich niederlassen wollte.

Der Gesindezwang, der die Bauern bisher verpflichtete, für eine bestimmte Zeit des Jahres Knechts- oder Magddienste für den Gutsherrn zu verrichten, fiel nun fort. Ebenso die Schollenpflicht, die dem Bauern bisher verwehrte, ohne Erlaubnis des Gutsherrn eine neue Tätigkeit an einem anderen Ort zu wählen.  □

## Vom Gutsherrn zum Großgrundbesitzer

D as Echo auf das Oktoberedikt zur Bauernbefreiung war geteilt. Vor allem bei den Bauern und den adligen Gutsbesitzern herrschte Ungewißheit, wie sich der königliche Erlaß auswirken würde. Tatsächlich enthielt das Edikt nichts weiter als ein Freiheitsversprechen für den Bauernstand. Als Person war der Bauer zwar nun frei, doch blieben seine Eigentumsverhältnisse vorerst noch ungeklärt. Solange nämlich nicht genau geregelt war, wie die bisherigen bäuerlichen Dienste und Abgaben für den Gutsherrn ausgeglichen werden sollten, war es noch weitgehend offen, wer bei dieser gesellschaftlichen Veränderung gewinnen und wer verlieren würde.

Die preußische Staatsverwaltung, der Freiherr vom Stein schon seit 1808 nicht mehr angehörte, hat nun in den folgenden Jahren alles Erdenkliche getan, um den Gutsherren, vor allem den Junkern in Ostelbien, also dem Land östlich der Elbe, die Möglichkeit zu verschaffen, ihre Güter auf Kosten des Bauernstandes zu vergrößern. So wurde 1811 den Bauern zwar das volle und freie Eigentum an ihren Höfen zugewiesen, doch mußten sie ihre jeweiligen Gutsherren für alle in Zukunft entfallenden Dienste und Abgaben entschädigen, indem sie ihnen bis zur Hälfte ihres Bodens abtraten oder ihren Verpflichtungen mit Geld- und langwierigen Rentenzahlungen nachkamen. Damit wurde aus dem ehemaligen kleinen Gutsherrn ein Großgrundbesitzer, der mit einem Schlag zu Reichtum kam und diesen gewinnbringend anlegen konnte.

Diese Bestimmungen galten jedoch nicht für die sogenannten Kleinbauern. Darunter fielen all jene ehemaligen Erbuntertänigen, deren Höfe nach einer Entschädigung an den Gutsherrn wirtschaftlich nicht mehr lebensfähig waren. Diese

*Von der Bauernbefreiung profitierten vor allem die ostelbischen Junker, die in prachtvollen Gutshäusern ein glanzvolles Leben führten (links), während ihre Inspektoren die Feldarbeit der besitzlosen Bauern und Tagelöhner beaufsichtigten (unten).*

## KOMMUNALE SELBSTVERWALTUNG

*Das zweite große Reformwerk, das Reichsfreiherr vom Stein in die Wege leitete, war die Städteordnung aus dem Jahr 1808. Scharfsichtig erkannte er, daß der absolutistische Staat die althergebrachten städtischen Freiheiten gegenüber den Territorialherren durch Weisungs- und Aufsichtsrechte der staatlichen Verwaltung längst ausgehöhlt hatte. Hart ging er mit diesen Zuständen ins Gericht: „Der Bürger hat weder Kenntnis vom Gemeinwesen noch Veranlassung, dafür zu wirken. Eifer und Liebe für die öffentlichen Angelegenheiten, aller Gemeingeist mußten verlorengehen."*

*Nach den Bestimmungen der neuen Städteordnung sollten die Bürger daher über ihre Angelegenheiten in eigener Verantwortung entscheiden. Sie sah die Wahl von Stadtverordneten auf drei Jahre vor. Diese waren ehrenamtlich tätig, an keine Weisungen gebunden und vertraten die gesamte Bürgerschaft. Die Verordneten bestimmten den Magistrat, der die Stadt regierte. Die Finanzverwaltung, das Schul- und das Fürsorgewesen wurden zu städtischen Angelegenheiten. Aus der Steinschen Städteordnung ist die moderne kommunale Selbstverwaltung unserer Tage hervorgegangen.*

*Viele verarmte Kleinbauern waren gezwungen, als Tagelöhner zu arbeiten, die in der Erntezeit für ein geringes Entgelt auf den Feldern mithalfen.*

Tatsache konnte sich der Gutsbesitzer auf zweierlei Weise zunutze machen: entweder blieben diese Höfe abhängige Dienststellen wie bisher, oder aber der Gutsbesitzer kaufte den Bauernhof einfach auf und erweiterte damit seinen Besitz.

Im Jahr 1821 regelte der preußische Staat dann im Sinne der adligen Junker auch die umstrittene Frage, was mit jenem Land geschehen sollte, an dem Bauern und Gutsbesitzer bisher gemeinsame Nutzungsrechte hatten. Das Land – Weide, Wald, Brache, Moor und Seen – wurde privatisiert. Die Gutsbesitzer erhielten den Löwenanteil des Bodens, nämlich 86 Prozent, als Eigentum zugesprochen, während den Bauern lediglich 14 Prozent zufielen.

Von der Bauernbefreiung profitierten besonders die adligen Gutsherren, die ihr Rittergut zu einem landwirtschaftlichen Großbetrieb umwandeln konnten. Auf diesen Domänen konnte man nun eine intensive Bodennutzung betreiben. Zusätzlich sorgten Methoden der rationellen Betriebsführung und auch die Anschaffung moderner Gerätschaften für eine ungeahnte landwirtschaftliche Produktivität. Die Großbetriebe wurden zu einem wichtigen Stützpfeiler der preußischen Wirtschaft im 19. Jahrhundert.

Zu den Nutznießern der Bauernbefreiung gehörte aber auch das zahlungskräftige Bürgertum, das bis zur Jahrhundertmitte etwa 50 Prozent aller preußischen Rittergüter erwarb, die versteigert oder verkauft wurden.

## Der hohe Preis der Unabhängigkeit

Das Oktoberedikt von 1807 führte zu einer riesigen Umverteilung von Grund und Boden in Preußen. Die Bauern verloren insgesamt 4,7 Millionen Morgen Land. Die Landabtretungen waren freilich nicht der einzige Preis, den sie zu zahlen hatten. Bis zur Jahrhundertmitte leisteten sie insgesamt an die Grundherren zusätzlich Kapitalzahlungen in Höhe von 31 Millionen Talern, Rentenzahlungen von 5,4 Millionen Talern sowie Dienste auf dem Gutshof im Wert von 23,5 Millionen Talern.

Erschwerend kam hinzu, daß den Bauern, im Gegensatz zu den Rittergutsbesitzern, lange Jahre keine geeigneten Geldinstitute zur Seite standen, die ihnen mit günstigen Krediten aus der wirtschaftlichen Not helfen konnten. So wurden Abertausende von ihnen in den Ruin gestürzt, eine Folge, die die preußischen Reformer in dieser Weise sicherlich nicht beabsichtigt hatten.

Mit der Bauernbefreiung entfiel auch der bis dahin gültige Bauernschutz. Er hatte den Gutsherrn verpflichtet, seinen Bauern im Notfall mit Rat und Tat zu helfen. Nach altem Herkommen gehörte es zu seiner Fürsorgepflicht, seinen Bauern Baumaterial, Saatgut, Vieh und Ackergeräte zur Verfügung zu stellen. All diese Dinge, die nötig waren, um überhaupt Landwirtschaft betreiben zu können, mußten die Bauern nun selbst beschaffen.

Trotz der ungünstigen Auswirkungen der Bauernbefreiung hat der Bauernstand diese Bürde gemeistert. So gab es 1860 in Preußen etwa 345 000 wirtschaftlich lebensfähige Bauernhöfe, nicht viel weniger als vor der Reform. Einen wesentlichen Anteil am Überleben des Bauernstandes hatte die technische Entwicklung in der Landwirtschaft. Durch die Verkleinerung seiner Ackerfläche ging der Bauer, der Not gehorchend, dazu über, den Boden intensiver als bisher zu nutzen, kultivierte Brachland und gab das traditionell übliche Brachjahr der überkommenen Dreifelderwirtschaft zugunsten der vollen Fruchtfolgewirtschaft auf. Außerdem schlossen sich zahlreiche Bauern zu Produktionsgenossenschaften zusammen und gründeten landwirtschaftliche Vereine, um die Anbauwirtschaft und die Viehhaltung zu verbessern. So konnte die landwirtschaftliche Produktivität bis zur Mitte des 19. Jahrhunderts gegenüber dem Jahr 1800 immerhin verdreifacht werden.

## Das Elend der Tagelöhner

Als eine indirekte Folge der preußischen Agrarreform entstand das Landarbeiterproletariat. Zahllose Kleinbauern waren gezwungen, Haus und Hof zu verkaufen, um überhaupt die Entschä-

*Für herausragende Produkte und Leistungen erhielten die Mitglieder der landwirtschaftlichen Vereine alljährlich Medaillen, die zumeist mit Geldpreisen verbunden waren.*

digung an den Gutsherrn zahlen zu können. Ohne Besitz und ohne ausreichende Ausbildung, verdingten sich viele von ihnen, vor allem junge Menschen, als Landarbeiter. Gleichzeitig stieg bei den zu Großbetrieben gewachsenen Rittergütern auch der Bedarf an frei verfügbaren und billigen Arbeitskräften, die gegen Lohn bei der Aussaat oder Ernte halfen.

So entwickelte sich in den folgenden Jahrzehnten der Beruf des landwirtschaftlichen Tagelöhners, der gegen ein geringes tägliches Entgelt und ohne

festen Wohnsitz hier und dort arbeitete. Der Lohn reichte meist nicht aus, um eine Familie ernähren zu können. Oftmals waren diese Menschen auf die Unterstützung durch die Armenpflege der Gemeinde oder der Kirchen angewiesen.

## Freiheit für alle deutschen Bauern

Nicht nur in Preußen, auch in den anderen deutschen Staaten wurde die Leibeigenschaft abgeschafft und die Frage der Eigentumsentschädigung geklärt. Dabei waren die Ausgangslage und die Folgen der Regulierung sehr unterschiedlich. Für den Marschbauernhof im Norden Deutschlands galten andere rechtliche, soziale und wirtschaftliche Voraussetzungen als für den Winzer am Rhein und für diesen wiederum andere Bedingungen als für den Bergbauern in den Alpen.

Die Niederschlagung der Revolution von 1848 beendete diesen großen Umwälzungsprozeß in Deutschland. 1850 setzte dann das Königreich Preußen einen Schlußstrich unter die Bauernbefreiung, indem es endlich auch die Gerichtshoheit der Gutsbesitzer in ihrem Herrschaftsbereich abschaffte. An der wirtschaftlich, gesellschaftlich und politisch privilegierten Stellung der Landjunker und der materiellen Abhängigkeit vieler Bauern änderte das freilich nichts. Beides endete erst mit dem Zusammenbruch des Deutschen Reiches nach dem Ersten Weltkrieg.

## VON DER LANDWIRTSCHAFTSSCHAU ZUM VOLKSFEST

In den ländlichen Regionen Deutschlands veranstalteten die Bauern in regelmäßigen Abständen landwirtschaftliche Wettbewerbe und Leistungsschauen, wo sie ihre Produkte ausstellen und ihre Erfahrungen austauschen konnten. Hier informierten sie sich über die verschiedensten Anbaumethoden und die neuesten technischen Geräte in der Landwirtschaft; hier erfuhren sie auch, mit welchen Mitteln man die Ernteerträge steigern konnte und welche Möglichkeiten es gab, die Tierzucht zu verbessern.

*DIE FRUCHTSÄULE (RECHTS) IST BIS HEUTE DAS SYMBOL DES CANNSTATTER VOLKSFESTES.*

Aus diesen landwirtschaftlichen Messen entwickelten sich im Lauf der Jahre mehr und mehr Volksfeste mit Vergnügungscharakter. Im Mittelpunkt stand nun nicht mehr die Prämierung des Zuchtbullen, sondern die Belustigung und die Verköstigung der Bevölkerung. So war auf der größten schwäbischen Landwirtschaftsschau in Cannstatt um die Mitte des vorigen Jahrhunderts der Festwirt Teichmann mit seinen 10 000 verkauften Portionen Schweinefleisch mit Sauerkraut die eigentliche Festattraktion.

Im Spiegelsaal von Versailles (rechts) mußte die deutsche Delegation einen Friedensvertrag unterzeichnen, der die Republik zu hohen Reparationszahlungen verpflichtete. Im gleichen Saal war knapp 50 Jahre zuvor das zweite deutsche Kaiserreich ausgerufen worden.

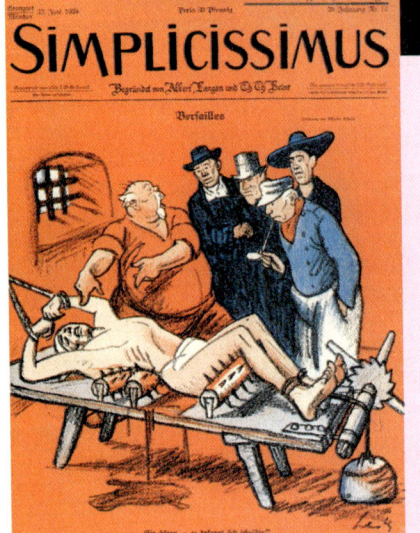

Deutschland muß bluten. So sah der Karikaturist des Simplicissimus die Auswirkungen des Versailler Vertrages auf die Republik.

# Friede unter Zwang

*Die Unterzeichnung des Versailler Friedensvertrages im Jahr 1919 stellte eine schwere Hypothek für die junge Republik dar.*

**SCHLUSSSTRICH** Am 28. Juni 1919, auf den Tag genau fünf Jahre nach der Ermordung des österreichischen Thronfolgers Franz Ferdinand, wurde im Spiegelsaal des Versailler Schlosses der Schlußpunkt unter den durch jene Tat ausgelösten Ersten Weltkrieg gesetzt. Die Delegationen der Alliierten und der ihnen angeschlossenen Staaten hatten bereits alle ihre Sitze eingenommen, als die deutschen Vertreter hereingeführt wurden. Der französische Premierminister Georges Clemenceau eröffnete die Sitzung und erklärte, Deutschland hätte alle Bedingungen der Siegermächte angenommen. Um 15.12 Uhr mußte die deutsche Delegation unter der Führung des neuen Außenministers Hermann Müller, SPD, und des Verkehrsministers Johannes Bell, Zentrum, den Friedensvertrag unterschreiben, und kurz vor 16 Uhr hatten auch alle anderen Delegierten ihre Unterschrift geleistet. Der Erste Weltkrieg galt nun offiziell als beendet, nachdem bereits am 11. November des Vorjahres ein Waffenstillstand vereinbart worden war.

Die Pariser Friedenskonferenz, die ab dem 18. Januar unter Ausschluß der unterlegenen Staaten getagt hatte, hatte das Dokument in zähen Verhandlungen ausgearbeitet. Im April hatten die vier Hauptsiegermächte Frankreich, Großbritannien, USA und Italien die deutsche Regierung aufgefordert, Vertreter zu entsenden, um das Vertragswerk entgegenzunehmen. Clemenceau überreichte es der Delegation, die von Außenminister Graf von Brockdorff-Rantzau angeführt wurde, am 7. Mai mit der brüsken Bemerkung, eine mündliche Erörterung der Bedingungen wäre nicht möglich. Man hätte zwei Wochen Zeit, dem Vertrag zuzustimmen.

**HARTE BEDINGUNGEN** Die Konditionen waren hart: Der Kriegsverlierer Deutschland und seine Verbündeten sollten die alleinige Schuld an dem Krieg anerkennen und für alle verursachten Schäden aufkommen, weite Gebiete abtreten und den abgedankten Kaiser und führende Militärs ausliefern. Zudem würde das Reich nicht in den neugegründeten Völkerbund aufgenommen.

Der Vertrag traf die Deutschen wie ein Schock und stieß auf einhellige Ablehnung im Volk und im Parlament, hatte sich die Koalitionsregierung doch wohlwollendere Bedingungen erhofft, nachdem der Kaiser gestürzt und ein demokratischer Staat errichtet worden war. Aber Versuche, Verbesserungen zu erwirken, und Gegenvorschläge lehnten die Sieger ab.

**KEINE WAHL** Am 16. Juni stellten die Alliierten ein Ultimatum: Entweder Deutschland unterschrieb den Vertrag, oder der Krieg würde sofort wiederaufgenommen. Damit waren die deutschen Bemühungen endgültig gescheitert. Die Regierung Scheidemann, die in der Frage der Unterzeichnung keine Einigung erzielen konnte, trat daraufhin am 20. Juni zurück, und Gustav Bauer, wie sein Vorgänger ebenfalls von der SPD, wurde neuer Reichskanzler. Die neue Regierung mußte schließlich erkennen, daß man keine andere Wahl hatte, als zu unterschreiben.

Am 23. Juni stimmten in der Nationalversammlung nach erregten Debatten 237 Abgeordnete der bedingungslosen Annahme des Versailler Abkommens zu; 138 waren dagegen. Es trat nach seiner Ratifizierung am 10. Januar 1920 in Kraft. Der Vertrag war eine drückende Hypothek für die junge Demokratie, die bis zum Ende der Weimarer Republik nicht abgetragen werden konnte. □

## Das Deutsche Reich wird kleiner

Die Versailler Friedensbestimmungen legten den Verlauf der deutschen Grenzen neu fest. In mehreren Regionen des Reiches waren Abstimmungen vorgesehen, in denen die Bevölkerung über ihre Staatszugehörigkeit entscheiden sollte. Nordschleswig sprach sich für Dänemark aus, Mittelschleswig und Sylt dagegen stimmten ebenso für Deutschland wie das südliche Ostpreußen. Auch in Oberschlesien votierten über 60 Prozent für das Reich; dennoch wurde die Provinz im Interesse der wirtschaftlichen Lebensfähigkeit der neugegründeten Republik Polen geteilt.

In den beiden Landkreisen Eupen und Malmédy in der Eifel fand die Volksabstimmung unter Aufsicht des belgischen Militärs statt. Die belgische Regierung hatte die Einwohner zuvor jedoch mit Drohungen und Schikanen so eingeschüchtert, daß der Großteil in den offen ausgelegten Listen für Belgien stimmte. Deutsche Proteste gegen die Manipulation wiesen die Alliierten zurück.

Andere Gebiete mußte das Reich abtreten, ohne daß die Bevölkerung befragt wurde. Elsaß-Lothringen fiel wieder an Frankreich, die Provinzen Posen und Westpreußen wurden Polen zugesprochen, das dadurch einen freien Zugang zur Ostsee erhielt. Ostpreußen aber war nun durch den Polnischen Korridor vom restlichen Reichsgebiet getrennt. Das steinkohlereiche Hultschiner Ländchen fiel an die Tschechoslowakei. Danzig wurde mit dem umliegenden Gebiet zur Freien Stadt erklärt und unter den Schutz des Völkerbundes gestellt. Auch das Kohlerevier an der Saar und das Memelland wurden dem Völkerbund unterstellt. Während das Saargebiet 1935 nach einer Volksabstimmung wieder zum Deutschen Reich kam, wurde das Memelgebiet 1923 ohne Widerspruch des Völkerbundes von Litauen annektiert. Angesichts dieser rücksichtslosen Amputation deutscher Gebiete durch das Versailler Abkommen nahm die Öffentlichkeit den Verlust sämtlicher Kolonien in Übersee nahezu gelassen hin.

Insgesamt verlor Deutschland über 70 000 km², also mehr als ein Siebtel seines Territoriums, und mit 8,5 Millionen Einwohnern rund ein Achtel seiner Bevölkerung. Für die Wirtschaft war dies ein schwerer Schlag: sie büßte neben großen Agrarflächen wertvolle Eisenerz- und Steinkohlereviere ein.

## Die Besetzung des linken Rheinufers

Gemäß den Bestimmungen des Versailler Vertrages besetzten die Siegermächte vom 10. Januar 1920 an das linksrheinische Reichsgebiet. Auf dem rechten Ufer entstanden Brückenköpfe bei Köln, Koblenz und Mainz. Das Gebiet wurde der interalliierten Rheinlandkommission unterstellt und in Besat-

*Französisches Militär überwachte in Kattowitz am 20. März 1921 die Volksabstimmung über das weitere Schicksal Oberschlesiens.*

zungszonen gegliedert, die bis 1935 etappenweise in Abständen von fünf Jahren wieder geräumt werden sollten. Für den Fall, daß Deutschland seinen Reparationsverpflichtungen nicht nachkommen sollte, konnte der Truppenrückzug verzögert oder bereits geräumte Zonen wieder besetzt werden. Nach der Räumung sollte das Gebiet für immer eine entmilitarisierte Zone bleiben. Die Besatzungskosten mußte das Reich tragen. Als erste Zone gaben die Alliierten im Januar 1926, ein Jahr später als ursprünglich vorgesehen, die Kölner Zone wieder frei.

## Gemeine Lüge von rechts – die Dolchstoßlegende

**A**rtikel 231 des Friedensvertrages bezeichnete Deutschland und seine Verbündeten als Urheber des Krieges und machte sie für alle Verluste und Schäden verantwortlich. Mit dieser These von der Kriegsschuld Deutschlands begründeten die Sieger ihre ungeheuren Wiedergutmachungsforderungen.

Bei den deutschen Delegierten und im Reich rief der Kriegsschuldartikel helle Empörung hervor, was die politische Rechte geschickt für ihre Zwecke nutzte. Sie präsentierte dem niedergeschlagenen Volk einen Sündenbock für die Niederlage, indem sie die sogenannte Dolchstoßlegende verbreitete. Sie ging auf eine Aussage des zurückgetretenen Generalfeldmarschalls Hindenburg zurück, der erklärt hatte, das deutsche Heer sei, „im Felde unbesiegt", durch die Revolution in der Heimat „von hinten erdolcht worden". Die Öffentlichkeit griff diese Behauptung dankbar auf, denn bis zuletzt waren ja Siegesmeldungen verbreitet worden, weshalb man der Nachricht von der deutschen Niederlage kaum Glauben schenken wollte. Von nun an geisterte die Lüge vom Dolchstoß durch die rechte Presse, eignete sie sich doch bestens, die Republik und die Parteien zu diffamieren; die Revolutionäre von 1918 wurden als „feige Verräter" beschimpft.

*Im Zuge der Ruhrbesetzung marschierten französische Truppen Anfang 1923 auch in die Essener Innenstadt ein (oben). Die Bevölkerung reagierte mit passivem Widerstand.*

## Abrüstung im großen Stil

**T**rotz deutscher Proteste schrieb der Versailler Vertrag eine umfassende Entwaffnung der deutschen Streitkräfte vor. Die Fronttruppen mußten zügig ihre Waffen abgeben, das Reichsheer sollte auf 100 000 und die Kriegsmarine auf 15 000 Berufssoldaten abgerüstet werden. Allgemeine Wehrpflicht und Reservearmee wurden abgeschafft, Flugzeuge, Panzer, U-Boote sowie schwere Artillerie verboten. Im britischen Seestützpunkt Scapa Flow versenkten die Mannschaften im Juni 1919 fast die gesamte deutsche Hochseeflotte. Darüber hinaus wurde Deutschland verpflichtet, ständige Militärkommissionen der Siegermächte zu finanzieren, die die Einhaltung der Bestimmungen überwachten.

Derweil suchten Regierung und Reichswehr nach Möglichkeiten, die auferlegten Einschränkungen zu umgehen und die Truppenzahl durch Zeitfreiwillige und Ersatzorganisationen zu verstärken. Aus ehemaligen Mitgliedern der nach dem Krieg gegründeten Freikorps

*Die sogenannte Dolchstoßlegende wurde von den Deutschnationalen auch im Wahlkampf 1924 nach Kräften ausgeschlachtet.*

wurde 1921 mit dem Einverständnis der Reichswehrführung illegal die sogenannte Schwarze Reichswehr aufgebaut, eine geheime Reservearmee, die von der Reichswehr mit Waffen und Munition versorgt wurde.

Überdies eröffnete 1922 der deutsch-sowjetische Vertrag von Rapallo, in dem beide Seiten auf Wiedergutmachungen verzichteten, die Gelegenheit zur Zusammenarbeit mit der Roten Armee. Die Sowjetunion gestattete der Reichswehr, auf ihrem Boden einige kleine Waffen- und Munitionsfabriken zu bauen und diejenigen Waffen zu testen, die dem Reich laut Versailler Vertrag verboten waren.

## Mißglückter Putschversuch

Im Herbst 1919 begann die Reichsregierung, die Armee und einige Freiwilligenverbände aufzulösen; in wenigen Wochen wurden mehrere hunderttausend Mann entlassen. Am 10. März 1920 erging der Befehl, neben anderen auch die Marinebrigade Ehrhardt aufzuheben dem sich General von Lüttwitz, Befehlshaber des Gruppenkommandos Berlin, jedoch widersetzte. Dies war das Signal für den Putschversuch einer militanten rechtsgerichteten Gruppe um den ostpreußischen Rittergutsbesitzer Wolfgang Kapp. Am 13. März marschierten die Marinebrigadisten und andere Verbände in Berlin ein und besetzten die Regierungsgebäude. Reichspräsident Ebert und ein Teil der Reichsregierung mußten nach Dresden fliehen.

Noch am gleichen Tag jedoch riefen die Gewerkschaften einen Generalstreik aus, dem über 12 Millionen Arbeiter und Angestellte in ganz Deutschland folgten. Zudem versagte der größte Teil der Berliner Beamtenschaft den Umstürzlern den Dienst, so daß der Putschversuch am 17. März kläglich zusammenbrach. Kapp setzte sich nach Schweden ab, von Lüttwitz mußte seinen Abschied nehmen, und Ehrhardt konnte fliehen.

## 226 Milliarden Goldmark in 42 Jahren

Im Gegensatz zu den Sachleistungen, die das Reich erbringen mußte – unter anderem fast die gesamte Handelsflotte, 60 Prozent der Kohleförderung, Eisenbahnmaterial und Fernkabel –, war im Vertrag von Versailles die endgültige Höhe der Reparationszahlungen noch nicht festgeschrieben worden. Erst im Januar 1921 einigten sich die Alliierten auf eine Entschädigung in Höhe von 226 Milliarden Goldmark, die Deutschland binnen 42 Jahren zahlen sollte. Als die Reichsregierung diese unerfüllbare Forderung zurückwies, besetzten die Siegermächte die rechtsrheinischen Städte Düsseldorf und Duisburg.

Im April reduzierte eine alliierte Reparationskommission den Betrag auf 132 Milliarden Goldmark, zahlbar in exportabhängigen Raten von mindestens 2 Milliarden pro Jahr. Am 5. Mai forderte sie das Reich ultimativ auf, die Bedingun-

Deutsche Flugzeuge und Panzer mußten laut Vertrag abgewrackt werden. Die Propeller konnte man als Brennholz nutzen.

gen zu akzeptieren, andernfalls würde das ganze Ruhrgebiet besetzt. Die Regierung mußte einlenken.

## Kampf um das Ruhrgebiet

Es war klar, daß die deutsche Wirtschaft die Belastung auf die Dauer nicht verkraften konnte. Wiederholt versuchte man deshalb, einen Zahlungsaufschub zu erwirken. Als das Reich mit den Holz- und Kohlelieferungen an Frankreich in Rückstand geriet, besetzten französische und belgische Truppen am 11. Januar 1923 das gesamte Ruhrgebiet und trennten es vom übrigen Reich ab. Als Reaktion stellte das Kabinett unter Wilhelm Cuno unverzüglich sämtliche Kohlelieferungen an Belgien und Frankreich ein und rief die Bevölkerung zu passivem Widerstand auf, der jedoch bald in

aktive Sabotage überging. Bei den daraus resultierenden Unruhen und durch alliierte Standgerichte fanden bis zum Abbruch des Ruhrkampfes am 26. September über 130 Menschen den Tod.

Noch im gleichen Jahr forderten Großbritannien und die USA einen neuen Finanzierungsplan, der die deutsche Wirtschaftslage berücksichtigen sollte. 1924 erarbeitete ein Ausschuß den nach seinem Vorsitzenden benannten Dawesplan, der für die nächsten fünf Jahre kleinere Raten vorsah. Sie beliefen sich zunächst auf 1 Milliarde Goldmark pro Jahr und sollten bis 1929 auf 2,5 Milliarden ansteigen. Um die Verpflichtungen abzusichern, mußte der Staat sowohl die Reichsbank umgestalten als auch die Reichsbahn unter internationale Kontrolle stellen und seine Zolleinnahmen und Verbrauchssteuern verpfänden. Als Starthilfe bekam er eine internationale Anleihe von 800 Millionen Goldmark.

1929 gelang es dem deutschen Reichsbankpräsidenten auf der Pariser Reparationskonferenz unter dem Vorsitz des US-Bankiers Owen Young, die Zahlungen nochmals zu senken. Die Höhe der Reparationen wurde endgültig auf 112 Milliarden Reichsmark festgelegt, die in 59 Jahresraten zu knapp 2 Milliarden Reichsmark überwiesen werden sollten. Nachdem die Regierung dem Youngplan zugestimmt hatte, wurde im Gegenzug das Rheinland vorzeitig geräumt.

## DER HITLERPUTSCH

Am Abend des 8. November 1923 zwang Adolf Hitler, ein im Reich noch beinah Unbekannter, den bayerischen Generalstaatskommissar von Kahr und den Befehlshaber der Reichswehr in Bayern auf einer Versammlung im Münchner Bürgerbräukeller mit der Pistole, am geplanten Sturz der Berliner Reichsregierung mitzuwirken. Kahr widerrief noch in derselben Nacht. Am

SA-TRUPP ALS VORBOTE EINER DUNKLEN ZEIT

folgenden Mittag marschierte ein Zug aus SA und anderen nationalistischen Verbänden mit Hitler und Exgeneral Ludendorff an der Spitze durch die Innenstadt. Doch der Marsch auf Berlin endete bereits vor der Feldherrnhalle – unter den Kugeln der bayerischen Polizei.

# Die goldenen Zwanziger

*E*ine große Unsicherheit kennzeichnete in Deutschland den Zeitraum zwischen dem Ende des Ersten Weltkrieges 1918 und der Weltwirtschaftskrise 1929. Rechtsgerichtete Freikorps und Rotgardisten beherrschten die Straße, Chaos und Anarchie standen am Anfang der jungen Weimarer Republik. In den ersten dreieinhalb Jahren ihres Bestehens wurden insgesamt 376 politische Morde verübt. Millionen von Arbeitslosen bangten um ihre Zukunft, und die Inflation von 1923 zerstörte die Existenz von unzähligen Menschen.

Vor diesem düsteren politischen Hintergrund entwickelten sich hektische Vergnügungssucht und unersättliche Lebensgier. Da auf das Morgen kein Verlaß mehr war, genoß man hemmungslos den Augenblick und „amüsierte sich zu Tode", wie man es damals auszudrücken pflegte. Es war eine Zeit, in der alles möglich erschien. Kunst und Kultur entfalteten in diesen wenigen Jahren eine Kreativität und Produktivität, die in der deutschen Geschichte ihresgleichen sucht.

Der Mythos von den goldenen Zwanzigern wurde erst viel später geboren. Die Mehrzahl der Zeitgenossen empfand die Ausschweifungen viel eher als einen Tanz auf dem Vulkan, und ein Plakat warnte schon im Jahr 1921: „Berlin, halte ein! Dein Tänzer ist der Tod."

**OHNE ARBEIT** *Demonstrationen Tausender von Arbeitslosen für Lohn und Brot waren an der Tagesordnung (oben rechts).*
**REVOLUTION** *Der Sturz der Monarchie 1918 führte zum Bürgerkrieg in Deutschland. Patrouillierende Soldaten prägten das Straßenbild (rechts).*

**GESELLIGKEIT**
Im Kreis Gleichge-
sinnter versuchte
man den Alltag zu
vergessen (außen
links).
**GASSENHAUER**
Oh, Donna Clara
war damals ein be-
liebter Hit (links).
**TREFFPUNKT** Mit
grellen Plakaten
warben die Ball-
paläste in Berlin
für ihre Tanzveran-
staltungen (unten).
**SOMMERFREUDE**
Baden gehen ge-
hörte am Wochen-
ende zum bevor-
zugten Freizeitver-
gnügen der Städ-
ter (ganz unten).

Mit einem beherzten Sprung über den Stacheldraht gelang diesem Volksarmisten am 15. August 1961 die Flucht in den Westteil Berlins (rechts).

**Extrablatt**

**BERLINER MORGENPOST**

## Ost-Berlin ist abgeriegelt

### S- und U-Bahn unterbrochen
### An allen Sektorengrenzen Stacheldraht – Straßensperren
### Volksarmee rund um Berlin

Extrablätter berichteten am 13. August von der nächtlichen Großaktion (oben). Kurze Zeit später stand die Mauer, wie hier in Kreuzberg, die Hunderttausende von Familien auseinanderriß (großes Bild).

# Bürger hinter Stacheldraht

*Um den Exodus der Bevölkerung der DDR zu verhindern, ließ Walter Ulbricht am 13. August 1961 die Mauer errichten. Sie vertiefte die Spaltung Deutschlands.*

**NÄCHTLICHE AKTION** Es war kurz nach 1 Uhr nachts, als am Sonntag, dem 13. August 1961, bei der Westberliner Polizei erste Berichte über beunruhigende Vorgänge entlang der rund 46 Kilometer langen Sektorengrenze zwischen Ost- und Westberlin eingingen. DDR-Volkspolizei hinderte Ost-berliner Bürger an den meisten Übergängen daran, in die Westsektoren zu gehen, der S- und U-Bahn-Verkehr zwischen den beiden Teilen der Stadt wurde eingestellt. An vielen Stellen waren DDR-Mannschaftswagen an der Demarkationslinie aufgefahren, wurden Maschinengewehre in Position gebracht, legten DDR-Pioniere unter dem Schutz schwerbewaffneter Volkspolizisten und Soldaten der Nationalen Volksarmee Stacheldrahtverhaue an und stellten spanische Reiter auf. Straßen wurden mit Preßlufthämmern aufgerissen, und bald türmten sich Asphaltstücke und Pflastersteine zu Barrikaden. An der Stadtgrenze Westberlins zur DDR wurden ähnliche Arbeiten beobachtet.

Im Ostberliner Regierungsviertel, auf der Straße Unter den Linden, vor allem aber in den an den Westen grenzenden Wohngebieten hatten Panzer Stellung bezogen. Weitere Panzer und Militärfahrzeuge rollten in Kolonnen durch die Straßen des Ostsektors. Die meisten Ostberliner Bürger ahnten noch nicht, daß über 50 000 bewaffnete Volkspolizisten und Volksarmisten darangingen, ihnen mit Stacheldraht und Straßensperren den Weg in die andere Hälfte Berlins zu verwehren.

**GEFANGEN** Bald stand fest, daß die Sperren entlang der gesamten Grenze um Westberlin errichtet wurden. Ohne Zweifel handelte es sich um eine von langer Hand geplante Großaktion, mit der die Ostberliner Machthaber dem ständig wachsenden Flüchtlingsstrom aus der DDR einen Riegel vorschieben wollten. Seit 1949 waren annähernd 2,7 Millionen Menschen in den Westen geflohen, und zwar meist über die offene Berliner Sektorengrenze.

Gegen 3.30 Uhr brachte der Westberliner Radiosender RIAS die erste Meldung von der Absperraktion. Auf beiden Seiten der Sektorengrenze strömten aufgeregte Berliner zusammen und starrten fassungslos auf den Stacheldraht und die bewaffneten Soldaten, die die Arbeiten absicherten.

**OHNMÄCHTIGE WUT** Im Lauf des Tages kamen Zehntausende, um sich mit eigenen Augen von dem Unfaßbaren zu überzeugen. Einige Zuschauer weinten, manche standen stumm und verbittert, andere schleuderten den Soldaten ihre ohnmächtige Wut ins Gesicht. Am Brandenburger Tor mußte die Westberliner Polizei einschreiten, um Übergriffe der aufgebrachten

Menschen zu verhindern. Protestierende Demonstranten und Bildjournalisten, die sich im Osten zu nah an die DDR-Posten heranwagten, wurden von Wasserwerfern der Volkspolizei zurückgedrängt.

**FLUCHT IN DEN WESTEN** Vielerorts gelang es, die Wachposten abzulenken und damit so manchem Ostberliner zur Flucht zu verhelfen. Auch in den näch-

Dieses westliche Plakat, das der Information Ostberliner Bürger diente, stellte den DDR-Staatsratsvorsitzenden Walter Ulbricht als Lügner bloß.

sten Tagen trafen in Westberlin Tausende Flüchtlinge ein, die einen Weg über Trümmer- und Ruinengrundstücke gefunden oder Kanäle, Flüsse und andere Gewässer in Berlin durchschwommen hatten.

Am 15. August begann der eigentliche Mauerbau; die Stacheldrahtbarrieren wurden nach und nach durch hohe Betonplatten ersetzt. Eingänge und Fenster in den unteren Stockwerken von Häusern, die unmittelbar an der Grenze standen, wurden zugemauert. Nach wenigen Tagen waren alle Straßen nach Ostberlin und in die DDR gesperrt. Auch Kiesgruben, Waldstücke, Bahndämme, Kleingärten, Felder und Uferstreifen hatte man unpassierbar gemacht. Binnen kurzem versiegte der Strom der Flüchtlinge. Jeder, der jetzt noch fliehen wollte, riskierte das Wertvollste, das er hatte: sein Leben. □

## Menschliche Tragödien an der Mauer

Die Absperrmaßnahmen machten Westberlin zu einer Insel ohne Hinterland. Am 23. August waren bis auf sieben schwerbewachte Übergänge in den Ostsektor nur noch zwei Kontrollpunkte für den Transitverkehr in die Bundesrepublik geöffnet. Der öffentliche Personenverkehr zwischen den beiden Teilen der Stadt und dem Umland wurde eingestellt. Auch an allen Grenzen in die Bundesrepublik wurden scharfe Kontrollen eingeführt. Vor dem Mauerbau hatte täglich eine halbe Million Berliner die Sektorengrenze in beide Richtungen überschritten; mehr als 70 000 arbeiteten im jeweils anderen Teil der Stadt. Doch nicht nur diese regelmäßigen Grenzgänger waren von der Absperrung betroffen. Brutal trennte die Mauer Familien und zerschnitt Freundschaften.

Bereits ein Jahr nach Beginn des Mauerbaus zählte man von westlicher Seite aus an der rund 165 Kilometer langen Grenze um Westberlin herum 238 Bunker und Schützenstellungen, 163 Wachtürme und 48 besondere Sperrzonen für abgerichtete Wachhunde. Auch in den folgenden Jahren wurden Mauer und Grenzbefestigungen weiter ausgebaut und immer perfekter gesichert. Es gab elektrisch geladene Zäune, Panzersperren sowie in Flüssen versenkte Unterwassersperren. Außerdem legte man ein 100-Meter-Sperrgebiet mit einem mindestens zehn Meter breiten freien Schußfeld an. Diese Sicherheitszone wurde für zahlreiche Fluchtwillige zur tödlichen Falle.

Immer wieder kam es zu tragischen Zwischenfällen. Das erste Opfer des Mauerbaus war der Ostberliner Kraftfahrer Rudolf Urban, der sich am 19. August 1961 aus dem Fenster seiner Wohnung an der Bernauer Straße auf den zu Westberlin gehörenden Bürgersteig abseilen wollte. Er stürzte aus drei Meter Höhe ab und erlag später seinen inneren Verletzungen. Da die Türen und Fenster der unteren Etagen zugemauert waren, versuchten viele Menschen, aus den oberen Stockwerken in die Freiheit zu springen. Um auch das zu verhindern, ließen die Ostberliner Behörden in der Folgezeit viele Grenzhäuser, -straßen und selbst ganze Siedlungen in Grenznähe gewaltsam räumen.

Mit den Jahren änderte die Mauer durch Umgestaltungen ihr Aussehen, und auch die innerdeutsche Grenze zur Bundesrepublik wurde verstärkt. Auf DDR-Seite schloß sich an eine fünf Kilometer tiefe Sperrzone ein 500 Meter breiter Schutzstreifen an. Dort sorgten Metallgitterzäune, Stacheldraht, Sperrgräben, Hundelaufanlagen, verborgene Erdbunker sowie Wachtürme für eine vollständige Abriegelung der DDR. In den 70er Jahren kamen Minenfelder und Tötungsautomaten hinzu. Die Tötungsautomaten verschossen, wenn ein Auslösedraht berührt wurde, bis zu 25 Meter weit kleine scharfkantige Metallwürfel. Erst zwischen 1983 und 1985 wurden sie wieder abgebaut.

Rund um Westberlin gab es zwar keine Selbstschußanlagen, doch hier wie an der übrigen deutsch-deutschen Grenze galt der sogenannte Schießbefehl. Nach westlichen Erkenntnissen fanden an der Mauer in Berlin und an den Sperranlagen gegenüber der Bundesrepublik an die 200 Menschen bei Fluchtversuchen den Tod, die meisten durch den gezielten Einsatz von Schußwaffen. Einer davon war der 18jährige Peter Fechter. Er wurde am 17. August 1962 bei seinem Versuch, über die Mauer zu klettern, niedergeschossen und blieb schwer verletzt eine Stunde auf Ostberliner Gebiet liegen. Als der Verblutende endlich weggetragen wurde, kam jede Hilfe zu spät. Die Westberliner hatten tatenlos zusehen müssen. Viele hatten aber auch Glück und schafften die Flucht in den Westen. So krochen 57 Menschen durch einen in zwölf Meter Tiefe gegrabenen Tunnel in die Freiheit.

*Bei Mödlachreuth im Landkreis Hof beobachten zwei westdeutsche Zöllner, wie DDR-Pioniere die Grenze verstärken (oben).*

*John F. Kennedy und Willy Brandt 1963 auf der Tribüne vor dem Schöneberger Rathaus (links)*

## Empörung und Protest im Westen

Viele Deutsche rechneten anfangs damit, daß die ersten provisorischen Sperren auf Druck der westlichen Schutzmächte bald beiseite geschafft würden. Doch mit dem täglichen Wachsen der Mauer schwand diese Hoffnung.

Abgesehen von eher verhaltenen Protesten, demonstrierte der Westen Untätigkeit. Am 16. August forderte der Regierende Bürgermeister von Berlin, Willy Brandt, US-Präsident Kennedy auf einer Protestkundgebung vor dem Schöneberger Rathaus vor 300 000 Menschen zu politischen Aktionen auf. Bundeskanzler Konrad Adenauer dagegen fand erst Tage später den Weg nach Berlin.

Am 19. August erneuerte US-Vizepräsident Lyndon B. Johnson, der in Begleitung des „Vaters der Luftbrücke" von 1948, General Lucius D. Clay, in die Stadt gekommen war, die amerikanischen Garantien für die Freiheit Westberlins. Das Vertrauen der Westberliner in die Schutzmacht Amerika war damit wenigstens teilweise wiederhergestellt, doch der antifaschistische Schutzwall, wie die

 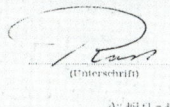

*Schon vor dem Mauerbau durften Bundesbürger Ostberlin nur mit einem Passierschein betreten.*

digte er den Widerstandsgeist der Bürger Westberlins und sprach seine Hoffnung aus, daß ganz Berlin eines Tages wieder frei sein werde. Seine Rede gipfelte in dem auf deutsch gesprochenen Satz: „Ich bin ein Berliner!"

## Mit Passierschein auf Verwandtenbesuch

Kurz nach dem Mauerbau öffnete die DDR in Westberlin Schalter, an denen Westberliner Aufenthaltsgenehmigungen für den Besuch im Ostsektor erhalten sollten. Doch aus hoheitsrechtlichen Gründen ließen die westalliierten Behörden die Ausgabestellen schließen; die Mauer war nun auch für Westberliner Bürger undurchdringlich geworden.

Erst am 17. Dezember 1963 einigten sich der Berliner Senat und der DDR-Ministerrat über eine Regelung, die es Westberlinern erlaubte, für einen befristeten Zeitraum über Weihnachten und Neujahr 1963/64 ihre Verwandten in Ostberlin zu besuchen. Über 1,2 Millionen Westberliner ließen sich einen Passierschein ausstellen. Diesem ersten Passierscheinabkommen folgten bis 1966 drei weitere, die weit über 4 Millionen Menschen nutzten. Ab dem 1. Dezember 1964 mußten die Westbesucher pro Aufenthaltstag 3 D-Mark im Verhältnis 1:1 in Ostmark zwangsumtauschen.

Als die DDR neue Abkommen nur noch dann unterzeichnen wollte, wenn die Bundesrepublik Deutschland den zweiten deutschen Staat im Osten anerkannte, blieben weitere Besuchsregelungen aus. Die 1964 eingerichtete Passierscheinstelle für dringende Familienangelegenheiten setzte jedoch stillschweigend ihre Tätigkeit fort.

In den nächsten Jahren war nur ostdeutschen Rentnern einmal im Jahr eine Reise nach Westberlin und in die Bundesrepublik Deutschland gestattet; dies hatte die DDR im September 1964 genehmigt. Westberliner, die sich auch weiterhin ungeachtet der fehlenden Einreisemöglichkeiten mit ihren Verwandten aus dem Osten treffen wollten, arrangierten nach 1966 Begegnungen im sozialistischen Ausland oder meldeten einen zweiten Wohnsitz in der Bundesrepublik an, um, ausgestattet mit einem westdeutschen Reisepaß, Tagesbesuche in Ostberlin abstatten zu können.

Der Mauerbau hatte auch unmittel-

Machthaber in der DDR die Mauer titulierten, blieb stehen. Ein militärischer Schlag lag nicht im Interesse der Alliierten; die Berliner mußten sich mit der zementierten Teilung der Stadt abfinden.

Als Kennedy am 26. Juni 1963 selbst in die geteilte Stadt kam, bereiteten ihm die Berliner einen triumphalen Empfang. In einer engagierten Rede auf dem Balkon des Schöneberger Rathauses wür-

## MEDAILLENSCHMIEDE OSTBERLIN

*Nach dem Bau der Mauer brachen das Nationale Olympische Komitee der Bundesrepublik Deutschland und der Deutsche Sportbund den Sportverkehr mit der DDR ab. Für die Olympischen Spiele in Tokio 1964 strebten das west- und das ostdeutsche Komitee jeweils eine eigene Mannschaft an, doch das Internationale Olympische Komitee IOC bestand weiter auf einem gesamtdeutschen Team.*

*1965 gab das IOC dem Drängen der DDR nach und gestattete ihr, für die Spiele 1968 in Grenoble und Mexiko eine eigene Mannschaft aufzustellen. Allerdings trugen die DDR-Sportler auch 1968 noch die gesamtdeutsche schwarzrotgoldene Flagge mit den fünf weißen olympischen Ringen und wurden wie die Bundesdeutschen mit der Beethoven-Hymne, der gesamtdeutschen Olympiahymne, geehrt. Erst ab 1972 erklang die DDR-Hymne und wehte ihre Staatsflagge bei der Siegerehrung. In der Medaillenwertung lag die DDR in Mexiko vor der Bundesrepublik Deutschland, und auch bei allen weiteren Spielen stellte sie das bundesdeutsche Team in den Schatten. Die gezielte Förderung des Spitzensports war ein besonderes Anliegen des SED-Staates. Die sportlichen Rekorde brachten der DDR internationales Ansehen ein, später aber auch den Vorwurf unerlaubten Dopings.*

*DIE DDR-MANNSCHAFT MARSCHIERT IN MEXICO-CITY INS STADION EIN.*

Mit ihren Militärparaden demonstrierte die DDR-Führung Macht und Stärke. Zum 20. Jahrestag der Befreiung durch sowjetische Truppen wurde am 8. Mai 1965 auf dem Berliner Marx-Engels-Platz eine „Ehrenparade der deutsch-sowjetischen Waffenbrüderschaft" abgehalten.

Vor diesem Studentenwohnheim in Magdeburg erinnerte eine Tafel mit sozialistischen Losungen die jungen Akademiker an ihre Aufgaben für den Staat.

bare Folgen für die Wirtschaft in Westberlin. Viele große Firmen verlegten ihren Sitz in die Bundesrepublik Deutschland, und zahlreiche qualifizierte Arbeitskräfte verließen die Stadt und wanderten in den Westen ab.

Um die Wirtschaftskraft der Stadt zu sichern, beschloß die Bundesregierung im Jahr 1962 zusätzlich zu den schon bestehenden Hilfeleistungen umfangreiche Förderungsmaßnahmen. Dazu gehörten etwa Steuervergünstigungen, die die Abwanderung der Bürger stoppen und dazu beitragen sollten, neue Arbeitskräfte nach Westberlin zu holen, sowie Subventionen für Betriebe. Außerdem wurden Aufträge bevorzugt an Berliner Betriebe vergeben. So konnte die dortige Wirt-

schaft mit der Entwicklung in der übrigen Bundesrepublik Deutschland einigermaßen Schritt halten.

## Die DDR grenzt sich ab

Nach dem Mauerbau schlug die DDR gegenüber der Bundesrepublik Deutschland eine Politik der Abgrenzung ein. Als Vorbedingung für die Wiedervereinigung sollte der Westen die DDR als eigenen Staat anerkennen. Davon machte die DDR-Führung alle Verhandlungen über menschliche Erleichterungen im geteilten Deutschland oder gar eine Annäherung zwischen beiden deutschen Staaten abhängig. Westberlin war für die DDR-Regierung kein Teil der Bundesrepublik Deutschland, sondern eine „selbständige politische Einheit". Diese Dreistaatentheorie ließ sich die DDR am 12. Juni 1964 in einem Freundschafts- und Beistandsvertrag mit der Sowjetunion bestätigen.

Das wachsende Selbstbewußtsein der DDR zeigte sich auch in den Gesetzen, die die bestehenden Verhältnisse festschreiben sollten. Anfang 1962 wurde die allgemeine Wehrpflicht eingeführt. Ab dem 2. Januar 1964 trugen die neu ausgegebenen Personalausweise den Vermerk „Bürger der Deutschen Demokratischen Republik". Dem „Gesetz über die Staatsbürgerschaft der DDR" vom 20. Februar 1967 folgte im April des nächsten Jahres eine neue Verfassung, in der die DDR als „sozialistischer Staat deutscher Nation" bezeichnet und der

politische Führungsanspruch der SED verankert wurde. Im Juni 1968 führte die Volkskammer den Paß- und Visumzwang im Transitverkehr von der Bundesrepublik Deutschland nach Westberlin sowie im Reiseverkehr von der Bundesrepublik nach Westberlin und in die DDR ein.

## Das kleine Wirtschaftswunder

Nachdem die Fluchtwege für die DDR-Bürger versperrt waren, begannen sie notgedrungen, sich mit dem SED-Staat zu arrangieren und das Beste aus der Situation zu machen. Dies führte zu einer spürbaren Stabilisierung von Staat und Gesellschaft. Die Regierung kam den Menschen unter anderem durch eine Reform des Wirtschaftssystems vom Juni 1963 entgegen. Das „Neue Ökonomische System der Planung und Leitung der Volkswirtschaft" versuchte die zentrale Planwirtschaft flexibler zu gestalten und eine Art sozialistische Konsumgesellschaft aufzubauen. Unter den Betrieben wurde ein wirtschaftlicher Wettbewerb eingeführt; sie sollten Gewinne machen und leistungsabhängige Löhne und Prämien auszahlen können.

Tatsächlich gelang es schon im ersten Jahr, die Arbeitsproduktivität zu steigern und das Nationaleinkommen zu erhöhen. Der Lebensstandard begann sich deutlich zu verbessern. Die DDR wurde nach der UdSSR zur stärksten Industriemacht des Ostblocks. Später wurden die Reformen allerdings zugunsten einer strafferen zentralen Planung wieder aufgegeben.

# Ein Erbe zuviel

*Die Geburt eines vierten Sohnes nötigte Kaiser Ludwig I., 829 das Frankenreich zu teilen. Die Entstehung Deutschlands und Frankreichs bahnte sich an.*

Aachen • · KAISER LUDWIG DER FROMME · Regensburg · Paris • · Straßburg • · Rhein · Seine · Donau · Elbe · KARL DER KAHLE · LUDWIG DER DEUTSCHE · LOTHAR I. · Loire · PIPPIN · Po · Rhône · Rom

*Da alle seine Brüder gestorben waren, war Ludwig der Fromme (ganz oben) der einzige Nachfolger des fränkischen Herrschers Karl des Großen. Er dagegen hatte vier Söhne, die, wie die Karte zeigt, alle ein Teilreich zugesprochen bekamen.*

Aufstand gegen den Vater lag in der Luft. Was hatte den Kaiser zu dieser neuen Verfügung veranlaßt?

**ERBFOLGE** Im Jahr 817 hatte Kaiser Ludwig I. beschlossen, für die Zukunft vorzusorgen und die Erbfolge zu regeln. Mit allen Mitteln hatte er verhindern wollen, daß seine Söhne nach seinem Ableben das Land unter sich aufteilten und damit die Reichseinheit zerstörten. So hatte er bestimmt, daß sein ältester Sohn Lothar, der den größten Teil des Reiches erhielt, seine Nachfolge antreten sollte, und hatte ihn daher bereits als Mitkaiser eingesetzt. Den anderen Söhnen hatte er Unterkönigreiche verliehen. Pippin I. erhielt Aquitanien und Ludwig der Deutsche Bayern. Politisch waren sie Lothar I. untergeordnet. Nur er konnte Verhandlungen mit ausländischen Mächten führen und das Reich repräsentieren.

**STIEFBRUDER** Doch nach dem Tod seiner ersten Gemahlin und der Hochzeit mit der schönen Judith aus einem vornehmen alamannischen Geschlecht änderte sich für Ludwig die Situation. 823 wurde ihm ein weiterer Sohn, Karl, geboren, dem Judith einen Anteil am Erbe verschaffen wollte. Deshalb mußte Lothar I. der Übertragung eines Reichsteils an seinen Stiefbruder zustimmen.

829 hatte die Kaiserin ihr Ziel erreicht: Das neue Teilreich wurde von Lothars Erbe abgetrennt. Karl II., der Kahle, erhielt Alamannien, das vor allem aus Gebieten Südwestdeutschlands, Teilen der heutigen Schweiz und dem Elsaß bestand. Ludwig I. beschwor mit dieser Verfügung den offenen Aufruhr herauf. Der Kampf ums Erbe ließ das Frankenreich nicht mehr zur Ruhe kommen und führte letztlich zu seiner Auflösung. □

**EMPÖRUNG** Für eine große Überraschung sorgte Kaiser Ludwig I., der Fromme, auf dem Reichstag zu Worms im August 829. Denn entgegen seiner eigenen Nachfolgeregelung verkündete er, daß er für seinen vierten Sohn ein neues Teilreich einrichten wolle. Die zwei anwesenden der drei erwachsenen Söhne aus erster Ehe, Lothar I. und Ludwig II., der Deutsche, waren empört, und ein

Nach der Niederlage Ludwigs des Frommen bei Colmar zwangen ihn seine Söhne, in der Kirche von Soissons ein Schuldbekenntnis abzulegen (links). Dabei sprach man ihm auch seine Kaiserwürde ab.

Ludwigs Sohn aus zweiter Ehe, der westfränkische König Karl der Kahle, mit den Zeichen seiner Macht: Zepter, Krone, und Reichsapfel (unten).

## Aufstand der Söhne gegen den Vater

Schnell reagierten die Erben Kaiser Ludwigs I., des Frommen, auf seinen Erlaß, das Frankenreich zugunsten seines jüngsten Sohnes Karl des Kahlen neu aufzuteilen. Schon im darauffolgenden Jahr, 830, erhoben sich die Brüder Lothar I., Pippin I. und Ludwig der Deutsche gegen den Vater, um die alte Erbordnung von 817 wiederherzustellen. Insbesondere dem ältesten Sohn, Lothar, war daran gelegen, denn er hatte neben dem Gebietsverlust auch seine Mitregentschaft eingebüßt.

Für kurze Zeit hielt Lothar I. sogar die gesamte Macht inne, doch versuchte er dann, die beiden jüngeren Brüder so sehr einzuschränken, daß sie sich schließlich gegen ihn verbündeten und sich mit ihrem Vater zusammentaten. Dieser handelte mit seinen Söhnen Pippin und Ludwig dem Deutschen eine neue Teilung aus, die die Idee der Reichseinheit aufgab. Lothar wurde auf Italien beschränkt und die Gebiete der anderen auf seine Kosten vergrößert.

Als sich der Kaiser jedoch wieder mit Lothar aussöhnte, um durch seinen Einfluß die Stellung des unmündigen Sohnes Karls des Kahlen zu stärken, änderten sich erneut die Fronten. Nun erhoben sich Pippin und Ludwig der Deutsche gegen den Vater, um sich dann doch wieder mit Lothar gegen ihn zusammenzu-

schließen. Der Streit erreichte seinen Höhepunkt, als die Heere der drei Söhne Ende Juni 833 bei Colmar im Elsaß dem Heer ihres Vaters gegenüberstanden. Bevor die Schlacht richtig begann, wurde der Kaiser von einem großen Teil seiner Krieger im Stich gelassen, so daß das Schlachtfeld als Lügenfeld in die Geschichte einging. Ludwig der Fromme wurde gefangengenommen, in Soissons nordwestlich von Paris mußte er öffentlich ein Schuldbekenntnis ablegen, seine Kaiserwürde wurde ihm abgesprochen.

Lothar ging den Brüdern in seinem Machtanspruch jedoch bald wieder zu weit, und so holten sie ihren Vater aus dem Kloster Saint Denis in der Nähe von Paris und setzten ihn 834 erneut als Kaiser ein. Lothar mußte klein beigeben und wurde mit seinen Anhängern nach Italien verbannt, das er aber immerhin für sich bewahren konnte.

Damit war der Streit natürlich nicht beigelegt, und als im Jahr 838 Pippin starb, war ein neuer Anlaß für weitere Auseinandersetzungen gegeben, denn nun kam der Kampf um dessen Erbe – Aquitanien – hinzu. Inmitten dieser Wirren, für die sich keine Lösung anbahnte, starb im Juni 840 der Vater, Ludwig der Fromme.

## Blutiger Bruderkrieg um das Erbe

Der Tod Kaiser Ludwigs schürte den Bruderkrieg um das Erbe im Frankenreich aufs neue. Wieder stand eine Teilung des Landes an. Lothar I. forderte nunmehr die volle Kaisergewalt. Ludwig der Deutsche und sein Halbbruder Karl der Kahle, die sich ihm nicht unterordnen wollten, verbündeten sich gegen ihn. 841 besiegten sie ihn in der für beide

Seiten verlustreichen Schlacht von Fontenoy in Burgund. In Erwartung neuer Kämpfe beschworen Ludwig und Karl durch die sogenannten Straßburger Eide ihr Bündnis gegen den Kaiser. Da die Entwicklung in den beiden Reichen unterdessen sehr unterschiedlich verlaufen war – im Westreich erlangten die Romanen kulturell die Oberhand, und im Ostreich dominierten die Franken –, machten sich bereits sprachliche Unterschiede bemerkbar. Die beiden Heere hatten daher große Verständigungsschwierigkeiten. Folglich mußte der Schwur in zwei Sprachen abgefaßt werden. So sprach Ludwig der Deutsche den Eid auf altfranzösisch, um vom Heer seines Halbbruders verstanden zu werden, und Karl der Kahle sprach ihn auf althochdeutsch für die ostfränkischen Mannen.

Nach zähen Verhandlungen schlossen Ludwig, Karl und Lothar I. im August 843 den Vertrag von Verdun. Lothar blieb zwar der Kaisertitel, doch mußte er einen großen Machtverlust hinnehmen. Erneut wurde das Reich unter den drei Brüdern aufgeteilt. Jeder sollte zu seinem Kernland noch ein angrenzendes Gebiet erhalten, wobei alle Teile etwa gleichwertig sein sollten. Für Lothar I. wurde ein Mittelreich geschaffen, das sich von der friesischen Küste bis nach Unteritalien erstreckte und die Kaiserresidenzen Aachen und Rom umfaßte. Westlich davon, etwa entlang der Linie Rhône, Saône, Maas und Schelde, schloß

sich das Westfränkische Reich Karls des Kahlen an. Das Gebiet östlich des Rheins und der Alpen sowie linksrheinisch die Diözesen Mainz, Worms und Speyer bekam Ludwig der Deutsche als Ostfränkisches Reich. Der Vertrag von Verdun leitete die Auflösung des Karolingerreiches ein; die Entstehung Deutschlands und Frankreichs kündigte sich damit an.

## Streit um das Mittelreich

Einige Jahre nach dem Vertrag von Verdun stand eine neue Erbteilung ins Haus. 855 starb Kaiser Lothar I., einer der entschiedensten Verfechter der Reichseinheit. Schon zuvor hatte sein äl-

*Wie diese gepanzerten Krieger, die beritten und zu Fuß eine Burg angreifen, mußten die Mannen der zerstrittenen Karolinger oft in den Kampf ziehen.*

tester Sohn Ludwig II. seine Nachfolge angetreten, mußte nun aber das von seinem Vater geerbte Mittelreich mit seinen Brüdern teilen. Während sein Vater ihm Italien zusprach, erhielt Lothar II. den nördlichen Teil des Mittelreiches, der von den Alpen bis zur Nordsee reichte. Später wurde es nach ihm Lotharingen, dann Lothringen genannt. Der jüngste Sohn, Karl, übernahm die Herrschaft in Burgund und in der Provence.

Nach Karls frühem Tod 863 teilten seine beiden Brüder Ludwig II. und Lothar II. dessen Reich unter sich auf. Sechs Jahre darauf starb auch Lothar, ohne

## REGENSBURG – ZENTRUM DES OSTFRÄNKISCHEN REICHES

*Unter Karl dem Großen wurde Regensburg die wichtigste Pfalz im Südosten des Fränkischen Reiches. Seit dem 8. Jahrhundert fanden hier Reichs- und Fürstentage statt.*

*Als Karls Nachkomme, Ludwig der Fromme, seinem Sohn, Ludwig dem Deutschen, Bayern als Unterkönigtum zuwies, machte dieser die Stadt zu seiner Residenz. Ludwig baute die Pfalz aus und erwarb das Stift Obermünster, das sich dann zum Reichsstift entwickelte. Später wurde Regensburg sogar Hauptstadt*

*BLICK AUF DIE HEUTIGE ALTSTADT MIT DER STEINERNEN BRÜCKE UND DEM DOM*

*des Ostfränkischen Reiches. Nachdem die Karolinger ausgestorben waren, ging diese Funktion allerdings wieder verloren.*

*Doch dies tat der Entwicklung der Stadt keinen Abbruch. Im Gegenteil, in den folgenden Jahrhunderten erlebte Regensburg einen großen wirtschaftlichen Aufschwung. Insbesondere im Osthandel auf der Donau spielte es eine wichtige Rolle. Im 13. Jahrhundert wurde Regensburg, das inzwischen zu einer reichen Bürgerstadt aufgestiegen war, sogar Reichsstadt.*

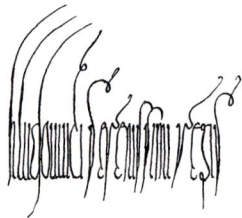

*Der ostfränkische König Ludwig der Deutsche (links) unterzeichnete zahlreiche Urkunden mit seiner auffallenden Signatur (oben).*

legitime Erben zu hinterlassen, und da schlug ihr Onkel, Karl der Kahle, zu. Entgegen allen Absprachen riß er Lothringen an sich. Doch sein Bruder Ludwig der Deutsche drohte mit Krieg, und Karl erklärte sich zu Verhandlungen bereit.

So wurde im August 870 in Meerssen an der Maas ein erneuter Teilungsvertrag, diesmal über das Reich des verstorbenen Lothar II., geschlossen. An Karl den Kahlen fiel der westliche Teil Lothringens, an Ludwig den Deutschen der östliche mit Aachen, der symbolträchtigen Pfalz Karls des Großen.

## Kampf zwischen Neffe und Onkel

Nach dem Tod des ostfränkischen Herrschers Ludwig des Deutschen 876 teilten seine drei Söhne Karlmann, Ludwig III., der Jüngere, und Karl der Dicke das Reich untereinander auf. Karl der Kahle, König des Westfränkischen Reiches, versuchte den Tod seines Bruders auszunutzen, um erneut ganz Lothringen und das linksrheinische Gebiet an sich zu bringen. Über Aachen drang er bis Köln vor. Doch sein Neffe, Ludwig der Jüngere, zog ihm entgegen und konnte ihn bei Andernach vernichtend schlagen, so daß Karl seine Eroberungspläne aufgeben mußte. Als er im Jahr darauf starb, ging es bei dem nun folgenden Familienstreit um den Besitz des Westfränkischen Reiches.

Jetzt machte sich Ludwig der Jüngere auf den Weg, seine Herrschaft auszudehnen. Zwar mißlangen seine Bemühungen, sich Westfranken einzuverleiben, doch konnte er sich im Jahr 880 durch

den Vertrag von Ribemont immerhin den westlichen Teil von Lothringen sichern. Die neue Grenze blieb, von geringfügigen Verschiebungen abgesehen, das ganze Mittelalter hindurch die Grenze zwischen Deutschland und Frankreich.

## Die letzten Karolinger im Ostfränkischen Reich

Nach dem Tod seiner Brüder Ludwig des Jüngeren und Karlmann wurde Karl der Dicke zu Beginn der 80er Jahre Alleinherrscher im Ostfränkischen Reich, und der Papst krönte ihn sogar zum Kaiser. Als kurz darauf der westfränkische König starb, wurde ihm auch noch die Königswürde des Westfränkischen Reiches angetragen. West- und Ostreich waren noch einmal für kurze Zeit vereint. Sehr bald zeigte sich jedoch, daß die Einheit nicht lange zu halten war, zu groß waren bereits die Unterschiede der beiden Herrschaftsgebiete. So mußte Karl auch getrennte Reichstage für die beiden Teilreiche abhalten.

Darüber hinaus war Karl der Dicke aber auch nicht in der Lage, das Reich vor seinen äußeren Feinden zu schützen. Im Osten nutzten die Mähren diese Schwäche aus, eroberten Böhmen und verheerten die Ostmark, ohne daß der Kaiser einschritt. Weitaus gefährlicher noch waren die Normannen, die immer wieder tief in beide Reichsteile vordrangen und die Städte verwüsteten. Dabei löste Karls Vorgehen zu Beginn der 80er Jahre des 9. Jahrhundert große Empörung aus, denn er erkaufte den Abzug der Normannen durch hohe Tributzahlung, obwohl er mit einem überlegenen Heer eingeschlossen hatte.

Nun sah der uneheliche Sohn des verstorbenen westfränkischen Königs, Arnulf von Kärnten, der bisher bei der Nachfolgeregelung ausgeschlossen worden war, seine Stunde gekommen. Als

Kaiser Karl der Dicke einen Reichstag nach Tribur einberief, zog Arnulf mit bewaffneter Macht heran. Es gelang ihm, Karl zur Abdankung zu zwingen.

Arnulf wurde sein Nachfolger, und er konnte bald eine stabile Herrschaft aufbauen. Dabei beschränkte er sich bewußt auf das Ostfränkische Reich und lehnte daher im Jahr 888 auf dem Reichstag in Frankfurt die Aufforderung einer Gruppe westfränkischer Adliger ab, König im Westreich zu werden. Vielmehr sorgte er dafür, daß dort ein weiterer König eingesetzt wurde. Arnulfs Ansehen im Reich war beträchtlich. Ein großer Erfolg war sein Sieg über die Normannen im Jahr 891, so daß diese das Ostfränkische Reich von nun an verschonten. Einige Jahre später zog er nach Rom, wo ihn der Papst zum Kaiser krönte. Doch in Italien erlitt er einen Schlaganfall, von dem er sich nicht mehr erholte. Er starb 899.

Die Nachfolge im Ostfränkischen Reich trat sein erst sechsjähriger Sohn, Ludwig IV., das Kind, an. Im Februar 900 wurde er zum König gewählt und gekrönt, bekam allerdings einen adligen Vormund. Mehr und mehr konnte der Adel seine Stellung gegenüber dem unmündigen Monarchen stärken und war im Verlauf der Jahre natürlich auch darauf bedacht, dessen Macht äußerst begrenzt zu halten. Zu dieser inneren Schwäche kam hinzu, daß die Ungarn dauerhaft die Ostgrenzen bedrohten. So führte Ludwig als 17jähriger bereits ein Heer gegen die Ungarn, das 910 auf dem Lechfeld bei Augsburg dem Feind jedoch unterlegen war. Im Jahr darauf starb Ludwig das Kind. Mit ihm ging die Zeit der ostfränkischen Karolinger zu Ende.

## Ein neues Herrschergeschlecht

Im November 911 wurde Konrad I. aus einem einflußreichen ostfränkischen Adelsgeschlecht zum König gewählt. Das war eine bedeutsame Entscheidung, denn mit seiner Thronbesteigung hatten die Ostfranken zum erstenmal einen Nichtkarolinger ausgewählt, obwohl im Westfränkischen Reich noch ein Karolinger herrschte. Ganz offensichtlich hatten sich die beiden Landesteile des einstmals großen Reiches inzwischen so weit voneinander entfernt, daß solche schwerwiegenden politischen Beschlüsse nun unabhängig vom anderen Teil getroffen wurden. Mit der Wahl Konrads war ein wesentlicher Schritt zur selbständigen Entwicklung von Deutschland und Frankreich vollzogen.

# Wertloses Geld

*Die Inflation zwang die Reichsregierung 1923, eine neue Währung auszugeben. Sie rettete Deutschland vor dem Staatsbankrott, führte aber auch zu Not und Elend.*

*Kultur für ein Pfund Butter: im Sommer 1923 war die Inflation so weit fortgeschritten, daß Geschäfte und Theater ihre Preise in Naturalien berechneten.*

**RASANTE TALFAHRT** In der zweiten Hälfte des Jahres 1923 überrollte eine beispiellose Inflation die Weimarer Republik. Ursachen dafür waren ein durch den Krieg und dessen Folgen völlig verschuldeter Staatshaushalt und eine wirtschaftliche Rezession, und da die Gold- und Devisenbestände zusammengeschrumpft waren, druckte man einfach immer neue Banknoten ohne Deckung. Zudem mußte die Regierung die Bevölkerung im besetzten Ruhrgebiet mit Milliardenbeträgen unterstützen. Das brachte das Reich an den Rand des Ruins und die Mark in einen nicht mehr kontrollierbaren Taumel. War 1 US-Dollar im Juli 1914 noch 4,2 Mark wert gewesen, so kostete er im August 1923 4,6 Millionen Mark und im Oktober bereits fast 25 Milliarden

Mark. Die Verbraucherpreise schnellten ähnlich in die Höhe. Für ein Pfund Zucker mußte man am 1. November 250 Milliarden Mark bezahlen.

**NOTBREMSE** Als der Dollar am 15. November den Rekordkurs von 4,2 Billionen Mark erreicht hatte, entschloß sich die Koalitionsregierung unter Kanzler Gustav Stresemann zum radikalen Schnitt: sie schaffte die alte Währung ab und gab als neues Zahlungsmittel die Rentenmark aus, die durch Hypotheken auf industriellen und landwirtschaftlichen Grundbesitz abgesichert war. Für 1 Billion Papiermark erhielten die Bürger nun 1 Rentenmark; die Gesamtmenge des umlaufenden Geldes wurde auf 2,4 Milliarden Rentenmark beschränkt. Zugleich stabilisierte sich das Verhältnis zwischen Mark und Dollar. Die Talfahrt der Mark war beendet. □

*Diese unglaubliche Menge Geld war praktisch nichts wert. Die galoppierende Inflation führte zu grotesken Situationen. So mußten Arbeiter ihren Wochenlohn in Körben heimtragen.*

## Der Ruhrkampf wird abgebrochen

Die Einmütigkeit, mit der die deutsche Bevölkerung den Widerstand des Ruhrgebietes gegen die französische Besatzungsmacht unterstützte, konnte nichts daran ändern, daß die Belastungen für die Staatskasse immer untragbarer wurden. Während einerseits die Einnahmen aus dem besetzten Gebiet wegfielen und es im übrigen Reich zu Produktionsengpässen kam, weil keine Kohle mehr ins Land gelangte, mußte die Regierung auf der anderen Seite die notleidenden Bewohner über viele Monate hinweg mit Geld und Lebensmitteln versorgen. Sie wußte sich nicht anders zu helfen, als immer mehr Papiergeld zu drucken, doch

das hatte verheerende Folgen. Im Frühherbst 1923 war Deutschland am Ende seiner finanziellen Kräfte angelangt und die Mark ins Bodenlose gestürzt.

Zudem verschärfte sich die Lage an Rhein und Ruhr, als aus dem passiven mit der Zeit ein aktiver Widerstand wurde und immer mehr Sabotageakte verübt wurden und die Besatzer als Vergeltung mehrere Todesurteile verhängten. Darüber hinaus hatten sie zahlreiche Menschen in Haft genommen oder vertrieben und viele hohe Geldstrafen verhängt.

Bereits am 26. September hatte der neue Reichskanzler Gustav Stresemann die Konsequenzen gezogen. Der Ruhr-

*Viele verarmte Bürger sahen sich nach der Einführung der Rentenmark gezwungen, einen Teil ihres Besitzes zu versetzen. Es bildeten sich lange Schlangen vor den Pfandleihanstalten.*

kampf war abgebrochen worden, und das Reich hatte kapituliert, ohne daß Frankreich Gegenleistungen in Aussicht gestellt hatte. Der Schaden war immens. Der Republik waren Kosten in Höhe von 3,5 Milliarden Goldmark entstanden, ganz zu schweigen von den unabsehbaren Folgeschäden für die Wirtschaft.

Stresemann sah im Abbruch des Ruhrkampfes den einzigen Weg zu Verhandlungen, doch seine unpopuläre Maßnahme, die einer demütigenden Kapitulation gleichkam, rief den erregten Protest rechter Gruppen hervor. Letztlich hatte er aber richtig gehandelt. Die Mark geriet nach der Währungssanierung wieder ins Lot. Es wurde von vielen Menschen als ein Wunder angesehen, daß sie sich mit der Zeit stabilisierte, ihren Wert behielt und sich auch im Ausland behauptete.

## STAATSMANN DER VERSÖHNUNG

*Als angesehenster Politiker der Weimarer Republik gilt Gustav Stresemann (Foto). Ursprünglich ein Monarchist, wandelte sich der Gründer der DVP, der Deutschen Volkspartei, zum Befürworter der Weimarer Republik. Nach seiner kurzen Kanzlerschaft im Jahr 1923 gehörte der Mann in dem nach ihm benannten Anzug mit den Nadelstreifenhosen bis zu seinem Tod 1929*

*verschiedenen Kabinetten als Außenminister an. In diesem Amt versuchte er die Isolation Deutschlands durch eine Annäherung an die Westmächte aufzubrechen, wobei ihm vor allem die Aussöhnung mit Frankreich am Herzen lag. Mit dem Abschluß des Vertrages von Locarno 1925 ebnete er den Weg für die Aufnahme Deutschlands in den Völkerbund in Genf.*

## Gewinner und Verlierer der Inflation

Für die große Masse der deutschen Bevölkerung bedeutete die Inflation den völligen Zusammenbruch ihres mehr oder weniger bescheidenen Wohlstandes. Rentner, Arbeiter und Angestellte, deren Lohn oder Gehalt in Geld ausbezahlt wurde, konnten sich kaum noch etwas dafür kaufen, da sich die Schere zwischen Preisen und Löhnen immer weiter öffnete. Obligationen, Wertpapiere sowie Kriegsanleihen verloren vollständig ihren Wert. Und die vielen Sparer, die ihr mühsam verdientes oder auch ererbtes Geld bei der Bank angelegt hatten, standen durch die Geldentwertung plötzlich vor dem Nichts. Das ganze Vermögen dieser Bürger wurde mit einem Schlag vernichtet, der gesamte deutsche Mittelstand geriet in vormals ungeahnte Not und wurde abhängig von öffentlicher Unterstützung. Enttäuschung und Verzweiflung machten sich breit. Nur wer Sachwerte besaß, konnte seinen Lebensstandard einigermaßen aufrechterhalten, denn bezahlt wurde bald nur noch in Naturalien. Viele kleine und mittlere Betriebe, die keinen Kredit bekamen, wurden in den Ruin getrieben und mußten an Großunternehmen veräußert werden. Das Volksvermögen wurde auf diese Weise völlig umverteilt und konzentrierte sich nun in wenigen Händen.

Zu den Nutznießern der Inflation gehörten neben Schiebern und Devisenspekulanten verschuldete Großgrundbesitzer, deren Schulden auf Boden- und Sachwerte hinfällig wurden, sowie kapitalkräftige Großindustrielle. Da die Industrie aus der vermehrten Banknotenausgabe großzügige Kredite von der Reichsbank erhielt, konnten viele Unternehmer ihren Besitz im großen Stil erweitern. Vor allem Unternehmern der Montanindustrie wie August Thyssen gelang es, durch den Aufkauf anderer Firmen gewaltige Konzerne zu schaffen, denn der Wertverlust des Geldes machte die Investitionen immer billiger.

Hugo Stinnes war wohl der skrupelloseste Großindustrielle, der sich die wirtschaftliche Not in dieser Weise zunutze machte. Bis 1924 hatte er durch Beteiligung an 4554 Betrieben ein gigantisches Wirtschaftsimperium aufgebaut. Offen bekämpfte er alle Ansätze der Regierung, die Währung zu stabilisieren.

Nachdem die Währungsreform durchgeführt worden war, stand auf der Gewinnerseite auch der deutsche Staat: die Schulden schrumpften rein rechnerisch von 154 Milliarden Mark auf 1,54 Pfennig zusammen.

## Krisenmanagement der Regierung

Nachdem die Regierung Stresemann an Konflikten mit der SPD gescheitert war, übernahm ein bürgerliches Minderheitenkabinett unter dem Zentrumsführer Wilhelm Marx am 30. November 1923 die Amtsgeschäfte. Um den desolaten Reichshaushalt sanieren, die wirtschaftliche Notlage energisch bekämpfen und die neue Währung stabilisieren zu können, mußten umfangreiche Maßnahmen getroffen werden. Daher forderte Marx ein Ermächtigungsgesetz, das am 8. Dezember beschlossen wurde.

Der gesetzlich festgelegte Achtstundentag wurde faktisch außer Kraft gesetzt. Generell wurde die Arbeitszeit um eine Stunde verlängert und für Eisen- und Stahlwerke, die im Zweischichtensystem arbeiteten, eine Wochenarbeitszeit von 59 Stunden vereinbart. Durch Notverordnungen beschnitt die Regierung

Unter der schwarzweißroten Fahne der Monarchie warb die DNVP, die Deutschnationale Volkspartei, für die Reichstagswahl 1924 um Stimmen.

zudem die Unterstützung von Arbeitslosen und Kurzarbeitern sowie die Renten, während sie gleichzeitig die Lohnabzüge erhöhte. Beamte mußten 56 statt bisher 48 Stunden arbeiten; ihre Gehälter wurden gekürzt und das Personal radikal abgebaut. Damit verfielen die sozialen Errungenschaften der Nachkriegsjahre, und die Gewerkschaften konnten nichts dagegen tun. Darüber hinaus stiegen Einkommen-, Umsatz- und Vermögensteuer, und der Finanzausgleich zwischen Ländern und Reich wurde neu geregelt. So gelang es schließlich, die Staatskassen langsam wieder zu füllen.

## Radikale Parteien auf dem Vormarsch

Zwar hatten es die Regierungen Cuno, Stresemann und Marx mit Mühe geschafft, die wirtschaftlichen und politischen Krisen des Jahres 1923 beizulegen, doch hatten die Inflation und die Umschichtung des Volksvermögens böse Narben hinterlassen. Viele hatten ihr Vertrauen in den Staat verloren. Die Enttäuschung der verarmten Massen machte sich am 4. Mai 1924 in den Reichstagswahlen Luft. Da präsentierten die Wähler den Regierungsparteien die Quittung für die erlittene Not. Die Parteien auf dem rechten und linken Flügel konnten starke Stimmenzugewinne verzeichnen, während die gemäßigte parlamentarische Mitte deutliche Einbußen hinnehmen mußte.

Die bürgerliche Koalition konnte zwar unter dem Kanzler Marx fortbestehen, war aber als Minderheit auf die Tolerierung anderer Parteien, insbesondere der SPD, angewiesen. Die Sozialdemokraten verloren 72 Mandate und stellten nur noch 100 Abgeordnete. Dafür erreichte die KPD mit 62 Abgeordneten Fraktionsstärke. Die Deutschnationale Volkspartei, die DNVP, erzielte 95 Mandate und wurde zusammen mit dem Landbund stärkste Fraktion; als solche stellte sie den Reichstagspräsidenten. Erstmals zogen nun auch Nationalsozialisten, die als Einheitsliste mit den Deutschvölkischen 32 Mandate errangen, ins Parlament ein. Eine gefährliche Entwicklung begann sich abzuzeichnen.

# Ja zu Deutschland

*Die Volksabstimmung über das Saarstatut im Jahr 1955 führte zur Angliederung des Saarlandes an die Bundesrepublik Deutschland.*

*Das Wappen des Saarlandes erinnert an die wechselvolle Geschichte des heutigen Bundeslandes: Der silberne Löwe verweist auf die Grafen von Saarbrücken, das rote Kreuz auf das ehemalige Kurfürstentum Trier, die drei stilisierten Adler auf rotem Balken erinnern an die Herzöge von Lothringen und der goldene Löwe an die Herzöge von Bayern.*

*Wahlhelfer der Volksabstimmung in Saarbrücken leeren eine Urne mit den abgegebenen Stimmen.*

**HOHE WAHLBETEILIGUNG** Außergewöhnlich hoch war die Wahlbeteiligung der Saarländer an der Volksbefragung vom 23. Oktober 1955 über die Zukunft ihres Landes. Fast alle Wahlberechtigten schritten zur Urne und sprachen sich mit einer großen Mehrheit von fast 68 Prozent gegen die politische Unabhängigkeit des Saarlandes aus, die seit 1947 bestand. Frankreich, damals Besatzungsmacht, hatte das Gebiet von Deutschland abgetrennt. Nun entschieden sich die Saarländer für die Bundesrepublik Deutschland und lehnten damit das ein Jahr zuvor zwischen Paris und Bonn ausgehandelte Saarstatut ab, das die politische Autonomie des Landes noch einmal bestätigte und die wirtschaftliche Anbindung an Frankreich vorsah.

**ANNÄHERUNG** Das Abkommen war ein Zugeständnis von Bundeskanzler Konrad Adenauer an die Franzosen gewesen, die gegenüber der jungen Republik große Vorbehalte hatten. Schon mehrfach waren sie von ihrem Nachbarn überfallen worden, und so fürchtete Paris, daß Deutschland mit dem Saarland möglicherweise zu stark werden könnte. Daher hatte sich Adenauer, dem die Annäherung an Paris sehr wichtig war, für das Statut ausgesprochen.  □

## Die Stunde der Opposition

In der Nacht zum 24. Oktober 1955 zog der saarländische Ministerpräsident Johannes Hoffmann die Konsequenzen aus der Volksbefragung und trat zurück. Das eindeutige Votum der saarländischen Bevölkerung für die Angliederung ihres Landes an die Bundesrepublik Deutschland stellte eine schwere Niederlage für ihn und seine Politik dar. Er hatte sich mit seiner Christlichen Volkspartei ganz entschieden für den wirtschaftlichen Anschluß an Frankreich und die politische Unabhängigkeit seines Landes ausgesprochen.

Ein wahrer Triumph war die Volksabstimmung dagegen für die oppositionellen Parteien, die Demokratische Partei Saar, die CDU unter Hubert Ney und die Deutsche Sozialdemokratische Partei, die sich zum sogenannten Heimatbund zusammengeschlossen hatten. Für sie kam eine Autonomie des Saarlandes nicht in Frage, statt dessen forderten sie seine Einbindung in das Bundesgebiet. Lange Zeit hatte Paris jede antifranzösische Tendenz unterdrücken lassen, um so größer war jetzt der Erfolg des Heimatbundes, der die Regierungsverhältnisse im Saarland vollkommen auf den Kopf stellte.

Die Stunde der Opposition kam nun mit den auf den 18. Dezember des Jahres festgesetzten Neuwahlen, die nach dem Rücktritt von Ministerpräsident Hoffmann erforderlich wurden. Klarer Sieger der Wahlen war der Heimatbund, wobei die CDU stärkste Partei wurde. Enorme Verluste mußte dagegen die Christliche Volkspartei hinnehmen, die seit 1946 ununterbrochen regiert hatte. Jetzt trat Hubert Ney als Ministerpräsident an die Spitze einer Koalitionsregierung. Bis 1985 stellte die CDU nun den Ministerpräsidenten des Landes.

## Schwieriger Weg zum Bundesland

Das Ergebnis des Volksentscheids stellte die Regierungen in Bonn und Paris vor eine neue Situation. So mußte die Zoll- und Währungsunion mit Frankreich aufgehoben und die seit 1947 bestehende eigene Verfassung mit unabhängiger Verwaltung und Gesetzgebung durch eine neue abgelöst werden. Noch vor den Neuwahlen begannen deshalb im November 1955 deutsch-französische Verhandlungen, um die Probleme zu lö-

sen, und knapp ein Jahr später wurde der Saarvertrag unterzeichnet. Am 1. Januar 1957 kam das Saarland als elftes Bundesland einschließlich Berlins zur Bundesrepublik Deutschland, für die wirtschaftliche Anbindung wurde eine Übergangszeit vereinbart.

## Kohle und Stahl für Frankreich

In Frankreich war man sehr besorgt, daß die Abtrennung des Saarlandes der eigenen Wirtschaft schaden könnte. So fürchtete man vor allem, daß die saarländische Stahlindustrie zu einer Konkurrenz für das lothringische Revier werden könnte. Daher machten die Deutschen Paris Zugeständnisse. So mußte das Saarland unter anderem einen großen Teil seiner Kohle, auch noch Jahre später, an seinen Nachbarn abgeben. Unter der Grenze hindurch, von lothringischen Schachtanlagen aus, bauten die Franzosen jährlich rund 3,5 Millionen Tonnen saarländischer Kohle ab.

Als weiteren Ausgleich für mögliche wirtschaftliche Nachteile konnte Frankreich die Schiffbarmachung der Mosel, an der sich auch Luxemburg beteiligte, durchsetzen. Der Transport von Kohle und Stahl aus Frankreich zu den großen Häfen Europas wurde damit wesentlich erleichtert. Am 26. Mai 1964 weihten der

*Mit Plakaten und deutschen Fahnen feierten die Saarländer die Rückkehr ihres Landes nach Deutschland.*

französische Staatspräsident Charles de Gaulle, Bundespräsident Heinrich Lübke und Großherzogin Charlotte von Luxemburg in einem feierlichen Akt die Wasserstraße ein, die zwischen Lothringen, Luxemburg und der Gegend um Trier eine Verbindung mit dem Rhein herstellte.

## Die D-Mark auf dem Vormarsch

Die alte Regierung unter Johannes Hoffmann hatte im Saarland eine erfolgreiche Wirtschaftspolitik betrieben und für einen hohen Lebensstandard gesorgt. Nun, nach der Angliederung an Deutschland, war es schwierig, die Wirtschaft, die zuvor von der französischen Verwaltung gelenkt worden war, auf den freien deutschen Markt umzustellen. Unternehmer wie Arbeiter mußten erst lernen, sich im freien Spiel der Kräfte zurechtzufinden. Massive finanzielle Hilfe aus Bonn war daher vonnöten. Auch die Umstellung vom Franc auf die D-Mark brauchte natürlich ihre Zeit, so daß vorübergehend beide Währungen gültig waren. So mußten Ladenbesitzer eine Zeitlang ihre Schaufensterauslagen sowohl in Franc als auch in D-Mark auszeichnen.

# Der Kaiser muß gehen

*Nachdem im November des Jahres 1918 Kaiser Wilhelm II. abgedankt hatte, war in Deutschland der Weg frei für die Demokratie.*

*Ein Moment von historischer Tragweite: vom Balkonfenster des Reichstages in Berlin verkündete der Sozialdemokrat Philipp Scheidemann am Nachmittag des 9. November 1918 die Republik in Deutschland.*

*Noch am selben Tag meldete die Berliner National-Zeitung in ihrer 8-Uhr-Sonderausgabe ihren Lesern die sensationelle Neuigkeit.*

**UNSCHLÜSSIGER KAISER** Umgeben von hohen Militärs, rang Kaiser Wilhelm II. am Morgen des 9. November 1918 im Hauptquartier der Obersten Heeresleitung im belgischen Spa verzweifelt mit der wohl schwersten Entscheidung seines Lebens: Sollte er abdanken oder nicht?

Reichskanzler Max Prinz von Baden hatte ihm in der vorangegangenen Nacht ein Telegramm übersandt, in dem er ihn dringend zur Abdankung aufgefordert hatte. Der Kanzler befürchtete, daß angesichts der militärischen Niederlage und der Meuterei der Matrosen in Kiel und Wilhelmshaven in Deutschland die Revolution um sich greifen würde.

**BÜRGERKRIEG** Zur gleichen Zeit wurde die Lage in Berlin immer gefährlicher. Der neugebildete Arbeiter- und Soldatenrat verlangte die Abdankung des Kaisers und verkündete den Generalstreik. Die Arbeiter verließen daraufhin ihre Betriebe und marschierten erregt in Richtung Regierungsviertel. Es kam zu Schießereien, bei denen mehrere von ihnen den Tod fanden. Soldaten, die zum Schutz der öffentlichen Gebäude eingesetzt worden waren, liefen zu den Demonstranten über.

Unter dem Eindruck dieser Ereignisse bat Max von Baden, der vergeblich auf die erlösende Nachricht von der Abdankung des Kaisers wartete, an diesem Vormittag Friedrich Ebert, den Führer der SPD, zu einem Gespräch unter vier Augen. Ebert stand in dem Ruf, ein gemäßigter Politiker zu sein, während sich die Linken in seiner Partei abgespalten und in der USPD, der Unabhängigen Sozialdemokratischen Partei Deutschlands, zusammengeschlossen hatten. Max von Baden bot Ebert in diesem Gespräch das Amt des Reichskanzlers an.

**THRONVERZICHT** In Spa zögerte Wilhelm derweil immer noch mit seiner Entscheidung. Trotz drängender Anrufe aus der Reichskanzlei, in denen man auch auf die dramatische Entwicklung in Berlin aufmerksam machte, konnte sich der Kaiser nicht zur Abdankung durchringen.

Die Vorgänge in Berlin hatten jedoch inzwischen eine ungeahnte Eigendynamik entwickelt, so daß sich Max von Baden gezwungen sah, eigenmächtig zu handeln. Gegen 12 Uhr übergab er der Presse einen vorbereiteten Text, in dem es hieß, daß Wilhelm II. sich entschlossen

*Ein deutscher Offizier konfisziert in Mülhausen eine kleine Trikolore, mit der elsässische Kinder auf der Straße spielen (oben).*

*Am 1. März 1871 paradierten die siegreichen deutschen Truppen über die Champs-Élysées (unten).*

pörung über diesen offensichtlichen Rechtsbruch war groß unter den Elsaß-Lothringern und vertiefte den Graben zwischen der Zivilbevölkerung und den preußischen Militärs.

## Ein Hoch auf Kaiser Wilhelm

Noch während Artilleriefeuer auf Paris niederging, trafen die süddeutschen Fürsten im Schloß von Versailles ein, wo der preußische Generalstab sein Hauptquartier aufgeschlagen hatte. Getragen von der nationalen Siegesstimmung in Deutschland, sollte dort nach dem Willen Bismarcks der deutsche Nationalstaat ins Leben gerufen werden. Doch bis es soweit war, mußten noch erhebliche Widerstände überwunden werden.

Wilhelm I. hielt im Grund wenig von der ihm zugedachten Kaiserwürde. Er war stolz auf seine preußische Königskrone und befürchtete, daß sie durch den neuen Titel an Wert verlieren würde. Auch die süddeutschen Fürsten standen den preußischen Einigungsbestrebungen

## SEDANSFEIERN IM KAISERREICH

*Das deutsche Kaiserreich hatte keinen offiziellen Nationalfeiertag. Trotzdem feierte das Wilhelminische Deutschland jedes Jahr am 2. September, dem Tag der Schlacht von Sedan, mit großem Pomp und Pathos den Sieg über den sogenannten Erbfeind Frankreich.*

*Ein halbes Jahrhundert lang wehten jährlich an jenem Tag die Flaggen, paradierten Truppen und erklangen patriotische Reden. Man stellte die Schlacht von Sedan nach und zelebrierte die Degenübergabe Napoleons III. an Wilhelm I. Überall in den Straßen und Schaufenstern hingen Bilder, die den Kaiser, seinen Kanzler Bismarck und seinen Oberbefehlshaber Moltke verherrlichten.*

*Der Tag von Sedan bewegte die Gemüter weitaus stärker, als es die späteren offiziellen Nationalfeiertage jemals vermochten. Die Weimarer Republik beging den 11. August, an dem 1919 die erste demokratische Verfassung in Deutschland verabschiedet wurde. Die Regierung in Ostberlin feierte den 7. Oktober, den Gründungstag der DDR 1949. In der Bundesrepublik erklärte man den 17. Juni, den Tag des Volksaufstands 1953, zum Nationalfeiertag. Seit 1990 ist es nun der 3. Oktober, der Tag der deutschen Einheit.*

reserviert gegenüber, da sie um ihre staatliche Eigenständigkeit fürchteten.

Doch Bismarck, einem Meister der Diplomatie, gelang es in Gesprächen und durch Zuwendung bedeutender Geldsummen, den ranghöchsten süddeutschen Fürsten, den Bayernkönig Ludwig II., auf seine Seite zu ziehen. Dieser trug schließlich dem preußischen Monarchen die Kaiserwürde an. Am 18. Januar, dem Jahrestag der Krönung des ersten Preußenkönigs 1701, wurde Wilhelm im Spiegelsaal des Versailler Schlosses zum deutschen Kaiser ausgerufen.

An dieser feierlichen Zeremonie im besiegten Feindesland war die deutsche Bevölkerung in keiner Weise beteiligt, auch wenn die Mehrheit der Nation in dem neuen Staat die Erfüllung ihrer nationalen Wünsche sah. Es waren vornehmlich Fürsten und Offiziere, die das neue Kaiserreich aus der Taufe hoben, das in Armee und Adel seine stärksten Stützen besaß.

## Deutschland unter Preußens Vorherrschaft

Die Verfassung des neugegründeten Deutschen Reiches war von Bismarck entworfen worden. An der Spitze des Staates stand der preußische König, der den Titel Deutscher Kaiser führte. Das Reich setzte sich aus 25 Bundesstaaten zusammen, darunter vier Königreiche, sechs Großherzogtümer und drei Freie Städte. Hauptstadt wurde die preußische Residenz Berlin. Der Anteil Preußens an der Gesamtbevölkerung von 41 Millionen betrug 62 Prozent, an der Fläche sogar 65 Prozent.

Der Bundesrat, die Ländervertretung, wurde von Preußen dominiert. Die Abgeordneten des Reichstages wurden in allgemeiner, gleicher, direkter und geheimer Wahl ermittelt. Das Wahlalter betrug 25 Jahre, Frauen waren nicht wahlberechtigt. Die Kompetenzen des Reichstages waren allerdings beschränkt, denn der Reichskanzler wurde vom Kaiser ernannt und war nur ihm und nicht dem Reichstag verantwortlich. Den Abgeordneten

stand nur das Recht zu, den Haushalt zu beraten und zu verabschieden. Die Politik des Kanzlers konnte sich daher je nach Bedarf auf wechselnde Mehrheiten stützen. Die politisch beherrschende Gestalt in Deutschland war Bismarck, der bis 1890 Reichskanzler war.

Am 3. März 1871, sieben Wochen nach der Kaiserproklamation in Versailles, fanden die ersten Reichstagswahlen statt. Die Wahlbeteiligung betrug allerdings nur 52 Prozent. Die Nationalliberalen, die Partei des national gesinnten Bürgertums, waren der große Gewinner. Sie erzielten 125 der 382 Sitze, während sich die Konservativen mit 57 Mandaten begnügen mußten. Eine bedeutende politische Kraft war das katholische Zentrum, das auf Anhieb 63 Abgeordnete in den Reichstag entsandte.

## Spekulationsfieber in der Gründerzeit

Die 5 Milliarden Franc Kriegsentschädigung, die Frankreich überraschend schnell aufzubringen vermochte, verhalfen der deutschen Wirtschaft in der Anfangszeit, den sogenannten Gründerjahren, zu einem bislang ungeahnten Wirtschaftsaufschwung. Die riesige Geldmenge löste in Deutschland

## NEUE WÄHRUNG FÜR DAS REICH

*AB 1871 BEZAHLTE MAN MIT MARK UND PFENNIG.*

*Nachdem Bismarck Deutschland geeint hatte, mußten auch die unterschiedlichen Währungen in den deutschen Ländern vereinheitlicht werden. Die bis dahin geltenden verschiedenen Münzsorten und Banknoten wurden abgeschafft. An die Stelle von Gulden und Taler traten im Kaiserreich nunmehr Mark und Pfennig als neue Rechnungseinheiten.*

*Ab 1876 gab nur noch die neugegründete Reichsbank in Berlin die Münzen und Banknoten aus. Diese Vereinheitlichung des Geldwesens trug mit dazu bei, daß sich das Kaiserreich noch vor dem Ersten Weltkrieg zur stärksten Wirtschaftsmacht auf dem Kontinent entwickelte.*

ein wahres Baufieber aus und führte auf dem Kapitalmarkt zu überhitzten Spekulationen mit überzogenen Gewinnerwartungen.

So schossen in kürzester Zeit über 1000 Aktiengesellschaften wie Pilze aus dem Boden, von denen die meisten jedoch auf einem schwachen Fundament standen. Und schon im Mai 1873 brach die Konjunktur wie ein Kartenhaus zusammen. Die Kurse an der Berliner Börse stürzten ins Bodenlose. Der Zauber des schnellen Geldes war gebrochen, die Euphorie schwand rasch, und die Wirtschaft erholte sich nur langsam.

*Im Spiegelsaal des Versailler Schlosses brachte Großherzog Friedrich von Baden (im Bild rechts neben Wilhelm) das Hoch auf den neuen Kaiser aus.*

# Zufall
# oder Glück

Nur ein Teil
der Geschehnisse
in der Vergangenheit
wurde durch die
Entschlossenheit und
Zielstrebigkeit der
handelnden Personen
bestimmt.
Unverhofftes Glück,
unvorhergesehene Ereignisse,
dumme Zufälle,
wundersame Fügungen
des Schicksals
sowie unbedeutende
Nebensächlichkeiten
prägten ebenfalls in
starkem Maß den Lauf
der deutschen Geschichte.

*Warthe*

PREUSSEN

● *Posen*

SCHLESIEN

*Leuthen* ●   ● *Breslau*

● *Hohenfriedberg*

*Oder*

● *Mollwitz*

*Elbe*

ÖSTERREICH

● *Brünn*

Unmittelbar nach ihrer Thronbesteigung mußte sich die junge Maria Theresia (unten) im Krieg gegen den preußischen König Friedrich II. (rechts) bewähren. Streitpunkt war das südöstlich an Preußen grenzende, aber zu den habsburgischen Erblanden zählende Schlesien. Insgesamt drei verlustreiche Kriege führten die beiden Herrscher um den Besitz dieses Gebietes.

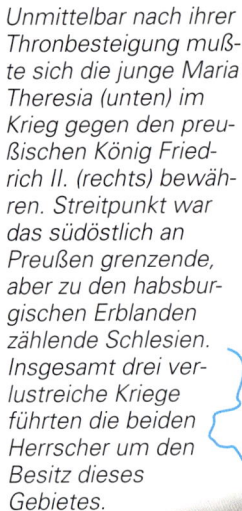

# Gelegenheit macht Diebe

*Im Jahr 1740 bestieg die politisch unerfahrene Maria Theresia in Österreich den Thron. Diese scheinbar günstige Situation nutzte König Friedrich II., um Schlesien zu überfallen und es Preußen einzuverleiben.*

**GROSSE ÜBERRASCHUNG**  Am 26. Oktober 1740 erreichte ein Kurier Schloß Rheinsberg nördlich von Berlin, wo der preußische Herrscher Friedrich II. den Herbst verbrachte. Er überreichte seinem König eine äußerst wichtige Nachricht. In Wien, so stand in der Meldung zu lesen, war überraschend Kaiser Karl VI. aus dem Haus Habsburg gestorben. Nachfolgerin in den habsburgischen Erblanden sei seine Tochter, die junge Maria Theresia.

Friedrich las die Meldung aufmerksam durch und gab dann die Anweisung, daß sein Außenminister Heinrich von Podewils und sein Militärberater Generalfeldmarschall Curt Christoph Graf von Schwerin umgehend aus Berlin nach Rheinsberg kommen sollten. Noch am gleichen Tag schrieb er in einem Brief an den von ihm sehr verehrten Philosophen Voltaire, daß es bald Krieg zwischen Preußen und Österreich geben werde.

**KRIEGSBEREIT** Friedrich, der zu diesem Zeitpunkt erst seit vier Monaten regierte und in dem Ruf stand, ein Philosoph und Schöngeist zu sein, eröffnete seinen erstaunten Gesprächspartnern zwei Tage später, daß er die günstige Situation, die durch den plötzlichen Thronwechsel in Wien entstanden war, politisch nutzen wolle, um Preußen zu einer europäischen Großmacht zu machen.

Friedrich plante, mit allen verfügbaren Kräften und so schnell wie möglich in das östlich an Preußen angrenzende Schlesien, das Teil der habsburgischen Erblande war, einzumarschieren und anschließend die niederschlesischen Fürstentümer Liegnitz, Brieg und Wohlau zu annektieren. Die Gelegenheit für einen solchen Überfall schien ihm günstig, denn die junge Regentin Maria Theresia verstand wenig von den politischen Geschäften und hatte noch viel weniger Ahnung von der Kriegführung. Diese Unerfahrenheit gedachte sich Friedrich zunutze zu machen und das reiche, relativ dicht besiedelte Schlesien, auf das der preußische Herrscher schon immer ein begehrliches Auge geworfen hatte, seinem Land einzuverleiben.

Außerdem spekulierte der junge König darauf, daß die Kaisernachfolge sowie Maria Theresias Thronbesteigung in den habsburgischen Erblanden große Konflikte unter den europäischen Höfen auslösen würden. Friedrich hatte ein feines Gespür für die Lage: Er wußte, daß die Thronfolge Maria Theresias sehr umstritten war. Denn Karl VI. hatte seinen Töchtern durch eine besondere vertragliche Regelung das Erbe der österreichischen Länder gesichert und so die Schwiegersöhne seines älteren Bruders Joseph I. übergangen. Tatsächlich meldete nun vor allem der bayerische Kurfürst Karl Albrecht, der eine Tochter Josephs geheiratet hatte, Ansprüche auf das Erbe und die Kaiserwürde an.

Aufgrund dieser ungeklärten Lage glaubte Friedrich, leichtes Spiel zu haben und in Schlesien auf keinen nennenswerten Widerstand zu stoßen. Schwerin und Podewils, seinen Beratern, fuhr der Schrecken in die Glieder, als sie von dem gewagten Unterfangen hörten. Denn ohne Verbündete hielten sie einen Krieg gegen das mächtige Österreich für ausgesprochen riskant.

**MOBILMACHUNG** Doch der Preußenkönig setzte sich skrupellos über die Bedenken seiner Berater hinweg. Nur wenige Tage nachdem Maria Theresia den Thron bestiegen hatte, lief in Preußen die Mobilmachung an. Insgesamt über 20000 Mann bot Friedrich II. auf, und Anfang Dezember verabschiedete er die ersten Truppenverbände, die in Richtung Schlesien abmarschierten.

Zwar ließ der preußische König die Regierung in Wien noch wissen, daß Preußen bei kampfloser Abtretung Schlesiens bereit sei, 200000 Taler zu zahlen, doch Maria Theresia wies dieses Ansinnen empört zurück. Damit war der Krieg nicht mehr abzuwenden. Am 16. Dezember 1740 überschritten preußische Soldaten die schlesische Grenze. ☐

## Kampf um die Vormacht

**A**ls Friedrich II. von Preußen mit seinen exzellent geschulten Truppen in Schlesien einfiel, konnten ihnen zunächst keine habsburgischen Verteidiger entgegentreten; Maria Theresia war für diesen Überfall nicht gerüstet. Anfang 1741 zog der Hohenzoller in der schlesischen Hauptstadt Breslau ein, und einige Monate später erfocht sein Feldmarschall Curt Christoph Graf von Schwerin bei Mollwitz südlich von Breslau einen glänzenden Sieg gegen die Österreicher.

Friedrichs militärischer Erfolg beeindruckte die europäischen Mächte tief. Frankreich, der langjährige politische Gegner der Habsburger, sah die Chance, Wien entscheidend schwächen zu können, tat sich mit den Bayern zusammen und schloß mit Preußen ein Bündnis. Darin verpflichtete sich Friedrich, den bayerischen Kurfürsten Karl Albrecht bei der Kaiserwahl zu unterstützen, und Frankreich bot dem Preußenkönig dafür im Gegenzug an, seine Ansprüche auf Niederschlesien mitzutragen.

Als daraufhin bayerische und französische Verbände Kampfhandlungen gegen Österreich eröffneten, geriet der Preußenkönig jedoch in Sorge über die wahren Absichten seiner Verbündeten und schloß mit seiner Gegnerin Maria Theresia einige Monate später ein geheimes Stillhalteabkommen, in dem festgelegt wurde, die Kämpfe vorläufig einzustellen.

Die Habsburgerin hatte sich damit Luft verschafft. Sie konnte ihre Truppen nun gegen die Bayern ins Feld schicken und das Land des Kurfürsten Karl Albrecht besetzen, der inzwischen als Karl VII. zum Kaiser gekrönt worden war. Doch Friedrich II. hatte unterdessen seine Angriffe gegen Maria Theresia wie-

*Die mit Säbeln bewaffneten preußischen Husaren waren von ihren Gegnern gefürchtet. Sehr erfolgreich waren die sogenannten Ziethen-Husaren. Ihr Name leitet sich vom Reitergeneral Hans Joachim von Ziethen her, der das Leibhusarenregiment Friedrichs II. anführte.*

der aufgenommen, um gegenüber den
Franzosen und Bayern, die erfolgreich
nach Böhmen vorstießen, nicht ins Hin-
tertreffen zu geraten. Schließlich mußte
sich Maria Theresia schweren Herzens
mit ihm arrangieren und im Berliner Frieden vom 28. Juli 1742 weite Teile Schlesiens verloren geben.

## Zähes Ringen
## um die Beute

N ach dem ersten Krieg um Schlesien
und dem Frieden mit Preußen gelang es Maria Theresia, ihre Position gegenüber ihren europäischen Widersachern erheblich zu stärken, unter anderem blieb Bayern trotz mehrfacher Vorstöße der mit dem Kaiser verbündeten
Franzosen in österreichischer Hand.
Friedrich II. mußte jetzt fürchten, daß
Karl VII. gezwungen werden könnte,
seine Kaiserwürde abzutreten, ja daß er
womöglich Bayern an Maria Theresia
verlieren würde, was für Wien einen
enormen Machtzuwachs bedeutet hätte.
Das konnte Friedrich nicht dulden. Als
die Truppen Maria Theresias einen Angriff auf das mit Preußen verbündete
Frankreich starteten, marschierte Friedrich im Sommer des Jahres 1744 im Gegenzug in Böhmen ein.

Der Kriegsverlauf brachte Friedrich

zunächst in eine äußerst kritische Lage,
denn unter seinen Soldaten grassierten
Krankheiten, sein Heeresaufgebot litt unter Nachschubschwierigkeiten und Zig-
tausende der rund 80000 Soldaten be-
gingen Fahnenflucht. Aber es sollte noch
schlimmer kommen: Am 20. Januar 1745
starb überraschend Kaiser Karl VII., sein
Sohn verzichtete auf alle habsburgischen
Erbansprüche und die Kaiserwürde und
schied aus der Koalition gegen Österreich aus. Da die Franzosen untätig blieben, war Preußen militärisch und politisch isoliert. Jetzt stand Friedrich allein

einer mächtigen Allianz gegenüber, weil
sich die Sachsen, Briten und Niederlän-
der mit Österreich verbündeten.

Aber der Preußenkönig gab nicht auf,
sondern versuchte seinen Soldaten wieder Mut zu machen: „Ich will", so betonte
er, „meine Machtstellung behaupten oder
untergehen und alles, selbst den Namen
Preußens, mit ins Grab nehmen." Nachdem er die Kampfkraft seiner Truppen
wiederhergestellt hatte, schlug die
preußische Armee am 4. Juni 1745 ein
österreichisch-sächsisches Aufgebot bei
Hohenfriedberg westlich von Breslau,

Ende September schlugen seine Soldaten eine erfolgreiche Schlacht in Nordböhmen, und Mitte Dezember schließlich besiegten sie sächsische Truppen bei Kesselsdorf in Sachsen.

Maria Theresia mußte nun ihren Plan, die schlesischen Länder für Österreich zurückzugewinnen, aufgeben, und am ersten Weihnachtstag 1745 unterzeichneten die Vertreter Preußens und Österreichs den Frieden von Dresden, der den Vorkriegszustand wiederherstellte. Die alten Grenzen galten weiterhin, und Schlesien blieb preußisch. Friedrich II. mußte jedoch als Gegenleistung versichern, Maria Theresias Gemahl als neuen Kaiser im Reich anzuerkennen.

## Neues Selbstbewußtsein und Großmachtgefühle

Die Eroberungen der Schlesischen Kriege, die dem preußischen König rund 1 Million neuer Untertanen sowie reiche Provinzen zuführten, ließen die Wirtschaftskraft seines Landes erheblich anwachsen. Preußen befand sich auf dem Weg, neben Großbritannien, Frankreich, Österreich und Rußland, zur fünften Großmacht in Europa aufzusteigen.

Als Zeichen des neuen Selbstbewußtseins hatte Friedrich schon Anfang der 40er Jahre in Potsdam den Bau des Sommerschlosses Sanssouci in Auftrag gegeben. Mit seinem Architekten Georg Wenzeslaus von Knobelsdorff erörterte er jedes Detail des Bauwerks einschließlich der Innenausstattung und der ausgedehnten Gartenanlagen. Hier in Sanssouci verbrachte der König seine Mußestunden – als Schriftsteller zahlreicher philosophischer, literarischer und poetischer Abhandlungen, als Flötenspieler und Komponist oder als Gastgeber berühmter Geister seiner Zeit, die er zum Gespräch über die schönen Künste sowie über Recht und Politik an seine legendäre Tafelrunde einlud.

## Preußen vor dem Abgrund

Gut zehn Jahre sollte der Frieden von Dresden aus dem Jahr 1745 halten. Keiner der beiden ehemaligen Kriegsgegner war mit den Ergebnissen des zweiten Krieges um Schlesien zufrieden: Maria Theresia hatte den Verlust Schlesiens an Preußen niemals verschmerzt, und Friedrich war weiterhin darauf bedacht, Land zu gewinnen. Den Anstoß zum neuerlichen Waffengang gaben nun die Auseinandersetzungen zwischen Großbritannien und Frankreich über ihren Kolonialbesitz in Nordamerika. Beide Länder suchten europäische Bündnispartner. In dieser Situation schien es Friedrich geraten, sich den Briten anzunähern, denn diese standen mit Rußland in Verhandlungen, wo Zarin Elisabeth eine antipreußische Politik betrieb. Friedrich hoffte, auf diese Weise den russischen Hof von einer militärischen Aktion gegen sein Land abzuhalten. Dennoch blieb Elisabeth seine entschiedene Gegnerin.

Als sich zum Jahresbeginn 1756 Preußen und Großbritannien zu einer Kriegsallianz zusammenschlossen, fühlte sich der französische Hof, der bislang an der Seite Friedrichs gestanden hatte, brüskiert. Schon bald ging er einen von Friedrich nie für möglich gehaltenen Pakt mit dem Erzfeind Habsburg ein, unterstützt von der Zarin. Friedrich, inzwischen wieder gut gerüstet, entschloß sich, seinen Feinden durch einen Präventivschlag zuvorzukommen. Am 29. August 1756 ließ er seine Truppen in Sachsen einmarschieren, um von dort aus nach Böhmen vorzustoßen und dann zum entscheidenden Schlag gegen die Habsburgerin auszuholen, bevor ihre Verbündeten ihr zu Hilfe eilen konnten. Doch seine Rechnung ging nicht auf, am 18. Juni 1757 erlitt das preußische Aufgebot bei Kolin nahe Prag eine schwere Niederlage gegen die Österreicher. Der Böhmenfeldzug endete in einem wahren Fiasko, und Preußen verlor seinen Ruf der Unbesiegbarkeit.

Aber der Siegeswille der Truppen Friedrichs II. war noch nicht gebrochen, und das Schlachtenglück wendete sich noch im selben Jahr wieder dem Preußenkönig zu: Am 5. November 1757 besiegten seine Truppen bei Roßbach in Sachsen in wenigen Stunden die gegnerische Allianz, und wenig später schlugen sie die Österreicher bei Leuthen in Schlesien.

Das nächste Kriegsjahr begann Friedrich mit einer Offensive. Die über Jahre geführten, verlustreichen Kämpfe zeigten aber, daß auch seine überragende Kriegskunst nicht mehr den Durchbruch bringen würde; im Gegenteil – Preußen geriet zunehmend in Bedrängnis. Die bitterste Niederlage seines Lebens erlitt der König am 12. August 1759 bei Kunersdorf an der Oder, als seine Verbände von einem österreichisch-russischen Aufgebot völlig aufgerieben wurden. Das Ende seines Reiches schien nur noch eine Frage der Zeit zu sein. Doch 1762 entstand durch den Tod der Zarin, inzwischen Friedrichs schärfste Gegnerin, eine neue Situation.

## VOLTAIRE IN SANSSOUCI

*An einem denkwürdigen Sommertag im Jahr 1736 erhielt der große französische Schriftsteller und Philosoph Voltaire einen Brief aus königlichem Haus. Sein Absender war der preußische Kronprinz, der spätere König Friedrich II., der ein großer Verehrer des Meisters war. Die beiden führten von nun an einen langjährigen Briefwechsel über das Geistesleben und ihr Ideal, die Idee der Vernunft als Grundlage aller Ordnungen. 1750 holte der König Voltaire sogar als königlichen Kammerherrn mit einem stattlichen Jahresgehalt an seinen Hof und ließ ihn im Schloß Sanssouci wohnen.*

*Doch das Verhältnis von Gastgeber und Gast gestaltete sich äußerst schwierig. So wie Friedrich den hervorragenden Geist seines Gastes lobte, so verachtete er gleichzeitig dessen durch Affären belastetes Privatleben, und Voltaire auf der anderen Seite hatte große Schwierigkeiten, sich den Befehlen des Königs unterzuordnen.*

*Nach drei Jahren schließlich trennte sich Voltaire im offenen Streit von seinem deutschen Gönner und verließ Preußen. Trotz dieser Auseinandersetzung führten die beiden ihren Briefwechsel fort, und Friedrichs Nachruf auf Voltaire, der im Jahr 1778 starb, zeigte ungebrochene Bewunderung für das Universalgenie.*

*FRIEDRICH II. (LINKS) UND VOLTAIRE IM GESPRÄCH IN SANSSOUCI*

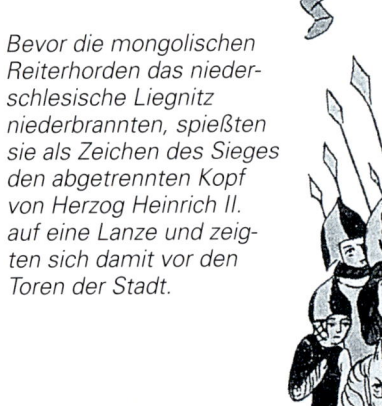

*Bevor die mongolischen Reiterhorden das niederschlesische Liegnitz niederbrannten, spießten sie als Zeichen des Sieges den abgetrennten Kopf von Herzog Heinrich II. auf eine Lanze und zeigten sich damit vor den Toren der Stadt.*

*Der mongolische Großkhan Kubilai, ebenfalls ein Enkel Dschingis Khans, führte wie Batu zahlreiche Eroberungskriege. Er gründete ein eigenes Reich in China, nahm die Kaiserwürde an und verlegte seine Residenz nach Peking.*

# Das Wunder von Liegnitz

*Der Abzug der Mongolen nach ihrem Sieg in Schlesien 1241 bewahrte die Deutschen vor dem Untergang.*

**HOFFNUNGSLOS**  Am 9. April 1241 schritt Herzog Heinrich II. von Schlesien zu einer Verzweiflungstat. Er wollte die Mongolen, die Europa seit Jahren in Angst und Schrecken versetzten, aufhalten. Bei Liegnitz westlich der Oder trat er mit rund 10 000 schlecht ausgerüsteten Männern, vor allem Deutsche und Polen, gegen die etwa viermal so große Horde des Reitervolkes aus Asien an.

Unter dem berüchtigten Herrscher Dschingis Khan waren die Mongolen zu einer Großmacht geworden. Mehr und mehr hatten sie ihr Reich ausdehnen können, und auch nach dem Tod ihres Gebieters waren die Eroberungszüge der asiatischen Reiter nicht aufzuhalten. Vergeblich waren die Hilferufe aus Osteuropa an das Deutsche Reich, Kaiser Friedrich II. blieb tatenlos.

**GLÜCKSFALL**  In dieser aussichtslosen Lage entschloß sich Herzog Heinrich in der Schlacht von Liegnitz, das Unmögliche zu wagen. Alles schien verloren, als sein Heer aufgerieben wurde und er selbst dabei den Tod fand. Doch was dann geschah, war wie ein Wunder. Die Mongolen unter ihrem Anführer Batu, einem Enkel Dschingis Khans, zogen nicht weiter in Richtung Deutschland, sondern traten den Rückzug an, denn im Mongolenreich mußte ein neuer Herrscher gewählt werden. Die Menschen in Europa konnten wieder aufatmen.  □

## Zerfall von Niederschlesien

Der mutige, aber vollkommen aussichtslose Kampf von Herzog Heinrich II. gegen die Mongolen blieb für sein Reich Niederschlesien nicht ohne Konsequenzen. Heinrich hatte über ein weiträumiges Herrschaftsgebiet regiert, das von der Spree bis zur Hohen Tatra, dem östlichen Teil der Karpaten, reichte. Sein Tod in der Schlacht von Liegnitz führte zur Aufteilung seines Landes, denn jeder seiner Söhne erhob Anspruch auf das Erbe. So zerfiel Niederschlesien in die Teilherzogtümer Liegnitz, Breslau und Glogau, die im Lauf der Jahre noch weiter aufgesplittert wurden.

## Wiederaufbau und deutsche Siedlungen

Zwar waren die Mongolen nach der Schlacht von Liegnitz abgezogen und nach Südosten geschwenkt, doch ihre Spuren der Zerstörung waren noch lange sichtbar. Große Teile von Stadt und Land waren verwüstet, Häuser, Hütten und Kirchen niedergebrannt, unzählige Einwohner, Männer wie Frauen und Kinder, brutal ermordet.

Planmäßig begann man nun, die zerstörten Länder wiederaufzubauen. Hatte schon Herzog Heinrich II. wie zuvor auch sein Vater systematisch für den Zuzug deutscher Siedler gesorgt und die Gründung von Städten und Klöstern gefördert, so warben auch ihre Nachfolger darum, daß Deutsche in ihr Land kamen. Eine entscheidende Rolle spielte hierbei, daß die schlesischen Herrscher enge verwandtschaftliche Beziehungen zu Herzogtümern im Reich aufwiesen.

Zum Aushängeschild Niederschlesiens wurde das von den Mongolen auf ihrem Raubzug ebenfalls zerstörte Breslau. Die Stadt wurde neu aufgebaut und dabei großzügiger und weitläufiger angelegt als zuvor. Als deutsche Kaufmannssiedlung zu Beginn des 13. Jahrhunderts gegründet, erhielt sie 1261 deutsches Stadtrecht. Bald blühten Handel und Gewerbe, und die weitreichenden Handelskontakte machten die prosperierende Stadt zu einem bedeutenden Mitglied der Hanse.

*Der Erzbischof von Mainz mit den beiden von ihm gekrönten Königen Heinrich Raspe und Wilhelm von Holland.*

## Das Ende der Stauferherrschaft

Das Deutsche Reich war durch den überraschenden Rückzug der Mongolen nach der Schlacht von Liegnitz zwar von einer militärischen und politischen Katastrophe verschont worden, doch stürzte es kurze Zeit später in eine tiefe Krise. Grund dafür war der Dauerkonflikt zwischen dem Stauferkaiser Friedrich II. und dem Papst, der auch dazu geführt hatte, daß Friedrich nicht gegen die Mongolen angetreten war. Ihn, der vor allen Dingen darauf bedacht

war, seine Macht im Reich auszubauen, und nicht vor einem Einmarsch in den Kirchenstaat zurückgeschreckt war, hatte der Papst mehrfach gebannt.

1245 verkündete Papst Innozenz IV. schließlich die Absetzung Friedrichs, und im folgenden Jahr konnte er die Wahl des Landgrafen von Thüringen, Heinrich Raspe, zum deutschen König durchsetzen, obwohl Friedrich, der sich in Italien aufhielt, bereits seinen Sohn Konrad IV. auf den Thron gehoben hatte. Damit standen sich zwei deutsche Könige gegenüber.

Konrad hatte Mühe, sich seines Rivalen zu erwehren, und so erlitt er auch eine schwere Niederlage, als er im Herbst 1246 bei Frankfurt versuchte, seinen Gegner Heinrich Raspe niederzuringen. Als dieser wenige Monate später starb, folgte ihm der erst 19jährige Graf Wilhelm von Holland auf den Thron des Gegenkönigs.

Kaiser Friedrich II. plante unterdessen, nach Deutschland zu ziehen, wurde jedoch krank und starb am 12. Dezember 1250 im apulischen Fiorentino. Sein Tod bedeutete für die staufische Herrschaft im Deutschen Reich den Anfang vom Ende.

## Schutzbündnis der Städte

Angesichts der dauernden Streitigkeiten um die Krone und des mangelnden Beistandes durch die Reichsgewalt beschlossen einige Städte, zur Selbsthilfe zu greifen und eigenständig für Frieden und Sicherheit zu sorgen. Denn die Städte, die auf eine florierende Wirtschaft angewiesen waren, mußten Gewerbe, Handel und Verkehr schützen. Außerdem wollten sie auf diese Weise der Zollwillkür der Territorialherren entgegentreten. So wurde auf Initiative von Mainz und Worms im Jahr 1254, nach dem Tod von König Konrad IV., der sogenannte Rheinische Bund gegründet.

Die Zahl der Mitglieder des Städtebundes stieg innerhalb von zwei Jahren bereits auf über 70 an, wobei auch weltliche und geistliche Fürsten dem Schutzbündnis beitraten. König Wilhelm von Holland blieb nichts anderes übrig, als den Bund, der eine klare Stärkung der Städte im Deutschen Reich bedeutete, anzuerkennen.

*IHS – in hoc signo (vinces) – der abgekürzte Spruch auf dem Symbol des Jesuitenordens drückt die Glaubensgewißheit seiner Mitglieder aus, denn übersetzt lautet das Motto: „In diesem Zeichen wirst du siegen."*

# Professur mit Folgen

*Als der Jesuit Petrus Canisius 1549 nach Bayern kam, sah wohl niemand voraus, daß sein Wirken in Deutschland der Gegenreformation den Weg ebnen würde.*

**ANKUNFT** Am 13. November 1549 trafen in Ingolstadt drei Jesuiten ein und wurden an Bayerns einziger Universität als neue Theologen für die katholische Lehre würdig und feierlich empfangen. Zwei Wochen später hielt Petrus Canisius für sich und seine Mitbrüder vor einem illustren Publikum seine Antrittsvorlesung: Nahezu der gesamte Lehrkörper und der vielbeschäftigte Kanzler des bayerischen Herzogs Wilhelm IV. waren zugegen. Doch wozu soviel Aufmerksamkeit für eine eigentlich undramatische Angelegenheit?

**EXISTENZKRISE** In Deutschland war seit mehr als 25 Jahren die Reformation auf dem Vormarsch, während sich kaum noch jemand bereit fand, als Theologe für die Altgläubigen einzutreten und sich gegen das Luther-tum zu stemmen. Zu sehr hatte das Ansehen der katholischen Kirche durch die zahlreichen Fehltritte ihrer Amtsträger gelitten.

**RETTER IN DER NOT** In dieser kritischen Lage wurde 1534 der Orden der Jesuiten gegründet, die bedingungslos für den Katholizismus eintraten. Da der Protestantismus auch Bayern zu überrollen drohte, erbat Herzog Wilhelm IV. Hilfe von der Kirche. So kamen Petrus Canisius und zwei weitere Jesuiten nach Ingolstadt, wo sie für die katholische Sache kämpfen sollten.

Canisius erwies sich als wahrer Glücksfall für die altgläubige Kirche, denn sein Wirken legte in Deutschland den Grundstein für die Gegenreformation. □

*Petrus Canisius sah es als eine seiner vordringlichsten Aufgaben an, die jungen Menschen wieder an den katholischen Glauben heranzuführen, wenn die Rückgewinnung verlorenen Terrains überhaupt eine Chance haben sollte.*

## Petrus Canisius – zweiter Apostel der Deutschen

P etrus Canisius lebte und arbeitete von 1549 bis 1552 in Ingolstadt. Allerdings waren die Anfänge äußerst bescheiden – aus ganz Bayern fanden sich nur 14 Studenten ein. Doch der Jesuit ließ sich nicht beirren, bot ihnen kostenlose Vorlesungen an und betreute sie auch seelsorgerisch. In gleicher Weise kümmerte er sich um Priester und Diakone vor ihrer Priesterweihe. Darüber hinaus predigte er auf der Straße und auf den Kirchhöfen das Wort Gottes – seit 1551 in Deutsch, was damals in der katholischen Kirche nicht üblich war, aber den Bedürfnissen des gemeinen Volkes natürlich sehr entgegenkam.

Vor allem aber wirkte Canisius durch seinen einfachen und maßvollen Lebenswandel als großes Vorbild, denn die Menschen waren von den katholischen Geistlichen eher anderes gewöhnt: Viele Bischöfe, die zuweilen nicht einmal geweiht waren, lebten wie die Landesfürsten in Saus und Braus; die Priester auf dem Land „vertaten ihr Leben in Trägheit, Völlerei, Ausschweifung, Spielen um Geld" und lebten zu 90 Prozent offen oder insgeheim mit Frauen zusammen, so historische Berichte.

Canisius wußte, daß er vor allem die jungen Menschen wieder für den katholischen Glauben zurückgewinnen mußte. Daher verfaßte er einen später in zahlreichen Ausgaben gedruckten Katechismus, der in seiner einfachen Form zum Lehrbuch für die Jugend wurde. Außerdem wünschte er die Gründung von jesuitischen Kollegien. Diese Schulen, Gymna-

sien vergleichbar, wurden zum Teil als Internate geführt und sollten die künftige katholische Führungsschicht heranziehen und charakterlich formen. Wie für sein persönliches Auftreten, so war auch bei diesem Projekt Canisius' Prägung durch den Jesuitenorden entscheidend: Die Gesellschaft Jesu, vom Spanier Ignatius von Loyola gegründet, hatte keine Mönchskutte, aber ihre Mitglieder waren straff organisiert, absolut gehorsam gegenüber der eigenen Führung und dem Papst und intensiv theologisch gebildet.

Um solche „Soldaten Gottes" auch für den Kampf gegen den Protestantismus in Deutschland heranzuziehen, betrieb der

*Im Sog der Reformation geriet die katholisch orientierte Universität von Ingolstadt in Bedrängnis und blühte erst durch Petrus Canisius wieder auf.*

Jesuit mit aller Macht die Gründung von Kollegien in Wien, Prag, Innsbruck, München, Augsburg und Ingolstadt.

Seine Einflußmöglichkeiten verdankte Petrus Canisius nicht nur seiner Hartnäckigkeit und seinem über die Grenzen Ingolstadts hinausdringenden Ruf, sondern auch dem Umstand, daß er 13 Jahre lang eine der beiden jesuitischen Ordensprovinzen Deutschlands leitete. In dieser Funktion nahm er an Reichstagen teil

## INQUISITION – GLAUBENSKAMPF MIT ANDEREN MITTELN

*Die Inquisition, also die systematische Untersuchung von Fällen der Ketzerei durch die Kirche, entwickelte sich im eigentlichen Sinn erst im hohen Mittelalter. Die beauftragten Inquisitoren hatten dabei ausdrücklich das Recht, auch brutalste Foltermethoden anzuwenden, um ein Schuldbekenntnis des Verdächtigen zu erreichen. Einen Verteidiger gab es in solchen Verfahren nicht. Die Vollstreckung des Urteils übernahm dann die weltliche Seite. Während in Frankreich und den südlichen Län-*

IM BÜSSERHEMD WIRD EIN KETZER DER WELTLICHEN MACHT ÜBERGEBEN.

*dern die Inquisition weit verbreitet war und auch in der Gegenreformation – namentlich in Spanien – zur Verfolgung von Protestanten eingesetzt wurde, spielte sie in dieser Form in Deutschland nur eine untergeordnete Rolle. Denn die Reformation war schon zu stark und die Gegenreformation noch zu schwach, als es 1555 mit dem Augsburger Religionsfrieden vorläufig zu einer verfassungsmäßigen Beruhigung des Konfessionskonflikts kam.*

*Geradezu groteske Formen nahm der Kampf um die Gläubigen nach diesem zeitgenössischen Flugblatt an: Bei dem Versuch, in Teufelsverkleidung eine Magd vom evangelischen Glauben abzubringen, wird ein Jesuit erstochen.*

Augsburger Religionsfriede in einem solchen Fall festlegte. Damit drohte das Erzbistum Köln, der Eckpfeiler des Katholizismus im Nordwesten des Reiches, protestantisch zu werden. Daher setzten Kaiser und Papst den widerspenstigen Erzbischof ab und bestimmten den Wittelsbacher Bischof Ernst zum Nachfolger.

Da sich Gebhard Truchseß von Waldburg damit nicht abfand, sammelten beide Parteien Truppen. 1584 gelang es bayerischen und kaiserlichen Verbänden, den abgesetzten Erzbischof zu schlagen. Ein Jahr später wurde der Kölner Bistumskrieg mit dem Sieg der bayerischen Partei beendet. Er verhalf der Gegenreformation am Niederrhein und im Münsterland zum Durchbruch und sicherte den Wittelsbachern bis 1761 den Kölner Erzbischofsstuhl.

## Hin und Her im Straßburger Domkapitel

Nach dem Kölner Bistumskrieg verlagerte sich der Konflikt zwischen Katholiken und Protestanten in das Straßburger Domkapitel, die Gemeinschaft der Geistlichkeit einer Bischofskirche, denn einige der Kölner Prälaten gehörten auch dem Kapitel in Straßburg an.

1584 verwehrten die katholischen Domherren drei in Köln gebannten protestantischen Kollegen den Zugang zum Kapitel, und der Bischof zog deren Pfründen ein. Dies war der Auftakt zu jahrelangen Querelen, deren Höhepunkt die Doppelwahl des Bischofs 1592 war. Die Protestanten kürten den gerade 15jährigen Johann Georg von Brandenburg zum Nachfolger des verstorbenen Amtsinhabers, die Katholiken hoben Karl Herzog von Lothringen auf den Schild. Daraufhin brachen Kämpfe aus, die 1593 mit einem Waffenstillstand und der Teilung des Stifts nach dem jeweiligen Besitzstand endeten. Erst sechs Jahre später setzte sich der Lothringer Herzog durch, und nach weiteren fünf Jahren verzichtete Johann Georg gegen eine finanzielle Entschädigung auf seine Ansprüche.

Die Vorgänge in Köln und Straßburg zeigten, daß die Auseinandersetzung zwischen Katholiken und Protestanten trotz des Augsburger Religionsfriedens immer militanter wurden.

und überbrachte den dort Versammelten wichtige Konzilsbeschlüsse. So hatte er immer Kontakte zu den Bischöfen und insbesondere zu den Fürsten, die ja seit dem Augsburger Religionsfrieden von 1555 das Bekenntnis in ihrem Herrschaftsgebiet bestimmten.

Für die Erneuerung der katholischen Kirche in Deutschland war das Wirken von Petrus Canisius so grundlegend, daß er – nach Bonifatius, dem ersten Apostel der Deutschen – die Ehrenbezeichnung zweiter Apostel der Deutschen erhielt.

## Bayern als Vorkämpfer des Katholizismus

Herzog Wilhelm IV. hatte Petrus Canisius und seine Jesuiten nach Bayern geholt, um das Land dem katholischen Glauben zu erhalten. Sein Sohn und Nachfolger Albrecht V. verfolgte das gleiche Ziel, allerdings zunächst mit anderen Mitteln. Da er in finanziellen Schwierigkeiten war, mußte er Rücksicht auf die mächtigen bayerischen Adligen nehmen, die eine deutliche Reform der Kirche verlangten. Daher befürwortete Albrecht V. die Priesterehe und eine Lockerung der Fastengebote auch in der katholischen Kirche.

Später jedoch, als er seine Macht gefestigt hatte, setzte er auf Konfrontation und scheute auch vor Zwangsmaßnahmen nicht zurück, um in Bayern die Gegenreformation durchzuführen. Er berief

sich dabei auf den Augsburger Religionsfrieden und fand bei seinem Glaubenskampf in den Jesuiten weiterhin die größte Stütze.

Albrecht V. setzte auch seine Familie ein, um der Rekatholisierung neuen Schwung zu verleihen. So ließ er seinen Neffen, Philipp I. von Baden-Baden, streng katholisch erziehen und führte auf diese Weise die Markgrafschaft wieder dem Katholizismus zu. Albrechts Einfluß auf seinen Schwiegervater, Kaiser Ferdinand I., verdankte es die katholische Kirche in hohem Maß, daß auch die habsburgischen Länder ganz dem alten Glauben zufielen. Damit wurde Albrecht V. einer der Hauptträger der Gegenreformation im Deutschen Reich.

## Glaubenskrieg um das Kölner Erzbistum

Da Bayern soviel für die Gegenreformation tat, wollte Albrecht V. für seine Familie, das Geschlecht der Wittelsbacher, Nutzen daraus ziehen. Er bestimmte seinen Sohn Ernst für den geistlichen Stand, um ihn auf die Übernahme eines Erzbistums vorzubereiten. 1583, vier Jahre nach Albrechts Tod, ergab sich dazu die Gelegenheit in Köln.

Der Kölner Erzbischof Gebhard Truchseß von Waldburg war zum Luthertum übergetreten, weil er ein adliges Stiftsfräulein heiraten wollte. Er weigerte sich aber zurückzutreten, wie es der

Berlin, 19. Januar 1917

Telegramm Nr. 158. Ganz geheim.
Zu Euerer Exzellenz ausschließlich persönlichen Information und Weitergabe an Kaiserlichen
Gesandten (Mexiko) auf sicherem Wege:
„Telegramm Nr. 1
Ganz geheim! Selbst entziffern!
Wir beabsichtigen, am 1. Februar uneingeschränkten U-Boot-Krieg zu beginnen. Es wird ver-
sucht werden, Amerika trotzdem neutral zu erhalten.
Für den Fall, daß dies nicht gelingen sollte, schlagen wir Mexiko auf folgender Grundlage Bünd-
nis vor: Gemeinsame Kriegführung. Gemeinsamer Friedensschluß. Reichliche finanzielle Unter-
stützung und Einverständnis unsererseits, daß Mexiko in Texas, Neu Mexiko, Arizona früher ver-
lorenes Gebiet zurückerobert. Regelung im einzelnen Euer Hochwohlgeboren überlassen.
Euer Hochwohlgeboren wollen vorstehendes Präsidenten streng geheim eröffnen, sobald Kriegs-
ausbruch mit Vereinigten Staaten feststeht...
Bitte Präsidenten darauf hinweisen, daß rücksichtslose Anwendung unserer U-Boote jetzt Aussicht bietet, England in wenigen Monaten zum Frieden zu zwingen.
Empfang bestätigen."

*Mit seinen unbedachten Äußerungen in dem Telegramm erwies Staatssekretär Zimmermann den deutschen Kriegsgegnern einen Bärendienst.*

# In falschen Händen

*Eine zufällig abgefangene Depesche führte 1917 dazu, daß die USA in den Ersten Weltkrieg eintraten. Das besiegelte die endgültige Niederlage des Kaiserreiches.*

*Angesichts der feindseligen Haltung Deutschlands sprach sich der amerikanische Präsident Woodrow Wilson vor dem Senat dafür aus, dem Kaiserreich den Krieg zu erklären.*

**STRENG GEHEIM** Am 19. Januar 1917 setzte der Staatssekretär im deutschen Auswärtigen Amt, Arthur Zimmermann, eine Depesche mit brisantem politischem Inhalt auf. Die Nachricht war so geheim, daß Zimmermann das an die mexikanische Regierung adressierte Telegramm selbst chiffrierte.

In dem Schreiben bot das Deutsche Reich Mexiko ein Militärbündnis gegen die USA an, falls die Amerikaner auf seiten der Alliierten in den Krieg eintreten würden. Das könnte dann geschehen, wenn die Deutschen mit dem uneingeschränkten U-Boot-Krieg beginnen würden. In einem solchen Fall sollte Mexiko die USA von Süden her angreifen und einen Friedensschluß erzwingen, bei dem Mexiko die 1848 verlorengegangenen Gebiete in Neumexiko, Texas und Arizona zurückerhielt. Das Angebot ging davon aus, daß mexikanische Guerilleros amerikanische Truppen binden würden und diese somit für den Kampf in Europa nicht zur Verfügung stünden; eine Annahme, die jeder realistischen Grundlage entbehrte, denn das kleine mittelamerikanische Land konnte dem mächtigen, hochindustrialisierten Nachbarn USA militärisch und politisch kaum gefährlich werden.

**ABGEFANGEN** Trotz aller strengen Geheimhaltung gelangte die deutsche Depesche per Zufall in die Hände des britischen Geheimdienstes, der sie entschlüsselte und unverzüglich an die amerikanische Regierung weitergab. Diese sah in dem deutschen Angebot ihre unmittelbaren Lebensinteressen bedroht und ließ das Telegramm am 1. März 1917 veröffentlichen. Ein Sturm der Entrüstung erhob sich daraufhin in der amerikanischen Öffentlichkeit und steigerte sich zu einer antideutschen Stimmung. Der Ruf nach Krieg wurde immer lauter.

Die Zimmermann-Note desavouierte die Friedenssondierungen von Reichskanzler Theobald von Bethmann Hollweg, die sich auf Vermittlung des amerikanischen Präsidenten Woodrow Wilson in den letzten Monaten angebahnt hatten.  □

## Deutsche U-Boote machen Jagd im Atlantik

Nur wenige Tage nach dem Bündnis-angebot an Mexiko überreichte der deutsche Botschafter in Washington der US-Regierung eine diplomatische Note, in der man für den 1. Februar 1917 den uneingeschränkten U-Boot-Krieg an-kündigte.

Angesichts des Stellungskrieges an der deutschen Westfront, der bisher keine Entscheidung gebracht hatte, und der britischen Seeblockade, die im Kaiser-reich zu einer katastrophalen Versor-gungslage geführt hatte, war jedoch die Oberste Heeresleitung unter den Ge-nerälen Ludendorff und Hindenburg zu Beginn des Jahres 1917 zu der Erkenntnis gekommen, handeln zu müssen. So ent-schied man sich im deutschen Haupt-quartier gegen den Willen des Reichs-kanzlers Theobald von Bethmann Holl-weg dafür, den uneingeschränkten U-Boot-Krieg aufzunehmen. Als „letzte Karte" sollte er Großbritannien in die Knie zwingen, damit die Blockade aufge-hoben, der Nachschub über den Atlantik aus den USA unterbunden wurde und das deutsche Heer den entscheidenden Sieg erringen konnte. Die deutsche Mari-neführung gab sich zuversichtlich, daß Großbritannien innerhalb von fünf Mo-naten zusammenbrechen würde.

Die deutschen U-Boote erhielten die Weisung, jedes Handels-schiff im Atlantik ohne vorherige Warnung, also auch neutrale amerikani-sche Schiffe, zu versenken.

Doch erwies sich dieser Entschluß als eine verhängnisvolle Fehlentscheidung. Trotz anfänglicher großer Erfolge zeigte sich bereits nach wenigen Wochen, daß die deutschen U-Boote nicht in der Lage waren, die Handelsflotte ihrer Gegner entscheidend zu schwächen. Im Gegen-teil: auf den Werften der Alliierten wur-den mehr Schiffe gebaut, als durch deut-sche Torpedos versenkt werden konnten; gleichzeitig gelang es den Verbündeten, die Abwehrwaffen gegen den unsichtba-ren Feind im Wasser so zu verbessern, daß die deutsche U-Boot-Flotte ziemlich dezimiert werden konnte.

Die Erklärung des un-eingeschränkten U-Boot-Krieges verschlechterte die Beziehungen zwischen den

*Die deutschen U-Boote entwickelten sich im Lauf des Krieges zu einer töd-lichen Waffe: Von einem Torpedo ge-troffen, explodierte dieses britische Kriegsschiff.*

USA und Deutschland noch weiter, die seit dem *Lusitania*-Zwischenfall im Mai 1915 bereits erheblich gestört waren. Damals hatte ein deutsches U-Boot das britische Passagierschiff im At-lantik versenkt, wobei 1201 Men-schen den Tod fanden, darunter 124 Amerikaner.

*Amerikanische Truppen auf dem Weg zu ihrem Fronteinsatz in Europa. Die Soldaten erkannte man an ihren charakteristischen Rangerhüten.*

*Der Zentrumspolitiker Matthias Erzberger (im Vordergrund in der Mitte) unterzeichnete in einem Eisenbahnwaggon im Wald von Compiègne, nördlich von Paris, das Waffenstillstandsabkommen.*

## US-Boys im Kampf gegen das Kaiserreich

Die Zimmermann-Depesche und der deutsche U-Boot-Krieg gaben den Ausschlag, daß die USA auf seiten der Alliierten in den Krieg eintraten. Im Februar 1917 brachen sie die diplomatischen Beziehungen zum Deutschen Reich ab. Fast alle lateinamerikanischen Staaten folgten diesem Schritt. Am 6. April 1917 erklärten die USA dann dem Kaiserreich den Krieg.

Von da an war der Krieg für Deutschland nicht mehr zu gewinnen. Zwar dauerte es mehrere Monate, bis die ersten amerikanischen Truppenkontingente auf dem europäischen Kriegsschauplatz eintrafen und in die Kämpfe eingreifen konnten, doch lieferten die USA ihren neuen Verbündeten Frankreich und Großbritannien in kürzester Zeit ungeheure Mengen an Waffen, Munition und Kriegsmaterial, was sich in den Kämpfen zugunsten der Alliierten bemerkbar machte. Vor allem den neuartigen Tanks, den schwerbewaffneten Panzern, konnte die deutsche Kriegführung nichts Gleichwertiges entgegensetzen. Nach der Einführung der allgemeinen Wehrpflicht schickten die USA dann ab April 1918 jeden Monat rund 250 000 Soldaten an die Front in Europa.

Diesem übermächtigen Gegner waren die in jahrelangen Kämpfen zermürbten deutschen Soldaten am Ende nicht mehr gewachsen. Am 8. August 1918 erlebte das deutsche Heer bei Amiens in Nordfrankreich sein Debakel. Britische und französische Panzerverbände überrollten die deutschen Stellungen, im Oktober fielen dann die flandrischen Hafenstädte Ostende und Zeebrugge, die der deutschen U-Boot-Flotte als wichtige Stützpunkte im Seekrieg gedient hatten.

## Streit um einen Verständigungsfrieden

Nachdem das Bündnis mit Mexiko gescheitert war und der U-Boot-Krieg nicht die erhoffte Wende brachte, verschärfte sich die innenpolitische Situation im Kaiserreich. Die militärische Führung, die seit 1916 weitgehend die deutsche Politik bestimmte, glaubte weiterhin an den militärischen Sieg und lehnte Friedensverhandlungen mit dem Gegner entschieden ab. Reichskanzler Bethmann Hollweg dagegen schätzte die Lage realistisch ein und sprach sich für einen Verständigungsfrieden ohne Gebietsannexionen aus, wie es der amerikanische Präsident Wilson bereits mehrmals öffentlich gefordert hatte. Der Konflikt zwischen dem Kanzler und der Obersten Heeresleitung spitzte sich immer weiter zu, und schließlich trat Bethmann Hollweg am 13. Juli 1917 von seinem Amt zurück.

Trotzdem verabschiedete der Reichstag sechs Tage später mit den Stimmen der Sozialdemokraten, des katholischen Zentrums und der Linksliberalen eine Friedensresolution, in der von „Versöhnung" und nicht mehr von „Annexionen" gesprochen wurde. Die Oberste Heeresleitung setzte sich jedoch über dieses Votum der Parlamentarier hinweg und gab sich weiter der Illusion des militärischen Sieges hin.

Aber am 14. August 1918, wenige Tage nach der Niederlage bei Amiens, mußte auch die Oberste Heeresleitung erstmals öffentlich zugeben, daß der Krieg nicht mehr zu gewinnen war, und forderte die Reichsregierung auf, ein Waffenstillstandsangebot abzugeben. Am 4. Oktober bot der neue Reichskanzler Max Prinz von Baden dem amerikanischen Präsidenten Wilson daher einen Waffenstillstand ohne jede Bedingung an. Die militärische Führung entzog sich nach vier Jahren Krieg ihrer Verantwortung und überließ es den Politikern, nach Compiègne in Nordfrankreich zu fahren und dort am 11. November in einer demütigenden Zeremonie den Waffenstillstand zu unterzeichnen.

## Kriegsmüdigkeit und Meuterei

Die Kriegsbegeisterung, die noch 1914 in Deutschland geherrscht hatte, war seit dem Eintritt der USA in den Krieg einer allgemeinen Kriegsmüdigkeit gewichen. Die militärischen Mißerfolge und die Notlage im Winter 1917 trugen ihren Teil dazu bei. Die unzufriedenen Menschen forderten, daß die Monarchie abgeschafft und der Krieg sofort beendet werde.

Kaiser Wilhelm II. kündigte zwar am 7. April 1917 die Aufhebung des Dreiklassenwahlrechts in Preußen an, doch solche politischen Zugeständnisse reichten nicht mehr aus, um die Unzufriedenheit der Menschen zu besänftigen. Kurz darauf kam es in Berlin, Leipzig und anderen deutschen Großstädten zu ersten Massenstreiks gegen den Kaiser und den Krieg.

Im Verlauf des Jahres 1918 mehrte sich der Widerstand gegen Wilhelm II. und die militärische Führung, doch diese verschloß sich jeder Einsicht und führte den Krieg bis zur Aussichtslosigkeit fort. So verwundert es nicht, daß am 29. Oktober Matrosen in Wilhelmshaven, wo Einheiten der Hochseeflotte zur letzten sinnlosen Schlacht auslaufen sollten, zur Selbsthilfe griffen. Sie verweigerten den Offizieren den Befehl und gaben mit ihrer Meuterei das Signal für den Aufstand. Wenige Tage später wehte von den Schiffen der kaiserlichen Marine in Kiel, Lübeck, Brunsbüttel, Hamburg und Cuxhaven die rote Fahne der Revolution. Nach fast 48 Jahren war das Ende des Kaiserreiches gekommen.

*Pulverdampf hing in der Luft, als es am Berliner Alexanderplatz zwischen Barrikadenkämpfern und Soldaten zu heftigen Straßengefechten kam (rechts). Als Symbol der Revolution trugen die Aufrührer die schwarzrotgoldene Fahne (unten), vor der sich am Ende auch der König verneigen mußte.*

# Auf die Barrikaden

*Warnschüsse auf Demonstranten lösten am 18. März 1848 in Berlin die Revolution aus, die ganz Deutschland erfaßte, aber nach 16 Monaten kläglich scheiterte.*

*Die schlecht bewaffneten Aufrührer schmolzen Bleiverglasungen von Fenstern ein und gossen Kugeln daraus.*

daß er ein liberaler Regent sein wolle. Doch in seinem Regierungsstil hatte er sich nicht daran gehalten. Wie würde der König jetzt reagieren?

Eine solche Massenkundgebung abzuhalten war ein großes Wagnis. Am 13. März hatten Kavalleristen mit Säbeln auf friedliche Bürger eingeschlagen, die von einer Versammlung zurückkehrten. Und zwei Tage zuvor hatte es Unter den Linden Tote und Verletzte gegeben, als Soldaten auf Demonstranten schossen. Verschärft wurden die Spannungen durch Nachrichten aus Wien, wo ein blutiger Aufruhr zum Sturz des verhaßten konservativen Staatsministers Klemens von Metternich geführt hatte.

**JUBEL FÜR DEN KÖNIG** Die Demonstration vor dem Berliner Schloß verlief zunächst völlig friedlich. Gegen 13 Uhr erschien der König auf dem Schloßbalkon, und die Menge jubelte ihm sogar zu. Der Magistrat hatte nämlich kurz zuvor bekanntgegeben, Friedrich Wilhelm habe in zwei Verordnungen Pressefreiheit gewährt und die Umwandlung Preußens in eine konstitutionelle Monarchie mit demokratischen Elementen versprochen.

Als Beweis las Innenminister Ernst von Bodelschwingh den Demonstranten die beiden Erlasse vor. Eilends gedruckte Extrablätter der *Allgemeinen Preußischen Staatszeitung* verbreiteten die erfreulichen Nachrichten. Dennoch löste sich die Menge auf dem Schloßplatz nicht auf. Die Bürger waren mißtrauisch geworden, da sie bemerkt hatten, daß auf dem Schloßhof weit mehr Soldaten standen, als zur Bewachung des Schlosses nötig gewesen wären. „Das Militär zurück!" erschallte es aus tausend Kehlen, und aus der anfänglichen Jubelkundgebung wurde eine Protestdemonstration.

**SIEG DER KONSERVATIVEN** Der König war über diese Entwicklung verunsichert. Es gab bei Hof zwei Fraktionen: die Bewahrer der herrschenden Ordnung und die Liberalen, die für die Bedürfnisse des Volkes aufgeschlossen

waren. Der König war zunächst auf der Seite der Liberalen. Aber angesichts des Aufruhrs befahl er jetzt General Ernst von Prittwitz, den Schloßplatz zu säubern. Die Truppen sollten dabei ihre Waffen steckenlassen, doch Prittwitz, dessen Befehle in dem Lärm der Massen untergingen, zog den Säbel. Angeblich wollte er seinen Offizieren nur ein Zeichen geben. Diese jedoch faßten seine Geste als Aufforderung auf und stürmten mit gezückter Waffe auf die Menge los.

**BLUTIGES MISSVERSTÄNDNIS** Plötzlich lösten sich bei den Soldaten zwei Schüsse. Die beiden Unglücksschützen, ein Unteroffizier und ein Grenadier, behaupteten später, ihre Gewehre seien von selbst losgegangen. Die Schüsse trafen niemanden, doch ihre Wirkung war trotzdem verheerend. Im Nu war der Schloßplatz wie leergefegt. Durch die ganze Stadt erscholl die Parole: „Der König hat uns verraten!"

Eilig bauten die Demonstranten Barrikaden, und es begann ein blutiger Kampf zwischen den Militärs und den aufgebrachten Bürgern. Zwar erschien sofort Minister Graf Arnim-Boitzenburg am Fenster des Schlosses und schwenkte eine weiße Fahne – doch vergebens. Auch ein Transparent mit der Aufschrift „Mißverständnis", das aus einem Fenster hinabgelassen wurde, konnte das Blutvergießen nicht mehr verhindern, das die ganze Nacht andauerte. Grausame Szenen spielten sich am Köllnischen Rathaus in der Nähe des Schlosses ab, wo Soldaten 47 Menschen töteten. In der Friedrichstraße stießen Grenadiere Aufständische, die Steine von einem Hausdach schleuderten, in die Tiefe hinab. Einen Studenten schlugen die Soldaten tot, nur weil sein Vollbart ihm ein revolutionäres Aussehen gab.

**TRUPPENABZUG MIT MUSIK** Der König wollte die Aufrührer beruhigen und verfaßte einen Aufruf mit dem Titel *An meine lieben Berliner*. Darin tat er so, als wäre der Aufstand von „Fremden" und nicht von seinen „lieben" Untertanen verursacht worden. Das war ein geschicktes Versöhnungsangebot, da so keinem der Beteiligten die Schuld zugeschoben wurde. Der Aufruf gipfelte in dem Angebot, das Militär aus Berlin abzuziehen, wenn die Bürger die Barrikaden niederrissen. Nur Schloß und Zeughaus sollten besetzt bleiben. Das war für beide Seiten akzeptabel. So zogen die Truppen mit forscher Militärmusik, aber von den Bürgern verspottet, aus Berlin ab. □

**FRIEDLICHE KUNDGEBUNG** Der 18. März 1848 war ein freundlicher, sonniger Samstag im Frühling, ein idealer Tag für eine Kundgebung. Vor dem Berliner Schloß drängten sich Menschenmassen. Mehrere tausend Bürger waren dorthin gekommen, um gegenüber König Friedrich Wilhelm IV. den Forderungen Nachdruck zu verleihen, die schon seit Tagen bei öffentlichen Versammlungen in der preußischen Hauptstadt immer wieder aufgestellt wurden.

Die Demonstranten verlangten die Pressefreiheit und eine bewaffnete Bürgergarde anstelle der Polizei, die vor allem der Unterdrückung diente. Auch die Zahl der Soldaten in Berlin sollte verringert und der preußische Landtag einberufen werden. Bei seinem Regierungsantritt im Jahr 1840 hatte Friedrich Wilhelm versprochen,

## Ein König zieht den Hut vor Revolutionären

**A**ls dem König klar wurde, wie viele Soldaten seiner Schutztruppe abgezogen worden waren, beschloß er, nach Potsdam zu flüchten. Dort glaubte er, vor der aufgebrachten Bevölkerung sicherer zu sein. Doch es kam anders. Auf der Straße Unter den Linden formierte sich ein Menschenzug. Die Barrikadenkämpfer trugen ihre Toten herbei, die Märzgefallenen, wie man sie später nannte. Die Wache ließ die Trauernden in den Schloßhof. Die Soldaten des Königs und selbst General von Prittwitz nahmen ihre Helme ab. Auf den Zuruf: „Der König soll kommen!" erschien Friedrich Wilhelm IV. auf dem Schloßbalkon. „Hut ab!" schallte es aus dem Hof herauf. Auch Friedrich Wilhelm nahm seine Kopfbedeckung ab. Er empfand dies als schwere Demütigung. Dennoch bewilligte er anschließend die Forderung nach einer Bürgerwehr. Seite an Seite zeigte sich der König mit den Anführern des Aufstands, und die Menge jubelte ihm wieder zu.

Es schien, als ob der König sich auf die Seite der Revolutionäre stellte: Am 21. März ritt er hinter der schwarzrotgoldenen Fahne der Revolution durch die Stadt, am Arm trug er eine schwarzrotgoldene Binde. An der Wache Unter den Linden begrüßte er die neue Bürgerwehr. Den Studenten der Berliner Universität versprach er, sich von nun an für Deutschlands Freiheit und Einheit einzusetzen. Am 22. März beerdigte man rund 200 Märzgefallene in Friedrichshain. Menschen aus allen Schichten bildeten einen riesigen Trauerzug. Als die Menge am Schloß vorbeikam, nahmen der König und die Minister, die auf dem Balkon standen, erneut ihre Hüte ab.

Eine Woche später berief Friedrich Wilhelm neue, liberale Minister in die Regierung. Ministerpräsident wurde der Unternehmer und Liberale Ludolf Camphausen. Das war eine politische Sensation. Es war das erste Mal in Preußen, daß ein Bürgerlicher und kein Adliger das höchste Amt nach dem König übernahm.

## Die Antwort der Konservativen

**D**ie im Mai einberufene Berliner Nationalversammlung, das damalige preußische Parlament, befand sich bald völlig in der Hand linker Demokraten.

Sie waren wesentlich radikaler in ihren Forderungen als die gemäßigt-liberale Ministerrunde unter Camphausen. Auch von den unteren Schichten des Volkes ging ein starker Druck auf die Regierung Camphausen aus. Die Revolution hatte die Armut der kleinen Leute nicht beseitigen können. Dies war die Ursache zahlreicher neuer Unruhen. Der Bürgerwehr wuchs die Lage schnell über den Kopf, obwohl sie bald ebenso hart vorging wie früher das Militär. Zu ihrer Unterstützung forderte sie sogar Truppen an. Diese rückten bereits Ende März in Berlin ein.

Am 14. Juni erschoß die Bürgerwehr zwei demonstrierende Arbeiter. Wieder entbrannten Straßenkämpfe. Die Menge war außer sich und stürmte das Zeughaus, um sich zu bewaffnen. Aber gemeinsam mit der Bürgerwehr er-

Den Sieg der konservativen Gegner der Revolution nimmt diese Karikatur (unten) von 1849 aufs Korn. Wie unartige Kinder werden die Aufrührer bestraft.

## Dichterlesungen und Liederabende

**G**eselligkeit wurde im kulturbegeisterten Weimar großgeschrieben; das gesellschaftliche Leben spielte sich in diversen Zirkeln, Logen und Gesprächskreisen ab. Während der Club zu Weimar, der im Stadthaus zusammenkam, jedem geistig und kulturell interessierten Bürger offenstand, trafen sich Adel und Bildungsbürgertum in geschlossenen Vereinigungen mit festen Statuten.

Mittelpunkt der höfischen Geselligkeit war die berühmte Tafelrunde Anna Amalias, zu der sich die gebildete, aufgeklärte Hofgesellschaft und illustre Schöngeister wie Goethe, Schiller und Christoph Martin Wieland zusammenfanden. Auch ausgewählte Vertreter des Bürgertums sowie einige Schauspieler und Sänger waren mit von der Partie. Man pflegte die geistreiche Unterhaltung, die vor allem um Poesie und Musik kreiste, Dichter trugen ihre neuesten Werke vor, und die Hofdamen nähten Kostüme für das Theater. Hier begegnete Goethe seiner langjährigen Vertrauten Charlotte von Stein. Zu den gesellschaftlichen Höhepunkten des Jahres gehörten Tanzveranstaltungen und Maskenbälle, und im Winter feierte man im Freien glanzvolle Eisfeste.

Nach seiner Rückkehr aus Italien rief Goethe die sogenannte Freitagsgesellschaft ins Leben, die sich am ersten Freitag im Monat mal im Palais der Herzoginmutter und mal in Goethes Stadthaus am Frauenplan traf. Es war ein betont bürgerlicher Kreis, doch wurden auch einzelne Adlige wie Herzog Karl August dazu geladen. Die Statuten waren strenger als bei der Tafelrunde; es wurden Vorträge gehalten und gelehrte Gespräche über Kunst und Naturwissenschaften geführt. Wie auch die anderen Weimarer Gesprächskreise war Goethes Gesellschaft von dem aufklärerischen Impuls getragen, neue Erkenntnisse allgemeinverständlich zu vermitteln und zu erörtern. Darüber hinaus hatte der Dichter alle 14 Tage nach dem Theaterbesuch bei seinem Mittwochskränzchen Ehepaare zu Gast, um gemeinsam mit ihnen zu singen und zu musizieren.

*Geistesgrößen unter sich: Goethe (stehend ganz links), Wieland, Herder und die Brüder von Humboldt in Schillers Jenaer Gartenhaus.*

## SCHULE FÜR STAATSDIENER

*DIESE MEDAILLE ERHIELTEN SCHÜLER FÜR BESONDERE LEISTUNGEN.*

*Während in Weimar der Fürstenhof zum Kulturzentrum aufstieg, entwickelte sich in Württemberg die von Herzog Karl Eugen gegründete Karlsschule zum geistigen Mittelpunkt. Er hatte sie 1770 auf der Solitude bei Stuttgart zunächst als Waisenhaus gegründet, wo er den Kindern verarmter oder verstorbener Offiziere eine kostenlose Erziehung zukommen ließ. 1775 verlegte er sie, zur Militärakademie erweitert, nach Stuttgart.*

*Sechs Jahre später wurde sie zur Universität erhoben, der neben der Militärakademie eine Kunstakademie, Handelsschule, Theater- und Musikschule sowie eine Gartenbauschule angeschlossen waren. Im Geist der Aufklärung wurden Sprachen, Wirtschaftswissenschaften, Rechtswissenschaft, Technologie und Medizin unterrichtet. Die Studenten der Hohen Karlsschule, in der Karl Eugen seine Beamtenschaft heranzog, kamen nun aus allen Gesellschaftsschichten. In ihrer kurzen Blütezeit brachte sie bis 1794 viele fähige Männer hervor, die später führende Stellen des öffentlichen Lebens bekleideten.*

*Unter den Zöglingen war gegen seinen Willen auch Friedrich Schiller. Wie viele seiner Mitschüler stieß er sich an dem soldatischen Drill und den strengen Vorschriften. Während der gesamten Ausbildung lebten die Eleven stark isoliert, bekamen keinen Urlaub und durften nicht einmal ihre Eltern besuchen.*

# Bretter, die die Welt bedeuten

Zu Beginn des 17. Jahrhunderts zogen viele Komödiantentruppen wie schon im Mittelalter von Stadt zu Stadt und schlugen auf Märkten und Messen ihre hölzernen Bühnen auf. Sie spielten so recht nach dem Geschmack der einfachen Leute, die den blutrünstigen Schauerdramen gebannt folgten und johlend die derben Späße des Hanswursts beklatschten, der sie zwischen den Akten mit allerlei wüsten Witzen unterhielt. Nur wenigen Wandertruppen gelang es, mit einem solchen Repertoire an einem der zahlreichen deutschen Fürstenhöfe zu gastieren, wo man es vorzog, in Schloßtheatern den kultivierten Darbietungen italienischer Opern zu lauschen.

Erst Friederike Caroline Weißenborn aus dem Vogtland, die mit dem Schauspieler Johann Neuber durchgebrannt war und eine eigene Theatertruppe gegründet hatte, verbannte den Stegreifklamauk von der Bühne. Als die Neuberin 1747 dem jungen Studenten Gotthold Ephraim Lessing begegnete und in ihm die Leidenschaft fürs Theater weckte, begann eine neue Epoche in der Geschichte des deutschen Schauspiels. Lessing arbeitete als Dramaturg in Hamburg und setzte Shakespeare auf den deutschen Bühnen durch. Er schrieb mit *Miss Sara Simpson* das erste bürgerliche Trauerspiel in deutscher Sprache, und auch die erste deutsche Komödie mit Anspruch, *Minna von Barnhelm*, stammte aus seiner Feder. Ohne ihn wären Goethes und Schillers Dramen nicht denkbar gewesen.

*PRÄCHTIGER RAHMEN* Die Fürsten ließen sich wie in Bayreuth prunkvolle Theater errichten (rechts).
*HINTER DEN KULISSEN* Das Modell gibt einen Einblick in das Innenleben damaliger Bühnen (unten).

Mit Hoher Obrigk. Bewilligung
wird heute von den
Kön. Poßhlnisch. Churfürstl. Sächsischen
auch
Hoch-Fürstl. Braunschw. Lüneb. Wolffenb.

## Hof-Comödianten
Ein Deutsches Schauspiel vorgestellet
werden. Genannt:

## Iphigenia.
Aus dem französischen des Herrn Racine von dem
Herrn Professor Gottsched in Leipzig übersetzt.

Personen:

Agamemnon/ König in Argos.
Ulysses/ König von Ithaca.
Achilles/ ein junger Held Bräutigam der Iphigenia.
Clytemnestra/ des Agamemnons Gemahlin.
Iphigenia/ des Agamemnons Prinzessin.
Eriphile/ eine Prinzessin, die ihre Eltern nicht weiß, her-
nach aber als eine Tochter des Theseus erkannt wird.
Arcas/ ⎞
Euribates/ ⎠ des Agamemnons Bediente.
Ein Hauptmann/ mit der Wache.

Den Beschluß macht ein lustig Nachspiel.

Die Person giebt auf dem ersten Platz ( Marckl/ auf
dem Mittlern 10 Schilling und auf dem letzten Platz
6 Schilling. Die Logen sind besonders.

Der Anfang ist um 5 Uhr/ und der Schau-Platz in
Hamburg in der Fulen-Twiet/ im Comödien Hause.
Dienstags/ den 16. August 1775.

Johann Neuber.

**WANDERBÜHNE** Die Theatertruppen, die in Dörfern oder kleinen Städten gastierten, boten mit ihren derben Schwänken eine willkommene Abwechslung im täglichen Einerlei der Menschen (oben links).

**THEATERVORSTELLUNG** Gebannt verfolgten die Zuschauer von ihren Plätzen aus den Zweikampf auf der Bühne und litten mit den von Blessuren gezeichneten Kontrahenten (oben).

**LOGENPUBLIKUM** Die Damen und Herren der adligen Gesellschaft pflegten die Darbietungen auf der Bühne von einer separaten Theaterloge aus zu verfolgen (zweite Abbildung von links).

**ANKÜNDIGUNG** Mit solchen Theaterzetteln warb die Neubersche Schauspieltruppe für die Aufführung ihres Theaterstückes Iphigenia im Jahr 1775 in Hamburg (links).

*Die Wenzelskrone gehörte mit ihren 91 Edelsteinen – Rubinen, Saphiren, Smaragden – und Perlen zu den wertvollsten Königskronen Europas. Die böhmischen Herrscher trugen sie nur bei feierlichen Anlässen.*

# Lukratives Angebot

*Die Belehnung mit dem Königreich Böhmen 1310 machte die Dynastie der Luxemburger zu einer der mächtigsten Familien in Deutschland.*

*Der 14jährige Johann kniet vor seinem Vater Heinrich VII. nieder und bekommt von diesem das Königreich Böhmen als Lehen. In der Hand hält der junge Herrscher eine Standarte mit dem Wappentier Böhmens, dem Löwen.*

**UNGELIEBTER KÖNIG** Drückende Sorgen lasteten auf den Schultern der böhmischen Gesandten, die im Juli 1310 nach Frankfurt zum Reichstag kamen. Knapp drei Jahre zuvor hatte das Land Heinrich von Kärnten zum böhmischen König gewählt, und jetzt gab es einflußreiche Kreise, die den ungeliebten Herrscher möglichst rasch wieder loswerden wollten.

Doch wer sollte sein Nachfolger werden? Böhmische Boten hielten in ganz Europa Ausschau, aber ein geeigneter Kandidat war nicht in Sicht. In ihrer Verzweiflung fragten die Gesandten auf dem Frankfurter Reichstag den deutschen König Heinrich VII. um Rat und boten ihm schließlich sogar selbst die böhmische Krone an.

**VERLOCKENDER VORSCHLAG** Heinrich hatte in diesem Jahr aber schon andere Pläne. Er wollte nach Rom reisen und sich dort zum Kaiser krönen lassen. Andererseits war das böhmische Angebot zu verlockend, um es einfach auszuschlagen. Denn hier bot sich dem deutschen König aus dem kaum bekannten Geschlecht der Luxemburger die einmalige Chance, die Stellung seiner Dynastie im Reich zu festigen. Gern hätte der König seinen jüngeren Bruder auf dem böhmischen Thron gesehen, doch das lehnten die Diplomaten rundweg ab.

Der Mainzer Erzbischof schlug daraufhin den erst 14jährigen Königssohn Johann als Kandidaten vor. Heinrich VII. zögerte zunächst, doch als die böhmische Abordnung zu der Krone auch noch die Hand der Prinzessin Elisabeth, der Tochter des letzten böhmischen Königs, anbot, war der Handel perfekt. Denn durch die dynastische Verbindung mit dem neuen Königshaus hatte der zukünftige Regent Johann einen Anspruch auf das böhmische Erbe.

**PERFEKTER HANDEL** Noch auf dem Reichstag wurde dem ungeliebten Herzog von Kärnten die Krone aberkannt. Am 30. August 1310 belehnte König Heinrich VII. seinen Sohn Johann in Speyer mit dem Königreich Böhmen, und einen Tag später fand die Hochzeit mit der vier Jahre älteren Elisabeth statt. Im Oktober befand sich das junge Paar bereits auf dem Weg nach Prag, wo der Mainzer Erzbischof Johann im Februar 1311 feierlich zum König krönte.

Ohne eigenes Zutun war den Luxemburgern damit ganz Böhmen in den Schoß gefallen. Durch diesen unerwarteten Glücksfall wurden sie zu einer Macht im Reich. □

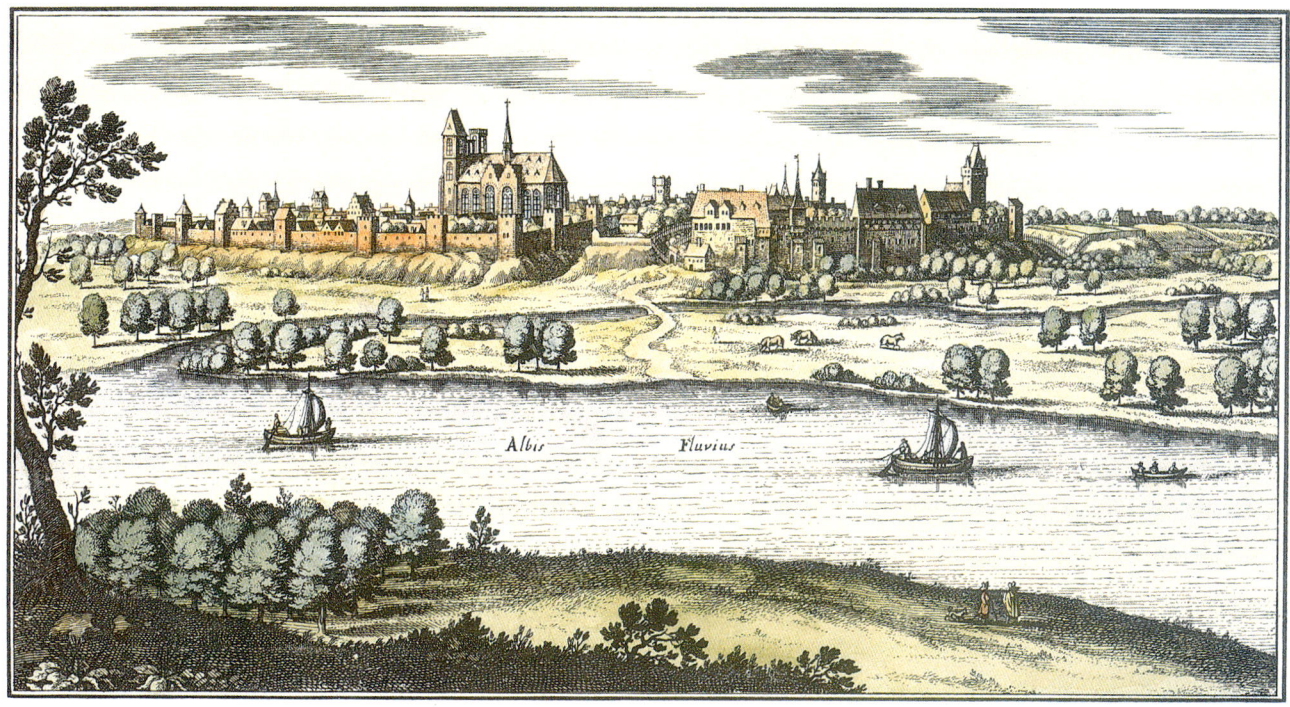

Albis Fluvius

## Die Luxemburger – ein Staat im Staat

A ls Johann nach Prag zog, umfaßte sein Königreich nicht mehr als das böhmische Kernland sowie die Markgrafschaft Mähren und das kleine Herzogtum Troppau. Mit System und Phantasie baute der junge König jedoch sein Reich rasch aus. 1315 bemächtigte sich der Reichsstadt Eger und erzielte bald darauf einen weiteren großen Gewinn, als ihm der deutsche König Ludwig IV. der Bayer das lang versprochene Umland überließ.

Als im Jahr 1319 der letzte Markgraf der Oberlausitz starb, machte Johann seine Erbansprüche geltend und unterstellte das Gebiet um die Städte Bautzen und Görlitz der böhmischen Krone. Auf die Rechte an der polnischen Krone, die ihm als böhmischem König zustanden, verzichtete der Luxemburger großmütig und erhielt zum Dank dafür 1335 das bedeutende schlesische Herzogtum Breslau. Die Herrschaft über die anderen niederschlesischen Fürstentümer sicherte er sich in den folgenden Jahren.

Die enormen Landgewinne, die Johann während seiner 35jährigen Herrschaft erzielte, machten ihn zum Begründer der böhmischen Großmacht und zu einem der mächtigsten Fürsten im Reich. Als er 1346 völlig erblindet starb, hinterließ er seinem ältesten Sohn und Nachfolger Karl eine stattliche Herrschaft im Osten des Reiches.

## König Johanns Ausflug in die Reichspolitik

D er junge König Johann betrieb nicht nur eine dynamische Hausmachtpolitik in Böhmen, sondern schaltete sich auch aktiv in die Reichspolitik ein. Als sein Vater Heinrich VII. 1313 in der Nähe von Siena der Malaria zum Opfer fiel, bewarb sich der Sohn gleich um die Nachfolge auf dem deutschen Thron.

Zunächst standen die Chancen gut für Johann, denn sein Vater hatte ihn schon zu Lebzeiten zum Reichsvikar, also Stellvertreter des Königs in Deutschland, ernannt. Außerdem unterstützten ihn zwei mächtige Kurfürsten, die beiden Erzbischöfe Peter von Mainz und Balduin von Trier. Doch die Luxemburger hatten die Rechnung ohne die Habsburger gemacht, die ebenfalls begehrliche Blicke auf die deutsche Krone warfen. Ihr Kandidat war Friedrich der Schöne, und es gelang ihnen, den Erzbischof von Köln auf ihre Seite zu ziehen. Dies war ein wichtiger Erfolg, denn der Kölner Kirchenfürst hatte das Recht, den neuen König zu krönen. Angesichts dieser Konstellation machten die Luxemburger einen Rückzieher und überließen das Feld Herzog Ludwig von Bayern. Dieser schien bessere Karten zu haben als König Johann von Böhmen, um sich gegen den Habsburger durchzusetzen.

In den Wochen vor der Wahl wurde hart verhandelt, und keine Seite sparte an Versprechungen und Bestechungs-

*Kaiser Karl IV. baute die brandenburgische Stadt Tangermünde großzügig aus. Vor allem in seinen letzten Lebensjahren hielt er sich gern und häufig in diesem Fürstensitz an der Elbe auf.*

geldern. Von einer Einigung waren die beiden Parteien weit entfernt, als sie im Herbst 1314 am Wahlort Frankfurt eintrafen. So wählten die Habsburger, die am linken Mainufer ihr Lager aufgeschlagen hatten, am 19. Oktober Friedrich den Schönen zum deutschen König, die Gegenpartei auf der rechten Uferseite am darauffolgenden Tag ihren Kandidaten Ludwig den Bayern. Da das Mehrheitsprinzip bei der Königswahl noch nicht galt, präsentierte sich die Lage als ein heilloses Durcheinander. Jeder der beiden Gewählten beanspruchte den Thron für sich, und es war abzusehen, daß die Doppelwahl eine jahrelange blutige Auseinandersetzung nach sich ziehen würde.

Der lachende Dritte war in diesem Fall Johann, der, während sich die zwei Könige um den deutschen Thron stritten, seine Hausmacht in Böhmen ungestört weiter ausbauen konnte.

## Vom böhmischen König zum Kaiser im Reich

E inen neuen Versuch, die deutsche Königswürde zu erlangen, unternahmen die Luxemburger im Jahr 1346, als Karl IV. die Nachfolge seines Vaters in

*Während Johann und Karl im Osten des Reiches die Herrschaft der Luxemburger ausbauten, mehrte Balduin (Bildmitte) den Besitz der Dynastie im Westen.*

lenkten ein. Karls Herrschaft in Deutschland war nunmehr unumstritten. Mit ihm hatte das Reich seit der Regierung seines Großvaters Heinrich VII. wieder einen starken Herrscher aus der Dynastie der Luxemburger.

Zum vollständigen Triumph fehlte ihm nur noch die Kaiserkrone, und Karl IV. war entschlossen, sie sich zu holen. Seine Italienreise glich einem Siegeszug. Mailand hieß ihn willkommen, Venedig öffnete ihm die Tore, und sogar das traditionell kaiserfeindliche Florenz huldigte ihm. Mehr als 10 000 jubelnde Anhänger begleiteten ihn, als er einem Triumphator gleich in die Ewige Stadt einzog. Zu Ostern 1355 ließ sich Karl in Rom vom päpstlichen Beauftragten feierlich zum Kaiser krönen. Der Luxemburger war auf dem Höhepunkt seiner Macht angelangt.

## Ein Erzbischof schreibt Geschichte

Böhmen antrat und Kaiser Ludwig IV. den Bayern herausforderte. Der Zeitpunkt war günstig gewählt, da sich Ludwig IV. aufgrund seiner skrupellosen Politik viele Feinde im Reich gemacht hatte und diese nur darauf warteten, ihn zu stürzen. So war es für Erzbischof Balduin von Trier, den Großonkel und Förderer von Karl IV., nicht schwer, die Kurfürsten dazu zu bewegen, sich vom Kaiser loszusagen und den böhmischen Herrscher zum deutschen König zu wählen.

Der Erzbischof ließ es sich nicht nehmen, seinen Großneffen eigenhändig zu krönen, allerdings mußte er dafür nach

Bonn ausweichen, da sich das kaisertreue Aachen geweigert hatte, seine Tore für Ludwigs Feinde zu öffnen. Der Kaiser war nicht bereit, das Feld kampflos zu räumen, und ein Bürgerkrieg schien unvermeidlich. Doch noch ehe Ludwig zum großen Gegenschlag ausholen konnte, erlag er bei einer Bärenjagd 1347 einem Schlaganfall. Karl hatte einen Gegner weniger. Aber bis zur allgemeinen Anerkennung war es noch ein weiter Weg.

Die gegnerische Partei gab nicht auf und wählte Anfang 1349 den unbekannten thüringischen Grafen Günther von Schwarzburg zum Gegenkönig. Erst als der schwerkranke Graf ein halbes Jahr nach seiner Wahl starb, kehrte Friede in Deutschland ein. Seine Feinde mußten erkennen, daß sie gegen den mächtigen Luxemburger keine Chance hatten, und

G roßen Anteil am Aufstieg Karls hatte sein Großonkel Balduin von Trier, der für dieses Ziel seine ganze Energie einsetzte. Er hatte bereits sehr früh das Talent seines Großneffen erkannt und Karl entschieden gefördert. Schon im Jahr 1308, nachdem Balduin als gerade 22jähriger junger Mann zum Erzbischof von Trier ernannt worden war, hatte er die Wahl von Karls Vater, seinem älteren Bruder Heinrich VII., zum deutschen König durchgesetzt. Mehr als ein halbes Jahrhundert beeinflußte er von der Kanzel aus die Geschichte des Reiches zum Wohl der Luxemburger.

*Der Hradschin mit dem Veitsdom, der sich oberhalb der Karlsbrücke erhebt, war der Regierungssitz Kaiser Karls IV.*

## DIE HOHE KUNST DER PARLER

*Karl IV., ein Förderer der schönen Künste, hatte einen Blick für junge Talente. Den begabten Bildhauer und Steinmetz Peter Parler (Abbildung) rief er 1353 schon mit 23 Jahren zu sich nach Prag und übergab ihm die Leitung der Dombauhütte. Die Fertigstellung des Veitsdoms wurde das Meisterstück des jungen Künstlers. Karl erteilte ihm weitere Aufträge, und bald war der Steinmetz aus Schwäbisch Gmünd für das kaiserliche Bauprogramm unentbehrlich. Die Steinbrücke über die Moldau und die Allerheiligenkapelle auf dem Hradschin, der Prager Burg, die nach dem Vorbild der gotischen Sainte-Chapelle in Paris errichtet wurde, machten ihn in ganz Europa berühmt und geben noch heute Zeugnis von seinem Können.*

*Als Baumeister und Bürger genoß Peter Parler hohes Ansehen unter seinen Zeitgenossen. Er erwarb mehrere Häuser in Prag, erhielt das Bürgerrecht und war jahrelang Schöffe bei Gericht. Für seine Kinder aus seinen beiden Ehen hatte er bestens gesorgt, als er im Jahr 1399 starb. Er hinterließ ihnen ein stattliches Vermögen und hatte an zwei seiner Söhne sein Talent weitervererbt. Wenzel und Johannes, die ihm bereits bei der Fertigstellung des Doms zur Hand gegangen waren, führten die Bauhütte des Vaters weiter. Mit dem Meißel gestalteten die Parler Wunderwerke aus Stein. Ihre Schule griff weit über die Grenzen Böhmens hinaus und gab der europäischen Kunst im Spätmittelalter neue Impulse.*

Doch bei aller Reichspolitik versäumte Erzbischof Balduin es nicht, sein Kurfürstentum weiter auszubauen. Mit diplomatischem Geschick und Hartnäckigkeit sicherte er das Land zwischen Trier, Koblenz und Eifel gegen seinen Rivalen, den Kölner Erzbischof, und schweißte es zu einem geschlossenen Territorium zusammen, das über reiche Pfründe und einträgliche Güter verfügte. Daneben leitete er als Reichsverweser über Jahre hinweg die Geschicke des wohlhabenden Erzstiftes Mainz und der beiden Bistümer Speyer und Worms.

## Politik der Kaufverträge und Heiratsurkunden

Nachdem Kaiser Karl IV. sich etabliert hatte, konnte er darangehen, innerhalb des Deutschen Reiches die eigene böhmische Hausmacht zu stärken und auszubauen. In geduldiger Kleinarbeit erkaufte und ertauschte er sich ein riesiges Territorium, das zur Machtgrundlage seiner kaiserlichen Politik wurde. Da Karl aus den böhmischen Silbergruben reiche Gewinne zog, verfügte er im Gegensatz zu vielen anderen Reichsfürsten über die entsprechenden finanziellen Mittel.

So kaufte er von den Bamberger Bischöfen und dem fränkischen Kleinadel systematisch die Oberpfalz zusammen, die über ertragreiche Eisenerzvorkommen verfügte, und erwarb 1367 für eine beträchtliche Summe die Niederlausitz. Der bei weitem bedeutendste Landgewinn für die Luxemburger stellte aber die Mark Brandenburg dar. Eine halbe Million Goldgulden bot Karl dem hochverschuldeten und unfähigen Markgrafen Otto für das gesamte Gebiet. Otto, mit dem bezeichnenden Beinamen der Faule, konnte angesichts dieser ungeheuren Summe nicht widerstehen und trat Brandenburg im Jahr 1373 an den böhmischen Herrscher ab.

Einträgliche Eheschließungen führten Karl IV. ebenfalls zu seinem Ziel. Seine Kinder, Nichten und Neffen, Cousinen und Cousins brachte er gewinnbringend und nach politischen Gesichtspunkten unter die Haube. Auch er selbst suchte jede seiner vier Ehefrauen im Hinblick auf die Mitgift aus, ohne Rücksicht auf persönliche Gefühle zu nehmen.

Schließlich hatte Karl IV. seine Vorstellungen verwirklicht. Das weite Land von der Donau bis zur Ostsee und vom Main bis zur Oder war fest in luxemburgischer Hand, so daß der Kaiser von seiner Residenz Prag nach Frankfurt, der damals wichtigsten Messestadt des Reiches, reisen konnte, ohne auf fremdem Boden zu übernachten. Böhmen war unter seiner Herrschaft zu einem der wohlhabendsten Länder Europas geworden und bildete den politischen Mittelpunkt des Deutschen Reiches. Darüber hinaus war es den Luxemburgern gelungen, die Konkurrenz aus dem Haus Habsburg für viele Jahre von der Macht in Deutschland zu verdrängen.

## Prag – die Goldene Stadt an der Moldau

Prag war von alters her ein politisches und kulturelles Zentrum. Durch Karl IV. wurde es zur kaiserlichen Residenz und Weltstadt. Seit seiner Jugend hing der Kaiser mit besonderer Liebe an der böhmischen Hauptstadt. Er förderte ihren Auf- und Ausbau, wo er nur konnte.

Eigenhändig legte der Kaiser den Grundstein für die großzügig geplante Neustadt und lud Geschäftsleute und Handwerker, Juden wie Christen, in den neuen Stadtteil ein. Künstler und Gelehrte von internationalem Ruf verpflichtete er an seinen Hof. In Prag gründete Karl IV. die erste Universität des Deutschen Reiches und förderte eine Bibliothek, in der die schönsten und wertvollsten Handschriften des Spätmittelalters entstanden. Die meisten seiner Bauten dienten der Repräsentation, so auch der 1344 begonnene Veitsdom auf dem Hradschin. Viele der Bauten tragen noch heute seinen Namen, wie die steinerne Brücke über die Moldau.

Der Kaiser machte seine neue Residenz zu einer der wichtigsten europäischen Metropolen. Die zentral gelegene Stadt wurde zum Dreh- und Angelpunkt für den internationalen Handel. Jeder Fernhandelskaufmann sollte künftig auf seinem Weg von Konstantinopel über Venedig zu den Hansestädten an der Nord- und Ostsee Station in der Stadt an der Moldau machen.

Als kluger und weitsichtiger Staatsmann erkannte Karl IV. die Notwendigkeit, die herrscherliche Macht zu zentralisieren. Er legte die kaiserliche und die königliche Kanzlei zusammen und rief hochgebildete Ratgeber an seinen Hof. Weltruhm erlangte der Gelehrte Johann von Neumarkt, der Schöpfer der neuhochdeutschen Sprache, ohne den Martin Luthers Bibelübersetzung undenkbar geblieben wäre. Mit seinen vielfältigen Aktivitäten machte Karl IV. Prag zur Goldenen Stadt.

Erst nach sehr
vielen Versuchen
gelang es dem
Alchimisten Johann
Friedrich Böttger
und seinen Gehilfen,
das begehrte weiße
Hartporzellan herzu-
stellen (rechts).

August der Starke – unten
eine Statuette aus Böttgersteinzeug – war ein fanatischer
Porzellansammler, der aus
Geldmangel sogar einmal für
600 seiner Elitesoldaten ein
117teiliges Ensemble von
Preußens König
einhandelte.

# Porzellan
# statt Gold
*Das Glück
half nach,
als Johann Friedrich Böttger 1708 die begehrte
Formel für die Herstellung von Porzellan
entdeckte. Danach eroberte das weiße Gold
die Fürstenhäuser ganz Europas.*

**ERSTER ERFOLG** Zwölf Stunden lang hatte das Feuer an jenem 15. Januar 1708 für eine geradezu höllische Hitze in dem Brennofen gesorgt. Nun stand Johann Friedrich Böttger vor der Öffnung der Brennkammer, ließ das Nachfeuern einstellen und zog vorsichtig die in einer Schamottkapsel verborgene Probe heraus. Als sie etwas abgekühlt war, konnte der Alchimist das gebrannte Stück schließlich genauer in Augenschein nehmen. Zufrieden sank er auf einen Stuhl – das erste fast weiße Stück Porzellan lag vor ihm!

Seit fünf Jahren hatte Böttger an fast nichts anderes gedacht, als das Geheimnis dieses steinharten und doch zarten, weiß schimmernden und glatten Materials zu lüften. Denn er mußte seinem Dienstherrn August dem Starken endlich einen greifbaren Erfolg vorweisen, wollte er nicht im Kerker enden.

**GOLDMACHER** Johann Friedrich Böttgers Karriere begann zunächst ganz bescheiden als Apothekergehilfe in Berlin. Dabei entdeckte der aufgeweckte junge Mann seine Vorliebe für chemische Experimente aller Art. Offensichtlich neigte Böttger auch etwas zur Prahlerei, da er bald in den Ruf geriet, ein großer Alchimist, ja ein richtiger Goldmacher zu sein.

Das war nicht ungefährlich, denn die Barockfürsten, die für ihre aufwendige Hofhaltung ungeheure Geldsummen verbrauchten, machten geradezu Jagd auf die Männer, die behaupteten, im Besitz jenes Wissens zu sein, mit dem man Blei oder Zinn in Gold verwandeln könne. Flog der Schwindel dann auf, endeten nicht wenige der selbsternannten Genies am Galgen.

Als Böttger daher erfuhr, daß der preußische König Erkundigungen über ihn einzog, floh er ins benachbarte Sachsen. Aber sein Ruf war dem gerade 19jährigen schon vorausgeeilt: der sächsische Kurfürst August der Starke ließ Böttger ergreifen und nach Dresden in Gewahrsam bringen, wo er ein geheimes Experimentierlabor erhielt. Mit immer neuen Versprechungen gelang es ihm, August lange Zeit hinzuhalten. Als es aber brenzlig wurde, entschloß er sich 1703 zur Flucht. Doch bereits eine Woche später befand er sich unter strengster Bewachung wieder in Dresden.

**EIN NEUANFANG** Um die Erfolge seines Alchimisten besser kontrollieren zu können, verfügte August der Starke,

daß Ehrenfried Walter von Tschirnhaus, sein bester Wissenschaftler, die Arbeit Böttgers überwachen sollte. Der Gelehrte erkannte schnell, daß der Alchimist kein Gold machen konnte, und lenkte daher dessen Aufmerksamkeit auf sein eigenes Projekt: die Herstellung von Porzellan. Dabei war Tschirnhaus nicht nur wissenschaftlich daran interessiert, sondern wollte seinen Herrn – einen der leidenschaftlichsten Sammler der Zeit – auch von den teuren Porzellanimporten aus China unabhängig machen. Denn noch kannte niemand in Europa das Geheimnis des weißen Goldes.

**DURCHBRUCH** Obwohl Tschirnhaus einige Zeit mit verschiedenen Tonerden experimentiert und keramische Brennöfen studiert hatte, war er in der Praxis noch nicht weit gekommen. Selbst der handwerklich geschicktere Böttger brauchte jahrelange Versuche, um zunächst rotmarmorierte Stücke zu brennen, welche die gleichen Eigenschaften wie das ebenfalls aus China importierte, steinzeugähnliche Jaspisporzellan besaßen.

Nach diesem Erfolg begann die fieberhafte Suche nach einem geeigneten weißbrennenden Ton. Der Durchbruch an jenem schicksalhaften Tag im Januar, an dem Böttger eine Erde aus der Nähe der Stadt Aue am Rand des Erzgebirges verwendete, war schließlich der lang ersehnte Lohn.  □

## Porzellan – Kind der Elemente Feuer und Erde

Nach dem ersten erfolgreichen Versuch Böttgers vom 15. Januar 1708 dauerte es noch einmal zwei Jahre, bis August der Starke verkündete, daß in Dresden die erste Porzellanmanufaktur Europas gegründet worden sei. Noch im selben Jahr wurde sie aber auf die Albrechtsburg in Meißen verlegt, weil dort das Geheimnis der Porzellanherstellung besser geschützt werden konnte.

Am Ablauf der einzelnen Arbeiten in einer solchen Manufaktur änderte sich jahrzehntelang kaum etwas: Zunächst mußten die Grundstoffe Kaolin – eine weißliche Tonerde –, Feldspat und Quarz gereinigt und in einem Rührwerk vermischt werden, wobei nur der Leiter einer Manufaktur das richtige Mischungsverhältnis kannte und dieses Wissen auch sorgfältig geheimhielt. Dann wurde diese Masse zwischengelagert, erneut geknetet und nach Vorlagen zu Einzelstücken geformt, die man schließlich bei 900 °C zum erstenmal brannte. Nach der Glasur des Rohlings folgte der zweite Brand bei 1400 °C, der mehrere Tage lang dauerte, so daß sich die Bestandteile chemisch verbanden. Zuletzt wurde das Stück bemalt und nochmals gebrannt – die Unterglasurbemalung beherrschte man erst einige Zeit später.

Die Meißner Manufaktur begann mit 33 Arbeitern und stellte neben dem weißlichen Porzellan auch das rote Jaspisporzellan, das Böttgersteinzeug, her. Porzellanmassebereiter, Töpfer, Former, Schleifer, Polierer, Glasurbereiter und Porzellanmaler mußten einander genau zuarbeiten, damit ein reibungsloser Ablauf garantiert war.

Die Arbeitszeit begann um 6 Uhr morgens und endete um 18 Uhr, nur von einer Stunde Mittagspause unterbrochen. Harte Strafen drohten bei Disziplinlosigkeit. Der durchschnittliche Wochenlohn betrug 2 Taler, was für damalige Verhältnisse eine relativ gute Entlohnung bedeutete.

Daß gerade Sachsen zur Geburtsstätte der europäischen Porzellanherstellung wurde, hatte vier Gründe: Das Land verfügte über entsprechende Bodenschätze, August der Starke war ein von Sammelwut gepackter, skrupelloser Fürst, Tschirnhaus hatte das Prinzip theoretisch erfaßt, und Böttger schließlich war ein genialer Praktiker mit dem Gespür für mögliche Lösungen.

Tschirnhaus konnte den Erfolg seiner Bemühungen allerdings kaum auskosten,

*Die Manufaktur Fürstenberg verfügte 1790 schon über eine sehr große Vielfalt an Unterglasurfarben.*

## DIE GEKREUZTEN SCHWERTER

*Nachdem das Geheimnis der Porzellanherstellung in Meißen trotz strengster Sicherheitsmaßnahmen nicht gewahrt werden konnte und bald in Wien und Venedig Manufakturen entstanden waren, führte der sächsische Betrieb seit etwa 1723 eine Schutzmarke ein. Sie sollte für die Qualität und Herkunft der Meißner Erzeugnisse bürgen und verhindern, daß Zoll- und Mautgebühren umgangen wurden. Imitationen konnte sie allerdings nicht verhindern.*

*Zunächst wurde K.P.M., Königliche Porzellanmanufaktur, in Unterglasur blau eingebrannt, dann entschied man sich ab 1725 für die charakteristischen gekreuzten blauen Schwerter aus dem kursächsischen Wappen. Da die Schwerter meist von Lehrlingen aufgebrannt wurden, unterschieden sie sich oft in Größe und Form.*

*Anhand einiger Merkmale – verschiedene Knäufe an den Schwertgriffen oder abweichende Formen der Parierstangen – lassen sich aber viele alte Porzellanstücke zeitlich einordnen. Durch beigesetzte Zeichen wie Punkte oder Sterne wurden besondere Perioden markiert.*

*Auch die anderen Porzellanmanufakturen benutzten bald Schutzmarken, so daß man heute viele Stücke gut zuordnen kann.*

*DAS MEISSNER SCHUTZZEICHEN BÜRGT FÜR HÖCHSTE QUALITÄT.*

da er noch im Jahr 1708 starb. Auch Böttger hatte von seiner Erfindung nur wenig Gewinn, denn August der Starke gab ihm erst 1714 die persönliche Freiheit zurück. Da war der 32jährige aber schon ein todkranker Mann: der Körper von den jahrelangen Versuchen mit Chemikalien und übermäßigem Alkoholkonsum angegriffen, die Seele von der jahrelangen Gefangenschaft und dem Zwang zum Erfolg verdunkelt. Fünf Jahre später starb Böttger einsam und verschuldet in Dresden.

## Meißen wird zum „Peking de Saxe"

Die erste öffentliche Ausstellung der Erzeugnisse aus Meißen fand auf der Leipziger Frühjahrsmesse 1710 statt. Doch die Resonanz beim Publikum war nicht besonders groß, weil es erst noch überzeugt werden mußte, daß das sächsische Porzellan und Steinzeug dem chinesischen zumindest ebenbürtig war. Am Ende des Jahres 1710 konnte daher nur ein bescheidener Verkaufserlös von 6150 Talern verbucht werden.

Der geschäftliche Durchbruch ließ sich nur erreichen, wenn man die Qualität, die Formenvielfalt und die künstlerische Gestaltung steigerte. Daher verpflichtete Böttger 1712 den Hofjuwelier Johann Jacob Irminger, der das rote Böttgersteinzeug mit anspruchsvollem figürlichem und pflanzlichem Reliefdekor versah. Um 1719 kam der Porzellanmaler Johann Gregor Höroldt nach Meißen, einer der fähigsten Künstler seiner Zeit, der die berühmten Dekors mit dem gelben Löwen und dem roten Drachen nach ostasiatischen Vorbildern kreierte. Später entwickelte sich unter Höroldt ein neuer europäischer Dekorationsstil. Der Dritte im Bunde war dann ab 1731 Johann Joachim Kändler, der die plastische Gestaltung von Geschirr und Gefäßen in Meißen zum Höhepunkt führte.

Ab 1720 wurde ein reinweißes Porzellan mit einer brillanten Unterglasurfarbe, dem Kobaltblau, hergestellt, so daß die Verkaufszahlen rasch anstiegen. Allerdings war die Meißner Bilanz durch die Bestellungen des sächsischen Hofes belastet, weil diese selten bezahlt wurden. So war die Manufaktur zwar keine Goldgrube, aber August der Starke sparte zumindest die teuren Importe aus Asien.

Bis Mitte des 18. Jahrhunderts war Meißen absolut führend in Europa, und allein Friedrich der Große bestellte Meißner Porzellan im Wert von fast 300 000 Talern, obwohl er eine eigene Manufaktur besaß. Von ihm erhielt Meißen auch den bezeichnenden Beinamen sächsisches Peking.

## Wettlauf um das Geheimnis des weißen Goldes

Als sich der Erfolg der Meißner Manufaktur herumgesprochen hatte, gerieten die Fürsten in einen wahren Porzellantaumel. Bald gehörte es zum guten Ton, eine Porzellanfabrik zu besitzen. Zahlreiche Schwindler waren unter-

wegs von Residenz zu Residenz und versprachen das Blaue vom Himmel. Dabei besaßen die selbsternannten Meister der neuen weißen Kunst im besten Fall nur Teilkenntnisse, und auch die Könner des Faches brauchten eine längere Anlaufzeit, um eine Manufaktur aufzubauen.

Schon 1718 wurde in Wien eine Manufaktur gegründet. Agenten des habsburgischen Kaisers hatten zwei Meißner Mitarbeiter mit verlockenden Angeboten zur Flucht veranlaßt. Christoph Conrad Hunger, einer der beiden, bot sein Wissen später in ganz Europa an: von Venedig über Schweden und Dänemark bis Sankt Petersburg reichte seine Wanderschaft.

Eine Art Gründungswelle setzte um die Mitte des 18. Jahrhunderts ein, im Deutschen Reich begünstigt durch zahlreiche Souveräne, die sich in ständiger gegenseitiger Konkurrenz befanden. So wurde Deutschland zunächst das klassische Land der Porzellanherstellung.

Doch die meisten der etwa 30 Porzellanmanufakturen des 18. Jahrhunderts erlebten nur eine kurze Blütezeit, danach siechten sie dahin und verschwanden wieder vom Markt. Denn oft waren we-

## Vom feinen Geschirr zum Zahnersatz

V or dem Durchbruch des Porzellangeschirrs benutzten die Aristokraten Teller und Gefäße aus Zinn, Silber oder Gold. Doch im 17. Jahrhundert eroberten drei exotische Getränke Europa, denen diese Materialien nicht mehr gerecht wurden: Kaffee, Tee und Schokolade. Das Porzellan dagegen entsprach mit seiner festen und doch zarten Glätte perfekt dem Stilempfinden der Zeit. Zusätzlich war es absolut dicht, unempfind-

*Eine große Porzellanmanufaktur verfügte über einen eigenen Saal, in dem Maler und Vergolder arbeiteten (links). Dabei entstanden dann unter anderem herrliche Kaffeekannen (rechts).*

Manufakturen entwickelten sich zu Fabriken, wo Techniker und Chemiker statt der Künstler das Sagen hatten. In großen Stückzahlen hergestellt, verdrängte das Porzellan auch im bürgerlichen Haushalt Zinn- und Steingutgeschirr.

Ab 1850 waren die meisten technischen Probleme der Porzellanherstellung endgültig gemeistert, und Porzellan wurde zur Massenware. Um wirtschaftlich konkurrieren zu können, erweiterte man das Programm: Artikel im Sanitärbereich und für die Industrie – etwa Laborgefäße oder elektrische Isolatoren – brachten bald den eigentlichen Gewinn. So gab es 1896 in Deutschland und in Österreich-Ungarn etwa 230 Hersteller von Porzellanwaren.

Im 20. Jahrhundert schließlich wurde Porzellan als Material selbstverständlich. Sogar als Zahnersatz dient das weiße Gold heutzutage. Aber auch als qualitativ hochwertiger Stoff für künstlerisches Schaffen hat es sich gehalten, allerdings lange nicht so ausgeprägt wie zu Zeiten Böttgers und Augusts des Starken.

der Vor- und Nachteile der Standorte noch die Absatzchancen nüchtern überdacht worden. Lediglich die Manufakturen von Fürstenberg an der Weser und von Nymphenburg in Bayern sowie die beiden großen Staatsmanufakturen in Meißen und Berlin überlebten und setzen auch noch heute Maßstäbe in der Porzellanherstellung.

Das ganz große Geld, das sich viele Fürsten von der Herstellung und vom Verkauf des weißen Goldes erhofft hatten, verdienten nur wenige.

lich gegenüber anderen Stoffen und hitzebeständig. Daher hatten sich in Deutschland bald Trinkgefäße und Kannen aus Porzellan durchgesetzt.

Anfang des 19. Jahrhunderts änderte sich die wirtschaftliche Lage aufgrund der französischen Besetzung und der nachfolgenden Befreiungskriege. Der Adel verlor an Einfluß und Bedeutung, das wohlhabende Bürgertum kam auf. Die

Bei ihrer Heirat mit Herzog Philipp von Orléans (rechts) ahnte die junge Prinzessin Elisabeth Charlotte, die man allgemein Liselotte nannte (ganz rechts), noch nicht, wie grausam sich ihre Verbindung mit dem französischen Königshaus für ihre Heimat auswirken sollte.

# Unglück für die Pfalz

**Die Heirat Liselottes von der Pfalz mit Philipp von Orléans 1671, die den Frieden in der Kurpfalz sichern sollte, bewirkte genau das Gegenteil und führte zum blutigen Krieg um das pfälzische Erbe.**

Seit dem Mittelalter prägt die Lilie das Wappen der französischen Königsfamilie. In ihrem Zeichen führte der Sonnenkönig Krieg gegen die Kurpfalz.

**VERNUNFTEHE** Ausgelassene Stimmung herrschte am 16. November 1671 in der französischen Stadt Metz, denn ein Ereignis von herausragender Bedeutung stand an: die Vermählung eines Mitglieds des französischen Königshauses mit einer deutschen Fürstentochter. Aus der pfälzischen Prinzessin Liselotte sollte die Gemahlin des Herzogs Philipp von Orléans, des Bruders des französischen Königs Ludwig XIV., werden.

Dabei spielten die Gefühle der beiden zukünftigen Eheleute überhaupt keine Rolle. Liselotte hatte ihren Gatten vor der Hochzeit noch nie gesehen. Die Verbindung war aus rein politischen Gründen arrangiert worden, doch damit waren die Fürstenkinder jener Zeit vertraut. Die Staatsräson und nicht die Zuneigung bildete das Fundament aristokratischer Ehen.

Jede der an diesem Handel beteiligten Dynastien versprach sich einen Vorteil von der Verbindung. Der kurfürstliche Vater Karl Ludwig hoffte, von nun an vor Übergriffen des mächtigen Nachbarn geschützt zu sein. Außerdem wollte er mit Hilfe des französischen Königs einen Teil der Oberpfalz zurückgewinnen, die im Dreißigjährigen Krieg an Bayern gefallen war.

Frankreich seinerseits bekämpfte seit langem die Vormachtstellung des Kaisers in Europa. Insofern war es über jeden verbündeten deutschen Fürsten froh. Darüber hinaus spekulierte Ludwig XIV. auf die Erbansprüche der Prinzessin in der Kurpfalz. Diese betrafen zwar nur ihr privates Familienerbe, aber sie würden ihm zu gegebener Zeit den gewünschten Vorwand liefern, um zuschlagen zu können.

**AHNUNGSLOS** Zum Zeitpunkt ihrer Heirat ahnten Liselotte und ihr Vater allerdings noch nichts von den ehrgeizigen Plänen des französischen Königs. Der pfälzische Kurfürst war überzeugt, daß seine Tochter eine gute Partie gemacht hatte.    □

## Streit um das kurpfälzische Erbe

L iselottes Bruder, der pfälzische Kurfürst Karl II., starb 1685 kinderlos. Zu seinem Nachfolger hatte er einen Verwandten aus der katholischen Nebenlinie des Hauses Pfalz-Neuburg bestimmt, die in Düsseldorf residierte. Der Erbe, Graf Philipp Wilhelm, wurde neuer Kurfürst und vereinigte die beiden Länder Kurpfalz und Pfalz-Neuburg. Doch die Position des Düsseldorfers war keineswegs unangefochten.

Nach dem Tod Karls II. sah nämlich Ludwig XIV. seine Chance gekommen, seine Herrschaft auf das rechte Rheinufer auszudehnen. Im Namen seiner Schwägerin Liselotte von Orléans erhob der französische König Ansprüche auf das pfälzische Erbe. Er forderte dabei nicht nur den Liselotte rechtmäßig zustehenden Anteil des Familienbesitzes, sondern sogleich die gesamte Kurpfalz.

Da der neue Kurfürst von der Pfalz und auch der Kaiser als formelles Oberhaupt über die deutschen Fürsten diese Forderungen entschieden ablehnten, zögerte Ludwig XIV. nicht, seine Ansprüche gewaltsam durchzusetzen und es auf einen Krieg mit dem Reich ankommen zu lassen.

Ludwig XIV. verband dabei die Erbfolgefrage geschickt mit seinen außenpolitischen Zielen. Mit seiner Strategie, deutsches Territorium, das in der Vergangenheit zu irgendeinem Zeitpunkt einmal französisch gewesen war, erneut und für immer Frankreich einzugliedern, hatte der Sonnenkönig schon das kurpfälzische Simmern und Teile von Sponheim an sich gebracht. Diese willkürlichen Annexionen rechtfertigte er mit dem Schlagwort der *Réunion*, der Wiedervereinigung mit Frankreich.

Mit dieser aggressiven Eroberungspolitik verfolgte Ludwig XIV. konsequent sein Ziel, in Europa die Vorherrschaft zu erringen. Doch der Kaiser und die betroffenen deutschen Fürsten waren nicht gewillt, tatenlos zuzusehen, wie der Sonnenkönig ein Fürstentum nach dem anderen an sich riß. Der Krieg, den Liselottes Vater unbedingt vermeiden wollte, war damit unausweichlich geworden.

## Politik der verbrannten Erde

D rei Jahre nachdem Ludwig XIV. seine Ansprüche auf die Kurpfalz erhoben hatte, überreichte Frankreich am 24. September 1688 dem Kaiser und

den deutschen Landesfürsten ein Kriegsmanifest mit unannehmbaren Bedingungen. Um den Forderungen den nötigen Nachdruck zu verleihen, besetzten die Truppen Ludwigs XIV. völlig unerwartet das linke Rheinufer bis kurz vor Köln. Die Franzosen nutzten das Überraschungsmoment aus und eroberten über Nacht auch die pfälzische Festung Philippsburg. Die Städte Worms, Speyer, Frankenthal, Koblenz und Mainz wurden kampflos eingenommen, Heidelberg und Mannheim mußten nach kurzem Widerstand kapitulieren.

Während die betroffenen Landesfürsten, unter ihnen auch der neue pfälzische Kurfürst, bereit waren, mit Frankreich zu verhandeln, waren die meisten norddeutschen Länder, wie Sachsen, Brandenburg und Hannover, fest entschlossen, den Eroberungszug mit allen zur Verfügung stehenden Mitteln zu stoppen. Zusammen mit Bayern stellten sie sich in dieser für Deutschland bedrohlichen Situation voll und ganz hinter Kaiser und Reich. Einmütig traten sie zum Gegenangriff an und schlugen das feindliche Heer in die Flucht.

Doch bevor die Franzosen den Rückzug antraten, gab Ludwig XIV. seinen Truppen den Befehl, alle besetzten Gebiete „mit Stumpf und Stiel niederzubrennen". Die Soldaten richteten eine

*1689 mußten die Bewohner Heidelbergs mit ansehen, wie französische Soldaten auf Befehl des Generals Ezéchiel von Mélac die Stadt plünderten und das kurfürstliche Schloß anzündeten. Wer nicht fliehen konnte, wurde niedergemetzelt oder kam in den Flammen um.*

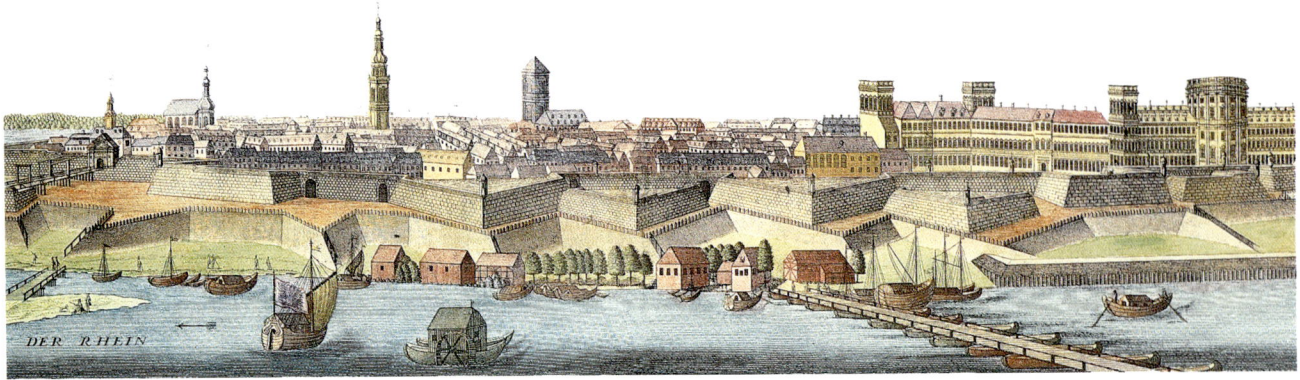

DER RHEIN

solche systematische und grauenvolle Verwüstung an, wie sie in der Geschichte bis dahin ohne Vorbild war. Die Franzosen ließen nichts als verbrannte Erde hinter sich. Die Städte Mannheim, Heidelberg, Worms und Speyer gingen in Flammen auf, die Bewohner wurden aus ihren Häusern getrieben, verstümmelt oder

getötet. Wenige Wochen reichten aus, um die einst blühende Pfalz dem Erdboden gleichzumachen. Diese sinnlose Verwüstung belastete lange Zeit das Verhältnis der Kurpfälzer zu Frankreich.

## HEIDELBERGS BERÜHMTE RUINE

*Zweimal verwüsteten die Franzosen die kurpfälzische Residenz Heidelberg. 1689 sprengten französische Soldaten das mächtige Schloß. Was noch nicht in Trümmern lag, fiel vier Jahre später erneut ihrer Zerstörungswut zum Opfer. An den Wiederaufbau der Schloßanlage dachte niemand mehr.*

*Den vollständigen Abbruch der Ruine verhinderte der Dichter August von Kotzebue Anfang des 19. Jahrhunderts. Mit einem leidenschaftlichen Aufruf protestierte er gegen die schon beschlossene Sprengung der Mauern. Doch als der eigentliche Retter des Heidelberger Schlosses gilt der Franzose Charles François de Graimberg. Er versuchte zu bewahren, was seine Landsleute mehr als ein Jahrhundert zuvor fast vollkommen zerstört hatten. Bei einem Besuch Heidelbergs 1810 war Graimberg so fasziniert von der romantischen Schönheit der Ruine, daß er jahrzehntelang für ihre Erhaltung kämpfte, jedes Detail aufzeichnete und schließlich sein Ziel erreichte.*

*Ende des 19. Jahrhunderts übernahm der Staat die Denkmalpflege für die Ruine, die bis heute jährlich Millionen Besucher aus aller Welt anlockt. Gerade die Zerstörung verlieh der Schloßanlage ihren Zauber und machte sie weltberühmt.*

## Straßburg bleibt französisch

Im Verlauf der mehrere Jahre währenden Auseinandersetzung trat der vorgeschobene Grund Ludwigs XIV., das Erbe seiner Schwägerin Liselotte zu sichern, immer mehr in den Hintergrund. Die Interessen der Großmächte spielten die Hauptrolle in diesem Krieg, der sich längst auf ganz Europa ausgeweitet hatte.

Hatte der Sonnenkönig zu Beginn des Feldzuges nur gegen den Kaiser und die verbündeten Fürsten zu kämpfen gehabt, so war er in der Zwischenzeit durch seine rücksichtslosen Eroberungszüge mit halb Europa verfeindet. Die Niederlande, Savoyen, Spanien und Schweden bildeten mit den deutschen Fürsten zusammen eine geschlossene Front gegen Frankreich. In dieser Situation blieb dem hart bedrängten französischen König nichts anderes übrig, als auf das Friedensangebot seiner Gegner einzugehen.

Im niederländischen Schloß Rijswijk kam es am 30. Oktober 1697 endlich zum Frieden. Ludwig XIV. durfte Straßburg zusammen mit dem Elsaß behalten und hatte damit ein wichtiges Ziel seiner Politik erreicht. Denjenigen Straßburger Bürgern, die nicht die französische Staatsangehörigkeit annehmen wollten, war es freigestellt, innerhalb eines Jahres zu emigrieren. Alle anderen Reichsgebiete, die Ludwig XIV. im Lauf des Krieges besetzt hatte, fielen an die deutschen Fürsten zurück.

Schließlich unterwarf er sich auch dem päpstlichen Schiedsspruch in der Frage der pfälzischen Erbfolge. Der Papst entschied, daß Johann Wilhelm als rechtmäßiger Nachfolger des mittlerweile verstorbenen Philipp Wilhelm Kurfürst der vereinigten Länder Kurpfalz und Pfalz-Neuburg bleiben sollte. Liselotte wurde

*Als kurpfälzische Residenzstadt und Nachfolgerin Heidelbergs erlebte Mannheim im 18. Jahrhundert eine Blütezeit. Glanzvoll hielten die Kurfürsten hier hof.*

mit einer finanziellen Entschädigung abgefunden. Damit war die Erbfolge nach einem langen und blutigen Krieg, an dessen Auswirkungen die Bevölkerung noch schwer zu leiden hatte, entschieden.

## Neue Residenz in Mannheim

Kurfürst Johann Wilhelm aus der katholischen Linie Pfalz-Neuburg, der 1690 die Regierung über die Kurpfalz übernommen hatte, sah keinen Grund, seine Residenzstadt Düsseldorf zu verlassen und in die durch den Krieg zerstörte kurpfälzische Residenz Heidelberg zu ziehen.

Erst sein Nachfolger Karl III. Philipp residierte wieder in Heidelberg, allerdings nur für kurze Zeit, denn die prokatholische Politik des katholischen Kurfürsten in dem traditionell protestantischen Land führte zwangsläufig zu ernsten Auseinandersetzungen zwischen den beiden Religionsgruppen. So verlegte er nach Auseinandersetzungen mit der Heidelberger Bürgerschaft seinen Hof im Mai 1720 nach Mannheim. In den folgenden Jahren sollte die durch den pfälzischen Erbfolgekrieg verwüstete Stadt ein völlig neues Gesicht erhalten und zum Mittelpunkt der absolutistischen Herrschaft der Kurfürsten werden. Beim Wiederaufbau behielt man nur den alten rechtwinkligen Straßengrundriß bei. Auf dem Reißbrett entstand eine Stadt in Planquadraten mit Buchstaben statt Straßennamen. Anstelle des zerstörten Schlosses ließ der Kurfürst als weithin sichtbares Zeichen seiner Macht ein prunkvolles, weitläufiges Barockschloß errichten, um Kaiser und Könige beherbergen zu können. Die Zeitgenossen waren beeindruckt von „einem der größten und aufregendsten Bauplätze Europas".

# Streit um den Thron

*Die Krönung mit der falschen Krone im Jahr 1198 führte zu einem jahrzehntelangen Bürgerkrieg in Deutschland. Erst nach 37 Jahren schlossen die verfeindeten Parteien Frieden miteinander.*

*Hin und her wogte der Kampf zwischen Philipp von Schwaben (links) und Otto IV. um den Königsthron.*

*Sechs Stufen führen zum Karlsthron im Aachener Münster hinauf, auf dem die deutschen Könige bei ihrer Krönung Platz nahmen.*

**GROSSE VERWIRRUNG** Im Jahr 1198 herrschte unter Deutschlands Fürsten große Unsicherheit. Wer war denn nun der rechtmäßige König: Otto aus dem Haus der Welfen oder Philipp aus dem Geschlecht der Staufer? Beide waren gewählt und gekrönt worden. Die Wahl Philipps hatte am 6. März, diejenige Ottos am 9. Juni stattgefunden. Ottos Krönung war am 12. Juli, die Philipps am 8. September vollzogen worden. Die Zeremonien waren scheinbar auch ganz ordnungsgemäß verlaufen: Wahl durch ein Fürstengremium, Krönung durch einen Erzbischof. Es schien daher so, als gebe es zwei deut-

sche Könige. In Wirklichkeit aber hatte keiner Anspruch auf den Thron. Beide Krönungen waren nämlich in einem entscheidenden Punkt nicht rechtsgültig: Philipp besaß zwar die Reichsinsignien Königskrone, Zepter und Reichsapfel, die den wahren Herrscher auszeichneten. Aber er war am falschen Ort gekrönt worden, in Mainz. Der einzig anerkannte Krönungsort war jedoch Aachen. Umgekehrt war Otto zwar in Aachen gekrönt worden. Dafür fehlten ihm aber die Zeichen der Königswürde, die echten Reichsinsignien.

**NACHFOLGESTREIT** Wie war es zu dieser verzwickten Situation gekommen? Auslöser war der Tod des staufischen Kaisers Heinrich VI. im Jahr 1197. Er hatte zwar einen Sohn, Friedrich II., der auch schon zum König gewählt worden war. Aber dieser konnte den Thron nicht besteigen, denn er war erst drei Jahre alt. Außerdem lebte er in Palermo bei seiner Mutter Konstanze, die ihn lieber zum Regenten von Sizilien machen wollte und auf seinen deutschen Königstitel verzichtete. So gab es keinen Thronfolger des Kaisers. In diesem Machtvakuum griff Heinrichs Bruder Philipp nach der Krone. Die Opposition einiger Fürsten im Land kürte daraufhin einen eigenen Kandidaten, den Welfen Otto. □

## Der Papst als Königsmacher

**D**ie doppelte Königswahl von 1198 hatte die deutschen Fürsten in zwei Lager gespalten. Unversöhnlich standen sich die Anhänger Philipps und Ottos gegenüber. Im Reich herrschte Bürgerkrieg. Noch größere Ausmaße bekam der Konflikt dadurch, daß die Welfen von England, die Staufer von Frankreich unterstützt wurden. Auch die Kurie, der päpstliche Hof in Rom, mischte sich in die Auseinandersetzungen ein, denn hier witterte man die Chance, Terrain zurückzugewinnen, welches einst Kaiser Heinrich VI. erobert hatte.

Der ehrgeizige Papst Innozenz III. nahm zu beiden Streitparteien Kontakt auf, um auszuloten, von wem der Kirchenstaat mehr Unterstützung erwarten konnte. Der Welfe Otto IV. machte dem Kirchenoberhaupt die größeren Versprechungen. Der Papst zeigte sich dafür erkenntlich und ließ im Juli 1201 verkünden, daß er

Otto als rechtmäßigen König anerkenne. Gleichzeitig wurde über Philipp und die Staufer der Bann ausgesprochen. Der Preis, den Otto für die päpstliche Hilfestellung zu zahlen hatte, war hoch. Er mußte zugunsten des Kirchenstaates auf jegliche Einmischung in die politischen Angelegenheiten Italiens verzichten. Viel Zeit, seinen Erfolg auszukosten, blieb Otto jedoch nicht.

Zahlreiche Fürsten waren nach wie vor für Philipp als König. Als die Franzosen im Juli 1202 die Engländer vom Festland vertrieben, schlugen sich noch mehr Fürsten auf die Seite des Staufers. Sie erkannten, daß Ottos Stern am Sinken war. Denn durch die Niederlage der Engländer hatte der Welfe Otto eine wichtige Stütze seiner ohnehin brüchigen Herrschaft verloren. Selbst sein alter Förderer, der Erzbischof von Köln, ergriff nun Philipps Partei und krönte diesen im Januar 1205 zum König – diesmal am richtigen Ort, in Aachen. Das Blatt schien sich endgültig zu wenden, als Otto im Juli 1206 noch eine herbe Niederlage gegen die staufischen Truppen einstecken mußte.

Auch Papst Innozenz III. stellte sich auf die veränderten Machtverhältnisse

ein und wechselte die Seiten. Im Mai 1207 schickte er Unterhändler nach Deutschland, die Otto zum Verzicht auf den Thron bewegen sollten. Im Juni konnte man sich schließlich einigen. Der Papst würde Philipp anerkennen und ihn sogar in Rom zum Kaiser krönen. Endlich, zehn Jahre nach der fatalen Doppelkönigswahl, schien die Reichskrise vor ihrem Ende zu stehen.

Da geschah etwas völlig Unvorhergesehenes: Am 21. Juni 1208 wurde der künftige König und Kaiser Philipp von Schwaben in Bamberg ermordet. Der Täter, Pfalzgraf Otto von Wittelsbach, hatte keine politischen Motive. Es war ein rein privater Racheakt. Philipp hatte dem Pfalzgrafen nämlich die Heirat mit einer seiner Töchter in Aussicht gestellt, dieses Versprechen dann aber zurückgenommen. Der mörderische Jähzorn des abge-

*Philipp von Schwaben saß gerade beim Spiel, da stürmte Otto von Wittelsbach herein und erstach den ahnungslosen König.*

*Die Wappen von Kaiser Otto IV. und von 18 Fürsten, die mit dem Welfen im Kampf um die Krone verbündet waren, zieren diesen Wappenkasten (links).*

wiesenen Freiers machte alle Hoffnungen auf ein Ende des Streits um die deutsche Königskrone zunichte.

## Konkurrenz aus Sizilien

Nach der Ermordung des Staufers Philipp hielt sein Rivale Otto IV. unversehens wieder alle Trümpfe in der Hand. Die beiden verfeindeten Fürstenlager wollten endlich Versöhnung. Sie einigten sich darauf, den Bürgerkrieg zu beenden und den Welfen Otto zum König zu machen. So fand am 11. November 1208 wieder eine Königswahl statt, die nun zugunsten Ottos ausfiel. Jetzt war auch er bereit, den Staufern die Hand zu reichen. Als Zeichen seines guten Willens heiratete er die älteste Tochter des ermordeten Philipp. So schien der lang ersehnte Frieden endlich erreicht.

Der Papst in Rom war hoch erfreut, daß nun doch sein Favorit an die Macht kam, denn der neue deutsche König hatte ihm ja bereits während des Streits mit Philipp versprochen, auf jede eigenmächtige Italienpolitik zu verzichten. Am 4. Oktober 1209 krönte der Papst in Rom Otto IV. zum Kaiser. Bald schon mußte er aber feststellen, daß sich Otto nicht an die Abmachungen hielt. Auf dem Rückweg nach Deutschland kehrte der neue Kaiser nämlich plötzlich um und marschierte mit seinem Heer in Richtung Süditalien und Sizilien.

Seine Absicht war nicht schwer zu erraten. Er wollte den einzigen Rivalen ausschalten, der ihm noch gefährlich werden konnte: Friedrich II., den inzwischen 14jährigen Sohn Heinrichs VI. Otto fürchtete, der junge Staufer könnte Ansprüche auf die deutsche Königskrone erheben. Immerhin war er im Alter von zwei Jahren zum deutschen König gewählt worden. Im Herbst 1210 stand Otto mit seiner Streitmacht in Süditalien, um nach Sizilien überzusetzen. Friedrichs Schicksal schien besiegelt. Da griff Papst Innozenz III. ein. Weil Otto entgegen allen gültigen Vereinbarungen das päpstliche Lehensgebiet Sizilien bedrohte, verhängte Innozenz den Kirchenbann über den Kaiser. Obwohl er alles andere als ein Anhänger der Staufer war, stellte er sich nun auf die Seite Friedrichs.

Unterstützung fand er beim französischen König, einem Erzgegner der Welfen. Beide rührten unter den deutschen Fürsten die Werbetrommel dafür, Friedrich zum König zu wählen und damit die Wahl von 1196 zu bestätigen. So kam es denn auch. Friedrich war noch im fernen Sizilien, als ihn im September 1211 eine Fürstenversammlung in Nürnberg zum König und künftigen Kaiser wählte. Als Otto von diesen Vorgängen hörte, brach er den Angriff auf Sizilien ab und eilte nach Deutschland zurück. Eine neue Auseinandersetzung um die Macht im Reich stand bevor.

## Gefahrvolle Reise zum Königsthron

Mit gemischten Gefühlen verließ der 17jährige Staufer Friedrich II. am 18. März 1212 sein Königreich Sizilien in Richtung Deutschland. Angesichts der Probleme, die ihn dort erwarteten, war er nicht gerade begeistert. Aber andererseits wollte er sich dem Ruf der Fürsten, die ihn zum deutschen König bestimmt hatten, nicht verschließen. Außerdem war er nicht bereit, zugunsten der Welfen auf seine ererbten staufischen Ansprüche in Deutschland zu verzichten. Um seine Macht während seiner Abwesenheit zu sichern, bestimmte er kurz vor seiner Abreise seinen einjährigen Sohn Heinrich zum Thronerben und seine Gattin Konstanze von Aragón zur Regentin in Sizilien.

Mitte April machte er in Rom Station, wo ihn Papst Innozenz III. empfing. Friedrich versicherte dem Kirchenoberhaupt verbindlich, nicht wie sein Vater Heinrich VI. nach einer Doppelherrschaft über Sizilien und Deutschland zu streben. Dann setzte er seine weite und

## EIN FREMDER IN DEUTSCHLAND

*Der staufische König und Kaiser Friedrich II. (Abbildung) lebte die meiste Zeit außerhalb Deutschlands. Nur von 1212 bis 1220 und im Jahr 1235 hielt er sich dort auf. Er machte kein Hehl aus seiner Vorliebe für Sizilien und Italien. Aufgewachsen in Palermo, wurde er geprägt von arabischen und normannischen Einflüssen.*

*Friedrich II. gilt als der gebildetste deutsche König im Mittelalter. Neben Deutsch sprach er Italienisch, Französisch, Griechisch und Arabisch. Er war Dichter und führte gern philosophische Diskussionen. Auch mit Mathematik und Naturwissenschaften beschäftigte er sich. In Neapel gründete er eine*

*Universität. Viele seiner Bauwerke errichtete er in Apulien, wie das Castel del Monte bei Andria.*

*Herkunft, Wesen und Auftreten machten Friedrich in Deutschland zu einem Fremden, ebenso wie ihm dieses Land fremd blieb. Und doch fühlte man sich in Deutschland zu diesem exotisch anmutenden König auf seltsame Weise hingezogen. Daran konnte auch die heftige Kritik seiner Gegner nichts ändern. So wurde sein Deutschlandbesuch 1235 zu einem Triumphzug. Dennoch kehrte er nie wieder zurück. Mit 55 Jahren starb er kurz vor einer weiteren Reise nach Deutschland.*

gefahrvolle Reise fort. Doch auch als er im September 1212 endlich als erste deutsche Stadt Konstanz erreichte, waren die Gefahren noch nicht vorüber. Nur knapp konnte er sich hier vor seinem Rivalen Otto in Sicherheit bringen.

Im November traf Friedrich mit dem französischen Thronfolger zusammen, der ihm eine stattliche Geldsumme gab, mit der er die Fürsten, die jetzt noch auf Ottos Seite standen, für sich gewinnen sollte. Viele folgten dem Lockruf des Geldes, und so kam es, daß Friedrich im Dezember 1212 in Frankfurt abermals zum König gewählt und wenig später in Mainz gekrönt wurde. Dies war ebenfalls der falsche Krönungsort wie 14 Jahre zuvor bei seinem Onkel Philipp. Der Grund war, daß eine Krönung in Aachen zu riskant gewesen wäre, weil die Stadt auf Ottos Seite stand. Wieder gab es zwei gekrönte Häupter gleichzeitig: König Otto IV. und König Friedrich II.

Jeder der beiden Rivalen versuchte, die geistlichen und weltlichen Fürsten auf seine Seite zu ziehen. Die Unterstützung des Papstes sicherte sich König Friedrich in einem Vertrag, der im Jahr 1213 in Eger unterzeichnet wurde. Darin gelobte er, alle Forderungen des Kirchenoberhauptes zu erfüllen. Das wertvolle Dokument trug ein goldenes Siegel, eine sogenannte Bulle, und wurde deshalb auch als Egerer Goldbulle bezeichnet.

Die entscheidende Schlacht um die Krone wurde aber nicht in Deutschland, sondern in Frankreich geschlagen. Otto setzte ganz auf seine englischen Verbündeten, die mit den stauferfreundlichen Franzosen im Krieg lagen. Der Welfe nahm mit einem eigenen Heer teil. Bei Bouvines in der Nähe von Lille wurde er im Juli 1214 besiegt. Der Sieg der Franzosen war gleichzeitig der Triumph Friedrichs. Ottos Geschick war damit endgültig besiegelt. Über ein Jahr lang mußte er sich in Köln versteckt halten, und vier Jahre später starb er in völliger Bedeutungslosigkeit in Harzburg bei Goslar. Der Weg zum Thron war nun endlich für Friedrich frei. Im Juli 1215 wurde er am traditionellen Krönungsort Aachen nochmals zum deut-

Mit dieser lateinischen Urkunde (oben), datiert auf den 26. April 1220, trat Kaiser Friedrich II. königliche Rechte an die Fürsten ab. Das Dokument wurde vermutlich in der Bischofskanzlei Regensburg verfaßt.

Ein Siegel aus Gold (links) trugen wichtige Verträge, die Friedrich II. abschloß. Auf dem Siegel erkennt man den Kaiser mit den Insignien.

schen König gekrönt. Auch die echten Reichsinsignien Krone, Reichsapfel und Zepter schmückten ihn. Der Bruder Ottos hatte sie nach dessen Ableben an Friedrich IV. weitergegeben.

## Machtgewinn der Reichsfürsten

P apst Innozenz III. hatte von Friedrich II., dem er an die Macht geholfen hatte, verlangt, daß er ausschließlich in Deutschland regieren sollte, das Königreich Sizilien aber seinem Sohn Heinrich überlassen müßte. Damit wollte er verhindern, daß der deutsche König Gebiets- und Machtinteressen in Sizilien und Italien entwickeln könnte. Friedrich hatte auch gelobt, sich an diese Abmachung zu halten. Aber kaum war Innozenz 1216 gestorben, ließ Friedrich seinen kleinen Sohn Heinrich, den Thronerben Siziliens, nach Deutschland holen.

Vier Jahre später wurde der erst acht Jahre alte Thronfolger in Frankfurt von den Fürsten zum deutschen König gewählt. Diese zögerten nicht, denn als Gegenleistung durften sie ihre Rechte und ihre Machtposition als Landesherren ausweiten. Mit der Wahl seines Sohnes zum deutschen König hatte Friedrich einen doppelten Zweck erreicht: Einerseits hatte er nun doch die Herrschaft über Sizilien und Deutschland in einer Person vereint. Zum anderen wußte er einen Regenten seiner Wahl in Deutschland und konnte sich ungestört seinen Machtinteressen in seiner Heimat Sizilien und in Italien zuwenden.

Das war ein listiger Schachzug des Staufers, und der neue Papst Honorius III. war äußerst verärgert darüber. Friedrich rechtfertigte seinen Wortbruch damit, sein Versprechen, Deutschland und Sizilien nicht unter einem einzigen Herrscher zu vereinigen, habe nur für ihn selbst gegolten, nicht aber für seinen Sohn. Friedrichs Beteuerung, von dieser Wahl selbst überrascht worden zu sein, fand der Papst auch wenig überzeugend. Doch trotz dieses Intrigenspiels krönte Honorius ihn am 22. November in Rom zum Kaiser. Als Gegenleistung verlangte er, daß Friedrich für die Kirche einen Kreuzzug durchführen sollte.

Kurze Zeit später, im Dezember 1220, kehrte Friedrich nach Sizilien zurück. Zuvor hatte er den Erzbischof von Köln zum Vormund seines jungen Sohnes eingesetzt, der als König in Deutschland zurückblieb.

Friedrich war für lange Jahre weit weg, und sein Sohn Heinrich war minderjährig. Diese Situation nutzten die deutschen Landesfürsten, um immer mehr Machtbefugnisse an sich zu ziehen. Als Heinrich 1228, acht Jahre nach seiner Wahl zum König, endlich alt genug war, um als selbständiger Regent zu herrschen, versuchte er eifrig, aber erfolglos, den drohenden Verfall der königlichen Autorität aufzuhalten. Sein Einsatz war in doppelter Hinsicht vergeblich, denn er mußte feststellen, daß das Machtgerangel mit den Fürsten nicht im Sinne seines Va-

ters war. Dieser brauchte nämlich die Sympathien und die Unterstützung der Fürsten in seiner Auseinandersetzung mit dem Papst und den italienischen Städten.

Der Machtgewinn der Reichsfürsten, der längst Realität war, wurde im Jahr 1231 in Worms formell besiegelt. Auf Druck Friedrichs mußte Heinrich den Fürsten umfassende Privilegien einräumen. Dazu gehörte unter anderem die Rechtsprechung in ihren Ländern, außerdem durften sie Städte befestigen sowie Straßen und Märkte anlegen. Sie erhielten auch die Erlaubnis, Geld zu prägen.

## Keine Gnade für den rebellischen Sohn

Ganze 15 Jahre lang hatte sich Kaiser Friedrich von Deutschland ferngehalten. Als er im Frühjahr 1235 wieder erschien, sorgte er für Aufregung und Erstaunen. Er kam nicht wie ein würdevoller Herrscher mit einer strengen militärischen Eskorte, sondern wie ein exotisch anmutender Potentat mit einem Gefolge aus Sarazenen und Äthiopiern und einer Menagerie von Kamelen, Affen und Leoparden. Sogar eine Giraffe führte er mit sich, ein Tier, das man in Deutschland bis dahin noch nie gesehen hatte.

Was so farbenfroh und wunderbar aussah, war in Wirklichkeit eine Strafexpedition. Anlaß war Friedrichs Sohn Heinrich. Schon dessen Zwist mit den deutschen Fürsten um ihre Machtbefugnisse hatte den Vater erzürnt. Aber nun hatte sich Heinrich sogar gegen den Papst gestellt, indem er nach Meinung des Kaisers zu energisch gegen den päpstlichen

Ketzerverfolger Konrad von Marburg vorgegangen war.

Friedrich wollte um keinen Preis Ärger mit dem Papst, denn er brauchte den Beistand des Kirchenoberhauptes für seine Kämpfe mit den lombardischen Städten in Norditalien. Um sich ganz deutlich auf die Seite des Papstes zu stellen, hatte er selbst 1234 die Exkommunikation seines Sohnes beantragt. Nachdem Heinrich das erfahren hatte, suchte er die offene Rebellion und verbündete sich mit den Lombarden, den Gegnern seines Vaters. Friedrich, außer sich vor Zorn, war von Italien nach Deutschland aufgebrochen.

Trotz seiner langen Abwesenheit wurde er hier überall mit großer Sympathie begrüßt. Heinrichs Widerstand brach schnell zusammen. Im Juli 1235 machte Friedrich seinem Sohn den Prozeß. Er kannte keine Gnade und verurteilte ihn zu lebenslanger Haft. Heinrich starb sieben Jahre später in Gefangenschaft, vermutlich durch Selbstmord.

Friedrich nutzte seinen Aufenthalt aber auch dazu, das Verhältnis zwischen König und Landesfürsten eindeutig festzulegen. Auf einem prunkvollen Hoftag in Mainz im August 1235 verkündete er ein Landfriedensgesetz. Die umfassenden Privilegien, die er den Fürsten 1231 zugesichert hatte, wurden darin nicht angetastet. Gleichzeitig stellte Friedrich aber das Recht des Königs ausdrücklich über das der Landesfürsten. Außerdem versöhnte sich der Staufer endgültig mit den Welfen, indem er mit Otto dem Kind, einem Neffen Ottos IV., Frieden schloß und den sächsischen Familienbesitz zum Herzogtum erhob. Unter den langen Streit um den deutschen Königsthron war ein Schlußstrich gezogen worden.

## DIE HEIMAT DER REICHSINSIGNIEN

*Die wechselnden Aufbewahrungsorte der Reichsinsignien spiegeln den Gang der deutschen Geschichte durch die Jahrhunderte wider. Die Wahrzeichen der Königswürde, Krone, Zepter und Reichsapfel sowie Schwert und Mantel, wurden in den Burgen der jeweiligen Könige oder Machthaber sorgsam gehütet.*

*Zwischen 1195 und 1273 befanden sich die deutschen Krönungsinsignien auf der Stauferburg Trifels im Pfälzer Bergland. Dann lagerte sie der erste Habsburgerkönig Rudolf I. auf seiner Festung Kiburg bei Winterthur. Kaiser Karl IV. aus dem Haus der Luxembur-*

STARKE MAUERN SCHÜTZTEN DIE REICHS-
INSIGNIEN AUF BURG TRIFELS.

*ger ließ für sie sogar eigens die Burg Karlstein bei Prag erbauen. Von 1356 bis 1424 bewahrte er die Reichskleinodien in seiner böhmischen Heimat auf, bis die Hussiten das Land eroberten. König Sigismund brachte die Insignien zum Schutz nach Nürnberg, der kaiserlichen Reichsstadt, wo sie von 1424 bis 1797 lagerten.*

*Um die kostbaren Wahrzeichen während der Napoleonischen Kriege vor den Franzosen in Sicherheit zu bringen, rettete man sie an verschiedene Orte, bis sie 1813 ihr Domizil in der Wiener Hofburg fanden, wo sie noch heute zu besichtigen sind.*

# Minnesang und Liebeslyrik

Die Welt des Mittelalters war rauh und entbehrungsreich. Die Ritter führten in der Regel ein unstetes Leben zwischen Kriegszügen, Turnieren und Fehden. Das Waffenhandwerk bestimmte ihren Alltag, Kultur und Bildung wurden kleingeschrieben. Einzig und allein an den Höfen der Könige, Herzöge und Grafen pflegte man gesittete Umgangsformen und übte sich in ritterlichen Tugenden wie Mut, Ehre, Treue und Bescheidenheit.

Gerngesehene Gäste an den Fürstenhöfen waren die Minnesänger. Sie fanden sich dort ein, um ihre selbstverfaßten Balladen und Liebeslieder vorzutragen. Sie sangen meist von der Dame ihres Herzens und priesen wortreich und mit viel Gefühl deren Tugenden. Zum Wesen der Minne, der idealisierten Form der höfischen Liebe, gehörte es, daß sie wegen der gesellschaftlichen Konventionen in der Regel unerfüllt blieb. So richteten die Minnesänger ihre kunstvollen Verse bewußt an die verheiratete, gesellschaftlich höherstehende Frau.

Die Minnesänger waren Dichter und Komponisten zugleich, die zu ihren selbstgedichteten Versen eigene Melodien schrieben. Zumeist stammten sie aus dem niederen Adel oder waren Dienstleute. Sie zogen kreuz und quer durchs mittelalterliche Reich, trugen dem adligen Hofstaat ihre Lieder vor und hofften auf Beifall und mehr noch auf finanzielle Unterstützung durch ihre Gönner und Gastgeber.

Die hohe Zeit der Minnedichtung lag in Deutschland zwischen 1180 und 1230, als die Staufer das Reich beherrschten. Selbst die beiden Kaiser Heinrich VI. und Friedrich II. übten sich als Verseschmiede und dichteten und reimten im Kreis ihrer Höflinge.

**LIEDGUT** Der Dichter Oswald von Wolkenstein verfaßte etwa 130 Lieder, von denen viele in Text und Melodie erhalten sind (oben).

**SANFTER KLANG** Die Harfe gehörte wegen ihrer zarten Töne neben Fidel und Flöte zu den bevorzugten Musikinstrumenten der fahrenden Sänger (links).

**BERUFSDICHTER**
Der Minnesänger Walther von der Vogelweide lebte von der Dichtkunst (links außen).

**GUNSTBEWEIS**
Als Zeichen ihrer Huld schenkte die Dame dem Sänger eine Fibel in Herzform (links).

**VORLESUNG** Oft trug der Dichter auch nur einem höfischen Paar seine Verse vor (oben links).

**STELLDICHEIN** So mancher Troubadour begnügte sich nicht damit, seine Angebetete nur mit Worten zu verehren (oben).

**Essen.** Als Marke ist eingetragen unter Nr. 1 zu der Firma **Fried. Krupp** in Essen zufolge Anmeldung vom 6. Dezember 1875, Mittags 12 Uhr, für „Stahl und Eisen, sowie Stahl- und Eisenwaaren" das Zeichen:

Essen, den 9. Dezember 1875.
Königliches Kreisgericht, I. Abtheilung.

# Reiche
# Erbschaft

*Mit dem Geld, das er im Jahr 1810 erbte, schuf Friedrich Krupp ein riesiges Firmenimperium und bereitete der Industrialisierung in Deutschland mit den Weg.*

*Im Stammhaus der Krupps (ganz oben) produzierte man anfangs Stahlwerkzeuge wie diesen Bohrer, später auch Eisenbahnräder, symbolisiert im Firmenlogo (Mitte).*

**NEUES GLÜCK** Im Frühjahr 1810 starb die Unternehmersgattin Amalia Krupp, die die Geschäfte der alteingesessenen Essener Kaufmannsfamilie über Jahre hinweg erfolgreich geführt hatte. Ein Drittel ihres stattlichen Vermögens vermachte sie ihrem 24jährigen Enkel Friedrich Krupp. Der Jungunternehmer, der bis dahin mit seinem Kolonialwarenhandel eher glücklos gewesen war, erbte zahlreiche Grundstücke und dazu noch eine große Summe an Bargeld.

Er nutzte diese Chance und investierte das Geld zusammen mit der Mitgift seiner Frau in ein neues Unternehmen. Am 20. November 1811 gründete er eine „Fabrik zur Verfertigung des englischen Gußstahls und aller daraus resultierenden Fabrikate", wie es in der Notarsurkunde hieß. Die Firma sollte Friedrich Krupps Leben eine schicksalhafte Wende geben.

**WIRTSCHAFTSKRIEG** Welche Umstände verleiteten den gelernten Kaufmann dazu, ausgerechnet eine Gußstahlfabrik zu gründen? Damals beherrschte Napoleon I. den europäischen Kontinent. Um auch Großbritannien in die Knie zu zwingen, hatte der Korse gegen das Inselreich eine Wirtschaftsblockade verhängt. Diese sogenannte Kontinentalsperre zeigte jedoch nicht die erhoffte Wirkung und verkehrte sich bald in ihr Gegenteil. Die Engländer drehten den Spieß um und verhinderten, daß britische Waren, vor allem der begehrte Sheffieldstahl, den Napoleon zur Produktion von Waffen brauchte, exportiert wurden. Allein die Engländer waren näm- lich damals in der Lage, diesen hoch- wertigen Gußstahl herzustellen. Die Einzelheiten ihres Verfahrens hielten sie geheim. Daher setzte Napoleon 4000 Franc als Prämie für denjenigen aus, dem es gelang, den harten eng- lischen Stahl nachzumachen.

**HOCHSTAPELEI** Dies war ein verlok- kendes Angebot für den jungen Krupp, dem das Metier nicht ganz fremd war, da er kurze Zeit die Gute- hoffnungshütte der Familie geführt hatte. Entscheidend für die Grün- dung einer Gußstahlfabrik war aber, daß er im Herbst 1811 die Brüder Ge- org Karl Gottfried und Wilhelm Georg Ludwig von Kechel, beide ehemalige Offiziere, kennenlernte. Sie über- zeugten Friedrich Krupp davon, daß sie das Rezept für die englische Stahlproduktion besäßen. Er ging den beiden auf den Leim, machte sie zu Mitinhabern seiner Firma, kaufte in großem Stil Roheisen und ver- schuldete sich, noch bevor sich ir- gendein Erfolg gezeigt hatte. Im Frühjahr 1813 stellte man immer noch nichts anderes als Feilen aus Rohstahl her, da die Herren von Ke- chel weiterhin ergebnislos herumex- perimentierten. Im Herbst 1814 trennte sich Friedrich Krupp von sei- nen unfähigen Partnern.

**SCHARLATAN** Inzwischen hatte sich die Lage gewandelt: Napoleon war besiegt worden, die Aussicht auf die Prämie somit dahin, und englischer Stahl konnte wieder eingeführt wer- den. Krupp überlegte, ob er seine Fa- brik schließen sollte. Doch im Som- mer 1815 saß er erneut einem Schar- latan auf, einem ehemaligen preußi- schen Offizier namens Friedrich Nicolai. Dieser behauptete, ein Pa- tent für die Erzeugung von Gußstahl zu besitzen. Diesmal merkte der Jungunternehmer schneller, daß sein Kompagnon ein Betrüger war, und gab ihm bereits nach einem Jahr den Laufpaß. Allerdings hatte Friedrich Krupp durch die jahrelangen Versu- che so viel Erfahrung gesammelt, daß er sich nun eigenhändig ans Werk machen konnte. Und tatsäch- lich, nach einem halben Jahr fand er die geeignete Verfahrensweise.

**RICHTIGE REZEPTUR** Schon gegen Jahresende 1816 produzierte seine Fabrik erstmals eine größere Menge des begehrten Gußstahls. So mar- kierte dieses Jahr den ersten Durch- bruch für das spätere Firmenimpe- rium der Krupps. ☐

## Vom Kleinunternehmer zum Kanonenkönig

Obwohl Friedrich Krupp das Ge- heimnis der Gußstahlproduktion gelüftet hatte, war er mit seinem Unter- nehmen nicht sonderlich erfolgreich. Als er am 8. Oktober 1826 starb, ruhten alle Hoffnungen auf seinem Sohn Alfred, der nun an die Spitze des Unternehmens trat.

Der junge Bursche von 14 Jahren wurde sofort in die Pflicht genom- men und sorgte für das Überleben der Firma, die zu dieser Zeit kurz vor dem Ruin stand. Im ersten Jahr erwirtschaftete er mit der hochverschuldeten Fabrik ganze 2000 Taler. Nicht einmal zehn Mann ar- beiteten anfänglich in der Schmiede des Vaters. Wenn die Auftragslage stimmte, mußten die Schmelzer ohne Unterlaß bis in die späten Abend rackern. Aber oft war Alfred gezwungen, die Münzmeister und Werkzeugmacher, für die er den Stahl goß, zu vertrösten, weil der Bach, der über ein Wasserrad den Hammer der Schmiede antrieb, mal zuviel, mal zu- wenig Wasser führte.

Alfred brütete über den Büchern und der Korrespondenz. Der Jüngling war da- mals, wie er später erklärte, Prokurist, Korrespondent, Schmied, Koksklopfer, Schmelzer, Kassierer und Nachtwächter in einer Person. Durch sein nimmermü-

des Tun und Machen eignete er sich aller- dings bald viel Wissen und Sachkenntnis an, und das ermöglichte den atembe- rauenden Aufstieg des Unternehmens.

Als der 1834 gegründete Zollverein die Handelsschranken innerhalb von Deutschland beseitigte, eröffnete dies Alfred Krupp neue Absatzmöglichkeiten für seinen Gußstahl. Dem Tüftler war im Jahr 1830 eine wesentliche Verbesserung des Schmelzverfahrens gelungen, so daß er die Konkurrenz durch den englischen Qualitätsstahl nicht fürchten mußte. Sein jüngerer Bruder Hermann sorgte für wei- teren Auftrieb: Er ließ die Formen von Löffeln und Gabeln in Walzen eingravie- ren und die Bestecke sodann aus einer wie Silber aussehenden Metallverbin- gung auswalzen. Diese sogenannte Löf- felwalze verhalf Krupp zu Großaufträ- gen, die die wirtschaftliche Lage der Firma spürbar verbesserten.

Alfred Krupp erkannte, daß nur der technische Vorsprung zur Überlegenheit am Markt verhelfen konnte, und außer- dem profitierte er vom rasanten Ausbau des Eisenbahnnetzes nach der Jahrhun- dertmitte. Auf der Messe in München stellte er 1854 seine patentierten Radrei- fen aus Gußstahl ohne Schweißnaht, so-

*Am offenen Feuer einer Esse gossen Arbeiter um die Jahrhundertwende Stahlblöcke für Panzerplatten.*

genannte Bandagen, vor, die von da an 10 000fach im Lokomotiv- und Maschinenbau verwendet wurden. „Ich garantiere 20 000 Meilen ohne Abdrehung", frohlockte der Firmenboß im Bewußtsein des Erfolges. In der Form von drei Ringen, die sich überschneiden, gingen die Bandagen ins Firmensymbol ein. Auf den beiden ersten Weltausstellungen in London und Paris gelang es Krupp, auch das Interesse des internationalen Publikums auf seine Firma zu lenken.

1859 bestellte der preußische Staat in Essen 300 Gußstahlrohre für seine Feldartillerie. Als Kanonenfabrik begann für die Firma Krupp eine neue Ära. Zudem hatte sie als erstes Unternehmen auf dem Kontinent ein von dem Engländer Sir Henry Bessemer vier Jahre zuvor entwickeltes Verfahren übernommen, mit dem qualitativ höherwertiger Stahl erzeugt werden konnte. Schon 1860 begann Alfred, Waffen nach Rußland, Belgien, Holland, Spanien, Österreich, England und in die Schweiz zu liefern.

Als der russische Zar Alexander II. im Herbst 1863 in Essen eine Bestellung in Höhe von 1 Million Taler für Feldgeschütze aufgab, wurde eine zweite Waffenfabrik eröffnet. Alfred Krupp war zwar preußischer Untertan, aber das Geschäft stellte er über die Vaterlandsliebe. Der größte Teil seiner nahezu 25 000 Geschützrohre, die er seit 1859 verkaufte, ging ins Ausland. Mittlerweile waren internationale Geschäfte ein festes Standbein in dem weitverzweigten Unternehmen geworden. Als der Stahlpionier, der als Kanonenkönig in die Geschichte einging, 1887 starb, zählte die Firma bereits 21 000 Mitarbeiter.

Von dem weltweiten Wettrüsten, das in den beiden Jahrzehnten vor Ausbruch des Ersten Weltkrieges einsetzte, profitierte auch das Kruppimperium, inzwischen angeführt von Alfreds Sohn Friedrich Alfred. Er war weniger erfindungsreich als sein Vater, aber dafür noch erfolgreicher als Geschäftsmann. Er baute das Familienunternehmen zum Großkonzern aus.

Die Krupps führten ihr Unternehmen als Alleinherrscher und konnten sich als Mitglieder der inzwischen reichsten Familie Deutschlands, die zu den Duzfreunden des Kaisers zählte, allerlei Marotten und Spleene leisten. Vor allem Friedrich Alfred gab sich als privater Hausherr exzentrisch. Den Gästen seiner Villa Hügel in Essen pflegte er Mahnzettel zu überbringen, wenn sie gegen die Hausordnung verstießen. Es kam sogar vor, daß er ihnen die Abreise nahelegte, wenn sie sich nicht so verhielten, wie er es wünschte.

## Vom Ackerland zum Industrierevier

Der Ausbau der Industrie, bei dem die Familie Krupp eine Vorreiterrolle spielte, ergriff ab der Mitte des 19. Jahrhunderts weite Teile Deutschlands. Diese sogenannte industrielle Revolution brachte einschneidende Umbrüche für das Leben der Menschen und für ganze Landstriche mit sich, schritt allerdings in manchen Regionen schneller voran als in anderen.

In rasantem Tempo entwickelte sich die Heimat der Familie Krupp, das in Preußen gelegene Ruhrgebiet, von einer landwirtschaftlich geprägten Gegend zu einem Industrierevier. Es wurde zum Zentrum der deutschen Schwerindustrie. Ein großes Plus waren die natürlichen Bodenschätze, die es im Ruhrgebiet gab, nämlich Kohle.

Das schwarze Gold, das man in großem Stil dort abzubauen begann, ersetzte bald vollständig Holz als Brennstoff. Die Dampfmaschinen, die immer größer und leistungsfähiger wurden, hätte man mit Holz auf Dauer auch gar nicht betreiben können. So stieg die Kohle zum industriellen Energielieferanten Nummer eins auf. Während es im Jahr 1860 lediglich 230 000 Revierbergleute gab, erreichte ihre Zahl bis 1920

knapp eine halbe Million. Entsprechend hatte sich die deutsche Steinkohleproduktion zwischen 1866 und 1913 von 24 Millionen auf 190 Millionen Tonnen gesteigert. So griff eines ins andere: Kohlebergbau, Stahlherstellung und Metallverarbeitung ließen die Menschen unter Tage ziehen, die Essen lodern und die Maschinen stampfen. Einige Großunternehmer vereinten alle diese Produktionsbereiche einschließlich des Handels und des Transports der Güter in einem Konzern und schufen so riesige Monopolbetriebe.

Eisen und Stahl erwiesen sich als die wichtigsten Werkstoffe des industriellen Zeitalters. Im Jahr 1893 produzierten deutsche Fabriken schon mehr Stahl und zehn Jahre später auch mehr Roheisen als das einst führende Großbritannien. Die Unternehmerpioniere an Rhein und Ruhr, allen voran die Familien Krupp, Thyssen, Stinnes und Mannesmann, waren an diesem Aufschwung wesentlich beteiligt. Sie profitierten von den kurzen Wegen der Ruhrkohle zu ihren Hochöfen und Maschinen sowie von der günstigen Lage des Reviers an der bedeutsamsten Verkehrsader Mitteleuropas, dem Rhein. Der Hafen von Duisburg, einem ehemals verschlafenen Städtchen, wurde zum Hauptumschlagplatz für die Ruhrkohle, und daraus entwickelte sich später der größte Binnenhafen der Welt.

Eine einseitig geprägte Münze aus Silberblech diente Heinrich I. als Mantelschließe (oben). Die runde Spange trägt ein Porträt des deutschen Königs.

# Geisel für den Frieden

*Ein glücklicher Umstand half König Heinrich I. im Jahr 926 das Reich vor der Zerstörung durch die räuberischen Ungarn zu bewahren.*

**FRIEDEN STATT GOLD** Sieben Jahre nach seiner Wahl zum König bot sich Heinrich I. die einmalige Gelegenheit, in der jahrelangen Auseinandersetzung mit den Ungarn die Oberhand zu behalten. Bei einem der zahlreichen Scharmützel im Jahr 926 in der Nähe von Goslar fiel dem König zufällig ein Anführer der Ungarn in die Hände.

Der Unbekannte mußte wohl ein vornehmer Fürst sein, denn als die Ungarn von der Gefangennahme erfuhren, boten sie ungeheure Mengen Gold und Silber als Lösegeld an. Doch Heinrich, wohl wissend, in welch günstiger Position er war, wies die Schätze zurück und forderte statt dessen einen Friedensvertrag für das Reich. Nach zähem Ringen setzte Heinrich einen neunjährigen Waffenstillstand durch, mußte sich jedoch zu jährlichen Tributzahlungen verpflichten. Daraufhin zogen sich die Ungarn zurück.

**PLÜNDERNDE HORDEN** Ursprünglich Nomaden aus den Steppen Asiens, hatten sich die Ungarn gegen Ende des 9. Jahrhunderts in der Ebene zwischen Theiß und Donau niedergelassen. Von dort unternahmen sie ausgedehnte Raubzüge nach Westen. Den wilden Reiterhorden war kaum jemand gewachsen. Wo sie auftauchten, verbreiteten sie Angst und Schrecken unter der Bevölkerung. Daß Heinrich die Ungarn nun als erster zum Rückzug gezwungen hatte, hob sein Ansehen bei den deutschen Stämmen und verschaffte ihm eine Atempause in dem jahrzehntelangen Kampf gegen das Nomadenvolk. □

Pfeil und Bogen waren die gefürchtete Kampfausrüstung der ungarischen Reiterhorden. Wo sie einfielen, zog sich eine Spur der Verwüstung durchs Land.

## Ein Gesetz zum Bau von Burgen

N ach dem Abzug der Ungarn galt es, die befristete Friedenszeit zu nutzen, um in Zukunft besser gegen Überfälle gewappnet zu sein. Im November 926 berief Heinrich I. deshalb einen Reichstag in Worms ein, auf dem er mit den Stammesherzögen und Machthabern einen Verteidigungsplan beschloß. Heinrichs sogenannte Burgenordnung sah vor, überall im Land Burgen zu errichten und alle wichtigen Orte, Bischofssitze, Kirchen und Klöster zu befestigen.

Diese gewaltige Aufgabe wurde umgehend in Angriff genommen; Tag und Nacht mußte an den Befestigungen gearbeitet werden. Als Schutzeinrichtungen baute man Wälle und Gräben, Palisaden und Wehrtürme. Erst in späteren Zeiten legte man hohe Ringmauern an. Zu den vielen Orten, die befestigt wurden, gehörten in Sachsen Goslar, Quedlinburg, Duderstadt, Nordhausen, Merseburg und das Kloster Corvey, im übrigen Reich unter anderem Hersfeld, Augsburg und Regensburg.

Für die einfache Bevölkerung waren diese massiven Bauten ein ungewohnter Anblick. Damit sich die Menschen mit den Burgen vertraut machen konnten, sollten diese nicht nur in Notzeiten als Zuflucht dienen. Auch Gerichtstage, Volksversammlungen und Festlichkeiten hielt man dort ab. Den Einzugsbereich einer Burg nannte man Burgbann. Seine Bewohner waren verpflichtet, an den Burgen mitzubauen. Mit der Errichtung der Burg war es freilich nicht getan. Eine ständige Besatzung war notwendig, um das Land vor Überraschungsangriffen zu schützen.

Da Heinrich aber nicht über genügend Ritter verfügte, die er dazu heranziehen konnte, griff er auf die Bauern zurück. Er bildete aus der waffenfähigen und wehrpflichtigen Bevölkerung Gruppen von je neun Mann. Einer von ihnen lebte auf der Burg, errichtete dort Unterkünfte für die restlichen acht und übte sich in der Verteidigung. Die acht anderen bebauten die Felder des neunten mit und brachten ein Drittel der gesamten Ernte zur Aufbewahrung auf die Burg.

Die Burgen allein konnten jedoch Überfälle der Ungarn nicht verhindern, sondern nur Zuflucht vor den Feinden bieten. Um diese im Kampf schlagen zu können, bildete Heinrich ein Reiterheer aus. Die Berittenen trugen schwere Panzer zum Schutz gegen die tödlichen Pfeile der Ungarn. Als Lohn für ihre Dienste erhielten sie Grundbesitz und wurden somit zu Lehnsleuten des Königs.

## Unterwerfung der slawischen Stämme

N icht nur die Ungarn bedrohten das Deutsche Reich, sondern auch die zahlreichen slawischen Stämme östlich von Elbe und Saale, allen voran die Daleminzier, die Nachbarn der Thüringer. Sie waren besonders gefährlich, weil sie mit den Ungarn verbündet waren und den wilden Reiterscharen den Übergang über die Elbe sicherten, wenn diese in Sachsen einfielen. Heinrich beschloß, die Slawen anzugreifen. Damit verfolgte er einen doppelten Zweck: Zum einen wollte er an der Ostgrenze für Ruhe sorgen, zum andern sollte sich das noch unerfahrene Reiterheer im Kampf üben, um auf die Auseinandersetzung mit den Ungarn vorbereitet zu sein.

Im Winter 928 griff er den Slawenstamm der Heveller im Havelland an. Der Frost war dabei sein Verbündeter, denn das Eis machte das Land zugänglich, das sonst durch Flüsse, Seen und Sümpfe geschützt war. Heinrichs Krieger eroberten die Hauptburg Brennabor, später Brandenburg genannt, und nahmen den Fürsten der Heveller gefangen. Der nächste Vorstoß richtete sich gegen den Stamm der Daleminzier. Nach 20 Tagen Kampf gelang es Heinrichs Reiterei, deren Hauptburg Jahna an der Elbe zu erstürmen. Zur Sicherung des eroberten Gebietes ließ er die Burg Meißen erbauen.

Dann wandte sich Heinrich nach Böhmen, unterstützt von dem Bayernherzog Arnulf, der von Westen her anrückte. Angesichts des massiven Angriffs von zwei Seiten gab der böhmische Herzog Wenzel kampflos auf, erkannte die deutsche Oberhoheit an und verpflichtete sich zu Tributzahlungen.

Binnen eines Jahres hatte Heinrich die slawischen Stämme von der Ostsee bis nach Böhmen unterworfen. Das Gebiet zwischen Saale und Elbe wurde dem Deutschen Reich fest angegliedert. Als sich im Sommer 929 die Redarier und andere slawische Stämme auflehnten, schlugen die deutschen Reitereinheiten den Aufstand nieder. Die Ostgrenze war nun durch eine breite Sicherheitszone aus tributpflichtigen slawischen Stämmen geschützt, die die deutsche Oberherrschaft anerkannten.

## Vernichtender Schlag gegen die Ungarn

H einrich fühlte sich nach den erfolgreichen Kriegen gegen die Slawen stark genug, um es auf eine Machtprobe mit den Ungarn ankommen zu lassen. Im Jahr 932, drei Jahre bevor der einst beschlossene Waffenstillstand offiziell en-

## LANZE MIT WUNDERKRAFT

*Im Jahr 926 übergab der Burgunderkönig Rudolf II. die Heilige Lanze an König Heinrich I. Zahlreiche Legenden ranken sich um diese Reliquie. Sie galt als die Lanze, mit der der Römer Longinus dem gekreuzigten Jesus in die Seite stach. Man verehrte sie auch als heilig, weil der Nagel in der Spitze angeblich vom Kreuz Christi stammte. Viele glaubten, die Lanze sei die Waffe Konstantins, des ersten christlichen Kaisers in Rom. Damit begründeten ihre Besitzer einen Anspruch auf Italien. In einer anderen Version stand sie für Rechte auf Burgund, weil sie dem Märtyrer Mauritius gehört haben soll, dem Schutzpatron von Burgund. Der göttlichen Heilkraft der Lanze schrieb Heinrichs Sohn Otto den Sieg über die Ungarn auf dem Lechfeld 955 zu.*

*DIE HEILIGE LANZE WIRD IN WIEN AUFBEWAHRT.*

der slawischen Stämme an der Ostgrenze. Anders als bisher verweigerten die Daleminzier den Ungarn diesmal die übliche Hilfe. Doch davon ließen sich deren Reitertruppen nicht abschrecken. Sie teilten ihr Heer, um Heinrich in die Zange zu nehmen. Der König hatte seine Streitmacht jedoch ebenfalls in zwei Einheiten aufgespalten. Zuerst trafen die beiden westlichen Heeresgruppen aufeinander. Dabei besiegten die sächsischen und thüringischen Reiter die Ungarn und machten zahlreiche Gefangene.

Dem Hauptheer der Ungarn zog König Heinrich I. selbst entgegen. Am 15. März 933 kam es bei Riade an dem Fluß Unstrut zur Schlacht. Die Rüstungen der deutschen Reiter bewährten sich als wirkungsvoller Schutz gegen die Pfeile der ungarischen Bogenschützen, denen sie früher nichts entgegenzusetzen gehabt hatten. So gelang es den gepanzerten Truppen, die unter dem Feldzeichen des Erzengels Michael kämpften, das feindliche Heer in eine kopflose Flucht zu jagen, sein Lager zu erstürmen und dort die Gefangenen zu befreien.

Dank ihrer flinken Pferde erlitten die Ungarn zwar keine schweren Verluste, doch ihr Schrecken war so groß, daß sie sich zu Heinrichs Lebzeiten nicht mehr über die Grenzen des Deutschen Reiches wagten. Dieser erste Triumph eines deutschen Königs über die für unbesiegbar gehaltenen Ungarn stärkte auch den inneren Zusammenhalt des Reiches. Denn diesmal hatten sich alle deutschen Stämme verbündet und den Kampf als ihre gemeinsame Sache betrachtet.

## Nur ein Erbe für das ganze Reich

**D**as Deutsche Reich unter Heinrich I. war aus dem früheren ostfränkischen Herrschaftsgebiet hervorgegangen und umfaßte die Stammesherzogtümer Franken, Sachsen, Schwaben, Bayern und Lothringen. Neu hinzugekommen waren außerdem die unterworfenen slawischen Gebiete.

Doch der König ruhte sich nicht auf seinen Erfolgen aus. Weitsichtig ordnete

er seine Nachfolge, damit sein Reich nach seinem Tod nicht wegen Erbstreitigkeiten zerfallen würde.

Auf einem Hoftag zu Quedlinburg im Jahr 929 legte Heinrich sein Testament fest. Darin regelte er nicht nur die Versorgung seiner Gemahlin Mathilde für den Fall seines Todes, sondern wies auch allen anderen Mitgliedern seiner Familie ihre Positionen zu.

Zum Thronfolger und Erben des Deutschen Reiches bestimmte er seinen zweiten Sohn Otto. Seine drei anderen Söhne Bruno, Heinrich und Thankmar gingen leer aus. Damit tat der König einen ungewöhnlichen Schritt, denn er wich von der althergebrachten Regelung ab, nach der jeder Sohn des Königs gleichermaßen erbberechtigt war und einen Teil seines Herrschaftsgebietes erhielt. Heinrichs Entscheidung sorgte zwar für böses Blut unter den Brüdern, begründete aber die Unteilbarkeit des Reiches und stärkte die Stellung des Königs.

Bei einer Rundreise durch das Reich wurde Otto allen Herzögen als der künftige Herrscher vorgestellt. Um sich doppelt abzusichern, ließ sich Heinrich kurz vor seinem Tod 936 auf einem Hoftag in Erfurt von den Mächtigen im Reich noch einmal seine Entscheidung, die ihm so sehr am Herzen lag, bestätigen.

*Mit seinem Pferd bildete dieser stolze ungarische Krieger eine Einheit. Dank ihrer schnellen, wendigen Rosse und ihrer exzellenten Reitkunst galten die Ungarn bei den deutschen Stämmen lange Zeit als unbesiegbar.*

dete, stimmte eine Volks- und Heeresversammlung in Erfurt dem Krieg zu. Doch stürzte sich Heinrich nicht sofort ins Schlachtengetümmel, sondern provozierte seine Gegner, den Kampf zu eröffnen. Die Verpflichtung, den Ungarn jährlich Tribut zu zahlen, hatte für den Sachsenkönig eine schwere Erniedrigung bedeutet. Nun war für ihn die Gelegenheit gekommen, seinen Feinden diese Demütigung heimzuzahlen.

Als die ungarischen Gesandten im Herbst anreisten, um den jährlichen Tribut abzukassieren, weigerte sich der König, die Abordnung vorzulassen. Voller Empörung, aber mit leeren Händen mußte sie zurückkehren. Die Ungarn rüsteten darauf sofort ein großes Heer zu einer Strafexpedition.

Nun bewährte sich die Unterwerfung

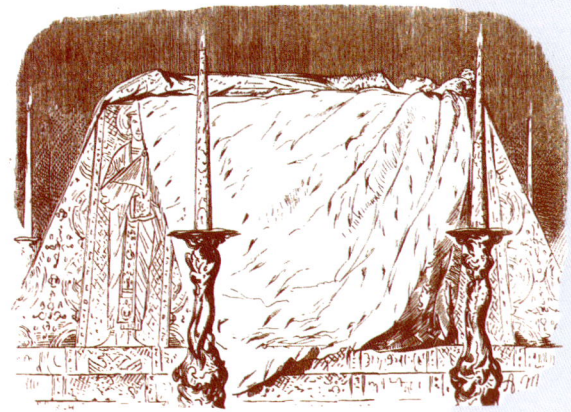

# Ein Gegner weniger

*Der unver-
hoffte Tod
von Zarin Elisabeth im
Jahr 1762 rettete Preußen vor seinem
Untergang im Siebenjährigen Krieg.*

*Feierlich wurde die verstorbene Zarin vor ihrem Begräbnis auf einem tuchverhangenen Gestell aufgebahrt. Elisabeth war die Tochter von Peter dem Großen und Katharina I.*

**DIE WENDE** Am 5. Januar 1762 starb in Rußland die Zarin Elisabeth an einem Blutsturz. Trunksucht und ein ausschweifendes Leben hatten die Gesundheit der 52jährigen bereits seit Jahren stark angegriffen. Der preußische König Friedrich II. hatte ihren Tod schon lange herbeigesehnt, denn sie war seine erbittertste Gegnerin im Siebenjährigen Krieg, und ihr Ableben, so hoffte er, ließ eine Wende in dem militärischen Kräftespiel möglich erscheinen.

*Der Künstler dieses Bildes stellte sich vor, wie die einstigen Gegner, der schwedische König Adolf Friedrich, der Preußenkönig Friedrich II. und Zar Peter III. (von links), nach ihrer Aussöhnung freundschaftlich beieinanderstehen.*

Seit dem Beginn des Krieges im Jahr 1756 hatten die Truppen der Zarin Elisabeth treu an der Seite Österreichs, Frankreichs und Schwedens gestanden und in diesem Waffenbündnis Friedrich dem Großen schwerste Verluste zugefügt. Noch kurz vor dem Tod Elisabeths war die pommersche Feste Kolberg in die Hände der Russen gefallen, die damit eine günstige strategische Ausgangsposition für einen künftigen Vormarsch in die brandenburgischen Kernlande gewonnen hatten. Außerdem hielten die Truppen der österreichischen Herrscherin Maria Theresia Schlesien besetzt, das Friedrich erst einige Jahre zuvor der Habsburgerin abgenommen hatte. Preußens Untergang schien besiegelt zu sein. Doch das Ableben der Zarin änderte nun schlagartig die Lage.

**RUSSISCHER VEREHRER** Nachfolger auf dem russischen Thron war der Neffe der Zarin, Peter III. aus dem deutschen Fürstenhaus Holstein-Gottorf. Der junge Herrscher stand dem preußischen König ausgesprochen freundschaftlich gegenüber. Seit Jahren war er ein glühender Verehrer Friedrichs, und mit Bewunderung studierte er die Feldzüge der preußischen Armee, die er bis ins Detail kannte. Noch als Großfürst unter Elisabeth war er den Sitzungen des russischen Staatsrates ferngeblieben, wenn politische oder militärische Beschlüsse gegen Friedrich gefällt wurden.

Die Chancen auf eine Änderung der russischen Politik standen daher für Friedrich, der über den bisherigen Verlauf des Krieges äußerst besorgt war und bereits darüber nachdachte, seine Gegner um Frieden zu bitten, nicht schlecht. □

## Friedensschluß mit Rußland

**F**riedrichs Hoffnungen, daß der neue Zar einen Kurswechsel in der Kriegspolitik vollziehen würde, gingen in Erfüllung, und schon bald bahnte sich eine Verständigung zwischen Rußland und Preußen an. Noch im Januar 1762 befahl Peter III. den Rückzug seiner Truppen aus Pommern und Preußen und ließ sie nach Polen verlegen. Die preußischen Kriegsgefangenen ließ er aus dem ganzen Zarenreich zu sich rufen, nahm sie ehrenvoll auf und sorgte dafür, daß sie zu ihren Truppen zurückkehrten. Die Aussöhnung schritt so schnell voran, daß alsbald Gesandte zwischen Berlin und Sankt Petersburg hin- und hereilten.

Am 5. Mai 1762 schloß Rußland mit Preußen Frieden, und gut sechs Wochen später unterzeichnete Peter sogar einen Bündnisvertrag. Er verzichtete auf jeden Gebietszuwachs, scherte aus der antipreußischen Koalition aus und stellte dem Preußenkönig ein Hilfskorps von 20 000 Mann in Aussicht. Friedrich II. konnte sein Glück kaum fassen. Um seiner Freude Ausdruck zu verleihen, ordnete er Festlichkeiten in seiner Armee an, und bei seinem russischen Wohltäter bedankte er sich mit großen Worten: „Alle meine Offiziere sagen: ‚Lange lebe unser geliebter Zar!'"

Wie Friedrich II. bereits vorausgesehen hatte, beeilten sich die Schweden, dem Beispiel des Zaren zu folgen. Sie schlossen am 22. Mai 1762 mit den Preußen einen Sonderfrieden und verzichteten ebenfalls auf alle Gebietsforderungen. Jetzt hatte Preußen nur noch zwei Gegner: Österreich und Frankreich, die von dem Gesinnungswandel der Russen vollkommen überrascht waren. So glaubte Maria Theresia, die sich schon wieder im Besitz des umkämpften Schlesien wähnte, zunächst auch an eine Finte des preußischen Königs, als der Zar diesem sein Hilfskorps sandte. Ihre Offiziere meldeten, Friedrich II. habe seine Soldaten in russische Uniformen gesteckt.

## Friedrich der Große auf dem Vormarsch

**M**it dem Ausscheren der Russen und Schweden aus der antipreußischen Koalition hatte die Überlegenheit der österreichisch-französischen Allianz für Friedrich ihren Schrecken verloren. Der König hob jetzt in den bis-

her von den Russen besetzten Gebieten Soldaten aus und konnte seine Armeestärke im Frühsommer 1762 auf 210 000 Mann aufstocken. Dem standen auf österreichischer Seite knapp 280 000 Mann gegenüber. Friedrich schritt erneut zum Angriff, denn sein Ziel war Schlesien. Im Juli und August gelang es dem preußischen Heer, die Österreicher bei Burkersdorf und Reichenbach in Schlesien zu besiegen und sie bis an die böhmische Grenze zurückzudrängen. Der Feldzug in Schlesien war damit beendet.

Auch im Westen eilten die preußischen Truppen von Sieg zu Sieg: Friedrichs Schwager Ferdinand von Braunschweig schlug die Franzosen im Juni desselben Jahres nahe Wilhelmsthal im Hessischen, und Prinz Heinrich, der Bruder des preußischen Königs, rieb die gegnerische Armee am 29. Oktober 1762 bei Freiberg in Sachsen auf.

Nach sechs schweren Jahren waren alle Kriegsteilnehmer inzwischen ermat-

*In der letzten Phase des Siebenjährigen Krieges erwiesen sich die preußischen Soldaten – hier ein voranstürmender Trupp Dragoner – in Moral und Kampfkraft den feindlichen Truppen weit überlegen.*

tet, die Staatshaushalte hatten erheblich gelitten, und allein in Preußen waren Hunderttausende Soldaten ums Leben gekommen. Maria Theresia hatte ein verlustreiches Kriegsjahr hinter sich. Sie kam zu der bitteren Erkenntnis, daß glückliche Umstände ihrem Widersacher auf dem preußischen Königsthron dabei geholfen hatten, seinen Kopf aus der Schlinge zu ziehen. Die junge Herrscherin mußte feststellen, daß Schlesien für ihre habsburgischen Erblande endgültig verloren war.

Letztlich waren beide, Österreich und Preußen, bereit, Frieden zu schließen, nachdem sie auch von anderen europäischen Mächten dazu gedrängt worden waren, den Krieg zu beenden. Ende 1762 schlossen sie einen Waffenstillstand, und am 15. Februar des darauffolgenden Jahres wurde auf der Hubertusburg in der Nähe von Leipzig Friede geschlossen. Schlesien kam nun endgültig zu Preußen, das neben Österreich, Frankreich, Großbritannien und Rußland zur fünften Großmacht in Europa aufgestiegen war, und Maria Theresia durfte als Gegenlei-

sen systematisch auszubauen. Er schuf eine zentrale Verwaltung, die die Monopole im Bergbau überwachte, Konzessionen an private Unternehmer vergab und die Aufsicht über staatlich geführte Betriebe wahrnahm. Insbesondere mit der Förderung des Steinkohlenbergbaus in Oberschlesien und an der Ruhr ebnete Friedrich der Große den Weg für die Industrialisierung seines Landes im 19. Jahrhundert.

## Auf dem Weg zum Rechtsstaat

Sein Leben lang lag dem König eine Reform des Justizwesens am Herzen. Bereits 1755 hatte Friedrichs Großkanzler einen ersten Schritt in diese Richtung unternommen und die Unabhängigkeit der Richter durchgesetzt. Nun trieb Friedrich die Schaffung eines Gesetzbuches voran, das für alle Preußen unabhängig von ihrem Stand Gültigkeit besaß. Adlige und Bauern sollten vor Gericht nunmehr gleichberechtigt behandelt werden, und selbst der König mußte sich an die Gesetze halten.

Furore machte deshalb auch der Prozeß gegen den Müller Johann Arnold aus der Neumark, in den sich Friedrich direkt einschaltete. Ein Gericht hatte die Versteigerung der Wassermühle des Müllers verfügt, weil dieser seinem Grundherrn die Erbpacht schuldig geblieben war. Arnold, der sich im Recht wähnte, weil ein Karpfenteich seinem Mühlbach das Wasser entzogen habe, erhob mehrfach vergeblich Klage. Schließlich wandte er sich mit Bittschriften an den König, der den Verdacht hatte, daß die Gerichte das Recht zugunsten des reichen Edelmannes und gegen den armen Müller beugten. Am Nachmittag des 11. Dezember 1779 hielt er in seinem Arbeitszimmer zornerfüllt selbst Gericht, gab dem Müller Arnold recht, behandelte die verantwortlichen Richter wie überführte Verbrecher und ließ sie anschließend sogar ins Gefängnis werfen.

Jahre später, 1794, war das sogenannte Preußische Landrecht fertiggestellt. Es enthielt nahezu 20 000 Paragraphen und besaß in den preußischen Gebieten teilweise bis 1900 Gültigkeit. Friedrich der Große allerdings erlebte die Vollendung dieses Werkes nicht mehr, er war 1786 im Alter von 74 Jahren gestorben.

---

*Friedrich der Große verlangte von der preußischen Rechtsprechung, daß sie auf dem Grundsatz der Gleichheit basierte (rechts).*

stung darauf zählen, daß Friedrich der Große ihrem Sohn Joseph half, die Kaiserwürde zu erlangen.

## Wiederaufbau der Wirtschaft

Nachdem der Krieg beendet war, machte sich Friedrich II. unverzüglich an den Wiederaufbau seines Landes, das wirtschaftlich daniederlag. Das Steueraufkommen war, gemessen an den Friedensjahren, beträchtlich gesunken. Krankheiten grassierten, und die männliche Bevölkerung war zahlenmäßig stark geschwächt.

Dringend mußte die preußische Wirtschaft wieder angekurbelt und gestärkt werden, die Bevölkerung wieder anwachsen. Der König setzte, besonders in den östlichen Teilen seines Reiches, seine Projekte zur Landgewinnung, die er schon vor dem Ausbruch des Siebenjährigen Krieges begonnen hatte, fort. Er ließ Kanäle ziehen, um den Warenumschlag zwischen Elbe, Havel, Oder und Weichsel zu beschleunigen, und ordnete an, die Sumpfgebiete von Oder, Warthe und Netze trockenzulegen und urbar zu machen. Bauern bekamen staatliche Kredite, und Siedler, die aus Schwaben, Österreich und der Pfalz ins Land kamen, wurden von Militär-

*Auszug eines Schreibens*
## Sr. Königl. Majestät von Preussen,
*Selbst gehaltenes Protokoll über*
### drey Kammergerichtsräthe
*aus*
### Küstrin,
*den 11. December 1779.*
*Worinnen sich dieser Nordische Salomon, mit diesen Worten also vernehmen lassen.*

„Daß ein Justizcollegium, daß Ungerechtigkeiten ausübt, weit gefährlicher und schlimmer ist, wie eine Diebsbande, vor die kan man sich schützen, aber vor Schelme, die den Mantel der Justiz gebrauchen, um ihre üble Paßiones auszuführen, vor diese kan sich kein Mensch hüten, die sind ärger wie die größten Spitzbuben, die in der Welt sind."

„Denn sie müssen nur wissen, daß der geringste Bauer, ja was noch mehr ist, der Bettler eben so wol ein Mensch ist, wie der Höchste, und dem alle Justiz wiederfahren muß, indem vor der Justiz alle Leute gleich sind, es mag seyn ein Prinz der wider einen Bauern klagt, oder auch umgekehrt, so ist der Prinz, vor der Justiz, dem Bauern gleich: Und bey solchen Gelegenheiten muß pur nach der Gerechtigkeit verfahren werden, ohne Ansehen der Person."

dienst und Steuern befreit und erhielten staatliche Schenkungen.

Außerdem betrieb der Preußenkönig eine energische Gewerbe- und Industriepolitik. Es entstanden bedeutende Tuchfabriken, viele fleißige und tüchtige Handwerker konnten damals zu reichen Fabrikanten aufsteigen. Berlin wurde die Stadt der Porzellan- und Seidenmanufakturen, und die Einwohnerzahl der Residenzstadt stieg rasch an.

In Schlesien, im Harz und in der westfälischen Grafschaft Mark begann der König, den Bergbau und das Hüttenwe-

# Auf Leben und Tod

*E*in Blick in die
Vergangenheit
zeigt, daß die Geschichte
häufig mit Blut
geschrieben wurde.
In grausamen Schlachten
und jahrelangen Kriegen
entschieden Herrscher
und Feldherren über
die Zukunft Deutschlands.
Doch auch weniger
dramatische Ereignisse,
wie etwa Königswahlen
oder Demonstrationen, endeten
oftmals in Streitigkeiten,
die mit Waffengewalt
ausgetragen wurden.

# Im Kampf gefallen

*Mit dem Tod des Schwedenkönigs Gustav II. Adolf 1632 in der Schlacht von Lützen wurde der Dreißigjährige Krieg zu einem Ringen um die Vormacht in Europa.*

*Der schwedische König Gustav II. Adolf war erst 37 Jahre alt, als er im Kampf gegen die kaiserlichen Truppen sein Leben lassen mußte.*

*Zehntausende Soldaten, darunter große Reiterheere, schickten der deutsche Kaiser und der schwedische König für die Entscheidungsschlacht bei Lützen ins Feld.*

**TOD IM FELD**   Am frühen Morgen des 16. November 1632 ließ der protestantische König Gustav II. Adolf von Schweden bei Lützen nahe Leipzig seine Truppen zum Kampf gegen die Verbände des katholischen Kaisers aufmarschieren. Über 16 000 Soldaten hatte er aufgeboten, um das kaiserliche Heer unter der Führung des ruhmreichen Feldherrn Albrecht Wenzel Eusebius von Wallenstein zu besiegen. Dabei ließ er es sich nicht nehmen, selbst an vorderster Front mitzukämpfen. Nachdem er jedoch eine schwere Schußverletzung am Arm davongetragen hatte, war er gezwungen, das Schlachtfeld zu verlassen. Da traf ihn ein weiterer Schuß in den Rücken, wenig später ein dritter Schuß am Kopf, Schwerthiebe rissen seinen Körper auf. Der König war tot, doch die Schweden kämpften unvermindert weiter.

**SIEGESZUG**   Als der schwedische König knapp zwei Jahre zuvor mit seiner Armee nach Deutschland aufgebrochen war, ging es ihm vor allem darum, in dem nun seit 1618 wütenden Religionskrieg Pommern, Meck-

lenburg, Holstein und die norddeutschen Bistümer für den Protestantismus zurückzuerobern. Hier hatte Kaiser Ferdinand II. aus dem Geschlecht der Habsburger einige Jahre zuvor den Katholizismus wieder eingeführt. Zudem wollte sich der Schwedenkönig die Vorherrschaft im Ostseeraum sichern.

Zügig war der schwedische Feldzug vorangegangen, schnell war die katholisch-kaiserliche Machtstellung in Norddeutschland zerschlagen, und Gustav Adolf hatte seinen Siegeszug dann sogar in Richtung Süddeutschland fortsetzen können. In dieser Situation schickte der Kaiser seinen Feldherrn Wallenstein ins Feld, er sollte weitere Niederlagen abwenden und die Schweden zum Rückzug zwingen. Bei Lützen kam es zur entscheidenden Schlacht.

**ENDLOSER KRIEG**   Der Tod Gustav Adolfs brachte nicht den erhofften Abzug der schwedischen Truppen. Im Gegenteil, der Kampf währte noch viele qualvolle Jahre und wandelte sich zu einem Krieg um die Vormachtstellung in Europa.   □

## Die Ermordung Wallensteins

O bwohl ihr König gefallen war, blieben die Schweden in Deutschland und setzten ihren Kampf für den Protestantismus und den Ausbau ihrer Herrschaft in Europa fort. Unter der Führung von Graf Axel Oxenstierna gelang es ihnen im Jahr 1633, mit einem großen Teil der protestantischen Reichsstände, also der Fürsten und Städte, ein Bündnis zu schließen. Darin verpflichteten sich diese, eine Armee aufzustellen und die schwedischen Truppen finanziell zu unterstützen. Den Oberbefehl übernahmen die Schweden.

Im gegnerischen Lager zog sich der kaiserliche Feldherr Wallenstein nach der Niederlage bei Lützen in sein Winterquartier nach Eger in Böhmen zurück. Von dort führte er, nicht zuletzt aus persönlichen Gründen, Friedensgespräche mit den schwedischen Verbündeten Kursachsen und Brandenburg und mit den Schweden selbst, wobei er es unterließ, den Kaiser davon zu unterrichten.

Wallensteins eigenmächtige und undurchsichtige Verhandlungen weckten das Mißtrauen von Ferdinand II., das die Gegner des Feldherrn am kaiserlichen Hof in Wien noch schürten. Ihnen war der Generalissimus, den der Kaiser wegen seiner beachtlichen Erfolge im Verlauf des Dreißigjährigen Krieges mit ausgedehnten Ländereien belohnt hatte, zu mächtig geworden. So bezichtigten sie ihn nun, daß er beabsichtige, sich mit den Schweden zu verbünden und sich zum König Böhmens zu machen.

Als Wallenstein Anfang 1634 seinen Offizieren den Treueid auf seine eigene Person abverlangte, verhärtete sich der Verdacht am Hof. Da ein solcher Schwur allein dem Kaiser zustand, warf jetzt auch Ferdinand II. seinem Feldherrn Hochverrat vor, enthob ihn aller Ämter und befahl seine Gefangennahme oder Ermordung. Am 25. Februar 1634 wurde Wallenstein, der sich inzwischen mit den Schweden verständigt hatte und tatsächlich zu ihnen überlaufen wollte, zusammen mit seinen engsten Vertrauten in seinem Quartier getötet.

## Die Kaiserlichen auf dem Vormarsch

T rotz der Ermordung ihres Feldherrn Wallenstein konnte die kaiserliche Armee größere Erfolge im süddeutschen Raum vorweisen. Am 6. Sep-

Am 25. Februar 1634 ermordeten kaiserliche Offiziere General Wallenstein in seinem Quartier in Böhmen.

tember 1634 kam es bei Nördlingen in Bayern zu einer entscheidenden Schlacht, in der die Schweden, die die Stadt besetzt hatten, vernichtend geschlagen wurden. Die Kaiserlichen gewannen in der Folge fast ganz Süddeutschland zurück. Das protestantische Bündnis brach auseinander, die Reichsstände waren bereit, sich mit dem Kaiser zu verständigen, und am 30. Mai 1635 schloß der Kurfürst von Sachsen als Führer der evangelischen Partei mit Kaiser Ferdinand II. in Prag einen Sonderfrieden. Ihm schlossen sich fast alle Reichsstände an.

Mit dem Friedensvertrag verzichtete der Kaiser darauf, seine Rekatholisierungspolitik fortzusetzen, das heißt, Bistümer, die protestantisch geworden waren, wieder in katholischen Besitz zu überführen. Darüber hinaus verpflichtete er sich, die meisten der bereits vollzogenen Reformen zurückzunehmen und die alten konfessionellen Verhältnisse wiederherzustellen. Die Reichsstände stimmten im Gegenzug zu, eine gemeinsame Armee zu bilden, über die der Kaiser den Oberbefehl erhielt. Das Hauptziel war es, die Schweden aus Deutschland zu vertreiben.

## Internationale Verwicklungen

D ie Einigung zwischen dem deutschen Kaiser und den Reichsständen im Prager Frieden sowie ihr gemeinsamer Wille, die Schweden aus Deutschland hinauszudrängen, rief Frankreich auf den Plan. Ein geeintes Deutschland, so die Furcht des französischen Königs

Ludwig XIII., würde die Position des Habsburgers auf dem Kaiserthron ganz entscheidend stärken und das europäische Gleichgewicht zuungunsten Frankreichs verändern.

So trat Ludwig XIII., obwohl er Katholik war, 1635 an die Seite des protestantischen Schweden in den Krieg ein, der jetzt in seine letzte, entscheidende Phase ging. Die militärischen Auseinandersetzungen, die 1618 als Konfessionsstreit zwischen Protestanten und Katholiken begonnen hatten, wurden nun zum Kampf zwischen den Dynastien der Habsburger und der Bourbonen. Beide wollten die Vormacht in Europa erringen; und dazu kamen noch die Schweden, die unverändert an ihrem Ziel festhielten, ihren Einfluß im Ostseeraum weiter auszubauen.

1636 konnten die Schweden in einer blutigen Schlacht bei Wittstock nahe Berlin einen glänzenden Sieg verbuchen, obwohl sie zahlenmäßig weit unterlegen waren. Das kaiserliche Bündnis hielt den Belastungen im Lauf der Jahre nicht mehr stand und brach auseinander. Mehr und mehr lösten sich die deutschen Fürsten von Kaiser Ferdinand II., und so konnten die gegnerischen Verbände seit 1640 zahlreiche Siege verzeichnen.

Die Schweden machten sich auf den Weg, Sachsen zu erobern, und nach der Schlacht bei Breitenfeld konnten sie in das nahe gelegene Leipzig einziehen. Einige Jahre später rückten sie sogar nach Böhmen vor; bei Prag mußten die deutschen Truppenaufgebote erneut eine klare Niederlage hinnehmen. Um weiteren Verwüstungen seines Landes vorzubeugen, schloß Kurfürst Johann Georg I. von Sachsen im Jahr 1645 mit den Schweden einen Waffenstillstand. Darin verpflichtete er sich, vorerst für sechs Monate, seine Soldaten abzuziehen, und im Jahr darauf schied sein Land sogar endgültig aus dem Kreis der Kriegsteilnehmer aus.

Schließlich konnten die Schweden auf ihren Zügen durch Deutschland, unterstützt von den Franzosen, erneut bis Süddeutschland vordringen. Zwar vermochten die kaiserlichen Truppen 1645, den gegnerischen Vorstoß nach Bayern aufzuhalten und die feindlichen Verbände bis nach Hessen zurückzudrängen, doch erlitten sie im selben Jahr bereits wieder eine schwere Niederlage.

Indes: kein Sieg, keine Niederlage konnte in den folgenden Jahren den Krieg entscheiden. Aber gekämpft wurde trotzdem, denn eine erfolgreich geführte Schlacht bot zumindest eine starke Verhandlungsposition bei den schwierigen Friedensgesprächen, die bereits während der letzten Kriegsjahre geführt wurden.

## Leben in Angst und Schrecken

*I*n dem nun seit 1618 andauernden Krieg kamen Millionen von Menschen um. Die Heere, die über Jahrzehnte durch die Lande gezogen waren, hatten Deutschland ausgeblutet. Ganze Städte und Dörfer waren dem Erdboden gleichgemacht. Zahllose Menschen hatten ihre Heimatorte aus Angst vor umherschweifenden Sol-

*In den Schlachten setzte man die neuartigen Orgelgeschütze ein, die aus mehreren reihenweise angebrachten Rohren feuern konnten.*

daten verlassen, egal ob Freund oder Feind. Von beiden Seiten mußten sie befürchten, nicht nur ausgeraubt und mißhandelt, sondern auch ermordet zu werden.

Besonders die Landbevölkerung war von den Kriegsereignissen betroffen. Zunächst nahm ihr die Armeeführung die Vorräte und das Saatgut, beschlagnahmte darüber hinaus das Futter für das Vieh und sogar die Tiere selbst – Pferde sowie Rinder, Schweine und Hühner. Den Rest plünderten schließlich noch die übers Land ziehenden Söldnertrupps.

*Raubend, mordend und brandschatzend zogen Söldnertrupps über die Dörfer. Selbst Kinder fanden vor ihnen keine Gnade.*

Da dem Kriegsgegner nichts in die Hände fallen sollte, hinterließen die Soldaten im wahrsten Sinn des Wortes verbrannte Erde. Hungersnöte waren die Folge. Die vielen Toten wurden nicht mehr beerdigt, ihre Leiber verfaulten, und Verwesungsgeruch hing über Stadt und Land. Unter den Überlebenden grassierten Epidemien wie Typhus, Fleckfieber und Pest. Kranke mußten des öfteren tagelang neben den Toten in einem Bett liegen.

Hunger und Elend nahmen im Verlauf des langen Krieges so zu, daß schon die Kinder wie Wölfe übereinander herfielen, wenn sie etwas Eßbares wie Pilze oder auch Hunde und Katzen fanden. Mord und Totschlag, nicht selten sogar Kannibalismus, gehörten daher oftmals zum Alltag.

## Der lange Weg zum Frieden

*T*rotz ihres erfolgreichen Vormarsches konnten die Franzosen und Schweden Deutschland nicht niederringen, ebensowenig erreichten der Kaiser und die Reichsstände ihr Ziel, die ausländischen Heere aus Deutschland hinauszudrängen. So wuchs auf allen Seiten zu-

## VOM HELDEN ZUR WITZFIGUR

Mit dem Ruf „Der deutsche Michel kommt!" warnten sich im Dreißigjährigen Krieg die feindlichen Soldaten untereinander, wenn der Reiterführer Hans Michael Obentraut auf seinem Pferd heranstürmte. Als Generalleutnant im Dienst der Protestanten hatte er sich durch seine außerordentliche Tapferkeit hervorgetan und deshalb den Beinamen deutscher Michel erhal-

*DER MICHEL ALS KARIKATUR DES VERSPOTTETEN DEUTSCHEN*

ten. Dieser Name ging zurück auf den Erzengel Michael, der, oft in Ritterrüstung dargestellt, als Schutzpatron der christlichen Heere und der Deutschen verehrt wurde.

In den späteren Jahrhunderten allerdings wandelte sich das Bild des deutschen Michels. Jetzt verkörperte er nicht mehr den siegreichen Kämpfer, sondern wurde zum Sinnbild des gutmütigen, einfältigen und gehorsamen Deutschen, meist karikiert mit Zipfelmütze und Nachthemd.

---

nehmend die Bereitschaft, sich auf diplomatischem Weg zu verständigen und den Krieg zu beenden.

Schon seit Beginn der 40er Jahre wurden Gespräche geführt, um eine Friedenskonferenz durchzuführen. Aus diesem Anlaß trafen sich seit Anfang 1645 die Gesandten aller kriegführenden Parteien. Ihnen standen schwierige Auseinandersetzungen über die innerdeutschen

*Feierlicher Einzug eines Gesandten zu den Friedensverhandlungen im katholischen Münster*

Probleme, wie das Verhältnis der Reichsstände zum Kaiser und die Lösung der Konfessionsfrage, bevor. Darüber hinaus hatten sie aber auch die Einflußbereiche der einzelnen Mächte innerhalb Europas abzustecken.

Als Verhandlungsorte legte man, unter anderem um beiden Konfessionen gerecht zu werden, zwei Städte in Westfalen fest: das katholische Münster und das protestantische Osnabrück. Die Schweden hatten sich nämlich geweigert, einen Vertreter des Papstes als Präsidenten zu akzeptieren, und dieser sträubte sich an-

dererseits, mit einem „Ketzer" im selben Raum zu sitzen. Also konferierten nun die Schweden und ihre Alliierten mit dem Kaiser und den Reichsständen in Osnabrück. Und am zweiten Verhandlungsort, in Münster, tagten zur gleichen Zeit, unter päpstlicher Vermittlung, der Kaiser und die Reichsstände auf der einen und die Franzosen mit ihren Kriegspartnern auf der anderen Seite.

Bevor die eigentlichen Verhandlungen begannen, wurde zunächst um das Protokoll gerungen, war doch das Zeremoniell Ausdruck für Rang und Prestige der einzelnen Mächte in Europa. So stritten die Delegierten nicht zuletzt auch darüber, in welcher Reihenfolge die Abgesandten den Saal betreten und Platz nehmen sollten. Der französische Vertreter beanspruchte zum Beispiel, mit „Hoheit" angeredet zu werden, während der päpstliche Nuntius auf einem Baldachin über seinem Haupt bestand. Und der schwedische Unterhändler harrte sogar wochenlang in Minden aus, weil er es für unter seiner Würde hielt, in Münster auf den französischen Gesandten zu warten.

Nach aufreibenden Sitzungen, in denen die Teilnehmer hartnäckig um ihre Forderungen kämpften, konnten am 24. Oktober 1648 mit dem Westfälischen Frieden die Waffen ruhen. Für die geschundene Bevölkerung in Deutschland brachte der Friedensschluß nach 30 Jahren das lang ersehnte Ende der unvorstellbaren Schrecken und Qualen des Krieges.

*Die Regierungszeit von Kaiser Lothar III. war überschattet vom Kampf mit den Staufern.*

# Dramatische Königswahl

*Bei der Wahl des neuen deutschen Königs 1125 stimmte der Welfe Heinrich der Schwarze gegen seinen Schwiegersohn, den Staufer Friedrich. Ein langer kriegerischer Konflikt zwischen beiden Geschlechtern folgte.*

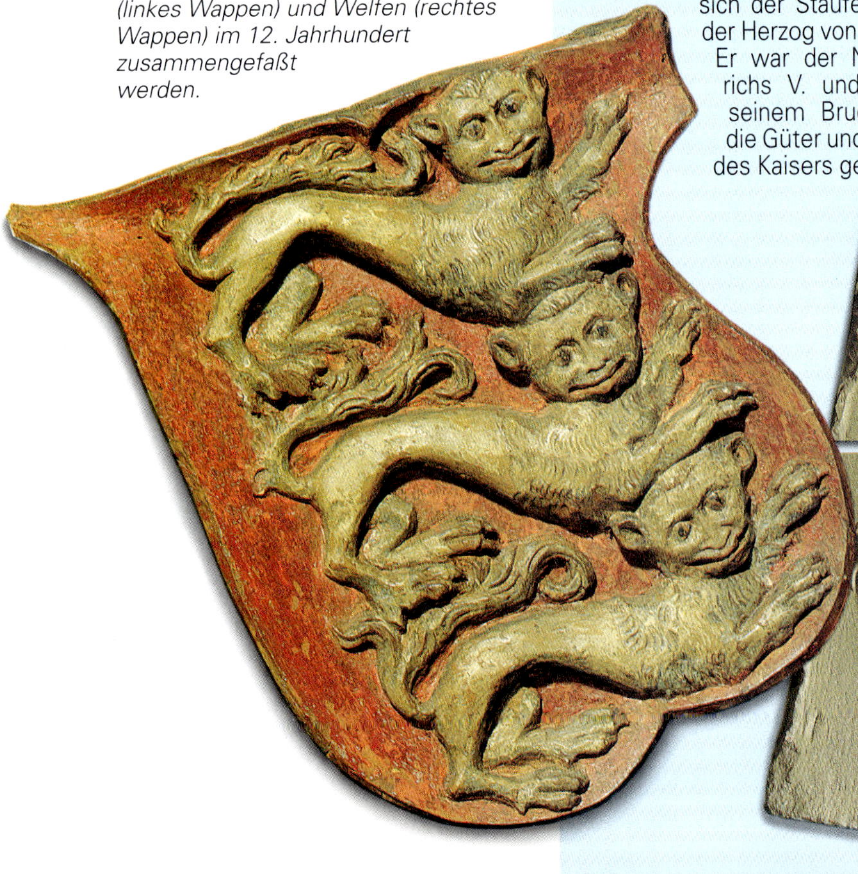

*Löwen unter sich – unter diesem Motto könnte die fast 70jährige Auseinandersetzung zwischen Staufern (linkes Wappen) und Welfen (rechtes Wappen) im 12. Jahrhundert zusammengefaßt werden.*

**SIEGESSICHER** Voller Spannung blickten die Deutschen im August des Jahres 1125 nach Mainz. Die bedeutendsten Persönlichkeiten des Reiches, unter ihnen alle hohen weltlichen und kirchlichen Würdenträger, waren in die Stadt gekommen, um den deutschen Herrscher zu wählen. Denn wenige Monate zuvor war Kaiser Heinrich V. kinderlos gestorben. Große Hoffnungen auf den Thron machte sich der Staufer Friedrich, der Herzog von Schwaben. Er war der Neffe Heinrichs V. und hatte mit seinem Bruder Konrad die Güter und den Besitz des Kaisers geerbt.

**DER DRAHTZIEHER** Friedrich hatte allerdings nicht mit dem Erzbischof Adalbert I. von Mainz gerechnet. Adalbert war zwar ein Mann der Kirche, besaß aber auch große weltliche Macht und ausgeprägte politische Fähigkeiten. Er war ein Gegner des verstorbenen Kaisers Heinrich V. gewesen, da er dessen Kirchenpolitik ebensowenig geschätzt hatte wie den Ausbau der kaiserlichen Macht auf Kosten der Fürsten und Bischöfe. Da Adalbert annahm, daß Friedrich den Weg seines Onkels fortsetzen würde, war sein vorrangiges Ziel: Friedrich durfte auf keinen Fall König werden.

Im Kreis der Fürsten hatte Adalbert daher unermüdlich für seinen Favoriten, den sächsischen Stammesherzog Lothar von Supplinburg, geworben. Da dieser für einen relativ gemäßigten Kurs gegenüber der Kirche eintrat und als Gegner der Staufer bekannt war, schien der Herzog von Sachsen die ideale Besetzung für den verwaisten deutschen Königsthron zu sein. So setzte Adalbert alle Mittel für dessen Wahl ein.

**TAKTIK** Die Beratungen der Fürstenversammlung begannen am 24. August. Zunächst wurde ein 40köpfiges Wahlgremium gebildet, dem je zehn Vertreter der mächtigsten Stämme – Schwaben, Bayern, Sachsen und Franken – angehörten. Dieses Gremium nominierte drei Kandidaten: Friedrich von Schwaben, den Markgrafen Leopold III. von Österreich und Lothar von Supplinburg.

Leopold und Lothar wußten, wie man sich die Wahlversammlung gewogen machte. Weinend fielen beide auf die Knie und beteuerten, diese Ehre nicht annehmen zu können. Ziemlich überheblich dagegen wartete Friedrich in seinem Lager vor der Stadt darauf, daß er endlich zum König gewählt würde. Den taktisch klugen Kniefall seiner Konkurrenten schätzte er völlig falsch als eine Verzichtserklärung ein und glaubte, nun leichtes Spiel zu haben. Doch Friedrichs Auftritt mißlang gründlich.

Am nächsten Tag strömten plötzlich zahlreiche Menschen in den Sitzungssaal und riefen: „Lothar soll König sein!" Viele der Fürsten fühlten sich jedoch von dieser scheinbar spontanen Aktion überrumpelt, so daß die Wahl noch einmal verschoben werden mußte.

**ENTSCHEIDUNG** Adalbert, der wahrscheinlich hinter dieser Sache gestanden hatte, brachte nun seinen größten Trumpf ins Spiel. Er trat in geheime Verhandlungen mit dem bayerischen Herzog Heinrich dem Schwarzen aus dem Haus der Welfen, dessen Stimme er unbedingt für die Wahl Lothars benötigte. Das Angebot des Erzbischofs lautete: Wahlstimme gegen Heirat. Würde der Welfe für Lothar als König stimmen, sollte sein Sohn mit Lothars Erbtochter vermählt werden. Das eröffnete den Welfen eine glänzende Zukunft: die Herrschaft über Bayern und Sachsen und damit die Anwartschaft auf die deutsche Königskrone. Der Haken an der Sache war für Heinrich nur, daß Friedrich sein Schwiegersohn war. Doch am 30. August 1125 setzte sich der ehrgeizige Bayernherzog über alle Familienbande hinweg und stimmte für Lothar von Supplinburg, der damit neuer König wurde.

Für Friedrich war dies ein Schlag ins Gesicht. Aus den bis dahin freundschaftlichen Beziehungen zwischen Welfen und Staufern wurde durch die Mainzer Königswahl eine erbitterte Feindschaft.   □

## Die Staufer nehmen den Fehdehandschuh auf

Die bei der Mainzer Königswahl von 1125 unterlegenen Staufer zeigten wenig Neigung, sich mit dem neuen König Lothar III. von Supplinburg zu arrangieren. Ganz im Gegenteil: die Brüder Friedrich und Konrad weigerten sich strikt, das von ihrem Onkel Heinrich V. geerbte Reichsgut herauszugeben. Lothar III. griff daraufhin zu einem drastischen Mittel und verhängte zu Weihnachten 1125 über Friedrich die Reichsacht, was dem Staufer formal die Gegnerschaft des ganzen Reiches eintrug. Allerdings hing die Durchsetzung der Reichsacht von der Macht des jeweiligen Königs ab. Da Lothar III. noch relativ schwach war, konnte er erst zwei Jahre später die Stadt Nürnberg, ein Zentrum der staufischen Herrschaft, belagern. An seiner Seite kämpfte dabei der Welfe Heinrich der Stolze, neuer Herzog von Bayern und Schwiegersohn des Königs.

Die mehrmonatige Belagerung von Nürnberg blieb jedoch erfolglos und ermutigte die Staufer zu einem spektakulären Gegenschlag: 1127 ließ sich Friedrichs Bruder Konrad zum Gegenkönig ausrufen. Friedrichs Verzicht auf den Titel war wohl ein Zugeständnis an die deutschen Fürsten, die ihn ja zwei Jahr zuvor bei der Wahl abgelehnt hatten. Konrad zog nach Italien, das damals ein wichtiger Machtfaktor im Süden des Deutschen Reiches war, um dort seinen Besitz und Einfluß zu erweitern. Doch seine Bemühungen waren vergeblich.

Unterdessen nahmen Lothar III. und sein Verbündeter Heinrich der Stolze wichtige Städte der Staufer ein. Außerdem gelang es Lothar sogar, in Rom vom Papst zum Kaiser des Deutschen Reiches gekrönt zu werden.

Die Staufer mußten einsehen, daß weiterer Widerstand für den Augenblick zwecklos war. 1134 erkannte Friedrich die Herrschaft Lothars an, sein Bruder Konrad legte ein Jahr später den Königstitel nieder.

## Bittere Niederlage für die Welfen

Die Auseinandersetzungen um die Macht im Deutschen Reich lebten sofort wieder auf, als Lothar III. im Jahr 1137 starb. Wer sollte sein Nachfolger werden? Die besten Aussichten hatte sein Schwiegersohn, der Welfe Heinrich der Stolze. Lothar III. hatte ihm auf dem

## DIE WEIBER VON WEINSBERG

*DIE FRAUEN TRUGEN IHREN WERT-VOLLSTEN „BESITZ" AUS DER BURG.*

*Zu den bekanntesten Episoden um den Konflikt zwischen Staufern und Welfen gehört die folgende Geschichte: Vor der Festung Weinsberg bei Heilbronn besiegte im Dezember 1140 Konrad III. ein welfisches Heer. Bei der Kapitulation der Festung soll der Staufer den Frauen die Erlaubnis gegeben haben, alles aus der Burg mitzunehmen, was sie selbst tragen könnten. Zur großen Verwunderung des Königs trugen die Frauen daraufhin ihre Männer aus der Burg hinaus und retteten sie so vor der Gefangennahme. Seither heißt die Burg im Volksmund auch Weibertreu.*

Sterbebett die Reichsinsignien und das Herzogtum Sachsen vermacht. Die Meinungen unter den deutschen Fürsten waren geteilt. Nicht wenige fürchteten bei solch einem starken König um ihren eigenen Einfluß. Daher handelten die Gegner der Welfen schnell: Drei Wochen vor dem offiziellen Termin versammelten sie sich in Koblenz und wählten 1138 den Staufer Konrad – einstiger Gegenkönig von Lothar III. – zu dessen Nachfolger.

Heinrich, durch diesen Handstreich vor vollendete Tatsachen gestellt, war verärgert, zog es dann aber vor, sich dem Votum zu fügen. Denn inzwischen hatten sich viele Fürsten offen zu Konrad III. bekannt, da sie nicht an der Seite Herzog Heinrichs für ein allzu mächtiges welfisches Königtum in den Krieg ziehen wollten. So händigte Heinrich der Stolze dem

Staufer die Reichsinsignien aus, ohne ihm allerdings förmlich zu huldigen. Außerdem weigerte er sich, eines seiner beiden Herzogtümer – Bayern oder Sachsen – herauszugeben. Konrad III. antwortete mit der Reichsacht und zog beide Gebiete ein.

Doch die Welfen wehrten sich erbittert, obwohl sie durch den überraschenden Tod von Heinrich dem Stolzen geschwächt wurden. Dessen noch minderjähriger Sohn, Heinrich der Löwe, konnte sich allerdings in Sachsen behaupten. Da keine der beiden Seiten einen entscheidenden Vorteil erreichte, wuchs der allgemeine Wille zur Verständigung: Auf dem Frankfurter Fürstentag zu Pfingsten 1142 wurde Heinrich der Löwe als Herzog von Sachsen anerkannt. Im Gegenzug mußte er auf das Stammesherzogtum Bayern verzichten, das dem Geschlecht der Babenberger zugesprochen wurde.

## Der blutige Kampf um Bayern

D er Konflikt zwischen den Welfen und den Staufern war durch den Kompromiß von Frankfurt jedoch nur vertagt worden. Zankapfel blieb das Herzogtum Bayern. So wollte sich insbeson-

dere Welf VI., ein Onkel von Heinrich dem Löwen, nicht mit dem Verlust dieses alten welfischen Besitzes abfinden und versuchte jahrelang, Bayern mit Waffengewalt zurückzuerobern. Als Konrad III. auf einem Kreuzzug war, verschärfte er die Kampfhandlungen, wurde dann aber 1150 bei der staufischen Grenzfeste Flochberg in der Nähe von Nördlingen besiegt. Daraufhin griff er nicht mehr in den staufisch-welfischen Streit ein.

Doch nun trat der ehrgeizige Heinrich der Löwe wieder auf den Plan. Um seine Machtansprüche zu demonstrieren, fiel

*Oft gingen die Kämpfe zwischen den Rittern, die auf seiten der Staufer und der Welfen gegeneinander antraten, auf Leben und Tod.*

er 1151 in die schwäbischen Kernlande der Staufer ein. Im Gegenzug stieß Konrad III. tief in das feindliche Sachsen vor und belagerte das wichtige Braunschweig. In Eilmärschen kehrte Heinrich aus Süddeutschland zurück und verhinderte so die Eroberung der Stadt. Wieder konnte keine der beiden Streitparteien einen entscheidenden Vorteil erlangen.

### MÜNCHEN – EINE WELFISCHE GRÜNDUNG

*Die heutige Großstadt München verdankt ihre Entstehung dem Geschäftssinn Heinrichs des Löwen, der aufgrund der langjährigen Auseinandersetzung mit den Staufern immer neue Geldquellen für seine Heereszüge suchte. So war es ihm als bayerischem Stammesherzog ein Dorn im Auge, daß die üppigen Zolleinnahmen von der Isarbrücke bei Oberföhring, wo die Salztransporte von Reichenhall nach Augsburg den Fluß überquerten, in die Kasse des Bischofs von Freising flossen. Im Jahr*

*AUS EINER ZOLLSTÄTTE AN DER ISAR WURDE MÜNCHEN, DIE WELTSTADT MIT HERZ.*

*1157 ließ Heinrich der Löwe daher kurzerhand die Brücke abreißen und sie samt einer Zollstätte ein paar Kilometer flußaufwärts auf seinem Gebiet neu errichten. Dieser Zollplatz an der Isarbrücke, in der Nähe der Siedlung Munichen, wurde zur Keimzelle der späteren Stadt München. Die Beschwerde des Freisinger Bischofs bei Kaiser Friedrich Barbarossa hatte keinen Erfolg. Der Kaiser tolerierte das Vorgehen des Welfen, gestand dem Bischof aber ein Drittel der Zolleinkünfte zu.*

## Der Hoffnungsträger – Friedrich Barbarossa

A m 15. Februar 1152 starb der Stauferkönig Konrad III. Zu seinem Nachfolger wählten die deutschen Fürsten wenig später seinen Neffen Friedrich Barbarossa, den Rotbärtigen. Die von den Auseinandersetzungen zwischen Staufern und Welfen zermürbten Zeitgenossen setzten große Hoffnungen in den neuen König. Wer sollte den Streit überhaupt beenden können, wenn nicht der dynamische 30jährige Staufer, der sogar mit den Welfen verwandt war?

Friedrich I. enttäuschte die Erwartungen nicht. Von Anfang an setzte er auf Ausgleich statt auf Konfrontation, kannte er doch die gewaltige Hausmacht der Welfen und hatte mit angesehen, wie sein Onkel, Konrad III., sein Leben lang vergeblich versucht hatte, die Welfen militärisch niederzuringen. Zusätzlich mußte sich der König um Italien kümmern, wo er seine Machtbasis verstärken und die Kaiserkrone erwerben wollte. Daher konnte er sich Heinrich den Löwen nicht zum Feind machen.

Also sprach Barbarossa das Herzogtum Bayern wieder den Welfen zu, was aber die dort herrschenden Babenberger zunächst nicht hinnehmen wollten. Erst als sie mit dem neu geschaffenen Herzogtum Österreich entschädigt wurden, stimmten sie dieser Lösung der bayerischen Frage zu.

Da Friedrich I. den Welfen zusätzlich ihre sächsischen Besitztümer garantiert hatte, kam es zu einer spürbaren Entspannung in den welfisch-staufischen Beziehungen, so daß Heinrich der Löwe König Barbarossa auf dessen erstem Zug nach Italien begleitete und ihn am Tag der Kaiserkrönung sogar vor aufständischen Römern rettete.

## Barbarossas Sieg über Heinrich den Löwen

D ie Zeit der Ruhe zwischen Staufern und Welfen währte mehr als 20 Jahre. Doch Heinrich der Löwe nutzte diese Periode vor allem dazu, seine Machtposition im Nordosten des Reiches konsequent auf Kosten anderer auszubauen. Voller Argwohn mußten die Fürsten des Reiches mit ansehen, wie Heinrich seine sächsischen Besitzungen nach und nach vergrößerte und zum stärksten Herrscher im Reich wurde, mächtiger noch als Kaiser Barbarossa selbst. Denn diesem waren zunächst die Hände ge-

bunden, weil er sich häufig im politisch unruhigen Italien aufhalten mußte.

Anfang 1176 jedoch überspannte Heinrich der Löwe den Bogen, als er Barbarossa, der im Kampf gegen die oberitalienischen Städte in eine militärisch mißliche Lage geraten war, die Hilfe verweigerte. Nach seiner Rückkehr aus Italien hatte der Kaiser daher ein offenes Ohr für die Klagen der deutschen Fürsten über den zu mächtig gewordenen Heinrich. Ein Streit des Herzogs mit seinen inzwischen zahlreichen Gegnern in Sachsen lieferte für Barbarossa den Anlaß, gründlich mit dem Welfen abzurechnen. Als dieser sich weigerte, auf mehreren vom Kaiser einberufenen Reichstagen zu erscheinen, um sich zu verantworten, griff Barbarossa hart durch.

1180 wurde die Reichsacht über Heinrich den Löwen verhängt, und er verlor seine beiden Herzogtümer. Selbst eine Unterwerfungsgeste konnte den Kaiser nicht mehr umstimmen. Zwei Jahre später wurde der Welfe mit seiner Familie in die Verbannung zu seinem Schwiegervater, dem König von England, geschickt.

## Aussöhnung durch eine Liebesheirat

E nde 1189 dachte noch niemand an eine Wende in der staufisch-welfischen Dauerfehde, denn Heinrich der Löwe nutzte die Abwesenheit Barbarossas während eines Kreuzzuges aus, um

aus dem englischen Exil zurückzukehren und erneut seine alte Machtposition in Sachsen zu erobern. Als Barbarossa in Kleinasien im Fluß Saleph unter unglücklichen Umständen ertrank, wurde sein Sohn Heinrich VI. sein Nachfolger und nahm sofort den Kampf gegen den Welfen auf. Nach erbitterten Auseinandersetzungen kam es im Juli 1190 auf dem Hoftag in Fulda zu einem vorläufigen, aber äußerst brüchigen Frieden.

Erst eine überraschende Heirat führte schließlich zu einem wirklichen Ende des Streits zwischen Welfen und Staufern: Anfang 1194 heiratete der älteste Sohn Heinrichs des Löwen heimlich Agnes, die Tochter des staufischen Rheinpfalzgrafen Konrad. Kaiser Heinrich VI. war über diese Liebesheirat alles andere als glücklich, hatte er doch ganz andere Pläne mit Agnes gehabt. Dennoch gab er sein Einverständnis zu dieser Ehe, und damit war der Weg für eine Aussöhnung mit Heinrich dem Löwen geebnet. Bei einem Treffen in Tilleda am Kyffhäuser 1194 wurden die Meinungsverschiedenheiten ausgeräumt.

Fast 70 Jahre hatte der Konflikt zwischen Welfen und Staufern gedauert, hatte manches Leben überschattet und im Reich wesentliche Kräfte gebunden, die in der Auseinandersetzung mit dem Papst und Italien schmerzlich fehlten.

*Selbst ein demütiger Kniefall vor Barbarossa und seinem Hof konnte Heinrich den Löwen nicht vor der Verbannung nach England retten.*

Wenige Stunden nach dem Überfall verliest Reichspropagandaminister Joseph Goebbels eine Proklamation Hitlers zum Rußlandfeldzug (oben). Der Vormarsch der deutschen Panzer ging zügig voran. Ohne Probleme konnten sie die polnisch-sowjetische Grenze überwinden und weiter ins Innere der Sowjetunion vordringen (unten).

# Unternehmen Barbarossa

*Adolf Hitlers Überfall auf die Sowjetunion am 22. Juni 1941 führte zur Wende im Zweiten Weltkrieg. Das Ende des Dritten Reiches bahnte sich an.*

**NÄCHTLICHER ANGRIFF** Ohne Kriegserklärung überschritten im Morgengrauen des 22. Juni 1941 um 3.15 Uhr etwa 3 Millionen deutsche Soldaten auf der gesamten Linie zwischen Finnland und dem Schwarzen Meer die Grenze zur Sowjetunion. Als der deutsche Außenminister Joachim von Ribbentrop den sowjetischen Botschafter zu sich rief und ihn von Hitlers Entschluß unterrichtete, militärisch gegen die Sowjetunion vorzugehen, war der Angriff in vollem Gang.

Hitler brach mit diesem Überfall den Nichtangriffspakt, den er erst knapp zwei Jahre zuvor mit dem sowjetischen Machthaber Josef Stalin geschlossen hatte. Noch vor Einbruch des Winters sollte die Sowjetunion, wie zuvor Polen und Frankreich, in einem Blitzfeldzug vernichtend geschlagen werden. Rund drei Viertel des gesamten Heeres, über 150 Divisionen, und knapp zwei Drittel der Luftwaffe hatte Hitler aufgeboten. Hinzu kamen noch Heeresverbände der Finnen und Rumänen sowie später der Ungarn, Slowaken und Italiener.

Gleichzeitig mit dem Vorstoß der Bodentruppen flog die deutsche Luftwaffe massive Bombenangriffe auf die Stellungen der sowjetischen Luftabwehr. Zahlreiche Kampfflugzeuge der Roten Armee konnten auf diese Weise noch vor einem Start zum Gegenangriff zerstört werden. Rasch – das heißt vor einer Sprengung durch die Sowjets – konnten Pioniere viele Brücken der grenznahen

Flüsse in deutsche Hand bringen. Der weitere Vormarsch ins Landesinnere, insbesondere der Panzerverbände, war somit gesichert.

**STALIN AUSSER GEFECHT** Die deutschen Bomber flogen erfolgreich Angriff auf Angriff, unter anderem auf Ziele in der Ukraine, am Schwarzen Meer und in Litauen. Am Nachmittag des ersten Tages hatten viele Truppenführer der Roten Armee schließlich die Verbindung zu ihren Einheiten verloren, und selbst im Kreml wußte niemand Genaues über die Lage.

Die Rote Armee hatte sich von dem Angriff weitgehend überraschen lassen, obwohl Stalin schon lange vor dem Einmarsch beobachten konnte, daß die Deutschen erhebliche Truppenkonzentrationen an der Grenze vornahmen. Und auch von anderer Seite, so vom britischen Premierminister Winston Churchill, war er vor den deutschen Aktionen an der Grenze gewarnt worden.

Immer und immer wieder hatte Josef Stalin in den letzten Monaten vor dem Überfall versucht, die Deutschen zu beschwichtigen und sie auf diese Weise von ihren möglichen Angriffsplänen auf sein Land abzubringen. Als sich die Anzeichen für die Kriegs-

pläne Hitlers schließlich mehrten, verlegte Stalin zwar ein riesiges Aufgebot seiner Streitkräfte nach Westen, doch war die Armee nicht genügend vorbereitet, wobei insbesondere ihre völlig veraltete Ausrüstung ein Problem darstellte.

Deshalb reagierte Josef Stalin bestürzt, geradezu fassungslos, als er die Nachricht vom Angriff der deutschen Truppen erhielt. Ganz offensichtlich war er nicht mehr fähig zu handeln und zog sich zurück. Die Öffentlichkeit vernahm tagelang kein Wort von ihm.

**HITLERS ZIELE** Adolf Hitler hatte den Überfall schon lange geplant. Am 18. Dezember 1940 hatte er in der sogenannten Weisung 21, dem Unternehmen Barbarossa, den Befehl erteilt, alle Vorkehrungen für den Krieg gegen die Sowjetunion zu treffen. Bei diesem Angriff ging es Hitler darum, „Lebensraum" für die Deutschen zu gewinnen. Das nötige Land sah er im Osten, es sollte durch Eroberung und notfalls auch durch die Vernichtung der für Hitler „minderwertigen slawischen Rasse" gewonnen werden.

Bereits wenige Wochen vor dem Ausbruch des Zweiten Weltkrieges hatte er unverblümt und zynisch seine Kriegspläne offengelegt. In einer Unterredung mit dem Hohen Kommissar des Völkerbundes in Danzig, Carl Jacob Burckhardt, hatte er im August 1939 betont, daß seine gesamte Politik gegen die Sowjetunion gerichtet sei und „wenn der Westen zu dumm und zu blind" sei, dies zu verstehen, sei er gezwungen, sich „mit den Russen zu verständigen, den Westen zu zerschlagen und dann nach seiner Niederlage", mit „versammelten Kräften gegen die Sowjetunion" vorzugehen.

Sein „Kreuzzug gegen den Bolschewismus", so ließ Hitler über Presse und Rundfunk verbreiten, stoße überall in der Welt, auch in den Vereinigten Staaten von Amerika und sogar in Großbritannien, auf die größten Sympathien. Doch in diesem Punkt hatte er sich getäuscht; am Abend des 22. Juni verkündete Churchill seinen Entschluß, Hitler gnadenlos, bis zu seinem Ende, zu bekämpfen.

**ERFOLGREICHER PLAN** „Jetzt hat sich Hitler übernommen", sagte so mancher Deutsche, als er am Morgen des Überfalls die Proklamation vernahm. Doch als man hörte, daß alles nach Plan verlief, breitete sich in der deutschen Bevölkerung wieder Zuversicht aus. Hitlers Kriegspläne schienen erfolgreich zu sein. ☐

## Auf dem Vormarsch nach Moskau

*I*n den ersten Wochen des Rußlandfeldzuges war der Vorstoß der Deutschen erfolgreich. Alle Heeresgruppen konnten schnell nach Osten vordringen und die sowjetischen Verbände in großen Kesselschlachten, in denen die gegnerischen Truppen eingekreist und isoliert wurden, aufreiben. Immer konnten bei den Kämpfen Hunderttausende Gefangene gemacht werden. In den Schlachten bei Bialystok in Ostpolen und dem weißrussischen Minsk zum Beispiel nahm eine Heeresgruppe Anfang Juli fast 330 000 Soldaten gefangen und weitere 310 000 in der Schlacht von Smolensk im August desselben Jahres.

Die Gefangenen hatten von den deutschen Besatzern nichts Gutes zu erwarten, denn am 6. Juni des Jahres hatte Hitler den sogenannten Kommissarbefehl erlassen. Diese Verfügung, die gegen jede Konvention des Kriegsrechts verstieß, bestimmte, daß die politischen Kommissare der Roten Armee „grundsätzlich sofort mit der Waffe zu erledigen" seien. Die Exekution selbst fiel in die Zuständigkeit von SS-Einsatzgruppen, die den Befehl mit unvorstellbarer Grausamkeit ausführten und dabei auch nicht vor der Zivilbevölkerung haltmachten.

Mitte September stand ein Teil der Heeresgruppen bereits vor Leningrad und ein weiterer tief in der Ukraine. Daher waren die Militärs davon überzeugt, daß der Krieg in wenigen Tagen beendet sein würde. Doch die weiten, unwegsamen Strecken hatten die Fahrzeuge und Panzer verschlissen, und die starke Gegenwehr der Sowjets kostete die Soldaten enorme Kräfte.

In dieser Situation fällte Hitler eine folgenschwere Entscheidung: Statt den Vorstoß nach Moskau durchzuführen, um noch, wie es der Generalstab forderte, vor dem Einsetzen des strengen russischen Winters die Hauptstadt zu erobern, sollte im Norden zuerst Leningrad und im Süden die Krim eingenommen werden. Hitler wollte den Sowjets den Zugang zur Ostsee abschneiden und ihnen mit der Eroberung der Krim ihre Getreidekammer rauben.

Zwar konnte Hitler im Norden und im Süden der UdSSR erfolgreiche Schlachten vorweisen, doch der Angriff auf Moskau, die Operation Taifun, erfolgte nun viel zu spät. Die deutschen Verbände blieben jetzt im Herbstschlamm stecken und wurden bald von einem ungewöhnlich früh einbrechenden Winter überrascht, für den sie nicht gerüstet waren.

Anfang Dezember, bei sibirischen Temperaturen von minus 30 Grad Celsius, ging nichts mehr. Die Angriffsspitzen standen 30 Kilometer vor Moskau, ein Fortkommen war, wenn überhaupt, nur sehr schleppend möglich. Zahllose Soldaten, denen jegliche Winterkleidung fehlte, erfroren, Waffen und Fahrzeuge versagten ihren Dienst, zugeschneite Wege verhinderten den Nachschub, und das Benzin wurde knapp.

## Ohne Rücksicht auf Verluste

Hitlers Wahn vom Vernichtungsfeldzug schloß einen Rückzug aus Rußland oder auch nur die Preisgabe eroberten Bodens aus. Als der deutsche Angriff auf Moskau Anfang Dezember 1941 zum Erliegen kam und die Vorstöße im

*Ausgehungerte sowjetische Kriegsgefangene betteln um ein Stückchen Brot (oben).*

*Deutsche Truppenverbände treten durch tiefsten Schnee den Rückzug an (links).*

Norden und im Süden der Sowjetunion ins Stocken gerieten, mußte Hitler zum erstenmal erkennen, daß der geplante Blitzfeldzug gescheitert war und seine Truppen nicht mehr in der Lage waren anzugreifen. Im Gegenteil, sie hatten Mühe, ihre Stellungen zu verteidigen. Aus Angst, die Rückschläge an der Front könnten die Stimmung in der Heimat beeinträchtigen, befahl Hitler am 16. Dezember den „fanatischen Widerstand". Kein Truppenteil durfte sich fortan mehr aus seiner Stellung zurückziehen, egal

wie stark der Druck der sowjetischen Verbände war und wieviel Verluste die Verteidigung kostete.

Drei Tage später nahm der Oberbefehlshaber des Heeres, Generalfeldmarschall Walther von Brauchitsch, seinen Abschied, nachdem Hitler ihn für das Scheitern des Angriffs auf Moskau verantwortlich gemacht hatte. Noch am selben Tag entließ Hitler den Oberbefehlshaber der Truppen, die im nördlichen Teil der Sowjetunion kämpften. Die Führung der im Süden agierenden Heeresteile hatte er bereits vorher ausgewechselt. Hitler übernahm nunmehr selbst den Oberbefehl über das Heer. „Das bißchen Operationsführung kann jeder machen", äußerte er gegenüber Generalstabschef Franz Halder.

## Die Schlacht von Stalingrad

Im Sommer 1942 gelangen dem deutschen Ostheer noch einmal große Raumgewinne. Der Schwerpunkt der Kämpfe verlagerte sich nun in das südliche Rußland. Hitler wollte das Donezbecken und den Kaukasus erobern, denn beide Gebiete waren wegen ihrer Kohle-, Erz- beziehungsweise Erdölvorkommen für die Kriegswirtschaft von besonderer Bedeutung. Wichtig war für Hitler zudem die Kontrolle Transkaukasiens, um zu verhindern, daß weiterhin über Persien amerikanische und britische Rüstungsgüter zu Stalin gelangten.

Ursprünglich sollten die Operationen gestaffelt durchgeführt werden, doch am 23. Juli gab Hitler in verhängnisvoller Überschätzung seiner Möglichkeiten den Befehl zum gleichzeitigen Vorstoß zur Wolga in Richtung Stalingrad und zum Kaukasus in Richtung Baku am Kaspischen Meer. Während letzterer im Spätsommer an den zäh verteidigten Pässen des Kaukasusgebirges zum Erliegen kam,

*Zwischen den Trümmern der völlig zerstörten russischen Stadt Stalingrad greifen Rotarmisten die eingeschlossene 6. Armee an (unten).*

behauptete sich die 6. Armee unter dem Oberbefehl von Friedrich Paulus gegen schwere russische Angriffe am Don, konnte diesen Ende August sogar überschreiten und erreichte kurz darauf die Wolga im Norden Stalingrads.

Bis Mitte November hatten die Deutschen nach erbitterten Kämpfen um jede Häuserzeile, durch die Stalingrad in Schutt und Asche gelegt wurde, neun Zehntel des Stadtgebietes in ihrer Hand. Doch dann begann eine sowjetische Großoffensive, und am 22. November war das gesamte deutsche Heer von einem riesigen Aufgebot umzingelt. Paulus wollte mit seiner Armee den Ausbruch versuchen, doch Hitler befahl durchzuhalten, vor allem weil Reichsmarschall Hermann Göring versprach, über die Luft für Nachschub zu sorgen, was ihm jedoch nicht in ausreichendem Maß gelang. Zur Jahreswende war die Versorgung der Soldaten schließlich so schlecht, daß die ersten verhungerten; eine medizinische Betreuung war kaum noch möglich, weil die Medikamente und das Verbandmaterial ausgingen.

Die Tragödie um Stalingrad nahm ihren Lauf. Ein Arzt der Truppe schrieb: „Kaum eine irdische Hoffnung mehr, den sicheren Tod vor Augen oder ein Schrecken ohne Ende in Gefangenschaft, irgendwo im Raum aller Unbarmherzigkeit." 146 000 Soldaten verbluteten, verhungerten oder erfroren, nur etwa 35 000 Mann, vor allem Verwundete, konnten rechtzeitig aus dem Kessel ausgeflogen werden. Rund 90 000 gingen nach der Kapitulation von Paulus am 31. Januar 1943 in sowjetische Gefangenschaft, die nur einige Tausend überleben sollten. Stalingrad brachte die endgültige Wende des Zweiten Weltkrieges.

## Erbitterte Kämpfe in Italien

Während Hitler noch immer seinen Träumen über Deutschlands Zukunft nachhing, die nationalsozialistische Propaganda die Parolen vom „totalen Krieg" und nicht mehr fernen „Endsieg" in die Bevölkerung trug und Hitlers Architekt und Organisator der Rüstungswirtschaft, Albert Speer, die Produktion der Kriegsgüter auf Hochtouren brachte, geriet die deutsche Wehrmacht in den Jahren 1943/44 an allen Fronten zunehmend in die Defensive. Hitlers „Festung Europa" war brüchig geworden.

Die Heeresgruppen im Süden der Sowjetunion wurden durch Großoffensiven der Roten Armee im Sommer 1943

## FÜR EIN NEUES DEUTSCHLAND

*Wie bei vielen anderen Offizieren wuchsen auch bei Oberst Claus Graf Schenk von Stauffenberg (Foto), einem Generalstabsoffizier, im Verlauf des Zweiten Weltkrieges die moralischen Bedenken gegenüber der nationalsozialistischen Führung. Vor allem Hitlers brutale Besatzungspolitik und die Massenvernichtung der Juden riefen seinen Widerspruch hervor. Nach der Katastrophe von Stalingrad schloß er sich daher im Jahr 1943 einem Widerstandskreis von Militärs und Politikern an, der den Umsturz plante.*

*Am 20. Juli 1944 schmuggelte er eine Zeitbombe in Hitlers Hauptquartier in Ostpreußen. Er plazierte die Tasche, in der sich der Sprengkörper befand, direkt neben Hitler und verließ den Raum. Bevor aber die Bombe detonierte, stellte ein Offizier die Tasche zufällig beiseite. Hitler wurde daher nur leicht verletzt. Stauffenberg, der ihn tot wähnte, befand sich unterdessen auf dem Weg nach Berlin, um den Umsturz durchzuführen.*

*Doch schnell sickerte die Nachricht durch, daß Hitler lebte. Ein Teil der Militärs weigerte sich nun, den Weisungen aus Berlin Folge zu leisten, und der Staatsstreich brach zusammen. Noch am Abend wurde der erst 36jährige Stauffenberg durch ein Standgericht zum Tod verurteilt und erschossen.*

einnehmen und sich im Anschluß daran nach Deutschland vorarbeiten.

Auch der von Hitler noch eilig aufgestellte sogenannte Volkssturm, eine Ersatzarmee von Alten, Jugendlichen und Verwundeten, stand dem Ansturm der Alliierten nur hilflos gegenüber. Mehr und mehr zogen die Angriffe jetzt die Zivilbevölkerung in Mitleidenschaft. Seit zwei Jahren flogen die Alliierten Luftangriffe, im Jahr 1944 wurde eine Stadt nach der anderen in eine Trümmerlandschaft verwandelt. Hunderttausende Tonnen Bomben gingen auf Deutschland nieder und Hunderttausende Menschen, darunter insbesondere Frauen, Kinder und Alte, mußten dabei ihr Leben einbüßen.

Bei einer zweitägigen Angriffswelle alliierter Bomberverbände auf Dresden im Februar 1945 kamen zigtausend Menschen um. Die Schätzungen reichen von 25 000 Toten bis zu 60 000 und mehr. Um die Seuchengefahr zu bannen, errichtete man auf dem Alten Markt einen Scheiterhaufen, auf dem unzählige Leichen verbrannt wurden. Als Fahrzeuge für den Transport zur Verfügung standen, begrub man die Toten in Massengräbern am Rand der Stadt.

Am 25. April 1945 reichten sich amerikanische und sowjetische Truppen bei Torgau an der Elbe die Hände. Als die Sowjets fünf Tage später, am 30. April 1945, das Reichstagsgebäude in Berlin besetzten, beging Hitler, zusammen mit Eva Braun, die er erst am Tag zuvor geheiratet hatte, im Bunker der Reichskanzlei Selbstmord. Wenig später wurden die beiden Leichen, wie Hitler es noch angeordnet hatte, im Hof des Regierungsgebäudes mit Benzin übergossen und verbrannt.

Am 2. Mai mußte die Hauptstadt vor der Roten Armee kapitulieren, einige Tage später unterzeichneten die Deutschen die bedingungslose Kapitulation; die Schrecken des Dritten Reiches und des Zweiten Weltkrieges hatten damit ein Ende gefunden. Die Menschen konnten wieder aufatmen, auch wenn sie vor dem Nichts standen.

---

Schritt für Schritt zurückgedrängt, und ab dem Frühjahr 1944 war das gesamte Ostheer gezwungen, den Rückzug anzutreten. Auch im Westen trat der Krieg mit dem Eingreifen der USA, denen Hitler im Dezember 1941 den Krieg erklärt hatte, in eine entscheidende Phase. Es war Hitler nicht gelungen, die Sowjetunion zu besiegen, bevor die Vereinigten Staaten von Amerika Truppen nach Europa sandten. Jetzt hatte er gleichzeitig an zwei Fronten zu kämpfen.

Im Januar 1944 starteten die Alliierten in Italien eine Großoffensive mit dem Ansturm auf Rom. Doch der Vormarsch blieb in den Bergen bei der süditalienischen Stadt Cassino stecken. Der Kampf konzentrierte sich auf das strategisch bedeutsame Benediktinerkloster Montecassino, das die Amerikaner massiv bombardierten, obwohl sich in den Kellergewölben noch Flüchtlinge, darunter Familien mit Kindern und Mönche, aufhielten. Nur wenige überlebten den Bombenhagel und konnten sich später in Sicherheit bringen.

In den Ruinen verschanzten sich schließlich deutsche Fallschirmjäger, die den Angreifern hartnäckigen Widerstand leisteten. Erst am 4. Juni konnten die Alliierten den entscheidenden Sieg erringen und sich den Weg von Südeuropa nach Deutschland freischlagen.

## Vom D-Day zur Kapitulation

N ach ihrem Sieg in Italien starteten die Alliierten ihr Unternehmen Overlord, die Landung in der Normandie, an der Küste vor Caen. Das deutsche Militär hatte den Angriff weiter nördlich an der Kanalküste, bei Calais, vermutet, da hier der Seeweg zwischen Großbritannien und Frankreich am kürzesten ist. So glaubten die deutschen Einheiten, die in der Normandie lagen, am 6. Juni 1944 auch zunächst nur an ein Ablenkungsmanöver, als sie aus ihren Bunkerstellungen am Strand die alliierte Flotte sichteten. Aber es war keine bloße Falle, es war der entscheidende Tag der Invasion, der sogenannte D-Day oder Decision-Day, das größte Landeunternehmen in der Kriegsgeschichte.

Schnell konnten die Truppen der Alliierten unter dem Bombardement ihrer weit überlegenen Luftwaffe und dem massiven Feuerschutz der Marine die deutschen Linien an der Küste überwinden und bis Anfang Juli rund 1 Million Mann und über 170 000 Fahrzeuge an Land bringen. Die Deutschen hatten keinerlei Chance mehr, den Feind, wie geplant, sofort zurückzuschlagen. Ende August konnten die Alliierten Paris

*Auf dem Reitersiegel wird Ottokar II. als Herzog von Österreich und der Steiermark bezeichnet. Beide Länder mußte er jedoch dem deutschen König Rudolf I. wieder herausgeben.*

# Sieg für die Dynastie

*Der Triumph König Rudolfs I. auf dem Marchfeld 1278 begründete den unaufhaltsamen Aufstieg der Dynastie der Habsburger in Deutschland.*

*Nachdem Rudolf I. die gegnerischen Truppen besiegt hatte, erschlugen österreichische Adlige den böhmischen König Ottokar II. Der Habsburger erwies seinem Widersacher die letzte Ehre und kniete in stillem Gebet an der Leiche nieder.*

**ALTE RIVALEN** Am frühen Morgen des 26. August 1278 standen sich bei Dürnkrut am rechten Ufer der March, etwa 40 Kilometer nordöstlich von Wien, die Heere des deutschen Königs Rudolf I. von Habsburg und des böhmischen Herrschers Ottokar II. gegenüber. Rudolfs Streitmacht, für die auch der ungarische König Kontingente bereitgestellt hatte, bestand in der Hauptsache aus berittenen Bogenschützen und leichtbewaffneten Rittern. Zahlenmäßig waren sie dem Gegner weit überlegen, doch verfügte dieser über viel mehr schwer gepanzerte Ritter. Die Rivalen um die Macht im Reich waren zur Entscheidungsschlacht bereit.

Der Konflikt dauerte nun schon fünf Jahre. Ottokar hatte sich nach dem Niedergang der Staufer widerrechtlich die Steiermark und Österreich angeeignet. Nach Rudolfs Wahl zum deutschen König 1273 lehnte es der Böhme, der selbst Ambitionen auf den Thron gehabt hatte, ab, die Herzogtümer dem Reich zurückzugeben, worauf ihn Rudolf 1276 in einem Feldzug bezwang und Ottokar die Länder herausgeben mußte. Doch nun hatte er sich erneut erhoben.

**UNRITTERLICHE LIST** Gegen 9 Uhr eröffnete Rudolf die Schlacht. Zunächst hatte er den Vorteil auf seiner Seite, doch dann wendete sich das Blatt. In diesem kritischen Moment sprengte eine Einheit von 60 schwergerüsteten Rittern und etwa 200 Leichtbewaffneten, die sich hinter einigen Hügeln verborgen hatten, von der Seite in die böhmischen Truppen hinein. Diese List verstieß zwar gegen alle ritterlichen Kampfesregeln, doch sie war wirksam: Ottokars Krieger ergriffen die Flucht. Als der Böhmenkönig erkannte, daß der Kampf verloren war, versuchte er zu entkommen, wurde jedoch eingeholt und grausam erschlagen. Rudolf dagegen ging als unangefochtener Herrscher aus der Schlacht hervor. □

1282 hielt Rudolf I. einen Reichstag in Augsburg ab, auf dem er seine beiden Söhne mit den Herzogtümern Österreich und Steiermark belehnte.

## Der „arme Graf" wird reich

R udolf stellte Österreich und die Steiermark zunächst unter die Verwaltung des Reiches. Im Dezember 1282 belehnte er seine Söhne Albrecht und Rudolf II. mit den beiden Herzogtümern und erhob sie zu Reichsfürsten. Die Kurfürsten hatten sich zunächst dagegen gestellt, dann aber doch ihre Zustimmung gegeben. Kärnten gab der König vier Jahre später Graf Meinhard II. von Tirol.

Mit der Verleihung der beiden ertragreichen Reichsgüter an seine Söhne konnte Rudolf I. seine Hausmacht beträchtlich ausbauen und seine Position gegenüber den Kurfürsten festigen. Er legte damit den Grundstein für den Aufstieg seiner Dynastie zur Weltmacht. Freilich machte er sich durch seine habgierige Hausmachtpolitik auch viele Feinde. Er zerstritt sich mit den geistlichen Kurfürsten und führte Kriege gegen Städte und Landesherren. War er schon vor der Königswahl mit seinen Stammlanden in der Schweiz und im Elsaß der größte Territorialherr im Südwesten gewesen, so verdoppelte er seinen Besitz nun noch durch weitere Erwerbungen in Schwaben. Der „arme Graf", wie ihn sein Widersacher Ottokar II. einmal genannt hatte, war zum mächtigsten Mann im Reich geworden.

## Rudolfs gescheiterte Thronfolgepläne

U m sein territoriales Erbe dem Haus Habsburg zu sichern, versuchte Rudolf, noch zu seinen Lebzeiten einen seiner Söhne zum Nachfolger krönen zu lassen. Aber 1281 ertrank sein Lieblingssohn Hartmann, kaum 19jährig, im Rhein, und neun Jahre später starb sein jüngster Sohn Rudolf II. So blieb nur noch Albrecht, um zu verhindern, daß die anderen Fürsten nach dem Tod des Königs über den großen Habsburger Besitz herfielen.

Die Kurfürsten weigerten sich jedoch, Albrecht zum deutschen König zu wählen. Die habsburgische Hausmacht war schon zu groß, und sie konnten sich ausrechnen, daß Albrecht auf ihre Kosten das Königtum weiter stärken und sich

## Doppelhochzeit der Königskinder

N ach dem Sieg machte sich Rudolf sofort daran, das Erbe des Unterlegenen anzutreten. Er besetzte die Markgrafschaft Mähren und zog gegen Prag. Doch Ottokars Witwe Kunigunde kam ihm zuvor und reiste ihm mit ihren Kindern entgegen. Am 16. Oktober 1278 suchte sie den König in seinem Lager bei der Abtei Sedlitz in der Nähe von Kuttenberg auf, und rasch war ein Friedensvertrag geschlossen, in dem Kunigunde auf die Rechte ihrer Kinder verzichtete.

Zweifellos beabsichtigte der Habsbur-

ger von Anfang an, das reiche Böhmen an sich zu bringen. Ohne die Unterstützung der böhmischen Barone aber, das wußte er, würde er das Königreich nicht halten können. Er löste das Problem, indem er Böhmen und Habsburg durch eine Doppelhochzeit miteinander verband. Im mährischen Iglau wurden noch im November 1278 sein jüngster Sohn, der achtjährige Rudolf, und die etwas ältere Agnes von Böhmen sowie Ottokars siebenjähriger Sohn Wenzel und Rudolfs gleichaltrige Tochter Guta getraut. Wenzel belehnte der König mit Böhmen und Mähren. Ohne Ottokars Erbe anzutasten, war Böhmen nun unter habsburgischem Einfluß geraten.

selbst dabei bereichern würde. Rudolfs Versuch, die Thronfolge für sein Haus zu sichern, war damit gescheitert.

Nach dem Tod Rudolfs I. im Sommer 1291 dauerte es lange, bis sich die Kurfürsten auf einen Nachfolger geeinigt hatten. Im Mai 1292 wählten sie den unbekannten Adolf von Nassau zum deutschen König. Im Poker um ihre Stimmen hatten vor allem die Erzbischöfe von Köln und Mainz dem Thronanwärter abenteuerliche Versprechungen abgerungen. Hochverschuldet trat der Nassauer sein Amt an, brachte aber seine kurfürstlichen Gläubiger gegen sich auf, als er sich nicht, wie sie sich ausgerechnet hatten, als gefügiger Herrscher erwies, sondern eigene Ziele verfolgte, indem er Meißen und Thüringen an sich brachte und dadurch seine Hausmacht beträchtlich ausbaute.

So kamen die Kurfürsten überein, den König zu stürzen, und schlossen unter der Führung des Mainzer Erzbischofs 1296 ein Bündnis gegen ihn, dem sich auch Albrecht von Österreich anschloß. Auf einer Kurfürstenversammlung in Mainz wurde der König im Juni 1298 abgesetzt und Herzog Albrecht zum Nachfolger gewählt. Aber der Nassauer gab nicht auf, so daß Albrecht mit seinen Truppen gegen ihn an den Rhein zog. Bei Göllheim in der Pfalz kam es Anfang Juli zur Entscheidungsschlacht, in der Adolf den Tod fand.

## Albrecht I. auf dem Gipfel der Macht

Albrecht I. ließ sich, um allen Einwänden vorzubeugen, am 27. Juli 1298 noch einmal in Frankfurt zum König wählen. Die Vorbehalte der Kurfürsten gegen den mächtigen Habsburger waren durch diese Wahl natürlich nicht ausgeräumt, doch sie glaubten ihn bändigen zu können. Als Albrecht I. aber Ende 1299 ein Bündnis mit dem König von Frankreich schloß, angeblich in der Absicht, mit seiner Hilfe eine Erbmonarchie in Deutschland zu errichten, und gerüchteweise auch noch versprach, ihm das linksrheinische Reichsgebiet abzutreten, fürchteten die rheinischen Kurfürsten Schlimmes. Und als der König versuchte, die Grafschaft Holland einzuziehen und einem seiner Söhne zu verleihen, stellten sie sich offen gegen ihn und beschlossen, ihn abzusetzen.

Doch Albrecht I. schlug geschickt zurück: Er ließ alle Zölle und Abgaben auf dem Rhein aufheben, die die Kurfürsten seit Jahrzehnten für sich erhoben hatten, und brachte damit nahezu alle Städte und Adligen entlang dem Fluß auf seine Seite. 1301 schlug er die rheinische Opposition mit Waffengewalt nieder, und die Kurfürsten mußten sich ihrem obersten Lehnsherrn unterwerfen. Sie hatten ihre vordem so mächtige Stellung verloren; der Habsburger König dagegen war auf dem Höhepunkt der Macht.

## Die Hausmachtpolitik der Habsburger

König Albrecht I. setzte die Erwerbspolitik seines Vaters energisch fort. 1305 starb sein Schwager, der böhmische König Wenzel II., mit dem Albrecht seit dem Beginn des neuen Jahrhunderts um Ungarn und Polen sowie um die Mark Meißen gestritten hatte. Dessen erst 16 Jahre alter Sohn Wenzel III. kapitulierte vor der Übermacht Albrechts, verzichtete auf die ungarische Krone und trat noch im selben Jahr Meißen ab.

Ein Jahr später wurde Wenzel III. ermordet. Da mit ihm die männliche Linie des böhmischen Herrschergeschlechts ausstarb, zog Albrecht Böhmen als erledigtes Reichslehen ein und belehnte seinen ältesten Sohn Rudolf damit. Den Protest der böhmischen Stände überwand er, indem er Rudolf mit der Witwe Wenzels II. verheiratete. Rudolf starb jedoch im Juli 1307, und die Stände wählten Heinrich von Kärnten zum König.

Erfolglos blieb Albrecht I. auch in Meißen und Thüringen. Bevor er seine Ansprüche durchsetzen konnte, wurde er am 1. Mai 1308 von seinem Neffen ermordet. Damit war der Aufstieg der Habsburger vorerst gestoppt; die deutsche Krone ging an einen Luxemburger.

In späteren Jahren vermochten die Habsburger ihre Gebiete weiter zu vergrößern. Kaiser Ludwig IV. der Bayer belehnte das Geschlecht 1335 mit Kärnten, und 1364 übertrug Kaiser Karl IV. seinem Schwiegersohn Rudolf IV. von Österreich Tirol. Das Haus Habsburg besaß nun riesige Gebiete im Reich. Der Kaiser hatte mit Rudolf jedoch einen Erbvertrag auf Gegenseitigkeit geschlossen; beim Aussterben eines Geschlechts sollte das andere die Territorien erben. Rudolf starb schon 1365 ohne Nachkommen, und die Luxemburger traten ihr Erbe an, verloren es jedoch wieder, als 1437 mit Kaiser Sigismund ihr Geschlecht ausstarb. Ein Jahr später kam mit Albrecht II. erneut ein Habsburger an die Macht im Reich, die die Dynastie mit einer einzigen Ausnahme bis 1806 nicht wieder aus der Hand geben sollte.

## DIE SAGE VOM KYFFHÄUSER

*Der Untergang des Stauferreiches im Jahr 1254 brachte dem deutschen Volk eine entbehrungsreiche Zeit. Ausgenützt von rasch wechselnden geistlichen und weltlichen Herren, sehnten sich die Menschen nach geordneten sozialen Verhältnissen und einer starken, gerechten Obrigkeit. Solche Wünsche mündeten in der Sage, daß der von vielen verehrte Stauferkaiser Friedrich II., dessen Tod im fernen Italien ein Teil der Bevölkerung schon lange in Zweifel gezogen hatte, einst wiederkehren würde.*

*Im 15. Jahrhundert wurde die Sage mit dem Kyffhäuserberg in Thüringen verbunden. Dort, so hieß es, schliefe der Kaiser so lange in einer Höhle im Innern des Berges, bis das Reich wieder eine Einheit sei, um dann erneut die Herrschaft zu übernehmen. Ein Jahrhundert später wurde aus Friedrich II. schließlich sein Großvater Friedrich I. Barbarossa, dessen rotgrauer Bart durch einen steinernen Tisch wächst. Alle 1000 Jahre soll er von seinen Raben, die den Berg umkreisen, geweckt werden, um zu hören, ob das Reich geeint und seine Zeit gekommen sei. Die deutsche Romantik belebte die Kyffhäusersage im 19. Jahrhundert wieder, und im Zuge der nationalstaatlichen Einigungspolitik wurde sie vollends zur Nationallegende. So verknüpfte man im Kaiserreich die Erinnerung an den großen Staufer mit Kaiser Wilhelm I., dem man 1896 auf dem Kyffhäuser ein Denkmal errichtete.*

*DIE BARBAROSSA-FIGUR IST EIN TEIL DES KYFFHÄUSERDENKMALS.*

Die Demonstranten montierten in Ostberlin die Sektorenschilder ab und verbrannten sie, um ihrem Wunsch nach Einheit Ausdruck zu verleihen.

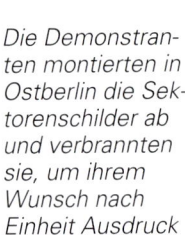

Aus dem anfänglichen Streik in der DDR wurde bald ein politischer Aufstand, bei dem die Menschen freie Wahlen und den Rücktritt der SED-Führungsspitze forderten.

# Spontaner Protest

*Nach dem Volksaufstand im Juni 1953 schottete sich das DDR-Regime ab. Dadurch vertiefte sich die Kluft zwischen Ost- und Westdeutschland.*

**AUFGESTAUTE WUT** Am 17. Juni 1953 entlud sich in Berlin die angestaute Enttäuschung und Wut Tausender Arbeiter über das Regime der DDR-Machthaber in einem spontanen Aufstand. Schon seit einiger Zeit hatte die Unzufriedenheit unter der Bevölkerung der Deutschen Demokratischen Republik aufgrund der schlechten Ver-

sorgungslage und der staatlichen Unterdrückung stetig zugenommen. Doch erst jetzt war es zu Protestaktionen gekommen.

Den Anfang machten Bauarbeiter in der Ostberliner Stalinallee. Am Morgen des 16. Juni stellten sie voller Verärgerung einige Gewerkschaftsfunktionäre zur Rede, denn in der Gewerkschaftszeitung *Tribüne* hatte ein Artikel gestanden, in dem die Verbandsfunktionäre eine zehnprozentige Erhöhung der Arbeitsnormen befürworteten.

**UNTERM SOLL** Diese Anhebung der Produktionsvorgaben hatte die Regierung am 28. Mai verordnet, weil die jährlichen Ziele der sozialistischen Planwirtschaft bisher bei weitem nicht erreicht worden waren. Sie verpflichtete die Arbeiter zu einer Leistungssteigerung, ohne daß damit Lohnverbesserungen verbunden gewesen wären. Im Gegenteil, die Menschen mußten eine Minderung ihres Einkommens befürchten. Die Arbeiter hatten vergeblich gefordert, diese Beschlüsse zurückzunehmen, und waren empört, daß die Gewerkschaftsführer, die doch ihre Interessen vertreten sollten, die Arbeitssteigerung „in vollem Umfang für richtig" hielten. Das brachte jetzt das Faß zum Überlaufen.

**ARBEITSNIEDERLEGUNG** Erbittert legten etwa 80 Bauarbeiter die Arbeit nieder und brachen zu einem spontanen Protestmarsch auf. „Berliner, reiht euch ein, wir wollen keine Sklaven sein", riefen die Marschierenden ihren Kollegen auf umliegenden Baustellen zu, und bald bewegten sich ungefähr 2000 Streikende in Richtung auf die Ostberliner Zentrale des Freien Deutschen Gewerkschaftsbundes. Aber das Haus des FDGB war verschlossen. Der Zug, zu dem ständig weitere Belegschaften stießen, zog daraufhin zum Haus der Ministerien in der Leipziger Straße, wo sich etwa 10 000 Menschen versammelten. Auf Transparenten forderten sie, daß die Normen herabgesetzt werden sollten.

**UMFASSENDE KRITIK** Die Menge verlangte, daß sich der Generalsekretär der SED, Walter Ulbricht, und Ministerpräsident Otto Grotewohl zeigen und zu den Forderungen der Arbeiter Stellung nehmen sollten. Als statt dessen nur der Minister für Industrie, Fritz Selbmann, die Rücknahme der Normerhöhung versprach, konnte dies die Demonstranten nicht mehr beruhigen, denn mittlerweile waren ganz andere, politische Forderungen zu Themen des Massenprotestes geworden. Sprechchöre verlangten die Absetzung der Regierung, den Rücktritt des unbeliebten Ulbricht, freie Wahlen und den Zusammenschluß mit der Bundesrepublik. Einige Demonstranten besetzten einen Lautsprecherwagen, fuhren durch die Straßen und riefen für den nächsten Tag zum Generalstreik auf: Alle Arbeiter sollten dann die Arbeit niederlegen und sich auf dem Strausberger Platz versammeln. Wie ein Lauffeuer verbreitete sich die Nachricht in Ostberlin. Der Berliner Radiosender RIAS berichtete ebenfalls über den Streik, und so gelangte die Kunde rasch auch in alle übrigen Regionen und Orte der DDR.

In den Morgenstunden des 17. Juni formierten sich Zehntausende Arbeiter in den Ostberliner Stadtteilen sowie im Umland zu Demonstrationszügen. Allein aus dem Industriegebiet Henningsdorf, nordwestlich von Berlin, zogen etwa 12 000 streikende Stahlarbeiter in das Zentrum Ostberlins. Verstärkt wurden sie von rund 16 000 Kollegen der Reichsbahnbauunion aus der Nachbarstadt Velten. Die Arbeiter marschierten gemeinsam zum Regierungsgebäude, das Volkspolizisten mittlerweile abgesperrt hatten. Zwischen der Polizei und den Demonstranten nahmen die Gewalttätigkeiten ihren Anfang.

**RABIATE AKTIONEN** „Es war wie zu Beginn eines Bürgerkrieges", berichtete ein Augenzeuge. „Funktionärsautos wurden angehalten und umgekippt, Propagandaplakate und DDR-Embleme wurden abgerissen und in Brand gesteckt." Einige Arbeiter entwaffneten die Posten vor dem Polizeipräsidium am Alexanderplatz, andere stürmten das Gebäude des Staatssicherheitsdienstes in der Friedrichstraße. Eine Dienststelle am Potsdamer Platz wurde geplündert, Akten flogen aus dem Fenster. Zuletzt steckten aufgebrachte Demonstranten das Gebäude in Brand, und auch Parteibüros gingen in Flammen auf. Am Brandenburger Tor holten Jugendliche die rote Fahne ein und hißten Schwarz-Rot-Gold.

Was als spontaner Streik am Vortag begonnen hatte, war zu einem Massenaufstand geworden. □

## Sowjetpanzer gegen streikende Menschen

N ur wenige Stunden durften sich die Demonstranten am 17. Juni 1953 in der Hoffnung wiegen, ihr Aufbegehren habe Erfolg. Dann machte die Staatsführung dem Aufstand mit Unterstützung sowjetischer Truppen ein blutiges Ende. Schon vormittags hatten sich Pan-

*Verzweifelt gingen die Aufständischen mit bloßen Fäusten und Pflastersteinen gegen sowjetische Panzer vor.*

zer der Roten Armee drohend in Ostberlin postiert. Um 12 Uhr setzten sie sich in Bewegung und rollten auf wehrlose Menschen, die an einer Kundgebung auf dem Marx- und-Engels-Platz teilnahmen, zu. Einer der 50 000 Teilnehmer wurde dabei getötet, doch die Panzerkolonne fuhr weiter. Hilflos und verzweifelt bewarfen die Streikenden sie mit Steinen. Die Volkspolizei erhielt Schießerlaubnis.

Wenig später verhängte der sowjetische Stadtkommandant Pawel Dibrowa den Ausnahmezustand. Versammlungen von mehr als drei Personen wurden verboten. Trotzdem gingen die Unruhen weiter, bei denen einige mutmaßliche Rädelsführer standrechtlich erschossen wurden. Erst gegen 19 Uhr schafften es die Sicherheitskräfte, den Aufstand niederzuschlagen. Anschließend wurden die

Übergänge zu den Westsektoren abgeriegelt und eine Ausgangssperre verhängt.

Auch in anderen Städten und großen Industriegebieten der DDR kam es zu ähnlichen Aufständen, bei denen die Streikenden Rathäuser und Gefängnisse erstürmten, wie beispielsweise in Görlitz. In Leuna stimmten sie auf ihrem Protestmarsch das Deutschlandlied an. Die sowjetische Besatzungsmacht verhängte den Ausnahmezustand über die gesamte DDR und ging mit Panzern gegen die Demonstranten vor. In einigen Städten wurde auch in den folgenden Tagen noch gestreikt, aber insgesamt herrschte am 18. Juni im ganzen Land wieder Ruhe. Doch erst am 11. Juli wurde der Ausnahmezustand aufgehoben.

## Massenverhaftungen und Säuberungswelle

**B**ereits am Tag nach dem Aufstand ging eine Verhaftungswelle durch das Land. Zehntausende kamen in die Untersuchungsgefängnisse des Staatssicherheitsdienstes. Die Regierung nutzte die Gelegenheit, um neben den Teilnehmern des Streiks auch mißliebige Oppositionelle mundtot zu machen. Unverhältnismäßig hohe Haftstrafen sollten der Abschreckung dienen. Wen die Richter als Rädelsführer einstuften, bekam 15 Jahre Haft. Rund 100mal wurde die Todesstrafe verhängt, und ebensooft lautete das Urteil auf „lebenslänglich".

Rudolf Herrnstadt, der Chefredakteur der Zeitung *Neues Deutschland*, der die Normerhöhung scharf kritisiert hatte, verlor seinen Posten. Innerhalb der Partei

gab es ebenfalls eine Säuberungswelle. Justizminister Max Fechner kam für drei Jahre in Haft, weil er für die Straffreiheit der Streikenden plädiert hatte. Auch Wilhelm Zaisser, Staatssicherheitsminister, und weitere hochrangige Funktionäre wurden Anfang 1954 aus der SED entfernt. In den Bezirksleitungen waren so-

gar 60 Prozent der Mitglieder betroffen. Dagegen saß die rigide Führungsspitze der Partei nach dem Aufstand fester im Sattel als zuvor. Noch Anfang Juni hatten die sowjetischen Machthaber heftige Kritik an dem harten politischen und wirtschaftlichen Kurs Ulbrichts geübt und die Reformer in der SED unterstützt.

## GRENZE DURCHS GETEILTE LAND

*Wie die Kluft zwischen den Gesellschaftssystemen, so zog sich nach dem Krieg die Zonengrenze zwischen dem sowjetisch besetzten Gebiet und den westlichen Besatzungsgebieten von der Ostsee bis zum Fichtelgebirge durch Deutschland.*

*Schon seit 1949 ließ die UdSSR die Grenze überwachen, die man nur mit einem Interzonenpaß überqueren durfte. Nach der Staatsgründung der DDR waren Ausreisegenehmigungen zunächst noch problemlos zu erhalten. Hunderttausende flüchteten*

BUNDESGRENZSCHÜTZER SICHERTEN 1953 DEN ERNTEEINSATZ AN DER ZONENGRENZE.

*auf diese Weise. Im Mai 1952 begann das DDR-Regime, die grüne Grenze zu befestigen, um illegale Übertritte zu verhindern. Ein fünf Kilometer breiter Sperrgürtel wurde eingerichtet, für den Schneisen durch Wälder geschlagen und Stacheldrähte über Wiesen gezogen wurden. Der Osten stationierte Volkspolizisten an der Grenze und der Westen Beamte des eigens für diesen Zweck geschaffenen Bundesgrenzschutzes. Aber erst der Mauerbau 1961 machte die Teilung perfekt.*

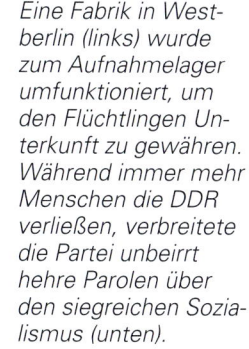

*Eine Fabrik in Westberlin (links) wurde zum Aufnahmelager umfunktioniert, um den Flüchtlingen Unterkunft zu gewähren. Während immer mehr Menschen die DDR verließen, verbreitete die Partei unbeirrt hehre Parolen über den siegreichen Sozialismus (unten).*

aktion. Mehr als 2,8 Millionen Pakete mit Lebensmitteln holte sich die notleidende Ostberliner Bevölkerung innerhalb von zwei Monaten bei den zuständigen Ämtern im Westteil der Stadt ab. Die DDR-Regierung versuchte vergeblich, die Aktion durch Reisesperren und schärfere Kontrollen an den Sektorenübergängen zu behindern.

Angesichts der heiklen Situation von Westberlin, das wie eine Insel in der DDR lag, und der angespannten politischen Lage gaben die drei Westmächte

des flüchteten über 40 000 Menschen; 1953 zählte man insgesamt 331 390. Bald schon war es schwierig, alle unterzubringen. Fabriken und Schulen wurden umfunktioniert, in Berlin-Marienfelde wurde ein Notaufnahmelager mit 45 000 Betten errichtet. Um den Neuankömmlingen den Aufbau einer neuen Existenz im Westen zu erleichtern, griff ihnen die Bundesregierung mit finanziellen Hilfen unter die Arme.

Da die Propaganda des Ulbricht-Regimes über die goldene Zukunft des Sozialismus die Abwanderung nicht stoppen konnte, suchte die DDR-Regierung nach anderen Maßnahmen. Die Zonengrenze wurde am 16. November 1957 zur Staatsgrenze West erklärt. Die Kontrollen an den Übergängen wurden verschärft, und der Reiseverkehr wurde beschränkt. Außerdem erließ die Regierung der DDR ein Gesetz, das erstmals die sogenannte Republikflucht, wie sie die Ausreise ohne Genehmigung bezeichnete, unter Strafe stellte.

## Die DDR geht eigene Wege

Der Einsatz der Roten Armee hatte klargemacht, daß die DDR und Ostberlin fest in die sowjetische Machtsphäre eingebunden waren. Eine Vereinigung der Bundesrepublik und der DDR war auf absehbare Zeit nicht in Sicht, im Gegenteil, die Besatzungsmächte trieben die Abgrenzung auf politischem und militärischem Gebiet voran. Im Mai 1955 wurde die DDR Mitglied des Warschauer Paktes. Das war die Reaktion auf den Eintritt der Bundesrepublik in die NATO wenige Tage zuvor. Im September 1955 gewährte die UdSSR der DDR volle Souveränität. 1956 beschloß die Regierung in Ostberlin die Bildung eines eigenen Heeres, der Nationalen Volksarmee.

Nun gab es zwei souveräne deutsche Staaten, doch die Bundesregierung beanspruchte, die einzig rechtmäßige deutsche Regierung zu sein, weil sie als einzige aus freien Wahlen hervorgegangen sei. Daher könne nur sie das gesamte deutsche Volk vertreten. Diese Position versuchte die Bundesrepublik auch international zu zementieren. Sie drohte, ihre Kontakte zu allen Staaten abzubrechen, die diplomatische Beziehungen zur DDR aufnahmen. Dieser Grundsatz, die sogenannte Hallstein-Doktrin, führte zu einer weitgehenden Isolierung des sozialistischen Deutschland von der westlichen Welt, die erst zu Beginn der 70er Jahre langsam wieder aufgebrochen wurde.

Doch die Ereignisse des 17. Juni führten dazu, daß sich die Sowjets voll hinter Ulbricht stellten.

auf einer Konferenz in London 1954 die Garantieerklärung ab, daß die Stadt unter ihrem besonderen Schutz stehe.

## Schutz und Hilfe für Berlin

Viele Aufständische hatten gehofft, daß der Westen eingreifen würde, doch dieser hatte dem Militäreinsatz der UdSSR tatenlos zugesehen. Hätten die Westmächte in der sowjetischen Besatzungszone Waffengewalt angewandt, so ihre Befürchtung, hätte dies einen neuen Krieg heraufbeschwören können.

Um wenigstens ihre Solidarität mit den unterdrückten Mitbürgern in der DDR zu zeigen, versammelten sich vor dem Rathaus Schöneberg am 23. Juni über 125 000 Menschen und gedachten der Opfer, deren Zahl niemals exakt festgestellt werden konnte. Schätzungen reichen bis 300. Außerdem organisierte der Westberliner Senat ab Juli eine Spenden-

## Trotz neuem Kurs Flucht in den Westen

Der Juni-Aufstand hatte den SED-Oberen drastisch vor Augen geführt, daß sie ihre politischen und wirtschaftlichen Pläne nicht an den Bedürfnissen und berechtigten Wünschen der Menschen vorbei verwirklichen konnten. Daher lenkte man auf den sogenannten Neuen Kurs ein, bei dem weniger für die Schwerindustrie und mehr für den täglichen Bedarf der Bürger produziert wurde. Auch die Preise wurden gesenkt. Doch diese kurzfristigen Maßnahmen konnten die seit Jahren andauernde Flüchtlingsbewegung von Ost nach West nicht bremsen. Nach dem Schock des 17. Juni erreichte die Fluchtwelle ihren Höhepunkt. Allein am Tag des Aufstan-

Adler und Schlange symbolisierten die Stärke und die Schlauheit der Stadt Mailand. Das lombardische Adelsgeschlecht der Visconti, das die Stadt später beherrschte, hat diese Tiere in sein Wappen (oben) übernommen.

# Für die Ehre des Reiches

*1158 eroberte Kaiser Friedrich I. Barbarossa die Stadt Mailand. Dies war der Auftakt zu einem jahrelangen Kampf um die Wiederherstellung der Reichsherrschaft in Italien.*

**BEZWUNGEN** Der 7. September 1158 war für die oberitalienische Stadt Mailand ein schicksalhafter Tag. Vier Wochen lang hatte Mailand dem Heer des deutschen Kaisers Friedrich I. Barbarossa erbitterten Widerstand geleistet. Doch dann mußten die Einwohner der stolzen und mächtigen Stadt kapitulieren. Der Kaiser feierte mit dem Sieg über Mailand einen großen Triumph, denn es war ihm gelungen, seinen hartnäckigsten Gegner in Oberitalien zu bezwingen. Jetzt konnte er dort die Reichsherrschaft wiederherstellen.

**EIGENE WEGE** Die Lombardei war seit den Tagen Karls des Großen fester Bestandteil des Deutschen Reiches. Doch im Lauf der Zeit hatten sich die Bewohner eine immer größere

Die besiegten mailändischen Krieger werfen sich Kaiser Friedrich I. Barbarossa zu Füßen und bitten ihn um Vergebung.

Unabhängigkeit erkämpft. Wirtschaft und Handel blühten und stärkten das wachsende Selbstbewußtsein der oberitalienischen Städte. Im 11. Jahrhundert waren sie nicht länger bereit, das Lehnsrecht der deutschen Herrscher anzuerkennen, und gaben sich eine eigene Verfassung.

Als Friedrich Barbarossa 1152 den Thron bestieg, war er fest entschlossen, das Oberitalienproblem, das seine Vorgänger so sehr vernachlässigt hatten, konsequent anzugehen. Dabei war ihm bewußt, daß Mailand sein Hauptgegner sein würde.

**AUF NACH ITALIEN** Im Juni 1158 zog er mit einer gewaltigen Streitmacht von 50 000 Mann über die Alpen. Viele lombardische Städte waren so beeindruckt von der kaiserlichen Machtdemonstration, daß sie sich offen auf die Seite des Staufers stellten. Nur die Mailänder verschanzten sich in ihrer stark befestigten Stadt. Statt einen offenen Angriff zu wagen, belagerte Friedrich Mailand und hungerte die widerspenstigen Bewohner einfach aus. Nach vierwöchiger Belagerung mußten die Stadtväter dem Kaiser die Tore öffnen.

Die Friedensbedingungen waren überaus hart. Alle Hoheitsrechte, wie das Recht, Münzen zu prägen und Steuern zu erheben, fielen an den Kaiser zurück. Außerdem mußten die Milanesen 300 Geiseln stellen und 9000 Pfund Silber zahlen. Friedrich beließ es nicht bei diesen drakonischen Strafen, sondern demütigte die Einwohner auch noch. Zähneknirschend leisteten sie dem Kaiser den Treueid. Doch der von Friedrich aufgezwungene Frieden konnte nicht von Dauer sein. □

## Hartes Strafgericht über Mailand

Im September 1158 wurde der Frieden in Mailand unterzeichnet. Noch im gleichen Jahr lud der Kaiser geistliche und weltliche Fürsten sowie hochrangige Vertreter aus Deutschland und Italien nach Roncaglia, einer kaisertreuen Stadt in der Po-Ebene, ein. Auf dem dortigen Reichstag wurden die politischen Verhältnisse in Oberitalien neu geordnet und die kaiserliche Macht wiederhergestellt.

Eine Expertenkommission entschied, daß wie Mailand alle oberitalienischen Städte die Freiheiten, die sie sich im Lauf der Jahre erkämpft hatten, aufgeben mußten und ab sofort unter kaiserliche Oberherrschaft gestellt wurden. Das war ein harter Schlag für die selbstbewußten Stadtväter. Noch schlimmer als der Verlust der politischen Freiheiten waren die wirtschaftlichen Bestimmungen. Die Einkünfte aus Zöllen, Steuern und anderen Abgaben sollten nicht mehr in die städtischen Kassen, sondern in die Schatulle des Kaisers fließen. Für Barbarossa bedeutete die für damalige Verhältnisse astronomische Summe von über 30 000 Pfund Silber im Jahr das Ende aller finanziellen Sorgen, den lombardischen Städten war mit dieser Regelung allerdings die Quelle ihres Reichtums entzogen.

Nur weil sie keine andere Wahl hatten, leisteten die Italiener den Treueid auf die sogenannten Ronkalischen Gesetze. Doch kaum hatten sie den formalen Akt vollzogen, regte sich bereits Widerstand. Vor allem Mailand konnte die Demütigungen nicht vergessen und stellte sich an die Spitze der Opposition. Als im Februar 1159 kaiserliche Gesandte in die Stadt kamen, um Friedrichs Forderungen durchzusetzen, rottete sich das mailändische Volk zusammen und jagte sie mit Schimpf und Schande davon.

Diese Beleidigung konnte Friedrich nicht straflos hinnehmen. Diesmal wollte er ein Exempel statuieren und den Widerstand endgültig brechen. Sein ganzer Zorn entlud sich zunächst auf das mit Mailand verbündete Crema, das im Januar 1160 eingenommen wurde. Die anschließende erneute Belagerung Mailands zog sich über Monate hin. Wieder wählte Friedrich die Taktik des Aushungerns. Und wieder zwangen Entbehrung und Epidemien die Einwohner zum Aufgeben. Im März 1162 baten sie um Frieden. Gnadenlos hielt der Kaiser Gericht über die Aufständischen. Das große und stolze Mailand wurde dem Erdboden gleichgemacht und die Menschen aus ihren Häusern vertrieben. Damit war die noch vorhandene Opposition besiegt und die Lombardei wieder fest in staufischer Hand.

## Zwei sind einer zuviel

Die kaiserliche Politik sorgte in ganz Italien für Unruhe und Aufruhr. Vor allem der Papst war in Sorge, denn bis zu Friedrichs Eingreifen war er weltliches Oberhaupt der Städte gewesen. Nun hatte Papst Hadrian IV. nicht nur diesen Einflußbereich verloren, er fürchtete auch, daß der Staufer nach dem Kirchenstaat greifen würde. Der sich anbahnende Streit zwischen Kaiser und Papst fand durch Hadrians plötzlichen Tod im September 1159 nur ein vorläufiges Ende. Die Auseinandersetzung um die Macht ging weiter.

Bei der nun fälligen Wahl des neuen Papstes konnten sich die Kardinäle nicht auf einen gemeinsamen Kandidaten einigen. Zur Diskussion standen der strikt antikaiserlich gesinnte Alexander III. und der kaisertreue Viktor IV. Um die Entscheidung in seinem Sinn zu beeinflussen, rief Friedrich im Januar 1160 die wahlberechtigten Kardinäle nach Pavia und setzte dort die Wahl seines Kandidaten Viktor IV. durch. Über den Gegenkandidaten Alexander III., der erst gar nicht zu dieser Kirchenversammlung erschienen war, verhängte der Kaiser den Bannspruch, unter dem Vorwand, dieser hätte mit den rebellischen Lombarden konspiriert.

Alexander zeigte sich von dem kaiserlichen Bann allerdings wenig beeindruckt. Unbeirrt hielt er an seinem Anspruch auf die Papstwürde fest und sprach dem Kaiser das Recht ab, sich in kirchliche Angelegenheiten einzumischen. Eine Wende der Dinge brachte die endgültige Kapitulation Mailands im März 1162. Angesichts der überlegenen kaiserlichen Militärmacht fürchtete Alexander um sein Leben und floh nach Südfrankreich. Ganz verloren war seine Sache aber noch nicht.

## Ein Kaiser gerät in Not

Der Tod des kaisertreuen Viktor IV. im April 1164 war ein schwerer Schlag für Friedrich Barbarossa. Denn nun hatte der verbannte Gegenkandidat Alexander III. auf einmal alle Vorteile

## BARBAROSSA ALS KREUZFAHRER

*Kaiser Friedrich I. Barbarossa (Abbildung) kämpfte nicht nur für die Ehre des Reiches in Italien, sondern verteidigte auch den christlichen Glauben im Heiligen Land. Als 1187 Sultan Saladin die Kreuzfahrerstaaten angriff und Jerusalem eroberte, rief der Kaiser auf dem Hoftag in Mainz zum Kreuzzug gegen die Muslime auf, um das Heilige Grab zurückzuerobern.*

*Am 11. Mai 1189 brach der Stauferherrscher mit einem 100 000 Mann starken Heer von Regensburg aus zum Dritten Kreuzzug auf. Dem Zug gehörten acht deutsche Bischöfe und 32 Grafen an. Der Marsch auf dem Landweg über den Balkan war überaus strapaziös und anstrengend. Das Heer benötigte mehr als zwölf Monate, um Kleinasien zu durchqueren.*

*Doch das Heilige Land sollte Friedrich nie sehen. Am 10. Juni ertrank der 68jährige Herrscher unter noch immer ungeklärten Umständen im Fluß Saleph in Anatolien. Der plötzliche Tod des Kaisers setzte dem deutschen Kreuzzugsunternehmen ein jähes Ende, Jerusalem wurde nie erreicht. Der Großteil der deutschen Ritter kehrte – demoralisiert und geschockt – um, ein Häuflein Aufrechter schlug sich nach Akko durch, von wo aus sie per Schiff nach Deutschland zurückreisten.*

## LOMBARDEI – HEIMAT DES BANKWESENS

*In den oberitalienischen Städten blühten nicht nur Handel und Gewerbe, als Folge des wirtschaftlichen Aufschwungs besaß die Lombardei bereits ein ausgebildetes Finanzwesen. Viel früher als die übrigen Europäer hatten die Norditaliener erkannt, daß man nicht nur für Geld, sondern auch mit Geld arbeiten kann.*

*Während die Menschen in weiten Teilen Europas noch am Tauschhandel festhielten, war der Umgang mit Geld in der Lombardei schon sehr weit entwickelt. Hier vollzog sich die Geburt des modernen Bankwesens. Ursprünglich bezeichnete man die*

*christlichen Kaufleute Norditaliens als Lombarden. Später nannte man pauschal alle Kaufleute, Pfandleiher und Geldwechsler so. Die Geschäftstüchtigkeit der oberitalienischen Städte war so überragend, daß nach dieser Region noch heute gültige Begriffe aus der Finanzsprache geprägt wurden.*

*Unter Lombardgeschäft versteht man im Bankwesen die Beleihung von Wertpapieren durch ein Kreditinstitut, und der sogenannte Lombardsatz ist der Zinssatz, zu dem die Deutsche Bundesbank bereit ist, den Landesbanken Kredite gegen die Hinterlegung von Wertpapieren einzuräumen.*

auf seiner Seite. In dieser Situation schien dem kaiserlichen Kanzler Rainald von Dassel rasches Handeln geboten. Ohne Rücksprache mit Friedrich versammelte er einige kaisertreue Kardinäle um sich und präsentierte ihnen einen Neffen des verstorbenen Viktor IV. als seinen Wunschkandidaten. Für den willensstarken Rainald war es nicht schwierig, seine Entscheidung durchzusetzen. Paschalis III., der im April 1164 geweiht wurde, war ein williges und schwaches Werkzeug in seiner Hand. Doch Rainalds ungeschickter Schachzug sollte nicht ohne Folgen bleiben. Viele geistliche Fürsten in Deutschland und Italien empfanden diese regelwidrige Wahl als Provokation und stellten sich offen hinter Alexander.

In der ohnehin angespannten Lage platzte die Nachricht von neuen Unruhen in Oberitalien wie eine Bombe. Diesmal war nicht Mailand der Störenfried, sondern Venedig. Mit einigen anderen lombardischen Städten hatte es sich zum Veroneser Bund zusammengeschlossen. Die Allianz war nicht länger bereit, die harten und demütigenden Bedingungen, die ihnen der Kaiser auferlegt hatte, zu ertragen. Friedrich war alarmiert und zog erneut nach Italien. Als weitere kaisertreue Städte damit drohten, sich dem Veroneser Bund anzuschließen, setzte er sein ganzes Verhandlungsgeschick ein, um ein Ausbreiten des antikaiserlichen Bundes zu verhindern. Nur mit weitgehenden Zugeständnissen gelang es ihm, die Situation zu retten.

## Triumph und Tragödie im fernen Rom

**I**m Oktober 1166 sammelte Friedrich I. Barbarossa erneut ein riesiges Heer um sich und zog ein weiteres Mal über die Alpen. Auch dieser Italienzug sollte eine Demonstration kaiserlicher Macht werden, und außerdem sollte er alle noch anstehenden Probleme endgültig lösen. Zum einen wollte Friedrich die wiederaufkeimende Opposition der lombardischen Städte ersticken, zum anderen lag ihm daran, die Papstkrise ein für allemal zu beenden.

Der Gegenpapst Alexander III. hatte nämlich in der Zwischenzeit Frankreich verlassen und war nach Rom gegangen, um seinen Anspruch offen zu demonstrieren. Der von Barbarossa protegierte Paschalis III. hingegen war zum Leidwesen des Kaisers noch immer nicht offiziell in sein Amt eingeführt worden. Ohne kaiserlichen Schutz traute sich Paschalis nicht nach Rom in die Höhle des Löwen. Also zog Friedrich im Herbst 1166 wiederum nach Süden.

Der Feldzug begann verheißungsvoll. Rom wurde ohne große Mühe eingenommen, und Alexander ergriff die Flucht. Der Staufer kostete seinen Sieg voll aus. Mit einem feierlichen Festakt in der Peterskirche setzte Friedrich im August 1167 Papst Paschalis III. in sein Amt ein. Auch bei der Krönung der kaiserlichen Gemahlin Beatrix, die mit großem Aufwand zelebriert wurde, war ganz Rom

*Der von Friedrich Barbarossa protegierte Paschalis III. wurde fernab von Rom in Würzburg zum Papst erhoben.*

*Bei Legnano mußte sich der Kaiser dem Heer der lombardischen Städte geschlagen geben (oben), dessen Krieger (rechts) mit dem Mut der Verzweiflung für ihre Freiheit kämpften.*

auf den Beinen. Die Katastrophe traf Friedrich völlig überraschend auf dem Höhepunkt seines Triumphes. Die Festlichkeiten waren kaum vorbei, da raffte eine schreckliche Malariaepidemie über 2000 seiner besten Ritter hinweg. Die Überlebenden waren völlig entkräftet. In einem erbärmlichen Zustand führte der Kaiser sein einst so mächtiges Heer in die Heimat.

Für die lombardischen Städte, die ihre Sache schon verloren gegeben hatten, war der unverhoffte Schicksalsschlag das Zeichen zum offenen Widerstand. Im Dezember 1167 schlossen sie sich im Lombardischen Städtebund zusammen und probten erneut den Aufstand gegen den Kaiser. Was Friedrich Barbarossa seit der Eroberung Mailands im September 1158 gewonnen hatte, ging im Sommer 1167 auf einen Schlag wieder verloren. Weiter denn je war der Staufer von seinem ehrgeizigen Ziel entfernt, die Reichsherrschaft in Italien zu festigen.

## Verständigung statt Konfrontation

D er Kaiser brauchte dringend eine längere Ruhepause, um sich von der Katastrophe des Jahres 1167 zu erholen. Als er im September 1174 erneut die Alpen überschritt, war sein Ziel beschei-

dener geworden. Von den jahrelangen kriegerischen Auseinandersetzungen in der Lombardei zermürbt, sehnte sich Friedrich Barbarossa nun nach Frieden. Dennoch blieben die militärischen Konflikte auch diesmal nicht aus. In der Nähe von Mailand, bei Legnano, stieß das kaiserliche Heer auf die überlegenen lombardischen Truppen und erlitt im Mai 1176 eine empfindliche Niederlage. Dies bestärkte den Staufer in seinem Willen, auf dem Weg von Verhandlungen zu einem Frieden zu kommen.

Zunächst söhnte sich Friedrich I. Barbarossa im Juli 1177 mit dem greisen Alexander III. aus. Im Gegenzug nahm der Papst den Kaiser, den er 17 Jahre zuvor gebannt hatte, wieder in die Kirche auf. Die lombardische Frage blieb allerdings offen. Erst 1183 schloß der Kaiser in Konstanz endgültig Frieden mit den Städten und machte sie zu seinen Verbündeten. Er gab ihnen all ihre Rechte zurück und erkannte den Lombardenbund an. Dafür leisteten die lombardischen Städte ihm den Treueid. 25 Jahre nach der Mailänder Katastrophe war endlich ein Kompromiß gefunden, den alle Beteiligten akzeptieren konnten.

*Im Gefecht bei Reutlingen trug Graf Ulrich von Württemberg die Reichssturmfahne, die der Kaiser den Württembergern 1356 verliehen hatte.*

# Gelungener Überfall

*Der Sieg der Reutlinger Bürger über ein württembergisches Fürstenheer 1377 machte die Städte zu einer eigenständigen Kraft in Deutschland.*

*Vor den Toren von Reutlingen errangen die Bürger der Stadt einen überwältigenden Sieg über den württembergischen Adel.*

**NÄCHTLICHER VIEHRAUB** In der Nacht zum 14. Mai 1377 schlichen sich etwa 700 Bürger und Handwerksgesellen aus der Reichsstadt Reutlingen, um auf württembergischem Gebiet Vieh zu rauben. Am frühen Morgen erbeuteten die Männer etwa 250 Rinder, die sie das Ermstal hinab nach dem kaum sieben Kilometer entfernten württembergischen Dettingen trieben. Dort stießen die Reutlinger auf Widerstand, doch sie brannten den Ort nieder und erschlugen etliche Einwohner. Am späten Vormittag zogen sie dann in Richtung Reutlingen ab.

Unterdessen hatte sich von dort eine zweite Schar Bewaffneter auf den Weg gemacht, die der Bürgermeister selbst anführte. Sie marschierte der ersten Gruppe entgegen, um sie zu verstärken und die Beute an der feindlichen Burg Achalm vorbei in die schützenden Mauern der Stadt zu führen.

In diese Festung auf dem kegelförmigen Berg unweit der Stadt hatte nämlich Eberhard II., der streitbare Graf von Württemberg, eine mehrere hundert Mann starke Besatzung verlegt. Sie sollte verhindern, daß Reutlingen gemeinsam mit anderen Städten des

Schwäbischen Städtebundes, wie etwa Esslingen oder Ulm, gegen die Landesherren von Württemberg vorging. Der junge Graf Ulrich, Eberhards Sohn, kommandierte die Garnison.

**RITTER GEGEN BÜRGER** Die Wachsoldaten auf der Burg hatten den Aufbruch des zweiten Reutlinger Trupps und auch den Brand Dettingens sofort bemerkt. Graf Ulrich gab daraufhin seinen Söldnern den Befehl, sich zu rüsten, stürmte mit mehr als 230 Rittern von der Burg herab und versperrte den heimkehrenden Reutlingern den Rückweg in die Stadt. Kurz nach Mittag trafen die beiden feindlichen Heere aufeinander.

Mit dem Mut der Verzweiflung stürzten die nur leicht bewaffneten Reutlinger auf die gräfliche Schar zu. Sie waren dieser zwar an Zahl überlegen, doch waren die Ritter kriegsmäßig schwer gerüstet. Aber gerade die leichte Bewaffnung erwies sich nun als Vorteil. Die Bürger, geübt im Umgang mit ihren Schwertern, Spießen und Armbrüsten, waren wendiger als die schwerfälligen, dick gepanzerten Ritter, und außerdem kämpften sie mit größter Entschlossenheit.

Das Gefecht dauerte nicht lange und endete mit einer vernichtenden Niederlage für den jungen Grafen und seine Gefolgsleute. Er selbst rettete sich zwar verwundet auf die Burg Achalm, aber die Grafen Friedrich von Zollern, Ulrich von Tübingen und Hans von Schwarzburg sowie mehr als 60 Ritter fanden den Tod. Die Reutlinger hingegen verloren nur 13 ihrer Männer.

**SELBSTHILFE** Der Sieg der Reutlinger Bürger über den württembergischen Adel markierte den Beginn einer Auseinandersetzung zwischen den Reichsstädten und den Landesherren, bei der es den Städten um ihre Unabhängigkeit im Reich ging. Sie sahen sich genötigt, zur Selbsthilfe zu greifen, um nicht der Habgier der Landesfürsten zum Opfer zu fallen und in deren Territorium, von dem sie umgeben waren, einfach eingegliedert zu werden.

Auch der Schwäbische Städtebund, zu dem sich 1376 bereits 14 süddeutsche Städte zusammengeschlossen hatten, profitierte vom militärischen Triumph der Schwaben. In den folgenden Monaten traten ihm 17 weitere Städte bei. Damit war der Bund zu einem ernstzunehmenden Gegenspieler der Landesherren geworden. □

## Die Städte machen von sich reden

Die neuen Mitglieder brachten dem Schwäbischen Städtebund einen Zuwachs an Macht, aber auch neue Gegner. Besonders die adlige Ritterschaft rückte enger zusammen und versuchte, den Niedergang ihres Standes durch neugegründete Rittergesellschaften aufzuhalten, die um ihre Freiheiten und Vorrechte und vor allem gegen die Städte kämpften. Deren wirtschaftlicher Aufstieg stand in scharfem Gegensatz zur Verarmung der Ritter und wurde von diesen daher mit Neid zur Kenntnis genommen. Graf Ulrich von Württemberg und andere schwäbische Adlige hatten die Hoffnung, daß der Beitritt zu einer der zahlreichen Rittergesellschaften ihre Situation verbessern würde.

Der einflußreichste dieser Ritterbünde, der Löwenbund, breitete sich den Rhein entlang aus, reichte schließlich von den Niederlanden bis zu den Alpen und sammelte auch in Bayern und Thüringen Mitglieder, die sich gegenseitig auf Raubzügen, bei Überfällen auf reisende Händler und bei Fehden tatkräftig unterstützten. Ende 1380 erklärte der Löwenbund der Stadt Frankfurt den Krieg, worauf diese sich mit den Städten Mainz, Speyer, Worms und Straßburg, dem bei Worms gelegenen Pfeddersheim sowie den beiden elsässischen Reichsstädten Hagenau

*Graf Eberhard II. von Württemberg mußte im Städtekrieg einen hohen Preis zahlen. Sein Sohn Ulrich starb 1388 in der Schlacht bei Döffingen.*

und Weißenburg zum Rheinischen Städtebund zusammenschloß. Im März 1381 wurde das Abkommen besiegelt.

Drei Monate später schlossen sich der Rheinische und der Schwäbische Städtebund zusammen. Und als der Krieg tatsächlich ausbrach, erwies sich das mächtige Städtebündnis den Rittern militärisch derart überlegen, daß diese kapitulierten. Die Ritterbünde waren auf ihrem Weg zur Macht gründlich gescheitert, daß sie künftig keine politische Rolle mehr im Reich spielten.

Bald traten auch so mächtige Reichsstädte wie Regensburg, Nürnberg oder Augsburg dem vereinten Städtebund bei, der nun Bündnispartner in ganz Süddeutschland, der Schweiz, dem Elsaß, am Mittelrhein, in Franken und in Bayern besaß. Seine militärische Macht war nicht mehr zu übersehen, und die Städte machten sich daran, diese politisch zu nutzen.

## Herausforderung der Krone

König Wenzel versuchte, die anhaltenden Auseinandersetzungen der Fürsten und der Rittergesellschaften mit den Städten durch einen allgemeinen Landfrieden zu beenden. Nach mittelalterlicher Rechtsauffassung herrschte im Land nicht von selbst Frieden, sondern er mußte immer wieder aufs neue vereinbart werden. Um Frieden zu wahren, genügte es nicht, sich friedlich zu ver-

halten, sondern man mußte Nichtangriffspakte schließen, die in der Regel zeitlich begrenzt waren, meist aber nur kurzfristig – wenn überhaupt – wirklich Bestand hatten.

Im Juli 1384 kam auf Betreiben König Wenzels in Heidelberg zwischen den Fürsten und den Städten ein Landfriedensvertrag zustande. Die Städte konnten ihn mit einer gewissen Genugtuung schließen, denn mit ihm wurde stillschweigend die Existenz der Städtebünde anerkannt, und mit dieser Anerkennung war die politische Bedeutung der Reichsstädte gewaltig gestiegen. Ganz ungetrübt war die Freude freilich nicht, denn der Landfrieden hob das reichsrechtliche Verbot der Städtebünde, das noch von Wenzels Vater Kaiser Karl IV. stammte, nicht auf. Immerhin unterbrach diese Einigung aber vorübergehend die Händel zwischen den Kontrahenten. Drei Jahre später wurde der Vertrag in Mergentheim bis zum März 1390 verlängert, doch die Verhandlungen standen unter keinem guten Stern, da der Rheinische Städtebund dem Vertrag seine Zustimmung verweigerte.

In der Folgezeit spitzte sich der Kampf

*Die Stadt Bautzen mit ihren gewaltigen Befestigungen war einst Zentrum des Oberlausitzer Städtebundes (oben). Von seiner wirtschaflichen Bedeutung zeugt noch heute dieser wertvolle Prunkpokal (rechts).*

um die Macht immer mehr zu. Und erneut war der schwäbische Raum ein besonderer Krisenherd. Dort nahmen die Auseinandersetzungen der Städte mit Graf Eberhard II. von Württemberg kein Ende und führten dazu, daß das Land von den städtischen Truppen schwer verwüstet wurde. Gleichzeitig bedrängte der bayerische Herzog Friedrich die wirtschaftlich immer stärker werdenden Städte Nürnberg und Augsburg und behinderte massiv deren Handel. Als der Bayer schließlich auch noch den Erzbischof der Stadt Salzburg, der mit den schwäbischen Städten verbündet war, gefangensetzte, erklärte der Städtebund Herzog Friedrich den Krieg.

Zur Entscheidungsschlacht kam es im Württembergischen, in der Nähe der schwäbischen Ortschaft Döffingen. Dort traf am 24. August 1388 ein von Graf Eberhard II. angeführtes vereintes Für

*Ein wichtiges Privileg, das sich die Städte erkämpften, war die Befugnis, Recht sprechen zu dürfen. Symbol dafür war das Richtschwert.*

## Im Namen des Königs

Nicht alle Städtebünde verfolgten weitreichende politische Ziele. In der Markgrafschaft Lausitz hatten sich bereits im Jahr 1346 mit Bautzen, Kamenz, Löbau, Zittau, Görlitz und Lauban die bedeutendsten Städte der Region zum Oberlausitzer Sechsstädtebund vereint. Ihnen ging es vor allem darum, das Raubritterunwesen einzudämmen, das die Straßen unsicher machte, ihren Handel stark beeinträchtigte und die Versorgung der Bevölkerung gefährdete. Ihr Bund richtete sich hauptsächlich gegen den niederen Adel mit seinen heruntergekommenen und verarmten Rittern, die der vereinten Macht der Städte auf Dauer nichts entgegensetzen konnten.

König Wenzel, zu dessen Herrschaftsbereich die .Lausitz gehörte, bestätigte 1381 den sechs Städten, daß sie sich um den Landfrieden verdient gemacht hatten, und gewährte ihnen sogar das Recht, gegen Landfriedensbrecher im Namen des Königs die Acht auszusprechen und das Urteil sogleich zu vollstrecken. Auf diese Weise entwickelte sich der Oberlausitzer Sechsstädtebund zum verlängerten Arm der königlichen Rechtsprechung in der Markgrafschaft.

## Geld und Reichtum als Bündnismotiv

Mehr wirtschaftliche als politische Ziele verfolgte der Sächsische Städtebund, zu dem sich im Jahr 1382 im niederdeutschen Raum eine größere Zahl von Städten für zunächst drei Jahre zusammenschloß. Seinen Kern bildeten die Städte Braunschweig, Goslar, Hildesheim, Lüneburg, Göttingen, Hannover, Helmstedt und Uelzen, kurz darauf traten auch noch Halberstadt und Einbeck dem Bündnis bei.

Der Bund sollte den florierenden Handel der städtischen Kaufmannschaft schützen, insbesondere den Fernhandel, der den Städten zum Teil außerordentliche Gewinne brachte, das Gewerbe vorantreiben und nicht zuletzt um des Profits willen für den Frieden in der Region sorgen. Es dauerte nicht lange, da mußten sich die Mitglieder des Sächsischen Städtebundes aufgrund ihres großen Erfolgs gegen den Neid und die Habgier der weltlichen und geistlichen Fürsten verteidigen. So war auch diesem Bündnis keine lange Lebensdauer beschieden. König Wenzel löste es im Egerer Landfrieden 1389 bereits wieder auf.

### KÖNIGSTREUER BÜRGERMEISTER

*Zu den schillerndsten Gestalten des Mittelalters gehörte Heinrich Toppler. 1373 wurde er Oberhaupt seiner Heimatstadt Rothenburg, die er geschickt durch die turbulentesten Jahre ihrer Geschichte führte. Zum Verhängnis wurde ihm seine Freundschaft mit König Wenzel, der oft sein Gast war. Als dieser abgesetzt wurde, hielt Toppler zu ihm. Die Stadt wurde daraufhin geächtet, Toppler von seinen eigenen Räten verhaftet und am 13. Juli 1408 enthauptet. An ihn erinnert bis heute das Topplerschlößchen (Foto), das er sich 1388 errichten ließ.*

---

stenheer auf das Aufgebot des Schwäbischen Städtebundes. Die 2600 gut ausgerüsteten Ritter schlugen das 3000 Mann starke Bürgerheer vernichtend. Zweieinhalb Monate später überfiel Pfalzgraf Ruprecht am 6. November bei Pfeddersheim die Truppen des Rheinischen Städtebundes in einem Hohlweg. Die völlig überraschten Städter ergriffen ohne große Gegenwehr die Flucht.

Jetzt sah König Wenzel eine Möglichkeit, dauerhafte Ruhe im Reich herzustellen. Im Mai 1389 ließ er auf dem nach Eger einberufenen Reichstag für sechs Jahre einen Reichslandfrieden verkünden, der für die Fürsten vorteilhafter ausfiel als für die Städte. Letztere mußten ihre Allianzen auflösen und dem Landfrieden beitreten.

Die Folgen der Auseinandersetzungen und des Reichslandfriedens waren erheblich. Da die Landesherren ihre Position gegenüber den Städten gestärkt hatten, verloren die Städte politisch fast jegliche Bedeutung in Deutschland. Gleichzeitig begann für sie aber eine Zeit des wirtschaftlichen Aufschwungs, der zu Wohlstand und zu einer Blüte von Handwerk und Kunst führte.

# Stadtluft macht frei

Aus den Marktsiedlungen der Händler und Handwerker entstanden ab dem 12. Jahrhundert in Deutschland die ersten Städte. Aufgrund von Handelsprivilegien erlangten sie mit der Zeit eine große Eigenständigkeit, die sie für die Menschen attraktiv machte. Viele Bauern, die auf dem Land als Leibeigene einem adligen Grundherrn gehörten, vertrauten auf die Aussage, daß Stadtluft frei mache, und flohen hinter die geschützten Mauern. Gelang es ihnen, sich dort ein Jahr und einen Tag vor dem Grundherrn versteckt zu halten, waren sie frei und konnten das Bürgerrecht erwerben. Diese Regelung veränderte die mittelalterliche Gesellschaft grundlegend, denn als Bürger einer Stadt hatten die Leibeigenen nun die Chance, Besitz und Reichtum zu erlangen.

Im 15. Jahrhundert gab es in Deutschland etwa 4000 Städte, wobei Köln mit rund 35 000 Einwohnern am größten war. Mittelpunkt des städtischen Lebens bildeten die Kirche, das Rathaus und der Marktplatz. Hier liefen die Hauptstraßen zusammen, und hier besaßen die reichen Patrizierfamilien ihre prächtigen Häuser; die Handwerker dagegen wohnten in den engen, abgelegenen Gassen, während die armseligen Hütten der Tagelöhner und Knechte in dunklen Hinterhöfen lagen.

**MARKTTAG** *Die Bauern aus dem Umland verkauften auf dem städtischen Markt ihre Produkte.*

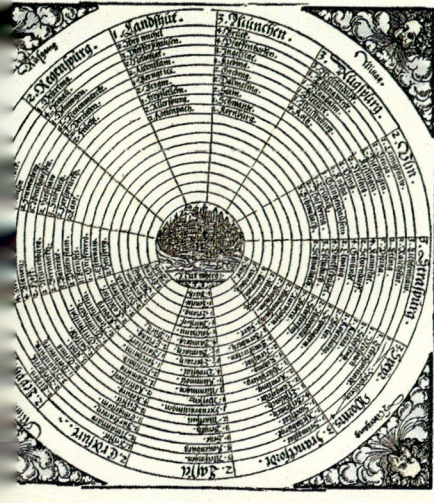

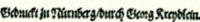

symbolisierte
Macht und Frei-
heit der Städte
gegenüber den
Fürsten (oben).

**STRASSENKARTE**
Die Entfernungs-
tabelle führte die
von Nürnberg
ausgehende
Verkehrswege
auf (unten links).

**GUT BEHÜTET**
Der Nachtwäch-
ter sorgte auf
seinen Rund-
gängen für die
Sicherheit der
Bürger (unten
Mitte).

**SCHUTZWALL**
Mächtige Tore
und Mauern
schützten Städte
wie das westfäli-
sche Soest vor
feindlichen An-
griffen (unten).

**STOLZER ANBLICK**
Nürnberg mach-
te auf mittelal-
terliche Betrach-
ter einen impo-
santen Eindruck
(links).
**SCHLÜSSELGEWALT**
Der Schlüssel

*Defenstrieren – so wurde verniedlichend die brutale Gewalttat umschrieben, bei der die beiden kaiserlichen Statthalter Martinitz und Slawata aus einem Fenster des Hradschins geworfen wurden. Schon einmal, im Jahr 1419, war es in der Prager Neustadt zu einem ähnlichen Vorfall gekommen. Damals waren 13 Menschen aus einem Fenster gestoßen worden.*

# Fenstersturz in Prag

*Als Reaktion auf die gewaltsame Gegen-reformation in Böhmen kam es 1618 zum Prager Fenstersturz, der zum Auslöser des furchtbaren Dreißigjährigen Krieges wurde.*

**TUMULT** Helle Aufregung herrschte am 23. Mai 1618 in der Prager Königs-burg. Schwer bewaffnet waren Vertre-ter von Böhmens protestantischem Adel in den Hradschin eingedrungen, wo die Statthalter des katholischen Kaisers Matthias residierten. Ein Dut-zend Männer, angeführt vom Grafen von Thurn, stürzte weiter in den Sit-zungssaal. Sofort entspann sich ein hitziges Wortgefecht zwischen den Eindringlingen und den kaiserlichen Beamten darüber, ob der Kaiser tat-sächlich die Zerstörung der protestantischen Kirche zu Klostergrab und die Gefangennahme protestantischer Bürger in Braunau befohlen habe oder ob nicht vielmehr seine katholischen Statthalter dies ausgeheckt hätten.

Vergebens beteuerten die Beamten ihre Unschuld, ein Tumult brach aus. Die Räte Sternberg und Lobkowitz wurden hinausgeführt, während Wilhelm von Slawata und Jaroslaw von Martinitz zum Fenster geschleppt wurden, um defenstriert zu werden – ohne Gnade stieß man die beiden samt ihrem Sekretär Fabricius hinaus! Glücklicherweise fielen die Männer auf einen Misthaufen und landeten relativ weich. Daher überlebten sie den Sturz aus 17 Meter Höhe und konnten, wenn auch verletzt, fliehen.

**AFFEKT ODER ABSICHT?** War der Prager Fenstersturz nun die impulsive Tat einer aufgebrachten Meute gewesen, wie es Böhmen gegenüber der empörten Öffentlichkeit darstellte, oder steckte ein skrupelloser Plan dahinter mit dem Ziel, durch den Tod der Beamten einen Aufstand in ganz Böhmen auszulösen?

Auffällig war es schon, daß gerade die beiden bei der protestantischen Bevölkerung am meisten gehaßten Statthalter getötet werden sollten. Sie waren dafür berüchtigt, daß sie mit besonders harten und grausamen Methoden versucht hatten, die Rekatholisierung der Böhmen durchzusetzen.

Schon Anfang März 1618 hatten sich die führenden Kräfte Böhmens in Prag versammelt, um die Mißstände anzuprangern. An Kaiser Matthias wurde eine Denkschrift gesandt, in der sie ihn baten, die Maßnahmen rückgängig zu machen. Doch die Antwort des Kaisers, daß „nichts dem Rechte Zuwideres" geschehen sei, schürte den Zorn der Betroffenen noch mehr.

**VERSCHWÖRER** Trotz eines kaiserlichen Verbots traf sich also die böhmische Führungsschicht am 21. Mai erneut, um die Lage zu beraten. Einigen Adligen ging dann aber wohl die Geduld aus, denn sie entschlossen sich zu jener drastischen Gewalttat.

Die so provozierte allgemeine Erhebung sollte die Verbindung zum Kaiser und zum Haus Habsburg endgültig lösen. Aber der Aufstand der Böhmen mündete nicht, wie erhofft, in die Freiheit des Landes, sondern in den Dreißigjährigen Krieg. □

## König für eine sehr kurze Zeit

Der Prager Fenstersturz war das Signal für den bewaffneten Aufstand der böhmischen Protestanten gegen die zwangsweise Wiedereinführung des Katholizismus. Sie erhoben sich im gesamten Königreich: in Böhmen, Mähren, Schlesien sowie in der Lausitz. Bei ihrem Widerstand beriefen sich die Protestanten auf den Böhmischen Majestätsbrief, in dem ihnen vom Kaiser das Recht auf Religionsfreiheit zugestanden worden war. Keine Konfession durfte die andere bei der Ausübung ihres Bekenntnisses behindern oder gewaltsame Bekehrungsversuche unternehmen.

Die Rebellion der Böhmen weitete sich dann zur Revolution aus, als die Stände – Adel, Geistlichkeit und Städte – ihren König Ferdinand als verbrecherischen Tyrannen verurteilten und ihn am 22. August 1619 für abgesetzt erklärten. Der von Jesuiten streng katholisch erzogene Herrscher war in der Tat der Hauptverantwortliche für die Verschärfung der konfessionellen Spannungen gewesen.

Als Nachfolger für Ferdinand suchten die protestantischen Böhmen einen Fürsten mit Geld und Verbindungen. In der Person von Friedrich V., dem Kurfürsten von der Pfalz, glaubten sie ihn gefunden zu haben. Denn Friedrich war Führer der protestantischen Union – des Bundes evangelischer Fürsten und Städte im Deutschen Reich – und Schwiegersohn des englischen Königs. Tatsächlich ließ sich Friedrich auf das Abenteuer ein, ohne sich politisch abzusichern. Am 4. November 1619 wurde er in Prag zum König gekrönt.

*Einen Eindruck von den damaligen Vorstellungen über das Exil des Winterkönigs vermittelt diese Karikatur, in der er als Gefangener in einem Bienenkorb dargestellt wird.*

Doch der abgesetzte König Ferdinand war inzwischen als Nachfolger des verstorbenen Kaisers Matthias zum Herrscher über das Deutsche Reich bestimmt worden. Und Ferdinand II. hatte nicht die Absicht, Böhmen einfach aufzugeben. Er gewann für seinen Kampf wichtige Unterstützung: von Spanien erhielt er Truppen und vom Papst Geld. Herzog Maximilian I. von Bayern stellte ihm schließlich gegen weitreichende Zugeständnisse das Heer der katholischen Liga – ein Bund süddeutscher und rheinischer Fürsten – zur Verfügung.

Dem neuen böhmischen König Friedrich V. hingegen leistete England minimale und die protestantische Union kaum Hilfe, da sie den Krieg scheuten. In der Schlacht am Weißen Berg bei Prag schlugen daher 1620 die Truppen der katholischen Liga unter ihrem Feldherrn Tilly das böhmische Heer vernichtend. Friedrich V. mußte fliehen, wurde geächtet und erhielt den Spottnamen Winterkönig, weil er nur einen Winter lang als König von Böhmen regiert hatte.

Die Niederlage hatte für Böhmen verheerende Folgen: Ferdinand II. ließ die Anführer des Aufstands hinrichten, alle sonstigen Beteiligten ausweisen und ihren Besitz und ihr Vermögen an kaiserliche Gefolgsleute verteilen. Den Böhmischen Majestätsbrief zerriß der Kaiser und betrieb mit aller Härte die Rekatholisierung des Landes – an die 30 000 Familien wanderten lieber aus, als den Glauben zu wechseln. Vier Jahre später

verloren die Stände ihr Recht zur Königswahl, Böhmen wurde zu einem habsburgischen Land – und blieb es bis 1918.

## Tod und Verderben durch den pfälzischen Krieg

Der Aufstand der Protestanten in Böhmen war schnell niedergeschlagen worden, aber der Krieg ging weiter. Denn Friedrich V., der Winterkönig, kämpfte nun um seine Kurwürde, obwohl er geächtet war und von Asyl zu Asyl eilen mußte. Die protestantische Union hatte sich zwar 1621 aufgelöst, doch Friedrich V. konnte evangelische Söldnerführer anwerben, die einen Teil der Truppen übernommen hatten: Graf Ernst von Mansfeld, Herzog Christian von Halberstadt sowie den Markgrafen Georg Friedrich von Baden-Durlach.

Ihnen standen die Truppen des katholischen Bündnisses, der Liga, unter ihrem Feldherrn Tilly und ein spanisches Heer unter General Spinola gegenüber. Anfangs schien die Sache unentschieden, doch dann errang die katholische Partei die Oberhand. In der Schlacht bei Wimpfen in Niederschwaben besiegten die

Truppen der Liga im Mai 1622 Georg Friedrich von Baden-Durlach. In der Schlacht bei Hoechst am Main im Juni desselben Jahres versprengten die Katholiken das Heer Christians von Halberstadt, und im August 1623 führte die Überlegenheit der katholischen Seite zur vernichtenden Niederlage des Halberstädters bei Stadtlohn am Niederrhein. 10 000 seiner Soldaten und 300 Offiziere fanden dabei den Tod. Damit war der pfälzische Krieg beendet.

Die linksrheinische Pfalz wurde von spanischen, die rechtsrheinische von bayerischen Truppen besetzt. Herzog

*Ob das Leben der Soldaten im Dreißigjährigen Krieg immer so malerisch und bunt war, ist fraglich, denn zumindest bei Regen versanken solche Lager oft in knöcheltiefem Morast.*

Maximilian I. von Bayern erhielt die pfälzische Kurwürde und als Faustpfand die Oberpfalz, so wie es zu Beginn des Krieges mit dem Kaiser abgesprochen worden war. In der ganzen Pfalz wurde die katholische Konfession wieder eingeführt: Den Menschen blieb nur die Wahl, auszuwandern oder zum alten Glauben zurückzukehren.

Der Sieg des Kaisers leitete die Vorherrschaft der katholischen Partei während des Dreißigjährigen Krieges ein, die bis zum Eingreifen der protestantischen Schweden 1630 andauern sollte.

*Von seiner schweren Hauptwaffe, der Muskete, erhielt der Musketier seinen Namen. Um sicher zielen zu können, mußte er sie mit einem Stock stützen.*

Durch die schwedischen Siege ergab sich für Friedrich V. die Chance, wieder Kurfürst werden zu können. Doch dann starb er 1632 am Fieber.

## Der Flächenbrand weitet sich nach Norden aus

Der Kaiser und die Katholiken hatten zwar im böhmisch-pfälzischen Krieg gewonnen, aber die Auseinandersetzungen nahmen noch kein Ende, weil die Rekatholisierung, die in Böhmen ihren Anfang genommen hatte und in der Pfalz fortgesetzt worden war, nun auf Norddeutschland ausgedehnt wurde.

Dagegen erhoben sich die dortigen protestantischen Fürsten und verbünde-

ten sich mit dem evangelischen Dänemark. Denn der dänische König Christian IV. war auch Herzog von Holstein und wollte seinen Einfluß im norddeutschen Raum natürlich eher noch vergrößern als ganz verlieren. So fiel er 1626 mit einem Heer in Norddeutschland ein – der deutsch-dänische Krieg begann.

Doch auch die katholische Partei hatte sich verstärkt. Neben der Liga, die von Tilly befehligt wurde, stritt jetzt für den Kaiser noch Albrecht von Wallenstein, der seine Söldner, über 30 000 Mann, auf eigene Kosten angeworben hatte. Dieser böhmische Edelmann und fähige Feldherr hatte es durch eine Heirat und Kriegsgewinne zu beträchtlichem Vermögen gebracht. Er sollte für einige Jahre zur schillerndsten Figur des Dreißigjährigen Krieges werden.

Für die protestantische Koalition erwiesen sich die beiden kaiserlichen Heere als unüberwindbar. So schlug Wallenstein 1626 den im Dienst des Dänenkönigs stehenden Söldnerführer Graf Ernst von Mansfeld an der Brücke von Dessau, während Christian IV. wenige Monate später in der Schlacht bei Lutter am Barenberge durch die Soldaten Tillys eine schwere Niederlage hinnehmen und ganz Niedersachsen räumen mußte. Wallenstein rückte sogar bis zur Ostsee vor, so daß Jütland, Mecklenburg und Pommern unter kaiserliche Oberhoheit kamen.

## Das harte Handwerk der Söldner

Für viele Menschen war der Dreißigjährige Krieg eine Zeit voller Ängste und Sorgen, doch manche verdienten mit dem Kriegshandwerk auch ihren Lebensunterhalt: die Söldner. Sie waren in ganz Europa unterwegs, um sich überall dort, wo Krieg herrschte, von Offizieren anwerben zu lassen. Dann erhielten sie ein Handgeld und wurden auf dem Musterungsplatz ihrem jeweiligen Regiment zugeteilt.

Das Recht, Regimenter aufzustellen, erhielt ein General von der Regierung des Landes, dem er sich zur Verfügung stellte. Er kam auch, wenn nicht anders abgesprochen, für den Sold seiner Mannen auf. Um die Söldner bei Laune zu halten, war es daher wichtig, daß die Kriegskasse immer gut gefüllt war. Für die finanzielle Vorleistung erhielt der Feldherr dann später eine im allgemeinen aus Kriegsbeute finanzierte Entschädigung.

Das „Soldatenkleid" war meist von dunkler Farbe und einfachem Schnitt; ein farbiges Band bildete oft das einzige Er-

kennungszeichen jeder Einheit. Nur Offiziere putzten sich farbenprächtig heraus, wobei jeder als Offizier galt, der im Heer ein Amt – lateinisch *officium* – bekleidete.

Da die Soldaten aus aller Herren Länder stammten, erfolgten die Kommandos als Trommel- und Trompetensignale. Das Heer war straff organisiert: Bei der Infanterie bestand das Regiment aus fünf bis zehn Kompanien oder Fähnlein zu rund 300 Mann. Deren Bewaffnung waren Piken, Arkebusen und Musketen – die beiden letzteren waren schwere Gewehre, die von vorn geladen wurden. Bei den Arkebusen betrug das Kaliber 18–20 Millimeter, die Bleikugeln wogen 30–45 Gramm. Zwar war das Abfeuern dieser Waffen umständlich, doch wenn die Geschosse ein Ziel fanden, hatten sie eine fürchterliche Wirkung.

Die Kürassiere bildeten die Kavallerie. Sie trugen Helme und Brustpanzer als Schutz und als Waffen Pistolen und Degen. Sie drängten immer mehr die traditionellen, schwergepanzerten Reiter mit langer Lanze zurück.

Wer ein Geschütz bedienen und sicher zielen konnte, gehörte der geachteten Artillerie an, die in der Kriegführung immer wichtiger wurde. Bevorzugt wurden leichte Geschütze. Es gab sogar Kanonen, bei denen dünnwandige Kupferrohre mit Leder überzogen waren – da

*Kaiser Ferdinand II. aus dem Haus Habsburg wollte das Reich unbedingt wieder dem Katholizismus zuführen.*

bedurfte es einer genauen Kenntnis der richtigen Pulvermenge, sollte der erste Schuß nicht auch zugleich der letzte sein.

## Kaiser Ferdinand II. auf dem Gipfel der Macht

Zu Beginn des böhmischen Aufstandes war noch unklar, ob der habsburgische Kaiser die Oberhand im Reich behalten würde. Doch zehn Jahre später

mit dem Triumph über die große protestantische Koalition stand er als strahlender Sieger da. Auf das ganze Reich schien der strenge Katholik seine gegenreformatorischen Maßnahmen ausdehnen zu können.

Nach außen erhielt der Kaiser Rückendeckung von seinem Feldherrn Wallenstein, der 1629 mit Dänemark den maßvollen Vertrag von Lübeck abschloß. König Christian IV. verzichtete auf alle Rechte an den norddeutschen Bistümern und löste das Bündnis mit den deutschen Fürsten, mußte aber keine Gebiete abtreten.

Im Hochgefühl seiner Macht und angespornt von jesuitischen Kreisen, erließ Ferdinand II. 1629 das Restitutionsedikt – abgeleitet vom lateinischen *restituere* für herausgeben. Es ordnete an, daß die in der Reformationszeit protestantisch gewordenen geistlichen Reichsstifte in die Hand der katholischen Kirche zurückzuführen seien und die Protestanten alle ursprünglich katholischen Kirchengüter wieder herausgeben müßten.

Die Durchführung des Edikts legte die Axt an die Wurzeln der Reformation – so sah es für die protestantischen Fürsten zumindest aus. Zugleich wurde die Macht des Kaisers außerordentlich gesteigert, wenn die rekatholisierten Bistümer in die Hände von Habsburgern kamen. Dagegen wandten sich protestantische und katholische Fürsten, denn sie fürchteten die Beschneidung ihrer Rechte, ja sie glaubten, der Kaiser plane eine Reichsreform mit dem Ziel, absolutistisch regieren zu können – so wie er es in Österreich und der Steiermark schon tat.

Trotz aller Proteste setzte der Kaiser zunächst das Edikt durch. Zahlreiche Städte und Reichsstifte gingen in katholischen Besitz über, viele Untertanen wurden aus Glaubensgründen zum Auswandern gezwungen. Doch Ferdinand hatte die Wucht der Gegenreaktion, die sein eigenmächtiges Vorgehen hervorrief, unterschätzt: Auf dem Regensburger Kurfürstentag 1630 schlug ihm offener Widerstand entgegen, und er mußte wieder zurückstecken. Fast gleichzeitig landete Gustav II. Adolf von Schweden als Verteidiger des protestantischen Glaubens mit einem Heer in Vorpommern. Im Buch des Dreißigjährigen Krieges wurde das nächste Kapitel aufgeschlagen.

## BÜCHER ALS PÄPSTLICHE KRIEGSBEUTE

*Die* Bibliotheca Palatina *– die Pfälzische Bibliothek – wurde von Graf Ludwig III. von der Pfalz begründet. Ihre große Bedeutung erhielt sie ab etwa 1550 durch umfangreiche und wertvolle Stiftungen. Mit mehr als 3500 Handschriften und etwa 5000 Drucken galt die* Palatina *in Heidelberg damals als die berühmteste und reichste Bibliothek Europas. Nach der Einnahme der prote-*

*DETAIL EINER SCHRIFT AUS DER* PALATINA

*stantischen Stadt durch die Truppen der katholischen Liga 1622 wurde die* Bibliotheca Palatina *nach Rom überführt – als Ausgleich für Kriegskostenbeiträge, die der Vatikan dem Kaiser hatte zukommen lassen. Nur einen kleinen Teil erhielt die Universitätsbibliothek Heidelberg im Lauf der Zeit zurück, der Hauptbestand der* Palatina *aber befindet sich noch heute im Vatikan.*

Armee, setzte bei dem Angriff auf Verdun auf eine völlig neue Strategie der Kriegführung, die prägend für den Ersten Weltkrieg wurde: Stellungskrieg und Ausbluten des Gegners waren die Stichworte.

Es war also nicht Falkenhayns vordringliches Ziel, Verdun einzunehmen. Das war auch fast unmöglich, denn die Festung war mit zwei Gürteln von Forts, betonierten Bunkern, Maschinengewehrstellungen und Beobachtungsanlagen umgeben. Die Absicht des deutschen Generalstabschefs war es vielmehr, die französische Armee dort in einem monatelangen Dauergefecht festzuhalten und aufzureiben.

**IN DER HÖLLE** Wochenlang lagen sich die gegnerischen Einheiten in Schützengräben gegenüber, die oft nur 70 Meter voneinander entfernt waren. Stacheldrahtsperren überzogen das Niemandsland zwischen ihnen. Die Soldaten hausten in notdürftig befestigten Erdlöchern und Unterständen. Nur im Schutz der Dunkelheit verließen kleine Trupps die Löcher, um den Feind auszuspähen oder Gefangene zu machen.

Den eingegrabenen Truppen war nur schwer beizukommen. Um sie aus den Schützengräben herauszutreiben, feuerten die Gegner mit Handgranaten und Geschützen in die unterirdischen Unterstände. Viele kamen dabei um, und wer ins Freie flüchtete, wurde mit Maschinengewehrsalven niedergemäht. Es war eine furchtbare Metzelei, und so sprach man schon bald von der „Hölle von Verdun".

Das massive Artilleriefeuer verwandelte die Gegend auf beiden Seiten der Front in eine Kraterlandschaft. Obendrein wurde das Gefechtsfeld durch heftige Regenfälle zu einer Schlammwüste. Rund 340 000 deutsche und etwa 360 000 französische Soldaten wurden in diesem Inferno getötet.

**ALLES UMSONST** Ende Oktober gingen die Franzosen in die Offensive und eroberten das gesamte verlorene Terrain zurück. Am 16. Dezember standen die Truppen beider Seiten wieder dort, wo neun Monate zuvor der Kampf begonnen hatte.

Die Schlacht um Verdun war damit beendet, und das Ziel Falkenhayns, dem Krieg durch einen Erfolg an der Westfront eine entscheidende Wende zugunsten der Deutschen zu geben, war gescheitert. □

## Verbrannte Erde an der Somme

W ie die Deutschen seit Februar 1916 an der Maas, so versuchten auch die alliierten Franzosen und Briten, im Sommer desselben Jahres den Gegner an dem nordfranzösischen Flüßchen Somme auszubluten. Am 24. Juni begann der Angriff zwischen Compiègne und Lille.

Aber wie in Verdun vermochten die Angreifer trotz einer gigantischen Kraftanstrengung kaum Gelände zu gewinnen. Die Briten setzten an der Somme sogar erstmals Panzer ein; doch obwohl ihr Anblick den Gegner anfangs einschüchterte, konnten auch die stählernen Kolosse am Gefechtsverlauf nicht viel ändern. Die deutsche Armee verlor in der fünf Monate dauernden Schlacht eine halbe Million Soldaten, bei den Alliierten waren es über 700 000 Tote.

Auch wenn die Alliierten keinen Durchbruch erzielen konnten, hatten sie immerhin die deutsche Armee so geschwächt, daß die Oberste Heeresleitung im Winter 1916 den Rückzug auf die Siegfriedlinie beschloß, die ihren Namen nach dem Helden der Nibelungensage erhalten hatte und etwa 30 Kilometer östlich lag. Dabei deportierten die deutschen Truppen die arbeitsfähige Bevölkerung und zerstörten Straßen, Eisenbahnlinien, Brücken und alle Einrichtungen, die dem Feind nützen konnten. Was sie hinterließen, war „verbrannte Erde", und so wurde diese Strategie auch genannt.

## Schwere Kämpfe an der Ostfront

N achdem sich an der Westfront nichts bewegte, drängte die französische und britische Militärführung Rußland dazu, an der Ostfront mit Entlastungsoffensiven einen Teil der deutschen Armee zu binden. So würde das Deutsche Reich gezwungen, seine Kräfte zu teilen und an zwei Fronten gleichzeitig zu kämpfen. Unter der Führung von General Alexej Brussilow griff die russische Armee Anfang Juni 1916 die österreichisch-ungarischen Truppen, die Verbündeten der Deutschen, an. Die Russen gewannen Ende August die Schlacht, erzielten große Geländegewinne in der Bukowina und machten mehr als 200 000 Gefangene.

Im Sommer 1917 starteten die russischen Verbände erneut einen heftigen Angriff. Er wurde nach dem damaligen Kriegsminister als Kerenski-Offensive

bezeichnet. Doch diesmal leisteten die deutschen und österreichischen Armeen erfolgreich Widerstand und konnten die inzwischen von der inneren Schwäche des Zarenreiches schwer gezeichneten russischen Truppen zurückschlagen.

## Neue Führungsspitze als Rettungsanker

F ür die Mißerfolge an der Westfront in Frankreich machten Militärs und Politiker den Generalstabschef Erich von Falkenhayn verantwortlich. Immerhin hatten der Angriff auf Verdun und die Schlacht an der Somme innerhalb von nur einem knappen Jahr fast 1 Million Tote gefordert.

Nach dem Sieg Brussilows war klar, daß Falkenhayn auch die Situation an der Ostfront verkannt hatte. Er hatte nämlich vorher behauptet, Rußlands Wehrkraft sei gebrochen. Rumäniens Kriegseintritt im August 1916, von Falkenhayn erst für Ende September erwartet, war dann der endgültige Anlaß, ihn abzusetzen.

General Paul von Hindenburg übernahm Falkenhayns Position gemeinsam mit Erich Ludendorff als Generalquartiermeister. Auf diese neue Heeresleitung setzte Kaiser Wilhelm II. ebenso wie die Bevölkerung große Hoffnungen, da an den beiden Männern die Aura des Sieges haftete. Sie hatten 1914 die russische Armee in der Schlacht von Tannenberg vernichtend geschlagen.

## Materialschlachten und Kanonenfutter

Fast alle Schlachten des Ersten Weltkrieges hatten eines gemeinsam: In ihnen wurden bis dahin unvorstellbare Mengen an Kriegsgerät und Menschen verschlissen. Die kriegführenden Parteien mußten im Lauf der Zeit erkennen, daß in diesen neuartigen Stellungskriegen mit starren Fronten die Ver-

teidigung nicht durchbrochen werden konnte, wenn diese in der Lage war, die Verluste kontinuierlich und zügig zu ersetzen.

Die Voraussetzung dafür war die massenhafte, maschinelle Produktion von Rüstungsgütern. Deutschland war zwischen 1871 und 1914 zur führenden Industrienation Europas aufgestiegen und hatte sogar Großbritannien überholt. Erst die industriell am Fließband gefertigten Artilleriegeschütze und Granaten ermöglichten diese neue Dimension der Kriegführung.

Auch zahlreiche technische Erfindungen aus der Zeit vor dem Ersten Weltkrieg, wie das Automobil, waren notwendig, um solche Materialschlachten zu führen. Denn nur mit Lastwagenkolonnen konnte der Nachschub ebenso schnell an die Front geliefert werden, wie Waffen und Munition dort verbraucht wurden.

Das gleiche galt für die Menschen, die in den Schützengräben umkamen. Auf denselben Wegen, auf denen Kampfgerät zur Front transportiert wurde, schickte die Heeresleitung ständig neue Armee-Einheiten ins Feld. Sie waren häufig nicht mehr als Kanonenfutter, mit dem die Gefechte nicht gewonnen, sondern nur verlängert wurden.

## Qualvolles Sterben durch Giftgase

Nachdem mit den traditionellen Waffen kein Durchbruch zu erzielen war, suchte der deutsche Generalstab nach neuen Kampfmitteln. Man fand sie in den todbringenden Chlorgasen. Am 22. April 1915 setzte die deutsche Armee im flandrischen Ypern diese Gase erstmals ein. Als der Wind günstig stand, öffneten die Deutschen Giftfässer, aus de-

beitskräften. Hinzu kam die Seeblockade von seiten der Briten.

Als dann auch noch die Kartoffelernte 1916 äußerst schlecht ausfiel, brach in den deutschen Städten eine Hungersnot aus. Das einzige, was anstelle von Kartoffeln ausgegeben wurde, waren Kohl- oder Steckrüben. Daher nannte man diese Zeit Kohlrübenwinter. Man schätzt, daß über 750000 Menschen in Deutschland von 1914 bis 1918 an Hunger und Entbehrungen gestorben sind.

Um die Rüstungsproduktion zu steigern, entwickelten Ludendorff und Vertreter der Industrie im Sommer 1916 ein neues Rüstungsprogramm, mit dem alle noch vorhandenen Reserven mobilisiert werden sollten. Man nannte es Hindenburg-Programm, obwohl der Namengeber gar nicht daran beteiligt war. Im Dezember 1916 beschloß der Reichstag außerdem das Gesetz über den Vaterländischen Hilfsdienst. Alle kriegsuntauglichen Männer zwischen 16 und 60 Jahren wurden verpflichtet, in der Rüstungsindustrie zu arbeiten. Aber auch Frauen, Jugendliche und Kriegsgefangene mußten dort Schwerstarbeit leisten.

Die Unzufriedenheit unter der Bevölkerung wuchs so stark, daß es im Frühjahr 1917 zu ersten Demonstrationen für eine Beendigung des Krieges kam.

*Ein gefürchtetes Kampfgerät waren die britischen Tanks (oben links), die im Ersten Weltkrieg an der Westfront erstmals eingesetzt wurden. Eine neue Waffe war auch Giftgas, gegen das sich die Soldaten mit Gasmasken zu schützen versuchten (oben). Während an der Front riesige Mengen an Menschen und Material verschlissen wurden, hungerte die Zivilbevölkerung und mußte sich mit Kohlrübensuppe aus Feldküchen begnügen (links).*

Wunden. Auch hier eröffnete der Erste Weltkrieg eine neue Dimension der Unmenschlichkeit.

## Nichts als Steckrüben gegen den Hunger

S chon ein Jahr nach Kriegsbeginn wurde die Versorgung der Zivilbevölkerung immer schlechter. Die meisten Fabriken waren auf Rüstungsproduktion umgestellt worden, und in der Industrie und der Landwirtschaft fehlte es an Ar-

nen die Gasschwaden zu den Franzosen zogen. Die Wirkung war verheerend. Wer nicht sofort erstickte, verfärbte sich schwarz im Gesicht, hustete Blut und verendete jämmerlich. Danach setzten auch die Alliierten Kampfgase ein. Schnell entwickelten die Deutschen weitere hochgiftige Stoffe. Ab Juli 1917 verwendeten sie das Gas Gelbkreuz, das wegen seines Geruchs Senfgas genannt wurde. Es konnte die Kampfanzüge der Opfer durchdringen und führte zu tödlichen Verätzungen oder zu eiternden

## SCHRIFTSTELLER OHNE ILLUSIONEN

*Über die Vorgänge an der Westfront informierte die Oberste Heeresleitung die besorgte Zivilbevölkerung jahrelang mit der immer gleichen, nichtssagenden Floskel „Im Westen nichts Neues".*

*Der Schriftsteller Erich Maria Remarque hatte sich 1916 mit 18 Jahren aus Kriegsbegeisterung als Freiwilliger gemeldet. Er kam an die Westfront. In seinem 1929 erschienenen Roman beschreibt er, welch grausame Realität sich hinter der Meldung „Im Westen nichts Neues", die er als Titel für sein Buch verwendete, tatsächlich verbarg. Remarque schilderte den desillusio-*

*nierenden Alltag des Krieges an der Front und brach das Tabu vom Heldentod der Soldaten. Der Roman, von dem schon 1930 eine Verfilmung vorlag, wurde im In- und Ausland schnell ein Bestseller.*

*Obwohl Buch und Film gar keine direkten politischen Aussagen enthielten, sondern nur die Realität schilderten, wurden sie bei ihrem Erscheinen von nationalistischen Kreisen als pazifistisch verurteilt. Die Nationalsozialisten verboten das Buch sogar, weil es für sie einen Verrat am Soldaten darstellte, und erkannten Remarque die deutsche Staatsbürgerschaft ab.*

# Kampf den Sachsen

*Mit Waffengewalt unterwarf Karl der Große 772 die Sachsen, bekehrte sie zum Christentum und machte ihr Land zwischen Rhein und Elbe zum Kernland des mittelalterlichen Reiches.*

*Das kostbare Schwert (rechts) stammte möglicherweise aus der Beute, die Karl der Große bei der Zerstörung der Irminsul machte (rechts unten).*

**HEERSCHAU IN WORMS** Im Frühjahr 772 berief Karl der Große eine Reichsversammlung nach Worms ein, um Heerschau zu halten und die Sicherung der Nord- und Ostgrenze des Fränkischen Reiches in Angriff zu nehmen. Denn schon seit Jahren fielen die heidnischen Sachsen in regelmäßigen Abständen ins Frankenreich ein, plünderten und brandschatzten die Dörfer und töteten die Siedler.

Die Sachsen waren ein germanisches Volk, das sich in die vier Teilstämme der Elbsachsen, Engern, Ost- und Westfalen gliederte und das Land zwischen Rhein und Elbe beherrschte. Bisher war es den fränkischen Königen nicht gelungen, die für ihren Mut und ihre Tapferkeit bekannten Sachsen, die von Heerkönigen regiert wurden, dem Frankenreich einzugliedern. Gemeinsam mit den Großen des Reiches beschloß König Karl daher in Worms, im Sommer eine Strafexpedition gegen dieses heidnische Volk durchzuführen und es endgültig zu unterwerfen.

Wenige Wochen später zog Karl der Große an der Spitze eines Heeres durch die Wetterau und das Hessische Bergland nach Norden. Bei Fritzlar überschritt er die Eder und erreichte im Juni 772 den Marsberg, auf dessen höchstem Punkt sich die Eresburg, das Zentrum des sächsischen Widerstands, befand.

**BLUTIGER SIEG** Die fränkischen Truppen erwiesen sich den sächsischen Kriegern in Bewaffnung und Taktik überlegen. Die schweren Panzerreiter, unterstützt von kampferprobten Fußtruppen, nahmen die Wälle der Burganlage im Sturm und jagten die Sachsen nach hartem Kampf in die Flucht.

Der Sieg der Franken war überwältigend. Drei Tage lang plünderten sie die Eresburg, raubten die Schätze des heidnischen Heiligtums und zerstörten die Irminsul, die heilige Säule der Sachsen und Symbol ihrer Unabhängigkeit und Freiheitsliebe. □

## Hartnäckiger Widerstand

Die Zerstörung der Irminsul war ein harter Schlag für die Sachsen. Sie wußten, daß der Feldzug des fränkischen Königs gleichermaßen ihrem heidnischen Götterglauben und ihrer Unabhängigkeit galt. So gingen sie zum Gegenangriff über. 774 eroberten sie die Eresburg zurück und verwüsteten das Kloster Fritzlar. Die fränkischen Bewohner gerieten in Panik und suchten Schutz in den Mauern der nahe gelegenen Büraburg.

Immer wieder eröffneten die streitbaren Sachsen in den nachfolgenden Jahren die Feindseligkeiten gegen die Franken. Ihre Strategie war einfach, aber wirkungsvoll: Sie schlugen immer dann zu, wenn Karl der Große mit seinem Heer an andere Kriegsschauplätze gebunden war, vermieden offene Feldschlachten, lenkten bei Niederlagen schnell ein und stellten die verlangten Geiseln.

## Neue Provinz im Norden des Reiches

Karl der Große war dennoch fest entschlossen, die Sachsen vollständig zu unterwerfen und gewaltsam zu christianisieren. Bereits 775 konnte er die sächsischen Engern sowie die Ost- und Westfalen dazu zwingen, die fränkische Oberhoheit anzuerkennen. Kurz darauf errichtete er als deutliches Zeichen seiner Absicht mitten im Feindesland die Königspfalz Paderborn und lud Franken und Sachsen 777 zum gemeinsamen Reichstag dorthin ein. Die sächsischen Adligen staunten nicht schlecht über das große Spektakel, das sich ihnen bot und das von Massentaufen begleitet wurde. Über allem wachte Karl der Große inmitten seiner Berater und in Anwesenheit fremdländischer Gesandter.

Doch mit dieser Machtdemonstration gab sich der Frankenkönig nicht zufrieden. Auf dem Reichstag von Lippspringe 782 ordnete Karl der Große an, daß Sachsen in Grafschaften nach dem Vorbild der fränkischen Kernlande eingeteilt wurde. Er übertrug sächsischen Adligen, die sich ihm gegenüber loyal verhalten hatten, Führungsaufgaben im eroberten Land. Damit, so schien es, war die Eingliederung Sachsens in das Fränkische Reich abgeschlossen.

## Das Blutgericht von Verden an der Aller

Doch der Widerstandswille der Sachsen war ungebrochen. Bereits seit Ende der 70er Jahre hatte sich ein gewisser Widukind aus dem westfälischen Adel mit Erfolg bemüht, das sächsische Volk zum Kampf gegen die fränkischen Eindringlinge aufzurufen. Geschickt wußte er den Gegensatz zwischen den freien Bauern und dem sächsischen Adel für seine Ziele zu nutzen. So kam es im Jahr 782 im Weserbergland zur Schlacht am Süntel, bei der eine fränkische Heeresabteilung vollständig vernichtet wurde.

Der sächsische Adel lieferte die Aufständischen den Franken zur Bestrafung aus. Die Rache Karls des Großen war fürchterlich: Angeblich 4500 Sachsen wurden noch im selben Jahr in Verden an der Aller hingerichtet. Widukind aber konnte entkommen und entfachte neue Aufstände.

In den folgenden Jahren nahmen die Kämpfe Züge eines regelrechten Vernichtungskrieges an. Um den Widerstand endgültig zu brechen, ließ Karl der Große ganze Sippschaften deportieren. So wurden 10 000 Sachsen – Männer, Frauen und Kinder – aus ihrer Heimat an der Elbe fortgeschleppt und in den verschiedensten Gegenden im Frankenreich angesiedelt. 785 gab Widukind den Widerstand auf und ließ sich am fränkischen Königshof taufen.

Obwohl es auch in den folgenden Jahren immer wieder zu einzelnen kriegerischen Auseinandersetzungen zwischen den beiden Volksstämmen kam, schlossen im Jahr 804 Franken und Sachsen schließlich einen förmlichen Friedensvertrag, der die 32 Jahre dauernden Kämpfe endgültig beendete.

## Schwierige Mission im Sachsenland

Karl der Große war sich darüber im klaren, daß die zwangsweise durchgeführten Massentaufen die heidnischen Sachsen noch längst nicht zu gläubigen Christen machten. Daher beauftragte er die Kirche, das Land zwischen Rhein und Elbe zu christianisieren. So

*Eine Allee mit Findlingen erinnert noch heute in Verden an der Aller an das grausame Strafgericht, das Karl der Große 782 über die Sachsen hielt.*

*Karl der Große, der die Arbeiten am Münster persönlich überwachte (links), schuf die Grundlagen für den Aufstieg Aachens in Deutschland (oben).*

zogen Missionare aus allen Reichsteilen seit den 80er Jahren nach Sachsen und predigten das Wort Gottes: der Friese Liudger in Westfalen, der Angelsachse Willehad an der unteren Weser, Mönche aus der Reichsabtei Fulda im Paderborner Raum und aus dem Kloster Echternach im Münsterland.

Diese Missionsarbeit schuf die Voraussetzung für die Gründung der Bistümer Münster, Osnabrück und Bremen, die dem Erzbistum Köln zugeordnet wurden. Paderborn und die ostfälischen Diözesen Verden, Hildesheim und Halberstadt kamen an das Erzbistum Mainz. Die von Karl dem Großen und seinem Nachfolger Ludwig dem Frommen geschaffene Kircheneinteilung im Sachsenland hat allen Zeitläuften trotzen können und besteht zum Teil bis auf den heutigen Tag.

## Aachen – Karls Lieblingsresidenz

**M**it der Eingliederung des Sachsenlandes in das Frankenreich verschob sich auch das Zentrum der karolingischen Macht von Nordfrankreich nach Osten an den Niederrhein. Sichtba-

rer Ausdruck für diese Verlagerung war die Tatsache, daß sich Karl der Große seit 795 bevorzugt in Aachen aufhielt und den Ort zur bedeutendsten Königspfalz des Frankenreiches ausbauen ließ.

Nach dem Vorbild der oströmischen Kirche San Vitale in Ravenna, die er auf seinen Italienzügen kennengelernt hatte,

entstand das Münster mit seinem charakteristischen achteckigen Zentralbau. Nach dem Willen Karls sollte der Ort vom Glanz seiner Herrschaft über Europa künden. So holte er die führenden Persönlichkeiten seiner Zeit nach Aachen und machte seinen Hof zu einem kulturellen Zentrum: Der Engländer Alkuin kümmerte sich um die Bildung der Kleriker, der Langobarde Petrus von Pisa unterrichtete den wißbegierigen Herrscher selbst, der Mainfranke Einhard leitete die königlichen Bauvorhaben, und der Westgote Theodulf machte sich einen Namen als Dichter und Theologe. Vor allem die letzten Regierungsjahre verbrachte Karl der Große hier und suchte in den warmen Quellen Linderung von seinem Gichtleiden.

## EIN KANAL FÜR DIE TRUPPEN

*Im Jahr 793 nahm Karl der Große im Zusammenhang mit der Unterwerfung der Sachsen ein für die damalige Zeit ungewöhnliches Projekt in Angriff: Er ordnete den Bau eines schiffbaren Kanals an, der nach seiner Fertigstellung die Flüsse Donau, Main und Rhein miteinander verbinden und es ihm ermöglichen sollte, Truppen aus dem Südosten des Fränkischen Reiches schneller nach Norden zu transportieren, um sie in den Sachsenkriegen einsetzen zu können.*

*Die Fahrrinne dieses ersten Main-Donau-Kanals im Altmühltal sollte sechs bis acht Meter breit und zwei*

*Meter tief sein. Der Bauplan sah zwei Schleusen vor, die den Kanal im Norden und im Süden begrenzten und den ungleich hohen Wasserspiegel von Main und Donau ausgleichen sollten.*

*Noch im Herbst 793 reiste Karl der Große in Begleitung seines Gefolges ins Altmühltal, um sich vom Fortschritt der Bauarbeiten zu überzeugen. Doch bereits nach wenigen Monaten mußte er die Bauarbeiten wegen technischer Schwierigkeiten wieder einstellen lassen. Noch heute kann man am Nordrand des Dorfes Graben Reste des 1300 Meter langen Karlsgrabens, der* Fossa Carolina, *sehen.*

# Mit Geschick und Überlegung

So mancher Konflikt in der deutschen Geschichte ließ sich nicht mit Gewalt lösen. In zahlreichen Situationen war eher die hohe Kunst der Diplomatie gefragt. Meist gelang es den rivalisierenden Parteien, einen Interessenausgleich zu erzielen, der für alle Beteiligten von Vorteil war. Die mit viel Erfahrung und Weitblick geführten Verhandlungen brachten aber manchmal auch überraschende Ergebnisse für Deutschland.

# Bußgang nach Canossa

*Mit einem geschickten Schachzug erreichte Heinrich IV. 1077 die Lösung vom päpstlichen Bann. Damit begann ein jahrelanger Streit zwischen König und Papst um das Recht der Investitur und die Macht im Reich.*

*Bei der Investitur setzte der König den Bischof in sein Amt ein, indem er ihm als Zeichen seiner Macht den Bischofsstab überreichte.*

*Die im 10. Jahrhundert erbaute Burg Canossa war im Mittelalter eine wichtige Station auf dem Weg der deutschen Herrscher nach Rom.*

**ZUTRITT VERWEIGERT** Am 27. Januar 1077, einem eiskalten Wintertag, erschien der deutsche König Heinrich IV. in den Morgenstunden vor dem Tor der Burg Canossa im Norden des Apennins und flehte um Einlaß. Der Herrscher trug trotz der Kälte nur ein härenes Büßergewand und war barfuß. Er klagte sich laut an, gefehlt zu haben, und verkündete, tiefe Reue und Zerknirschung zu empfinden.

Doch der Büßende mußte nun schon zum drittenmal abziehen, ohne daß seiner Bitte entsprochen wurde und man ihm das Burgtor öffnete. Der Mann, der ihm so hartnäckig den Einlaß verwehrte, war niemand anderes als Papst Gregor VII., der sich in der Burg aufhielt. Was war geschehen, daß das Oberhaupt der römischen Kirche dem deutschen Herrscher, ohne Gründe zu nennen, den Zutritt zur Burg verwehrte?

**PÄPSTLICHER BANNSTRAHL** Ein Jahr zuvor hatte der Papst König Heinrich IV. in scharfen Worten vorgeworfen, daß er gegen den erklärten Willen der Kirche erneut die Investitur vollzogen habe, indem er einen ihm genehmen Geistlichen zum Erzbischof eingesetzt hatte. Heinrich sah in dieser Kritik eine Beschneidung königlicher Rechte und ließ Gregor VII. im Januar 1076 auf einer Reichsversammlung in Worms von einem Teil der deutschen Bischöfe für abgesetzt erklären. Daraufhin bannte Gregor einen Monat später in Rom alle an seiner Absetzung beteiligten Geistlichen, exkommunizierte den deutschen König und entband dessen Untertanen von ihrem Treuegelöbnis.

**PAPST ODER KÖNIG?** Bei diesem Streit standen sich zwei grundsätzlich verschiedene Auffassungen über die Ordnung der christlichen Welt unversöhnlich gegenüber. König Heinrich IV., der sich nur Gott verantwortlich fühlte, nahm für sich als weltlicher Herrscher und Schutzherr der Kirche in Anspruch, Bischöfe nach Belieben in ihre geistlichen Ämter einsetzen zu können, denn sie bildeten eine der wichtigen Stützen seiner Macht.

Der Papst hingegen war der Ansicht, daß er als Nachfolger des Apostels Petrus und als Oberhaupt der abendländischen Christenheit über dem Kaiser stehe und die Investitur, das Recht also, Bischöfe in geistliche Ämter einzusetzen, allein der Kirche vorbehalten sei.

Die dem König feindlich gesinnten Reichsfürsten nahmen nunmehr den päpstlichen Bannstrahl zum Vorwand, um dem Exkommunizierten seine Königswürde abzustreiten, und drohten, ihn abzusetzen und einen neuen König zu wählen, falls es ihm nicht bis zum 2. Februar 1077 gelänge, vom Bann befreit zu werden. An diesem Tag wollten sie sich nämlich mit Papst

*Trotz winterlicher Kälte zog König Heinrich IV. nach Canossa und flehte den Papst an, den Bann zu lösen.*

Gregor VII. in Augsburg treffen, um über Heinrichs weiteres Schicksal zu entscheiden.

**REISEDIPLOMATIE** Wollte Heinrich IV. verhindern, daß er abgesetzt wurde, so mußte er unbedingt die Aufhebung des Banns vor diesem Termin erreichen. Da seine Gegner die deutschen Alpenpässe versperrt hatten, zog der König im tiefsten Winter über Burgund nach Oberitalien, um Gregor, der sich bereits auf dem Weg nach Deutschland befand, abzufangen. Bei Canossa kreuzten sich die Wege der beiden Kontrahenten.

Der Papst war völlig überrascht, als königliche Boten vor der Burg erschienen und im Namen Heinrichs um ein klärendes Gespräch nachsuchten. Das unverhoffte Erscheinen des deutschen Königs brachte Gregor in eine schwierige Situation. Stimmte er einer Zusammenkunft zu, fiel er seinen Anhängern im Reich in den Rücken; weigerte er sich jedoch, so stand zu befürchten, daß Heinrich die Burg erstürmen ließ, Gregor gefangennahm und absetzte.

**LÖSUNG DES BANNS** Als Heinrich dann jedoch dreimal, als einfacher, reuiger Sünder, ohne äußere Anzeichen seiner königlichen Würde, vor dem Burgtor erschien und Buße tat, konnte sich Gregor VII. dieser Geste der Unterwerfung nicht entziehen, wollte er als Oberhaupt der römischen Kirche nicht unglaubwürdig erscheinen.

Am 28. Januar gewährte er Heinrich endlich Einlaß in die Burg. Der König warf sich ihm zu Füßen und versprach, sich mit seinen Gegnern im Reich zu vergleichen und die Ansichten des Papstes in der Reichspolitik künftig mehr zu berücksichtigen. Dafür hob Gregor den Bann auf, erteilte Heinrich die Absolution und reichte ihm zur Bekräftigung der Versöhnung das Abendmahl.

Der Bußgang nach Canossa rettete dem König den Thron und gab ihm seine politische Handlungsfreiheit zurück für den nun folgenden Konflikt, der als Investiturstreit in die Geschichte einging. ☐

## Zwei Könige auf einem Thron

*H*einrichs Gegner im Reich waren sehr verstimmt, als sie erfuhren, daß Gregor VII. den König vom Bann gelöst hatte, ohne sie vorher konsultiert zu haben. Sie betrachteten diese Eigenmächtigkeit als Bruch ihrer Vereinbarungen und entschlossen sich daher, auf eigene Faust zu handeln.

Im März 1077 versammelten sich die oppositionellen Reichsfürsten in Forch-

*Der von den Gegnern Heinrichs zum neuen König erhobene Rudolf von Schwaben suchte im Kampf die Entscheidung um die Herrschaft in Deutschland.*

heim und erklärten König Heinrich IV. in aller Form für abgesetzt. Daraufhin wählten sie Rudolf von Schwaben zum neuen König.

Es war das erste Mal in der deutschen Geschichte, daß die Reichsfürsten einen amtierenden Herrscher aus eigener Machtvollkommenheit absetzten und einen der Ihren zum Gegenkönig erhoben. Damit setzte sich fortan der Gedanke des freien Wahlrechts zugunsten des Erbrechts bei der Besetzung des Königsthrons in Deutschland durch. Aus diesem Grund mußte Rudolf von Schwaben auch ausdrücklich auf die Erblichkeit seiner Königswürde verzichten.

Es gab nun zwei Könige in Deutschland, und die Waffen mußten entscheiden, welcher der beiden Kontrahenten das Reich regieren sollte.

## Bürgerkrieg im Deutschen Reich

K aum war Heinrich IV. aus Italien nach Deutschland zurückgekehrt, nahm er den Kampf mit seinem Gegner auf. Auch der Gegenkönig, der seine Machtbasis vor allem in Sachsen und in Thüringen hatte, rief seine Anhänger zu den Waffen.

Der Bürgerkrieg zog sich über drei Jahre hin und wurde von beiden Seiten mit wechselndem Erfolg geführt. Im August 1078 errang Heinrich einen glänzenden Sieg bei Mellrichstadt nördlich von Schweinfurt über seinen Gegenspieler. Der Triumph des Herrschers aus der Dynastie der Salier wurde allerdings dadurch getrübt, daß am gleichen Tag ein königliches Bauernheer am Neckar den Truppen des Gegenkönigs unterlag. Und im Jahr 1080 mußte sich Heinrich erneut der militärischen Übermacht Rudolfs von Schwaben bei Mühlhausen in Thüringen beugen.

Doch Heinrich IV. gab nicht auf und suchte die militärische Entscheidung, um danach den Rücken frei zu haben für die Auseinandersetzung mit dem Papst. Am 15. Oktober 1080 kam es an der Weißen Elster in Thüringen erneut zur Schlacht. Heinrich unterlag zwar, doch Rudolf verlor im Kampf die rechte Hand und starb noch am selben Tag an den Folgen der Verwundung. Der Verlust der Hand, mit der er einst König Heinrich die Treue geschworen hatte, wurde von den Zeitgenossen als Gottesurteil angesehen und lähmte die Tatkraft der Fürstenopposition.

Erst knapp ein Jahr später konnte man sich in Eisleben auf einen neuen Gegenkönig einigen, den unbedeutenden Grafen Hermann von Salm, der in den folgenden Jahren Heinrichs Stellung im Reich jedoch nicht ernsthaft gefährden konnte. Er wurde 1088 bei einem Gefecht tödlich verwundet.

*Heinrich IV. war ein selbstbewußter Herrscher, für den die Königskrone und das Banner mit dem Reichsadler Macht und Stärke des Reiches symbolisierten.*

## Erneuter Bannspruch gegen Heinrich IV.

W ährend des dreijährigen Bürgerkrieges in Deutschland wahrte der Papst Neutralität gegenüber den streitenden Parteien. Als Heinrich IV. nach der Schlacht bei Mühlhausen im Januar 1080 den Papst aufforderte, Rudolf zu bannen, und damit drohte, einen Gegenpapst aufzustellen, gab Gregor VII. seine abwartende Haltung jedoch auf. Er belegte Heinrich erneut mit dem Bann und erkannte Rudolf von Schwaben offiziell als deutschen König an.

Im Gegensatz zum ersten Bann handelte es sich diesmal um einen eindeutig politischen Akt, und Heinrich IV. hatte keine Schwierigkeiten, den größten Teil der Reichsbischöfe auf seine Seite zu ziehen. Am 25. Juni 1080 ließ er Gregor VII. absetzen und den Erzbischof von Ravenna als Clemens III. zum Gegenpapst ausrufen. So gab es damals in der christlichen Welt nunmehr zwei Päpste und zwei deutsche Könige, die für sich in Anspruch nahmen, die rechtmäßigen Herrscher zu sein. Die Welt, so empfanden es die meisten Zeitgenossen, war aus den Fugen geraten.

Damit Clemens III. ihn in Rom zum Kaiser krönen konnte, mußte Heinrich zunächst einmal Gregor aus der Ewigen Stadt vertreiben. Drei Jahre dauerte es, bis seine Truppen Rom endlich eingenommen hatten. Während sich Gregor noch in der Engelsburg verschanzt hielt, setzte Clemens III. zu Ostern 1084 Heinrich und seiner Gemahlin Bertha in der Peterskirche die Kaiserkrone auf. Gregor mußte ins Exil gehen und starb ein Jahr später in Salerno. Kaiser Heinrich IV., so schien es, war am Ziel seiner Wünsche und auf dem Gipfel seiner Macht.

## Ein Kaiser in der Zwickmühle

K aiser Heinrich IV. gelang es in den folgenden Jahren allerdings nicht, seinen Favoriten auf dem Stuhl Petri, den Gegenpapst Clemens III., politisch in Italien durchzusetzen. Der von den Kardinälen zum Nachfolger Gregors gewählte Urban II. führte den Kampf um das alleinige Recht der Investitur und um die Vorrangstellung des Papstes gegenüber dem deutschen Herrscher weiter.

Um diese unheilvolle Kirchenspaltung zu beenden, zog der Kaiser 1090 mit einem Heer erneut nach Italien. Das Unter-

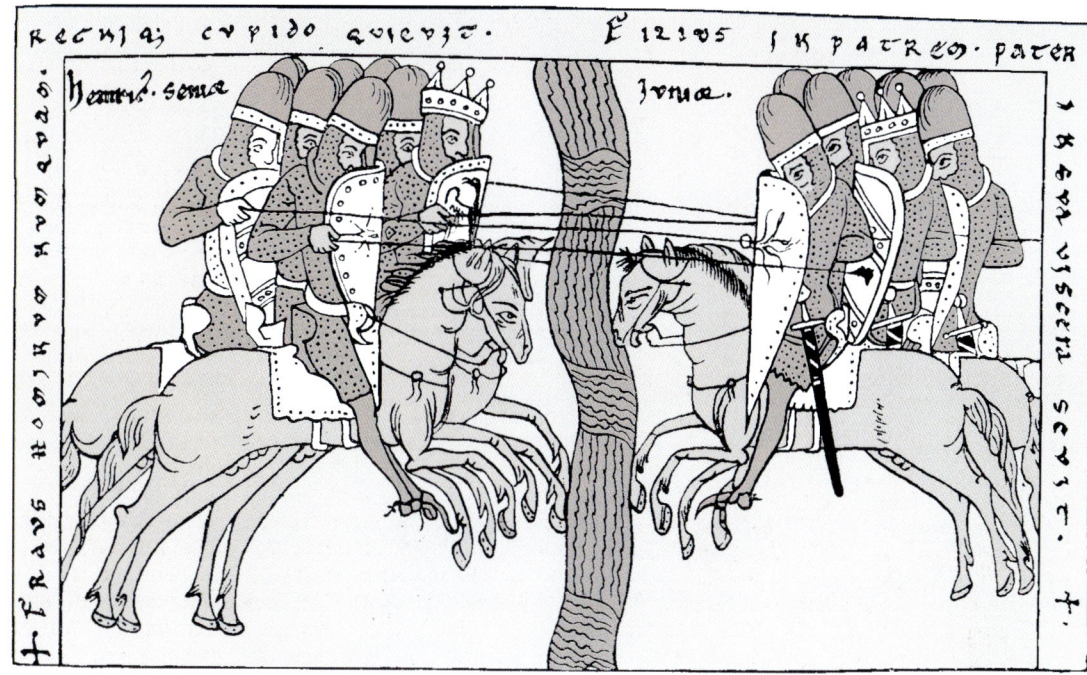

*Der Streit zwischen Kaiser Heinrich IV. und seinem Sohn König Heinrich V. um die Macht im Reich brach aus, sechs Jahre nachdem der Vater den Sohn zu seinem Nachfolger bestimmt hatte. Bei Regensburg kam es 1105 zu den ersten militärischen Auseinandersetzungen zwischen den beiden (rechts).*

nehmen endete jedoch in einem Fiasko. Heinrichs Gegner sperrten nämlich die Alpenpässe, so daß er mit seiner schwachen Streitmacht sieben Jahre in der Gegend zwischen Padua und Verona festsaß und nicht nach Deutschland zurückkehren konnte.

In dieser schwierigen politischen Situation mußte der Kaiser weitere Schicksalsschläge hinnehmen. Sein 19jähriger Sohn Konrad, der bereits 1087 zum deutschen König gekrönt worden war und der die Politik seines Vaters fortführen sollte, wechselte die Fronten und trat ins päpstliche Lager über. Auch Heinrichs zweite Frau Praxedis stellte sich gegen ihren Mann und bezichtigte ihn, er habe sie zum Ehebruch veranlassen wollen – eine schwerwiegende Beschuldigung, die die päpstliche Partei zu ihrem politischen Vorteil auszunutzen verstand. Heinrichs Machtstellung im Reich war also stark gefährdet.

## Heinrich gegen Heinrich – Vater gegen Sohn

**A**ls Heinrich IV. 1098 endlich wieder nach Deutschland zurückkehren konnte, ließ er den abtrünnigen Konrad sofort absetzen und seinen zweiten Sohn, den erst zwölfjährigen Heinrich, zum König krönen. Dieser mußte ihm versprechen, sich zu Lebzeiten seines Vaters niemals gegen ihn zu empören. Doch auch Heinrich V. hielt sich nicht an seine Zusage und verbündete sich mit den An-

hängern Urbans, die ihm die Kaiserkrone seines Vaters versprachen und im Reich immer mehr an Boden gewannen. Heinrich IV. mußte erkennen, daß in Deutschland erst dann wieder Frieden herrschen würde, wenn er sich mit der Kurie und der Fürstenopposition aussöhnte.

Eine Entscheidung zwischen Vater und Sohn sollte auf dem Reichstag in Mainz zu Weihnachten 1105 fallen. Doch Heinrich V., der seinem Vater freies Geleit zugesichert hatte, ließ ihn auf dem Weg nach Mainz überfallen und auf der Burg Böckelheim am Rhein gefangensetzen. Er zwang ihn, die Reichsinsignien, die Zeichen seiner Herrschaft, herauszugeben und auf den Thron zu verzichten.

Heinrich V. ließ sich wenig später von den deutschen Fürsten als rechtmäßiger König und Nachfolger seines Vaters bestätigen. Nur der überraschende Tod Kaiser Heinrichs IV., der aus der Gefangenschaft geflohen war, verhinderte, daß es wenige Monate später zu einer militärischen Kraftprobe der beiden Männer um den Thron kam.

## Kompromißlösung nach 45 Jahren

**D**ie päpstliche Seite wurde jedoch nicht recht froh über den Verrat des neuen Königs an seinem Vater. Denn auch der junge Heinrich hielt weiterhin an seinem Investiturrecht fest. Erst nach jahrelangen weiteren blutigen Kämpfen kamen beide Seiten zu der Einsicht, daß

nur ein Kompromiß die verfahrene Situation beenden konnte. Als sich 1121 bei Mainz erneut ein kaiserliches und ein päpstliches Heer kampfbereit gegenüberstanden, vermittelten die kriegsmüden deutschen Fürsten einen Waffenstillstand. Nun begannen langwierige Verhandlungen, bis man sich schließlich einigte und am 23. September 1122 auf den Wiesen vor den Toren von Worms die Vertragstexte unter dem Jubel der Bevölkerung verlesen und die Urkunden austauschen konnte.

Danach sollten die Reichsbischöfe in Zukunft nur noch von den dafür bestimmten Geistlichen gewählt werden. Bei strittigen Wahlen blieb es dem König jedoch vorbehalten, die Entscheidung zu treffen. Der König verzichtete bei der Amtseinsetzung darauf, die geistlichen Machtsymbole Ring und Stab zu übergeben, und beschränkte sich darauf, den Bischof nur mit dem Zepter in seinen weltlichen Besitz einzusetzen.

Damit endete die mit Gregor VII. und Heinrich IV. in Canossa begonnene Auseinandersetzung mit einem Vergleich. Der Kaiser verlor zwar seine uneingeschränkte Macht über die Kirche im Reich, die ihm bisher eine wesentliche Stütze seiner Herrschaft gewesen war, er konnte jedoch seinen politischen Einfluß bei der Besetzung der kirchlichen Ämter großenteils bewahren. Fortan sollte es im Mittelalter von der Stärke des jeweiligen deutschen Herrschers abhängen, ob er sich gegenüber der Kirche durchsetzen konnte, wenn es darum ging, einflußreiche geistliche Ämter zu vergeben.

*Die 18jährige Anna (oben rechts) hatte ein Anrecht auf die rheinischen Besitzungen Jülich, Kleve und Berg (Wappen). Als ihre Eltern sie mit dem vier Jahre älteren Johann Sigismund (Mitte) verheirateten, ahnten die beiden jungen Leute nicht, daß es um diese Gebiete einen erbitterten Streit geben sollte.*

# Politische Heirat

*Durch seine Ehe mit Anna von Preußen 1594 konnte der brandenburgische Kurfürst Johann Sigismund sein Territorium verdoppeln und seine Machtstellung im Reich sichern.*

**GUTE PARTIE** Große Freude herrschte am 30. Oktober 1594 in der preußischen Residenzstadt Königsberg, denn an diesem Herbsttag gaben sich der Enkel des Kurfürsten von Brandenburg, Johann Sigismund aus dem Haus Hohenzollern, und Anna, älteste Tochter des Herzogs von Preußen, das Jawort.

Dabei handelte es sich keineswegs um eine Liebesheirat, sondern um eine sorgfältig arrangierte politische Verbindung, die den Brandenburgern erhebliche Vorteile bringen sollte. Die junge Braut würde nämlich nach dem Tod ihres Vaters Albrecht Friedrich das Herzogtum Preußen erben. Außerdem besaß sie Erbansprüche auf Gebiete am Niederrhein, da ihre Mutter Marie Eleonore die älteste Schwester des letzten Herrschers der vereinigten Herzogtümer Jülich, Kleve und Berg war.

**ZUKUNFTSMUSIK** Sollten tatsächlich alle Erbteile an die Hohenzollern fallen, dann würde Brandenburg seine führende Machtstellung im Norden des Reiches erheblich ausbauen. Doch bis diese Pläne Wirklichkeit wurden, vergingen allerdings einige Jahre, denn es gab noch eine Reihe anderer Reichsfürsten, die Besitzansprüche auf diese begehrten Gebiete anmeldeten. □

# Selbst gewählt

*Mit seiner eigenen Stimme wählte sich Konrad Adenauer 1949 zum Kanzler der Bundesrepublik Deutschland, die er 14 Jahre lang unangefochten regierte.*

Mit unzähligen Plakaten warben die großen Parteien um die Stimmen der Wähler im Wahlkampf 1949.

Fünf Tage nach seiner Wahl zum Bundeskanzler legte der CDU-Vorsitzende Konrad Adenauer (links) vor Bundestagspräsident Erich Köhler seinen Amtseid ab. Sein Kabinett setzte sich aus CDU/CSU-, FDP- und DP-Ministern zusammen.

**KANZLERWAHL** Am 15. September 1949 eröffnete um 11.06 Uhr der Präsident des ersten Deutschen Bundestages, Erich Köhler, in Bonn die dritte Sitzung des neugewählten Parlaments. Mit Spannung warteten die Bundesbürger auf die Wahl des Regierungschefs. Das Grundgesetz bestimmt, daß der Kanzler auf Vorschlag des Bundespräsidenten gekürt wird. Drei Tage zuvor war der FDP-Politiker Theodor Heuss zum Staatsoberhaupt der jungen Republik gewählt worden. Er schlug den Vorsitzenden der CDU, Konrad Adenauer, für das Amt des Kanzlers vor.

**OFFENER AUSGANG** Die CDU/CSU war aus den ersten Bundestagswahlen im August 1949 als stärkste Fraktion hervorgegangen. Zusammen mit der verbündeten FDP und der nationalkonservativen DP, der Deutschen Partei, verfügte Adenauer im Parlament theoretisch über 208 Stimmen. Für seine Wahl zum Bundeskanzler brauchte er mindestens 202 der insgesamt 402 Stimmen.

In der CDU bangte man an diesem Tag um jede Stimme, denn es war nicht sicher, ob alle Abgeordneten ihren eigenwilligen Vorsitzenden unterstützen würden. Der linke Flügel der CDU wäre lieber eine große Koalition mit der SPD eingegangen. Und wie würde sich die FDP entscheiden? Was wäre beispielsweise mit der Stimme des liberalen Abgeordneten Heuss, der mit seiner Wahl zum Bundespräsidenten sein Abgeordnetenmandat niederlegen mußte?

**ANREISE IM TAXI** In fieberhafter Eile hatte der Prüfungsausschuß festgestellt, daß die Nachrückerin im Wahlkreis von Heuss die FDP-Abgeordnete Margarete Hütter war. Sie hatte nach Abwicklung der notwendigen Formalitäten gerade noch so viel Zeit, um am Tag der Kanzlerwahl in Stuttgart ein Taxi zu besteigen, das sie nach Bonn brachte. Der Wahlgang erfolgte in namentlicher Abstimmung. Als letzte warf die gerade noch rechtzeitig eingetroffene Abgeordnete Hütter ihren Stimmzettel ein.

Nach kurzem Bangen stand das Ergebnis fest. Mit der denkbar knappsten Mehrheit von 202 Jastimmen war Adenauer gewählt worden. Die entscheidende Stimme zur absoluten Mehrheit war, wie Adenauer unumwunden zugab, seine eigene gewesen: „Etwas anderes, als mich selbst zu wählen, wäre mir doch als Heuchelei vorgekommen." ☐

## Auf dem Weg in die Selbständigkeit

A m 21. September, einen Tag nachdem er seine Regierungserklärung vor dem Deutschen Bundestag abgegeben hatte, stattete Bundeskanzler Adenauer der Alliierten Hohen Kommission, den Vertretern der drei westlichen Siegermächte Frankreich, Großbritannien und USA, auf dem Petersberg bei Bonn seinen Antrittsbesuch ab. Die drei Hohen Kommissare hatten damals das politische Sagen in der Bundesrepublik Deutschland; sie fungierten als Vormund und Kontrollorgan. Ihre Tätigkeit war im Besatzungsstatut festgelegt, das mit Adenauers Besuch in Kraft trat und bis zur vollen Unabhängigkeit der Bundesrepublik Deutschland im Mai 1955 galt.

Die drei Westmächte hatten sich die Entscheidung über das Schicksal des besiegten Deutschland nicht leicht gemacht. Schließlich übertrugen sie dem deutschen Volk im Besatzungsstatut die Selbstverwaltung. Bund und Länder erhielten die volle gesetzgeberische, vollziehende und rechtsprechende Gewalt; die Alliierten behielten nur die Oberaufsicht. Andere Bereiche, wie die Entmilitarisierung und die Regelung der auswärtigen Angelegenheiten, blieben vorläufig unter alliierter Kontrolle.

Adenauer war entschlossen, die Hoheitsrechte der Besatzungsmächte so schnell wie möglich abzubauen, und zeigte sich zu Zugeständnissen bereit. Ohne das Parlament zu unterrichten, traf er sich mit den Hohen Kommissaren und unterzeichnete nach intensiven Gesprächen am 22. November 1949 das sogenannte Petersberger Abkommen. Die Bundesrepublik Deutschland durfte nun internationalen Organisationen beitreten und erste Beziehungen zum Ausland aufnehmen. Außerdem hatte Adenauer die Alliierten von der Demontage zahlreicher bedeutender Industriewerke abhalten können. Dies war um so wichtiger, als in einigen Städten, in denen mehrere Betriebe demontiert werden sollten, offener Aufruhr drohte. Es war nicht auszudenken, welche verheerenden wirtschaftlichen und psychologischen Folgen der

Abbau von über 700 Industriewerken auf die deutsche Bevölkerung gehabt hätte. Diese Gefahr konnte Adenauer bannen. Im Gegenzug verpflichtete sich Bonn zur Mitarbeit in der internationalen Ruhrbehörde, die das Ruhrgebiet verwaltete. Die Opposition war empört über Stil

*Betont schlicht und bescheiden zeigte sich 1949 das Gebäude des Deutschen Bundestages in Bonn (rechts).*

*In einer spontanen Geste gingen Konrad Adenauer und Charles de Gaulle nach der Unterzeichnung des deutsch-französischen Freundschaftsvertrages aufeinander zu und umarmten sich (oben).*

*Für den Wahlkampf 1961 ließ sich die CDU/CSU etwas Besonderes einfallen: Sie stellte die herausragenden Leistungen der Regierung Adenauer in Form von Comicszenen dar (rechts). Das Heft, das aus 24 buntbedruckten Seiten bestand, wurde unter dem Titel Die spannendste Geschichte unserer Zeit veröffentlicht.*

ERNANNT ZUM EHRENHÄUPTLING DER INDIANER

PARTNER DER FREIEN WELT

VERTRAUEN ZU DEUTSCHLAND

DIE WELT STEHT UNS WIEDER OFFEN!

REISE-BÜRO

BILLIGE FERIENREISEN ITALIEN ÖSTERREICH HOLLAND

bereit erklärt, die Rechtsnachfolge des NS-Regimes anzutreten. Mit dieser Zusage war sie nicht nur eine hohe moralische, sondern auch eine wirtschaftliche Verpflichtung eingegangen. Dazu gehörte vor allem die Wiedergutmachung für die Zerstörungen und Greueltaten, die die Nationalsozialisten im Namen des deutschen Volkes begangen hatten.

So erklärte Adenauer am 25. November 1949 die Bereitschaft zur vollständigen Wiedergutmachung gegenüber den Juden. Aber erst nach langen und schwierigen Verhandlungen konnte die Bundesrepublik Deutschland 1952 mit dem Staat Israel und anderen jüdischen Organisationen alle Einzelheiten regeln. Die Bundesregierung sagte zu, Sachlieferungen im Wert von 3,5 Milliarden D-Mark zu zahlen. Diese kollektive Entschädigung, die in mehreren Raten ausgezahlt wurde, trug erheblich dazu bei, das Ansehen des jungen westdeutschen Staates in der Weltöffentlichkeit zu steigern. Politisch und psychologisch wesentlich einfacher waren die Wiedergutmachungsverträge, die Bonn mit zwölf anderen europäischen Staaten im Februar 1953 abschloß.

*Unter großem Jubel lief in Wolfsburg am 5. August 1955 der einmillionste Volkswagen vom Band. Der Käfer war das Symbol für den Aufschwung.*

## VATER DER SOZIALEN MARKTWIRTSCHAFT

*„Wohlstand für alle" hieß das Ziel des CDU-Politikers Ludwig Erhard (Foto). Schon während des Krieges hatte sich der spätere Wirtschaftsprofessor Gedanken gemacht, wie es mit der deutschen Wirtschaft nach dem Krieg weitergehen sollte. Als Bundeswirtschaftsminister unter Adenauer bekam er die Chance, seine Vorstellung von der sozialen Marktwirtschaft in die Tat umzusetzen.*

*Die Idee war ebenso einfach wie genial: Der Staat sollte den privaten Wettbewerb fördern, aber gleichzeitig die Aufgabe übernehmen, den Gegensatz zwischen Arm und Reich auszugleichen. Freie Marktwirtschaft verband er mit sozialer Sicherheit für den einzelnen. Erhard, dessen Markenzeichen die Zigarre war, regierte von 1963 bis 1966 die Bundesrepublik Deutschland.*

## Das deutsche Wirtschaftswunder

N ach seiner Wahl zum Bundeskanzler berief Adenauer 1949 den damals noch parteilosen Ludwig Erhard zum Wirtschaftsminister. Der Verfechter der sozialen Marktwirtschaft setzte die mit der Währungsreform eingeleitete Aufhebung der Zwangsbewirtschaftung fort. Bereits im März 1950 wurden die Lebensmittelkarten abgeschafft. Und ein von ihm in die Wege geleitetes Arbeitsbeschaffungsprogramm ließ die Zahl der Arbeitslosen von rund 2 Millionen im Februar 1950 auf 720 000 im September des gleichen Jahres fallen.

Aber immer noch fehlten über 4 Millionen Wohnungen für die vielen Menschen, die großenteils in Trümmern und Elendsquartieren hausten. Mit öffentlichen Geldern wurde zunächst der soziale Wohnungsbau gefördert, ab Mitte der 50er Jahre unterstützte der Staat dann auch die private Eigentumsbildung. Aus den Ruinen der Städte schossen in kürzester Zeit neue Häuser wie Pilze aus dem Boden. Das Baugewerbe boomte und brachte die westdeutsche Wirtschaft wieder in Schwung. Andere Bereiche, wie die Kohle- und Stahlindustrie, der Maschinenbau und die Automobilbranche, zogen nach. Das Auto wurde des Deutschen liebstes Kind. Der VW-Käfer fand reißenden Absatz. Er wurde zum weltweiten Exportschlager und zum Markenzeichen für deutsche Wertarbeit.

Nach den Notjahren der Nachkriegszeit zeichnete sich in der Bundesrepublik Deutschland seit Mitte der 50er Jahre eine Hochkonjunktur mit Vollbeschäftigung ab, für die bald die Bezeichnung „Wirtschaftswunder" aufkam. Die Deutschen begannen wieder zu reisen, zu den beliebtesten Urlaubszielen gehörten Italien und Österreich. Waschmaschinen und Kühlschränke waren kein unerreichbarer Luxus mehr, und das Fernsehen hielt Einzug in die bundesdeutschen Wohnstuben. Mit zunehmendem Wohlstand gerieten der Krieg und seine Folgen langsam in Vergessenheit.

# Die fünfziger Jahre

Währungsreform und Grundgesetz läuteten die fünfziger Jahre ein, die ganz im Zeichen des Wirtschaftswunders standen. Man spuckte in die Hände, krempelte die Ärmel hoch und machte sich an den Wiederaufbau. Die Ruinen und Baracken in den Städten wichen nach und nach modernen Neubauten und breiten Straßen, die wie Schneisen durch die Zentren geschlagen wurden, um den rasant zunehmenden Verkehr zu bändigen.

Als die letzten Lebensmittelkarten verschwunden waren, gab es wieder alles zu kaufen. Die Schaufenster waren voll, und die Freßwelle rollte an. „Jetzt kommt das Wirtschaftswunder! Der deutsche Bauch erholt sich auch und ist schon sehr viel runder!" wurde nicht nur in dem Kinofilm *Wir Wunderkinder* spöttisch gesungen. Ein wahrer Konsumrausch erfaßte die Menschen. Der von Ludwig Erhard versprochene Wohlstand für alle wurde Realität. 1953 eroberte das Fernsehen die Wohnstuben, die ersten deutschen Campingurlauber tauchten an der italienischen Adria auf, und die Mode brachte den Petticoat und den American way of life – Kaugummi, Jeans und Coca-Cola. Die Bundesbürger waren fasziniert vom Gefühl des Neubeginns und empfanden unbeschreibliche Erleichterung bei dem Gedanken, noch einmal davongekommen zu sein.

**FERNWEH** *Die Reisebüros boten die ersten Ferienflüge an (oben).*
**SHOWSTAR** *Mit ihren Schlagern und Auftritten begeisterte Caterina Valente ihr Publikum (rechts).*

**BAUBOOM** Am Rand der zerstörten Städte entstanden in rascher Folge Neubausiedlungen mit schmucken Eigenheimen (links).

**MOTORISIERUNG** Einen Vespa-Motorroller zu besitzen war damals der Traum vieler junger Leute (unten links).

**HALBSTARKE** Ein neues Lebensgefühl aus den USA erfaßte die Teenager in Deutschland: Man trug Lederjacken und Schmalzlocken, rauchte und tanzte Rock 'n' Roll – sehr zum Entsetzen der Erwachsenen (unten Mitte).

**NEUER STIL** Stehlampen mit bunten Tütenschirmen und hochbeinige Sessel in grellem Streifenmuster hielten zu Beginn der fünfziger Jahre Einzug in die bundesdeutschen Wohnzimmer (unten).

*Diesen einzigartigen Orden, der sich im Grünen Gewölbe in Dresden befindet, brachte August der Starke als König von Polen mit nach Sachsen.*

# Wettlauf um den Thron

*Für den Königstitel von Polen trat Kurfürst Friedrich August I. 1697 zum Katholizismus über. Er erhoffte sich Ruhm für Sachsen, aber das polnische Abenteuer erwies sich als schwere Bürde.*

**UNERHÖRT** Am 1. Juni 1697 geschah in der kaiserlichen Hofkapelle des Kurorts Baden bei Wien Merkwürdiges: Fernab seiner Heimat trat der sächsische Kurfürst in einer verschwiegenen Zeremonie zum Katholizismus über. Damit hatte ein deutscher Herrscher, dessen Land während der Reformation an der Spitze des Protestantismus gestanden hatte, den Glauben gewechselt – ein unerhörter Vorgang für die damalige Zeit, in der die Glaubenszugehörigkeit des Fürsten von größter politischer Tragweite für sein ganzes Land war. Warum also dieser folgenreiche Schritt?

**GLAUBENSFRAGE** Friedrich August I. war 1694 im Alter von 24 Jahren nach dem frühen Tod seines kinderlos gebliebenen Bruders unverhofft Kurfürst von Sachsen geworden. Bereits in jungen Jahren weit gereist und wegen seiner großen Muskel- und Manneskraft früh mit dem Beinamen „der Starke" versehen, schmiedete der Herrscher weitreichende Pläne, die seine Familie an die Spitze der europäischen Herrscherhäuser bringen sollten. Als 1696 die polnische Königskrone frei wurde, sah der ehrgeizige Regent die Chance, den ersten großen Schritt auf dem Weg zu Macht und Ruhm zu tun.

Allerdings war August nicht der einzige, der es auf das riesige polnische Reich abgesehen hatte. Sein wichtigster Konkurrent war der französische Prinz von Conti, ein Vetter Ludwigs XIV. Der französische König hoffte, durch einen Verwandten auf dem polnischen Thron seinen

*Hoch zu Roß, die Zügel fest im Griff – so wie auf diesem Reiterstandbild sah sich August der Starke auch selbst. Doch bei allem kämpferischen Auftreten war er zugleich ein Mann der Kompromisse und der Kunst.*

Erzfeind, den habsburgischen Kaiser, von Osten her bedrohen zu können.

Für August den Starken lag es daher nahe, Leopold I. in Wien als Verbündeten für seine Kandidatur zu gewinnen. Schließlich mußte dem Habsburger ein sächsischer König in Polen auf jeden Fall lieber sein als ein französischer. Voraussetzung für ein kaiserliches Engagement war jedoch, daß der Kurfürst den Glauben wechselte, denn dann konnte sich der Kaiser Hoffnung darauf machen, daß ein katholischer Herrscher die Gegenreformation in Sachsen voranbringen würde. Außerdem hätte August als Protestant wohl kaum eine Chance gehabt, die Königswürde zu erlangen, da sie vom katholisch geprägten Adel Polens in einem Wahlverfahren vergeben wurde.

**STIMMENKAUF**  Noch etwas Weiteres brauchte ein erfolgreicher Kandidat: Geld, sehr viel Geld sogar. Denn die wahlberechtigten Adligen ließen sich ihre wertvollen Stimmen teuer bezahlen. Der sächsische Kurfürst überhäufte also die Damen des polnischen Adels mit Juwelen und deren Ehemänner mit riesigen Barmitteln, so lange bis seine Staatskasse leer war. Da sein französischer Konkurrent, Prinz von Conti, aber auch nicht untätig war, mußte August sich beim Kaiser in Wien weiteres Geld leihen.

Schließlich trafen sich die polnischen Adligen Ende Juni 1697 auf dem Wahlfeld bei Warschau. Zunächst hatten die Anhänger Prinz von Contis die Oberhand, doch der Sachse konnte noch einmal Geld für den Stimmenkauf auftreiben.

**SCHNELLIGKEIT**  Als es daraufhin zu einer Doppelwahl von Conti und August kam, war entscheidend, wer als erster in die Krönungsstadt Krakau einzog. Erneute Bestechungsgelder öffneten dem Kurfürsten am 12. September die Tore der Stadt. Zur gleichen Zeit hinderten sächsische und polnische Soldaten Prinz von Conti daran, in Danzig von seinem Schiff an Land zu gehen.

Endlich, am 15. September 1697, konnte der sächsische Kurfürst als August II. den polnischen Thron besteigen. Doch der neue Monarch brach während der langen Krönungszeremonie unter der Last des schweren Mantels, des mit Edelsteinen besetzten Harnischs und der Krone für kurze Zeit zusammen – kein gutes Omen für das gerade begonnene polnische Abenteuer!  □

## Wie gewonnen, so zerronnen

August II. hatte dem polnischen Adel bei seiner Wahl zum König versprochen, das im Baltikum gelegene und unter schwedischer Herrschaft stehende Livland für Polen zu erobern. 1699 ergab sich dazu eine scheinbar günstige Gelegenheit, als August mit Rußland und Dänemark ein Bündnis gegen den erst 17jährigen Schwedenkönig Karl XII. schließen konnte.

Anfang 1700 eröffnete August den Nordischen Krieg, indem er in Livland einmarschierte. Nach anfänglichen Erfolgen der antischwedischen Allianz stellte sich aber heraus, daß diese die Willensstärke und das militärische Genie des schwedischen Königs unterschätzt hatte: Noch im Jahr 1700 mußte Dänemark Frieden schließen und aus dem Krieg ausscheiden. Auch der russische Zar Peter I. wurde bei Narwa besiegt, und so wandte sich Karl XII. mit aller Macht gegen August. Der sächsischen Niederlage an der Düna folgte bei Krakau im Juli 1702 ein solches Debakel, daß August II. wohl zum Frieden bereit gewesen wäre. Doch der schwedische König, der August offensichtlich aus privaten Gründen haßte, war entschlossen, den Sachsen endgültig auszuschalten. Nach weiteren militärischen Siegen brachte Karl die Polen dazu, August den Starken zu entthronen.

1706 griff der Krieg schließlich auf Sachsen über, das von schwedischen Truppen besetzt wurde. Im gleichen Jahr mußte Kurfürst August im Frieden von Altranstädt, einem Ort südwestlich von Leipzig, offiziell auf die polnische Krone verzichten und sich zur Neutralität gegenüber Schweden verpflichten.

## Die Schwäche von August dem Starken

Nach nicht einmal zehn Jahren hatte August der Starke seine 1697 teuer erkaufte Königskrone in Polen schon wieder verloren. Doch noch war der Nordische Krieg nicht zu Ende. Denn Zar Peter I. hatte in der Zeit, in welcher der Schwedenkönig gegen August den Starken gezogen war, große Teile des Baltikums erobert. Daher wandte sich Karl XII. nach Osten, um die russischen Kräfte zu stellen, erlitt aber bei Poltawa in der Ukraine eine vernichtende Niederlage und mußte fliehen.

Nun witterte der sächsische Kurfürst wieder Morgenluft. Mit dem Segen des Papstes, der ihn und das ganze polnische Volk von ihren Verpflichtungen gegenüber dem lutherischen Karl XII. entbunden hatte, überschritt er Polens Grenze und vertrieb den vom schwedischen Herrscher protegierten neuen König.

Der Nordische Krieg dauerte aber nochmals zwölf lange Jahre – am Ende war Schweden besiegt und Karl XII. tot. Dennoch stand August der Starke als Verlierer da, denn bei der Verteilung der Landgewinne ging er leer aus. Livland, das ja ursprünglich der Grund für den Kriegseintritt von August gewesen war, fiel an den großen Gewinner Rußland. Aber auch die Landbrücke zwischen Sachsen und Polen, die die Verbindung zwischen beiden Ländern gefestigt und die Position der Messestadt Leipzig als Drehscheibe des West-Ost-Handels weiter aufgewertet hätte, wurde ihm ver-

*Von der Bahre aus feuerte der verwundete Karl XII. seine Soldaten in der Schlacht bei Poltawa an – dennoch erlitten die Schweden eine Niederlage.*

## FÜRST, HERKULES UND FRAUENHELD

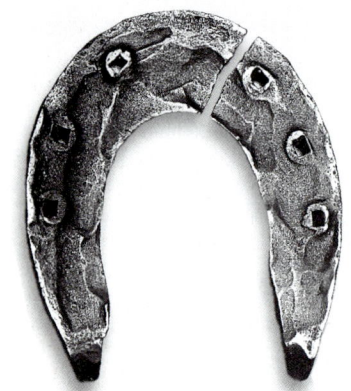

*Seinen Beinamen erhielt August der Starke weniger wegen seiner politischen Erfolge als vielmehr aufgrund seiner legendären Muskel- und Manneskraft.*

*Als Meister der Selbstdarstellung trat der 1,76 Meter große Zweizentnermann gern in überlegener Pose auf: Er wickelte massive Silberteller wie Servietten zusammen, verbog oder zerbrach mit bloßen Händen Hufeisen (Abbildung), die dann mit dem passenden Spruch „Dero eigenen Hohen Händen" für die Nachwelt archiviert wurden.*

*Was die amourösen Abenteuer von August dem Starken betrifft, so sammelte er die schönsten und gebildetsten Damen seines Reiches wohl wie Jagdtrophäen. Als verbürgt gelten zwölf offizielle Hauptmätressen – darunter Aurora von Königsmarck und Gräfin Cosel – und neun namentlich bekannte Nachkommen.*

*Diese Mätressenwirtschaft kostete die Staatskasse Unsummen, denn die Gespielinnen von August wurden nicht nur verwöhnt, sondern am Ende der Liaison mit Pensionszahlungen, Gütern oder sogar Schlössern abgefunden.*

*Da August auch beim Essen und Trinken kein Maß kannte, mußte selbst seine Kraft nachlassen – 63jährig brach er zusammen und starb in Warschau. Publikumswirksam verewigt hat er sich auf dem Wallpavillon des Dresdner Zwingers als thronender* Hercules Saxonicus, *der die Weltkugel auf seinen Schultern trägt.*

wehrt, weil kein europäischer Herrscher an einer sächsischen Machterweiterung interessiert war.

Selbst in Polen hatte August weiter an Boden verloren. Damit er von allen Adligen überhaupt wieder als König anerkannt wurde, mußte er ihnen in zähen Verhandlungen zahlreiche Privilegien zugestehen und seine sächsischen Truppen bis auf die königliche Leibgarde aus Polen abziehen.

## Hochfliegende Pläne eines Familienvaters

Da sein Übertritt zum Katholizismus für August den Starken keine Glaubensfrage, sondern nur Mittel zum Zweck gewesen war, spielte er als kluger Taktierer den tiefgreifenden Gegensatz zwischen sich und den protestantischen Ständen Sachsens herunter. Bei jeder sich bietenden Gelegenheit hob er beschwichtigend die religiöse Toleranz in seinem Staat hervor. Zahlreiche Dekrete garantierten den Protestanten die freie Ausübung ihres Glaubens sowie das Recht, das Schulwesen in Sachsen nach lutherischen Prinzipien zu gestalten.

Der schwelende religiöse Konflikt brach dann aber doch aus, als bekannt wurde, daß August seinen Sohn dazu gebracht hatte, heimlich den katholischen Glauben anzunehmen. Grund für diesen weiteren Affront gegenüber seinen protestantischen Untertanen war die Absicht des Kurfürsten gewesen, die Ansprüche seiner Familie auf den polnischen Königsthron aufrechtzuerhalten und eine dynastische Verbindung mit dem habsburgischen Kaiserhaus vorzubereiten. Tatsächlich heiratete sein Sohn Maria Josepha, die Tochter des Kaisers, was ihm sogar die Möglichkeit eröffnete, eines Tages deutscher Kaiser zu werden.

Der Preis für diese eher vagen Aussichten war hoch, denn die Öffentlichkeit in Sachsen war über den erneuten Glaubenswechsel im Herrscherhaus empört. Als in diesem aufgeheizten Klima einige Protestanten ermordet wurden, entlud sich der Zorn in Unruhen. Die adlige Opposition nutzte diese geschickt aus, um in harten Verhandlungen weitere Zugeständnisse in Religionsfragen zu erzwingen. So erreichte sie, daß nur Protestanten Lehnsbesitz erhalten sowie Häuser und Grundstücke besitzen durften.

August der Starke, Kurfürst und König, war also immer zu Kompromissen gezwungen, die seinem eigentlichen Ziel, der absoluten und alleinigen Herrschaft, entgegenstanden.

## Prachtvolle Residenz in Dresden

Die polnische Königswürde hatte August dem Starken den Zutritt zu den europäischen Großmächten ermöglicht, doch um im Reigen der gekrönten Häupter anerkannt zu werden, mußte er auch über entsprechende Residenzen mit prachtvoller Hofhaltung verfügen. Diesem Umstand verdankte Dresden den Ausbau zur glanzvollen Barockstadt.

Die Aufträge von August II. machten sie zu einem Anziehungspunkt für die fähigsten Architekten und Künstler der Zeit. Maßgeblichen Anteil an der Umgestaltung der Stadt hatte der westfälische Baumeister Matthäus Daniel Pöppelmann; zur grandiosen plastischen Ausschmückung trug der bayerische Bildhauer Balthasar Permoser bei. Das Hauptwerk von beiden ist der Zwinger.

Die Neugestaltung des Stadtschlosses, das Taschenberg- und das Japanische Palais, die Frauenkirche sowie die gepflasterte und mit Laternen beleuchtete Elbbrücke sind weitere herausragende Beispiele für die städtebauliche Gestaltung jener Epoche, die auch die Augusteische Zeit genannt wird.

Trotz seines manchmal kraftmeierischen Auftretens war August der Starke ein kunstsinniger Mensch. Er ließ am Zwinger ein Opernhaus erbauen, das mit 2000 Plätzen der größte deutsche Theaterbau der Zeit war. Er sammelte leidenschaftlich Bücher, Handschriften, Gemälde, Porzellan, Münzen, Waffen und Rüstungen. Berühmt wurde das von ihm eingerichtete Grüne Gewölbe des Dresdner Schlosses, das die Kostbarkeiten in einer Schatzkammer vereinigte. Schließlich förderte er auch Technik und Natur-

*Anläßlich seiner erneuten Anerkennung als polnischer König ließ sich August der Starke als Sonnengott darstellen.*

wissenschaften und ließ in Dresden die Straßenreinigung und -beleuchtung einführen, Hospitäler bauen und eine Feuerwehr einrichten.

## Das Ende des sächsischen Gastspiels

Nach dem Tod von August dem Starken 1733 begann der Wettlauf um die polnische Königskrone von neuem. Frankreich und Schweden wollten ihren Kandidaten Stanisław Leszczyński durchsetzen, während Österreich und Rußland für den Sohn Augusts II. eintraten. Mit Hilfe russischer Truppen gelang es diesem auch, als August III. in Krakau gekrönt zu werden, was der Auslöser für einen Krieg zwischen Frankreich und dem habsburgischen Kaiser wurde.

August III. hatte für die österreichische Unterstützung ein weitreichendes Zugeständnis gemacht: In einer Vereinbarung anerkannte er die Erbfolge des Hauses Habsburg zugunsten von Maria Theresia, der ältesten Tochter Kaiser Karls VI., und gab damit die Thronansprüche seiner Frau Maria Josepha auf. Erleichtert wurde diese Preisgabe sicherlich auch dadurch, daß August III. im Grund ein politikscheuer Monarch war, der sich am liebsten mit der Kunst und

*Der Zwinger, ein einzigartiges Ensemble aus Durchgängen und Pavillons, war als Vorhof für ein späteres Schloß gedacht.*

der Jagd beschäftigte. So überließ er das Regieren seinem allmächtigen Premierminister Heinrich Graf von Brühl.

Innenpolitisch versuchte dieser vergeblich, einen absolutistischen Staat aufzubauen, konnte aber die Wirtschaft und die Kunst im Land bedeutsam fördern. Außenpolitisch strebte Graf von Brühl durch wechselnde Bündnisse die dauerhafte Verbindung der polnischen Krone mit Sachsen und eine Landbrücke zwischen beiden Staaten an, was ihm aber nicht gelang. Vielmehr wurde Sachsen um die Mitte des Jahrhunderts in den Siebenjährigen Krieg verwickelt und furchtbar verwüstet. Mit dem Tod von August III. 1763 erlosch die polnisch-sächsische Verbindung, und Sachsen verabschiedete sich von der Bühne der europäischen Großmachtpolitik. Geblieben sind die zahlreichen Bauwerke und Kunstsammlungen der Augusteischen Zeit, die dem Barockjuwel Dresden den Ehrennamen Elbflorenz einbrachten.

*August III., Sohn von August dem Starken, hatte von seinem Vater vor allem die Liebe zur Kunst geerbt – mit Politik und Regieren wollte der Barockfürst nicht viel zu tun haben.*

— 73 —

## Reichs-Gesetzblatt.

### № 9.

**Inhalt:** Gesetz, betreffend die Krankenversicherung der Arbeiter. S. 73.

(Nr. 1496.) Gesetz, betreffend die Krankenversicherung der Arbeiter. Vom 15. Juni 1883.

**Wir Wilhelm,** von Gottes Gnaden Deutscher Kaiser, König von Preußen x.

verordnen im Namen des Reichs, nach erfolgter Zustimmung des Bundesraths und des Reichstags, was folgt:

#### A. Versicherungszwang.

##### §. 1.

Personen, welche gegen Gehalt oder Lohn beschäftigt sind:

1. in Bergwerken, Salinen, Aufbereitungsanstalten, Brüchen und Gruben, in Fabriken und Hüttenwerken, beim Eisenbahn- und Binnendampfschiff-fahrtsbetriebe, auf Werften und bei Bauten,

2. im Handwerk und in sonstigen stehenden Gewerbebetrieben,

3. in Betrieben, in denen Dampfkessel oder durch elementare Kraft (Wind, Wasser, Dampf, Gas, heiße Luft x.) bewegte Triebwerke zur Verwendung kommen, sofern diese Verwendung nicht ausschließlich in vorübergehender Benutzung einer nicht zur Betriebsanlage gehörenden Kraftmaschine besteht,

sind mit Ausnahme der im §. 2 unter Ziffer 2 bis 6 aufgeführten Personen, sofern nicht die Beschäftigung ihrer Natur nach eine vorübergehende oder durch den Arbeitsvertrag im voraus auf einen Zeitraum von weniger als einer Woche beschränkt ist, nach Maßgabe der Vorschriften dieses Gesetzes gegen Krankheit zu versichern.

16

Reichs-Gesetzbl. 1883.

Ausgegeben zu Berlin den 21. Juni 1883.

*Erst nach heftigen Debatten im Reichstag, der damals noch in der ehemaligen königlichen Porzellanmanufaktur in Berlin untergebracht war (oben rechts), votierte die Mehrzahl der Abgeordneten für die gesetzliche Krankenversicherung. Mit der Veröffentlichung im Reichsgesetzblatt trat das Gesetz in Kraft (oben).*

# Sicherheit bei Krankheit

*Mit der Einführung der Krankenversicherung 1883 leitete Bismarck eine Sozialgesetzgebung ein, die im wesentlichen bis heute gilt und als vorbildlich in der Welt angesehen wird.*

**BREITE MEHRHEIT** Am 31. Mai 1883 nahm der Deutsche Reichstag mit großer Mehrheit das „Gesetz betreffend die Krankenversicherung der Arbeiter" an. Lediglich die Sozialdemokratie und die Fortschrittspartei lehnten den Entwurf ab. Das Gesetz trat am 21. Juni in Kraft.

Von nun an galt im Kaiserreich die Krankenversicherungspflicht. Bis dahin war es Sache des einzelnen gewesen, für sich und seine Familie im Krankheitsfall Vorsorge zu treffen, eine teure Angelegenheit, die sich vor allem die Arbeiter nicht leisten konnten. Nun sollte dieser unhaltbare Zustand ein Ende haben.

Die von Reichskanzler Otto von Bismarck eingeleitete Versorgungsmaßnahme war eine sozialpolitische Leistung, die für die damalige Zeit als bahnbrechend galt. Sie war Teil einer umfassenden Sozialgesetzgebung, mit der die Reichsregierung die Arbeiterschaft trotz jahrelanger politischer Verfolgung für den Staat gewinnen wollte.

**KOMPROMISS** Bismarck hatte sich allerdings mit seiner ursprünglichen Vorstellung einer Staatsfürsorge, die für die Arbeiterschaft beitragsfrei sein sollte, nicht durchsetzen können. Die Liberalen und das katholische Zentrum warnten vor einem Staatssozialismus, während die Sozialdemokratie staatliche Schikanen von seiten der öffentlichen Versicherungsträger befürchtete. □

## Kostenlose ärztliche Behandlung

In der gesetzlichen Krankenversicherung war seit dem Inkrafttreten des Gesetzes 1883 nunmehr jeder Lohn- und Gehaltsempfänger, der in einem Gewerbezweig beschäftigt war, versichert. Seit 1886 galt die Versicherungspflicht auch für alle Arbeitnehmer in der Landwirtschaft sowie für das Hausgesinde. Die Folge des Versicherungszwanges war, daß jeder Versicherte einen Rechtsanspruch auf Versorgungsleistungen im Krankheitsfall hatte. Dadurch verlor die lokale Armenfürsorge, die sich vornehmlich um kranke Menschen gekümmert hatte, in den folgenden Jahren zunehmend an Bedeutung.

Die Kosten der Krankenversicherung sollten zu zwei Dritteln vom Arbeitnehmer und zu einem Drittel vom Arbeitgeber getragen werden. Als Versicherungsträger wurden die Allgemeinen Ortskrankenkassen, die AOKs, eingerichtet. Dabei handelte es sich um selbstverwaltete Körperschaften des öffentlichen Rechts, die anfangs neben den schon bestehenden Kassen der Betriebe und Berufsgenossenschaften arbeiteten. Bis 1914 konnten die AOKs ihren Anteil an den Versicherten auf 60 Prozent steigern. Kontrolliert wurde die Arbeit der Ortskrankenkassen von sogenannten Mitgliederkomitees, in denen aufgrund ihrer Beitragsleistung zumeist die Arbeiter die Mehrheit hatten. So gewann die Arbeiterschaft erstmals Einfluß auf einen kleinen Teilbereich der öffentlichen Verwaltung. Überspitzt, aber nicht ganz zu Unrecht, sprach das bürgerliche Lager von der „Herrschaft der Sozialdemokratie in der Krankenversicherung".

Die Kassenbeiträge mußten wöchentlich gezahlt werden, sie betrugen 1,5 Prozent des ortsüblichen Tageslohnes. Der Kranke hatte Anspruch auf kostenlose ärztliche Behandlung durch den Kassenarzt und erhielt vom dritten Krankheitstag an für höchstens 13 Wochen ein sogenanntes Krankengeld in Höhe eines halben ortsüblichen Tageslohnes. Die Kasse kam auch für Arzneien und Brillen auf sowie für Kur- und Krankenhausaufenthalte. Bei letzterem erhielten die Angehörigen allerdings nur eine geringe Unterstützung.

Der Zentralverband der Deutschen Industriellen lehnte die Krankenversicherungspflicht mit der Begründung ab, daß die immensen Kosten die Firmen zu stark belasten würden. Doch gemessen am weiteren Ausbau des gesetzlichen Versicherungssystems in der Wilhelminischen Ära und dann im 20. Jahrhundert, waren die tatsächlichen Leistungen damals noch recht bescheiden.

Mit der Einführung der gesetzlichen Krankenversicherung stieg auch die Nachfrage nach den ärztlichen Leistungen. So kam es, daß sich immer mehr junge Mediziner als praktische Ärzte niederließen. Sie richteten vornehmlich in den Städten ihre eigenen Praxen ein und hielten Sprechstunden für Erkrankte ab. Nur noch in dringenden Fällen machte man die vormals üblichen Hausbesuche. Auch die Zahl der Krankenhäuser nahm

Nr. 217. Preis 10 Pfennig. 1894.

DER WAHRE JACOB

Staatliche Fürsorge und Arbeitslosigkeit.

Der grammelfülle Arbeitsmann
Schaut kaum das Prunkgericht sich an.
Voll Kümmerniß der Arme spricht:
Das hilft mir nicht!

Ich bin gesund, nicht alt, noch krank,
Doch arbeitslos schon wochenlang —
Wer giebt, wenn Alles schreit nach Brot,
Mir in der Noth?

Und schmälern wollt ihr noch mein Recht,
Politisch soll ich sein ein Knecht!
Wagt nur, nicht schreckt die Drohung mich,
Drauf pfeife ich!

In einer Ausgabe kritisierte Der wahre Jacob die Sozialpolitik der Regierung: Was nutzen all die teuren Sozialversicherungen, wenn man keine Arbeit hat?

in Deutschland rapide zu. Waren es 1877 erst 2357, so gab es am Vorabend des Ersten Weltkrieges mit fast 5000 bereits mehr als doppelt so viele Spitäler.

## Bei Unfall gut versichert

Bismarcks zweite Maßnahme im Rahmen seiner Sozialpolitik war das Gesetz zur Unfallversicherung. Der Reichstag verabschiedete es im Sommer 1884, ein Jahr nachdem die Krankenversicherung eingeführt worden war, ebenfalls mit großer Mehrheit. Die Unfallversicherung galt anfangs nur für Beschäftigte in der Industrie und im Handwerk. Andere Berufsgruppen wie Land-, Forst- und Bauwirtschaft sowie die Seeschiffahrt kamen erst im Lauf der 80er Jahre hinzu.

Das Gesetz sah den Versicherungsschutz der gewerblichen Arbeitnehmer gegen Unfallschäden vor. Für Besserverdienende mit einem Jahreseinkommen von mehr als 2000 Reichsmark galt die Versicherungspflicht nicht. Die Beiträge zur Unfallversicherung waren – entgegen Bismarcks ursprünglicher Absicht, den Staat an der Finanzierung zu beteiligen – allein vom Arbeitgeber zu zahlen. Versicherungsträger waren die Berufsgenossenschaften, zu deren Kontrolle Arbeiterausschüsse eingerichtet wurden. Bei der Unfallversicherung beschränkte sich die Aufgabe des Staates darauf, die Aufsicht über den Versicherungsbetrieb zu übernehmen, wozu bald darauf das Reichsversicherungsamt eingerichtet wurde.

## Rente im Alter und bei Invalidität

Bismarcks ehrgeiziges sozialpolitisches Konzept sah von Anfang an auch eine staatliche Versicherung vor, die Arbeitnehmer bei Erwerbsunfähigkeit und im Alter absichern sollte. Dieses Vorhaben bereitete jedoch aufgrund der neuartigen Materie den Sozialpolitikern wie auch den Finanzexperten einige Schwierig-

*Auf der Hamburger Hauptpost holen sich am Monatsbeginn Invaliden, Witwen und Rentner der Hansestadt ihre karge Rente ab.*

keiten. Man konnte hier nicht auf einschlägige Erfahrungen zurückgreifen, und so verstrichen mehrere Jahre, bis der Reichstag die unterschiedlichsten Entwürfe geprüft hatte und am 24. Mai 1889 schließlich mit einer knappen Mehrheit von nur 20 Stimmen ein Gesetz zur Alters- und Invaliditätsversicherung verabschiedete.

Damit wurde einem mittlerweile drängend gewordenen sozialen Notstand in Deutschland abgeholfen, denn 1885 gab es im Reichsgebiet etwa 900 000 Familienväter oder alleinstehende Personen, die von der Armenfürsorge leben mußten und so die Kommunen pro Jahr rund 90 Millionen Reichsmark kosteten.

Das neue Gesetz sah nun die Versicherungspflicht für alle Arbeitnehmer in Industrie, Handwerk und Landwirtschaft vor. Anspruch auf Renten- oder Invaliditätszahlungen hatten jedoch nur diejenigen Arbeitnehmer, deren jährliches Einkommen 2000 Reichsmark nicht überstieg. Die Beiträge sollten je zu einem Drittel vom Staat, von den Arbeitgebern und von den Arbeitnehmern geleistet werden. Damit war ein wichtiger Schritt in Richtung Sozialstaat getan, der die Absicherung des Alters nicht mehr dem einzelnen und seinen finanziellen Möglichkeiten überließ, sondern dieses gesamtgesellschaftliche Problem unter staatliche Obhut stellte.

Die Altersrente wurde an Versicherte ab dem vollendeten 71. Lebensjahr ausbezahlt. Da die durchschnittliche Lebenserwartung bei Frauen damals 37 und bei Männern gar nur 34 Jahre betrug, war der praktische Wert dieser Rente zunächst nur sehr gering. So bezogen im Jahr 1913 lediglich 90 000 Personen im Kaiserreich eine gesetzliche Altersrente. Zum selben Zeitpunkt zählte man aber immerhin schon knapp 1 Million Menschen, die Anspruch auf eine Invalidenrente hatten.

*Den Krankenschein gab man beim Arzt ab (oben), und auf dem Lohnzettel wurden die Abzüge für die Sozialversicherung eingetragen (links).*

## Sozialdemokratie gegen Bismarck

Die staatliche Sozialgesetzgebung der Regierung stieß von Anbeginn an auf heftige Kritik von seiten der Sozialdemokraten. Neben praktischen Einwänden gegen die im einzelnen noch verbesserungswürdigen Gesetze brachten sie vor allem grundsätzliche Bedenken gegen die Bismarcksche Sozialpolitik vor, die mit keinem einzigen Gesetz die katastrophalen Arbeitsbedingungen verbessern half oder die Rechte der Arbeitnehmer gegenüber den Unternehmern

stärkte. Die Arbeiterschaft, so die Argumentation führender Sozialdemokraten wie August Bebel und Wilhelm Liebknecht, würde auf diese Weise nicht in ihrer politischen Emanzipation gestärkt, sondern zum Objekt staatlicher Fürsorge degradiert, bei der die Regierung bestimmte, was gut sei für den einzelnen Proletarier.

Außerdem bezweifelten die Sozialdemokraten, verunsichert durch das Sozialistengesetz, das seit 1878 Bismarck die Handhabe bot, gegen sie sowie ihre Vereine und Einrichtungen polizeilich vorzugehen, die ehrlichen Absichten der Regierung. Sie sahen in Bismarcks Politik,

*In besonders dringenden Fällen übernahm die Krankenkasse auch die Kosten der ärztlichen Hausbesuche beim Patienten (unten).*

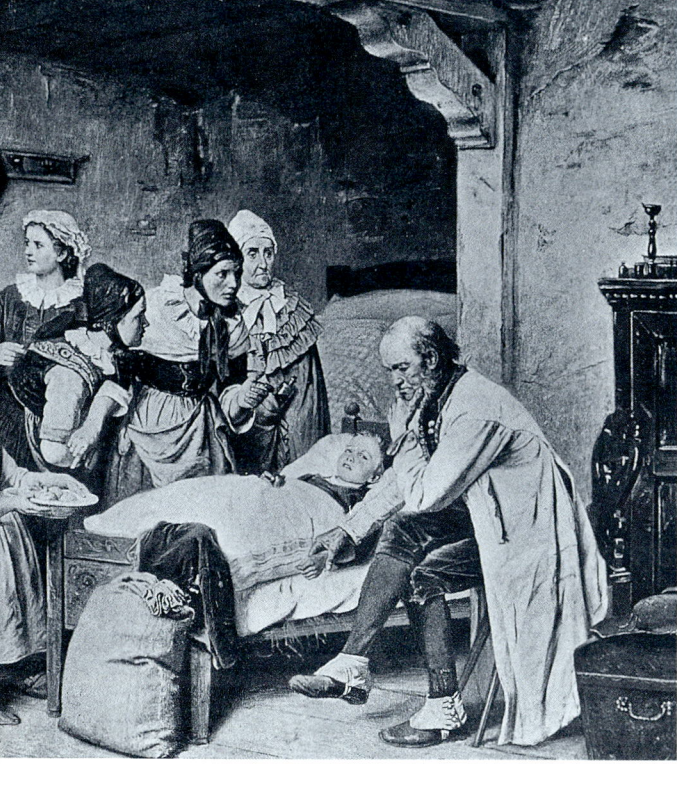

mit kleinen sozialen Zugeständnissen die Arbeiterschaft mit dem Staat zu versöhnen, einen Versuch, diese ihrer Partei zu entfremden.

Nach der Entlassung des Reichskanzlers und der Aufhebung des Sozialistengesetzes im Jahr 1890 änderte sich die unversöhnliche Haltung der Sozialdemokratie jedoch allmählich, und sie begann, am längst überfälligen Ausbau der staatlichen Sozialverfassung mitzuarbeiten.

## Weltweit führend

M it den Gesetzen zur Kranken-, Unfall- und Rentenversicherung legte Bismarck den Grundstein für eine umfassende und vorbildliche Sozialgesetzgebung in Deutschland, die in ihren Grundzügen bis heute noch Bestand hat. Die 1911 erlassene Reichsversicherungsordnung faßte die Bestimmungen der einzelnen Versicherungsarten neu zusammen und schuf so ein umfassendes Regelwerk wechselseitig angepaßter Gesetze. Auf diese Weise konnten so manche Ungereimtheiten und Ungerechtigkeiten beseitigt werden. Außerdem wurde die Renten- und Invaliditätsversicherung um die Hinterbliebenenfürsorge erweitert.

Im selben Jahr wurde mit der Reichsversicherungsanstalt für Angestellte eine weitere Versicherungsbehörde ins Leben gerufen, die sich im Zuge der Industrialisierung der rasch wachsenden Schicht der Angestellten annahm. Bereits 1913 waren fast 1,5 Millionen Angestellte dort versichert.

Damit war die gesetzgeberische Arbeit an den verschiedenen Sozialversicherungen zu einem vorläufigen Abschluß gekommen. Das deutsche Sozialsystem galt damals als das modernste und fortschrittlichste der Welt.

## Arbeitslosigkeit und Pflegefall

D och immer wieder mußte im Lauf der Jahrzehnte dieses Sozialsystem an die veränderten Versorgungsbedürfnisse einer sich rasch wandelnden Gesellschaft angepaßt werden. Nach dem Ersten Weltkrieg wurde als vierte Säule der staalichen Sozialversicherung nach der Kranken-, Unfall- und Rentenversicherung die Arbeitslosenversicherung eingeführt.

Zwar hatte es bereits seit dem Ende des 19. Jahrhunderts im Rahmen der Arbeiterselbsthilfe vereinzelt Arbeitslosenkassen gegeben, die ihre Mitglieder vor den wirtschaftlichen Folgen der Arbeitslosigkeit schützen sollten, doch reichte dies angesichts der Massenarbeitslosigkeit in der Weimarer Republik nicht mehr aus. Erste Ansätze gab es bereits 1918, als die Reichsregierung die Unterstützung der zahllosen Arbeitslosen den Gemeinden übertrug. 1923 wurde ein Pflichtbeitrag für Arbeitgeber und Arbeitnehmer eingeführt, und seit dem 16. Juli 1927 besteht die Arbeitslosenversicherung als einheitliche staatliche Pflichtversicherung, deren Verwaltung der Reichsanstalt für Arbeitsvermittlung, dem Vorläufer der heutigen Bundesanstalt für Arbeit in Nürnberg, oblag. Durch das Arbeitsförderungsgesetz von 1969 erhielt die Arbeitslosenversicherung in der Bundesrepublik Deutschland ihre heute gültige Form.

Als letzte Pflichtversicherung trat am 1. Juli 1994 die erste Stufe der gesetzlichen Pflegeversicherung in Kraft, durch die nun ebenfalls das Risiko einer Pflegebedürftigkeit finanziell abgesichert werden soll. Auch hier kommen, wie heute bei der Krankenversicherung, Arbeitnehmer und Arbeitgeber zu jeweils gleichen Teilen für die Finanzierung auf. Mit dieser fünften Säule ist das Gebäude der sozialen Absicherung, für das Bismarck im Jahr 1883 den Grundstein gelegt hatte, nach über 100jähriger Bauzeit fertiggestellt.

## ANWALT DER ARMEN

*Der 1821 geborene Berliner Arzt und Anthropologe Rudolf Virchow (Foto) kämpfte nicht nur gegen Krankheiten, sondern als Politiker auch für die Verbesserung der Lebensumstände der kleinen Leute, die in den städtischen Elendsquartieren ihr Dasein fristeten. Solche verwahrlosten Behausungen waren Brutstätten von Krankheiten und chronischen Leiden. Bereits in jungen Jahren forderte Virchow eine umfassende medizinische Grundversorgung der Bevölkerung. Seine Erkenntnisse beeinflußten nachhaltig die Hygienegesetzgebung im Kaiserreich. So verdankte ihm Berlin seine modernen Wasserleitungen, sein Kanalsystem und die nach neuestem Stand eingerichteten Krankenhäuser. Virchow starb 1902 im Alter von 81 Jahren.*

*Führende Staatsmänner (Bildmitte) kamen 1815 in Wien zusammen, so der französische Diplomat Charles Maurice de Talleyrand, der bayerische Minister Maximilian Graf von Montgelas, der preußische Staatskanzler Karl August von Hardenberg, der österreichische Außenminister Klemens Fürst von Metternich und der Hofrat Friedrich Gentz (von links).*

*Daß der Wiener Kongreß nicht nur Politik machte, sondern auch tanzte, illustriert diese zeitgenössische Karikatur.*

# Der Kongreß tanzt

*Auf dem Wiener Kongreß einigten sich die deutschen Fürsten im Juni 1815 darauf, daß Deutschland kein Nationalstaat, sondern nur ein Bund souveräner Staaten sein sollte.*

**GEBURT UND TAUFE**  Als die Teilnehmer des Wiener Kongresses am 9. Juni 1815 die Abschlußakte verabschiedeten, war dies die Geburtsstunde eines neuen deutschen Staatsgebildes, das die Verhandlungsführer Deutscher Bund tauften. Damit ging ein neunmonatiger Tagungsmarathon zu Ende, an dem Delegationen aus 200 Staaten, Fürstentümern und Städten beteiligt waren.

Eigentlich war der Kongreß in der österreichischen Hauptstadt Wien im September 1814 einberufen worden, um nach den Napoleonischen Kriegen eine stabile Friedensordnung für Europa zu finden. Eine Machtbalance der Großmächte, die Wiederherstellung der politischen Verhältnisse, wie sie vor der Französischen Revolution geherrscht hatten, sowie die Bestätigung der Monarchie als Herrschaftsform waren die wichtigsten Ziele.

Von vornherein stand fest, daß die Neuordnung Deutschlands den Dreh- und Angelpunkt bildete, um diese Ziele zu erreichen. Denn einerseits bestand hier ein Machtvakuum, da das Heilige Römische Reich Deutscher Nation 1806 untergegangen war, als der Kaiser auf Druck Napoleons die deutsche Krone niedergelegt hatte. Andererseits gab es eine deutsche Machtdominanz, weil neben Österreich auch Preußen zu einer Großmacht aufgestiegen war.

**PATRIOTISCHE TRÄUME** Wie also sollte das neue Deutschland aussehen? Während der Befreiungskriege gegen Napoleon waren in vielen Deutschen patriotische Gefühle und der Wunsch nach einem geeinten Vaterland gewachsen. Nationale Ideen hegten auch die beiden preußischen Verhandlungsführer, der tatkräftige Karl August Fürst von Hardenberg und der geistreiche Gelehrte und Politiker Wilhelm von Humboldt. Sie entwickelten die unterschiedlichsten Modelle für eine Vereinigung. Auch der einflußreiche preußische Staatsmann Karl Freiherr vom Stein brachte immer neue Lösungen auf den Tisch, obwohl er nicht in offizieller Mission am Kongreß teilnahm.

Ein Vorschlag war die Teilung in zwei Bundesstaaten, einer unter Preußens und einer unter Österreichs Führung. Ein anderes Konzept war eine Dreiteilung: Preußen, Österreich und das restliche Deutschland unter einem Kaiser vereint. Hardenberg verfocht einen Bundesstaat mit einem Direktorium an der Spitze. Später schlug Stein die Wiedereinführung des Habsburgerkaisertums in ganz Deutschland vor, ohne jedoch Preußens Souveränität anzutasten.

**GEGNER DER EINHEIT** Den Gastgeber des Kongresses, den österreichischen Außenminister Klemens Fürst von Metternich, ließen die Einheitsträume der Preußen kalt. Für ihn war wichtig, daß die Führungsposition der Donaumonarchie in den Entwürfen nicht zu kurz kam und vor allem, daß die europäische Machtbalance nicht gefährdet wurde. Gegen den Einheitsgedanken wehrten sich auch die Groß-

mächte Großbritannien, Frankreich und Rußland, aber ebenso die meisten deutschen Staaten. Sie alle wollten am liebsten nur einen lockeren Zusammenschluß. Die drei großen europäischen Nationen, weil sie ein zu mächtiges Deutschland fürchteten, die kleinen und mittleren deutschen Regenten, weil sie um ihre Souveränität bangten. In diesem Interessengewirr steckten die Verhandlungen fest, Intrigen wurden geschmiedet und Geheimbündnisse geschlossen.

**TANZEN STATT TAGEN** Von derlei Spannungen völlig unberührt, amüsierten sich die Kongreßteilnehmer außerhalb der Kommissionen friedlich und in voller Eintracht und mit ihnen rund 100 000 Gäste, die in ihrem Gefolge gekommen waren. Ein Teilnehmer der Konferenz prägte den ironischen Kommentar: „Der Kongreß schreitet nicht voran, sondern er tanzt."

In Wien wimmelte es in dieser Zeit von Adligen, Offizieren, Kirchenmännern, edlen und halbseidenen Damen, Wissenschaftlern und Quacksalbern, Abenteurern und Hochstaplern. Jeden Tag gab es unzählige Vergnügungen: Empfänge, Banketts, Bälle, Opern- und Theateraufführungen, Paraden, Jagden, Volksfeste und sonstige Attraktionen. Allein zwischen Ende September und Anfang März waren es 63 größere Feste und 1297 Theatervorstellungen. Täglich verschlang der Kongreß etwa 80 000 Gulden, die weitgehend aus dem österreichischen Staatssäckel gedeckt wurden.

**SCHNELLER ENTSCHLUSS** Doch als der selbsternannte französische Kaiser Napoleon, der auf die Insel Elba verbannt worden war, am 1. März 1815 wieder in Frankreich einmarschierte, war allen Tagungsteilnehmern klar, daß die Zeit des Feierns vorbei war. Ein neuer Krieg drohte, eine rasche Lösung war daher geboten. Bereits am 13. Mai einigten sich Preußen und Österreich über ihre zukünftige politische Rollenverteilung in Deutschland. Drei Tage später stimmten die anderen deutschen Staaten dem Entwurf eines künftigen Deutschen Bundes zu. Am 9. Juni wurde dieser vertraglich fixiert und ging als sogenannte Bundesakte in die Schlußerklärung des Wiener Kongresses ein. □

## Enttäuschte Patrioten

Die Gründung des Deutschen Bundes war eine herbe Enttäuschung für alle Patrioten, die sich nichts sehnlicher als ein geeintes Deutschland gewünscht hatten. Die Anhänger eines deutschen Nationalstaates waren damals fortschrittliche Kräfte, die die Schranken der entwicklungshemmenden und oftmals engstirnigen deutschen Kleinstaaterei überwinden wollten. Aber statt des erhofften Bundesstaates war lediglich ein lockerer Staatenbund von 37 souveränen Staaten und den vier Freien Reichsstädten Hamburg, Bremen, Lübeck und Frankfurt entstanden.

Zwar erklärten die Väter des Deutschen Bundes, welch großartige Errungenschaft dieses Staatengebilde für alle Beteiligten sei; in Wirklichkeit existierte es aber mehr auf dem Papier als in der Realität, weil die grundlegenden Voraussetzungen für eine staatliche Einheit fehlten. Es gab weder eine gemeinsame Verfassung noch eine übergeordnete Regierung, denn jeder der kleinen und großen Landesherren fürchtete Eingriffe in seine Hoheitsgewalt. Dementsprechend war auch ein gemeinsames Staatsoberhaupt nicht vorgesehen. Wilhelm von Humboldts erklärtes Ziel, wenigstens einen

*Die Urkunde, mit der die Kongreßbeschlüsse in Kraft gesetzt wurden, trägt auf der linken Seite unten die Signatur des preußischen Verhandlungsführers von Hardenberg.*

schaft in Deutschland kam. Preußen gewann die Auseinandersetzung und löste anschließend den Deutschen Bund nach 51 Jahren auf. Österreich verlor seinen Einfluß in Deutschland und schloß sich ein Jahr später zu einer Doppelmonarchie mit Ungarn zusammen.

## Das Fest auf der Wartburg

Ebenso wie die Sehnsucht nach Einheit blieb auch der Wunsch nach mehr Freiheit und Demokratie durch die rückwärtsgewandte Politik des Deutschen Bundes unerfüllt. Es gab darauf zwei gegensätzliche Reaktionen. Ein großer Teil der Bürger, aber auch Künstler und Dichter wandten sich von der Politik ab und flüchteten in die private Idylle. Bei anderen jedoch, besonders unter Studenten und Gelehrten, loderten vaterländische Gefühle und der Widerstand gegen die Restauration erst recht auf. Sie gründeten Burschenschaften, die erste schon 1815 in Jena, in denen sie liberales und nationales Gedankengut pflegten.

Als die Jenaer Burschenschaft am 18. Oktober 1817 Gleichgesinnte aus ganz Deutschland auf die Wartburg bei Eisenach einlud, um den vierten Jahrestag der Völkerschlacht bei Leipzig und den 300. Jahrestag des Lutherschen Thesenanschlags zu begehen, folgten rund 500 Menschen dem Aufruf. Die Redner des Wartburgfestes forderten einen deutschen Nationalstaat, politische Mitbestimmung des Volkes, die Aufhebung der Leibeigenschaft sowie Presse- und Versammlungsfreiheit. Als einige Studenten am Abend öffentlich Bücher und Uniformstücke verbrannten, gerieten die Burschenschafter und die mit ihnen sympathisierende Turnerbewegung unter Friedrich Ludwig Jahn bei der Obrigkeit in Mißkredit.

## Radikalenerlasse nach einem Attentat

Der Theologiestudent Karl Ludwig Sand hatte als Mitglied der Burschenschaft am Wartburgfest teilgenommen. Als sich die politischen Verhältnisse in Deutschland nun überhaupt nicht im Sinn der Patrioten und Demokraten ver-

---

Bundesgerichtshof einzurichten, scheiterte am Widerstand Bayerns. Selbst eine einheitliche Währung fehlte.

Als einziges staatenübergreifendes Gremium beschlossen die Gründer des Bundes einen Bundestag einzurichten, eine ständige Konferenz der Bevollmächtigten aller Mitgliedsstaaten. Der Gesandtenkongreß tagte in Frankfurt am Main. Wie gering seine Handlungsmöglichkeiten waren, läßt sich daran ersehen, daß er noch nicht einmal das Recht hatte, Gesetze vorzuschlagen. So war es ihm beispielsweise auch aus eigener Kraft nicht möglich, die wirtschaftshemmenden Binnenzölle innerhalb Deutschlands zu beseitigen. Die wenigen Kompetenzen, die der Bundestag hatte, lagen eher in der Außenpolitik. Das war nur logisch, denn der Deutsche Bund war von seinen konservativen Vätern als „beständiger Bund" gedacht, der vor allem der „Sicherheit und Unabhängigkeit Deutschlands" und der „Ruhe und dem Gleichgewicht Europas" dienen sollte.

## Preußen und Österreich ringen um die Vormacht

Im Deutschen Bund gab es zwei Staaten, die aufgrund ihrer Größe und ihres politischen Gewichtes einen Führungsanspruch für sich reklamieren konnten: Österreich und Preußen. Metternich hatte es jedoch geschickt verstan-

den, die österreichische Vormachtstellung zu behaupten, indem er Österreich den ständigen Vorsitz im Bundestag gesichert hatte. Mit der Revolution von 1848 deutete sich eine Wende an. Als der österreichische Staatskanzler im März zurücktreten mußte, ging die Ära Metternich zu Ende. Von da an trat die Konkurrenz zwischen Preußen und Österreich stärker zutage. Die beiden Großmächte suchten jedoch den Ausgleich und vereinbarten in Olmütz 1850 vertraglich eine friedliche Koexistenz.

1851 erhob im Bundestag in Frankfurt ein junger preußischer Gesandter seine Stimme, der auf Konfrontationskurs mit Österreich ging: Otto von Bismarck, Sproß einer märkischen Adelsfamilie. Seine Devise lautete: „Es ist kein Platz für beide in Deutschland, also können wir uns auf Dauer nicht vertragen." 1862 wurde er zum preußischen Ministerpräsidenten ernannt. Nun war er in der Position, die Donaumonarchie nicht mehr nur mit Worten, sondern auch mit Taten in die Ecke zu drängen. Zunächst zwang er die unwilligen Österreicher 1864 unter Verweis auf die vereinbarte Solidarität, mit den Preußen einen Krieg gegen Dänemark um die Herzogtümer Schleswig, Holstein und Lauenburg zu führen. Die anschließenden zweijährigen Querelen über die Aufteilung und Verwaltung der eroberten Gebiete weiteten sich, von Bismarck mit Absicht geschürt, derart aus, daß es 1866 zum Krieg zwischen Preußen und Österreich um die Vorherr-

änderten, faßte er den Plan, einen Mann zu ermorden, den er für einen typischen Vertreter des reaktionären Systems hielt. Am 23. März 1819 erstach er in Mannheim August von Kotzebue, einen Dichter sehr erfolgreicher Lustspiele, der sich in seinem *Literarischen Wochenblatt* über die freiheitlich-nationalen Ideen der Studenten lustig gemacht hatte.

Auf eine Mordtat dieser Art hatte Metternich geradezu gewartet. Wohlweislich ignorierte er, daß dies die einzelne Tat eines geistig Verwirrten gewesen war. Ebenso wie die anderen Regenten bewertete er die Burschenschaften als bedrohlich, umstürzlerisch und „zersetzend", wie er sagte. Die Landesfürsten befürchteten ähnliche Vorkommnisse und eine sich über ganz Deutschland ausbreitende revolutionäre Bewegung. Nach Auffassung des österreichischen Staatskanzlers galt es jetzt, rechtzeitig und energisch zu handeln, um die Ordnung aufrechterhalten zu können.

Also lud Metternich im August 1819 die Vertreter der konservativen Regierungen in den böhmischen Kurort Karlsbad ein. Die dort ausgearbeiteten Radikalenerlasse, die sogenannten Karlsbader Beschlüsse, wurden in der Folgezeit von allen deutschen Staaten akzeptiert. Für die Regierenden lag die Wurzel allen Übels zum einen in den Universitäten, zum andern in der Presse.

Daher setzten die Beschlüsse dort den Hebel an, um vermeintliche Irrlehren und gefährliche Gedanken zu unter-

drücken und wenn möglich auszurotten. Die Universitäten erhielten staatliche Kontrolleure, kritische Professoren wurden entlassen und die Burschenschaften verboten. Auch galten nun strengere Zensurvorschriften. Zeitungen oder sonstige Schriften, die einen Umfang von weniger als 320 Seiten hatten, durften erst nach Genehmigung durch die Landeszensurbehörde gedruckt werden.

In Mainz wurde eine „Centrale Untersuchungskommission" eingerichtet. Sie sollte alle sogenannten Demagogen erfassen, das heißt alle diejenigen, die die Aufsichtsbehörde als eine Gefahr für die öffentliche Ordnung und Sicherheit einstufte. Die Beschlüsse hatten deutlich spürbare Auswirkungen. Viele Professoren verloren ihr Amt, zum Beispiel der Schriftsteller Ernst Moritz Arndt. Hunderte flohen ins Ausland, um der geistigen Enge zu entkommen. Bedenklicher noch war das politische Klima, das dadurch entstand. Die Angst vor Spitzeln war allgegenwärtig, Denunziationen an der Tagesordnung, und die Gerichte verhängten Freiheitsstrafen bis zu 15 Jahren. So wurde auch der Turnvater Jahn 1819 wegen angeblicher hochverräterischer Verbindungen in Berlin angeklagt. Lange Jahre war er in der Festung Spandau inhaftiert.

*Beim Wartburgfest verbrannten Studenten Bücher reaktionärer Autoren als Protest gegen die rückwärtsgewandte Politik im Deutschen Bund.*

*DIE NATIONALFARBEN STEHEN FÜR DEN WUNSCH NACH FREIHEIT.*

## DIE FARBEN SCHWARZ-ROT-GOLD

*Die Herkunft der deutschen Nationalfarben geht auf die Befreiungskriege von 1813/14 gegen Napoleon zurück. Die Farben der Uniformen, die das Lützowsche Freikorps im Kampf für Einheit und Freiheit trug, dienten als Vorbild: schwarze Zivilröcke mit roten Aufschlägen und goldenen Knöpfen.*

*Die Jenaer Burschenschaft, in deren Reihen sich mehrere ehemalige Lützower befanden, übernahm diese Farben und deutete sie so: Schwarz symbolisierte die Knechtschaft, die über Deutschland lag; Rot war das Herzblut, das man für die Freiheit einzusetzen bereit war; und Gold stand für die Morgenröte der Freiheit. Eine solche Fahne schwenkten die Burschenschafter auf dem Wartburgfest 1817. Seit dem Hambacher Fest 1832 waren diese Farben das populäre Symbol der Freiheits- und Einheitsbewegung in Deutschland. In der Frankfurter Paulskirche wurde 1848 Schwarz-Rot-Gold als die deutschen Bundesfarben festgelegt.*

*Das deutsche Kaiserreich wählte nach der Reichsgründung von 1871 bewußt andere Farben, nämlich Schwarz-Weiß-Rot, die aus den schwarzweißen Farben Preußens sowie den rotweißen der Hansestädte hervorgingen.*

*Erst mit der Weimarer Republik 1919 und endgültig 1949 mit der Gründung der Bundesrepublik hat die deutsche Nationalflagge wieder die Farben Schwarz-Rot-Gold.*

## Verfassung statt Gottesgnadentum

Ein Satz war in der Bundesakte niedergeschrieben, an den sich einige kleinere und liberaler gesinnte Landesfürsten erinnerten. In Artikel 13 hieß es: „In allen Bundesstaaten wird eine landständische Verfassung stattfinden." Einer der ersten Fürsten, der seinem Land eine für damalige Verhältnisse sehr freiheitliche Verfassung gab, war 1816 Großherzog Karl August von Sachsen-Weimar. Prompt warf ihm der erzkonservative Metternich vor, er mache aus seinem Land eine Heimstätte der Revolution.

Im Weimarer Parlament waren elf Rittergutsbesitzer vertreten, zehn Bürger und zehn Bauern, die jedoch ein Einkommen von 2000 Talern nachweisen mußten. Die Abgeordneten hatten ein Mitspracherecht bei Gesetzen, beim Haushalt und bei den Steuern. Die Verfassung garantierte außerdem Versammlungs- und Pressefreiheit.

Dem Beispiel Karl Augusts folgten insbesondere die süddeutschen Staaten. In

*Eine Volksmenge versammelte sich vor dem lodernden Braunschweiger Schloß. Im Herbst 1830 vertrieben Aufständische den Despoten Herzog Karl II. und setzten seine Residenz in Brand.*

den Jahren 1818–20 verabschiedeten die Regenten von Baden, Bayern, Württemberg und Hessen-Darmstadt Verfassungen, die eine ständische Volksvertretung vorsahen. Die Abgeordneten dieser Parlamente hatten zwar nur beschränkte Rechte, aber sie konnten von ihrem Rederecht Gebrauch machen und ihre nationalen und liberalen Ideen verfechten.

In keiner dieser Verfassungen wurde jedoch die Herrschaft durch einen Monarchen in Frage gestellt. Aber immerhin räumte zum Beispiel der bayerische König Maximilian I. in der Verfassung vom 26. Mai 1818 ein, daß er nicht mehr der Eigentümer seines Landes sei, sondern nur dessen Organ. Für viele andere Fürsten blieb es allerdings unfaßbar, daß ein Landesherr aus freiem Entschluß seine von Gott gegebene Macht einschränkte.

Die bayerische Verfassung erklärte die Sicherheit des Eigentums, Gleichheit vor dem Gesetz, die Unabhängigkeit der Gerichte und die Mitwirkungsrechte des Volkes zu Grundrechten der Bürger. Diese entsprachen zwar nicht den heutigen Vorstellungen von Demokratie, denn das Wahlrecht blieb nur wenigen vorbehalten. Ingesamt waren die Staaten mit Verfassungen aber Ausnahmen im Deutschen Bund. Auch die Führungsmächte Preußen und Österreich dachten nicht daran, wenigstens dieses Maß an Freiheit und Mitbestimmung zuzulassen.

## Der kurze Sommer der Revolution

Unruhen in Frankreich im Sommer 1830 ließen auch die Unzufriedenheit in Deutschland wiederaufbrechen. Die Revolutionäre in Paris stürzten den französischen König Karl X., und die Bürger setzten an seiner Stelle Herzog Louis Philippe von Orléans als König ein. Diese Vorgänge ermutigten liberal gesinnte Bürger und Bauern, Handwerker und Gelehrte in Deutschland, sich ebenfalls zu erheben. Denn unter der Oberfläche einer scheinbaren Ruhe, die seit den Karlsbader Beschlüssen herrschte, gärte noch immer freiheitliches Gedankengut.

Die Aufständischen in vielen deutschen Staaten wie Braunschweig, Sachsen, Kurhessen, Hessen-Darmstadt, Baden und Bayern forderten, wie schon so oft in der Vergangenheit, eine freie Presse und freie Meinungsäußerung, liberale Verfassungen, mehr Mitbestimmungsrechte, sie verlangten aber auch wirtschaftliche Reformen. Zölle sollten aufgehoben und die schwere Steuerlast der Untertanen erleichtert werden.

Die dramatischsten Szenen spielten sich vom 7. auf den 8. September 1830 im Herzogtum Braunschweig ab. Dort wurde Herzog Karl II., ein verhaßter Despot, durch einen Volksaufstand gestürzt, bei dem die Aufständischen das Schloß in Flammen aufgehen ließen. Die Landstände beriefen seinen Bruder Wilhelm auf den Thron. Dieser erließ später eine Verfassung, die den Bürgern und Bauern mehr Einfluß auf die Regierung gewährte.

Aus Angst vor ähnlichen Umstürzen gaben die meisten anderen deutschen Fürsten den Forderungen der Aufrührer zumindest teilweise nach, milderten die Zensur und erließen Verfassungen. Damit besänftigten sie zwar die aufgebrachten Untertanen, aber oftmals waren die Verfassungen so gehalten, daß sich in der Praxis für die Bürger nur wenig änderte.

Doch schon am 31. Oktober machte der Bundestag in Frankfurt den Freiheitsbestrebungen ein Ende. Er beschloß „Maßregeln zur Herstellung und Erhaltung der Ruhe in Deutschland". Die Überwachung durch die Polizei und die Demagogenverfolgung wurden verschärft. Diese Reaktion hatte der Dichter Ludwig Börne vorausgesehen. In einem Brief aus Paris hatte er angesichts der Aufstände in Deutschland bereits im Juli geschrieben: „Die Rache der Regierungen wird schrecklich sein. Ich bin froh, daß ich weg bin."

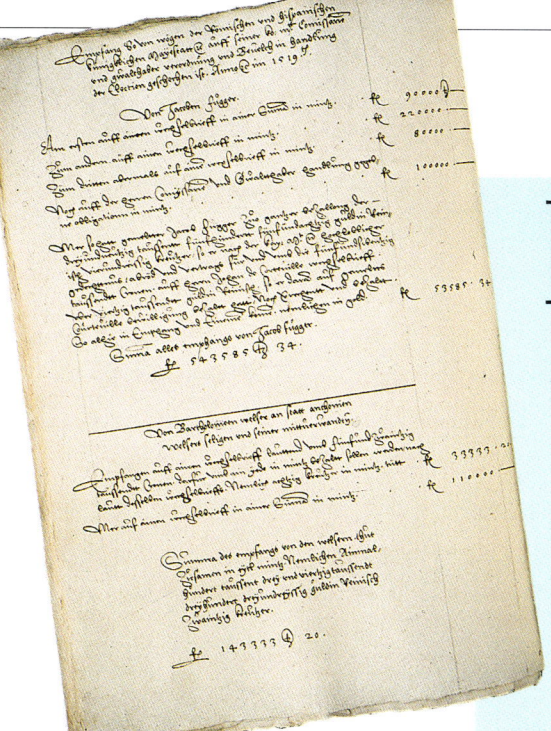

*Die Fugger führten genau Buch über die Gelder, die das Haus Karl V. zu seiner Kaiserwahl vorstreckte.*

# Lohnendes Geschäft

*Mit dem Geld der Fugger erlangte Karl V. 1519 die Kaiserkrone. Die Augsburger Kaufleute stiegen damit zur Handelsmacht auf, während das Reich in den Wirren europäischer Politik versank.*

**ENDSPURT** In den letzten Junitagen des Jahres 1519 wuchs die Spannung in Frankfurt täglich, denn die sieben Kurfürsten des Reiches waren in der Stadt, um einen neuen Kaiser zu wählen. Um dieses glanzvolle Amt bewarben sich zwei Herrscher: König Karl I. von Spanien und König Franz I. von Frankreich. Ein deutscher Fürst hatte sich nicht zur Wahl bereitgefunden.

Karl I. entstammte dem Haus der Habsburger und hatte durch glückliche Erbschaften schon ein großes Herrschaftsgebiet erlangt: Neben Spa-

nien gehörten Süditalien, die österreichischen Erbländer und Burgund dazu. Mit Deutschland und der Kaiserkrone würde Karl den Großteil der damals bekannten Welt beherrschen, ein Ziel, das er durchaus im Kalkül hatte. Gerade diese Machtfülle hatte aber Franz I. auf den Plan gerufen, denn Frankreich drohte von den Habsburgern umstellt zu werden.

Schon lange vor dem eigentlichen Wahltermin hatten die beiden Kandidaten um die Gunst der Kurfürsten gebuhlt – mit Geld, Ehrengeschenken und Gebietszusagen. Am Ende wählten die Kurfürsten am 28. Juni 1519 den Habsburger einstimmig als Karl V. zum Kaiser. Er hatte ihnen mehr Geld geboten als sein Konkurrent und erschien ihnen aufgrund seiner vielfältigen Verpflichtungen weniger gefährlich für ihre eigenen Interessen als der französische König.

**HOHER PREIS** Doch Karl V. wurde für das Entgegenkommen der Kurfürsten zweifach zur Kasse gebeten. Zum einen kosteten ihn die Wahlgeschenke insgesamt 852 000 Gulden, nach heutiger Kaufkraft ein Betrag in zigfacher Millionenhöhe, den er sich zum größten Teil vom Augsburger Kaufmann Jakob Fugger geliehen hatte. Zum andern mußten Karls Bevollmächtigte die sogenannte Wahlkapitulation unterzeichnen. In diesem Vertrag versuchten die Kurfürsten, ihre Machtposition in Deutschland zu stärken.

Karl V. erhielt die Nachricht von seiner Wahl zum Kaiser in Spanien. Im Oktober 1520 betrat er dann erstmals deutschen Boden und wurde nach alter Tradition und Sitte feierlich in Aachen gekrönt. ☐

*Karl war 19 Jahre alt, als er zum Kaiser gewählt wurde. Der in Gent geborene und am dortigen Hof erzogene junge Herrscher sprach kein Wort Deutsch. Bereits seit seinem 16. Lebensjahr residierte er in Spanien, wo man ihn zum König gekrönt hatte.*

## Dauerfehde zwischen Frankreich und dem Reich

**K**arl V. sah seine vordringliche Aufgabe darin, die Vorherrschaft in Europa zu erringen und das mittelalterliche Heilige Römische Reich mit Deutschland und Italien als Zentrum wieder zu neuem Leben zu erwecken. Mit diesem Anspruch auf universelle Herrschaft rief er aber sofort den heftigen Widerstand der anderen Staaten in Europa hervor, vor allem den Frankreichs. So kam es zwischen 1521 und 1544 zu insgesamt vier Kriegen gegen den französischen König Franz I.

Am heftigsten umkämpft war Italien, wo beide Seiten dynastische Interessen zu verteidigen hatten. 1521 fiel das reiche Mailand, bis dahin unter französischer Herrschaft, den kaiserli-

*In ihrer bunten und verwegenen Aufmachung verbreiteten die osmanischen Krieger unter den Mitteleuropäern Furcht und Schrecken.*

chen Truppen in die Hände. Doch drei Jahre später drang Franz I. mit einer gewaltigen Streitmacht in Oberitalien ein, eroberte Mailand zurück und belagerte die kaiserlichen Truppen in Pavia.

Erst als starke deutsche und italienische Landsknechtverbände den Franzosen in den Rücken fielen, wandte sich das Blatt. Am 24. Februar 1525 wurde die französische Armee vernichtend geschlagen. Franz I. geriet in Gefangenschaft und wurde nach Madrid gebracht. Doch erst nach einem Jahr einigten sich die Kontrahenten auf einen Friedensvertrag, in dem sich Franz I. verpflichtete, auf Italien, das Herzogtum Burgund und die Oberhoheit über Flandern und das Artois zu verzichten.

Kaum hatte man Franz I. aus der Gefangenschaft entlassen, erklärte er den Friedensvertrag als erzwungen und daher für nichtig. Statt dessen schloß er mit den Städten Mailand, Florenz und Genua ein Bündnis gegen den Kaiser. Die Dauerfehde zwischen Karl V. und Franz I. währte mit wechselnden Bündnissen und militärischen Erfolgen bis zum Frieden von Crépy im Jahr 1544. Das komplizierte Vertragswerk, das erst nach langen

## SIEGESZUG DER KAFFEEBOHNE

*KAFFEEMÜHLEN WAREN IM 18. JAHRHUNDERT EIN SELTENER LUXUS.*

*Mit den osmanischen Eroberungen auf dem Balkan gelangte auch der Kaffee nach Mitteleuropa. 1683 belagerten die Muslime Wien, die Lage für die Eingeschlossenen war kritisch. Da erbot sich der Wiener Georg Franz Kolschitzky, als Kurier durch die muslimischen Reihen zu schleichen, um Hilfe zu holen. Der Plan gelang. Als Dank für seinen Kurierdienst erbat sich – so die Legende – Kolschitzky die Säcke mit den Kaffeebohnen, die die Osmanen in ihrem Heerlager zurückgelassen hatten. Er röstete die grünen Bohnen, mahlte sie und goß das Pulver mit heißem Wasser auf. Bald wurde das Gebräu in Wien und im ganzen Reich zum Modegetränk.*

und harten Verhandlungen zustande kam, regelte in 53 Artikeln die gegenseitigen Gebietsansprüche.

Mit den vier Kriegen gegen Frankreich war Kaiser Karl V. seinem eigentlichen Ziel, die Vormachtstellung in Europa zu erringen, kaum näher gekommen. Statt dessen hatte er sich zwei zusätzliche Sorgen eingehandelt. Zum einen stand er tief in der Schuld der Fugger, die einen großen Teil der Kriege finanziert hatten, zum andern hatte er durch seine Abwesenheit das Reich so vernachlässigt, daß die Reformationsbewegung Fuß fassen konnte. Erst mit dem Friedensvertrag von Crépy hatte Karl V. den Rücken frei, um sich voll und ganz dem innenpolitischen Gegner, den Protestanten, die die Einheit im Reich bedrohten, widmen zu können.

## Die Osmanen vor Wien

Aus den Kriegen zwischen Kaiser Karl V. und König Franz I. zog eine dritte Macht großen Nutzen: das Osmanische Reich. „Das ungläubige Deutschland", so formulierte es damals eine osmanische Chronik, sollte dem rechten Glauben, dem Islam, zugeführt werden. Und so drangen osmanische Truppen unter der Führung des Sultans Süleiman II. immer häufiger von Konstantinopel über den Balkan nach Mitteleuropa vor.

Nachdem die Ungarn in der Schlacht von Mohács im Jahr 1526 besiegt worden waren, fiel den Habsburgern die Verteidigung des Kaiserreiches gegen die Muslime zu. So setzte sich drei Jahre später Ferdinand, der Bruder Kaiser Karls V., erfolgreich gegen die Osmanen zur Wehr, die mit 250 000 Soldaten Wien belagerten. Wieder waren es die Fugger, die das notwendige Geld für Waffen, Pferde und Söldner zur Verfügung stellten.

Doch die osmanische Gefahr war damit noch nicht gebannt. Im Gegenteil: 1536 verbündete sich Frankreich sogar zeitweilig mit dem Sultan gegen den Kaiser. Karl V. mußte herbe Niederlagen einstecken. Während seine Flotte 1540 in der Seeschlacht bei Prevesa der osmanisch-französischen Allianz unterlag, mußte ein 60 000 Mann starkes Reichsheer die Belagerung der von Osmanen besetzten ungarischen Stadt Ofen ergebnislos abbrechen. In den folgenden Jahren eroberten die Truppen Süleimans II. den größten Teil Ungarns; Siebenbürgen wurde gar zur osmanischen Provinz. Erst im Jahr 1555 kam es zu einem vorläufigen Frieden.

## Die Augsburger Fugger – Handelsmacht in Europa

Die Finanzierung der Wahl Karls V. zum Kaiser bedeutete für den ehrgeizigen und vorausschauenden Kaufmann Jakob Fugger einen einträglichen Wechsel auf die Zukunft und sicherte dem Augsburger Handelshaus auf Jahre hinaus lukrative Geschäfte.

Jakob Fugger hatte schon Kaiser Maximilian I., dem Großvater von Karl V.,

großzügig Kredite gewährt und dafür die ertragreichen Bergbaurechte in Tirol, Kärnten und Ungarn erworben. Binnen weniger Jahre eroberte er auf diese Weise eine Monopolstellung auf dem europäischen Kupfermarkt und machte auch mit dem Abbau und dem Vertrieb von Silber und Blei gewaltige Gewinne. Immer wieder griff Jakob Fugger dem Kaiser, der sich aufgrund seiner politischen Unternehmungen ständig in Geldschwierigkeiten befand, finanziell unter die Arme und wurde dafür in den Reichsgrafenstand erhoben.

Daneben finanzierte er zu einem erheblichen Teil den außerordentlich gewinnbringenden Ablaßhandel der Päpste. Kein Wunder also, daß der geschäftstüchtige Kaufmann und Bankier auch bei den Papstwahlen kräftig mitmischte. Während der 40 Jahre, in denen er – von 1485 bis zu seinem Tod 1525 – das Augsburger Handelshaus leitete, verzehnfachte er das Vermögen der Familie. Als Jakob der Reiche ging er in die Geschichte ein und hinterließ ein Vermögen von 2 Millionen Gulden, eine für damalige Verhältnisse unvorstellbar hohe Summe.

Anton Fugger, sein Neffe und Nachfolger, dehnte den Handel für kurze Zeit auch auf Übersee aus und erlangte das Monopol im Quecksilbergeschäft. Doch wichtiger waren weiterhin die Geschäfte mit den Mächtigen der Zeit, denen der

*Der erfolgreiche Kaufmann und Bankier Anton Fugger (rechts) war so reich, daß er es sich leisten konnte, die Schuldscheine Kaiser Karls V. einfach zu verbrennen.*

Bankier zu Vorzugskonditionen Geld zur Verfügung stellte. Er vergrößerte die Besitzungen der Familie erheblich. So erwarb er mehrere Herrschaften um Babenhausen und Kirchheim in Schwaben.

Die Nachfolger von Anton Fugger bewiesen wesentlich weniger Geschick als Kaufleute und Bankiers. Als dann auch noch die großen Schuldner – allein die spanische Krone hatte bei den Augsburger Bankiers Schulden in Höhe von rund 6 Millionen Dukaten – ihren Rückzahlungen nicht nachkamen, bahnte sich für das Bankhaus der geschäftliche Ruin an. Ganz unauffällig verabschiedeten sich die Fugger, einst die heimlichen Herrscher Deutschlands, im 17. Jahrhundert von der Bühne des europäischen Finanzwesens.

Geblieben bis zum heutigen Tag ist allerdings die Fuggerei in Augsburg, eine Siedlung für arme, unschuldig in Not geratene Augsburger Katholiken, die Jakob der Reiche im Jahr 1516 gestiftet hatte. Noch heute können sozial schwache Bürger in der wohl ältesten Sozialsiedlung der Welt für die symbolische Jahresmiete von 1,72 D-Mark in den kleinen Häusern wohnen.

*Im Rathaus von Münster schlossen die Delegierten 1648 den Westfälischen Frieden (ganz oben). Der Kurfürst von Sachsen erhielt, wie alle anderen Unterzeichner, eine eigens angefertigte Urkunde (oben).*

# Schwieriger Frieden

*Bis zuletzt rangen die Delegierten um die Einzelheiten des Westfälischen Friedens, der 1648 den Dreißigjährigen Krieg beendete und Deutschland in mehr als 300 selbständige Staaten aufsplitterte.*

**MIT PAUKEN UND TROMPETEN** Das Zeremoniell stand bereits fest: Am Sonnabend, dem 24. Oktober 1648, sollten um die Mittagszeit in Münster Salutschüsse donnern, Kirchenglocken läuten, Pauken ertönen und Trompeten erschallen, während im Bischofshof in einem feierlichen Festakt 18 Delegierte der deutschen Reichsstände Unterschrift und Siegel unter die Vereinbarungen eines Abkommens setzen würden, das den Dreißigjährigen Krieg beenden sollte.

Die Freudenkundgebungen indes blieben aus, und die Ständevertreter warteten vergebens. Denn noch rangen die Abgesandten der kriegführenden Mächte um einzelne Bestimmungen des Friedens. Sollte er tatsächlich scheitern? Es sah ganz danach aus.

Doch endlich, buchstäblich in aller-letzter Minute, fand man einen Kom-promiß, und die Zeremonie konnte stattfinden. Um die zwischen Franzo-sen und Schweden heftig gepflegten Rangstreitigkeiten auszuschalten, sah das Protokoll vor, daß diese zwei Staa-ten das Abkommen, das aus zwei gleichlautenden Dokumenten be-stand, getrennt unterschrieben, wes-halb beide Delegationen mit großem Gefolge bei unterschiedlichen Gesand-ten Kaiser Ferdinands III. vorfuhren.

**PROTOKOLLFRAGEN** Nachdem man die üblichen Höflichkeiten ausgetauscht und der Etikette Genüge getan hatte, nahmen die Delegationsleiter – der schwedische und der kaiserliche im Haus des Münsteraner Propstes, der französische und ein anderer Vertreter des Kaisers in einem Gebäude der Dompropstei – jeweils ihr Exemplar der Verträge zur Hand, um es noch ein-mal Wort für Wort zu vergleichen, während der lateinische Text vorgele-sen wurde. Feierlich setzten darauf der Schwede in der einen, der Franzose in der anderen kaiserlichen Unterkunft ihre Unterschrift und ihr Siegel unter die Dokumente. Danach verabschiede-ten sie sich von ihren kaiserlichen Ver-tragspartnern, um diese eine Stunde später in ihrem eigenen Domizil mit dem gleichen Zeremoniell zu empfan-gen. Diesmal signierten und besiegelten die Unterhändler des Kaisers die beiden Verträge. Jetzt konnten endlich auch die Abgesandten der Reichs-stände im Bischofshof das Friedens-abkommen unterzeichnen, und gegen 20 Uhr waren die Salutschüsse der 70 Kanonen der Befestigungsanlage von Münster zu hören.

**FROHE KUNDE** Am nächsten Morgen fand im Dom ein feierlicher Gottes-dienst statt, an dem auch der Magi-strat der Stadt teilnahm. Unterdes-sen rüstete die Bevölkerung der Stadt zu einem prächtigen Freu-denfest. Während sich in den Straßen die Menschen dräng-ten, traten im Domhof 2400 Mann der Bürgerwehr zur Pa-rade an, und auf dem Markt-platz sorgten angeworbene Söldner in ihren farbenpräch-tigen Uniformen für Unterhal-tung und Kurzweil. Am späten Vormittag verlas dann auf dem

*Diese Gedenkmünze erinnert an den Abschluß des Westfälischen Friedens, der Deutschland endlich von Not und Elend des Krieges befreite.*

Marktplatz, der in einem Meer von gelbrotweißen Fahnen, den Farben der Stadt Münster, versank, ein Herold dem wartenden Volk die frohe Kunde von dem lang ersehnten Frieden. Der Dreißigjährige Krieg, der 1618 mit dem Prager Fenstersturz begonnen hatte, war nun endgültig zu Ende.

**30 JAHRE KRIEG** Der bewaffnete Auf-stand der böhmischen Protestanten gegen die Katholiken hatte sich damals rasch zum Reichskonflikt ausgeweitet, der bald darauf immer größere Kreise zog. 1625 hatte Dänemark und fünf Jahre später auch Schweden in die Auseinandersetzungen eingegriffen, da sich beide Mächte politische Vor-teile in diesem Konflikt verspra-chen. Als dann 1635 Frankreich, das einen übermächtigen Kaiser fürchtete, an der Seite Schwedens in den Krieg eintrat, war er schließlich zu einer eu-ropäischen Auseinandersetzung ge-worden, bei der es um die Vormacht-stellung auf dem Kontinent ging.

**ZWEI VERTRÄGE** Der Friedensvertrag im katholischen Münster beendete nun formell den Krieg zwischen Kaiser Ferdinand III. und dem französischen König Ludwig XIV. und ihren jeweili-gen Verbündeten. Ihm vorausgegan-gen war der Friedensschluß zwischen dem Kaiser und der schwedischen Kö-nigin Christine und ihren Alliierten, der wenige Tage zuvor im benachbarten, aber protestantischen Osnabrück un-terzeichnet worden war. Beide Do-kumente stimmten in wesentlichen Punkten miteinander überein und be-siegelten gemeinsam den Westfäli-schen Frieden. ☐

## Sieg der Fürsten über den Kaiser

*I*m Westfälischen Frieden wurde die Reichsverfassung umgestaltet und das Verhältnis zwischen dem Reich, re-präsentiert durch den Kaiser, und den Reichsständen – den geistlichen und weltlichen Fürsten sowie den Reichsstäd-ten – zugunsten der Stände neu geregelt. Schon die Tatsache, daß der Kaiser sie auf französischen und schwedischen Druck an den Friedenskonferenzen teil-nehmen lassen mußte, hatte den Stän-den ein stärkeres politisches Gewicht verlie-hen. Es war fortan nicht mehr das allei-nige Recht des Kaisers, Beziehungen zu fremden Mächten zu pflegen und die Außenpolitik zu bestimmen. Die Reichs-fürsten waren in Münster und Osnabrück an der Ausarbeitung der Verträge be-teiligt gewesen und hatten sie mit unter-zeichnet.

Die Reichsstädte erhielten das volle Stimmrecht im Reichstag, der Versamm-lung der Stände, in der sie bisher nur ein Mitspracherecht gehabt hatten. Vom Kai-ser erlassene Reichsgesetze sowie Ent-scheidungen über Krieg und Frieden und militärische Maßnahmen bedurften von nun an der Zustimmung der Reichs-stände. Die Reichsfürsten waren nun-mehr auch berechtigt, Bündnisse unter-einander und mit auswärtigen Staaten einzugehen, mit der Einschränkung, daß sich diese Abkommen jedoch nicht gegen Kaiser und Reich richten durften. Daß dies eine Leerformel und politisch ohne jede Bedeutung war, sollte sich in der Zu kunft zeigen.

Durch diese Rechte und die ihnen über ihre Gebiete zugestandene Landeshoheit wurden die Landesherren völlig unab-hängig von der kaiserlichen Zentralge-walt. Sie konnten nun in ihren Ländern eigene Steuer- und Finanzpolitik betrei-ben, Recht sprechen und Gesetze er-lassen. Von der einstigen Machtfülle des Kaisers war kaum noch etwas übriggeblieben. Während die gro-ßen Länder wie Brandenburg-Preußen, Bayern oder Sachsen zu souveränen Staaten aufstiegen, behielt das Reich für die mehr als 300 kleineren Herrschaften mit ihren teilweise verstreuten Besit-zungen seine Bedeutung, indem es ihnen militärischen Schutz und po-litischen Rückhalt bot. Eine ge-meinsame Außenpolitik konnte das auf diese Weise zersplitterte Reich allerdings nicht mehr betreiben, und das war ganz im Sinn der ausländi-schen Vertragspartner.

## Bayern – eine neue Macht in Deutschland

Die Bestimmungen des Westfälischen Friedens legten fest, daß alle am Krieg Beteiligten, auch die vom Kaiser Geächteten, straffrei ausgehen sollten. Der Territorialbesitz der Fürsten wurde so wiederhergestellt, wie er zu Beginn des Krieges im Jahr 1618 bestanden hatte. Allerdings gab es einige bedeutsame Ausnahmen.

Der eigentliche Nutznießer des Dreißigjährigen Krieges war Bayern. Es durfte seine Kriegsbeute, die Oberpfalz, behalten. Auch die Kurwürde, durch die der bayerische Herzog Maximilian I. zum Kurfürsten aufgestiegen war, beließ man dem Wittelsbacher. Dafür wurde als achtes Kurfürstentum die Unterpfalz geschaffen und dem Sohn des vom Kaiser geächteten Kurfürsten Friedrich V., der 1619 den Krieg begonnen hatte, zurückerstattet.

Das Kurfürstentum Brandenburg, das Vorpommern an Schweden verlor, erhielt als Ausgleich dafür Hinterpommern, die Bistümer Minden, Halberstadt und Kammin sowie das Recht auf den Besitz des Erzbistums Magdeburg, das zu diesem Zeitpunkt noch von Sachsen verwaltet wurde und erst 1680 an die Hohenzollern fiel. Der sächsische Kurfürst durfte die im Krieg gewonnene Ober- und Niederlausitz behalten und vergrößerte damit sein Staatsgebiet immerhin um etwa ein Drittel.

## Gebietsverluste des Reiches

Neben großen Geldbeträgen mußte das Reich laut dem Friedensvertrag erhebliche Gebiete an die Siegermächte Frankreich und Schweden abtreten, die damit ihr Kriegsziel, die kaiserliche Macht zu schwächen, erreicht hatten.

Frankreich bekam die zehn elsässischen Reichsstädte und den Sundgau zugesprochen und erhielt die beiden strategisch wichtigen rechtsrheinischen Festungen Breisach und Philippsburg sowie endgültig die Bistümer Metz, Toul und Verdun, die es schon besetzt hielt.

Schweden erhielt an der Ostsee Vorpommern mit der Insel Rügen, die Hafenstädte Stettin und Wismar sowie das Stift Verden und das Erzbistum Bremen, allerdings ohne die Stadt. Es kontrollierte nun die wegen der Seezölle außerordentlich wichtigen Flußmündungen von Oder, Elbe und Weser. Zudem besaß es im Reichstag ein Mitspracherecht bei Reichsangelegenheiten, denn die schwedische Königin gehörte jetzt aufgrund ihrer deutschen Besitzungen dem deutschen Fürstenstand an. Darüber hinaus erlangte der nördliche Teil der Niederlande, die sogenannten Generalstaaten, seine Souveränität und schied aus dem Reichsverband aus. Auch die Schweiz, die im Krieg neutral geblieben war, wurde unabhängig.

Durch die Gebietsabtretungen wurde die Position des Reiches im Kreis der europäischen Staaten empfindlich geschwächt, was wiederum den einzelnen deutschen Landesfürsten zugute kam; deren Machtstellung wurde dadurch gestärkt. Nicht mehr die Dynastie der Habsburger war nun die beherrschende Macht in Europa, sondern die Könige von Frankreich.

## Gleichberechtigung der Religionen

Der Dreißigjährige Krieg hatte als Konfessionsstreit begonnen, als sich die Protestanten in Böhmen gegen die Unterdrückung ihrer Religion wehrten. 1630 war Schweden als Schutzmacht der Protestanten in den Krieg eingetreten, während der Kaiser und seine katholischen Verbündeten für die Rekatholisierung ganz Deutschlands kämpften. Die Religionsfrage stellte deshalb bei den Verhandlungen zum Westfälischen Frieden ein zentrales Thema dar.

Mit den Mitteln des Krieges hatte die kaiserliche Partei ein katholisches Deutschland nicht durchsetzen können, und sie erreichte es auch nicht auf diplomatischem Weg. Der Friedensvertrag von Osnabrück schrieb die Gleichberechtigung der Konfessionen in Deutschland fest, wobei erstmals auch der Calvinismus anerkannt wurde. Weiterhin galt die Bestimmung des Augsburger Religionsfriedens von 1555, daß die Untertanen die Religion ihres Landesherrn anzunehmen hätten; sie wurde allerdings eingeschränkt, indem man den 1. Januar 1624 als Stichtag für das Bekenntnis festsetzte. Einem Religionswechsel des Landesherrn nach diesem Datum brauchte sich die Bevölkerung nicht mehr anzuschließen, und auch diejenigen, die ihre Religionszugehörigkeit beibehalten wollten, durften nicht mehr zur Auswanderung gezwungen werden.

1624 hatte man als Stichjahr gewählt, weil der Kaiser erst danach Norddeutschland erobert und rekatholisiert hatte. Das Datum bezog sich auch auf die geistlichen Güter, die während der Reformation in protestantischen Besitz übergegangen waren und die der Kaiser ab 1629 den ehemaligen Besitzern zurückzugeben begonnen hatte.

Auf Reichstagen sollten Religionsangelegenheiten in Zukunft nach Konfessionen getrennt behandelt und nur in ge-

*Von 1663 bis zum Ende des Reiches 1806 hielten die Stände ihre Sitzungen mit wenigen Ausnahmen im Reichssaal des Alten Rathauses in Regensburg ab.*

Einer der Gewinner des Krieges war der bayerische Kurfürst Maximilian I., der sich gern als siegreicher Schlachtenlenker im Harnisch vor seinem Feldherrnzelt darstellen ließ (links).

Unter den Schrecken des Krieges hatte vor allem die Bevölkerung zu leiden. Tausende von Kriegsinvaliden mußten ein kümmerliches Dasein als Bettler fristen (unten).

genseitigem Einvernehmen entschieden werden. Institutionen des Reichstages mußten paritätisch besetzt werden. Durch diese Regelungen hatte der Kaiser seine absolute Autorität in Glaubensfragen verloren, Kaiser und Reich wurden als Schiedsinstanzen ausgeschlossen. Die Religionspolitik war fortan Aufgabe der Landesherren, die damit ein weiteres Stück Unabhängigkeit erreicht hatten.

## Verwüstetes und ausgeblutetes Land

D ie wirtschaftlichen und sozialen Auswirkungen des Dreißigjährigen Krieges waren katastrophal. In den besonders heimgesuchten Gebieten – vor allem Pommern, Mecklenburg, Böhmen, Brandenburg, Thüringen und Südwestdeutschland – waren 50 bis 70 Prozent der Einwohner Hungersnöten und Seuchen wie Typhus oder Beulenpest zum Opfer gefallen. Besonders betroffen war das flache Land. Schätzungen zufolge betrug der Bevölkerungsverlust auf dem Land 40, in den Städten 33 Prozent. Die Bevölkerungszahl war im ganzen Reich von rund 16,5 Millionen im Jahr 1618 auf 10,5 Millionen 1648 gesunken.

Bauernhöfe und ganze Dörfer waren zerstört und verlassen, weite Landstriche verwüstet, und die Landwirtschaft lag danieder. Der größte Teil der Adelsgüter war nur noch ein Viertel bis halb soviel wert wie vor dem Krieg. Kriegsgewinner waren unter anderem Spekulanten, die sich skrupellos Güter und Land aneigneten. Die Verlierer hingegen – Vertriebene, Invaliden, ausgemusterte Soldaten, verarmte Bauern und Städter – wurden zu Tagelöhnern oder rotteten sich zusammen und machten die Straßen unsicher. Das Räuberunwesen blühte auf in Deutschland. Von Plünderungen, Brandschatzungen sowie Einquartierungen und Abgaben an die Truppen waren auch die Städte nicht verschont geblieben. Hier herrschten ebenfalls Not und Elend, die Produktionsstätten waren größtenteils zerstört, Kapital fehlte, und die alten Handelsverbindungen existierten nicht mehr. Es war nun Aufgabe der Landesherren, in ihren Ländern den Wiederaufbau in die Wege zu leiten.

# Siegeszug der Wissenschaft

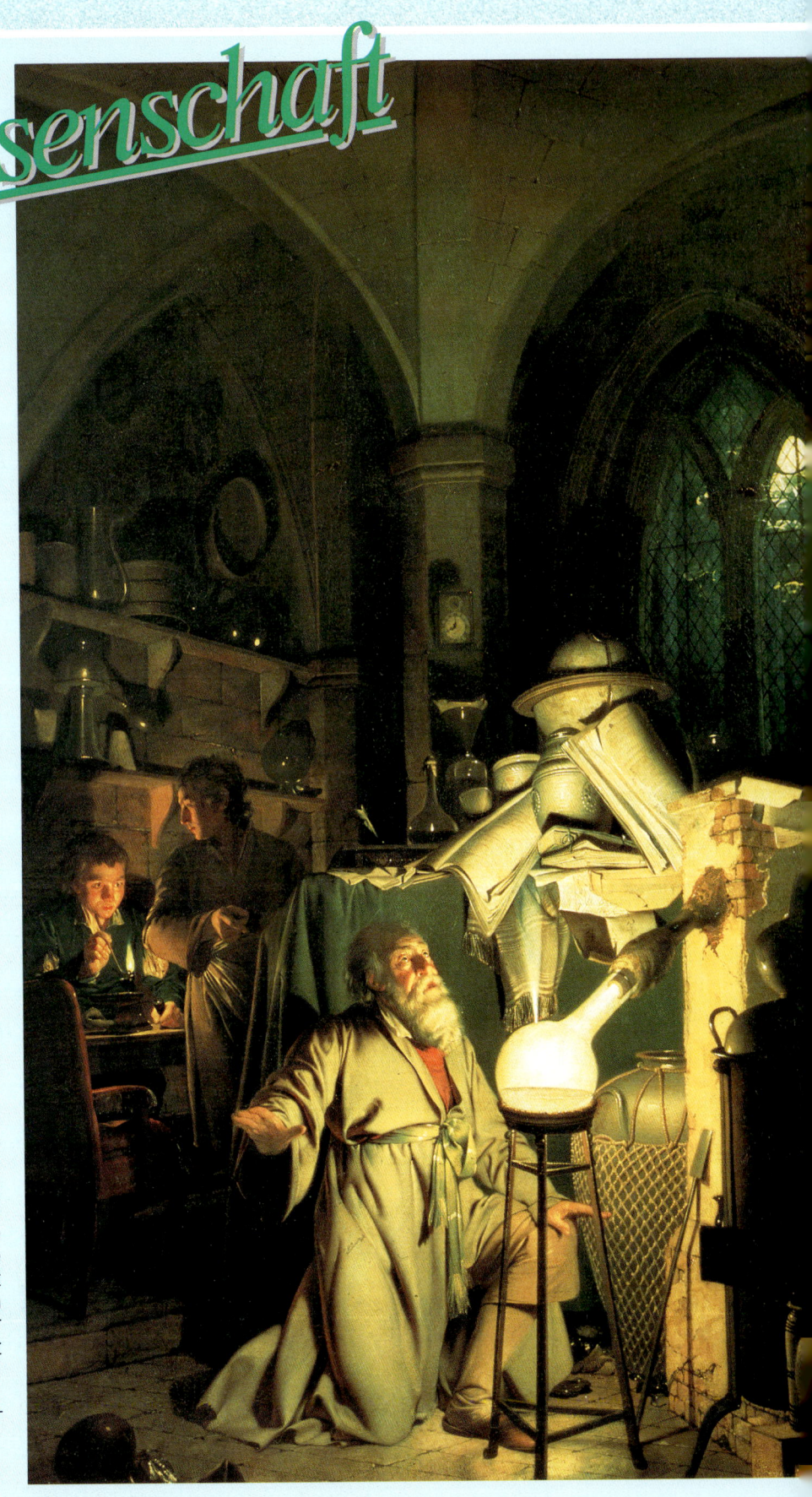

Der Wunsch, die Vorgänge in der Natur zu verstehen, ist so alt wie die Menschheit selbst. Aber es dauerte lange, bis nicht mehr die Kirche und die Schriften der alten Griechen die allein gültige Antwort auf die vielen Fragen gaben, die die Menschen beschäftigten. Ab dem 17. Jahrhundert setzte in der Naturwissenschaft in Deutschland eine Entwicklung ein, die das gesamte Denken veränderte.

Die Forscher benutzten ihren kritischen Verstand und leiteten aus ihren Beobachtungen und Versuchen naturwissenschaftliche Erkenntnisse ab. Die neue aufgeklärte Zeit orientierte sich an der Maxime des schwäbischen Astronomen Johannes Kepler, daß in der Naturwissenschaft die Vernunftgründe gewichtiger seien als die Überzeugungen der theologischen Autoritäten. Durch die Erfindung des Mikroskops erkannte man die Vielfalt des Lebens im kleinen, und das im 17. Jahrhundert entwickelte Fernrohr zeigte, daß die Sonne ein Stern unter vielen und der Mensch nicht der Mittelpunkt des Universums ist.

Der rastlose Forscherdrang der Wissenschaftler führte zu Ergebnissen, die sich heute noch niederschlagen. Der Universalgelehrte Gottfried Wilhelm Leibniz bewies, daß man jede Zahl durch die Symbole 0 und 1 darstellen kann, eine Erkenntnis, die heute in der Computertechnik angewendet wird, und konstruierte eine Rechenmaschine, die dividieren und multiplizieren konnte; Daniel Gabriel Fahrenheit aus Danzig entwickelte ein Thermometer mit einer Skala, wie sie heute noch in den USA benutzt wird, und der Magdeburger Otto von Guericke demonstrierte mit Hilfe der selbstgebauten Luftpumpe die Kraft des atmosphärischen Drucks.

*HEUREKA!* *Der Hamburger Alchimist Henning Brand entdeckte 1669 das Phosphor.*

**ASTRONOMIE** Die Beobachtung der Himmelskörper erforderte spezielle Meßinstrumente (oben).

**ANSCHAUUNGSUNTERRICHT** In unzähligen Gesprächen erläuterte Leibniz seinen fürstlichen Gönnern die Ergebnisse seiner Forschung (oben links).

**ROLLSTUHL** Der an beiden Beinen gelähmte Uhrmacher Stephan Farffler konstruierte einen dreirädrigen Wagen, der mit den Armen angetrieben wurde (Mitte links).

**VAKUUM** Der Physiker von Guericke erzeugte ein Vakuum in zwei Halbkugeln, die selbst zwei Pferdegespanne nicht auseinanderzureißen vermochten (unten links).

**HILFSMITTEL** Dieses Mikroskop mit den dazugehörigen Linsen wurde im 18. Jahrhundert angefertigt (links).

*Als Zeichen ihrer Zusammengehörigkeit und als Sinnbild ihres Glaubens trugen die emigrierten Hugenotten in der Fremde dieses Kreuz.*

# Wechsel auf die Zukunft

*Die Aufnahme der 1685 aus Frankreich ausgewiesenen Hugenotten begründete Brandenburgs wirtschaftlichen Aufstieg.*

**NEUE HEIMAT** Am 29. Oktober erließ der brandenburgische Herrscher Friedrich Wilhelm, der Große Kurfürst, ein Edikt, in dem er allen wegen ihres protestantischen Glaubens verfolgten französischen Hugenotten eine neue Heimat in seinem Herrschaftsbereich versprach.

Der Erlaß wurde in den folgenden Wochen und Monaten als Flugblatt auf französisch und deutsch in ganz Frankreich verteilt. Das Angebot sprach sich unter den auswanderungswilligen Hugenotten schnell herum, und viele folgten dem Ruf des Großen Kurfürsten.

Mit seinem Potsdamer Edikt verfolgte Friedrich Wilhelm zwei Ziele. Zum einen wollte er seinen bedrängten Glaubensgenossen helfen, denn auch er war ein Anhänger der reformierten Kirche. Zum andern hoffte er, mit Hilfe der französischen Einwanderer sein im Dreißigjährigen Krieg verwüstetes Land wieder aufzubauen. Mit der Ansiedlung der Hugenotten wollte er vor allem Handel und Gewerbe ankurbeln.

**LUKRATIVE ANREIZE** Um den Flüchtlingen einen Anreiz zu geben, sich in Brandenburg niederzulassen, warb der Große Kurfürst mit großzügigen Privilegien. Die französischen Einwanderer sollten von allen öffentlichen Abgaben befreit sein, außerdem sicherte man ihnen freie Religionsausübung und eine eigene Selbstverwaltung zu. Der Plan erwies sich als Entscheidung von großer Tragweite für das damals noch kleine Brandenburg. □

*Einen herzlichen Empfang bereitete der brandenburgische Kurfürst Friedrich Wilhelm den französischen Hugenotten, die sich vor dem Potsdamer Schloß einfanden und um politisches Asyl baten.*

## Neue Siedler zwischen Elbe und Oder

Das großzügige Angebot des Großen Kurfürsten verfehlte seine Wirkung auf die französischen Protestanten nicht, die in Frankreich schweren Verfolgungen und Mißhandlungen ausgesetzt waren. König Ludwig XIV. hatte nämlich den Katholizismus wieder zur Staatsreligion erhoben und ließ die reformierte Kirche verbieten und ihre Anhänger verfolgen.

Neben der freien Religionsausübung im Kurfürstentum Brandenburg lockten auch noch zahlreiche andere Privilegien die Auswanderer. Sogar die Wahl des Wohnortes stellte ihnen Friedrich Wilhelm frei, und so entstanden überall im Land hugenottische Gemeinden. Nicht nur Berlin war ein Anziehungspunkt, auch in den rheinischen Provinzen und in Ostpreußen siedelten die französischen Emigranten. Sie ließen sich in Kleve, Emmerich, Halle, Magdeburg, Königsberg, Frankfurt an der Oder und anderen Städten nieder. Von den rund 30 000 Flüchtlingen, die nach Deutschland kamen, fanden 20 000 im Kurfürstentum Brandenburg eine neue Heimat. Und sie enttäuschten ihren neuen Landesherrn, der sie unter seinen persönlichen Schutz gestellt hatte, nicht. Mit Kreativität und Fleiß verhalfen sie dem Land zu neuem Wohlstand.

Die Mehrzahl der Hugenotten waren Handwerker, die aus dem Textilgewerbe kamen. In den neugegründeten Tuchmanufakturen und Färbereien arbeiteten sie mit bisher unbekannten Fertigungstechniken, wie der Herstellung von Misch-

geweben und Farbstoffen, vor allem dem aus der Koschenillelaus gewonnenen Scharlachrot. Die Kunst der Tapeten- und Gobelinherstellung beherrschten die Franzosen meisterhaft. Mit dem Einwandererstrom kamen auch die in Frankreich angesehenen Berufsstände der Hebammen und Apotheker nach Deutschland. Wegen ihrer Heilkunst waren sie bald im ganzen Land geschätzt.

Mit der Metallindustrie ging es ebenfalls wieder aufwärts. Französische Waffenschmiede und Zinngießer – noch aß

man allgemein von Zinngeschirr, Porzellan war weitgehend unbekannt – trugen mit ihrer Wertarbeit zum wirtschaftlichen Aufschwung Brandenburgs bei. Auch die Landwirtschaft erholte sich zunehmend. Hugenottische Bauern intensivierten den Tabak-, Obst- und Gemüseanbau. Die Vielfalt an frischem Obst und Gemüse veränderte die deutschen Speisegewohnheiten von Grund auf. So wurde beispielsweise die bisher unbekannte Melone zur Delikatesse am kurfürstlichen Hof in Berlin. Friedrich Wilhelm konnte, als er 1688 in Potsdam im Alter von 68 Jahren starb, mit seiner Politik zufrieden sein.

## Berlin und seine Hugenotten

Der Wandel, den Berlin Ende des 17. Jahrhunderts durch die Hugenotten erfuhr, übertraf alle Vorstellungen. Seit dem Ende des Dreißigjährigen

## MODE AUS FRANKREICH

*Ende des 17. Jahrhunderts kursierte in Berlin ein Flugblatt, das sich über die neue und extravagante Lebensform des Hofes beklagte: „Sonst werden die Franzosen nicht geschätzt, heutzutage können wir nicht ohne sie leben, und alles muß französisch sein. Französische Sprache, französische Kleider, französische Mode."*

*Frankreich war schon damals führend in der Mode, und die Luxusartikel der hugenottischen Handwerker waren zum begehrten Renner in Adelskreisen geworden. Auf feine Lederhandschuhe, kostbare Brokatstoffe, aufwendigen Schmuck und na-* *türlich die sündhaft teuren Seidenstrümpfe wollte die Welt am Berliner Hof nicht mehr verzichten. Wer etwas auf sich hielt, der ließ nur bei Hugenotten schneidern.*

MIT SILBER UND SEIDE VERKLEIDETE DAMENSCHUHE WAREN DER MODEHIT.

*Freundlich begrüßten die Berliner Bürger eine Gruppe von österreichischen Protestanten am Halleschen Tor und reichten ihnen eine Stärkung.*

Krieges lag die kurfürstliche Residenzstadt völlig verödet da, die Häuser waren zerstört, die Bevölkerung um die Hälfte geschrumpft, und Steuern zahlte schon lange niemand mehr.

In dieser Situation erwies sich die Ansiedlung der Hugenotten als Glücksfall. Rund ein Drittel der 20 000 französischen Emigranten ließ sich in Berlin nieder, wo schon eine kleine hugenottische Gemeinde existierte. Da Wohnraum in der vom Krieg zerstörten Stadt knapp war, entfalteten die Einwanderer vor allem in der Anfangszeit eine rege Bautätigkeit. Zunächst entstanden in den Stadtteilen Werder, Neustadt und Dorotheenstadt neue Häuser, Geschäfte und Ateliers. Der Große Kurfürst unterstützte den Aufbau großzügig und zahlte nicht selten die notwendigen Baumate-

rialien aus seiner eigenen Tasche.

Die meisten der emigrierten Hugenotten hatten in Frankreich auf dem Land oder in kleinen Städten gewohnt. Viele von ihnen zog es daher in die Randgebiete Berlins. So entstanden die Stadtteile Friedrichstadt, wo noch heute eine Französische Straße auf die Einwanderer hinweist, und Moabit. In der Gegend des heutigen Schlosses Bellevue ließen sich seit 1716 vor allem hugenottische Bauern nieder. Die glaubensfesten Neusiedler benannten das Land nach den Moabitern, die sich vom Joch der Israeliten befreit hatten, wie es im Alten Testament heißt. Bis heute hat dieser Stadtteil Berlins seinen Namen behalten.

Die hugenottischen Bauern kultivierten die sandigen Böden des märkischen Landes und wandelten sie in unermüdlicher Arbeit in fruchtbares Land um. Obst und Gemüse verkauften sie auf Wochenmärkten, einer typisch französischen Einrichtung, die bei der einheimischen Bevölkerung bald so beliebt war wie bei den westlichen Nachbarn. Damit trugen die Einwanderer zur Versorgung der ständig wachsenden Residenzstadt bei. Im Jahr 1688 lag die Einwohnerzahl Berlins wie zu Beginn des Jahrhunderts wieder bei rund 20 000.

Das Bevölkerungswachstum belebte wiederum die Wirtschaft. Gegen Ende des 17. Jahrhunderts hatte sich Berlin von den Kriegsfolgen erholt. Die Stadt wurde zum Zentrum der Leder-, Tapeten- und Seifenherstellung. Das Geschäft mit Luxusgütern florierte. Nirgends sonst waren so viele Uhrmacher, Gold- und Silberschmiede zu finden wie in Berlin. Seidenmanufakturen mit internationaler

Bedeutung entstanden, die Kundschaft aus den höchsten Kreisen anzogen. „Wir haben den Hugenotten unsere Manufakturen zu danken, und sie gaben uns die erste Idee vom Handel", lobte ein Berliner Zeitgenosse die Kreativität und Tüchtigkeit der französischen Mitbürger, „Berlin verdankt ihnen seine Polizei und seine gepflasterten Straßen. Sie haben Überfluß und Wohlstand eingeführt und diese Stadt zu einer der schönsten Europas gemacht."

## Königreich Preußen – ein Hort der Toleranz

Nicht nur der französische König Ludwig XIV. hatte traurige Berühmtheit erlangt mit der Vertreibung der Hugenotten, auch in anderen europäischen Ländern wurden Menschen ihres Glaubens wegen verfolgt. Im Jahr 1731 erließ der Salzburger Fürstbischof eine Verfügung, mit der er alle Protestanten aus seinem Bistum vertrieb. Über 20 000 Menschen blieb nichts anderes übrig, als Haus und Hof zu verlassen und bei fremden Herren um Asyl zu bitten. Viele von ihnen fanden wiederum im Kurfürstentum Brandenburg, das 1701 zum Königreich Preußen geworden war, eine neue Heimat.

An der traditionell toleranten Politik der Hohenzollernherrscher änderte sich auch nach dem Tod des Großen Kurfürsten nichts. Preußen war damals in Europa allgemein bekannt für seine Toleranz in Glaubensfragen. Vielen europäischen Juden, französischen und Schweizer Protestanten hatte das Land schon Zuflucht gewährt. Und in dieser Notlage zögerte der preußische König Friedrich Wilhelm I. nicht, seine „auf das heftigste bedrängten und verfolgten evangelischen Glaubensverwandten aufzunehmen, in gewissen Ämtern des Königreiches Preußen unterzubringen und zu versorgen", wie es in seinem Willkommensschreiben hieß.

Mit 6000 Emigranten hatte der König gerechnet, fast 12 000 Salzburger kamen und baten um Aufnahme. Sie wurden vorwiegend in Ostpreußen angesiedelt, das von einer Pestepidemie entvölkert war. Mit Fleiß und Tatkraft machten die österreichischen Protestanten aus dem verödeten Gebiet wieder eine blühende Landschaft. Sie bauten Schulen und Kirchen und kultivierten den Tabakanbau. Sie hatten beträchtliche Erfolge als Vieh- und Pferdezüchter und waren gefragte Spezialisten im Braugewerbe und in der Branntweinherstellung.

*Immer wieder fiel der deutsche König Heinrich II. vor seinen Bischöfen auf die Knie, um sie von seiner Idee, in Bamberg ein Bistum zu errichten, zu überzeugen.*

# Kniefall für ein Bistum

*Mit seiner gezielten Kirchenpolitik verpflichtete König Heinrich II. 1007 den Klerus für den Staatsdienst und schuf sich selbst ein Denkmal.*

*Solche kunstvollen Gefäße wurden während des Gottesdienstes benutzt, damit sich der Duft des erhitzten Weihrauchs darin im Kirchenraum verteilen konnte.*

**DRAMATISCHE SITZUNG** Für den 1. November hatte König Heinrich II. zahlreiche hohe Geistliche zu einer Synode nach Frankfurt geladen, um die Stiftung eines Bistums Bamberg zu proklamieren. Doch schien das Vorhaben in letzter Minute zu scheitern. Bischof Heinrich von Würzburg, dessen Diözese zugunsten Bambergs verkleinert werden sollte, ließ durch einen Vertreter ein offizielles Veto einlegen. Der Zorn des Bischofs war verständlich. Er hatte der Gründung des neuen Bistums nur unter der Bedingung zugestimmt, daß Würzburg selbst zum Erzbistum erhoben würde. Der König hatte jedoch keine Anstalten gemacht, sein Versprechen zu erfüllen.

Die Synode verlief dramatisch. Der König schilderte noch einmal, welche Vorteile die Stiftung hätte. Als kinderloser Herrscher wollte er das neue Bistum nämlich mit seinem eigenen Vermögen ausstatten. Dennoch neigten die Geistlichen dem Würzburger zu, denn im Fall ihrer Zustimmung waren auch ihre eigenen Besitzungen in Zukunft gefährdet.

**ENTSCHEIDENDE GESTE** Da warf sich der König vor allen Anwesenden auf die Erde nieder und wiederholte diese Geste jedesmal, wenn sich die Stimmung gegen ihn zu wenden drohte. Nach und nach stellten sich schließlich alle geistlichen Würdenträger auf Heinrichs Seite, und noch am selben Tag wurde die Gründungsurkunde unterzeichnet und ein Bischof eingesetzt. ☐

## Das Bistum Bamberg – Heinrichs liebstes Kind

Tiefe Frömmigkeit und die Sorge um sein Seelenheil bewogen Heinrich II. zur Gründung des Bistums Bamberg. Die Stiftung sollte ihn auch mit dem Himmel versöhnen, denn er litt darunter, daß die politischen Umstände ihn gezwungen hatten, sich mit den heidnischen Liutizen gegen die christlichen Polen zu verbünden; mit Entsetzen hatte man zusehen müssen, wie die Liutizen mit Götzenbildern in den Kampf gezogen waren. Zugleich aber paßte die Gründung vorzüglich zu den reichs- und kirchenpolitischen Plänen des Königs.

Das Bistum wurde, obwohl der Erzdiözese Mainz zugehörig, direkt dem Schutz des Papstes unterstellt und nahm damit eine Sonderstellung unter den Bistümern des Reiches ein. Heinrich II. gehörte dem Domkapitel an, so daß Bamberg fast eine Art königliches Eigenbistum war. Eine erste Kirche, ein Vorgängerbau des heutigen Doms, wurde in einer feierlichen Zeremonie 1012 geweiht. Das neue Bistum wurde mit Schenkungen überhäuft. Es erhielt umfangreichen Besitz in Bayern sowie in Ober- und Niederösterreich, Kärnten, der Steiermark und Tirol. Allein sechs Abteien, die alle in fremden Diözesen in Schwaben und im Elsaß lagen, gehörten zur Ausstattung.

In die machtpolitischen Pläne Heinrichs II. fügte sich das Bistum hervorragend ein. Wie ein Keil schob es sich zwischen die Gebiete, die dem Schweinfurter Grafen nach seinem Aufstand gegen den König noch geblieben waren; dieser hatte als Markgraf des bayerischen Nord-

gaus versucht, ein mächtiges Territorium im Osten aufzubauen. Außerdem stellte das Bistum eine Verbindung zwischen Heinrichs bayerischem Stammland und dem alten sächsisch-thüringischen Kernland der Ottonen, der sächsischen Herrscherdynastie, her. Wertvoll waren jedoch vor allem die Besitzungen im Süden, die Straßen und Pässe im gesamten Ostalpenraum sicherten.

An der Ostgrenze des Reiches gelegen, gehörte der Schutz gegen die Slawen zu den Aufgaben des Bistums. Auch die Besiedelung großer, gar nicht oder nur gering bevölkerter Landstriche gehörte zu den Aufgaben Bambergs. Die vornehmste Pflicht aber war die Mission unter dem starken slawischen Bevölkerungsanteil an Rednitz und oberem Main.

Aus reichen Gaben des Herrscherpaares entstanden der Domschatz und die Dombibliothek. Die Bamberger Domschule war bald eine der wichtigsten Bildungsstätten für den Reichsklerus und ein herausragendes Zentrum der Gelehrsamkeit.

## Die Kirche im Dienst des Herrschers

Heinrich II. hatte an der Hildesheimer Domschule eine ausgezeichnete Bildung erhalten und war selbst einst für den geistlichen Stand bestimmt gewesen. Seine aufrichtige Frömmigkeit hinderte ihn jedoch nicht daran, die Reichskirche zu seinem wesentlichen Machtinstrument zu formen.

Er stärkte die Bistümer durch Schenkungen, um ein Gegengewicht gegen

Herzöge und Grafen zu schaffen. Diese Förderung war nur sinnvoll, wenn er sich auf den Klerus verlassen konnte. Also mußte er Bistümer und Klöster mit königstreuen Männern besetzen.

Dabei kümmerte er sich wenig um das verbriefte Wahlrecht der Domkapitel und Konvente. Er übte massiven Druck aus, um den Mann seines Vertrauens durchzusetzen, und machte so die Wahl zu einer bloßen Formalität. Bei der Bestätigung alter Privilegien strich er ersatzlos das Recht der Wahlfreiheit. Auch bei Synoden trat er auf und übte seinen königlichen Einfluß selbst in rein religiösen Fragen aus.

Die höchsten Ämter wurden bevorzugt mit Geistlichen besetzt, die am Königshof dienten und im diplomatischen Dienst geschult waren. Der König legte aber nicht nur auf die politische Eignung seiner Männer Wert, sondern auch auf ihre Frömmigkeit. Er stellte zwar die Kirche völlig in den Dienst seiner Herrschaft, förderte aber zugleich die innerkirchliche Reformbewegung.

Bei der Wahl seiner Bischöfe und Reichsäbte bewies er durchweg eine gute Hand, wie zahlreiche große Namen beweisen, etwa Aribo von Mainz, Poppo von Trier, Tagino von Magdeburg oder Thietmar von Merseburg, der Chronist der Zeit der Sachsenkaiser. Der Herrscher verlangte jedoch auch Gegenleistungen. Zwar wurden die Bischöfe und Äbte großzügig mit Reichsgut beschenkt, dafür mußten sie aber den König und sein Gefolge mit allem Nötigen versor-

*Bamberg wurde im 11. Jahrhundert durch Heinrich II. eines der geistigen Zentren Deutschlands.*

*Heinrich und Kunigunde, beide begleitet von einem Apostel, werden gleichzeitig von Christus gekrönt.*

## Das heilige Herrscherpaar

Heinrich II., der 1014 in Rom zum Kaiser gekrönt wurde, starb am 13. Juli 1024 in der Pfalz Grone bei Göttingen. Seinem Wunsch entsprechend wurde er in dem von ihm erbauten Dom zu Bamberg beigesetzt. Kaiserin Kunigunde nahm die Reichsinsignien an sich und wirkte zwei Monate als Reichsverweserin, bis der Nachfolger gewählt war. Dann trat sie in das von ihr selbst gestiftete Kloster Kaufungen bei Kassel ein. Bis zu ihrem Tod im Jahr 1039 lebte sie dort als einfache Ordensschwester ohne jede Vorrechte und versah das bescheidene Amt einer Pförtnerin. Sie wurde neben ihrem Gemahl beigesetzt.

In Bamberg, das dem Kaiserpaar soviel zu verdanken hatte, wurden die Gräber Heinrichs und Kunigundes zum Wallfahrtsort. Um das Leben des frommen Paares rankten sich schon bald zahlreiche Legenden. Die bekannteste berichtet von der Feuerprobe, der sich Kunigunde in aller Öffentlichkeit unterzogen haben soll. Der Königin, die von früher Jugend an ein frommes, zurückgezogenes Leben führte und nur zu wichtigen Anlässen an der Seite ihres Gatten repräsentierte, wurde Untreue nachgesagt. Um ihre Unschuld zu beweisen, erklärte sie sich bereit, über zwölf glühende Pflugscharen zu gehen. Heinrich versuchte, sie davon abzuhalten, da er sie nicht für unschuldig hielt. Doch Kunigunde schwor, daß sie weder mit einem anderen Mann noch mit ihrem Gemahl jemals zusammengewesen sei. Heinrich wollte ihr – der Legende nach – noch den Mund zuhalten, aber es war zu spät. Kunigunde schritt über die glühenden Pflugscharen wie, so der Bericht des Chronisten, „über eine blühende Wiese".

Durch solche Legenden um das keusche Zusammenleben von Kaiser und Kaiserin wurde die Kinderlosigkeit des Herrscherpaares, die man im Mittelalter eigentlich als Strafe Gottes für schwere Sünden ansah, zum Verdienst umgedeutet.

gen, wenn diese auf ihrem Gebiet weilten. Ebenso mußten die reicher beschenkten Domkapitel für den königlichen Hofstaat aufkommen.

Auch persönliche Opfer erwartete der König von seinen Kandidaten in Form von Schenkungen an die Kirche. Für arme Bistümer wählte er besonders begüterte Männer aus, die mit eigenen Mitteln zum Aufbau der Diözese beitragen mußten. So ließ Heinrich II. bei Thietmar anfragen, ob er willens sei, dem Bistum Merseburg sein Erbe zu vermachen, falls er dort zum Bischof ernannt würde. Diesem Ansinnen des Königs konnte sich Thietmar kaum entziehen.

Ähnlich erging es dem Domherrn Meinwerk, der keine große Lust auf das arme Bistum Paderborn verspürte. Er sagte dem König, er besitze genug, um selbst ein viel reicheres Bistum zu stiften. Darauf äußerte der König, dann hoffe er, daß Meinwerk die Armut des Bistums behebe. Meinwerk erfüllte notgedrungen die Hoffnung des Königs. Er stiftete Klöster und Kirchen und entfaltete in Paderborn eine gewaltige Bautätigkeit.

Auf diese Weise verbesserte Heinrich mit seiner uneingeschränkten Herrschaft über die Reichskirche auch deren allgemeinen Zustand. Viele Bistümer erlebten in seiner Regierungszeit materiellen Wohlstand sowie eine kulturelle und religiöse Blüte.

*ZU DEN KOSTBARKEITEN GEHÖRT DIESE KRÜMME EINES BISCHOFSSTABS.*

*Das Schwarzwaldkloster Hirsau wurde zum Ausgangspunkt einer Reform, die den Mönchen wieder Armut, Keuschheit und Demut abverlangte.*

wobei der entscheidende Unterschied in der Rolle der Äbte und Bischöfe lag.

Die Klöster der cluniazensischen Richtung waren der Macht des Kaisers sowie der ihm nahestehenden Bischöfe aus zweierlei Gründen weitgehend entzogen. Einmal hatte Cluny sich direkt dem Papst unterstellt. Damit wurde bei der Wahl eines Abtes in einem der Klöster der Einfluß fremder geistlicher oder weltlicher Würdenträger ausgeschlossen. Zum anderen herrschte innerhalb der Reformbewegung strenge Disziplin. Der Großabt von Cluny fällte wichtige Entscheidungen selbst. Er konnte die Äbte der Tochterklöster ein- und absetzen und kontrollierte auf ausgedehnten Reisen, ob die Regeln auch eingehalten wurden.

Die Klöster, die der Reformbewegung von Gorze folgten, behielten dagegen ihre Eigenständigkeit und lehnten die Unterstellung unter den Bischof nicht ab. Diese Strömung stand also nicht im Widerspruch zur Kirchenpolitik Heinrichs II. und setzte seiner Einflußnahme keinen Widerstand entgegen. Zu den Abteien, die die Gorzer Reform übernahmen, gehörten Sankt Emmeram in Regensburg, Prüm, Fulda, Corvey und Reichenau.

## Kloster Hirsau – eine neue Größe im Reich

Dennoch drang auch die cluniazensische Reform mit der Zeit ins Reich ein. Ausgangspunkt war das Kloster Hirsau im Schwarzwald. Im 9. Jahrhundert gegründet und später verfallen, wurde es 1065 wieder hergestellt. Abt Wilhelm reformierte Hirsau nach dem Vorbild Clunys. Er führte eine Regel ein, die wesentlich strenger war als die bislang im Reich befolgte Benediktinerregel. Zudem gelang es ihm, Hirsau der bischöflichen Gewalt zu entziehen und direkt dem Papst zu unterstellen. Neu war, daß die Mönche nicht nur im Kloster blieben, sondern auch als Wanderprediger umherzogen. Besonders stark wirkte die Hirsauer Bewegung im Süden des Reiches, sie strahlte aber auch nach Thüringen und Sachsen aus.

Im Konflikt zwischen Kaiser und Papst um die Einsetzung der Bischöfe, der bald darauf beginnen sollte, wurden Hirsau und die von ihm reformierten Klöster Stützpunkte der päpstlichen Partei.

Aufgrund des Heinrichskultes betrieben die Bamberger Bischöfe schon früh die Heiligsprechung des Kaisers. Er hatte die sakralen Elemente seines Herrscheramts stets betont und seiner Würde priesterliche Züge verliehen. Vor jeder größeren Unternehmung ging er nach Magdeburg und betete dort für den Erfolg. Deshalb konnte Papst Eugen III., als er den Kaiser 1146 heiligsprach, erklären, Heinrich habe zwar die Krone des Reiches getragen, jedoch nicht kaiserlich, sondern geistlich gelebt. Im Jahr 1200 wurde dann auch Kunigunde heiliggesprochen.

## Förderung der Klosterreform

Wie es seinem Wesen entsprach, hatte Heinrich mit seiner Kirchenpolitik nicht nur die materiellen und machtpolitischen Interessen des Reiches im Sinn. Der Kaiser sorgte sich vor allem darum, daß die Klöster ihrer eigentlichen religiösen Bestimmung nachkamen. Und hier lag in der Tat vieles im argen. In zahlreichen Klöstern herrschten unhaltbare Zustände, die Insassen führten ein weltliches Leben und verpraßten das Klostergut.

Der Kaiser konnte sich auf die Erneuerungsbewegungen seiner Zeit stützen, indem er reformfreudige Äbte einsetzte. Die zwei großen Reformen, die vom burgundischen Cluny und vom lothringischen Gorze ausgingen, stimmten darin überein, daß sie der strengen Regel des Ordensgründers Benedikt von Nursia wieder Geltung verschafften. Bedeutung und Erfolg Clunys beruhten nicht zuletzt auf der Persönlichkeit seiner Äbte. Mit Odilo, der Cluny von 994 bis 1048 vorstand, verband Heinrich II. eine enge Freundschaft. So war Odilo auch bei der Kaiserkrönung in Rom anwesend. Als der Papst bei der Feier in der Peterskirche Heinrich einen goldenen Globus mit einem Kreuz schenkte, gab der Kaiser das Symbol der Macht über den Erdkreis an Odilo weiter, damit dieser es im Kloster Cluny aufbewahre. Häufig holte Heinrich auch Odilos Rat ein.

Es tat der Freundschaft offenbar keinen Abbruch, daß Heinrich der Reform von Gorze den Vorzug gab. Die Gorzer Richtung ließ sich nämlich leichter mit dem Reichskirchensystem vereinbaren,

# Kunstvolle Bündnisse

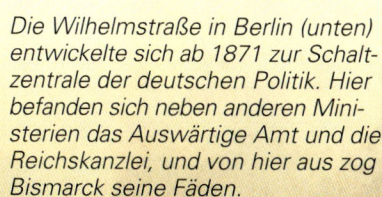

*Während ihres Aufenthalts in Berlin stand für die drei Monarchen Alexander II., Wilhelm I. und Franz Joseph I. (von links) auch ein Besuch der Wandelhalle des Zoologischen Gartens auf dem Programm.*

*Das von Bismarck* arrangierte Dreikaisertreffen 1872 war der Auftakt zu einer erfolgreichen Außenpolitik, die Deutschland Frieden und Ansehen einbrachte.

**HOHER BESUCH** Auf Einladung Kaiser Wilhelms I. weilten vom 9. bis 11. September 1872 der russische Zar Alexander II. und der österreichische Kaiser Franz Joseph I. zu politischen Gesprächen in Berlin. Die beiden auswärtigen Monarchen hatten sich eigentlich zum Besuch der in Preußen anstehenden Herbstmanöver angesagt. Alexander drängte, eingeladen zu werden, nachdem er vom Berlinbesuch des Habsburgers erfahren hatte. Er fürchtete, zwischen dem Hohenzoller und dem Habsburger könnte etwas ausgehandelt werden, was den politischen Interessen Rußlands in Europa zuwiderliefe. Diese Sorge war jedoch unbegründet, denn das preußische und das russische Herrscherhaus verband eine über Generationen währende Freundschaft. Zudem gab es verwandtschaftliche Bande zwischen der Zarenfamilie und den Hohenzollern.

Das Treffen war auf Initiative des Reichskanzlers Otto von Bismarck zustande gekommen. Dieser wollte die Zusammenkunft der Monarchen nutzen, um die Möglichkeiten eines Abkommens zwischen den drei Staaten zu sondieren.

**ERFOLGREICHE LEITLINIE** Bismarck bemühte sich, das erst im Jahr zuvor durch Kriege geeinte Deutschland der Welt als eine friedliebende Nation zu präsentieren. Im Kreis der fünf europäischen Großmächte Großbritannien, Frankreich, Rußland, Österreich-Ungarn und Deutschland galt es, so seine politische Maxime, immer zwei dieser Staaten auf seiner Seite zu haben. □

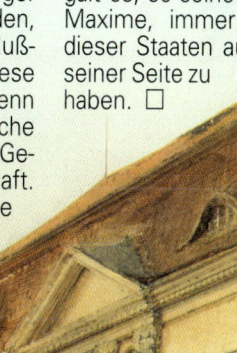

*Die Wilhelmstraße in Berlin (unten) entwickelte sich ab 1871 zur Schaltzentrale der deutschen Politik. Hier befanden sich neben anderen Ministerien das Auswärtige Amt und die Reichskanzlei, und von hier aus zog Bismarck seine Fäden.*

## Drei Kaiser sind sich einig

**D**ie freundschaftlichen Gespräche der drei Monarchen trugen bereits im darauffolgenden Jahr erste Früchte. Am 6. Mai 1873 unterzeichneten die Bevollmächtigten Deutschlands und Rußlands in Sankt Petersburg eine Militärkonvention, in der sie die Vertragschließenden im Fall eines Angriffs Dritter mit jeweils 200 000 Soldaten unterstützen wollten. Und am 22. Oktober desselben Jahres trat Kaiser Wilhelm I. einem russisch-österreichischen Freundschaftsvertrag bei. Darin verständigten sich die drei Mächte, sich mit allen zur Verfügung stehenden Mitteln für den Frieden in Europa einzusetzen und im

### ZU EHREN VON BISMARCK

*Der Kanzler und Reichsgründer genoß nicht nur im europäischen Ausland hohes Ansehen, sondern erfreute sich auch in der deutschen Bevölkerung großer Popularität. Bismarck wurden bereits zu Lebzeiten Denkmäler gesetzt. Man pflanzte ihm zu Ehren Bäume und benannte zahllose Straßen und Schulen nach ihm.*

*Als Bismarck 1898 mit 83 Jahren starb, veranstalteten die Deutschen Burschenschaften einen Wettbewerb für ein Bismarckdenkmal. Ein Stuttgarter Architekt gewann die Ausschreibung. Nach seinen Entwürfen entstanden im gesamten Kaiserreich über 50 fast identische Bismarcktürme, die zum größten Teil bis heute erhalten blieben.*

*DER BISMARCKTURM IN STUTTGART WURDE 1904 FERTIGGESTELLT.*

Krisenfall ihre politischen Aktionen aufeinander abzustimmen. Dieses sogenannte Dreikaiserabkommen sollte nach einer Laufzeit von zwei Jahren kündbar sein, war in seinem Wortlaut geheim und zielte aus der Sicht Bismarcks auf eine außenpolitische Isolierung Frankreichs in Europa, da Frankreich in Deutschland seit dem Krieg von 1870/71 seinen Todfeind sah. Das Abkommen bildete einen wesentlichen Baustein in Bismarcks außenpolitischem Konzept, denn es verhinderte eine Verständigung zwischen Frankreich und Rußland, die er um jeden Preis vermeiden wollte, weil erst sie im Konfliktfall den gefährlichen Zweifrontenkrieg heraufbeschwor.

## Testfall Frankreich – „Ist Krieg in Sicht?"

**E**s sollte nicht lange dauern, bis die Außenpolitik Bismarcks einer ersten Belastungsprobe unterzogen wurde. Im Frühjahr 1875 beschloß die französische Regierung, die Heeresstärke erheblich zu erhöhen, um im Kriegsfall die Unterlegenheit der französischen Streitkräfte gegenüber der deutschen Truppenstärke auszugleichen. Über diese Maßnahme erschien in der deutschen Zeitung *Die Post* am 8. April ein Artikel, der in Deutschland und im Ausland für Unruhe sorgte. Der Bericht, der die provozierende Überschrift „Ist Krieg in Sicht?" trug und von Bismarck lanciert worden war, legte unterschwellig nahe, daß Frankreich auf einen Revanchekrieg hinarbeitete.

Innerhalb kurzer Zeit hatte sich die gesamte deutsche Presse dieses Themas angenommen, und Heißsporne forderten einen deutschen Präventivschlag gegen Frankreich. Großbritannien und Rußland gaben jedoch unmißverständlich zu erkennen, daß sie eine Schwächung Frankreichs nicht hinnehmen würden. Bismarck mußte schließlich abwiegeln. Immerhin hatten das Säbelrasseln in der deutschen Presse und die Wirkung, die es bei den auswärtigen Mächten hervorrief, dem Reichskanzler gezeigt, wie schnell eine antideutsche Koalition entstehen konnte.

## Bismarck als „ehrlicher Makler"

**D**rei Jahre nach dieser Krieg-in-Sicht-Krise konnte Bismarck als Gastgeber der europäischen Großmächte in der Öffentlichkeit glänzen und der

*In einer Verhandlungspause des Berliner Kongresses begrüßt Reichskanzler Bismarck den russischen Delegationsleiter Graf Schuwalow mit Handschlag (Bildmitte).*

Welt beweisen, mit welch friedlichen Mitteln Deutschland inzwischen erfolgreich Politik betrieb. Vier Wochen lang verhandelten die europäischen Großmächte 1878 in Berlin über die Beilegung der immer weitere Kreise ziehenden Balkankrise. Zu ihr war es gekommen, weil sich die Bosniaken, Herzegowiner, Bulgaren und Serben gegen die osmanische Herrschaft erhoben hatten und ihre Selbständigkeit forderten. Dies rief die europäischen Mächte, vor allem die angrenzenden Staaten Rußland und Österreich-Ungarn, auf den Plan. Da das Deutsche Reich auf dem Balkan keine machtpolitischen Interessen verfolgte, bot sich Bismarck als „ehrlicher Makler" an, der zwischen den Mächten vermittelte. Bemüht um einen tragfähigen Kompromiß, gelang es ihm mit großem Geschick, die kritischen Momente während des Kongresses zu überbrücken.

Am Ende akzeptierten alle Kongreßbeteiligten die gefundene Lösung. Nur

**STEILE KARRIERE** Friedrich stammte aus dem Geschlecht der Hohenzollern, die ihren Sitz im Schwäbischen hatten. Hauptsitz der Familie war die gleichnamige Burg am Rand der Schwäbischen Alb. Die enge Verbindung mit den Stauferkaisern brachte den Hohenzollern im 12. Jahrhundert das Amt der Burggrafen von Nürnberg ein.

Von da an gab es eine schwäbische und eine fränkische Linie der Hohenzollern. Die Burggrafen bauten in den folgenden Jahrzehnten ihre Stellung in Franken weiter aus und erwarben zahlreiche Güter zwischen Kulmbach und Ansbach. Als enge Vertraute der deutschen Herrscher aus dem Haus der Luxemburger besaßen sie eine hervorragende Stellung am Hof, von der nun auch Burggraf Friedrich VI. profitierte.

**HOHE AUSZEICHNUNG** König Sigismund wußte Friedrichs energische und verdienstvolle Tätigkeit in der Mark Brandenburg zu schätzen und erhob ihn daher im April 1415 auf dem Konzil in Konstanz zum erblichen Markgrafen und Kurfürsten von Brandenburg. Die offizielle Belehnung sollte zwei Jahre später, am 18. April 1417, ebenfalls in Konstanz, erfolgen.

Am frühen Morgen jenes denkwürdigen Tages ritten königliche Herolde durch die Gassen der Bodenseestadt und verkündeten der Bevölkerung das festliche Ereignis. Begleitet wurde die Schar von zwei Rittern, von denen der eine das Banner der Markgrafen von Brandenburg, der andere das der Burggrafen von Nürnberg vor sich hertrug. Nachdem sie dreimal durch die Stadt geritten waren, geleiteten sie Friedrich im feierlichen Zug, begleitet von einer großen Menge Schaulustiger, zum oberen Markt, wo die Belehnung vorgenommen werden sollte. Dort übertrug der König in Anwesenheit der Kurfürsten Friedrich offiziell die Kurwürde. Der Brandenburger Kurfürst verfügte neben dem Land im Nordosten des Reiches nun auch über eine der sieben Kurstimmen, mit denen der deutsche König gewählt wurde.

**DER WEG INS REICH** Mit dieser feierlichen Ernennung in Konstanz betraten die Hohenzollern die große Bühne der deutschen Politik. Ihre Herrschaft in der Mark Brandenburg dauerte ein halbes Jahrtausend und umfaßte Preußen und später das ganze Deutsche Reich. ☐

## Regierung mit eiserner Hand

*A*ls der neue Kurfürst Friedrich I. mit einem großen Gefolge in die Mark Brandenburg kam, traf er sowohl auf Anerkennung als auch auf offene Ablehnung. Viele Städte huldigten ihm, aber es gab auch alteingesessene Adlige, die seine Herrschaft nicht akzeptierten. Die Adelsfamilien der Quitzows und Rochows, der Bredows und derer zu Putlitz, die bis dahin die eigentlichen Herren in dem verarmten Land gewesen waren, führten ein gnadenloses Raubritterregiment, das Elend und Schrecken unter der Bevölkerung verbreitete. Sie waren nicht bereit, ihre eigenmächtigen Fehden zu beenden.

Doch der energische Hohenzoller duldete weder Rebellion noch Gesetzlosigkeit in seinem Land. Er ließ fränkische Ritter kommen und borgte sich die „Faule Grete" aus, eine gewaltige Kanone, unter deren Steinkugeln jeder Widerstand zusammenbrach. Diese schmerzliche Erfahrung mußten auch die Brüder Quitzow machen, die seine erbittertsten Gegner waren. Als Friedrichs Truppen schließlich die bis dahin uneinnehmbaren märkischen Festungen Friesack und Plaue eroberten, beugten sich die Quitzows der neuen Herrschaft.

Nachdem Friedrich I. seinen Willen durchgesetzt hatte, zeigte er sich von seiner großzügigen Seite. Er begnügte sich damit, die Staatsgewalt und den Frieden in der Mark Brandenburg wiederherzustellen, und widerstand der Versuchung, seinen Triumph auszukosten. So war es für die Untertanen keine große Überwin-

dung, ihren Landesherrn anzuerkennen. Vertreter aller Stände kamen im Oktober 1415 nach Berlin, um dem neuen Regenten zu huldigen.

Brandenburgs Nachbarn nahmen die neuen Verhältnisse allerdings nicht so ohne weiteres hin. Mecklenburg und Pommern überfielen die Mark immer wieder. 1419 verbündeten sie sich mit den Schweden und den Polen und verwüsteten den Norden des Landes. Aber auch diesmal war das Glück auf Friedrichs Seite. Er konnte das von den Mecklenburgern besetzte Gebiet zurückerobern, wandte sich dann im Eilmarsch der Uckermark zu, wo er am 25. März 1420 die von den Feinden besetzte Stadt Angermünde im Sturm nahm, und errang am folgenden Tag einen glänzenden Sieg über die zu spät eingetroffenen pommerschen Truppen.

Die Herrschaft der Hohenzollern in der Mark war nun unumstritten. Kurfürst Friedrich I., seit 1418 Statthalter von König Sigismund, war in Reichsangelegenheiten oft jahrelang in Deutschland unterwegs. Er überließ daher die Regierungsgeschäfte in Brandenburg seinem ältesten Sohn Johann. Im Jahr 1437 setzte er seinen zweiten Sohn Friedrich als Statthalter ein und übertrug ihm wenig später sowohl die Markgrafschaft als auch die Kurwürde. Nach dem Tod seines Vaters regierte dieser als Friedrich II. 30 Jahre lang mit fester Hand das Land, so daß er sich bald den Beinamen der Eiserne erwarb.

*Kurfürst Friedrich I. bringt eine Kanone vor der feindlichen Burg Friesack in Stellung und läßt sie mit schweren Steinkugeln beschießen.*

## Vom kleinen Dorf zur Residenzstadt

Schon zu Beginn des 14. Jahrhunderts hatten die beiden nur durch die Spree getrennten Städte Berlin und Cölln ein gemeinsames Rathaus gebaut und ihre Verwaltung zusammengelegt. Als die Untertanen ihrem neuen Kurfürsten Friedrich I. im Oktober 1415 huldigten, geschah dies zum erstenmal nicht in der Stadt Brandenburg, sondern in der Doppelstadt an der Spree. Damit begann Berlins unaufhaltsamer Aufstieg vom Dorf zum Mittelpunkt kurfürstlicher Macht und schließlich zur Hauptstadt aller Deutschen.

Zunächst aber behinderten Streitigkeiten die Zusammenlegung der Schwesterstädte Berlin und Cölln. Innerstädtische Auseinandersetzungen zwischen Bürgerschaft und Rat führten im Jahr 1442 dazu, daß sich die Bürger an den Kurfürsten wandten und ihn zu Hilfe riefen. Friedrich II. ließ sich nicht zweimal bitten. Er rückte mit 600 Rittern an und ordnete die Angelegenheit nach seinen Vorstellungen.

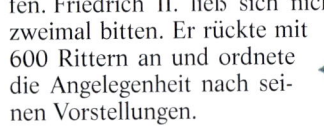

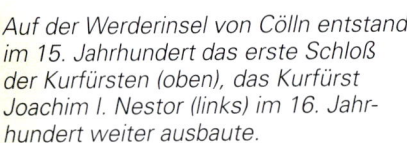

*Auf der Werderinsel von Cölln entstand im 15. Jahrhundert das erste Schloß der Kurfürsten (oben), das Kurfürst Joachim I. Nestor (links) im 16. Jahrhundert weiter ausbaute.*

Die Ratsherren zwang er zur Herausgabe der Stadtschlüssel, den amtierenden Magistrat setzte er kurzerhand ab und befahl Neuwahlen. Er nahm der Stadt ihre Gerichtsbarkeit, verbot Bündnisse und verlangte einen geeigneten Platz für den Bau einer kurfürstlichen Residenz in Cölln. Es dauerte nicht lange, da legte Friedrich II. eigenhändig den Grundstein für die landesherrliche Schloßanlage.

Einen derartigen Schiedsspruch hatten die Bürger der Doppelstadt natürlich nicht gewollt. Die ganze Wut der Berliner richtete sich gegen Zwing-Cölln, wie das kurfürstliche Schloß im Volksmund genannt wurde. Die Unruhen erreichten schließlich im Mai 1448 ihren Höhepunkt, der als Berliner Unwille in die Geschichte einging. Die erbosten Einwohner öffneten die Wehre, überfluteten die Schloßbaustelle und stürmten das verhaßte Symbol kurfürstlicher Macht. Dort verbrannten sie Dokumente und Dekrete, setzten den alten Rat ab und wählten sich einen neuen. Doch Friedrich trug seinen Beinamen der Eiserne nicht zu Unrecht. Er wußte sich zu wehren. Der Aufstand wurde niedergeschlagen, die Bürger mußten sich bedingungslos unterwerfen, und die beiden Städte verloren ihre Selbständigkeit und ihre städtischen Freiheiten.

Der Bau des kurfürstlichen Schlosses war nun nicht mehr aufzuhalten. Im Frühjahr 1451 war die Residenz bezugsfertig, aber weder Friedrich II. noch sein Bruder und Nachfolger Albrecht Achilles wurden hier heimisch. Erst gegen Ende des 15. Jahrhunderts machte Kurfürst Johann Cicero Berlin-Cölln zu seiner ständigen Residenz. Die Hauptstadt Brandenburgs dehnte sich immer weiter aus und gab immer mehr Menschen Arbeit und Brot, so daß zu Beginn des 16. Jahrhunderts schon 10 000 Menschen an der Spree lebten.

## Landerwerb mit Geld und Schwert

Die Opposition der Berliner gegen die Herrschaft der Hohenzollern hielt Friedrich II. nicht davon ab, den Landesausbau voranzutreiben. In den letzten Jahren seiner Regentschaft gelang es ihm, die Mark Brandenburg durch Kauf um die Hälfte zu vergrößern. Schon seit langem hatte er ein Auge auf die östlich der Oder gelegene Neumark geworfen, die dem Deutschen Orden gehörte. Als die Ordensherren 1454 in schwere Geldnöte gerieten, nutzte Friedrich II. die Gelegenheit und kaufte für 40 000 Gulden das Gebiet, das später Brandenburg mit Ostpreußen verbinden sollte.

Friedrichs Bruder Albrecht, ein Haudegen und beherzter Kämpfer, der zu Recht den Beinamen Achilles führte, trat 1470 die Nachfolge an. Seine Feldzüge brachten dem Kurfürstentum weitere Ländereien ein. So vertrieb er die Pommern aus der Uckermark und zwang sie, insgesamt 14 Städte und Schlösser mitsamt Ländereien an ihn abzutreten. Außerdem erwarb er mehrere Herrschaften an der Oder, die zunächst als Pfand und im 16. Jahrhundert endgültig an Brandenburg fielen.

Kurfürst Johann Cicero war wie sein Vater ein tüchtiger, weitblickender und gewissenhafter Verwalter. Obwohl er als äußerst sparsam galt, war ihm der Ankauf der Herrschaft Zossen, ein Gebiet, das im Süden seiner Residenz Berlin lag, immerhin stolze 16 000 Gulden wert, ein Betrag, der die kurfürstlichen Finanzen erheblich belastete.

Im Jahr 1524 erwarben die Hohenzollern dann noch die Grafschaft Ruppin im Herzen der Mark Brandenburg, als dort der letzte Graf kinderlos starb. Damit war die erste Phase des Landesausbaus abgeschlossen. Die Erwerbspolitik der Hohenzollern mit Geld und Schwert hatte sich bestens bewährt.

## Die Reformation – ein Geschenk des Himmels

Innerhalb eines Jahrhunderts waren die brandenburgischen Kurfürsten zu einer territorialen Macht im Nordosten des Reiches aufgestiegen. Ein Ende dieser Entwicklung war nicht abzusehen, denn auch im 16. Jahrhundert kümmerten sich die hohenzollerschen Herrscher vordringlich um die Erweiterung ihres Territoriums. Dabei spielte die Reformation eine bedeutende Rolle. Kurfürst Joachim II. wechselte kurz nach seinem Amtsantritt 1539 zum Protestantismus über und hob sogleich die katholischen Bistümer Brandenburg, Havelberg und Lebus auf. Es gelang ihm, den Löwenanteil des Kirchenbesitzes zu übernehmen. Dies war ein Geschenk des Himmels, denn damit fielen den Hohenzollern auf einen Schlag riesige Reichtümer zu.

Ebenso erfolgreich betrieb sein Sohn und Nachfolger Johann Georg die Besitzerweiterung. Als Verwalter und Nutznießer des ehemals kirchlichen Besitzes häufte er für seine Nachkommen enorme Reichtümer an. Dabei war er ein Musterbeispiel an Sparsamkeit. Gern hätte Johann Georg auch die Bistümer Magdeburg und Halberstadt im Familienbesitz gesehen, doch dieser Traum der Hohenzollern sollte erst nach dem Dreißigjährigen Krieg in Erfüllung gehen.

## Ein bedeutsames Testament

Zu Albrecht Achilles' Zeiten war es üblich, das Erbe gleichmäßig auf alle Söhne zu verteilen. Aber Albrecht war klug genug, um zu erkennen, daß eine solche Vereinbarung auf die Dauer die Landesherrschaft zersplittern würde. So schuf er eine Regelung, die ebenso weitblickend wie revolutionär war. Von seinen 19 Kindern erhielten nur die drei erstgeborenen Söhne Anteile am Familienbesitz. Der Kurfürst erklärte seinen ältesten Sohn Johann Cicero und dessen Söhne zu Nachfolgern in Brandenburg. Die beiden jüngeren Söhne Friedrich und Sigismund und deren männliche Erben erhielten die fränkischen Fürstentümer Ansbach und Bayreuth.

Diese Regelung, die nach Albrecht Achilles' Tod 1486 in Kraft trat, leitete die endgültige Trennung der Mark Brandenburg vom fränkischen Stammland in die Wege und führte dazu, daß Brandenburg in Zukunft als Herrschaft in einer Hand blieb.

*Maximilian I. (oben), der 1508 in Trient zum Kaiser ausgerufen wurde, liebte es, sich in edlen Ritterrüstungen mit prunkvollem Umhang darstellen zu lassen. In Worms am Rhein (ganz oben) ließ er sich zu der Entscheidung bewegen, sein Reich zu reformieren.*

# Zähes Ringen um die Macht

*Auf dem Reichstag zu Worms im Jahr 1495 einigten sich König Maximilian I. und die Reichsstände auf tiefgreifende Reformen.*

**DIE ZUSAGE** Nach wochenlangen Verhandlungen auf dem Wormser Reichstag zwischen König Maximilian I. und den Reichsständen, also den Fürsten und Reichsstädten, war es am 7. August 1495 soweit: Der Monarch erklärte sich bereit, den von den Standesvertretern seit langem geforderten Reformen zuzustimmen, die den Territorialherren mehr Rechte zubilligten und für mehr Sicherheit im Reich sorgten. Man kam überein, ein Reichskammergericht zu erheben und den sogenannten Ewigen Landfrieden zu verkünden.

**DER HANDEL** Maximilian machte mit der Zustimmung zu den Reformen den Ständen ein großes Zugeständnis, denn er brauchte dringend ihre Unterstützung. Sein Reich wurde von vielen Seiten bedroht, und er mußte sich zum Krieg rüsten. So hatte er 200 000 Gulden für einen Feldzug gegen die Franzosen im Süden des Reiches und 50 000 Gulden für die Abwehr der Osmanen im Osten gefordert. In der Vereinbarung billigten ihm die Stände 150 000 Gulden zu, mit der Auflage, sich das Geld selbst zu beschaffen.

Doch nachdem Maximilian die Reformgesetze unterzeichnet hatte, demonstrierte er noch einmal seine Macht und hielt die Papiere unter Verschluß, denn er war mit dem Ergebnis nicht zufrieden. Unter dem Eindruck seiner Drohung, die Reformen doch noch platzen zu lassen, setzten sich die Delegierten daher erneut zusammen und erklärten sich bereit, das Geld beizubringen und die Bürgschaft dafür zu übernehmen. So wurde der Handel am 9. August endgültig perfekt.  □

## In Zukunft ohne Selbstjustiz

D as wichtigste der Gesetze, die König Maximilian I. in Worms unterschrieb, war der sogenannte Ewige Landfriede. Er sollte immer gültig sein, und er blieb auch tatsächlich bis zum Ende des Deutschen Reiches zu Beginn des 19. Jahrhunderts bestehen. Was sich so beschaulich anhört, bedeutete nichts anderes als das Ende des Faustrechts mit Fehde und Blutrache. Das waren die bis dahin üblichen Formen der Sühne. Es herrschte das Recht des Stärkeren, eine Rechtssicherheit im modernen Sinn gab es nicht.

Der in zwölf Paragraphen niedergeschriebene Ewige Landfriede legte nicht nur fest, daß die Fehde keine rechtmäßige Institution mehr war, sondern definierte sie klar als ein Unrecht. Folglich konnte die Selbstjustiz nunmehr als Straftat geahndet werden, galt sogar als Landfriedensbruch. Wer zukünftig sein Recht forderte, durfte dies nur noch auf gerichtlichem Weg tun.

## Ein Kammergericht in Geldnot

U m den Landfrieden zu überwachen und zu sichern, sah das Wormser Reformwerk vor, ein Reichskammergericht einzurichten. Zwar hatte der König bis dahin die Funktion des obersten Gerichtsherrn in allen Reichsangelegenheiten inne, doch da er seinen Aufenthaltsort ständig wechselte und darüber hinaus häufig im Ausland weilte, lag diese Gerichtsbarkeit sehr im argen.

Das neue Gericht sollte unabhängig vom König arbeiten und einen festen Sitz haben. Es war damit die erste unabhängige und zentrale Reichsbehörde, wenn auch der Vorsitzende des Gerichtes, ein Mitglied des Hochadels, noch vom Monarchen ernannt wurde. Die Beisitzer dagegen waren Abgesandte der Stände, zur einen Hälfte Adlige und zur anderen ausgebildete Juristen.

Zunächst hatte das Gericht seinen Sitz in Frankfurt am Main, später unter anderem in Worms und in Speyer. Seit Ende des 17. Jahrhunderts residierte es dann bis zu seiner Auflösung 1806 in Wetzlar. Es war überwiegend ein Anrufungsge-

*Vor dem Erlaß des Ewigen Landfriedens war es üblich, daß im Streitfall ein Adliger seinem Gegner den Fehdebrief zustellte und ihm den Kampf ansagte.*

richt, also die zweite Instanz; die erste Instanz sollte prinzipiell bei der Justiz der einzelnen Länder liegen.

Aus Geldmangel war die Existenz des Reichskammergerichtes immer wieder gefährdet, obwohl in Worms die Einführung einer Steuer beschlossen worden war. Oft konnten die Richter nicht bezahlt und Prozesse nicht durchgeführt oder zum Ende gebracht werden.

So wurde im 16. Jahrhundert der sogenannte Kammerzieler eingeführt, Geld, das die Reichsstände aufbrachten. Es war für lange Zeit die einzige beständige Reichssteuer. Doch auch diese, so klagten die Angehörigen des Gerichtes immer wieder, ging oftmals nur unregelmäßig ein. Dennoch – trotz dieser großen Nachteile – wirkte das Reichskammergericht als Vorbild für alle Gerichte, die sich in der Folge in den deutschen Fürstentümern bildeten.

## Gemeiner Pfennig für den Staat

D ie auf dem Wormser Reichstag beschlossene Reichssteuer, der Gemeine Pfennig, sollte zwar vor allem der Finanzierung des Reichskammergerich-

tes dienen, doch Maximilian I. sah in ihm vornehmlich eine Möglichkeit, seine Kriege zu bezahlen. Gemeiner Pfennig hieß diese Steuer deshalb, weil sie von der Allgemeinheit, von jedem männlichen und weiblichen Untertan ab dem 15. Lebensjahr, zu entrichten war. Je nach Vermögen mußte ein ganzer oder ein halber Gulden gezahlt werden. In den armen Schichten wurde die Abgabe für mehrere Personen berechnet. Die Verwaltung des Geldes sollte nicht beim Monarchen, sondern bei Schatzmeistern liegen.

Doch die zunächst auf vier Jahre angelegte Steuer blieb weitgehend Theorie, da es keine Reichsverwaltung gab, die das Geld hätte eintreiben können. Die Stände waren dazu nicht bereit, und der Versuch, über die Kirchengemeinden an das Geld heranzukommen, scheiterte.

## Reichsregiment und Reichskreise

S chon lange hatten die Stände die Gründung einer Reichsinstitution verlangt, die anstelle des Monarchen die Regierungsgewalt übernehmen sollte. Zwar konnten sie sich auf dem Wormser

## MAXIMILIAN –
## DER LETZTE RITTER

*„Hätten wir nur Frieden, wir würden in einem Rosengarten sitzen" – diese romantisch-galanten Worte schrieb Maximilian I. (Abbildung) in jungen Jahren. Seine große Liebe war Maria, Herzogin von Burgund. Als die schöne Erbin den Sproß aus dem Haus Habsburg heiratete, war dieser gerade 18 Jahre alt. Im reichen Burgund lernte er das kultivierte höfische Leben kennen, das noch geprägt war von den ritterlichen Idealen einer versinkenden Epoche, denen er zeitlebens anhing. Den letzten Ritter nannte ihn deswegen auch die Nachwelt.*

*In vielen Schlachten hatte er sich als gewandter Kriegsherr erwiesen, der selbst zuweilen zu Fuß seinen Soldaten in den Kampf voranging. Der ruhmreiche Landsknechtsführer machte aus dem von den Rittern verachteten Fußvolk, das er später mit schweren Geschützen verstärkte, sogar die Kerntruppe seiner Armee.*

*Maximilian, 1459 in Wien geboren, galt schon seinen Zeitgenossen als gebildeter, allem Neuen aufgeschlossener Mensch mit raschem Geist und lebhafter Phantasie. Aber er war auch ein Machtpolitiker, der, nachdem er die Kaiserwürde erlangt hatte, nach dem päpstlichen Thron schielte. Als er 59jährig starb, hatte er durch eine geschickte Heiratspolitik den Grundstein dafür gelegt, daß sich das Deutsche Reich gewaltig ausdehnen konnte.*

Reichstag 1495 noch nicht durchsetzen, doch fünf Jahre später, auf dem Augsburger Reichstag, waren sie erfolgreich: Maximilian gestand den Ständen ein Reichsregiment zu, ein Gremium, in dem der König oder ein von ihm bestellter Vertreter den Vorsitz hatte, dessen 20 Mitglieder aber unter anderem Vertreter der Stände und Reichsstädte waren. Damit war eine Regierung gebildet worden, die dem Monarchen, dessen Einfluß auf diese Weise erheblich eingeschränkt wurde, und den Interessen der Einzelstaaten übergeordnet war. Doch schon nach zwei Jahren, 1502, mußte sich das in Nürnberg tagende Reichsregiment auflösen, da auch ihm das nötige Geld für seine Arbeit fehlte.

1521 beschloß der Reichstag in Worms dann erneut, ein Reichsregiment zu bilden, bei dem der Monarch wieder mehr Einfluß bekam und das nur für die Dauer seiner Abwesenheit bevollmächtigt war, Entscheidungen zu treffen. Während ihrer neunjährigen Amtszeit versuchte diese Regierung, verschiedene Reformen im Reich durchzusetzen. Diese Bemühungen blieben jedoch ebenfalls ohne große Wirkung, da sich die Stände uneinig waren.

Dauerhafter und damit wesentlich effektiver als die Versuche, eine Reichsregierung zu bilden, war die Einteilung des Reiches in Kreise. Zunächst schuf man sechs Kreise, nämlich Franken, Schwaben, Bayern, Oberrhein, Westfalen und Niedersachsen; später kamen noch Burgund, Österreich, Kurrhein und Obersachsen hinzu.

Die Reichskreise entwickelten sich im Lauf der Jahre immer mehr zu ausführenden Organen der Reichsregierung, erlangten gleichzeitig aber zunehmend Selbstverwaltung. Seit 1555 hatten sie dafür zu sorgen, daß der Landfrieden eingehalten wurde. Zudem gehörte es zu ihren Aufgaben, das Reich gegen Feinde von außen zu verteidigen. Dabei hatten sie die Möglichkeit, sich zusammenzuschließen und für die Abwehr des Gegners Bündnisse zu bilden. Später erhielten die Kreise auch die Aufsicht über die Münzprägung und den Münzumlauf. Schließlich, im 17. Jahrhundert, mußten sie das Reichsheer aufstellen, für dessen Unterhalt sie zuständig waren.

An die Kreisspitze traten zunächst Kreishauptmänner, die gewählt wurden. Im Fall eines Krieges hatten sie die Truppen der ihnen unterstehenden Kreise zu führen. Die Stände der Reichskreise trafen sich auf den Kreistagen, die in unregelmäßigen Abständen abgehalten wurden. Hier besprachen sie sowohl Angele-

genheiten, die den Kreis betrafen, wie etwa Polizei und Verkehr, als auch solche des Reiches, wie beispielsweise die Steuereintreibung. Die wichtigste politische Position in den Kreisen übernahmen die sogenannten kreisausschreibenden Fürsten. Sie hatten vor allem die Aufgabe, die Reichskammergerichtsurteile vollstrecken zu lassen, und verkündeten die Reichsgesetze sowie die Erlasse des Monarchen. Außerdem war es ihre Sache, die Kreistage einzuberufen und durchzuführen.

## Versammlung der führenden Stände

Als beständigste Einrichtung über all die Jahrhunderte hinweg erwies sich der Reichstag. Er war die Versammlung der Stände und später zusätzlich der Kreise. Das Gremium tagte in drei Kurien: dem Kurfürstenrat, dem Fürstenrat und dem Reichsstädterat, wobei die Kurfürsten in zahlreichen Reichsangelegenheiten bevorrechtigt waren. Der Reichstag legte alle Gesetze fest; für die Umsetzung der sogenannten Reichsschlüsse und Reichsabschiede mußten die Stände und Reichskreise sorgen.

Dieser Reichstag hatte natürlich noch keine Ähnlichkeit mit einem modernen Parlament, denn das Volk war nicht vertreten. Es handelte sich vielmehr um eine Versammlung der führenden Stände im Reich – des privilegierten Adels und des Klerus sowie der Reichsstädte, die auch ganz gezielt ihre Interessen vertraten.

Als die Aufgaben im Reich immer größer wurden, richtete man 1663 den sogenannten Immerwährenden Reichstag ein. Statt, wie bisher, zu diversen Anlässen vom Kaiser einberufen zu werden, war diese Versammlung jetzt zu einer festen Einrichtung geworden. Nun war es ein Gesandtenkongreß, die einzelnen Reichsstände erschienen nicht mehr persönlich. Der Immerwährende Reichstag tagte bis zu seiner Auflösung durch Napoleon Anfang des 19. Jahrhunderts in Regensburg, lediglich 1713 flohen die Reichstagsvertreter vor der Pest nach Augsburg und in den 40er Jahren des 18. Jahrhunderts wegen eines Krieges nach Frankfurt am Main.

Mit wachsendem Machtbewußtsein der Reichsstände verlor der Reichstag jedoch im Lauf der Zeit seine anfängliche Bedeutung. Das Hauptinteresse der Territorialfürsten galt nicht mehr dem Reich, sondern dem Ausbau ihrer eigenen Herrschaft.

# Auf fremdem Boden

Nicht alle Ereignisse,
die für Deutschland
von historischer Bedeutung
waren, fanden auch
auf deutschem Boden statt.
So manche politische
Entscheidung oder
wirtschaftliche Entwicklung
von großer Tragweite
nahm ihren Anfang
im Ausland und hatte
dann oftmals
erhebliche Auswirkungen
auf das Geschehen
in der Heimat.

# Panik an der Börse

*Der Zusammenbruch des Aktienmarktes an der New Yorker Börse 1929 stürzte die Weimarer Republik in eine Wirtschaftskrise und brachte Millionen von Deutschen um Lohn und Brot.*

*Die Wall Street in New York galt seit dem Ende des Ersten Weltkrieges als Zentrum der internationalen Finanzwelt. Die Panik und Angst der Menschen um ihr Geld nach dem Kurseinbruch am Schwarzen Freitag 1929 inspirierte den Berliner Künstler John Heartfield zu der Fotomontage* Tanz um das Goldene Kalb *(rechts).*

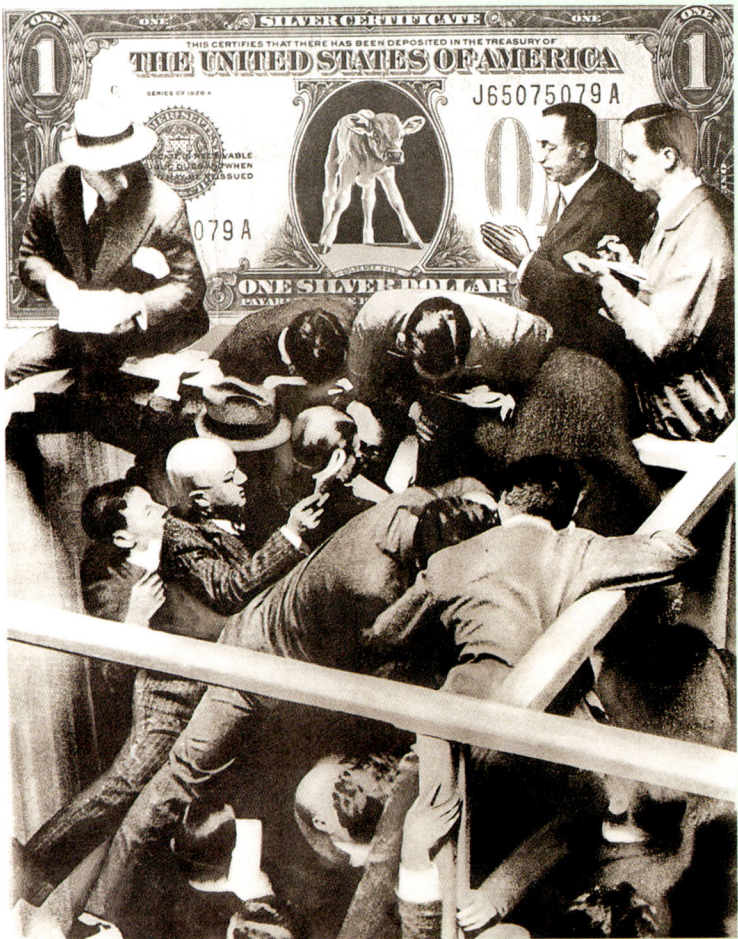

mel gingen aus dem ganzen Land nur noch Verkaufsaufträge für Aktien ein. Innerhalb von wenigen Stunden verkauften in Panik geratene Börsenmakler große Mengen an Wertpapieren, so daß der Aktienmarkt in den USA zusammenbrach. Als um 15 Uhr die Börse schloß, hatte man 16 Millionen Aktien verkauft, fast viermal soviel wie an normalen Tagen.

**TODESSTÜRZE** Am folgenden Tag, der als Schwarzer Freitag in die Geschichte einging, fielen die Notierungen drastisch. Die Aktien gaben bis zu 90 Prozent ihres Ausgangswertes nach. Makler erlitten Nervenzusammenbrüche und bekamen Herzanfälle, Geschäftsleute, die vor dem finanziellen Ruin standen, stürzten sich aus den Fenstern ihrer Büros.

Wie war es zu dieser Katastrophe gekommen? Die USA hatten nach dem Ersten Weltkrieg eine Hochkonjunktur erlebt, die dem Land Wohlstand brachte. Doch als sich Ende der 20er Jahre herausstellte, daß die Amerikaner mehr produzierten, als sie verkaufen konnten, und der Absatz ins Stocken geriet, kam es zur Krise. Es zeigte sich, daß die Aktienkurse durch Spekulation künstlich in die Höhe getrieben worden waren und nicht dem tatsächlichen Wert der Firmen entsprachen. □

**KURSVERFALL** Das Tagesgeschäft an der New Yorker Börse in der Wall Street, dem größten Geldmarkt der Welt, begann am Donnerstag, dem 24. Oktober 1929, wie an jedem anderen Tag auch. Doch im Lauf des Vormittags änderte sich die Lage entscheidend. Wie aus heiterem Him-

Ratlose und verängstigte Kunden, die um ihre Spareinlagen fürchteten, drängten sich am 13. Juli 1931 vor den verschlossenen Toren der Danatbank in Darmstadt (links). Doch das zweitgrößte Bankhaus Deutschlands war ebenso bankrott wie Hunderte von kleinen Geschäften, die über Nacht schließen mußten (unten).

## Brünings Politik der Notverordnungen

Der Börsenkrach von 1929 weitete sich durch die engen wirtschaftlichen Verflechtungen der USA mit den europäischen Staaten zu einer weltweiten Krise aus. Um selbst zahlungsfähig zu bleiben, kündigten die ausländischen Geldgeber, vor allem die aus USA, ihre kurzfristig gewährten Kredite in Deutschland und entzogen auf diese Weise der Wirtschaft in der Weimarer Republik lebenswichtiges Kapital. So bestimmten seit 1930 Firmenzusammenbrüche, Massenentlassungen und wachsende Arbeitslosigkeit die innenpolitische Lage.

In dieser angespannten Situation waren die demokratischen Parteien nicht mehr in der Lage, eine Regierungsmehrheit im Parlament zu bilden. Deshalb sah sich Reichspräsident Paul von Hindenburg genötigt, am 29. März 1930 den Zentrumspolitiker und Finanzexperten Heinrich Brüning zum neuen Reichskanzler zu ernennen. Brüning regierte allerdings ohne parlamentarische Mehrheit, nur mit Hilfe von Notverordnungen und gestützt auf das Vertrauen des Reichspräsidenten.

Durch unzählige solcher Verordnungen versuchte Brüning die Wirtschaftskrise zu überwinden. Seine Politik zielte auf eine drastische Senkung der Staatsausgaben. So verfügte er unter anderem Lohn-, Gehalts- und Rentenkürzungen um bis zu 20 Prozent, setzte erhebliche Steuererhöhungen durch, verminderte die öffentlichen Ausgaben und erreichte, daß der Staatshaushalt auf drastisch gesenktem Niveau ausgeglichen werden konnte. Brüning gelang es damit zwar, den Staatsbankrott abzuwenden, doch seine rigorose Sparpolitik trieb die Menschen immer mehr in Not und Elend.

## Banken schließen wegen Geldmangels

Im Sommer 1931 war die Katastrophe perfekt: Allein im Juni verloren die deutschen Großbanken ihre gesamten Spareinlagen, zum Teil dreistellige Millionenbeträge. Die größten Einbrüche verzeichnete die angesehene Danatbank, die Darmstädter und Nationalbank. Das zweitgrößte Bankhaus Deutschlands hatte innerhalb von zwei Monaten rund 650 Millionen Reichsmark an seine amerikanischen Gläubiger zurückzahlen müssen. Am 13. Juli stellte es seinen Zahlungsverkehr ein.

Als die Bevölkerung von dem Bankenkrach erfuhr, setzte ein regelrechter Run auf die Banken und Sparkassen ein. Jeder wollte sein Erspartes abheben und in Sicherheit bringen. Zahlreiche Kreditinstitute konnten den Auszahlungswünschen der Kunden nicht mehr nachkommen und schlossen ihre Schalter. Reichskanzler Heinrich Brüning ließ daraufhin per Notverordnung die Kreditinstitute der Republik für vier Tage bis zum 17. Juli schließen und verfügte, daß nach der Aufhebung der Schaltersperren lediglich Löhne und Arbeitslosengeld ausgezahlt werden durften. Auf diese Weise verloren viele Menschen nach der Inflation von 1923 innerhalb von nur acht Jahren erneut ihre geringen Ersparnisse.

## Kein Geld für Reparationen

Angesichts der maroden Finanzlage bemühte sich die Reichsregierung darum, die Reparationsfrage endgültig zu regeln, denn der deutsche Staat war nicht in der Lage, die festgelegten Zahlungen – jährlich rund 2 Milliarden Goldmark in 59 Jahresraten – aufzubringen. Auf Vorschlag von US-Präsident Herbert Hoover trat im August 1931 das sogenannte Hoover-Moratorium in Kraft, das Deutschland gestattete, ein Jahr lang mit den Reparationszahlungen auszusetzen. Als danach 1932 die Reichsregierung erneut ihre Zahlungsunfähigkeit erklären mußte, einigte man sich am 9. Juli in Lausanne darauf, Deutschland die Reparationszahlungen vollständig zu erlassen.

## Arbeitslosigkeit und sozialer Abstieg

Die Weltwirtschaftskrise ließ die Arbeitslosigkeit in Deutschland zum Dauerthema werden. Waren im Februar 1930 noch 3,36 Millionen Deutsche ohne Arbeit, so belief sich die Zahl im Februar 1932 auf 6,128 Millionen. Das entsprach einer Arbeitslosenquote von über 30 Prozent. Dazu kamen noch

Zahlreiche Parteien bewarben sich um die Gunst der Wähler (oben). Viele Arbeitslose waren so verzweifelt, daß sie mit Umhängeschildern auf ihre persönliche Not aufmerksam zu machen versuchten.

ben, denn eine vierköpfige Familie in Berlin benötigte damals allein für Grundnahrungsmittel bereits 66 Reichsmark.

Dem Verlust der Arbeit folgte oftmals der soziale Abstieg. Viele Familien konnten die Miete nicht mehr zahlen und mußten in Elendsquartiere und Obdachlosenheime ziehen. Andere verkauften ihren Hausrat und ihren Schmuck oder gingen betteln, um zu überleben.

## Radikale Opposition von rechts und links

Brüning genoß wegen seiner unpopulären Wirtschaftspolitik wenig Ansehen in der Bevölkerung. Auch die Politiker der Parteien mißtrauten ihm, weil er ständig den Willen des Parlaments mißachtete und nur mit Hilfe von Notverordnungen regierte. Die politische Auseinandersetzung verlagerte sich zusehends auf die Straße und stärkte die radikalen Parteien. Bei den Reichstagswahlen im September 1930 kam die Unzufriedenheit der Wähler deutlich zum Ausdruck: Die NSDAP konnte die Zahl ihrer Mandate von zwölf auf 107 erhöhen, die KPD von 54 auf 77. Die erklärten Verfassungsfeinde der Republik verfügten damit im neuen Reichstag über nahezu ein Drittel aller Sitze.

Ein Jahr später formierte sich die rechte Opposition. Am 11. Oktober 1931 schlossen sich bei einem Treffen in Bad Harzburg die NSDAP, die Deutschnationale Volkspartei, DNVP, und der Stahlhelm, der Bund der Frontsoldaten, zur

etwa 3 Millionen Kurzarbeiter. Das bedeutete, daß fast die Hälfte aller Erwerbstätigen von der Krise betroffen war. Vor den Arbeitsämtern bildeten sich Schlangen von verzweifelten Menschen. Die Aussichten auf Arbeit waren mehr als schlecht, und unter denen, die warteten, befand sich so mancher hochqualifizierte Akademiker und gutsituierte Bürger. Im Durchschnitt erhielt ein Arbeitsloser im Jahr 1932 eine Unterstützung von 47 Reichsmark pro Monat. Das reichte nicht zum Leben und nicht zum Ster-

### POLITISCHER TERROR IM ALLTAG

*Aufgrund der hohen Arbeitslosigkeit und der alltäglichen Not der Menschen verschärfte sich das politische Klima in der Weimarer Republik. Der Knüppel ersetzte die Argumente und bestimmte zunehmend die politische Auseinandersetzung.*

*Schlägertrupps der Rechten und Linken terrorisierten den politischen Gegner und lieferten sich regelrechte Straßenschlachten. Zeitweise herrschten bürgerkriegsähnliche Zustände in Deutschland. Vornehmlich die SA, der Kampfverband der Nationalsozialisten, verbreitete durch militärische Aufmärsche und organisierte Schlägereien ein Klima von Angst und Schrecken unter der Bevölkerung.*

*Die schwersten Zusammenstöße ereigneten sich während des Reichstagswahlkampfes im Sommer 1932. Am 17. Juli zogen etwa 10 000 bewaffnete SA-Männer durch das vorwiegend von Kommunisten bewohnte Arbeiterviertel in Altona und suchten den Schlagabtausch mit dem verhaßten Gegner. Es kam zu blutigen Straßenkämpfen, bei denen 15 Menschen den Tod fanden und über 50 verletzt wurden. Als „Altonaer Blutsonntag" erlangte dieser Tag traurige Berühmtheit in der Geschichte der Weimarer Republik.*

sogenannten Harzburger Front zusammen, um gemeinsam die Republik und die Regierung Brüning zu stürzen. Vor allem Alfred Hugenberg, Führer der konservativen DNVP und Medienzar des Landes, war ein entschiedener Gegner der Weimarer Republik und setzte auf die enge Zusammenarbeit mit den Nationalsozialisten.

Am 30. Mai 1932 entließ Hindenburg Brüning. Der Reichskanzler war mit seiner konsequenten, aber unbeliebten Sparpolitik gescheitert. Bei den Neuwahlen im Juli mußten alle demokratischen Parteien Verluste hinnehmen, während die Kommunisten nochmals zulegen konnten. Sieger war jedoch die NSDAP, die 230 Mandate erreichte und stärkste Partei im Reichstag wurde. Im Januar 1933 kam Adolf Hitler an die Macht.

# Ehe aus Vernunft

*Die Heirat Ottos des Großen mit Adelheid im Jahr 951 in Pavia war der Beginn der aktiven deutschen Italienpolitik im Mittelalter.*

*Die aus purem Gold gefertigte langobardische Königskrone wird auch Eiserne Krone genannt. Sie besitzt innen einen Eisenring, der aus einem Nagel vom Kreuz Christi gemacht sein soll.*

*Nach dem Vorbild Karls des Großen ließ sich der deutsche König Otto I. (rechts) in Rom zum Kaiser krönen. Von da an war die Kaiserwürde für viele Jahrhunderte fest an die deutschen Herrscher gebunden.*

**ITALIENISCHE HOCHZEIT** Am 23. September 951 zog der deutsche König Otto I. ohne einen Schwertstreich in Pavia, der Hauptstadt des langobardisch-italienischen Königreiches, ein, erklärte den dort regierenden Herrscher Berengar für abgesetzt und nannte sich fortan selbst König der Langobarden. Er ließ sich von den italienischen Großen huldigen, eine Wahl oder Krönung fand jedoch nicht statt.

Umgehend lud Otto, der fünf Jahre zuvor seine Frau Edgitha verloren hatte, die schöne Witwe König Lothars von Italien, die 20jährige Adelheid, zu sich und hielt um ihre Hand an. Adelheid nahm den Antrag an, und noch im Herbst wurde Hochzeit gefeiert. Die Ehe brachte beiden Vorteile: Sie gab Adelheid ihren Rang als Königin zurück und legitimierte nachträglich Ottos Anspruch auf die langobardische Königswürde.

**HILFERUF AUS DEM KERKER** Adelheids erster Gatte, der junge König Lothar, war im November 950 gestorben, durch Gift, wie man munkelte, und nur wenige Wochen später hatte sich sein Rivale, der ehrgeizige Markgraf Berengar von Ivrea, in Pavia zum König krönen lassen. Er brachte Adelheid in seine Gewalt, um sie zur Ehe mit seinem gleichzeitig mit ihm gekrönten Sohn Adalbert zu zwingen und damit sein Königtum zu legitimieren. Als Adelheid sich jedoch weigerte, wurde sie von Berengar ihres Schatzes beraubt, geschlagen und geschoren und schließlich in die Burg Garda am Gardasee gesperrt.

Von dort erreichte ihr Hilferuf König Otto I., dem dieses Ersuchen gerade recht kam. Er hatte die Schwierigkeiten im Reich überwunden und längst beschlossen, die langobardische Krone – die Vorbedingung zum Griff nach der Kaiserkrone – an sich zu bringen. So zog er im Spätsommer 951 mit großem Heer und Gefolge über die Alpen. Kurze Zeit vor seiner Ankunft in Italien gelang es Adelheid, aus ihrem Gefängnis zu fliehen und sich auf der Burg Canossa in Sicherheit zu bringen. □

## Erfolglose Anfrage beim Papst

Nach der Hochzeit nahm Otto I. sein eigentliches Ziel in Angriff, die Kaiserkrönung. Er schickte Gesandte nach Rom, doch die Dinge standen nicht gut. Der eigentliche Herr der Ewigen Stadt war nicht Papst Agapet II., sondern ein gewisser Alberich, der sich Fürst und Senator der Römer nannte. Da Alberich nicht geneigt war, seine Macht an einen deutschen König abzutreten, und der Papst nichts gegen seinen Willen unternehmen konnte, kehrte die Gesandtschaft mit einer Absage zurück. Otto war zwar verärgert darüber, doch mußte er sich zunächst damit begnügen, da ihn dringende Reichsangelegenheiten in die Heimat riefen.

Zuvor beauftragte er seinen Schwiegersohn Konrad von Lothringen, Berengar zu bezwingen, der vor der Übermacht des königlichen Heeres aus Pavia geflohen war und sich auf die Apenninenburg San Marino gerettet hatte. Bald nach Ottos Aufbruch nahm Berengar jedoch Verhandlungen mit Konrad auf. Auf dessen Versprechen, daß er das Königreich Italien als Lehen werde behalten dürfen, reiste Berengar Mitte 952 nach Deutschland, um Otto I. zu huldigen und sich ihm zu unterwerfen.

Während Otto mit Aufständen im Reich und dem Kampf gegen die Ungarn beschäftigt war, begann Berengar, in Norditalien ein immer unabhängigeres Willkürregiment auszuüben. Deshalb schickte Otto, den man nach seinem Sieg über die Ungarn auf dem Lechfeld den Großen nannte, 956 seinen Sohn Liudolf nach Italien; der vertrieb Berengar aus Pavia und unterwarf ganz Oberitalien. Als er im Jahr darauf überraschend starb, konnte Berengar seine alte Herrschaft zurückgewinnen.

## Kaiserkrönung und Aufstand in Rom

Bald erkannte Berengar die Lehnshoheit des deutschen Königs nicht mehr an. 959 hielt er die Umstände für günstig, sich Roms und des Kirchenstaates zu bemächtigen. Hier war nämlich mittlerweile Alberich gestorben, und 955 hatte dessen knapp 18jähriger Sohn als Johannes XII. den Stuhl Petri bestiegen.

Gegen den gefährlichen Berengar rief der junge Papst nun Otto den Großen zu Hilfe. Im Winter 960 erschienen päpstliche Gesandte an seinem Hof und luden ihn nach Rom ein. Allen war klar, daß der Schutz des Papstes und des Kirchenstaates mit der Kaiserwürde verbunden war. So bot sich Otto die Gelegenheit, kampflos die Kaiserkrone zu erhalten und gleichzeitig mit seinem rebellischen Lehnsmann abzurechnen. Bevor er zum zweitenmal nach Italien aufbrach, ließ der König im Mai 961 seinen sechsjährigen Sohn Otto II. zum Mitkönig wählen und am Pfingsttag feierlich in Aachen krönen, um damit die Herrschaft seines Hauses zu sichern.

Aufgebote aus dem ganzen Reich sammelten sich drei Monate später in Augsburg zu einem mächtigen Heer, das über den Brenner nach Süden marschierte. Ohne auf Widerstand zu stoßen – Berengar hatte sich rechtzeitig in Sicherheit gebracht –, zog Otto nach zehn Jahren erneut in Pavia ein, wo er die von Berengar zerstörte Königspfalz wiederaufbauen ließ und zu seiner Residenz machte. Das

*Einer der Alpenpässe, den die deutschen Herrscher überqueren mußten, um nach Rom zu kommen, war der Julierpaß im Engadin (oben).*

*Obwohl Berengar sich Otto dem Großen unterworfen hatte (links), rebellierte er mehrmals gegen seinen Lehnsherrn.*

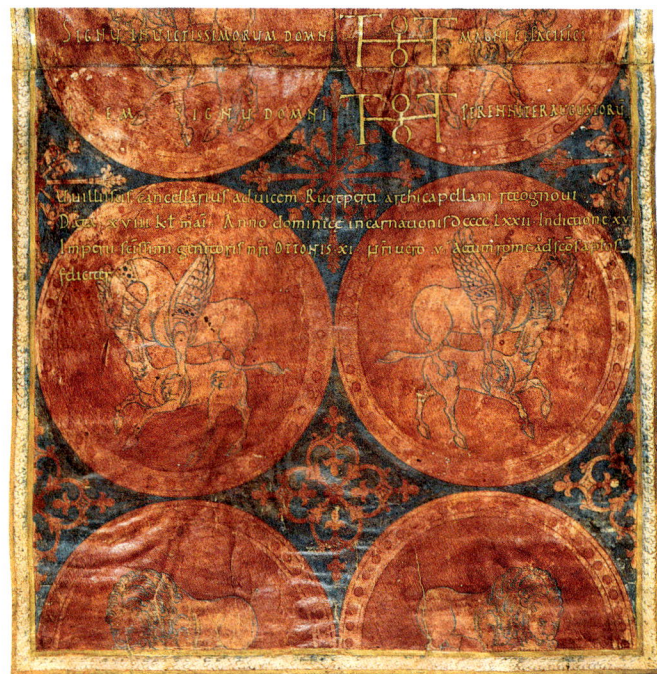

Der Ausschnitt aus der kostbaren Pergamentrolle nennt die Güter, die Otto II. Theophanu nach der Hochzeit schenkte. Er machte sie damit zur reichsten Frau des Abendlandes.

## Ausgleich mit Byzanz

Bereits nach anderthalb Jahren erreichte Otto den Großen erneut ein Hilferuf aus Rom. Im März 965 war Papst Leo VIII. gestorben; die Römer hatten ihren Eid geachtet und die Zustimmung des Kaisers zur Wahl seines Nachfolgers Johannes XIII. eingeholt. Aber schon im Dezember hatten sie sich gegen den neuen Papst verschworen und ihn gefangengenommen. Er hatte jedoch fliehen und Boten zum Kaiser schicken können.

Der traf Ende des Jahres 966 in Italien auf keinerlei Widerstand. Aus Furcht vor dem großen Reichsheer holten die Römer Papst Johannes XIII. zurück und jubelten dem Kaiser bei seinem Einzug zu. Doch diesmal griff Otto der Große hart durch; zwölf Rädelsführer endeten am Galgen.

Nachdem die Lage bereinigt war, hätte der Kaiser ins Reich zurückkehren können, aber er blieb in Rom, um die Verhältnisse in Italien so zu ordnen, daß es in Zukunft auch während seiner Abwesenheit ruhig blieb. Aus diesem Grund dehnte er seine Herrschaft nach Süden aus. 967 huldigten ihm die Fürsten von Capua und Benevent, von wo aus der Kirchenstaat in Schach gehalten werden konnte.

Die Oberhoheit über diese beiden Fürstentümer beanspruchte ebenfalls Byzanz. Es kam zu bewaffneten Auseinandersetzungen, und Kaiser Nikephoros II. Phokas bestritt nun auch Ottos Recht auf den Kaisertitel. Der Deutsche besetzte das byzantinische Apulien, konnte jedoch die Hauptstadt Bari nicht einnehmen. Gleichzeitig suchte er eine diplomatische Lösung: Sein Ziel war die Vermählung seines Sohnes Otto II., den er 967 im Alter von zwölf Jahren zum Mitkaiser hatte krönen lassen, mit der byzantinischen Prinzessin Anna.

Weihnachtsfest feierte man noch in Pavia. Im Januar brach das Reichsheer auf, und Ende des Monats stand es vor den Mauern Roms.

Ein vorauseilender Gesandter hatte bereits im Namen des Königs den Sicherheitseid für die Römer geleistet, und so konnte Otto am 2. Februar 962 feierlich in die Ewige Stadt einziehen. Er wurde sofort in die Peterskirche geleitet und von Johannes XII. zum Kaiser gesalbt und gekrönt. An Ottos Seite stand Adelheid, an der das gleiche Zeremoniell vollzogen wurde. Danach leisteten der Papst und die Römer dem Kaiser den Treueid, und man tauschte wertvolle Geschenke aus.

Trotz des Treueids währte die Eintracht zwischen Kaiser und Papst nicht lange. Als Otto der Große sich anschickte, gegen Berengar vorzugehen, verbündete sich der Papst, der plötzlich Angst bekam, der Kaiser könnte in Italien zu mächtig werden, mit seinem einstigen Gegner. Darauf ließ Otto die Römer schwören, in Zukunft ohne seine vorherige Einwilligung keinen Papst mehr zu wählen. 963 setzte eine Synode unter dem Vorsitz des Kaisers Johannes XII. ab und erhob Leo VIII. zum neuen Papst. Noch im selben Jahr wurde Berengar gefangengenommen und verbannt.

Doch kaum hatte Otto der Große Rom den Rücken gekehrt, wiegelte Johannes die Römer zum Aufstand gegen den Kaiser auf. Otto kehrte zurück und schlug den Aufstand nieder. Damit war seine Herrschaft in Italien gesichert. Im Januar 965 kehrten Kaiser und Kaiserin nach dreieinhalb Jahren ins Reich zurück.

## KAISERIN VON FORMAT

*Als Otto II. 972 statt der gewünschten byzantinischen Kaisertochter Anna die Kaisernichte Theophanu (Abbildung) zugeführt wurde, konnte niemand ahnen, daß sich die falsche Braut als Glücksfall für die deutsche Geschichte erweisen sollte. Beeinflußte die hochgebildete Griechin schon ihren Gemahl, so konnte sie als Regentin für ihren unmündigen Sohn Otto III. ihre ganze Tatkraft und ihr angeborenes politisches Talent entfalten. Sie war kein Werkzeug in der Hand mächtiger Herzöge oder Erzbischöfe, sondern setzte ihre eigene Politik durch, stets den Erhalt des Reiches für ihren Sohn im Sinn. Ein Höhepunkt ihrer Regierung war der Quedlinburger Hoftag 986, wo sie die Großen des Reiches versammelte; selbst Boleslaw II. von Böhmen und der mächtige Mieszko I. von Polen gelobten ihr und dem sechsjährigen König Treue und Gehorsam.*

*Otto III. war elf Jahre alt, als seine Mutter Theophanu 991 mit knapp 35 Jahren überraschend starb. Sie hatte nicht nur politischen Ehrgeiz, sondern auch Freude an Schönheit und Pracht besessen. Der durch sie vermittelte byzantinische Einfluß prägte die Kunst in Deutschland wesentlich.*

Da kam ihm ein Thronwechsel in Byzanz zu Hilfe. Sein erbitterter Gegner wurde 969 ermordet, und drei Jahre später einigte sich dessen Nachfolger Johannes I. Tzimiskes schließlich mit Otto dem Großen. Otto gab Apulien heraus, das alte Kaiserreich des Ostens anerkannte das junge Kaisertum des Westens, und der Byzantiner schickte eine Braut – freilich nicht die gewünschte Kaisertochter, sondern seine Nichte Theophanu. Am 14. April 972 wurden Otto II. und die schöne Griechin in der Peterskirche in Rom getraut, und Theophanu wurde zur Kaiserin gekrönt.

Damit hatte Otto der Große in seinen 37 Regierungsjahren alles erreicht, was er erstrebt hatte; die Kaiserkrone sollte für viele Jahrhunderte in der Hand deut-

*Das auf der Insel Reichenau, einem Zentrum der ottonischen Kunst, gefertigte Evangeliar Kaiser Ottos III. zeigt den jugendlichen Kaiser zwischen den Vertretern der geistlichen und weltlichen Macht.*

scher Könige bleiben. Im Spätsommer 972 kehrte er in die Heimat zurück, wo er am 7. Mai des folgenden Jahres im Alter von 60 Jahren starb.

## Otto II. – ein kurzes Zwischenspiel

Im Gegensatz zu seinem Vater, der einen Ausgleich mit Byzanz gesucht hatte, legte sich Otto II. den Titel „Kaiser der Römer und Augustus" zu, den gleichen Titel, den auch der Ostkaiser trug, und meldete damit seinen Anspruch auf ganz Italien an. In Süditalien entriß er Anfang 982 den Byzantinern Apulien. Dann aber unterlag er den Sarazenen, die von Sizilien aus Italien heimsuchten. Das Reichsheer wurde völlig aufgerieben, der Kaiser entkam nur mit knapper Not. Seine Italienpläne gab er deshalb jedoch nicht auf.

Die Verbindung zwischen Deutschland und Italien war unterdessen so eng

geworden, daß Kaiser Otto II. bereits 983 seinen erst dreijährigen Sohn Otto III. auf italienischem Boden zu seinem Nachfolger wählen ließ. Noch im selben Jahr starb der Kaiser; er wurde auf seinen Wunsch als einziger deutscher Herrscher in Rom in den Vatikanischen Grotten bestattet.

## Die hochfliegenden Pläne des Nachfolgers

Für Otto III., der Weihnachten 983 in Aachen gekrönt wurde, führte zunächst seine Mutter Theophanu, danach seine Großmutter Adelheid die Regentschaft. Als er mit 15 Jahren volljährig wurde, nahm er die Regierung tatkräftig in die eigene Hand. Um die ewigen Wirren in Rom zu beenden, bestimmte Otto III. nach dem Tod des Amtsinhabers seinen Vetter Brun zum neuen Papst. Gregor V., wie er sich nannte, bestieg als erster Deutscher den apostolischen Stuhl. Zu Christi Himmelfahrt 996 krönte er Otto III. zum Kaiser.

Kaum war Otto III. wieder in Deutschland, wurde Gregor vertrieben und ein Gegenpapst gewählt. Ende 997 eilte der Kaiser erneut nach Rom, sorgte dort für Ordnung und blieb diesmal zwei Jahre. In dieser Zeit reifte sein Plan heran, das Römische Reich zu erneuern. Er machte Rom zu seiner Residenz und ließ auf dem Palatin eine Pfalz errichten, um sein Reich vom selben Ort aus zu regieren wie die alten römischen Kaiser. In seinem christlichen Weltreich, das er als die Vollendung der Pläne seines großen Vorbildes Karls des Großen sah, sollten Italien und Deutschland die Kernländer eines vereinten Europa bilden. Von den beiden Kaiserstädten Aachen und Rom aus wollte er die Erneuerung des Reiches vorantreiben.

Wie weit sein Ideal von der Wirklichkeit entfernt war, zeigte sich, als die wachsende Unzufriedenheit in Italien in offene Empörung gegen den Kaiser umschlug. Am schwersten traf den jungen Herrscher, daß sich die Römer 1001 gegen ihn erhoben und er aus seiner Hauptstadt Rom fliehen mußte. Den völligen Zusammenbruch seiner Politik erlebte er nicht mehr. Otto III. starb am 24. Januar 1002 an einem plötzlichen Fieber im Alter von nur 22 Jahren. Nach seinem Tod brach in ganz Oberitalien ein Aufstand aus; der Leichenzug mußte sich mit Waffengewalt den Weg über die Alpen freikämpfen. Der Kaiser wurde entsprechend seinen Anweisungen in Aachen an der Seite Karls des Großen beigesetzt.

# Großzügiges Geschenk

*Hermann von Salza erhielt 1226 in Rimini für seine Unterstützung das Prußenland zugesprochen. Es bildete die Grundlage des Deutschen Ordensstaates.*

*Kaiser Friedrich II. (rechts) übergibt dem Hochmeister des Deutschen Ordens, Hermann von Salza (links), in Rimini die Ordensfahne als Zeichen der Herrschaft. Eine Urkunde mit dem goldenen Siegel des Stauferherrschers bekräftigte den Landerwerb des christlichen Missionsordens im Nordosten Europas.*

**WICHTIGER TERMIN** Im März des Jahres 1226 traf Hermann von Salza, Hochmeister des Deutschen Ordens, im italienischen Rimini mit dem deutschen Kaiser Friedrich II. zusammen. Bei den diplomatischen Gesprächen ging es um den Aufbau eines eigenen Ordensstaates an der Ostsee. Mehrere Jahre zurückliegende Versuche des Ordens, im Heiligen Land und auf Zypern Fuß zu fassen, waren fehlgeschlagen, doch dann schien Hermann Glück zu haben. Im Jahr 1211 kam vom ungarischen König Andreas II. das Angebot, bei der Verteidigung Siebenbürgens gegen die heidnischen Kumanen mitzuwirken. Hermann ließ sich nicht lange bitten, und die Kumanen wurden mit Hilfe des Ordens vertrieben. Die Hoffnungen des Hochmeisters, in Siebenbürgen einen Ordensstaat zu gründen, erfüllten sich freilich nicht.

Eine neue Chance kam schneller als erwartet, und jetzt bewies Hermann von Salza, daß er in Siebenbürgen seine Lektion gelernt hatte. Konrad, Herzog des nordpolnischen Fürstentums Masowien, war in ernste Schwierigkeiten geraten, als er im Jahr 1225 versuchte, die heidnischen Prußen im Norden Masowiens zu missionieren und zu unterwerfen. Die leisteten jedoch erbitterten Widerstand und griffen ihrerseits Konrads eigenes Gebiet an.

**GÜNSTIGES ANGEBOT** Auf der Suche nach geeigneten Bundesgenossen wandte sich Konrad an Hermann. Für den Fall eines Sieges sicherte er dem Orden das Kulmer Land zu, das umstrittene Gebiet im Süden des prußischen Territoriums. Hermann war angetan, wollte aber nicht den gleichen Fehler wie in Siebenbürgen machen, wo er am Ende mit leeren Händen dagestanden hatte. Der Kaiser persönlich sollte diesmal den Preis für die Hilfsaktion bestätigen. Der Hochmeister wußte, daß auch Friedrich II. an einer klaren Regelung der Angelegenheit interessiert war, konkurrierte der Kaiser doch mit dem Papst um den Einfluß im prußischen Missionsgebiet. So kam es zu dem entscheidenden Treffen in Rimini.

**ROSIGE ZUKUNFT** Das Ergebnis war für Hermann und den Deutschen Orden sehr befriedigend. Der Kaiser übertrug dem Orden die uneingeschränkte Herrschaft, und zwar nicht nur über jene Gebiete, die Konrad ihm bereits versprochen hatte, sondern auch über alle Länder, die der Orden in Zukunft im Norden und Osten erobern würde. Schon dies war ein bedeutender diplomatischer Erfolg. Fast noch stolzer konnte Hermann auf eine weitere Übereinkunft sein: Es gelang ihm nämlich, beim Kaiser die vollständige Unabhängigkeit vom Deutschen Reich durchzusetzen. Der Ordensstaat war im Gegensatz zu den anderen Fürstentümern im Reich dem Kaiser zu keinerlei Diensten oder Gefolgschaft verpflichtet. Hermann konnte also das Angebot Konrads beruhigt annehmen.

Der Vertrag von Rimini zwischen dem Kaiser und dem Hochmeister markierte somit die Geburtsstunde des Deutschen Ordensstaates. Er sollte für 300 Jahre die Geschicke Ostpreußens und Polens wesentlich bestimmen. □

## Griff nach Preußen und Livland

**D**ank der kaiserlichen Zusage von Rimini hatte der Deutsche Orden freie Bahn für seine Eroberungen in Preußen. Allerdings vergingen noch einige Jahre, bis man tatsächlich aktiv wurde. Der umsichtige Hochmeister Hermann von Salza wollte sich zunächst die Rückendeckung Konrads von Masowien, des Bischofs von Preußen und insbesondere des Papstes sichern. Tatsächlich gelang ihm das Kunststück, von Papst Gregor IX. das Kulmer Land auf Dauer als Besitz übertragen zu bekommen.

1231 begann der Orden mit der Kolonisation und Mission in Preußen. Zunächst wurden in Thorn, Kulm und Marienwerder befestigte Burgen errichtet. Dann eroberten die Ritter in rascher Folge die weichselabwärts gelegenen Gebiete Pomesaniens sowie das Frische Haff an der Ostseeküste und gründeten zahlreiche Städte wie Memel und Königsberg. Von Anfang an waren die Ordensritter dabei bemüht, den Zuzug von deutschen Siedlern zu fördern. Denn sie bevölkerten die neuen Burgen und Städte und halfen so, die Herrschaft des Ordens zu sichern. Als Anreiz wurden den Einwanderungswilligen günstige Bedingungen für die Existenzgründung geboten.

Parallel zur Eroberung Preußens vollzog sich die Ausdehnung des Deutschen Ordens auf Livland. Anlaß dazu war der Niedergang des Schwertbrüderordens, den Hermann von Salza 1236 mit seinem Orden vereinigte. Die Macht in Livland mußte er aber mit dem Erzbistum Riga und dem Königreich Dänemark teilen.

Immer wieder kam es in den bereits christianisierten Gebieten zu Aufständen, die der Orden erst 1290 mit der Unterwerfung der litauischen Grenzgebiete in den Griff bekam. Litauen selbst konnte sich erfolgreich gegen eine Besetzung wehren und trennte damit das preußische vom livländischen Ordensgebiet. Den heidnischen Prußen, die Ostpreußen ursprünglich bewohnt hatten, waren zu Beginn der Mission Freiheit und Gleichberechtigung mit den deutschen Siedlern zugestanden worden. Am Ende der Kolonisation waren sie jedoch fast völlig ausgerottet.

## Zankapfel Pommerellen

**N**ach den Eroberungen in Preußen und Livland bot sich dem Orden die Gelegenheit, auch in Polen Fuß zu fassen. An der unteren Weichsel, in direkter Nachbarschaft zum Ordensgebiet, lag das Herzogtum Pommerellen mit der Hauptstadt Danzig. Als 1294 der letzte Herzog von Pommerellen starb, stritten sich um seine Nachfolge zwei Fürstenhäuser: die deutschen Brandenburger und die polnischen Piasten. Die Polen riefen den Orden zu Hilfe. Dieser vertrieb die Brandenburger aus Danzig und erkaufte sich ihr künftiges Wohlverhalten durch eine stattliche Geldsumme.

Danach aber zeigten die Ordensbrüder keine große Neigung, Danzig und Pommerellen wieder zu verlassen. Im Gegenteil: Sie ließen sich den Besitz vom deutschen Kaiser bestätigen. Alle Bemühungen der Piasten, den Orden zurückzudrängen, erwiesen sich als zwecklos. Jahrelang ging der Streit hin und her. Erst 1343 erklärte der polnische König offiziell seinen Verzicht auf Pommerellen. Der Machtbereich des Ordensstaates war damit beträchtlich gewachsen. Zugleich war aber der Keim für künftige Auseinandersetzungen mit Polen gelegt.

## Meister der Verwaltung

**I**m Jahr 1309 verlegte der Hochmeister des Deutschen Ordens seine Residenz von Venedig auf die 1274 gegründete Marienburg. Die eroberten Gebiete sollten nun planmäßig besiedelt werden und eine gut funktionierende Verwaltung erhalten. Für diese umfangreiche Aufgabe entwickelte der Orden in den folgenden Jahrzehnten eine innere Organisation, die genau auf seine Bedürfnisse und Interessen zugeschnitten war.

An der Spitze des Ordens stand der Hochmeister, der sein Amt auf Lebenszeit innehatte. Direkt dem Hochmeister unterstellt waren die fünf zentralen Ämter: der Großkomtur, dem die Verwaltung unterstand; der Marschall, der das Heerwesen organisierte; der Tressler, der sich um die Finanzen kümmerte; der Trapier, der für die Ausrüstung zuständig war; und der Spittler, der die Krankenfürsorge und das Spitalwesen betreute.

*Die heidnischen Prußen wehrten sich jahrzehntelang erbittert gegen die Unterwerfung durch den Deutschen Orden und fügten ihm schwere Verluste zu. Gefangene Ordensritter verbrannte man zumeist gemeinsam mit ihrem Pferd bei lebendigem Leib.*

*Über 150 Jahre lang war die gewaltige Marienburg an der Nogat der Hauptsitz des Deutschen Ordens (oben).*

*Der militärische Erfolg der Ordensritter beruhte auf ihren gepanzerten Rittern. Gegen die Pfeile der Heiden schützte man sich mit eisernen Helmen (links).*

auch auf Repräsentation und Großzügigkeit, wie das Beispiel des Hochmeisterpalastes der Marienburg zeigt.

## Der Deutsche Orden – eine Handelsmacht

Im Jahr 1351 trat Winrich von Kniprode das Amt des Hochmeisters des Deutschen Ordens an. Unter seiner 30jährigen Führung erlebte der

Die einzelnen Ordensgebiete wurden von den Landmeistern verwaltet. Den Ordensrittern zur Seite stand die Schicht der Grundbesitzer, die bei Bedarf militärisch eingesetzt wurden, aber auch Gericht hielten und die Steuern eintrieben. Das Rückgrat des Ordensstaates jedoch bildeten die Städte und die befestigten Burgen, in denen vor allem die aus Deutschland angeworbenen Siedler lebten. Die Zahl der Städte stieg sprunghaft an: 1410 gab es bereits 93 Neugründungen. Den einheimischen Prußen dagegen blieben die Städte verschlossen. Ihnen wurden Güter im unbesiedelten, meist sumpfigen Grenzland zugewiesen. Daneben verfügte der Orden über zahlreiche Besitzungen im Reich, so etwa in Böhmen, Thüringen, Österreich, Hessen und Westfalen. Diese sogenannten Balleien waren dem Deutschmeister unterstellt.

Selbst wenn der Deutsche Orden im Verlauf des 13. Jahrhunderts zu einem Machtfaktor geworden war, beschränkte sich sein Wirken nicht allein auf die Politik. Die Ritter beachteten weiterhin die alten Ordensregeln, die Keuschheit und

Armut vorschrieben. Sie kümmerten sich um die Pflege von Dichtung und Literatur, und bei den Burgbauten achtete man nicht nur auf Zweckmäßigkeit, sondern

## KRANKENPFLEGE STATT WAFFENDIENST

*Christliche Mission und kriegerische Eroberungspolitik waren nicht die ursprünglichen Ziele des Deutschen Ordens. Anfangs handelte es sich um eine wohltätige Gemeinschaft, die es sich zur Aufgabe gemacht hatte, Kranke zu pflegen, ähnlich dem Johanniter- und dem Templerorden. Diese karitativen Bruderschaften entstanden zur Zeit der Kreuzzüge. Sie boten den Pilgern in dem von den Christen eroberten, noch sehr unsicheren Heiligen Land bewaffnetes Geleit, Unterkunft und medizinische Betreuung.*

*Im Jahr 1190 hatten Kaufleute aus Bremen und Lübeck während der Be-*

*lagerung von Akkon eine Hospitalgenossenschaft für deutsche Pilger gestiftet. Es zeigte sich jedoch bald, daß deren Mitglieder im Lauf der Jahre immer häufiger gezwungen waren, das Skalpell mit dem Schwert zu vertauschen, um ihr Leben gegen die islamischen Heerscharen zu verteidigen.*

*So wurde die Krankenpflegeorganisation 1198 in einen aktiv kämpfenden Ritterorden umgewandelt, der die christlichen Siedler im Heiligen Land beschützen sollte und der vom Papst anerkannt wurde. Das Ordensgewand war ein weißer Mantel mit einem schwarzen Kreuz.*

Ordensstaat eine politische und wirtschaftliche Blütezeit. Die Küstenstädte traten der Hanse bei und brachten es durch regen Handel mit Skandinavien, England und Flandern zu einem ansehnlichen Wohlstand.

Die Städte im Landesinnern tauschten ihre Produkte mit Polen, Ungarn und Rußland aus. Da der Orden selbst ebenfalls Handelsgeschäfte abwickelte, blieben Interessenkollisionen mit den einzelnen Städten nicht aus. Insbesondere versuchten die Hochmeister, die selbstbewußten Städte durch den Bernsteinhandel, auf den der Orden das Monopol hatte, auszustechen. Von der Ordenszentrale auf der Marienburg und von Königsberg aus organisierten die Kaufleute des Ordens Geschäfte im großen Stil, wobei die Staaten in Westeuropa die bevorzugten Partner waren.

Mit seiner expansiven Handelspolitik stieß der Orden in immer neue Regionen vor. Schon 1330 hatte er die Stadt Riga unter seine Kontrolle gebracht. 1394 konnte der Hochmeister den Papst dazu bewegen, ihm zusätzlich das Erzbistum Riga zu übertragen. 1398 nahmen die Ordensritter die Insel Gotland in Besitz,

## Ritter und Diplomat

Hermann von Salza (Abbildung) ist der bekannteste der Hochmeister des Deutschen Ordens. Im Jahr 1209 gewählt, führte er ihn 30 Jahre lang. Seinem politischen Geschick verdankte der Orden den Aufstieg zu einer der führenden europäischen Mächte.

Der um 1170 geborene Hermann entstammte dem thüringischen Dienstadel. Er war mit dem Stauferkaiser Friedrich II. eng befreundet. Diese Verbindung nutzte er, um den Orden zu fördern. Es gehörte zu den diplomatischen Kunststücken Hermanns, daß er vom Kaiser und vom Papst, die im Dauerstreit lagen, stets das bekam, was er wollte. Der Architekt des Ordensstaates starb 1239, er ist im Ordenshaus in Barletta in Süditalien beigesetzt.

die den gefürchteten Vitalienbrüdern gehörte. Diese hatten mit ihren Kaperfahrten den Handelsschiffen des Ordensstaates großen Schaden zugefügt. Geschäftstüchtig wie sie waren, verkauften die Ordensbrüder die Insel neun Jahre später gegen eine hohe Geldsumme an das Königreich Dänemark.

Was für eine gute Adresse der Ordensstaat geworden war, zeigte sich auch im Jahr 1402. Der brandenburgische Kurfürst befand sich in akuten Geldnöten. Er wandte sich an den Hochmeister auf der Marienburg und bot ihm als Gegenleistung für eine Finanzhilfe die Neumark

im Süden Pommerns als Pfand an. Nach einigem Zögern stimmte der oberste Ordensritter dem lukrativen Geschäft zu, sicherte der umfangreiche Landstrich dem Ordensstaat doch eine direkte Verbindung zum Reichsgebiet. Der Deutsche Orden befand sich auf dem Höhepunkt seiner Macht.

*Bauern, die der Deutsche Orden im Reich angeworben hatte, um sie im eroberten Land anzusiedeln, treffen Ordensritter und fragen sie nach dem Weg.*

## Der Anfang vom Ende

Ende des 14. Jahrhunderts braute sich eine dunkle Wolke über dem Ordensstaat zusammen, als Litauen zum Christentum übertrat und mit Polen eine politische Union bildete. Für den Ordensstaat war dies eine gefährliche Entwicklung. Päpste und Kaiser hatten die Unternehmungen des Ordens in der Vergangenheit vor allem deshalb mit großem Wohlwollen begleitet, weil dieser die Christianisierung der heidnischen Völker auf seine Fahnen geschrieben hatte. Litauen galt bis dahin als eine Bastion des Heidentums und seine Bekehrung als eine der vordringlichsten Aufgaben des Deutschen Ordens. Und nun ließen sich die litauischen Fürsten taufen. Die Ordensritter waren sich der Folgen bewußt: wenn es niemanden mehr zu bekehren gab, dann waren auch die Bekehrer überflüssig geworden. Es stand zu befürchten, daß Papst und Kaiser den Ordensstaat nicht länger unterstützen würden. Tatsächlich akzeptierten beide Litauen als einen christlichen Staat und untersagten dem Orden weitere Aktivitäten.

Angesichts dieser bedrohlichen Lage suchte Hochmeister Ulrich von Jungingen die militärische Entscheidung. Bei Tannenberg mußten die sieggewohnten Ritter 1410 allerdings eine vernichtende Niederlage gegen das vereinigte polnisch-litauische Heer hinnehmen. Sofort kam es zu Auflösungserscheinungen. Das Kulmer Land nutzte die Gelegenheit, vom Ordensstaat abzufallen, und schloß sich Polen an. Im Friedensvertrag konnte der neue Hochmeister Heinrich von Plauen

noch Schlimmeres abwenden. Polen und Litauen begnügten sich mit der Zahlung einer Geldsumme; die Kerngebiete blieben dem Orden erhalten.

Das war jedoch nicht mehr als eine Atempause, denn jetzt folgte dem äußeren Druck der innere Zerfall. Die städtischen Oberschichten und der ländliche Adel des Ordensstaates waren nicht länger bereit, die hohen Geldsummen aufzubringen, mit denen der Orden seine riskante Außenpolitik finanzierte. Außerdem verlangten die Stände mehr Mitspracherecht. 1440 schlossen sie sich deshalb zum Preußischen Bund zusammen. Der Orden hatte es nun mit einer ernstzunehmenden Opposition im eigenen Land zu tun. Der Hochmeister beging den Fehler, den Preußischen Bund von Kaiser und Papst verbieten zu lassen. Die Stände wagten daraufhin den offenen Widerstand und riefen den polnischen König Kasimir IV. zu Hilfe. 1457 eroberte Kasimir Danzig und besetzte die Marienburg. Der Hochmeister mußte nach Königsberg fliehen. Der Friede von Thorn 1466 beendete die Großmachtstellung des Ordensstaates. Weite Teile seines Territoriums fielen jetzt an Polen, und auch für das, was übrigblieb, beanspruchte der polnische König die Oberhoheit.

## Vom Ordensstaat zum weltlichen Herzogtum

Nach dem Thorner Frieden hatte der Deutsche Ordensstaat in der bisherigen Form keine Zukunft mehr. Ohne die Hilfe des Reiches war es unmöglich, sich gegenüber Polen und den inneren

*Die katastrophale Niederlage gegen die überlegene polnisch-litauische Streitmacht in der Schlacht von Tannenberg 1410 leitete den Niedergang des Ordensstaates ein.*

Widersachern zu behaupten. Im Orden erkannte man den Ernst der Lage und bemühte sich darum, Fürstensöhne aus dem Reich als Hochmeister zu gewinnen. Das war zwar ein Bruch mit der Tradition, führte aber zu einer Verpflichtung des Reiches gegenüber dem Ordensstaat. Gleichzeitig bedeutete es den ersten Schritt zu einer Verweltlichung des ursprünglich geistlichen Ordens.

Im Jahr 1511 wurde Markgraf Albrecht von Brandenburg-Ansbach aus dem Haus Hohenzollern zum Hochmeister gewählt. Vergeblich versuchte er noch einmal eine militärische Lösung herbeizuführen, doch ein Feldzug gegen den polnischen König endete mit einer Niederlage des Ordens.

Zum Ende des Ordensstaates und zugleich zu einem Neuanfang trug schließlich der Reformator Martin Luther entscheidend bei. Er brachte Albrecht dazu, die Reste des Ordensstaates in Ostpreußen politisch auf eine ganz neue Grundlage zu stellen. Der Ordensstaat wurde in ein weltliches Herzogtum ohne jegliche Sonderrechte gegenüber dem Deutschen Reich umgewandelt. Im Krakauer Frieden von 1525 stimmte auch der polnische König diesem Plan zu. Er war der Lehnsherr des neuen Staates. 300 Jahre nach dem Erwerb des Kulmer Landes hatte damit der Deutsche Orden seine historische Rolle ausgespielt. Zugleich war aber die Basis für den späteren preußischen Staat entstanden.

# Boykott in Flandern

*Nach energischen Protesten der deutschen Kaufleute in Brügge 1280 gegen die Politik der Stadtherren kam es zur Gründung der mächtigen Hanse.*

*Der Doppeladler im Wappen des Brügger Hansekontors steht symbolisch für die Niederlassung der deutschen Kaufmannschaft.*

*Die flandrische Stadt Brügge entwickelte sich zum wichtigsten der vier Auslandskontore der Hanse.*

**HANDELSSPERRE**   Im Jahr 1280 erreichten die Spannungen zwischen der Stadt Brügge und den deutschen Kaufleuten, die dort ein Kontor, einen Handelsstützpunkt, errichtet hatten, ihren Höhepunkt. Immer wieder hatten die Brügger die Handelsprivilegien, die der Graf von Flandern den fremden Händlern eingeräumt hatte, verletzt, und immer heftiger hatten diese gegen die Einschränkung ihrer Freiheiten protestiert. Als es zu Ausschreitungen kam und die Deutschen sich und ihre Waren in Gefahr sahen, beschlossen sie, die so wenig gastfreundliche Stadt zu boykottieren. Geschlossen verließen sie Brügge und verlegten ihr Kontor in das wenige Meilen nordöstlich gelegene Aardenburg, das sie bereitwillig von Abgaben befreite und ihnen umfangreiche Sonderrechte einräumte.

Da sich den empörten Deutschen auch der größte Teil der anderen Ausländer in Brügge angeschlossen hatte, brach der Handel im bedeutendsten Seehafen Westeuropas binnen kurzem vollständig zusammen. Niemand war imstande, das riesige wirtschaftliche Loch zu stopfen, das die abgewanderten Händler hinterließen. Als die Stadt vor dem Bankrott stand, begann sie zu verhandeln und zeigte sich schließlich zu großen Zugeständnissen bereit.

**MIT OFFENEN ARMEN**   Als die Deutschen und die übrigen Ausländer nach zwei Jahren Abwesenheit wieder in die Stadt zurückkehrten, wurden ihnen nicht nur die alten Privilegien ausdrücklich bestätigt, es wurden ihnen auch weitere Erleichterungen zugebilligt. Vor allem durften sie von nun an nicht nur mit Brügger, sondern auch mit ausländischen Kaufleuten unmittelbaren Handel treiben. Die Handelsblockade hat-

te sich als äußerst wirksame Maßnahme erwiesen.

**ERSTES KONTOR** Bereits wenige Jahrzehnte zuvor, als der Ost-West-Handel in Europa zu einer ersten Blüte gelangte, hatten sich deutsche Fernkaufleute zum gegenseitigen Schutz zur Gemeinschaft der deutschen Gotlandfahrer zusammengeschlossen und die schwedische Ostseeinsel Gotland zu einer Drehscheibe im Handel mit den baltischen Ländern und Rußland gemacht. In Nowgorod, dem Umschlagplatz für russische Waren, hatten sie ein gemeinsames Kontor gegründet. Auch in London, im norwegischen Bergen und in Brügge hatten sich deutsche Händler zu ähnlichen Interessenverbänden zusammengeschlossen. Entlang einer Linie von Nowgorod, Reval, Riga, Lübeck, Hamburg bis Brügge entwickelte sich ein blühender Handel, wobei Lübeck wegen seiner günstigen Lage und Brügge als größter Markt außerhalb des Mittelmeerraumes eine besondere Rolle spielten.

**EINIGKEIT MACHT STARK** Der Boykotterfolg von Brügge kam aufgrund gemeinsamer Aktionen zustande; er gab den Ausschlag zu einer festeren Organisation der Handelsgenossenschaft. So traten nun auch die Norwegen- und Englandfahrer der Gemeinschaft der Gotlandfahrer bei und stärkten damit die noch junge deutsche Hanse. Der große nordeuropäische Wirtschaftsraum wurde mit einem engmaschigen Handelsnetz überzogen. Allein an der deutschen Ostseeküste entstand in rascher Folge ein rundes Dutzend neuer Städte, die den deutschen Kaufleuten als Stützpunkte dienten.

Gehandelt wurde mit fast allem, was die Natur wachsen ließ und die Handwerker herstellten. Aus Polen kam Getreide, das nach Nord- und Westeuropa verschifft wurde, sowie Holz für den Schiffbau. Von Nowgorod aus gingen Felle und Pelze aus dem russischen Hinterland in die rheinischen Messestädte. Hamburg und Danzig wetteiferten miteinander beim Bierexport. England lieferte den flandrischen Webern Wolle für deren Tuche. Riesige Geschäfte machte man mit Salzhering und Trockenfisch aus Schweden und Norwegen. Dänemark exportierte Schlachtvieh und Pferde. Dank der Hanse lief der Handel reibungslos ab. Das Europa nördlich der Alpen war ein einziger großer Markt geworden. ☐

## Kein Bier für Norwegen

Der Erfolg in Flandern hatte die Hanse stark gemacht. Schon zwei Jahre später ließ sie es auf einen Konflikt mit Norwegen ankommen, wo die deutschen Händler immer häufiger unter Vertragsbrüchen der Skandinavier zu leiden hatten. Als Norweger dann auch noch ein Hanseschiff aufbrachten und plünderten, beschloß man 1284 die Handelssperre. Die Ausfuhr von Salz, Mehl, Getreide, Gemüse und Bier nach Norwegen wurde verboten; dem, der dagegen verstieß, drohten empfindliche Geldstrafen und eine Beschlagnahme der Ware.

Die Strafaktion erwies sich als äußerst erfolgreich. Da die Norweger keine Ersatzlieferanten für das benötigte Getreide fanden, griffen bald Hungersnöte um sich, deren Ausmaß den norwegischen König schließlich zum Einlenken zwang. Norwegen kam für die entstandenen Schäden auf, und in einem Vertrag wurden der Hanse 1294 ihre alten Privilegien bestätigt und umfangreiche weitere eingeräumt. Durch ihr entschlossenes gemeinsames Vorgehen hatte die Hanse die Kraftprobe glänzend bestanden.

## Erfolgreiche Blockade

Mitte des 14. Jahrhunderts wurden die Beziehungen zwischen der Hanse und Flandern erneut schwer belastet, denn Brügge und der Graf von Flandern weigerten sich, die Hanse für die Verluste zu entschädigen, die diese durch den Hundertjährigen Krieg zwischen England und Frankreich erlitten hatte. Durch das Geleitprivileg, das sie der Hanse zugebilligt hatten, waren sie jedoch dazu verpflichtet.

1356 ergriff die aufstrebende Reichsstadt Lübeck die Initiative und berief eine Versammlung der Hansestädte ein, die eine Gesandtschaft nach Brügge schickte. Das Brügger Kontor nahm diese

*Ihren Erfolg verdankte die Hanse den breitbauchigen Koggen, die viel mehr Ladung aufnehmen konnten als andere Schiffe.*

Einmischung klaglos hin. Der diplomatische Vorstoß war zwar erfolglos, doch veränderte das Eingreifen der vereinigten Städte ganz entscheidend die Organisation der Hanse: Fortan vertraten die Städte die Interessen der deutschen Händler im Ausland. Aus der Genossenschaft der Kaufleute wurde die Städtehanse, der sich in den folgenden Jahren auch die anderen Kontore in Bergen, London und Nowgorod unterordneten. Zwar durften die Kontore von nun an nur noch dann Maßnahmen ergreifen, wenn die Städte ihnen zuvor zugestimmt hatten, doch war die politische Macht eines solchen Städtebundes ungleich größer als die der Kaufmannschaft, was den Händlern nur Vorteile bringen konnte.

Noch aber war die flandrische Frage nicht gelöst. 1358 setzte Lübeck eine Handelssperre nicht nur gegen Brügge, sondern gegen die gesamte Grafschaft Flandern durch; Blockadebrecher sollten aus der Hanse ausgeschlossen werden. Nach zwei Jahren gab Flandern nach. Im Sommer 1360 wurde der Streit beigelegt. Nachdem die alten Privilegien der Deutschen bestätigt und die Entschädigungsansprüche zugunsten der Hanse geregelt waren, kehrten die Kaufleute nach Brügge zurück. Daß sich die Hanse vom wirt-

schaftlichen Verband zum politischen Städtebund gewandelt hatte, hatte sicher nicht unerheblich zum Sieg beigetragen.

Lübeck, das die Führung des Städtebundes übernommen hatte, wurde zur unangefochtenen Königin der Hanse. Die Stadt besaß neben Danzig die größten Schiffswerften, und Kunden kamen von überall her, um die schnellen Koggen zu kaufen, die man hier baute.

## Rezesse und Quartiere – Organisation ist alles

O berste Instanz der Hanse war der Hansetag, die Hauptversammlung der Hansestädte. Er wurde unregelmäßig einberufen – meist nach Lübeck –, und zwar nur dann, wenn Probleme zu lösen waren, die alle angingen. Die Beschlüsse der Hansetage, die Rezesse, mußten von allen Mitgliedern durchgeführt werden. Der Hansetag entschied auch über Maßnahmen wie Warenboykott oder den Ausschluß einzelner Mitglieder, die Verhansung. 1426 sprach er sich für ein Verbot des Exports von Schiffen in fremde Länder aus, um der ausländischen Konkurrenz nicht in die Hände zu arbeiten.

Mit dem Anwachsen der Hanse – im 15. Jahrhundert gehörten an die 200 Städte dem Bund an – wurde es notwendig, die Gemeinschaft organisatorisch zu untergliedern. Sie wurde zunächst in drei Städtegruppen unterteilt, dann erfolgte im 16. Jahrhundert eine Umschichtung in Viertel, die dann als die vier Quartiere, lübisches, westfälisches, sächsisches und preußisch-livländisches, die Handlungsfähigkeit der Hanse aufrechterhielten.

## Auslandsstützpunkte der Hanse

D ie tragenden Säulen des Hansehandels waren die Auslandskontore. In allen Nachbarländern, selbst an der Atlantikküste, waren im Lauf der Zeit solche Niederlassungen deutscher

*Das Holstentor in Lübeck, der Königin der Hanse, wurde im 15. Jahrhundert zur Sicherung der Travebrücke erbaut.*

Kaufleute entstanden. Die vier größten und bedeutendsten waren Nowgorod, London, Bergen und Brügge. Mit Ausnahme von Brügge, wo die Kaufleute innerhalb der Stadt wohnten und die Stapelplätze über die ganze Stadt verstreut lagen, handelte es sich dabei um abgeschlossene Bezirke, die eine eigene Gerichtsbarkeit besaßen und streng organisiert waren. Ein hoher Zaun oder eine Mauer schirmte sie gegen die Stadt ab und bot Schutz bei Streitigkeiten.

Das Hansekontor in Nowgorod, der Peterhof, war eine kleine Stadt in der Stadt, mit Kirche, Brauhaus, Wohn- und Verwaltungsgebäuden, Lagern und Gefängnis. Ihm angeschlossen war der Gotenhof, die ehemalige Niederlassung der Gotländer. Das Kontor in Bergen, das die Norweger Deutsche Brücke nannten, lag am Ufer des Fjords. Auf jedem der mehr als 20 Einzelgrundstücke, die alle mit ihrer Schmalseite ans Wasser stießen, verteilten sich bis zu 15 Gebäude für die Händler, die in der Mehrzahl aus Lübeck kamen. Außerhalb des Kontors hatten sich zahlreiche deutsche Handwerker niedergelassen. Am Londoner Themse-

## EIN SEERÄUBER VON FORMAT

*Zusammen mit Godeke Michels gebot Klaus Störtebeker (Abbildung) über Hunderte von Vitalienbrüdern, eine Seeräubertruppe, die in der Ostsee ihr Unwesen trieb, bis sie vor dem Deutschen Orden im Jahr 1398 in die Nordsee ausweichen mußte.*

*Die Piraten machten die Handelswege der Hanse unsicher und überfielen Koggen, die nach Flan-*

*dern oder England unterwegs waren. Die gekaperten Waren verkauften sie an adlige Hehler, die sie vor Verfolgung schützten.*

*1401 wurde Störtebeker von einem Geschwader von Koggen vor Helgoland überrascht und gefangengenommen. Er und seine Kumpanen wurden im Oktober auf dem Richtplatz in Hamburg enthauptet.*

Doppeladler und Stock-
fisch zierten das Wappen
der Lübecker Bergen-
fahrer (links).

Die Lübecker Nowgo-
rodfahrer wählten als
Sinnbild für ihr Wappen
einen bärtigen Russen
(rechts).

Rege Betriebsamkeit herrschte an den
Kais der Hansestädte, wenn die Ladung der Handelsschiffe gelöscht und
neue Waren verladen wurden.

ufer, am Platz der ehemaligen Kölner
Niederlassung, lag der weitläufige Stalhof, wo jetzt alle deutschen Kaufleute
ihre Waren stapelten.

## Die Kaufleute greifen
## zu den Waffen

D as Wirtschaftswachstum der Hanse hing stark von der politischen
Lage ab. Kollidierten ihre Interessen mit
denen der politischen Machthaber, er-
bebte der ganze Ostseeraum. Als der dänische König Waldemar IV. Atterdag
1360 Südschweden wieder in sein Reich
einfügte, machte er sich umgehend daran, die dortige Vormachtstellung der
Hanse zu brechen, indem er ihr die Handelsprivilegien aberkannte. Im folgenden
Jahr eroberte er Gotland, nahm die alte
Hansestadt Visby ein und brandschatzte
sie. Mit diesen beiden Schritten traf er
den Lebensnerv der Hanse.

Besonders betroffen von Waldemars
Politik war Lübeck. Die Reichssteuern
der Stadt hatte Kaiser Karl IV. an den Dänenkönig verpfändet, der nach seinen Erfolgen im Norden die Landverbindung
zwischen Lübeck und Hamburg zu sperren drohte. Diesmal entschlossen sich

Lübeck und einige andere Städte, mit
Waffengewalt vorzugehen. Sie traten
zum Krieg gegen Dänemark an, doch ihre
Flotte unterlag im Sommer 1362 vor der
Festung Hälsingborg den Dänen.

Trotzdem drängten die Hansestädte an
der Ostsee, die bei ihren Getreidefahrten
nach Bergen den dänischen Sund, den
Seeweg zwischen Nord- und Ostsee, passieren mußten, auf eine Fortsetzung des
Krieges. Lübeck erhielt nun Unterstützung von allen Seiten. Im November
1367 schloß man auf dem Kölner Hansetag ein Kriegsbündnis, dem sich auch einige niederländische Städte, Schweden,
Mecklenburg, Holstein, Schleswig und
der dänische Adel anschlossen.

Im Mai 1368 fiel Kopenhagen, und die
Hanse und ihre Verbündeten verwüsteten die dänische und die norwegische
Küste. Waldemar mußte ins Ausland fliehen. Im Mai 1370 schloß man in Stralsund Frieden. Die Hanse erhielt alle alten
Privilegien zurück, ferner für 15 Jahre die
alleinige Kontrolle über den Sund. Durch
den militärischen Schlag gegen Dänemark war sie zur politischen Großmacht
geworden.

## Kaperkrieg
## gegen England

M it Beginn des 15. Jahrhunderts sah
sich die Hanse einer ernstzunehmenden wirtschaftlichen Konkurrenz gegenüber: In England hatten sich die *mer-*

*chant adventurers*, wagemutige Kaufleute, zu Handelskompanien zusammengeschlossen und trieben nun im Ostseeraum einen florierenden Handel.

Als 1420 die englische Niederlassung
in Danzig geschlossen wurde und das
englische Parlament seinerseits hansische
Sonderrechte aufhob, führte dies zu
Spannungen, die einen jahrzehntelangen
Kleinkrieg mit gegenseitigen Schikanen
und Seeüberfällen nach sich zogen. Im
Juli 1468 wurden in London deutsche
Kaufleute gefangengenommen, ihre Güter konfisziert, und der Stalhof, den der
aufgebrachte Mob teilweise zerstört hatte, wurde geschlossen.

Diese Maßnahmen mündeten schließ-
lich im folgenden Jahr in einen offenen
Krieg gegen England. In dem Kaperkrieg
übte die Hanse Vergeltung für die erlit-
tene Schmach, wobei sich besonders
Danzig und Lübeck hervortaten. Die
Gegner zermürbten sich in zahllosen
Überfällen und Scharmützeln, bis der
Frieden von Utrecht 1474 den für beide
Seiten verlustreichen Kämpfen ein Ende
machte.

England räumte der Hanse die alten
Privilegien wieder ein, setzte aber auch
durch, daß englische Kaufleute Handelsprivilegien im Ostseeraum erhielten. Der
entschlossene Einsatz der Hanse hatte
sich wieder einmal bezahlt gemacht.

# Goldenes Handwerk

Während in den mittelalterlichen deutschen Städten die Kaufleute Gilden gründeten, schlossen sich die Handwerker der verschiedenen Gewerbezweige zu Zünften zusammen, um ihre wirtschaftlichen und politischen Interessen gegenüber der städtischen Oberschicht, den reichen Patrizierfamilien, wirkungsvoller vertreten zu können. Aufgabe der Zünfte war es, ihr jeweiliges Gewerbe zu organisieren und zu kontrollieren. Sie regelten die Ausbildung ihrer Handwerker und die Arbeitszeiten, nahmen die Meister- und Gesellenprüfungen ab und sorgten dafür, daß es keine Pfuscher in ihren Kreisen gab. Sie setzten die Löhne fest und verhinderten, daß fremde Handwerker innerhalb der Stadt arbeiteten. Nur wer einer Zunft angehörte, durfte seinen Beruf ausüben; und wenn der Wettbewerb innerhalb eines Gewerbes zu groß wurde, begrenzte man die Zahl der Mitglieder. Die Zünfte bestimmten, wer Meister werden durfte: Er mußte von freier und ehrlicher Geburt sowie unbescholten sein, lange genug als Geselle gearbeitet und auf eigene Kosten ein Meisterstück geschaffen haben.

Die Arbeit als Handwerker war körperlich anstrengend. Nur sonntags und an Feiertagen wurde nicht gearbeitet. Nahezu ein Drittel der Erwerbstätigen waren Gesellen, die in der Regel unverheiratet waren und im Haushalt des Meisters lebten. Verstöße gegen die Zunftordnung wurden mit empfindlichen Geldbußen geahndet, bei Wiederholung drohte Ausschluß und damit das Ende der gesicherten Existenz. Die Zünfte schützten ihre Mitglieder und deren Familien vor Not und schufen mit ihrem Regelwerk die Grundlage für den Erfolg des Handwerks in Deutschland.

**BÖTTCHER** *Die Faßmacherei war ein geachteter Handwerksberuf (oben rechts).*

**WERKSTATT** *Schuhmacher arbeiteten in kleinen Werkstätten, wie sie heute noch in Rothenburg zu sehen sind (rechts).*

**SCHUSTERS RAPPEN** *Nur wenige konnten sich Schuhe aus weichem Leder leisten (unten).*

**REGIERUNG**
In manchen Städten wie Augsburg übernahmen die Zünfte die Herrschaft (ganz oben).

**GESELLENBRIEF**
Nach jahrelanger Wander- und Lehrzeit erhielten die Gesellen eine Urkunde über ihre Ausbildung (oben).

**KUNSTHANDWERK**
Solche geschmiedeten Hausschilder herzustellen erforderte handwerkliches Können (oben rechts).

**BERUFSEHRE** Die prachtvolle Lade war der ganze Stolz der Nürnberger Steinmetzzunft (rechts).

*So sah ein Zeitgenosse die erste Teilung Polens: Der polnische König (zweiter von links) muß hilflos zusehen, wie sein Land zerstückelt wird. Anhand einer großen Karte legen die russische Zarin Katharina II., Kaiser Joseph II. und der preußische König Friedrich II. (von links) ihre Gebietsansprüche fest.*

# Ohne jeden Skrupel

*Durch die 1772 in Sankt Petersburg vereinbarte Teilung Polens erhielt Friedrich der Große die begehrte Landverbindung zwischen Brandenburg und Preußen.*

**RÜCKSICHTSLOS** Am 5. August 1772 trafen sich in der zaristischen Metropole Abgesandte der drei europäischen Großmächte Österreich, Preußen und Rußland, um einen Vertrag zu unterzeichnen, der die Teilung Polens vorsah. Einen solchen Länderschacher am grünen Tisch hatte es bis dahin noch nie gegeben, und so war man im damaligen Europa darüber auch sehr erstaunt. Selbst die österreichische Herrscherin Maria Theresia, der eine gerechte Politik sehr am Herzen lag, äußerte große moralische Bedenken und fürchtete um das Ansehen ihres Reiches. Letztlich mußte sie jedoch gegenüber ihrem Sohn und Mitregenten, Kaiser Joseph II., klein beigeben.

**MACHTVAKUUM** Wie hatte es zu diesem Länderraub kommen können? Seit Jahren war die polnische Nation zerstritten. Nicht der König, sondern rivalisierende Adelscliquen gaben den Ton an, machten das Land unregierbar und hatten es schon seit langem zum Spielball auswärtiger Mächte werden lassen, die mehr und mehr in die innenpolitischen Angelegenheiten des Landes eingriffen.

Der Preußenkönig Friedrich der Große hatte schon in seinem „Politischen Testament" aus dem Jahr 1752 den Wunsch nach einer Landverbindung zwischen Brandenburg und Ostpreußen, die über polnisches Territorium führen würde, geäußert und daher nach einer Möglichkeit gesucht, sich mit der Zarin zu verständigen, da diese den größten Einfluß in

Polen besaß. 1764 hatte sich ihm dann die Gelegenheit geboten, denn nach dem Tod des polnischen Königs hatte Katharina II. seine Unterstützung gebraucht. Friedrich II. sollte ihr helfen, ihren Günstling Stanisław August Poniatowski als Thronnachfolger in Warschau durchzusetzen, und als Gegenleistung für seinen Beistand konnte der preußische Monarch hoffen, seine ersehnte Landverbindung zu erlangen. Als Polen unter der Herrschaft des neuen Königs schließlich vor einem Bürgerkrieg stand, trafen die Zarin und Friedrich eine weitere Übereinkunft und versprachen sich im Fall eines Krieges gegenseitig territoriale Gewinne.

**BÜRGERKRIEG** Schnell hatten sich die militärischen Auseinandersetzungen der polnischen Adelsparteien zu einem Konflikt der Großmächte ausgeweitet, denn insbesondere die Zarin wollte den Geschehnissen natürlich nicht tatenlos zusehen.

Nachdem Katharina große Erfolge errungen hatte, drohte ein zusätzlicher Konflikt zwischen dem Zarenreich und Österreich, doch da gelang es Friedrich II., als Vermittler aufzutreten. Beide Länder sollten sich, ohne einen Tropfen Blut zu vergießen, an Polen schadlos halten, und er, der den Frieden bewahrt und das Gleichgewicht zwischen den drei Mächten hergestellt hatte, wollte nun ebenfalls seinen Gewinn einstreichen.

Als Erste Polnische Teilung ging diese skrupellose Vereinbarung in die Geschichte ein; weitere sollten noch folgen, und Polen verschwand von der Landkarte.                    □

## Leichte Beute für die Großmächte

Nach der Unterzeichnung des Vertrages über die Teilung Polens mußte das Königreich rund 30 Prozent seiner Gesamtfläche und fast 40 Prozent seiner Einwohnerzahl abtreten. Bei der Aufgliederung hatten die drei Mächte Rußland, Österreich und Preußen sorgfältig Umfang und Qualität des Bodens sowie die Bevölkerungszahl und wirtschaftliche Ertragsleistung gegeneinander abgewogen.

Friedrich der Große konnte sich die Provinz Westpreußen ohne Danzig und Thorn, die in Preußen gelegene Diözese Ermland und einen Landstrich an der Netze einverleiben, das waren etwa 35000 Quadratkilometer mit über 350000 Einwohnern. Friedrichs langgehegter Wunsch hatte sich damit erfüllt: Westpreußen stellte nun die direkte Landverbindung zwischen seinen brandenburgischen Kernlanden und Preußen her. Der Hohenzoller nannte sich nicht mehr, wie bisher, König in Preußen, sondern fortan König von Preußen.

Die russische Zarin Katharina II. erhielt den Löwenanteil, vor allem das polnische Livland und Weißrußland zwischen den Flüssen Düna und Dnjepr. Dem österreichischen Haus Habsburg schließlich fielen Ostgalizien und das sich östlich unmittelbar anschließende Lodomerien sowie die bereits im Bürgerkrieg besetzte Zips, eine Region an der Grenze zu Ungarn, zu.

Gut ein Jahr später erkannte auch das polnische Parlament, der Sejm, den Teilungsakt formal an. Zuvor hatten die Großmächte, die Wert darauf legten, daß der Schein der Legalität gewahrt blieb, dafür gesorgt, daß sich die Kammer neu zusammensetzte und entsprechend manipuliert werden konnte.

Die übrigen Staaten schauten dem Landraub tatenlos zu. Erschreckend war für sie weniger die Zerstückelung Polens, sie fürchteten vielmehr die möglichen politischen Folgen der Gebietsverschiebungen und sahen das europäische Gleichgewicht sowie ihre eigene Machtstellung in Gefahr.

## In vollkommener Abhängigkeit

König Friedrich Wilhelm II., der Nachfolger des Alten Fritz nach dessen Tod im Jahr 1786, setzte, ähnlich wie die russische Zarin, die Expansions-

Das Wahrzeichen der heute polnischen Stadt Danzig, die 1793 an Preußen kam, ist das mittelalterliche Krantor (rechts) im Hafen an der Mottlau.

politik in Polen fort. Eine günstige Gelegenheit bot sich, als sich unter dem Einfluß der Französischen Revolution in Polen eine patriotische Bewegung bildete, die für die Wiederherstellung der nationalen Souveränität kämpfte. 1791 verabschiedete der polnische Reichstag sogar eine Verfassung, die erste in Europa, die niedergeschrieben wurde.

Argwohn befiel daraufhin die drei Herrscher Rußlands, Preußens und Österreichs, und insbesondere Zarin Katharina II. befürchtete, daß die revolutionären Vorgänge in Polen auf ihr Reich übergreifen würden, was eine große Gefahr für ihre eigene Regierung bedeutet hätte.

Während Österreich und Preußen im Krieg mit dem revolutionären Frankreich standen, griff die Zarin direkt in Polen ein: Sie setzte Truppen nach Westen

Symbol des polnischen Freiheitskampfes waren die sogenannten Sensenmänner. So bezeichnete man die polnischen Bauern, die sich 1794, nur mit angelegter Sense bewaffnet, gegen die russische Besatzungsmacht erhoben hatten.

in Marsch, um eine polnische Adelsreaktion zu stützen, die die Reformpartei zwingen wollte, die Verfassung zurückzunehmen. In dieser Situation tat sich der preußische König, der auf erneute Gebietserweiterungen hoffte, wieder mit Rußland zusammen.

Knapp 15 Jahre nach der ersten Teilung Polens erfolgte am 23. Januar 1793 die zweite. Diesmal schlossen nur Rußland und Preußen einen Vertrag, Österreich war nicht beteiligt. Der Vertrag sprach Preußen die Städte Danzig und Thorn zu, die seit der Teilung von 1772 noch als polnische Exklaven in der neugeschaffenen Provinz Westpreußen existierten. Zudem erhielt der preußische König Gebiete um Posen und Kalisch, die er zur Provinz Südpreußen vereinigte. Rußland riß weitere riesige Gebiete im

*Polnische Gefangene, die 1848 beim Aufstand von Posen mitgekämpft hatten, warten auf ihre Aburteilung.*

Osten an sich. Polen sollte so zerstückelt werden, daß es keine eigenständige Politik mehr betreiben konnte.

Und tatsächlich, Polen war nach der zweiten Teilung kaum mehr lebensfähig, die einheimische Bevölkerung unterstand inzwischen mehrheitlich fremden Dynastien.

## Polen verschwindet von der Landkarte

Gut ein Jahr nach der zweiten Teilung kam es zu einem Aufstand polnischer Patrioten unter dem Freiheitskämpfer Tadeusz Kościuszko gegen die drei Großmächte. Doch schnell konnten diese die Erhebung niederschlagen und nutzten die Gunst der Stunde, um Polen endgültig zu beseitigen. Am 3. Januar 1795 einigten sich zunächst Rußland und Österreich über die dritte Teilung,

Preußen stimmte der Abmachung einige Monate später zu.

Den größten Teil, rund zwei Drittel der noch verbliebenen Fläche, erhielt Rußland, je ein Sechstel ging an die beiden anderen Staaten. Preußen nahm sich Teile Masowiens mit Warschau, das Land zwischen Weichsel, Bug und Memel – Neu-Ostpreußen – und einen Teil des Gebietes von Krakau, Neu-Schlesien. Sämtliche Gebiete waren überwiegend von Polen und Litauern bewohnt. Mit der dritten Teilung hörte Polen endgültig auf zu existieren.

## Diskriminiert von den Deutschen

Bis weit ins 20. Jahrhundert waren die Grenzen Polens ungeklärt und gaben immer wieder Anlaß zu Auseinandersetzungen. Zwar wurden zu Beginn des 19. Jahrhunderts einige der Teilungsbestimmungen wieder rückgängig gemacht, doch blieben weite Teile des polnischen Territoriums noch lange bei Rußland, Österreich und Preußen.

Seit den Tagen der ersten Teilung begann für die Polen, die unter fremde Herrschaft gerieten, ein schweres Leben. Preußen und später auch das Deutsche Reich versuchten immer wieder, die polnische Bevölkerung zu „germanisieren". Eine Rückgabe der einst gewonnenen Gebiete an Polen war im 19. Jahrhundert ausgeschlossen, und polnische Aufstände, wie der von Posen 1848, wurden folglich mit aller Härte niedergeschlagen.

Einer der entschiedensten Verfechter dieser Politik war der preußische Ministerpräsident und spätere Reichskanzler Otto von Bismarck. Seiner Meinung nach mußte das Polentum im preußischen Staat aufgehen. Versuche der polnischen Minderheit, sich ihre Sprache, Kultur und Religion zu bewahren, betrachtete er als staatsfeindlichen Akt, als ein Zeichen der Aufsässigkeit. Diese galt es zu unterbinden.

Doch Bismarcks harte Politik hatte nicht den gewünschten Erfolg, im Gegenteil: statt das Nationalbewußtsein der polnischen Minderheit zu schwächen, führte sie zu seiner Stärkung. Um dennoch die preußischen Interessen durchzusetzen, folgten in den 80er Jahren noch radikalere Maßnahmen. Systematisch wies man Polen aus und kaufte in Posen und Westpreußen Grundbesitz des polnischen Adels auf, um dort deutschsprachige Bevölkerung anzusiedeln. Die Spannungen zwischen Deutschen und Polen wuchsen folglich immer weiter an.

# Weihnachten in Rom

*Die Kaiserkrönung Karls des Großen im Jahr 800 begründete das mittelalterliche Kaisertum und die enge Verbindung der deutschen Könige mit den Päpsten und Italien.*

Das mittelalterliche Rom, das Karl der Große bei seiner Kaiserkrönung erlebte (oben), hatte wenig vom Glanz des antiken Rom bewahrt. Zwischen schmucklosen kleinen Häusern und steinernen Wohntürmen befanden sich zahlreiche alte Ruinen und öde Flächen.

**KRÖNUNG IN ROM** Der 25. Dezember 800 war ein bedeutsamer Tag in der deutschen Geschichte, denn an jenem Weihnachtstag wurde der fränkische König Karl der Große im fernen Rom zum Kaiser gekrönt.

Die Kirche des heiligen Petrus war zum Christfest feierlich geschmückt. Seidenteppiche verkleideten die Wände, und der Schein der Silberleuchter spiegelte sich im goldenen Altargerät. Karl kniete betend vor dem Altar, als ihm Papst Leo III. eine goldene Krone aufs Haupt setzte. Die Anwesenden brachen in Jubel aus und riefen dreimal „Karl, dem Augustus, dem von Gott gekrönten, großen und friedebringenden Kaiser der Römer, Leben und Sieg!" Der Papst salbte dem Gekrönten die Stirn, dann warf er sich als Zeichen der Huldigung dreimal vor ihm auf die Knie.

**ABSPRACHE IN PADERBORN** Was bewog Leo III. dazu, dem fränkischen Herrscher die Kaiserkrone anzutragen? Kurz nach seiner Wahl zum Papst 795 hatte Leo die Symbole der Herrschaft über die Ewige Stadt, die Schlüssel zum Grab Petri und das Banner Roms, als Zeichen der Ehrerbietung an Karl den Großen, den Schutzpatron der Kirche, gesandt. Mit dieser Geste hatte sich der Papst aber den Zorn des einflußreichen römischen Stadtadels zugezogen. Es kam zum Konflikt, der 799 zu einem offenen Aufstand führte. Leo mußte fliehen und suchte den Schutz Karls.

Der fränkische König empfing den Papst in seiner Pfalz Paderborn. Bei diesem Treffen sicherte Karl dem Oberhirten der Christenheit militärische Hilfe im Kampf gegen die römische Adelsopposition zu. Leo bot ihm dafür die Kaiserkrone an, die damals als die höchste Würde der Welt galt. Im Herbst 800 reiste Karl mit großem Gefolge über die Alpen und zog am 24. November in Rom ein. Nach seiner Krönung verurteilte er die Wortführer der päpstlichen Gegner zu lebenslanger Haft. ☐

## Zwei Kaiser für das Abendland

Die Nachricht von der Kaiserkrönung Karls des Großen schlug in Konstantinopel wie eine Bombe ein, denn nach byzantinischer Vorstellung war nur der Herrscher von Byzanz berechtigt, den Titel eines Kaisers zu führen. Am Bosporus befürchtete man daher, daß Karl der Große nun auch das Byzantinische Reich erobern und seiner Herrschaft unterwerfen wollte.

Dieser Gedanke lag dem fränkischen Herrscher jedoch fern. Ihm ging es nur darum, die politische Gleichberechtigung beider Reiche in Europa herzustellen. Kaiser Nikephoros I. verweigerte Karl jedoch die Anerkennung des Kaisertitels und lehnte eine Kompromißlösung entschieden ab.

Um seinen Ansprüchen Nachdruck zu verleihen, ließ Karl der Große daraufhin die byzantinischen Gebiete Venetien und Dalmatien besetzen, worauf es zum Krieg kam. Unter Kaiser Michael I. bahnte sich dann eine Verständigung an, und der Streit wurde im Jahr 812 im Vertrag von Aachen beigelegt. Michael I. erkannte den Kaisertitel Karls des Großen offiziell an; Karl gab dafür die besetzten Gebiete wieder zurück.

Damit gab es im christlichen Abendland, das von den Zeitgenossen bis dahin als eine Einheit verstanden worden war, nunmehr zwei Kaiser. Westen und Osten begannen sich in den folgenden Jahrhunderten auf politischem, religiösem und kulturellem Gebiet auseinanderzuleben. Die fränkische Reichskirche orientierte sich an Rom, während sich die Christen des Ostens an Konstantinopel ausrichteten. Diese Entwicklung wirkt in der bis heute bestehenden Trennung der Christenheit in eine römisch-katholische und eine griechisch-orthodoxe Kirche fort.

## Ein Herrscher ohne Konkurrenz

Mit der Erhebung zum Kaiser stand Karl der Große auf dem Gipfel seiner Macht. Der fränkische Herrscher hatte ein Reich geschaffen, das an Ausdehnung während des Mittelalters alle anderen Staaten in Europa übertraf. Es umfaßte den größten Teil des Kontinents und reichte von den Pyrenäen bis zur Nordsee und vom Atlantik bis zur Elbe. Das Kernland lag zwischen Rhein und Maas. Hier lag auch die Hauptstadt Aachen, wo sich Karl der Große mit Vorliebe aufhielt.

Um dieses Riesenreich überhaupt regieren zu können, mußten neue Verwaltungsstrukturen geschaffen werden. Die hohen Hofbeamten – Truchseß, Mundschenk, Marschall, Kämmerer, Schwertträger, Zeremonien- und Quartiermeister – bekamen immer größere Aufgabengebiete zugewiesen, so daß sich die

überschaubare königliche Hofverwaltung bald zu einer einheitlichen Reichsverwaltung ausweitete. Eine besondere Stellung kam der neugeschaffenen Kanzlei zu, in der im Mittelalter alle wichtigen Urkunden, Erlasse und Verordnungen des Herrschers abgefaßt und aufbewahrt wurden. Leiter dieser Schreibstube war der Kanzler, engster Vertrauter des Kaisers. Daraus entwickelten sich im Lauf der Zeit die höchsten Regierungs- und Verwaltungsbehörden, wie man sie heute noch kennt.

Anstelle der alten Herzogtümer wurden 230 Grafschaften als neue Verwaltungseinheiten eingerichtet. Maßgeblich für die Wahl der Grafen war ihre Ergebenheit gegenüber Karl. Um die Zentralgewalt des Reiches zu stärken, ließ Karl die Grafen zweimal jährlich an seinen Hof kommen, wo sie Rechenschaft über ihre Arbeit ablegen mußten. Bei der riesigen Ausdehnung des Reiches genügte dies jedoch bald nicht mehr, und so schuf er eine besondere Kontrollkommission, die Königsboten. Ein geistlicher und ein weltlicher Würdenträger bereisten ständig alle Grafschaften des Reiches, überprüften, ob die Anordnungen Karls des Großen ausgeführt worden waren, und sprachen in seinem Namen Recht. Auf diese Weise schuf der fränkische Herrscher wichtige Grundlagen für die Entstehung des mittelalterlichen Deutschen Reiches.

## Eine Verbindung mit politischem Sprengstoff

Die Kaiserkrönung in Rom bekräftigte die seit einem halben Jahrhundert bestehenden engen politischen Beziehungen zwischen der Karolingerdynastie und den Päpsten und besiegelte offiziell eine Absprache, die auf das Jahr 754 zurückging. Damals hatte Karls Vater Pippin mit Papst Stefan eine weitreichende Vereinbarung getroffen, wonach sich die fränkischen Herrscher als Schutzmacht der christlichen Kirche verpflichteten, dem Oberhirten der Chri-

*Der Reichsapfel gehörte zu den Herrschaftszeichen der deutschen Kaiser und Könige. Die mit Edelsteinen verzierte Goldkugel mit dem Kreuz symbolisierte die universale Herrschaft, wie sie Karl der Große in Europa ausübte.*

*Nach der mittelalterlichen Vorstellung vergab Jesus Christus als Herr der Christenheit die Macht auf Erden gleichermaßen an den Papst (links) und den König. Diese Ansicht entsprach aber selten der politischen Realität.*

stenheit im Konfliktfall politisch und militärisch beizustehen. Um seine Absicht zu bekräftigen, hatte Pippin dem Papst damals einige Ländereien in Mittelitalien geschenkt, aus denen in der Folgezeit der Kirchenstaat entstand, der noch heute im kleinsten Staat der Welt, der Vatikanstadt, weiterexistiert.

Dafür hatte Pippin den päpstlichen Segen bekommen, als er im Jahr 754 den letzten Merowingerkönig absetzte und sich zum neuen Herrscher der Franken erhob. Papst Stefan II. bestätigte damit vor aller Welt die Karolinger als rechtmäßige Nachfolger der Merowinger und legitimierte sie als von Gott geweihte Könige.

In den folgenden Jahrhunderten zogen fränkische, später deutsche Könige nach Italien, um ihren politischen und militärischen Verpflichtungen nachzukommen und sich im Gegenzug in Rom vom Papst zum Kaiser krönen zu lassen. Kaiserliche Politik war damit im Mittelalter auch immer Italienpolitik.

Solange Papst und Kaiser dieselben Ziele verfolgten, war dies eine machtvolle Verbindung, und es gab keinerlei Schwierigkeiten; doch sobald beide Seiten verschiedene Interessen vertraten, war der Konflikt geradezu vorprogrammiert, und dann erwies sich diese Verbindung als eine Belastung für die deutsche Politik im Mittelalter.

## Eine neue Schrift für den Kaiser

R egieren hieß für Kaiser Karl nicht nur Kriege zu führen und Aufstände niederzuschlagen, sondern auch Urkunden und Verordnungen ausfertigen zu lassen, in denen er seine Rechte geltend machte und seinen politischen Willen kundtat. Dazu brauchte man Beamte, die schreiben konnten, und es bedurfte vor allem einer Schrift, die jeder von ihnen zu lesen imstande war.

So verpflichtete Karl der Große den berühmten angelsächsischen Gelehrten Alkuin an seinen Hof und trug ihm auf, die fränkischen Verwaltungsbeamten, zumeist Kleriker, in Wort und Sprache zu unterrichten und auszubilden. Als Abt des Klosters Sankt Martin in Tours entwickelte Alkuin zusammen mit seinen Mönchen eine klar gegliederte und einfach zu lesende Schrift, die sogenannte karolingische Minuskel, die sich mit der Zeit im Fränkischen Reich allgemein im Schriftverkehr durchsetzte. Im Gegensatz zu den bis dahin verwendeten Schriftarten kannte die Minuskel nicht nur gleich hohe Buchstaben, sondern verwendete auch Ober- und Unterlängen. Das Schriftbild wurde dadurch übersichtlicher, die einzelnen Wörter ließen sich leichter voneinander unterscheiden, und man konnte so die von Hand geschriebenen Texte besser lesen.

Die von Karl dem Großen eingeführte Minuskel bildete die Grundlage aller später in Europa entwickelten Schriftarten und gilt als Vorläufer der heutigen Druckschrift.

*1991 WURDE VÁCLAV HAVEL DER KARLSPREIS VERLIEHEN.*

# Tod in Sarajevo

*Die Ermordung des Habsburger Thronfolgers Erzherzog Franz Ferdinand am 28. Juni 1914 in der bosnischen Hauptstadt führte viereinhalb Wochen später zum Ausbruch des Ersten Weltkrieges.*

**HOHER BESUCH** Ende Juni 1914 fanden in den Bergen Bosniens Manöver der österreichisch-ungarischen Streitkräfte statt. Der habsburgische Thronfolger Erzherzog Franz Ferdinand, der als Beobachter daran teilnahm, nutzte diese günstige Gelegenheit, um der bosnischen Hauptstadt Sarajevo einen Besuch abzustatten und die politische Lage vor Ort zu erkunden.

Die Provinz Bosnien-Herzegowina, in der Serben, Kroaten und Muslime lebten, war im Jahr 1908 von der Donaumonarchie annektiert worden. Seit dieser Zeit gab es Schwierigkeiten mit den serbischen Nationalisten, die Anschluß an das Königreich Serbien suchten. Nach einer Serie von Terroranschlägen und nachdem 1912 der Ausnahmezustand verhängt worden war, war die Situation mehr als kritisch, und in der Umgebung des Thronfolgers gab es Stimmen, die von einem Besuch in der Stadt zu diesem Zeitpunkt abrieten.

An jenem 28. Juni, einem heißen Sommersonntag, waren die Häuser Sarajevos zu Ehren des hohen Gastes mit Fahnen und bunten Wimpeln geschmückt, und in den Fenstern hingen Porträts des erzherzoglichen Paares. Menschen säumten neugierig die Straßen und winkten dem Autokonvoi mit dem Thronfolger zu, der sich auf der Fahrt zum Rathaus befand, wo der Bürgermeister einen Empfang vorbereitet hatte.

*Das Attentat auf Franz Ferdinand und seine Gemahlin in Sarajevo (rechts) ging auf das Konto der Schwarzen Hand, einer 1911 entstandenen serbischen Terrororganisation, die alle Serben vom Joch der Habsburgerherrschaft befreien wollte. Ihr Abzeichen war der Totenkopf (oben), ihr Wahlspruch „Einheit oder Tod".*

Aasgeier ziehn in grosser Schar
Raubgierig um den deutschen Aar.

In's Feld zieht General Castelnau
Mit Cavallerie und Chassepot.

Der Belgier spitzt erschreckt sein Ohr,
Die dicke Berta pocht an's Tor.

Deutschland mit guten Waffen ficht,
Dum-Dumgeschosse führt es nicht.

*An den Schulen lernten die Kinder das Kriegs-Abc, mit dem bereits die Erstkläßler für Heldentod und Schlachtenruhm gewonnen werden sollten.*

waren daraufhin in stürmischen Applaus ausgebrochen, und selbst die Sozialdemokraten, die für den Kaiser bis dahin nur „vaterlandslose Gesellen" gewesen waren, hatten überschwenglich in die Hochrufe mit eingestimmt.

## Das Ende des deutschen Vormarsches an der Marne

Der Feldzug im Westen verlief anfänglich ganz nach Plan. Die deutschen Truppen waren nicht aufzuhalten. Am 16. August fiel die für uneinnehmbar gehaltene Festung Lüttich, am 20. August zogen die Deutschen in Brüssel ein. Damit war der Weg durch Belgien frei.

Nach siegreichen Kämpfen gegen die Franzosen und die Briten standen die fünf deutschen Armeen Ende August tief im Feindesland. Die französische Offensive im Elsaß und in Lothringen dagegen war gescheitert. Angesichts der militärischen Erfolge im Westen zog Moltke zwei Armeekorps von der Front ab und sandte sie zur Verstärkung nach Ostpreußen, wohin inzwischen die Russen vorgedrungen waren.

Die 1. Armee formierte sich unterdessen auf dem rechten deutschen Flügel zur Umfassung des Feindes und stieß auf Pa-

ris zu. Die Franzosen, die sich auf der ganzen Linie auf dem Rückzug befanden, kamen erst hinter der Marne zum Stehen und sammelten sich zum Gegenangriff.

Die abgezogenen zwei Armeekorps fehlten an der Westfront, als es vom 5. bis 12. September zur Schlacht an der Marne kam, die den deutschen Vormarsch beendete und alle Hoffnungen der Deutschen auf eine rasche Entscheidung im Westen zunichte machte. Damit war der Schlieffenplan gescheitert, es kam zum Stellungskrieg. Moltke übernahm die Verantwortung und trat am 14. September zurück. Sein Nachfolger in der Obersten Heeresleitung wurde der Kriegsminister, General Erich von Falkenhayn.

## Kriegsziele – Gebietsforderung in Ost und West

Die militärischen Anfangserfolge im Westen und der glänzende Sieg bei Tannenberg im Osten Ende August prägten nachhaltig die Vorstellungen über die deutschen Kriegsziele. Reichskanzler Bethmann Hollweg präsentierte bereits im September 1914 das Regierungsprogramm für den zu erwartenden Siegfrieden. Die Denkschrift forderte die Annexion Luxemburgs, Belgiens und weiter Teile Nordfrankreichs mit den bedeutsamen Erzgebieten Lothringens. Gleichzeitig wollte man einen mitteleuropäischen Wirtschaftsraum unter deutscher Führung schaffen.

Namhafte Vertreter der deutschen Schwerindustrie, der Banken und der nationalistisch gesinnten Verbände verlangten darüber hinaus Gebietserwerbungen im Osten sowie eine Vergrößerung des Kolonialbesitzes in Afrika. Auch die im Reichstag vertretenen Parteien sprachen sich mit Ausnahme der SPD für weitere Annexionen im Osten wie im Westen aus.

Selbst nach dem Fiasko an der Marne im September 1914 träumten die verantwortlichen Politiker und Generäle weiterhin vom totalen Sieg und hielten unbeirrt an ihren unrealistischen Expansionsvorstellungen fest. Der Verlauf des Krieges mit seinen unsäglichen Opfern und harten Entbehrungen änderte wenig an der starren Haltung der deutschen Führung und verhinderte in den folgenden Jahren einen Kompromißfrieden.

## DER MYTHOS VON LANGEMARCK

*Im Herbst 1914 standen die deutschen Truppen an der Kanalküste. Am 11. November gab die Oberste Heeresleitung in einer Tagesmeldung bekannt: „Westlich Langemarck brachen junge Regimenter unter dem Gesang ‚Deutschland, Deutschland über alles' gegen die erste Linie der feindlichen Stellung vor und nahmen sie." Der Heeresbericht über die Kämpfe in Flandern beeindruckte die Deutschen tief und trug nach dem Krieg zur Legende von der patriotischen Jugend bei, die mit Begeisterung und singend in den Tod ging.*

*In Wahrheit drängten sich im Morgengrauen des 10. November übermüdete und schlecht ausgebildete Soldaten schweigend in ihren morastigen Ausgangsstellungen und warteten auf das Angriffssignal. Um 6.30 Uhr begann der Sturmangriff auf Langemarck. Lautlos rückten die Soldaten mit aufgepflanztem Bajonett gegen den Feind vor. Doch der Vorstoß blieb in dem durch die Regenfälle der vergangenen Tage aufgeweichten Erdreich stecken. Die Verluste waren fürchterlich, und man hatte keinen Meter Boden gewonnen. Am 18. November befahl Generalstabschef Erich von Falkenhayn den Abbruch der Angriffe. Die Offensive in Flandern war gescheitert.*

*Heinrich III. nahm wie alle Nachfolger Karls des Großen für sich in Anspruch, unmittelbar von Gott in sein Königtum eingesetzt worden zu sein. Damit war er nicht nur weltlicher Herrscher, sondern auch Herr der Kirche.*

# Herr der Christenheit

*Mit der Erhebung eines Deutschen zum Papst im Dezember 1046 in Italien erreichte das Deutsche Reich unter Heinrich III. den Gipfel seiner Macht.*

**DREI PÄPSTE** Als der deutsche König Heinrich III. im Herbst 1046 mit großem Gefolge die Alpen überquerte und nach Italien zog, um sich in Rom zum Kaiser krönen zu lassen, herrschten in der Stadt politisch verworrene Zustände. Nicht weniger als drei Päpste, die jeweils von rivalisierenden römischen Adelsparteien unterstützt wurden, machten sich den Platz auf dem Apostolischen Stuhl streitig. Gegen Benedikt IX., der das Amt seit zwölf Jahren innehatte, hatten sich im Herbst 1044 die Crescentier erhoben und im darauffolgenden Januar einen der Ihren als Silvester III. zum Gegenpapst gemacht. Doch nach nur sieben Wochen war es Benedikt gelungen, den Thron zurückzuerlangen. Aber lange konnte er sich nicht im Amt halten; am 1. Mai 1045 übertrug er die Papstwür-

de gegen die hohe Ablösesumme von 2000 Pfund Gold an Gregor VI., einen Anhänger der kirchlichen Reformpartei.

**MACHTWORT IN SUTRI** Für den 20. Dezember 1046 berief Heinrich III. eine Synode in das nördlich von Rom gelegene Sutri ein, um sich höchstpersönlich Klarheit über die verwickelten Verhältnisse in Rom zu verschaffen. Alle drei Päpste wurden zur Synode geladen, doch nur Silvester und Gregor erschienen. Letzterer hoffte, der König würde ihn im Amt bestätigen, aber dieser ließ beide mit der Begründung absetzen, daß sie nicht auf legale Weise auf den Stuhl Petri gelangt waren.

Drei Tage nach der Entscheidung von Sutri wurde auch Benedikt auf Betreiben des Königs wegen seiner ungesetzlichen Abdankung abgelöst. Für die Nachfolge hatte Heinrich III. eigentlich Erzbischof Adalbert von Hamburg-

*Das nördlich von Rom gelegene Sutri (unten) wurde zum Schauplatz einer bedeutenden Synode.*

Bremen vorgesehen, doch der lehnte ab und schlug Bischof Suitger von Bamberg vor. Ihn ließ der König am 24. Dezember zum neuen Papst Klemens II. wählen.

Ein entscheidender Grund für die Absetzung der bisherigen Amtsinhaber war die Tatsache, daß der tief religiöse Herrscher die Kaiserkrone nicht von einem Papst empfangen wollte, der sein Amt gekauft hatte. Der König gehörte zu den Anhängern und Förderern einer allgemeinen Kirchenreform, wie sie seit einigen Jahren mit Nachdruck von den Klöstern Cluny in Burgund und Gorze in Lothringen vertreten wurde und die entschieden die Verweltlichung des Klerus bekämpfte. So hatte Heinrich III., kaum war er in Italien angekommen, im Oktober 1046 in Pavia eine Synode abgehalten, auf der er ein allgemeines Verbot der Simonie, der Käuflichkeit kirchlicher Ämter, ausgesprochen und jeglichen Handel damit mit dem Bannspruch belegt hatte.

**KAISERKRÖNUNG** Am Weihnachtstag 1046 wurde Klemens in der Peterskirche inthronisiert und krönte unmittelbar danach Heinrich und seine Gemahlin Agnes zu Kaiser und Kaiserin. Anschließend zogen der neue Oberhirte der Christenheit und das Kaiserpaar zum Lateranpalast, wo Heinrich III. sich zum *Patricius Romanorum*, zum Schutzherrn der Römer, ausrufen ließ. Diese Würde verlieh ihm das Recht, bei der Papstwahl die erste und entscheidende Stimme abzugeben. Der römische Stadtadel hatte damit jeden Einfluß auf das Papsttum verloren. Kaiser Heinrich III. aber, ohne dessen Zustimmung nun kein Papst mehr gewählt werden konnte, stand auf dem Gipfel seiner Macht.  □

## Deutsche auf dem Stuhl Petri

Klemens II. behielt als Papst sein Bistum Bamberg. Dadurch war er materiell unabhängig, brauchte bei der angestrebten Kirchenreform keine Rücksicht auf römische Parteien zu nehmen und stand zugleich in einem besonderen Treueverhältnis zum Kaiser. Heinrich III. war es auf diese Weise gelungen, das Papsttum in das Gefüge der von ihm geleiteten Reichskirche einzubeziehen.

In dem knappen Jahrzehnt bis zu seinem Tod kürte der Kaiser drei weitere deutsche Päpste, die ebenfalls ihr Amt als Reichsbischof behielten. Klemens starb schon nach neun Monaten; zu seinem Nachfolger bestimmte Heinrich Poppo von Brixen. Doch da kehrte der abgesetzte Benedikt IX. nach Rom zurück. Diesmal genügte nur ein Drohbrief des Kaisers, um seinen Kandidaten durchzusetzen, aber der neue Papst, der sich Damasus II. nannte, starb bereits drei Wochen nach seiner Weihe.

Nun setzte der Kaiser einen entfernten Verwandten, Bischof Bruno von Toul, ein, der im Februar 1049 als Leo IX. sein Amt antrat. Er umgab sich mit einem Kreis von Helfern, die fast alle aus Klöstern und Domstiften Lothringens, der Heimat der Reformbewegung, kamen. Aus diesem Mitarbeiterstab bildete sich das Kardinalskollegium heraus, das bis zum heutigen Tag für die Wahl des Papstes verantwortlich ist.

Mit ungewöhnlicher Tatkraft begabt, nahm der leidenschaftliche Verfechter der Reform den Kampf für seine Ideale auf. Neu war die Art, wie er sie verfolgte. Leo IX. beschränkte sich nicht auf Synoden in Rom, sondern unternahm weite Reisen, um seine Autorität an Ort und Stelle wirken zu lassen.

Ein Höhepunkt seines fünfjährigen Pontifikats war die Synode in Mainz im Herbst 1049. Die Versammlung fand unter dem gemeinsamen Vorsitz von Papst und Kaiser statt. Leo IX. und Heinrich III. setzten den Beschluß durch, daß die Simonie in aller Öffentlichkeit verurteilt wurde und daß Kleriker ehelos bleiben mußten. Beide waren sich darin einig, daß weltlicher und geistlicher Herrscher gemeinsam das *Imperium Christianum* regieren sollten. Der unbestrittene Herr der Christenheit aber war der Kaiser, der auch das Recht der Investitur, der Amtseinsetzung von Bischöfen, für sich beanspruchte.

Nach dem Tod Leos IX. im April 1054 bestimmte der Kaiser Bischof Gebhard von Eichstätt zum Papst, der als Viktor II. zu Ostern inthronisiert wurde. Er setzte das Erneuerungswerk der Kirche im kaiserlichen Sinn fort.

Durch die von ihm mitgetragene Reform wertete Heinrich III. das Papsttum erheblich auf und schuf die Voraussetzung für dessen Aufstieg. Es wurde unabhängig vom römischen Adel; doch schon mehrten sich unter den Reformern die Stimmen, die es von jeglicher weltlicher Herrschaft freimachen wollten – auch von der des Kaisers. Daß Heinrich III. selbst den Grundstein für die Loslösung der römischen Kirche von der kaiserlichen Macht gelegt hat, macht die besondere Tragik dieses Herrschers aus.

## Sicherung der kaiserlichen Macht in Unteritalien

Nach der Kaiserkrönung in Rom wandte sich Heinrich III. nach Süden, um auch hier seine kaiserliche Macht zu festigen. Er kam in ein Land, das sein Gesicht seit der Regierungszeit

*Ausgestattet mit den Insignien kaiserlicher Macht – Reichsapfel, Zepter, Krone und Schwert –, zieht Heinrich III. in Begleitung zweier Äbte und seines Gefolges in die Kirche ein.*

*Mit Lanze und Schwert bewaffnete Ritter kämpften im Mittelalter für ihre Herren – auch für Heinrich III.*

Papst Leo IX. unterstützte zunächst die kaiserliche Politik gegenüber den Normannen. Dann aber verjagten die Beneventiner ihre Herren und unterstellten sich im Jahr 1051 der Hoheit des Papstes. Als sich zudem Beschwerden der Bevölkerung über gewaltsame Übergriffe der Normannen häuften, entschloß sich Leo, höchstpersönlich militärisch gegen sie vorzugehen. Es galt, ihr weiteres Vordringen zu verhindern und Benevent für den Kirchenstaat zu gewinnen. Da Heinrich III. ihm keine militärische Unterstützung zusagte, mußte Leo selbst ein Aufgebot anwerben. Es kam eine bunte Heerschar zusammen, darunter zahllose Deutsche, die auf reiche Beute hofften, sowie viele des Landes verwiesene Verbrecher und Abenteurer. Aber die zahlenmäßig unterlegenen Normannen schlugen das päpstliche Heer am 18. Juni 1053 bei Civitate in Apulien vernichtend.

Statt Leo IX. zu demütigen, behandelten die Sieger ihren Gefangenen äußerst ehrenvoll, um sich nicht den Weg zu einer späteren Zusammenarbeit mit dem Papst zu verbauen. Gleichwohl mußte er den über sie verhängten Kirchenbann aufheben und ihre Besitzungen anerkennen. Im Frühjahr 1054 durfte Leo nach Rom zurückkehren, wo er jedoch wenige Wochen später starb.

Der päpstliche Mißerfolg führte dem Kaiser eindringlich vor Augen, auf welch unsicherem Boden seine Macht in Unteritalien stand. Es war zu befürchten, daß Papsttum und Normannen sich in absehbarer Zukunft aus der Oberhoheit des Reiches lösen und ihre eigene Politik betreiben würden, die der Kaiser im fernen Deutschland kaum mehr zu steuern in der Lage wäre.

seines Vaters Konrad II. stark verändert hatte. Seit der Jahrtausendwende war eine wachsende Zahl von Normannen nach Unteritalien gekommen und als Söldner in den Dienst der einheimischen Fürsten getreten. Großzügig mit Land für ihre Dienste entlohnt, hatten sie eigene Herrschaften aufgebaut und waren nun dabei, weitere Gebiete zu erobern.

Im Februar 1047 lud der Kaiser die Fürsten Unteritaliens zu einem Hoftag nach Capua. Dort huldigten ihm die Fürsten von Salerno und Capua sowie die Normannenführer von Aversa und Apulien und unterstellten ihm ihre Herrschaft. Für die Normannen war dies ein großer diplomatischer Erfolg, denn Heinrich erkannte damit ihre Herrschaft über die eroberten Gebiete an. Nur das Fürstentum Benevent trotzte dem Kaiser. Nachdem er es vergeblich belagert hatte, zog er seine Truppen ab und überließ den Normannen das Feld. Heinrich glaubte damit seine Herrschaft in Süditalien gesichert zu haben und kehrte, mächtiger denn je, nach Deutschland zurück.

# GOSLAR – DIE LIEBLINGSPFALZ HEINRICHS III.

*Goslar verdankt seine Entstehung den großen Silbervorkommen in der Nähe, die Kaiser Heinrich II. zu Beginn des 11. Jahrhunderts veranlaßten, hier einen königlichen Palast zu errichten. Heinrich III. erkor Goslar zu seiner Lieblingspfalz und baute sie großzügig aus. Das mächtige Kaiserhaus, das er um 1050 errichten ließ, ist einer der großartigsten Profanbauten des Mittelalters. Ferner gründete der Salier das Pfalzstift Sankt*

*IN GOSLAR WURDEN GLANZVOLLE REICHSVERSAMMLUNGEN ABGEHALTEN.*

*Simon und Judas, das er zu einer der wichtigsten Ausbildungsstätten für Reichsbeamte und Reichsbischöfe machte. In keiner anderen Pfalz hielt sich der Herrscher so häufig auf wie in Goslar, das damit zur heimlichen Hauptstadt des Reiches wurde. Das Grab des 1056 verstorbenen Kaisers befindet sich im Dom zu Speyer, der Grablege der Salier. Sein Herz aber wurde in der Ulrichskapelle seiner Lieblingspfalz beigesetzt.*

## Fürstenverschwörung ohne Folgen

Im Lauf seiner Regierung wurde es für Heinrich III. immer schwieriger, den aufstrebenden Hochadel in dem weiträumigen Reich unter der starken Hand seiner kaiserlichen Gewalt zu halten. Um ihren Einfluß zu begrenzen, begann der Kaiser die Rechte der Herzöge zu beschneiden und ging dazu über, die Herzogtümer an Stammesfremde zu vergeben. So gab er das Herzogtum Bayern 1042 dem Luxemburger Grafen Heinrich VII. und Schwaben drei Jahre später dem rheinischen Pfalzgrafen Otto II. Als beide gestorben waren, setzte Heinrich erneut landesfremde Herzöge ein, und zwar in Bayern Konrad I. aus einer Nebenlinie der Ottonen und in Schwaben den Babenberger Otto III. Kärnten, das acht Jahre lang unbesetzt gewesen war, erhielt 1047 Welf III., ein Graf aus dem fränkischen Geschlecht der Welfen.

Unter den Großen des Reiches wuchs die Unzufriedenheit über den strengen Regierungsstil des Kaisers spürbar. Die Fürsten sahen ihre Interessen immer weniger von ihm berücksichtigt und warfen ihm vor, er sei von seiner früheren Gerechtigkeit und Frömmigkeit abgefallen. Als Heinrich III. 1053 in Tribur seinen dreijährigen Sohn Heinrich zum König wählen lassen wollte, folgten die Fürsten seinem Wunsch nur unter dem Vorbehalt, daß der Nachfolger sich als gerechter Herr erweisen müsse.

1055 schließlich schlug die Mißstimmung unter den Adligen in offene Opposition um. Während der Kaiser in Italien weilte, zettelte Herzog Welf III. von Kärnten mit dem inzwischen wieder abgesetzten Konrad von Bayern und mit Bischof Gebhard von Regensburg eine Fürstenverschwörung an, die den gewaltsamen Sturz und die Ermordung des Kaisers zum Ziel hatte. Zum Nachfolger hatte man Konrad vorgesehen. Daß es so weit dann doch nicht kam, war reiner Zufall. Am plötzlichen Tod der beiden Herzöge Ende des Jahres scheiterte der Plan. Die Verschwörung brach zusammen.

Als Heinrich III. selbst im Oktober 1056 kurz vor seinem 39. Geburtstag überraschend starb und in seinem Sohn Heinrich einen knapp sechsjährigen Nachfolger hinterließ, war das Reich zwar nach innen und nach außen gefestigt, doch kündigten sich bereits unruhige Zeiten an.

## Gottfried der Bärtige – Widersacher des Kaisers

Besondere Schwierigkeiten bereitete Heinrich III. der Lothringer Gottfried der Bärtige. Das seit langem in die Herzogtümer Ober- und Niederlothrin-

Im Speyrer Dom befinden sich die Grablegen mehrerer gekrönter Häupter, darunter auch die Heinrichs III. In seinem Grab fand man als kostbare Beigabe diese vergoldete Krone.

gen geteilte Land hatte bis 1044 Herzog Gozelo in einer Hand vereint. Nach seinem Tod rechnete sein ältester Sohn, Gottfried der Bärtige, fest damit, mit beiden Herzogtümern belehnt zu werden, doch Heinrich III. gab ihm nur Oberlothringen, während Niederlothringen an seinen Bruder ging. Gottfried sah in dem Vorgehen des Königs einen Willkürakt und eine offene Mißachtung seines Erbanspruchs; er empörte sich gegen Heinrich, aber der entzog ihm darauf das Herzogtum und rückte mit einem Heer in Lothringen ein. 1045 mußte sich Gottfried unterwerfen, erhielt Oberlothringen jedoch nach einjähriger Haft zurück.

Doch der Bärtige lehnte sich erneut auf. 1047 verbündete er sich mit den mächtigen Grafen von Holland, Flandern und Hennegau. Aber durch diplomatische Bemühungen gelang es dem Kaiser, der Lage Herr zu werden. Im Sommer 1049 gab Gottfried den Kampf auf und unterwarf sich. Sein Herzogtum Oberlothringen hatte er freilich eingebüßt.

Mit diesem Machtverlust wollte er sich auf die Dauer nicht zufriedengeben. Um eine neue Herrschaft aufzubauen, heiratete Gottfried der Bärtige deshalb 1054 heimlich Beatrix, die Witwe des Markgrafen von Tuszien. Damit kam er in den Besitz der reichen Güter der toskanischen Markgrafen in Mittel- und Oberitalien. Nach dem päpstlichen Mißerfolg in Unteritalien drohten nun auch Mittel- und Oberitalien der Herrschaft des Kaisers zu entgleiten. Diese neue Machtkonzentration mußte Heinrich unter allen Umständen verhindern, gefährdete sie letztlich doch auch die kaiserliche Herrschaft über das Papsttum.

So zog der Kaiser im Jahr 1055 zum zweitenmal mit seinem Heer über die Alpen. Demonstrativ hielt er auf toskanischem Gebiet hof. Gottfried konnte vor der kaiserlichen Macht nach Flandern fliehen; Beatrix und ihre Tochter Mathilde dagegen wurden als Gefangene nach Deutschland gebracht. Gleichzeitig ließ Heinrich III. den fünfjährigen Thronfolger Heinrich mit Berta, der Tochter des Markgrafen von Turin und Savoyen, verloben, um damit die kaiserliche Macht in Italien weiter zu festigen.

## Zankapfel zwischen Kaiser und Papst

Die ausgedehnten Besitzungen der toskanischen Markgrafen blieben weit über den Tod Gottfrieds und Heinrichs III. hinaus ein Streitobjekt der kaiserlichen und päpstlichen Politik. Mathilde, die nach dem Tod ihrer Mutter alleinige Regentin wurde, schenkte ihr ganzes Gut der römischen Kirche und nahm es als päpstliches Lehen zur freien Nutzung zurück. Doch dann setzte sie, vermutlich unter Druck, Kaiser Heinrich V. zum Erben ein, der die Güter nach ihrem Tod an sich nahm. Längere Zeit war der Besitz zwischen dem Heiligen Stuhl und den Kaisern umstritten, bis schließlich der Stauferherrscher Friedrich II. 1213 formell auf die Mathildischen Güter, wie man sie allgemein nennt, verzichtete.

König Wilhelm I. von Preußen (Mitte), gefolgt von Ministerpräsident Bismarck, Generalstabschef Moltke und Kronprinz Friedrich Wilhelm, dem späteren Kaiser Friedrich III. (von rechts), auf dem Schlachtfeld von Königgrätz.

Ab 1842 trug die preußische Infanterie solche Pickelhauben aus Leder mit einer Metallspitze und dem Wappenadler.

# Klare Verhältnisse

*Der Sieg 1866 bei Königgrätz in Böhmen entschied die Auseinandersetzung mit Österreich um die Vormachtstellung in Deutschland zugunsten von Preußen.*

**RIVALITÄT** Am Morgen des 3. Juli begann die Schlacht bei Königgrätz in Böhmen zwischen Preußen und Österreich. Sie sollte entscheiden, welche der beiden Großmächte zukünftig die Führungsposition in Deutschland einnehmen würde. Schon seit vielen Jahren hatte der preußische Ministerpräsident Otto von Bismarck diese Auseinandersetzung bewußt geschürt und die Donaumonarchie so lang und so heftig provoziert, bis die Österreicher mobil machten. Alle größeren Staaten des Deutschen

Bundes, der rund 50 Jahre zuvor aus dem aufgelösten Heiligen Römischen Reich Deutscher Nation hervorgegangen war, ergriffen daraufhin für Österreich Partei.

**NOTRUF** Der österreichische Oberkommandierende Ludwig August Ritter von Benedek war sich sicher, daß seine Truppen im Kampf gegen die Preußen keine Chance hätten. Deren Armee war durch Otto von Bismarcks Reformen straff organisiert und setzte die neuesten Errungenschaften der modernen Technik, wie die Eisenbahn, schnellschießende Zündnadelgewehre und die Telegrafie, in der Kriegsführung ein. Die Korps der Donaumonarchie mit ihren altmodischen Waffen dagegen wurden von größtenteils unfähigen Generalen geführt, wie Benedek ohnmächtig beklagte. Verzweifelt telegrafierte er an den österreichischen Kaiser: „Bitte Euer Majestät dringend, um jeden Preis Frieden zu schließen. Katastrophe für Armee unvermeidlich." Doch die Antwort des Regenten in Wien lautete „nein".

**DREITEILUNG** So trafen nun die Österreicher mit den preußischen Truppen im Gebiet zwischen den böhmischen Orten Königgrätz und Sadowa aufeinander. Hier sollte die neue Strategie

aufgehen, die der Chef des Generalstabes Helmuth von Moltke ausgeheckt hatte: getrennt marschieren, vereint schlagen. Aus drei Richtungen waren seine Truppen weiträumig in getrennten Säulen vorgerückt, um sich erst an dem Punkt zu vereinen, wo sie den Gegner einkesseln konnten. Preußen schickte insgesamt 221 000 Mann in den Kampf; Österreich, das mit Sachsen verbündet war, 215 000.

**VERSPÄTUNG** Nachdem gegen 7 Uhr die ersten Gefechte begannen, sah es so aus, als ob Moltkes Pläne scheitern würden. Zwar standen zwei preußische Heeressäulen bei Königgrätz, aber die dritte Flügelarmee unter dem Befehl des Kronprinzen Friedrich war noch 20 Kilometer vom Schlachtfeld entfernt. Benedek versuchte seinen momentanen Vorteil in einer Frontalschlacht zu nutzen, um Moltkes Umklammerungstaktik zu unterlaufen.

**ZANGENGRIFF** Als Kronprinz Friedrich endlich gegen 13.30 Uhr aus Nordwesten eintraf, gab Moltke allen Flügeln den Befehl zum Angriff. Nun ging seine Rechnung auf. Der Durchbruch gelang an der rechten österreichischen Verteidigungslinie. Gegen das Schnellfeuer der neuartigen Zündnadelgewehre waren die österreichischen Batterien machtlos. Anderthalb Stunden später erstürmten die preußischen Soldaten Benedeks Schlüsselstellung bei dem Dorf Chlum.

**KREUZFEUER** Die Preußen ließen ständig weitere Verbände aufrücken. Trotz der Überlegenheit des Gegners jagten die österreichischen Kommandeure ihre Truppen in das tödliche Kreuzfeuer. Tausende fielen dabei, aber die Hauptmasse des Heeres konnte sich im Schutz des Abwehrfeuers der österreichischen Batterien am späten Nachmittag absetzen. Zurück blieb ein verwüstetes Schlachtfeld, auf dem es in wenigen Stunden rund 40 000 Tote und Verwundete gegeben hatte.

Auch auf den Nebenschauplätzen dieses Krieges gelang es den Preußen, wenn auch mit Verlusten, ihre militärische Überlegenheit über die mit Österreich verbündeten Truppen des Deutschen Bundes zu demonstrieren. Am 29. Juni besiegten sie die Hannoveraner bei Langensalza, und Ende Juli gelang es ihnen im Mainfeldzug, die Angriffe der süddeutschen Armeen zurückzuschlagen. Für den preußischen König Wilhelm I. aber zählten nicht die Opfer, sondern nur, daß seine Armee den Machtkampf im Deutschen Bund für sich entschieden hatte. ☐

## Machtbalance in Gefahr

O bwohl der Krieg mit dem Sieg der preußischen Truppen bei Königgrätz noch nicht beendet war, begannen bereits zu diesem Zeitpunkt erste Verhandlungen über die zukünftige Machtverteilung in Europa. Es war aber kein Deutscher, sondern der französische Kaiser Napoleon III., der am 5. Juli seine Vermittlungsdienste anbot, aus Sorge, daß über seinen Kopf hinweg politische Entscheidungen fallen würden.

Er fürchtete, daß Preußen zu stark werden und dadurch die Machtbalance in Europa ins Wanken bringen könnte. Bisher hatten sich die zwei Großmächte im Deutschen Bund, Österreich und Preußen, gegenseitig in Schach gehalten, aber mit seiner überragenden Militärmacht könnte Preußen nun auch Frankreich gefährlich werden. Auf der anderen Seite mußten die preußischen Machthaber befürchten, daß Napoleon in den noch andauernden Krieg eingreifen und sich auf die Seite der Österreicher schlagen würde. Die Donaumonarchie hatte dem Franzosen nämlich im Fall ihres Sieges das zu Österreich gehörende Venedig versprochen.

Preußen wollte aber auf jeden Fall verhindern, daß Frankreich in den Krieg eingriff. Ministerpräsident Otto von Bismarck war der bestimmende Mann in den Gesprächen. Er war es ja auch gewesen, der Österreich mit Absicht in diesen Krieg hineinmanövriert hatte. Er besaß ganz genaue Vorstellungen davon, wie er die Donaumonarchie ins Abseits stellen wollte. Aber zunächst einmal mußte er Napoleons Sorge um das europäische Gleichgewicht schnell ausräumen und ihn auf seine Seite ziehen.

Am 14. Juli einigten sich Preußen und Frankreich vorab auf eine gemeinsame Position für die anstehenden Friedensverhandlungen. Danach sollte Österreich der Auflösung des Deutschen Bundes zustimmen, die Landesgrenzen der Donaumonarchie sollten jedoch unangetastet bleiben. Das Herzstück von Bismarcks Plänen, auf das er die ganze Zeit über hingearbeitet hatte, war aber die Bildung eines Norddeutschen Bundes unter Führung Preußens. Im Gegenzug sollten die süddeutschen Staaten das Recht erhalten, sich zu einer süddeutschen Union zusammenzuschließen. Diesen weitreichenden Veränderungen in Mitteleuropa wollte Napoleon zustimmen, allerdings mußte Bismarck versprechen, mit seiner Nordunion nicht über die Mainlinie hinauszugehen.

General von Moltke, Otto von Bismarck und König Wilhelm I. (Mitte, von links) verhandelten in Nikolsburg mit den Österreichern über einen Friedensvertrag.

war. Ich fühlte seine Hand auf meiner Schulter, während er sagte: ‚Sie wissen, daß ich gegen den Krieg gewesen bin, Sie haben ihn für notwendig gehalten und tragen die Verantwortung für denselben. Wenn Sie nun überzeugt sind, daß der Zweck erreicht ist und jetzt Friede geschlossen werden muß, so bin ich bereit, Ihnen beizustehen und Ihre Meinung bei meinem Vater zu vertreten.'" Unter Bismarck

## Politische Vernunft siegt über militärisches Denken

**A**m 17. Juli verlegte König Wilhelm I. sein Hauptquartier auf das Schloß Nikolsburg in Mähren. Dort trafen sich die preußischen und österreichischen Verhandlungsführer. Ihre Gespräche führten am 21. Juli zum Waffenstillstand und zum sogenannten Vorfrieden von Nikolsburg. Der Vertrag beinhaltete weitgehend die Absprachen, die Napoleon III. und Bismarck zuvor ausgehandelt hatten.

Während der Verhandlungen in Nikolsburg kam es zu schweren Auseinandersetzungen zwischen König Wilhelm I. und Bismarck. Der siegreiche Hohenzoller fühlte sich jetzt ganz als Heerkönig und dachte in traditionellen militärischen Bahnen. Er wollte seinen Sieg auskosten, in Wien einmarschieren und die Verlierer erniedrigen. Generalstabschef Moltke bestärkte ihn in dieser Absicht.

Ministerpräsident Bismarck dagegen dachte politisch und nicht militärisch. Er wollte jede Demütigung Österreichs vermeiden, ja er sah schon jetzt in dem Verlierer von Königgrätz den zukünftigen Freund und Verbündeten und wandte sich darum mit aller Entschiedenheit gegen Landgewinne auf Kosten der Habsburgermonarchie. Am Ende setzte sich jedoch die kühle, berechnende Vernunft des Ministerpräsidenten durch. Deutlich erinnerte sich Bismarck später, wie es zum Primat der Politik, wie er es nannte, kam.

Nach einem heftigen Streit mit dem König hatte sich Bismarck verzweifelt zurückgezogen. „In mein Zimmer zurückgekehrt, war ich in der Stimmung, daß mir der Gedanke nahetrat, ob es nicht besser sei, aus dem offen stehenden, vier Stock hohen Fenster zu fallen, und sah mich nicht um, als ich die Tür öffnen hörte, obwohl ich vermutete, daß der Eintretende der Kronprinz sei, an dessen Zimmer ich auf dem Korridor vorübergegangen

Als gefräßiger Riese, der kleine Staaten verschlingt, tritt Wilhelm I. in dieser französischen Karikatur auf, weil sich Preußen bei der Gründung des Norddeutschen Bundes zahlreiche Staaten einverleibte.

als Ministerpräsidenten und späterem Kanzler blieb es beim Primat der Politik. Erst nach seiner Entlassung 1890 nahm das militärische Denken in der deutschen Staatsführung wieder überhand.

## Friedensschluß mit Todesstoß

Schon bald nach Nikolsburg schlossen die beiden Kriegsparteien einen endgültigen Friedensvertrag. Seine Geburtsstunde am 23. August 1866 in Prag war gleichzeitig der endgültige Todesstoß für den Deutschen Bund. Die Verträge sahen eine Dreiteilung vor. Österreich wurde dabei aus Deutschland hinausgedrängt. Es war in keinem der beiden neu entstehenden deutschen Staatengebilde eingebunden. Die Grenze zwischen dem Nord- und dem Südbund sollte die Mainlinie sein.

Preußen konnte außerdem einen beachtlichen Landzuwachs verzeichnen, denn Bismarck betrieb gegenüber seinen Kriegsgegnern nördlich des Mains eine rücksichtslose Eingliederungspolitik. Hannover, Kurhessen, Nassau und Frankfurt am Main verloren ihre Selbständigkeit und wurden dem preußischen Staatsverband einverleibt. Damit war ein geschlossenes Herrschaftsgebiet zwischen Maas und Memel entstanden.

Der Friedensvertrag von Prag besagte ausdrücklich, daß der Südbund eine international unabhängige Existenz haben sollte. Auf diesem Zusatz hatte Napoleon III. bestanden. Er erkannte ganz klar, daß die Preußen einen aggressiven Ausdehnungskurs fuhren. Deshalb wollte der Franzosenkaiser sie um jeden Preis aus Süddeutschland heraushalten. Trotz dieser Schutzmaßnahmen konnte niemand mehr übersehen, daß Preußen – nicht nur durch seinen Sieg, sondern auch durch seinen Gebietszuwachs – zu einer nicht ungefährlichen Großmacht in Europa aufgestiegen war.

## Geheimabsprachen hinter Napoleons Rücken

Doch nur dem Schein nach respektierte Bismarck Napoleons Sicherheitsbedürfnisse. In Wirklichkeit schloß er schon im August 1866 geheime Absprachen, sogenannte Schutz- und Trutzbündnisse, mit den süddeutschen Staaten, obwohl diese im Mainfeldzug einen Monat zuvor noch gegen die Preußen gekämpft hatten. Württemberg, Baden,

Bayern und später auch Hessen ließen sich auf diese militärischen Vereinbarungen ein, weil Napoleon in die Friedensverhandlungen eingegriffen hatte und sie französische Gebietsforderungen auf linksrheinischer Seite befürchteten.

Für Napoleon war der Deutsche Krieg nämlich ein Verlustgeschäft gewesen, da er am Ende die Hoffnung auf Venedig aufgeben mußte, das ihm Österreich in Aussicht gestellt hatte. Statt dessen richtete Napoleon seit Ende Juli 1866 seinen Blick begehrlich auf die süddeutschen Gebiete. Deren Regenten befanden sich in einer Zwickmühle und waren mehr oder weniger gezwungen, ihre Abneigung gegen den Preußenstaat mit seiner Bürokratie und seinem Militarismus zu überwinden. Auf der Süddeutschen Militärkonferenz, die vom 3. bis 5. Februar 1867 in Stuttgart zusammenkam, gaben sie schließlich die Bereitschaft zu erkennen, ihre Armeen nach preußischem Vorbild zu organisieren und auszubilden.

Damit wurde die Gründung eines eigenen deutschen Südbundes zu einem rein äußerlichen Akt, zumal sich die Partner der Schutz- und Trutzbündnisse ausdrücklich darauf verständigten, dem preußischen König im Kriegsfall den Oberbefehl zu übertragen. So hatte Preußen die Tür nach dem Süden, wie Bismarck zu sagen pflegte, längst weit aufgestoßen, als in Prag noch über den Friedensvertrag verhandelt wurde. Mehr noch: Bismarck plante schon damals einen Überraschungsschlag gegen Napoleon, den er auch vier Jahre später mit süddeutscher Hilfe ausführte.

## Neuer Staatenbund mit Bismarck als Kanzler

Im August 1866 einigte sich die preußische Regierung mit den meisten der nord- und mitteldeutschen Kleinstaaten darauf, einen Norddeutschen Bund unter der Vorherrschaft Preußens zu bilden. Alles in allem umfaßte dieses Gebilde 22 Staaten und die Freien Städte Hamburg, Bremen und Lübeck mit insgesamt rund 30 Millionen Einwohnern. Die Bündnisstaaten stellten ihre Truppen unter den Oberbefehl des preußischen Königs. Der Norddeutsche Bund sollte eine gemeinsame Bundesverfassung erhalten, die mit Hilfe eines Parlaments, des Reichstages, ausgearbeitet werden sollte. Seine Abgeordneten wurden am 12. Februar 1867 in einer allgemeinen, gleichen und direkten Wahl gewählt. Zum erstenmal in der deutschen Geschichte war somit ein Bundesstaat

*„Das Vaterland über der Partei", lautete der Glaubenssatz der Nationalliberalen, der dieses Parteisignet ziert und für den sie auch bereit waren, ihre Forderung nach Freiheit zurückzustellen.*

entstanden, in dem einzelne Staaten unter einer gemeinsamen Verfassung und Regierung vereint waren. Selbst wenn Preußen dabei eine Sonderrolle für sich beanspruchte, kam diese Entwicklung doch den nationalen Einheitswünschen entgegen, die viele Deutsche damals hegten. Auch die Liberalen waren nicht unzufrieden, denn eine Verfassung und freie Wahlen hatten sie sich schon lange herbeigesehnt.

Am 1. Juli 1867 trat die Bundesverfassung in Kraft, nachdem der Reichstag als Volksvertretung sie gebilligt hatte. An der Spitze des Staatenbundes stand der preußische König als Bundespräsident. Zu seinem Kanzler ernannte er Bismarck, der allen Entscheidungen des Bundesrats, in dem die Vertreter der einzelnen Staaten saßen, zustimmen mußte. Dies gab Bismarck eine umfassende politische Macht. Preußen übernahm aber auch das Präsidium im Bundesrat, so daß seine Vorherrschaft über die anderen Staaten gesichert war.

Die Rechte des Parlaments waren auf die Mitwirkung bei der Gesetzgebung beschränkt. Dennoch entfaltete sich nun erstmals in der deutschen Geschichte ein parlamentarisches Leben, das zwar von den Parteien und vor allem von den einzelnen Bundesstaaten getragen wurde, aber eine nationale Geltung und Verbindlichkeit hatte. Obwohl der Norddeutsche Bund nur unter massivem Druck auf viele Mitgliedsstaaten entstanden war, erschien sein inneres politisches Leben doch relativ freiheitlich. Auf diese Weise

hoffte Bismarck einen Anreiz für die süddeutschen Staaten zu schaffen, ebenfalls beizutreten. Außerdem wollte er die öffentliche Meinung in Deutschland für eine nationale Vereinigung – wenn auch von oben und unter preußischer Führung – gewinnen. Dies gelang ihm tatsächlich, aber es sollte noch einige Jahre dauern, bis alle Hemmnisse aus dem Weg geräumt waren und das Deutsche Reich gegründet werden konnte.

## Die Spaltung der Liberalen

Hatten die Liberalen früher im scharfen Gegensatz zu dem verhaßten konservativen Ministerpräsidenten gestanden, so schloß ein Teil von ihnen angesichts der Fortschritte bei der nationalen Einigung im Herbst 1866 Frieden mit Bismarck. Nicht alle Liberalen waren aber bereit, dessen rücksichtslose Politik nachträglich gutzuheißen. So kam es zum Bruch zwischen den eher links orientierten Mitgliedern der Deutschen Fortschrittspartei, die ihre demokratische Zielsetzung nicht aufgeben wollten, und denjenigen, denen der Nationalstaat wichtiger war als die Demokratisierung. Diese gründeten im Herbst eine eigene Nationalliberale Partei.

Was die Linksliberalen vor allem hinderte, auf Bismarcks Linie einzuschwenken, war der seit Jahren andauernde Verfassungsstreit. Als Bismarck 1862 zum preußischen Ministerpräsidenten berufen worden war, hatte er nämlich gegen die Mehrheit des preußischen Landtags

eine Heeresreform durchgesetzt. Außerdem hatte er in den folgenden Jahren eine eigenmächtige Finanzpolitik unter vollkommener Mißachtung des Parlaments betrieben, weil die Abgeordneten seinen militärisch ausgerichteten Haushaltsplänen nicht zugestimmt hatten. Das war ein klarer Verfassungsbruch Bismarcks gewesen. Nicht Preußens Liberalismus, nicht Reden und Mehrheiten seien von entscheidender Bedeutung, hatte er damals den Abgeordneten entgegengeschleudert, sondern es komme nur auf Preußens Macht an. Die Fragen der Zukunft, so Bismarck, ließen sich nur mit „Eisen und Blut", das heißt militärisch, lösen.

Unter dem Eindruck des preußischen Sieges über Österreich und die Bundestruppen waren diejenigen Liberalen, die eher nationalstaatlich gesinnt waren, nun bereit, diesen Verfassungskonflikt zu beenden. In ihren Augen hatte der preußische Ministerpräsident das Einigungsstreben der Deutschen ungemein erfolgreich angepackt. Rückwirkend bewilligte die preußische Kammer, in der die Nationalliberalen die größte Fraktion stellten, deshalb am 3. September den Staatshaushalt der zurückliegenden Jahre, verzieh Bismarck sein verfassungswidriges Vorgehen und erteilte ihm Straflosigkeit.

Die nationalliberalen Abgeordneten waren es auch, auf die sich Bismarck mit seiner Politik in den folgenden Jahren stützen konnte. Doch es war gleichzeitig eine schicksalhafte Entscheidung, daß sie bereit waren, ihre demokratischen Prinzipien und ihre freiheitlichen Forderungen zugunsten einer nationalen Machtpolitik zurückzustellen und letztendlich auf Dauer preiszugeben.

## SO SCHNELL SCHIESSEN DIE PREUSSEN NICHT

*Die preußischen Truppen verdankten ihre Siege 1866 dem Einsatz der damals hochmodernen Zündnadelgewehre. Nikolaus von Dreyse hatte diese Hinterlader 1827 erfunden, deren Patrone durch einen auftreffenden Stahlstift gezündet wurde. Eine wichtige Neuerung war, daß man sie im Liegen laden und fünf Schüsse in der Minute abfeuern konnte. Die*

*Österreicher benutzten zu dieser Zeit noch veraltete Vorderlader, die im Stehen gestopft werden mußten und nur einen Schuß pro Minute abgaben. Die Truppen der Donaumonarchie waren mit den neuen Waffen nicht vertraut und konnten nur hoffen, daß die Preußen schon nicht so schnell schießen würden. Ein fataler Irrtum, wie sich herausstellte.*

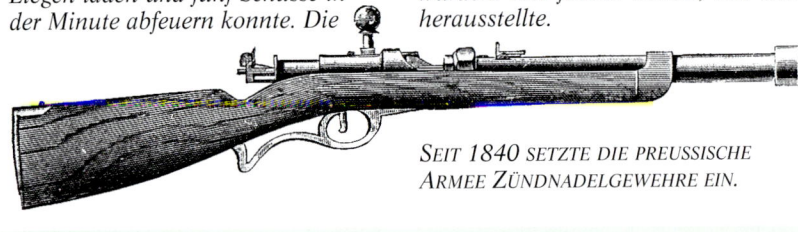

*SEIT 1840 SETZTE DIE PREUSSISCHE ARMEE ZÜNDNADELGEWEHRE EIN.*

# Doktoren und Magister

*König Karl IV. gründete 1348 in Prag die erste deutsche Universität und eröffnete so seinen Landeskindern die wissenschaftliche Ausbildung.*

*Die handschriftliche Stiftungsurkunde (ganz oben) für die Prager Universität ist mit dem Siegel von König Karl IV. versehen. Der deutsche Herrscher (oben) hatte Prag schon zu seiner Residenzstadt gemacht, und nun sollte die Universität seinem Regierungssitz noch mehr Glanz verleihen.*

**STIFTUNG**   Mit einem feierlichen Stiftungsbrief rief König Karl IV. in Prag die erste deutsche Universität ins Leben. Eine vorbildliche, umfassende Bildungseinrichtung wollte er schaffen, die seinen Untertanen die Möglichkeit geben sollte, sich wissenschaftlich zu schulen, ohne dafür in fremde Länder gehen zu müssen. Dabei sollte Prag auch nicht den Vergleich mit den großen und berühmten Universitäten von Paris und Bologna scheuen, deren Aufbau und rechtliche Grundlagen dem König als Vorbilder dienten.

Schon im Jahr zuvor hatte der Papst sein Einverständnis gegeben, in Prag ein Generalstudium zu errichten, und den Erzbischof von Prag hatte er zum Kanzler ernannt. Die päpstliche Genehmigung war die Voraussetzung für die Verwirklichung der königlichen Pläne. Denn die Kirche erhob den Anspruch, die Aufsicht und Kontrolle über solche schulischen Einrichtungen zu führen.

Mit dem Generalstudium in Prag war es den Studenten im Deutschen Reich nunmehr möglich, sich nicht nur in der Theologie unterweisen zu lassen, sondern auch andere Wissenschaften kennenzulernen.   □

## Privilegien für die Studenten

**D**as Prager Generalstudium sollte, so war es von Anfang an geplant, nicht nur den Landeskindern zugänglich sein; im Gegenteil, König Karl IV. wollte aus seiner Residenzstadt ein allen offenstehendes Zentrum für Wissenschaft und Kunst machen. So strömten dann aus zahlreichen Ländern Lehrer und Studenten nach Prag, um an der jungen Universität, die eine der bestbesuchten Hochschulen Europas wurde, zu unterrichten und zu lernen. Sogar der Papst empfahl in einer offiziellen Bulle allen christlichen Orden, ihre jungen Mönche zum Studium nach Prag zu schicken. Einen solchen Erfolg hatte wohl nicht einmal der Gründer selbst erwartet.

In seinem Stiftungsbrief hatte Karl den Mitgliedern der Universität dieselben Freiheiten und Privilegien versprochen, wie man sie aus Paris und Bologna kannte. Alle Studierenden bildeten zusammen mit den Lehrenden die sogenannte Universitas, eine autonome und selbständige Gemeinschaft, die ihre Angelegenheiten, wie beispielsweise die Studienverhältnisse, eigenständig regeln durfte. Die Gerichtsbarkeit lag bei dem gewählten Rektor oder auch dem Universitätsrat.

Die Scholaren, wie die Studierenden genannt wurden, waren in vier Nationen unterteilt. Zur böhmischen gehörten alle Einheimischen sowie die Studenten aus Mähren, Ungarn und den Balkanländern. In der polnischen Nation waren die Schlesier, Polen, Preußen und Balten zusammengefaßt, zur sächsischen zählten alle norddeutschen Studenten, während zur bayerischen Nation die Bayern, Franken, Schwaben, Hessen, Rheinländer, Westfalen, Schweizer und Österreicher gehörten. Jede Nation hatte eine Stimme in den verschiedenen Gremien der Selbstverwaltung.

Der Lehrbetrieb war in vier Fakultäten gegliedert. Zur Theologie gesellten sich die Rechtswissenschaft und die Medizin. In der artistischen Abteilung wurden als eine Art Vorstudium – wie in Paris – die Freien Künste, darunter Rhetorik, Musik und Astronomie, gelehrt. Im Anschluß daran standen den Scholaren die anderen, höheren Fachrichtungen offen.

Eigene Unterrichtsgebäude gab es nicht. Die Doktoren und Magister – die Vorgänger der heutigen Professoren – hielten die Vorlesungen in ihren Wohnungen oder, wenn sie Geistliche waren, in Kirchen und Klöstern ab.

Ein Problem war die materielle Absi-cherung der Universitätsangehörigen. Die geistlichen Einrichtungen waren von der Kirche unterhalten worden. Für die junge Universität mit ihrem Generalstudium war dies nicht mehr selbstverständlich, und so fühlte sich zunächst niemand richtig für sie zuständig. Folglich mußte man nach Finanzierungsmöglichkeiten suchen, und Karl IV. fand eine elegante Lösung.

1366 stiftete er das Karlskollegium, das war ein Wohn-, Lehr- und Arbeitsgebäude für die Magister und Studenten. Verbunden damit war eine feste Pfründe, mit deren Erträgen ihr Unterhalt bestritten wurde.

*Ausschweifende Zechereien und Feste gehörten zum fröhlichen Studentenleben (unten).*

Mit der Eröffnung des Kollegs begann schließlich der geordnete Lehrbetrieb, wodurch die Zahl der Studierenden sprunghaft zunahm. Um das Jahr 1400 mögen es annähernd 10 000 Studenten gewesen sein, die aus allen Ländern und Schichten kamen: Geistliche, Adlige und Bürgersöhne – aus dem Reich, aber auch aus Frankreich, England und Italien.

## Konkurrenz aus Wien

**D**ie Gründung der ersten Universität im Deutschen Reich ließ natürlich auch andere Fürsten nicht ruhen. Karls Schwiegersohn Rudolf IV., Herzog von Österreich, rief 1365 nach dem Prager

*Diese Zeichnungen aus dem 16. Jahrhundert stammen aus einem Buch des Heidelberger Universitätslehrers Sebastian Münster. Sie erklären die Planetenbahnen.*

Seit dieser Zeit wählten die französischen Kardinäle in Avignon ihren eigenen Papst, und der erwartete, daß sich die Universitäten für ihn entschieden. Da sich das Deutsche Reich jedoch nach wie vor dem Papst in Rom unterstellte, sah sich eine ganz beträchtliche Zahl deutscher Magister und Scholaren, die Mitglieder französischer Universitäten waren, gezwungen, Frankreich zu verlassen und sich im Reich eine neue Stätte des Lehrens und des Lernens zu suchen.

Die Kirchenspaltung war auch einer der Gründe für die Stiftung eines weiteren Generalstudiums in Heidelberg durch Kurfürst Ruprecht I. von der Pfalz. Er bot vielen Universitätsmitgliedern, die aus Frankreich zurückkehrten, die Möglichkeit, in seinem Land zu studieren.

Ruprechts Ziel war eindeutig. Er wollte aus Heidelberg einen überregionalen Anziehungspunkt machen, mit den Doktoren der Universität gleichzeitig Ratgeber im kirchlichen und politischen Dienst gewinnen und nicht zuletzt auch gut ausgebildeten Nachwuchs für diese Aufgaben heranziehen. Am 19. Oktober des Jahres 1386 begann der Lehrbetrieb mit ganzen drei Vorlesungen und drei Lehrern.

## Gründerjahre der Wissenschaft

**N**achdem Prag und Heidelberg ihr Generalstudium erhalten hatten, wurden in den folgenden Jahrzehnten im Deutschen Reich zahlreiche weitere Universitäten eingerichtet, so zum Beispiel 1388 in Köln, 1392 in Erfurt und 1506 in Frankfurt an der Oder. Eine besondere

## Nutznießer der Kirchenspaltung

**W**ährend die ersten Universitäten sich mauserten, geriet ihre Schutzmacht, die Kirche, in Turbulenzen. 1378 begann das sogenannte große abendländische Schisma, die Kirchenspaltung.

Vorbild die Universität Wien ins Leben. Sie sollte dazu beitragen, Ruhm und Ehre seiner Herrschaft zu erhöhen.

Doch der Anfang gestaltete sich schwierig. Fast 20 Jahre vergingen, bevor der Lehrbetrieb den wissenschaftlichen Ansprüchen der Zeit angepaßt und ein Studienprogramm entworfen wurde, bei dem erstmals auch die mathematisch-naturwissenschaftlichen Fächer eine bedeutende Rolle erlangten. Dann endlich kamen Magister und Studenten in nennenswerter Zahl. Prag hatte eine Rivalin bekommen, die erfolgreich bestrebt war, Wissenschaft und Lehre voranzubringen.

---

## TRINKGELAGE UND MENSUR

*WANDZEICHNUNGEN VON BURSCHENSCHAFTLERN IN EINEM KARZER*

*Aus den studentischen Nationen der Universitäten entwickelten sich zu Beginn des 19. Jahrhunderts die Burschenschaften. Sie verfolgten politische Ziele, dienten aber auch der Geselligkeit.*

*Meist zogen die Studenten in Gruppen singend und lärmend durch die Straßen, und regelmäßig endeten ihre Unternehmungen in Trinkgelagen oder sogar wüsten Raufereien. Auch die oft genug tödlich ausgehenden Zweikämpfe, die sogenannten Mensuren, erregten immer wieder öffentliches Ärgernis. Um die über die Stränge schlagenden Studenten zu disziplinieren, sperrte man sie in den Karzer, das Universitätsgefängnis.*

Rolle nahm Leipzig ein, das von den Auseinandersetzungen, die sich im Zuge aufkommender Nationalitätenkonflikte in der Prager Universität entwickelt hatten, profitierte.

Entgegen den von ihrem Gründer König Karl IV. garantierten Freiheiten und Selbstbestimmungsrechten hatte König Wenzel IV. von Böhmen 1409 in die inneren Angelegenheiten der Universität eingegriffen und der einheimischen Nation Stimmenmehrheit verschafft. Gemeinsam mit einigen Polen waren daraufhin die deutschen Studenten aus der Stadt gezogen. Etliche gingen nach Krakau, Erfurt und Heidelberg. Die meisten aber wandten sich nach Leipzig, wo der Markgraf von Meißen, Friedrich IV., die Studenten aufnahm und noch im selben Jahr die Universität gründete.

# Der Schwarze Tod

Um die Mitte des 14. Jahrhunderts suchte die erste und zugleich schlimmste Pestepidemie Europa heim. Der Pestbazillus, der im Jahr 1347 auf Handelsschiffen aus Asien eingeschleppt wurde, verbreitete sich mit rasender Geschwindigkeit von den Häfen des nördlichen Mittelmeeres auf den Verkehrswegen über den ganzen Kontinent.

Dem Schwarzen Tod entkam kaum jemand. Überall, wo sich Menschen begegneten, steckten sie einander an, und die Krankheit brachte den meisten nach wenigen Tagen den qualvollen Tod. Ein wirksames Mittel gegen die Pest gab es nicht. Die schlechten hygienischen Bedingungen in den mittelalterlichen Städten boten der Seuche einen idealen Nährboden.

Die Pest entvölkerte ganze Landstriche. Von den etwa 170 000 Dörfern in Deutschland fielen allein 40 000 der Seuche zum Opfer und wurden niemals wieder besiedelt. In großen Städten wie Nürnberg oder Köln starben täglich Hunderte von Menschen. Die Zahl der Todesfälle nahm derart zu, daß man die Toten bald nur noch in Massengräber warf, über denen wie ein Fluch der Gestank der verwesenden Leichen lag.

Als nach fünf Jahren die verheerende Seuche abebbte, herrschte unbeschreibliche Armut und Mutlosigkeit unter den Überlebenden. Es sollte bis zum Beginn des 17. Jahrhunderts dauern, bis man in Deutschland wieder den Bevölkerungsstand von 1347 erreicht hatte.

**TODESBOTE** Die Flöhe der Ratten übertrugen den Pestbazillus auf den Menschen (oben links).

**PESTKREUZ** An den Häusern, in denen die Seuche wütete, brachte man deutlich sichtbar Tafeln mit Pestkreuzen an (ganz oben).

**LEBENSGEFÄHRLICH** Wer nicht von der Pest befallen war, mußte dabei helfen, die herumliegenden Leichen auf Pferdekarren zu laden und wegzuschaffen (großes Bild).

**QUALVOLLE BUSSE**
Geißler zogen in
Scharen durchs
Land und peitsch-
ten sich öffentlich
aus, in dem Glau-
ben, so die Pest
abwenden zu kön-
nen (ganz oben).
**MASSENBEGRÄBNIS**
Es gab bald nicht
mehr genügend
Särge, um die un-
zähligen Leichen
darin zu bestatten
(oben rechts).
**KRÄUTERMASKE**
Die Ärzte schütz-
ten sich mit Mas-
ken, deren Schna-
bel mit duftenden
Kräutern gefüllt
war, gegen den
Gestank (rechts).

*In einem Sonderheft konnten die Deutschen alle Einzelheiten über den Sieg der Wehrmacht in Frankreich nachlesen.*

# Diktat im Salonwagen

*Der Waffenstillstand von Compiègne am 22. Juni 1940 führte zur Besetzung Frankreichs durch die Deutschen und zum Kampf gegen Großbritannien.*

**GENUGTUUNG**    Am Abend des 22. Juni 1940, um 18.50 Uhr, unterzeichnete der französische General Charles Huntziger in einem alten Eisenbahnwagen nahe der nordfranzösischen Stadt Compiègne die deutschen Bedingungen für einen Waffenstillstand zwischen Deutschland und Frankreich. Den Waggon hatte Adolf Hitler eigens für diesen Zweck aus dem Museum im Wald von Compiègne heranschaffen und in einer kleinen Lichtung des Waldes aufstellen lassen. Es handelte sich um den Salonwagen des ehemaligen französischen Marschalls Ferdinand Foch, in dem am Ende des Ersten Weltkrieges an derselben Stelle die Deutschen gezwungen worden waren, die Waffenstillstandsbedingungen der Alliierten anzunehmen.

Jetzt, rund 22 Jahre danach, sah Hitler die Chance, sich und den Deutschen Genugtuung zu verschaffen für die in seinen Augen damals erlittene Demütigung. Unter umgekehrten Vorzeichen ließ er die Zeremonie wiederholen. Nun saß die französische Delegation auf der Bank der Verlierer, und Hitler ließ es sich nicht nehmen, seinen Erfolg über Frankreich an Ort und Stelle zu feiern.

**WESTOFFENSIVE**    Adolf Hitler hatte seinen Westfeldzug am 10. Mai 1940 gestartet und die Niederlande und Belgien unter Verletzung ihrer Neutralität niedergeworfen. Schon nach wenigen Wochen war es der Wehrmacht dann gelungen, fast den gesamten Norden Frankreichs sowie Paris einzunehmen. Drei Tage nach der Kapitulation der Hauptstadt, am 14. Juni 1940, hatte sich die französische Regierung, die unterdessen ihren Sitz nach Bordeaux an der Atlantikküste verlegt hatte, zu Waffenstillstandsverhandlungen bereit erklärt.

Ministerpräsident Philippe Pétain, der erst wenige Tage zuvor an die Regierung gekommen war, hatte es als seine vorrangige Aufgabe angesehen, mit den Deutschen so schnell wie möglich eine Übereinkunft zu treffen. Er wollte Hitler daran hindern, ganz Frankreich zu erobern.

*Während der Waffenstillstandsverhandlungen schreitet Adolf Hitler zusammen mit dem Oberbefehlshaber der Luftwaffe, Hermann Göring, und Admiral Erich Raeder (erste Reihe von links) die Ehrenkompanie ab.*

**INSZENIERUNG**   Am frühen Nachmittag des 21. Juni 1940 hatten die französischen Gesandten den Verhandlungsort Compiègne erreicht. Sie wurden in das Innere des Salonwagens gebeten und dann angehalten, sich die deutschen Konditionen anzuhören. Der Chef des Oberkommandos der Wehrmacht, Generaloberst Wilhelm Keitel, verlas sie mit schneidender Stimme.

Wortlos und ohne eine Miene zu verziehen, verfolgten Hitler und andere Größen des Dritten Reiches die Inszenierung. Unter Anspielung auf den Versailler Friedensvertrag von 1919 hieß es in der Präambel der Waffenstillstandsbedingungen, daß jetzt die „tiefste Schande aller Zeiten" getilgt sei. Als Keitel geendet hatte, verließ Hitler den Wagen, und es ertönte die deutsche Nationalhymne.

Nun begannen die eigentlichen Verhandlungen, die indes keine waren. General Huntziger und seine Begleiter durften Fragen stellen, Bedenken anmelden und mit ihrer Regierung telefonieren. Nach einer eineinhalbtägigen Sitzung über zahllose Einzelfragen des Diktats war es dann soweit: Frankreich wurde geteilt.

Die Deutschen besetzten den Bereich nördlich der Linie Genf, Dôle und Tours und von dort bis zur spanischen Grenze den westlichen Teil, also das Gebiet zwischen der Demarkationslinie und der Atlantikküste. Den Franzosen sollte nur noch ein Freiwilligenheer von 100 000 Mann bleiben, und das Kriegsmaterial sollte unter deutsche Kontrolle gebracht werden. Sämtliche Kriegsgefangenen der Wehrmacht mußten ausgeliefert werden, während die französischen in den Händen der Nationalsozialisten bleiben sollten.

Mit dem Waffenstillstand von Compiègne schien Hitlers Sieg über Frankreich perfekt zu sein, und seine militärischen Erfolge waren weiterhin ungebrochen. Viele Wehrmachtsgeneräle hielten Adolf Hitler jetzt für unbesiegbar.   □

## Kollaboration mit dem NS-Regime

**N**achdem die Waffenstillstandsverhandlungen in Compiègne abgeschlossen waren, bauten die Deutschen in Paris das Besatzungsregime für den unterworfenen Teil Frankreichs auf, während die französische Regierung den Badeort Vichy am Nordrand des Zentralmassivs zu ihrem Sitz wählte. Chef des sogenannten Vichy-Regimes wurde Marschall Pétain. Der inzwischen 84 Jahre alte Mann hatte sich im Ersten Weltkrieg, als Sieger von Verdun, in der französischen Bevölkerung großes Ansehen ver-

*Nach ihrem Einmarsch in Paris hißten die Deutschen auf dem Arc de Triomphe, dem Wahrzeichen der militärischen Erfolge Napoleons, die Hakenkreuzfahne (oben).*

*Auch Frauen bewaffneten sich und nahmen an den Partisanenkämpfen der Widerstandsbewegung in Frankreich teil (rechts).*

schafft. In Vichy versammelten sich um ihn solche Kräfte, die das parlamentarische System Frankreichs für den Zusammenbruch ihres Landes verantwortlich machten und daher dafür plädierten, ein autoritäres Regime einzurichten.

Außenpolitisch versuchte der Regierungschef, den Konflikt mit Hitler zu vermeiden, und mehr: um die noch bestehende Unabhängigkeit von Vichy-Frankreich und dessen koloniale Besitzungen zu bewahren, sprach er sich für eine Zusammenarbeit mit den Deutschen aus. Drei Tage nach seinem Treffen mit Hitler am 24. Oktober 1940 in Montoire an der Loire rief er daher zur Kollaboration auf. Doch widerstand er dem Drängen Hitlers, an dessen Seite in den Krieg einzutreten. Ende 1942, nach dem Einmarsch der Deutschen in den unbesetzten Teil Frankreichs, wurde Pétain von seinem Vizepräsidenten Pierre Laval abgelöst, der sich in noch größere Abhängigkeit vom NS-Regime begab.

## Exilregierung und Résistance

**I**n den Jahren der Besetzung war die Haltung der französischen Nation gespalten. Die einen standen der Bewegung Hitlers eher positiv gegenüber und kritisierten die eigenen demokratischen Traditionen. Andere fügten sich in das Unausweichliche, verhielten sich oppor-

*Immer wieder flogen deutsche Bombergeschwader Angriffe auf britische Städte (rechts). Militärische Unterstützung erhielt Adolf Hitler dabei von seinem italienischen Verbündeten, dem Diktator Benito Mussolini. Vielfach starteten ihre Verbände gemeinsam gegen das Inselreich.*

*So konnte ein U-Boot-Kommandant ein feindliches Kriegsschiff im Fadenkreuz seines Sehrohrs anpeilen, um dann gezielt die Torpedos abzufeuern (unten).*

gelang es, die verschiedenen illegalen Gruppen im nationalen Widerstandsrat zu vereinen. Nach der Besetzung Algeriens durch die Alliierten organisierte de Gaulle den Widerstand von Algier aus, und im Sommer 1944 errichtete er dort die provisorische Regierung der Französischen Republik.

In Frankreich selbst verschärfte sich der Terror der berüchtigten Sturmstaffel, der SS. Immer wieder führte sie Racheakte als Vergeltung für die Angriffe der Freischärler durch. Ein grausames Massaker verübte eine Abteilung der Waffen-SS am 10. Juni 1944, einige Tage nach der alliierten Landung in der Normandie, im südfranzösischen Oradour. SS-Männer umstellten den kleinen Ort und trieben die Bewohner des Dorfes auf dem Marktplatz zusammen. Während sie die Männer erschossen, trieben sie Frauen und Kinder in die Kirche, wo sie sie zum Teil ebenfalls erschossen oder aber bei lebendigem Leib verbrannten. Weit über 600 Menschen verloren ihr Leben, der Ort wurde völlig zerstört.

Nur wenige Tage nach diesem schrecklichen Ereignis wurde Frankreich durch den Vormarsch der Alliierten ins Landesinnere von der nationalsozialistischen Besatzung befreit, und General de Gaulle konnte in Paris seine Regierungsgeschäfte aufnehmen.

## Die Luftschlacht um England

Deutschlands militärischer Triumph über Frankreich im Juni 1940 brachte dem Dritten Reich über Nacht die Führungsrolle auf dem europäischen Kontinent. Hitler ging davon aus, daß Großbritannien nun einlenken werde. Seine Erwartungen waren nicht abwegig, denn London befand sich in einer verzweifelten Lage. Die Deutschen kontrollierten die Küsten der Nordsee sowie die französische Atlantikküste, und während des Krieges in Frankreich hatten die mit einem Expeditionskorps teilnehmenden Briten schwere Verluste an Kriegsmaterial hinnehmen müssen.

Doch Hitler wartete vergeblich auf ein britisches Zeichen der Verständigungsbereitschaft. Im Mai 1940 hatte sich eine neue Koalitionsregierung unter Winston Churchill gebildet. Anders als sein Vorgänger Arthur Neville Chamberlain, der mit Hitler vor Ausbruch des Zweiten Weltkrieges den friedlichen Ausgleich gesucht hatte, vertrat der neue Premierminister eine harte und kompromißlose Haltung. Eine Verständigung mit Hitler

Kollaborateure richtete, entwickelte sich unmittelbar nach der Niederlage Frankreichs. General Charles de Gaulle, der sich noch am Tag des französischen Waffenstillstandsangebotes nach Großbritannien absetzte, rief schon einen Tag später, von London aus, zur Fortsetzung des Kampfes gegen die Deutschen auf. London erkannte ihn fortan als Chef einer Exilregierung an, und das sogenannte Nationalkomitee der Freien Franzosen setzte den Krieg an der Seite Großbritanniens fort. Allerdings waren de Gaulles Widerstandsappelle in Frankreich vorerst nicht sehr erfolgreich. Doch konnten sich seine Anhänger in einigen der französischen Kolonien Afrikas festsetzen und auf diese Weise wichtige strategische Stellungen im Krieg gewinnen.

Je länger der Krieg dauerte und je mehr die Vichy-Regierung zum bloßen Handlanger Hitlers wurde, desto mehr Menschen konnte de Gaulle für seinen Kampf gewinnen. Nach und nach bildeten sich in Frankreich einzelne Widerstandszellen, die Flugschriften verteilten, Flüchtlinge in Sicherheit brachten oder auch Sabotageakte organisierten und Partisanenkämpfe führten. Mitte 1943

tunistisch und wurden Mitläufer. Wieder andere, anfänglich nur eine Minderheit, leisteten organisierten Widerstand. Insbesondere die ständigen Rekrutierungen französischer Arbeitskräfte, die in Massen als Fremdarbeiter ins Reich gebracht wurden, und der Abtransport der Juden nach Osten in die Vernichtungslager schürten im Lauf der Jahre den Haß gegen die Fremdherrschaft.

Die organisierte französische Widerstandsbewegung, die Résistance, die sich gegen die deutschen Besatzer und die

kam für ihn nicht in Frage – nicht um alles in der Welt! Die „Schlacht um England", wie er sagte, schien ihm unausweichlich zu sein, wobei er davon überzeugt war, daß Hitlers Vorhaben zum Scheitern verurteilt war.

So gab Hitler seinen Militärs den Befehl, das sogenannte Unternehmen Seelöwe, die Landung deutscher Truppen in Großbritannien, vorzubereiten. Als Angriffstag war der 21. September 1940 vorgesehen. Eine erfolgreiche Durchführung dieser Operation setzte aber voraus, den Luftraum über dem Inselreich zu beherrschen. Dafür war es notwendig, in den küstennahen Gebieten Nordfrankreichs und auch Belgiens Bodenorganisationen aufzubauen und gewaltige Munitions- und Treibstoffvorräte anzulegen. Großspurig versprach Luftwaffenchef Hermann Göring, innerhalb weniger Tage die Royal Air Force zu besiegen. Doch er irrte sich.

Am 13. August 1940 starteten die deutschen Maschinen ihren ersten Großangriff auf südenglische Ziele. Die Luftschlacht begann. Nacht für Nacht und über Monate flogen die Staffeln jetzt ihre Einsätze und warfen ihre Bombenlast über Werken der britischen Rüstungsindustrie, aber auch über den größeren Städten ab, ohne Rücksicht auf die Zivilbevölkerung. Doch ihr Ziel, die Lufthoheit über dem Königreich, erreichten sie nicht. Entscheidend war, daß die Briten über ein modernes Frühwarnsystem, den Radar, verfügten, mit dem sie den Anflug deutscher Kampfverbände schon aus großer Entfernung feststellen konnten.

Ein ums andere Mal mußte daher die Landung in Großbritannien verschoben werden. Schließlich gab Hitler den Plan ganz auf. Der Luftkrieg wurde noch bis ins Frühjahr 1941 fortgesetzt, dann wegen schwerer Verluste – bis März gingen über 2200 Maschinen verloren – und der angelaufenen Vorbereitungen für den Rußlandfeldzug endgültig abgebrochen. Hitler hatte damit seine erste militärische Niederlage einstecken müssen.

*Zahllose deutsche Flakschützen an der Kanalküste sollten Hitlers „Festung Europa" gegen den Vorstoß der Alliierten sichern.*

## KUNSTRAUB IM GROSSEN STIL

*Waggonweise ließen die Nationalsozialisten aus den besetzten Gebieten Kunstschätze ins Deutsche Reich schaffen. Das NS-Regime sah sich als Sachwalter des gesamten „germanischen Erbes" und der abendländischen Kultur an.*

*Auf Geheiß Hitlers plünderten die deutschen Besatzer rücksichtslos in den ihnen unterstellten Gebieten im Westen wie im Osten Europas Museen, Archive, Bibliotheken, Schlösser und auch Kirchen. Dabei kam es ihnen in den östlichen Gebieten oft nur darauf an, fremdes Kulturgut zu vernichten. Tausende von Gemälden,*

*Skulpturen, Möbelstücken und Münzen von unschätzbarem Wert gelangten so in die Hände der Nationalsozialisten, die sich zum Teil, wie Göring, umfangreiche Privatsammlungen anlegten.*

*EINE DER GERAUBTEN SKULPTUREN WAR MICHELANGELOS BERÜHMTER BACCHUS.*

## Mit U-Booten gegen das Inselreich

*U*m Großbritannien von der Zufuhr von kriegswirtschaftlich wichtigen Gütern und Lebensmitteln abzuschneiden, verschärfte Adolf Hitler mit der Luftschlacht auch den Seekrieg, den er seit 1939 gegen das Inselreich führte. Vor allem U-Boote wurden jetzt gegen die unter Geleitschutz fahrenden Handelsschiffe eingesetzt, um eine völlige Blockade Großbritanniens zu erreichen. Eine strategisch bedeutende Rolle spielten hierbei die besetzten U-Boot-Basen in Frankreich, wie La Rochelle, Brest und Saint-Nazaire an der Atlantikküste. Von hier aus stachen die deutschen Boote zu ihren Kampfaufträgen in See. Zwar konnten sie zahlreiche Erfolge verbuchen und einen erheblichen Teil der für die Briten bestimmten Handelstonnage ver-

nichten, doch auch hier blieb der entscheidende Sieg aus, und die eigenen Verluste stiegen immens an. Im Mai 1943 gingen innerhalb von drei Wochen allein 38 U-Boote verloren, und seit dem Kriegseintritt der USA im Dezember 1941 mußte Hitler mit verstärkten Gegenmaßnahmen rechnen.

So ließ Hitler, um eine mögliche Landung alliierter Kräfte zu verhindern, seit 1942 den Atlantikwall errichten, eine Befestigungsanlage an der niederländischen, belgischen und französischen Küste. Für den Bau wurden schonungslos Fremdarbeiter, Kriegsgefangene sowie KZ-Häftlinge eingesetzt, darunter allein rund 100 000 inhaftierte Franzosen. Doch gelang es Adolf Hitler nicht mehr, diesen gigantischen Schutzwall fertigzustellen, denn seine „Festung Europa" hatte unterdessen zu viele Risse bekommen. Am 6. Juni 1944 landeten die Alliierten in der Normandie.

# Sizilien als Mitgift

*Die Mailänder Hochzeit zwischen Heinrich VI. und Konstanze von Sizilien 1186 brachte den Staufern das normannische Königreich in Unteritalien ein.*

*Die Verheiratung Heinrichs VI., der bereits im Alter von vier Jahren zum deutschen König gekrönt worden war, mit Konstanze von Sizilien folgte ausschließlich politischen Überlegungen. Heinrichs Vater, Kaiser Friedrich I., hoffte durch die Verbindung zweier mächtiger Königreiche ganz Italien unter staufische Herrschaft zu bekommen.*

**GLANZVOLLES FEST** Am 27. Januar 1186 gaben sich in der Mailänder Ambrosiuskirche Heinrich VI., der 21jährige Sohn des Stauferkaisers Friedrich I. Barbarossa, und Konstanze, die elf Jahre ältere Tochter des normannischen Königs Roger II. von Sizilien, das Jawort. Die Hochzeit wurde mit allem höfischen Prunk begangen. Um Konstanzes üppige Aussteuer – Gold, Silber, Edelsteine und wertvolle Stoffe – zu befördern, waren nicht weniger als 150 Lasttiere notwendig gewesen. Nach der Trauung krönten hohe geistliche Würdenträger Barbarossas Sohn zum König von Italien und seine Schwiegertochter zur deutschen Königin. Zum Abschluß erhob Friedrich I. seinen Sohn Heinrich VI. zum Mitkaiser.

**POLITISCHES KALKÜL** Die Hochzeit war alles andere als eine Liebesheirat gewesen, sondern vielmehr ein taktischer Schachzug von Friedrich I. Barbarossa. Nach jahrelangen Kämpfen mit den aufbegehrenden lombardischen Städten, begleitet von einer Dauerfehde mit der Kurie in Rom, war es ihm 1183 gelungen, einen Ausgleich mit den Städten herbeizuführen und die Reichsherrschaft in Oberitalien wiederherzustellen; doch die Querelen mit dem Kirchenstaat flammten immer wieder neu auf. Mal ging es um die Verteilung von Territorien, mal um Friedrichs Wunsch, seinen Sohn Heinrich zum Mitkaiser krönen zu lassen, mal um die Aufforderung des Papstes zu einem Kreuzzug. Hinter allem standen letztlich aber machtpolitische Ansprüche in Italien.

**BÜNDNIS MIT DEM GEGNER** In Sizilien herrschten seit Ende des 11. Jahrhunderts die Normannen; Konstanzes Vater hatte ein mächtiges Staatsgebilde errichtet, das nicht nur die Insel, sondern auch große Teile Süditaliens umfaßte. Bislang hatte Friedrich I. die normannischen Könige zu seinen Gegnern gezählt, da sie ein gutes Verhältnis zum Kirchenstaat pflegten und er selbst Ansprüche auf Sizilien erhob. Doch 1184 änderte er seine Politik und strebte, um den Papst in die Enge zu treiben, ein Bündnis mit ihnen an.

Eine normannisch-staufische Verbindung, so überlegte er, würde den Kirchenstaat isolieren und ihm selbst freie Hand in Ober- und Mittelitalien lassen. Da fügte es sich gut, daß mit Konstanze eine Heiratskandidatin vorhanden war. Ihr Vater war 1154 gestorben, und die Königswürde von Sizilien hatte ihr Neffe Wilhelm II. inne. Wilhelm II. mußte nicht lange überredet werden, denn sein Augenmerk war auf Byzanz gerichtet, und ein Bund mit den Staufern würde ihm im Westen den Rücken freihalten. So wurde die normannische Erbtochter am 29. Oktober 1184 in Augsburg mit Heinrich VI. verlobt.

Kaiser Friedrich I. Barbarossa konnte zufrieden sein. Die Heirat erweiterte seine Handlungsmöglichkeiten beträchtlich, und der Papst hatte mit den Normannen einen wichtigen Bundesgenossen verloren. □

## Die Staufer in Bedrängnis

Entgegen der Hoffnung des Kaisers änderte die Hochzeit von Heinrich und Konstanze nichts an der kompromißlosen Haltung des Papsttums. Papst Urban III. setzte alle Hebel in Bewegung, um die Position Friedrichs I. zu schwächen, und nahm sogar Kontakt zur Opposition in Deutschland auf, die sich um den Kölner Erzbischof Philipp gebildet hatte. Friedrich mußte nach Deutschland zurückkehren und beauftragte seinen Sohn, ihn während seiner Abwesenheit in Italien zu vertreten und gegen den Papst vorzugehen. Heinrich hielt Urban kurzfristig in Verona fest und besetzte den größten Teil des Kirchenstaates.

1187 bestieg mit Klemens III. ein Papst den Stuhl Petri, dem an guten Beziehungen zum Reich gelegen war. Im gleichen Jahr erreichte den Papst die alarmierende Nachricht, daß die Türken Jerusalem erobert hatten. Einen Kreuzzug ins Heilige Land zu organisieren erschien ihm nun wichtiger, als die Auseinandersetzungen mit dem Reich fortzuführen, und man kam zu einer raschen Einigung. Im April 1189 erklärte sich Friedrich I., der mittlerweile den Kölner Erzbischof zur Unterwerfung gezwungen und die Würdenträger des Reiches wieder auf seine Seite gezogen hatte, bereit, die Besetzung des Kirchenstaates aufzuheben. Im Gegenzug stellte der Papst die Kaiserkrönung Heinrichs VI. in Aussicht. Wenige Wochen später brach Barbarossa ins Heilige Land auf, und sein Sohn übernahm die Regentschaft in Deutschland.

## Ein hart umkämpftes Erbe

Im November 1189 erreichte Heinrich VI. die Nachricht vom plötzlichen und unerwarteten Tod des Königs von Sizilien. Da Wilhelm II. kinderlos gestorben war, fielen die Erbansprüche seiner Tante Konstanze und damit auch ihrem Ehemann Heinrich zu. Der war fest entschlossen, sie durchzusetzen; aber der normannische Adel auf Sizilien wehrte sich entschieden gegen einen staufischen Herrscher und hob einen Halbbruder des verstorbenen Königs, Graf Tankred von Lecce, auf den verwaisten Thron. Im Januar 1190 wurde er mit dem Einverständnis des Papstes in Palermo zum König von Sizilien gekrönt.

Heinrich wollte unter keinen Umständen auf das Erbe verzichten, doch an ein sofortiges Eingreifen war nicht zu denken. In Deutschland gab es ernsthafte Probleme mit dem Welfen Heinrich dem Löwen, und kurz nachdem Heinrich VI. im Juli 1190 einen Kompromißfrieden mit ihm geschlossen hatte, erfuhr er vom Tod seines Vaters. Friedrich Barbarossa war im Juni des Jahres, noch bevor er das Heilige Land erreicht hatte, in einem Fluß in Kleinasien ertrunken.

Heinrich war nun alleiniges Oberhaupt und mußte erst seine Herrschaft im Reich sichern, bevor er sich im Winter 1190 nach Italien aufmachen konnte, um sich zum Kaiser krönen zu lassen und anschließend sein Erbe einzuklagen. Als Heinrich und Konstanze in Rom eintrafen, war Papst Klemens III., der seine Krönung zugesagt hatte, tot, und sein Nachfolger, der greise Cölestin III., weigerte sich zunächst, ihn zu krönen. Erst nachdem Heinrich den Römern das Städtchen Tusculum, das unter kaiserlichem Schutz stand und mit Rom im Streit lag, bedenkenlos zur Zerstörung ausgeliefert hatte, krönte ihn der Stellvertreter Christi am Ostermontag 1191 zum Kaiser.

Anschließend zog Heinrich VI. nach Süden weiter, um Sizilien zu gewinnen. Doch in der Zwischenzeit hatte Tankred seine Position durch ein Bündnis mit dem englischen König Richard Löwenherz festigen können. Vor Neapel stoppten Tankreds Truppen das kaiserliche Heer, und die Belagerung der Stadt mußte abgebrochen werden, weil eine verheerende Seuche die Krieger und auch den Kaiser selbst befallen hatte. Geschlagen und enttäuscht mußte er gegen Ende des Jahres 1191 den Rückzug nach Deutschland antreten, und der Papst belehnte Tankred mit dem Königreich Sizilien. Der Traum von einem staufischen Großreich schien ausgeträumt.

## Rettung aus einer brenzligen Lage

Als der Kaiser nach Deutschland zurückkehrte, mußte er feststellen, daß dort seine Herrschaft nicht mehr unangefochten war. In Sachsen hatte sein alter welfischer Gegner Heinrich der Löwe wieder zu den Waffen gegriffen, und durch sein unnachgiebiges Auftreten gegenüber den Großen im Reich zog sich der Kaiser bald auch die Feindschaft vie-

*Mit Schild und Lanze kämpften die staufischen Ritter hoch zu Roß gegen ihre Feinde. Zum Schutz trugen sie ein eisernes Kettenhemd – Rüstungen kamen erst im 14. Jahrhundert auf.*

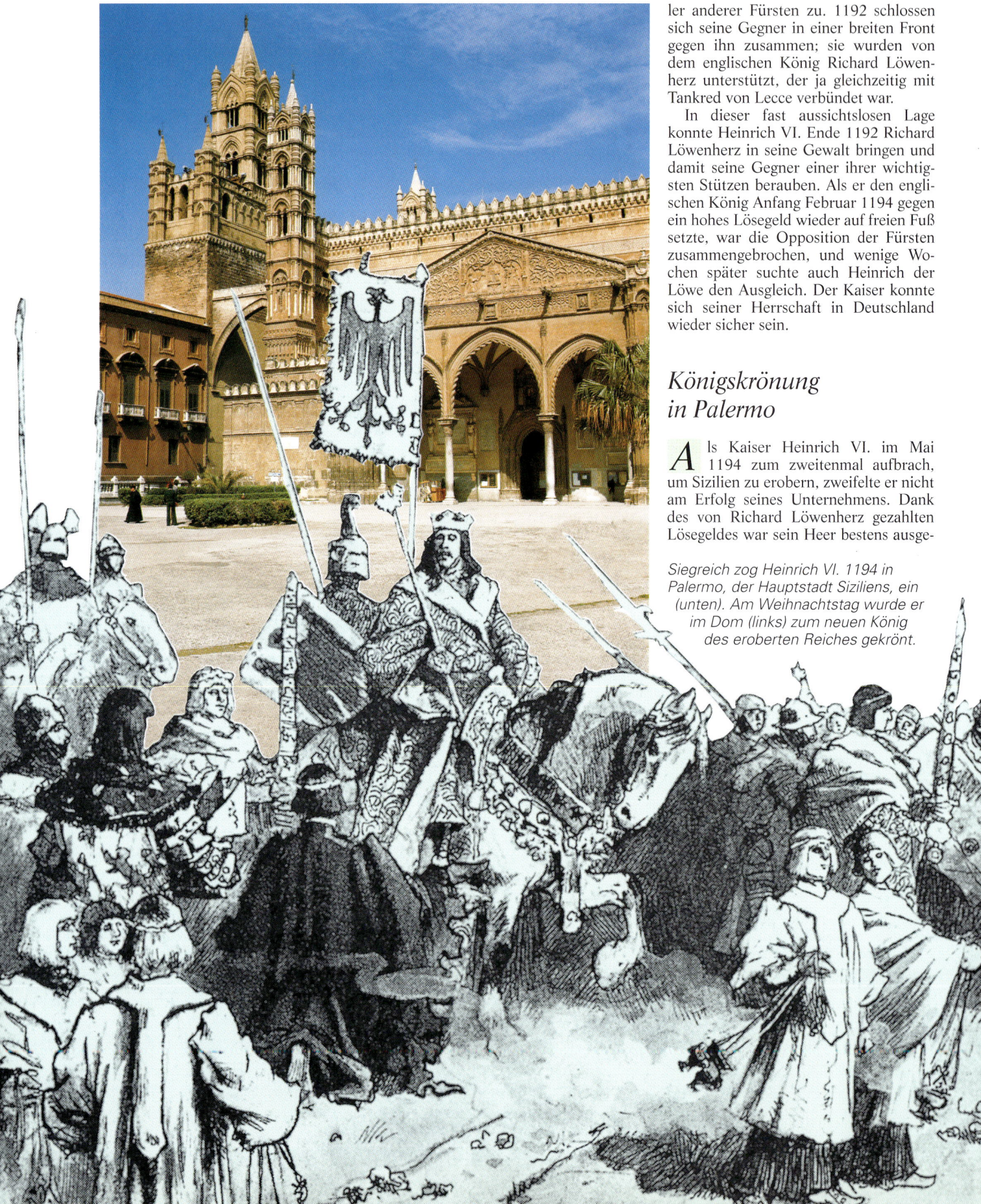

ler anderer Fürsten zu. 1192 schlossen sich seine Gegner in einer breiten Front gegen ihn zusammen; sie wurden von dem englischen König Richard Löwenherz unterstützt, der ja gleichzeitig mit Tankred von Lecce verbündet war.

In dieser fast aussichtslosen Lage konnte Heinrich VI. Ende 1192 Richard Löwenherz in seine Gewalt bringen und damit seine Gegner einer ihrer wichtigsten Stützen berauben. Als er den englischen König Anfang Februar 1194 gegen ein hohes Lösegeld wieder auf freien Fuß setzte, war die Opposition der Fürsten zusammengebrochen, und wenige Wochen später suchte auch Heinrich der Löwe den Ausgleich. Der Kaiser konnte sich seiner Herrschaft in Deutschland wieder sicher sein.

## Königskrönung in Palermo

Als Kaiser Heinrich VI. im Mai 1194 zum zweitenmal aufbrach, um Sizilien zu erobern, zweifelte er nicht am Erfolg seines Unternehmens. Dank des von Richard Löwenherz gezahlten Lösegeldes war sein Heer bestens ausge-

*Siegreich zog Heinrich VI. 1194 in Palermo, der Hauptstadt Siziliens, ein (unten). Am Weihnachtstag wurde er im Dom (links) zum neuen König des eroberten Reiches gekrönt.*

stattet. Vor allem aber war am 20. Februar 1194 König Tankred gestorben; er hatte nur einen unmündigen Sohn hinterlassen. Diesmal traf der Kaiser auf keinen nennenswerten Widerstand. Nachdem er die süditalienische Stadt Salerno völlig zerstört hatte, zog Heinrich am 20. November in Palermo, der Hauptstadt Siziliens, ein. Tankreds Witwe mußte ihm den legendären Schatz der Normannen und die sizilianische Krone aushändigen, die ihm am Weihnachtstag 1194 im Dom von Palermo als neuem König von Sizilien aufgesetzt wurde. Als am Tag darauf der Thronerbe, der spätere Kaiser Friedrich II., das Licht der Welt erblickte, schien Heinrichs Glück perfekt.

Doch nur zu bald mußte er erkennen, daß seine Herrschaft auf unsicheren Füßen stand. Man sprach von Verschwörungen, auf die er nur mit grausamer Härte zu reagieren wußte; viele tatsächliche oder angebliche Gegner aus der normannischen Oberschicht ließ er töten.

Auf einem Reichstag in Bari ordnete der Kaiser im März 1195 die Verwaltung Siziliens und Mittelitaliens neu. Konstanze setzte er als Regentin über das Königreich ein, und die politischen Spitzenämter übertrug er deutschen Ministerialen. Dies sorgte beim sizilianischen Adel für großen Unmut, der sich zwei Jahre später in einem neuerlichen Aufstand entlud. Die Adligen, die unter der Fremdherrschaft zu leiden hatten, planten einen Mordanschlag auf Heinrich VI., von dem auch der Papst und Kaiserin Konstanze gewußt haben sollen. Die Verschwörung wurde aufgedeckt, und der Kaiser verhängte einmal mehr ein unbarmherziges Strafgericht, bei dem die Anführer brutal zu Tode gepeinigt wurden. Konstanze wurde verschont, doch ersparte ihr Gatte es ihr nicht, den Hinrichtungen persönlich beizuwohnen.

## Griff nach der Krone von Byzanz

**B**ei der Eroberung Palermos war Heinrich VI. auf die dort lebende byzantinische Prinzessin Irene, die Tochter von Kaiser Isaak II. Angelos, getroffen. Sofort witterte er die Chance, staufische Erbansprüche im Oströmischen Reich zu erwerben, und verlobte Irene mit seinem jüngeren Bruder Philipp von Schwaben. Heinrichs Plan schien schneller aufzugehen als erwartet. Bei einer Palastrevolte wurde Isaak 1195 von seinem Bruder Alexios III. Angelos gestürzt. Der Stauferkaiser versagte dem neuen Herrscher die Anerkennung und erhob für seinen Bruder Anspruch auf den byzantinischen Thron. Um vollendete Tatsachen zu schaffen, sorgte er dafür, daß Philipp und Irene zu Pfingsten 1197 in Augsburg vermählt wurden.

## Gescheiterte Pläne und Visionen

**N**achdem Heinrich VI. in Bari die sizilianischen Verhältnisse geregelt hatte, kehrte er im Sommer 1195 nach Deutschland zurück, um einen Kreuzzug vorzubereiten und die Erbfolge zu klären, die durch die Eroberung des Königreiches Sizilien akut geworden war. In Deutschland wurden die Könige von den Fürsten gewählt, während Sizilien eine Erbmonarchie war. Auf dem Mainzer Hoftag stellte Heinrich im Februar 1196 seinen Erbreichsplan vor, wonach die deutsche Krone erblich werden sollte. Auf diese Weise wollte der Herrscher ein einheitliches deutsch-sizilianisches Erbkönigtum unter staufischer Führung sicherstellen. Doch obwohl er den Reichsfürsten im Gegenzug einige Privilegien einzuräumen bereit war, versagten diese letztlich ihre Zustimmung. Auch der Papst lehnte ab; zu groß schien ihm die Gefahr für den Kirchenstaat, der dann von einer staufischen Großmacht umklammert wäre. Damit war Heinrichs Erbreichsplan gescheitert. Immerhin erreichte er aber, daß sein knapp zwei Jahre alter Sohn Friedrich im Dezember 1196 zum deutschen König gewählt wurde und damit wenigstens seine unmittelbare Nachfolge gesichert war.

Vehement betrieb der Staufer nun die Vorbereitungen zum großen Kreuzzug. Offiziell ging es darum, das Heilige Land zu befreien, doch in Wirklichkeit wollte der Kaiser viel mehr. Die Eroberung Siziliens hatte ihn zu einem Denken in größeren Kategorien beflügelt; er wollte die staufische Herrschaft auf den gesamten östlichen Mittelmeerraum ausdehnen. Seine Vorstellungen gipfelten in der Vision, daß sich Byzanz unterwerfen würde und die byzantinische Krone endgültig in die Hände der Staufer gelangen würde. Heinrich wollte nichts weniger als das Römische Reich wiederherstellen.

Aber der Kaiser hatte keine Gelegenheit mehr, diese Pläne in die Tat umzusetzen. Wenige Monate nachdem er den Adelsaufstand in Sizilien niedergeschlagen hatte und kurz vor Beginn des Kreuzzuges, starb Heinrich VI. am 28. September 1197, noch keine 32 Jahre alt, nach einer schweren Krankheit in Messina. Er wurde im Dom von Palermo bestattet.

## LÖWENHERZ AUF DEM TRIFELS

*Der englische König Richard Löwenherz (Abbildung), der sich mit Tankred von Lecce und der deutschen Fürstenopposition verbündet hatte, stellte eine Gefahr für Heinrich VI. dar. Da sich Richard während des dritten Kreuzzuges bei der Eroberung von Akkon im Jahr 1191 auch mit seinem Lehnsherrn König Philipp II. August von Frankreich angelegt hatte, verabredeten der Staufer und Philipp, den englischen König auf seinem Heimweg abzufangen und gefangenzunehmen. Daß dies jedem geltenden Brauch und Recht widersprach – Kreuzfahrer standen schließlich unter dem besonderen Schutz der Kirche –, störte die beiden nicht.*

*Bei dem Versuch, als einfacher Pilger verkleidet nach England zu reisen, wurde Richard Ende Dezember 1192 bei Wien erkannt und von Herzog Leopold V. von Österreich gefaßt, den er sich ebenfalls zum Feind gemacht hatte. Wenig später überließ Leopold den prominenten Gefangenen Heinrich VI.*

*Der setzte ihn auf der Reichsfestung Trifels in der Pfalz fest, und der Engländer mußte ein Lösegeld von 150000 Silbermark zusagen – das entsprach etwa 35000 Kilogramm –, andernfalls würde ihn der Kaiser an Frankreich ausliefern. Nachdem Richard Löwenherz das Lösegeld bezahlt und zudem den Lehnseid auf den Kaiser abgelegt hatte, ließ dieser ihn am 4. Februar 1194 wieder frei.*

In der Bucht, die Lüderitz den Hottentotten für einen Spottpreis abgekauft hatte, landeten bald deutsche Siedler (ganz oben). Der Deutsche Kolonialatlas von 1910 (oben) zeigt die deutschen Kolonien in Afrika und die im Vergleich dazu geringen Ausmaße des Reiches.

# Land für ein paar Gewehre

*Die Annexion von Angra Pequena an der südwestafrikanischen Küste 1883 markierte den Beginn der deutschen Kolonialherrschaft.*

**GUTER FANG**  Am 1. Mai 1883 schloß ein gewisser Christian Vogelsang, Bevollmächtigter des Bremer Tabakgroßhändlers Adolf Lüderitz, mit dem Hottentottenhäuptling Josef Fredriks vom Stamm der Nama einen Vertrag. Darin trat Fredriks die im Süden des heutigen Namibia gelegene Bucht von Angra Pequena sowie fünf Meilen des umliegenden Landes an den Kaufmann ab. Für lächerliche 200 Gewehre und Waren im Wert von 100 Pfund Sterling wechselte das Land den Besitzer. Lüderitz konnte sich die Hände reiben: Er hatte ein ausgesprochen gutes Geschäft gemacht.

**STANDBEIN IN AFRIKA**  Verunsichert durch die innenpolitische Auseinandersetzung um das staatliche Tabakmonopol, das seine Geschäfte schwer zu beeinträchtigen drohte, hatte Lüderitz

1881 im nigerianischen Lagos eine Faktorei gegründet, und nun wollte er auch im südwestlichen Afrika eine Handelsniederlassung errichten. Hier wirkte seit Jahrzehnten die Rheinische Missionsgesellschaft, die mit den Eingeborenen einen schwunghaften Handel trieb. Im Landesinneren vermutete man reiche Gold-, Diamant- und Kupfervorkommen. Lukrative Einnahmequellen schienen sich aufzutun.

Lüderitz und sein Agent gaben sich deshalb mit Angra Pequena nicht zufrieden. Am 25. August 1883 trotzten sie Fredriks einen zweiten Vertrag ab. Für den Spottpreis von 500 Pfund Sterling verkauften die Nama den mehrere hundert Kilometer langen Küstenstreifen südlich des 26. Breitengrades bis hinunter zum Oranjefluß. Das Gebiet sollte laut Vertrag von jedem Punkt der

Küste 20 Meilen ins Inland reichen. Lüderitz ging dabei von deutschen Meilen mit einer Länge von 7,5 Kilometern aus, während er Fredriks in dem Glauben ließ, es handle sich um die wesentlich kürzeren englischen Meilen zu 1,6 Kilometern.

**BETROGENER HÄUPTLING** Bald wurde dem Häuptling bewußt, daß er nahezu sein ganzes Land verkauft hatte. In einer schriftlichen Erklärung versuchte er sich Ende des Jahres zu wehren und sein Land zurückzugewinnen. Doch wer sollte ihm helfen? Mit dem im Norden lebenden Bantustamm der Herero lebten die Hottentotten in ständiger Auseinandersetzung. Zudem hatte die Missionsgesellschaft die verfeindeten Stämme immer wieder gegeneinander ausgespielt. Fredriks hatte keine Chance, seine Rechte zu behaupten, er mußte sein Land verloren geben.

Lüderitz hatte sich schon im November 1882 an das Auswärtige Amt in Berlin mit der Bitte gewandt, ihm für seine geplanten Unternehmungen in Afrika den Schutz des Reiches zu gewähren. Nachdem geklärt war, daß Großbritannien in der Region Angra Pequena keine Hoheitsrechte ausübte, gab Reichskanzler Otto von Bismarck am 18. August 1883 die informelle Order, das Gebiet unter Reichsschutz zu stellen.

Als sich im folgenden Frühjahr abzeichnete, daß die Regierung in London nun doch beabsichtigte, die Region für sich zu beanspruchen, ließ der Reichskanzler im April 1884 auch offiziell erklären, daß Lüderitz und die von ihm privat erworbenen Gebiete die volle Protektion des Deutschen Reiches genossen. ☐

*Die Bucht von Angra Pequena wurde 1884 offiziell zum Schutzgebiet des Deutschen Reiches erklärt.*

## Reichsflaggen am Strand von Südwestafrika

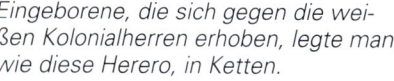

*Eingeborene, die sich gegen die weißen Kolonialherren erhoben, legte man, wie diese Herero, in Ketten.*

**D**er 24. April 1884, der Tag, an dem das Deutsche Reich die Schutzhoheit für die Erwerbungen von Lüderitz übernahm, gilt gemeinhin als die Geburtsstunde des deutschen Kolonialreiches. Doch machte Bismarck bewußt wenig Aufhebens um diese Erklärung, um es nicht zu einer gefährlichen Krise mit den Engländern kommen zu lassen, die in letzter Minute gleichfalls Interesse zeigten, sich den ganzen Küstenstreifen zwischen ihrer Kapkolonie im Süden und der portugiesischen Besitzung Angola im Norden einzuverleiben.

Im Sommer entsandte Bismarck Kriegsschiffe in die umstrittene Zone. An mehreren Stellen entlang der gesamten Küste zwischen den Flüssen Oranje und Kunene, also auch im Hereroland des Nordens, wurde die kaiserliche Flagge gehißt. Damit war die Annexion des fortan Deutsch-Südwestafrika genannten Kolonialgebietes besiegelt. Die britische Regierung erkannte die deutsche Schutzhoheit im September 1884 an.

Noch im selben Jahr schloß der kaiserliche Kommissar für Westafrika, der Afrikaforscher Gustav Nachtigal, mit den in der Kolonie lebenden Stammeshäuptlingen offizielle Schutz- und Freundschaftsverträge. Zum ersten Reichskommissar für Südwestafrika ernannte Bismarck Heinrich Ernst Göring, den Vater des späteren Reichsmarschalls Hitlers. Er wie auch viele andere Deutsche erhofften sich von der Kolonie eine Belebung der Wirtschaft. Doch überschätzte man die ökonomischen Möglichkeiten bei weitem: In dem riesigen Gebiet von über 800 000 km² lebten kurz vor Ausbruch des Ersten Weltkrieges lediglich 15 000 Weiße. Und als Wirtschaftsraum wurde Deutsch-Südwestafrika erst durch die Diamantfunde von 1908 interessant.

## Aufstand der Eingeborenen

**D**ie deutsche Kolonialhoheit über Deutsch-Südwestafrika wurde durch mehrere Aufstände der einheimischen Bevölkerung schwer belastet. 1893 lehnten sich die Hottentotten unter ihrem Häuptling Hendrik Witbooi gegen die Kolonialherren auf. Die kleine deutsche Schutztruppe, die sich seit 1889 im Land befand, mußte eilig verstärkt werden. Im August 1894 gelang es ihr, die Hauptstellung der Hottentotten zu erstürmen; Witbooi mußte Frieden schließen.

Damit war das Land jedoch noch keineswegs befriedet. Auch die Herero erhoben sich. 1904 kam es zu einem Aufstand, da die Eingeborenen von den weißen Siedlern immer mehr von ihren angestammten Weidegebieten und Wasserstellen vertrieben wurden. Rund 8000

In Daressalam und anderen ostafrikanischen Städten errichtete die deutsche Kolonialverwaltung Schulen, wo eingeborene Kinder von deutschen Lehrern unterrichtet wurden (links).

In der Zeitschrift Der wahre Jacob wurden die sichtbaren „Folgen" der weißen Kolonialpolitik karikiert (unten).

Stammeskrieger verwickelten die Deutschen in monatelange blutige Kämpfe. Nachdem man die Schutztruppe auf 7500 Mann erhöht hatte, wurden die Herero in der Schlacht am Waterberg am 11. August 1904 vernichtend geschlagen. Die Deutschen übten grausame Vergeltung: Sie trieben die überlebenden Eingeborenen, vor allem Frauen und Kinder, in die fast wasserlose Omahekewüste, wo sie elendig verdursteten und verhungerten. Nur etwa ein Viertel des Stammes überlebte. Ähnlich erging es den Hottentotten, als sie sich 1905 erneut erhoben.

## Ein Handtuch und ein großer Brocken

Im Juli 1884 handelte Gustav Nachtigal im Auftrag der Reichsregierung mit den Stammesoberen von Togo und Kamerun Verträge aus und stellte die beiden Länder und die dortigen deutschen Handelshäuser unter den Schutz des Kaiserreiches. Togo, ein schmaler Küstenstreifen an der ehemaligen Sklavenküste im nördlichen Westafrika, der wie ein Handtuch etwa 1200 Kilometer ins Landesinnere verlief, und das weiter östlich am Golf von Guinea gelegene Kamerun wurden bis 1891 gemeinsam verwaltet. Ihren endgültigen Gebietsumfang erhielten beide Kolonien erst Jahre später nach Verträgen der Reichsregierung mit

den Kolonialmächten Großbritannien und Frankreich.

1885 erwarb das Reich mit Deutsch-Ostafrika seine größte Kolonie. Das riesige, fast 1 Million km² umfassende Gebiet erstreckte sich zwischen dem Viktoriasee im Norden und dem Njassasee im Süden. Bereits 1859 hatten deutsche Hansestädte mit dem Sultan von Sansibar, der die Oberhoheit über die gesamte Region innehatte, einen Handelsvertrag geschlossen. 1884 bereiste der Abenteurer Carl Peters im Auftrag der von ihm gegründeten Gesellschaft für deutsche Kolonisation Ostafrika und schloß Ende des Jahres auf eigene Faust mit zwölf Häuptlingen, die sich gegen den Sultan zur Wehr setzen wollten, Verträge ab, in denen sie sich unter den Schutz seiner Gesellschaft begaben. Bismarck billigte Peters' eigenmächtiges Vorgehen im nachhinein und stellte das Gebiet im Februar 1885 unter Reichsschutz.

## Südseeträume und Flottenstützpunkt in China

Die Gründung der Kolonie Deutsch-Neuguinea in der Südsee ging im wesentlichen auf die Initiative der deutschen Neuguinea-Kompanie zurück, die

den Nordostteil der Insel, das Kaiser-Wilhelms-Land, und den vorgelagerten Bismarckarchipel besetzte und dafür am 17. Mai 1885 kaiserliche Schutzbriefe erwarb. Die Australien vorgelagerten Salomoninseln kamen im Dezember 1886 offiziell unter Reichsschutz. Später wurden der Kolonie noch weitere Südseeinseln einverleibt. Als letzte Kolonie erwarb das Kaiserreich nach langen Verhandlungen mit den Engländern und Amerikanern, die beinahe an den Rand eines Krieges führten, 1899 einen Teil von Samoa.

Hatte sich Bismarck in den Kolonien in erster Linie Niederlassungen für den

*Stolz präsentierten die Kolonialwaren-
händler ihren Kunden Köstlichkeiten
wie Tee, Kaffee und Vanille, die aus den
Kolonien importiert wurden.*

## Werbetrommel für die Kolonialpolitik

L ange bevor Bismarck sich für eine aktive deutsche Kolonialpolitik entschied, warben einflußreiche Kreise des deutschen Bürgertums und mächtige Verbände für den kolonialen Gedanken. Ihn zu verbreiten war auch das Ziel des Deutschen Kolonialvereins, den führende Politiker, Industrielle, Bankiers, Kaufleute und Wissenschaftler 1882 gründeten. Daraus ging 1887 die Deutsche Kolonialgesellschaft hervor, die heimische Überseeunternehmungen mit Rat und Tat förderte. Ihre Mitgliederzahl stieg bis zum Ausbruch des Ersten Weltkrieges auf 45 000 an. Sprachrohr des Verbandes waren die *Kolonialen Monatsblätter*, in denen die Erweiterung des Kolonialbesitzes und der Ausbau der Hochseeflotte propagiert wurden.

Der wirtschaftliche Nutzen der Kolonien für die deutsche Volkswirtschaft blieb jedoch äußerst gering. Das Kolonialreich erreichte mit 3 Millionen km² zwar eine enorme Ausdehnung, die Hoffnung, dort neue Absatzmärkte erschließen zu können, schlug indessen fehl. Gemessen am gesamten Außenhandelsvolumen des Deutschen Reiches, betrug der Export deutscher Waren in die Kolonien 1913 magere 0,6 Prozent, der Import aus den Kolonien nur 0,5 Prozent.

Auch die Siedlungsträume zerschlugen sich – vor Ausbruch des Ersten Weltkrieges lebten in den Kolonien lediglich 24 000 Deutsche, von denen nur etwa die Hälfte Siedler waren. Der Rest setzte sich aus Soldaten der Schutztruppen, Polizisten, Verwaltungsbeamten, Kaufleuten, Lehrern, Ärzten und Missionaren zusammen. Überdies verschlangen die staatliche Kolonialverwaltung und die Schutztruppen riesige Summen. Andererseits aber verschafften die Kolonien dem Kaiserreich Prestige und Geltung in der Welt und taten dem nationalen Selbstbewußtsein der Deutschen gut. Die Forschungsreisenden wußten Exotisches über die überseeischen Gebiete zu berichten und nährten den Traum von der Ferne. Einen Abglanz davon boten die Kolonialwarengeschäfte, die nun überall aus dem Boden schossen: Hier lagen exotische Früchte, Kaffee, Zuckerrohr, Tee, Gewürze und Reis aus und erfreuten sich in der Bevölkerung wachsender Beliebtheit.

---

deutschen Handel versprochen, so traten nach seiner Entlassung 1890 militärische Gesichtspunkte in den Vordergrund. Die kaiserliche Flotte sollte dem Reich auf den Weltmeeren Geltung verschaffen, und dazu gehörte ein verzweigtes System von Stützpunkten. Am 14. November 1897 ließ der Befehlshaber eines deutschen Kreuzergeschwaders die chinesische Bucht von Kiautschou am Gelben Meer besetzen. Als Vorwand diente die Ermordung zweier deutscher Missionare, tatsächlich aber sollten mit dieser Kano-

nenbootpolitik die Interessen der deutschen Wirtschaft am Fernosthandel und die Leistungsfähigkeit der deutschen Hochseeflotte demonstriert werden.

Im Vertrag vom 6. März 1898 mußte das Kaiserreich China Deutschland die Bucht von Kiautschou für 99 Jahre zur Pacht überlassen. Die Hafenstadt Tsingtau wurde in der Folgezeit zum bedeutendsten deutschen Flottenstützpunkt in Asien und entwickelte sich rasch zu einem Handelszentrum mit einem großen Überseehafen.

## EIN LEBEN FÜR DIE KOLONIEN

*Der 1856 als Sohn eines Pfarrers geborene Carl Peters (Foto) war seit seiner Jugend von einem leidenschaftlichen Nationalgefühl beseelt. Der promovierte Historiker, der wesentlichen Anteil am Erwerb Deutsch-Ostafrikas hatte, plante, für Deutschland ein großes afrikanisches Kolonialreich zu schaffen, scheiterte damit jedoch.*

*1893 wurde er*

*seines Amtes als Reichskommissar in Ostafrika enthoben. Er hatte seine Geliebte, eine Eingeborene, die ihn mit einem schwarzen Bediensteten betrog, kurzerhand hängen lassen. Er emigrierte nach Großbritannien und kehrte erst nach Ausbruch des Ersten Weltkrieges 1914 nach Deutschland zurück, wo er 1918 starb.*

| Jahr | Starke Worte | Entschlossenes Handeln | Im Dunkel der Nacht | Erzwungene Entscheidungen |
|------|--------------|------------------------|---------------------|---------------------------|
| 700 | | | | |
| 723 | | **Schlagender Beweis** Eindrucksvoll bewies der angelsächsische Missionar Bonifatius 723 den germanischen Stämmen die Macht des Christengottes und besiegelte damit den Niedergang des Heidentums in Deutschland. S. 92–93 | | |
| 772 | | | | |
| 800 | | | | |
| 829 | | | | **Ein Erbe zuviel** Die Geburt eines vierten Sohnes nötigte Kaiser Ludwig I., 829 das Frankenreich zu teilen. Die Entstehung Deutschlands und Frankreichs bahnte sich an. S. 189–192 |
| 900 | | | | |
| 926 | | | | |
| 937 | | **Auf zu neuen Ufern** Die Gründung des Mauritiusklosters 937 war der erste Schritt von Otto dem Großen, das kleine Magdeburg zum Zentrum der nach Osten gerichteten Reichspolitik zu machen. S. 98–101 | | |
| 951 | | | | |
| 1000 | | | | |
| 1007 | | | | |
| 1024 | | **Ein Mann der Tat** Bei seiner Inspektionsreise durch Deutschland 1024 demonstrierte König Konrad II., daß er das Reich mit strenger Hand zu regieren gedachte. S. 106–109 | | |
| 1046 | | | | |
| 1077 | | | | |
| 1100 | | | | |
| 1125 | | | | |
| 1143 | | **Aufbruch gen Osten** Mit der Anwerbung von Siedlern 1143 für das von Slawen bewohnte Ostholstein begann die zwei Jahrhunderte während deutsche Ostkolonisation. S. 78–81 | | |
| 1158 | | | | |
| 1186 | | | | |
| 1198 | | | | |
| 1200 | | | | |
| 1226 | | | | |
| 1241 | | | | |

| Zufall oder Glück | Auf Leben und Tod | Mit Geschick und Überlegung | Auf fremdem Boden | Allgemeine Ereignisse |
|---|---|---|---|---|
| | | | | **700** |
| | **Kampf den Sachsen** Mit Waffengewalt unterwarf Karl der Große 772 die Sachsen, bekehrte sie zum Christentum und machte ihr Land zwischen Rhein und Elbe zum Kernland des mittelalterlichen Reiches. S. 310–312 | | **Weihnachten in Rom** Die Kaiserkrönung Karls des Großen im Jahr 800 begründete das mittelalterliche Kaisertum und die enge Verbindung der deutschen Könige mit den Päpsten und Italien. S. 393–395 | 768–814 Karl der Große |
| | | | | 773 Eroberung des Langobardenreiches in Italien |
| | | | | 788 Unterwerfung Bayerns |
| | | | | 843 Vertrag von Verdun: Entstehung des Ostfränkischen (deutschen) Reiches |
| **Geisel für den Frieden** Ein glücklicher Umstand half König Heinrich I. im Jahr 926 das Reich vor der Zerstörung durch die räuberischen Ungarn zu bewahren. S. 259–261 | | | | **900** |
| | | | | 919–1024 Herrscher aus dem Haus der Ottonen |
| | | | **Ehe aus Vernunft** Die Heirat Ottos des Großen mit Adelheid im Jahr 951 in Pavia war der Beginn der aktiven deutschen Italienpolitik im Mittelalter. S. 375–378 | 936–973 Otto der Große |
| | | | | 955 Schlacht auf dem Lechfeld: Bannung der Ungarngefahr |
| | | | | 962 Kaiserkrönung Ottos des Großen in Rom |
| | | **Kniefall für ein Bistum** Mit seiner gezielten Kirchenpolitik verpflichtete König Heinrich II. 1007 den Klerus für den Staatsdienst und schuf sich selbst ein Denkmal. S. 357–360 | | **1000** |
| | | | | 1024–1125 Herrscher aus dem Haus der Salier |
| | | | **Herr der Christenheit** Mit der Erhebung eines Deutschen zum Papst im Dezember 1046 in Italien erreichte das Deutsche Reich unter Heinrich III. den Gipfel seiner Macht. S. 402–405 | 1025 Schleswig wird dänisch |
| | | **Bußgang nach Canossa** Mit einem geschickten Schachzug erreichte Heinrich IV. 1077 die Lösung vom päpstlichen Bann. Damit begann ein jahrelanger Streit zwischen König und Papst um das Recht der Investitur und die Macht im Reich. S. 314–317 | | 1033 Burgund wird Teil des deutschen Reiches |
| | | | | 1075–1122 Investiturstreit |
| | | | | 1096–99 Erster Kreuzzug |
| | **Dramatische Königswahl** Bei der Wahl des neuen deutschen Königs 1125 stimmte der Welfe Heinrich der Schwarze gegen seinen Schwiegersohn, den Staufer Friedrich. Ein langer kriegerischer Konflikt zwischen beiden Geschlechtern folgte. S. 270–273 | | | **1100** |
| | | | | 1122 Wormser Konkordat: Beendigung des Investiturstreites |
| | | | | 1137–1254 Herrscher aus dem Haus der Staufer |
| | | | | 1147–49 Zweiter Kreuzzug unter Führung von Kaiser Konrad III. |
| **Streit um den Thron** Die Krönung mit der falschen Krone im Jahr 1198 führte zu einem jahrzehntelangen Bürgerkrieg in Deutschland. Erst nach 37 Jahren schlossen die verfeindeten Parteien Frieden miteinander. S. 243–247 | **Für die Ehre des Reiches** 1158 eroberte Kaiser Friedrich I. Barbarossa die Stadt Mailand. Dies war der Auftakt zu einem jahrelangen Kampf um die Wiederherstellung der Reichsherrschaft in Italien. S. 286–289 | | | 1152–90 Friedrich I. Barbarossa |
| | | | | 1178 Hochverratsprozeß gegen den Welfenherzog Heinrich den Löwen |
| | | | **Sizilien als Mitgift** Die Mailänder Hochzeit zwischen Heinrich VI. und Konstanze von Sizilien 1186 brachte den Staufern das normannische Königreich in Unteritalien ein. S. 420–423 | 1189–92 Dritter Kreuzzug unter Führung von Kaiser Friedrich I. Barbarossa |
| | | | | 1190 Gründung des Deutschen Ordens im Heiligen Land. |
| | | | | **1200** |
| **Das Wunder von Liegnitz** Der Abzug der Mongolen nach ihrem Sieg in Schlesien 1241 bewahrte die Deutschen vor dem Untergang. S. 212–213 | | | **Großzügiges Geschenk** Hermann von Salza erhielt 1226 in Rimini für seine Unterstützung das Preußenland zugesprochen. Es bildete die Grundlage des Deutschen Ordensstaates. S. 379–383 | 1202–04 Vierter Kreuzzug |
| | | | | 1212–50 Friedrich II. |
| | | | | 1228–29 Fünfter Kreuzzug unter Leitung von Kaiser Friedrich II., der König von Jerusalem wird |
| | | | | 1248–54 Sechster Kreuzzug |

| Jahr | Starke Worte | Entschlossenes Handeln | Im Dunkel der Nacht | Erzwungene Entscheidungen |
|------|--------------|------------------------|---------------------|---------------------------|
| 1250 | | | | |
| 1257 | | | | |
| 1278 | | | | |
| 1280 | | | | |
| 1300 | | | | |
| 1310 | | | | |
| 1322 | | | | |
| 1348 | | | | |
| 1350 | | | | |
| 1356 | **„Zur Förderung der Eintracht"** Karl IV. erließ 1356 die Goldene Bulle, das Grundgesetz des Mittelalters, das aus dem Reich eine Art Bundesstaat mit Wahlkönigtum machte und viereinhalb Jahrhunderte gültig blieb. **S. 54–58** | | | |
| 1377 | | | | |
| 1400 | | **Des Amtes enthoben** Die vier rheinischen Kurfürsten erklärten 1400 König Wenzel aus dem Haus der Luxemburger wegen Untätigkeit kurzerhand für abgesetzt. Dieser im Reich einmalige Akt führte zu einem Dynastiewechsel in Deutschland. **S. 73–75** | | |
| 1411 | | | | |
| 1415 | | | **Verhängnis im Morgengrauen** Die Hinrichtung des tschechischen Predigers Jan Hus in Konstanz 1415 beschwor die Hussitenkriege herauf und entfremdete Böhmen dem Reich. **S. 122–125** | |
| 1450 | | | | |
| 1450 | | | | |
| 1460 | **„Auf ewig ungeteilt"** Diese Zusage des dänischen Königs Christian I. im Ripener Freiheitsbrief von 1460 verband das Schicksal Holsteins mit dem dänischen Schleswig. **S. 22–24** | | | |
| 1490 | | **Kuriere für den Kaiser** Die Einrichtung eines ständigen Kurierdienstes zwischen den habsburgischen Residenzen Innsbruck und Mechelen 1490 markierte den Beginn des deutschen Postwesens. **S. 60–64** | | |
| 1495 | | | | |
| 1500 | | | | |
| 1519 | | | | |
| 1521 | **„Widerrufen kann und will ich nichts."** Gegen den Kaiser und die Kirche verteidigte Luther 1521 seine christliche Lehre. Die nachfolgende Reformation führte zur Glaubensspaltung in Deutschland. **S. 30–34** | | | |

## Zufall oder Glück

**Lukratives Angebot**
Die Belehnung mit dem Königreich Böhmen 1310 machte die Dynastie der Luxemburger zu einer der mächtigsten Familien in Deutschland.
S. 232–235

**Bücher für alle**
Ohne es zu ahnen, legte Johannes Gutenberg mit der Erfindung der beweglichen Lettern 1450 den Grundstein zur Entwicklung des Buchdrucks und des Zeitungswesens.
S. 255–258

## Auf Leben und Tod

**Sieg für die Dynastie**
Der Triumph König Rudolfs I. auf dem Marchfeld 1278 begründete den unaufhaltsamen Aufstieg der Dynastie der Habsburger in Deutschland.
S. 279–281

**Die letzte Ritterschlacht**
König Ludwig der Bayer drängte seinen Gegenspieler Friedrich den Schönen 1322 zum Kampf bei Mühldorf am Inn, der dem Wittelsbacher den Thron im Reich sicherte.
S. 170–173

**Gelungener Überfall**
Der Sieg der Reutlinger Bürger über ein württembergisches Fürstenheer 1377 machte die Städte zu einer eigenständigen Kraft in Deutschland.
S. 290–293

## Mit Geschick und Überlegung

**Zwei für eine Krone**
Mit der Wahl von zwei Ausländern auf den deutschen Thron 1257 sicherten sich die Kurfürsten endgültig die Macht im Reich. An die Stelle einer königlichen Zentralgewalt trat die Herrschaft der Landesherren.
S. 321–324

**Land gegen Stimme**
Mit der Zusage, Sigismund zum König zu wählen, erhielten die Hohenzollern 1411 Brandenburg, das sie zur führenden Macht in Deutschland ausbauten.
S. 364–367

**Zähes Ringen um die Macht**
Auf dem Reichstag zu Worms im Jahr 1495 einigten sich König Maximilian I. und die Reichsstände auf tiefgreifende Reformen.
S. 368–370

**Lohnendes Geschäft**
Mit dem Geld der Fugger erlangte Karl V. 1519 die Kaiserkrone. Die Augsburger Kaufleute stiegen damit zur Handelsmacht auf, während das Reich in den Wirren europäischer Politik versank.
S. 345–347

## Auf fremdem Boden

**Boykott in Flandern**
Nach energischen Protesten der deutschen Kaufleute in Brügge 1280 gegen die Politik der Stadtherren kam es zur Gründung der mächtigen Hanse.
S. 384–387

**Doktoren und Magister**
König Karl IV. gründete 1348 in Prag die erste deutsche Universität und eröffnete so seinen Landeskindern die wissenschaftliche Ausbildung.
S. 411–413

## Allgemeine Ereignisse

**1250**

1254–1312 Kaiserlose Zeit in Deutschland: Könige aus verschiedenen Häusern

1270 Siebter Kreuzzug

**1300**

1308–13, 1347–1400 und 1410–37 Dynastie der Luxemburger

1314–47 und 1400–10 Dynastie der Wittelsbacher

1338 Kurverein von Rhens: deutsche Königswahl ohne päpstliche Zustimmung

**1350**

1358 Zusammenschluß der deutschen Hansestädte

1377–89 Süddeutscher Städtekrieg

1378–1419 Großes abendländisches Schisma: Spaltung der Kirche in zwei Lager

**1400**

1410 Schlacht bei Tannenberg: Niedergang des Deutschen Ordens

1414–19 Konstanzer Konzil: Wiederherstellung der kirchlichen Einheit

1419–36 Hussitenkriege

1438–1742, 1745–1806 Herrscher aus dem Haus der Habsburger

**1450**

1466 Friede von Thorn: Deutscher Ordensstaat unter polnischer Lehnshoheit

1471 Allgemeines Fehdeverbot im Deutschen Reich

1493 Bundschuh-Bauernaufstand im Elsaß

1499 Schwabenkrieg: Die Schweiz scheidet aus dem Reichsverband aus und wird selbständig.

**1500**

1517 Martin Luthers 95 Thesen zum Ablaßhandel

1521–44 Vier Kriege Kaiser Karls V. gegen Frankreich um die Vormacht in Europa

1522 Luther übersetzt das Neue Testament ins Deutsche.

1522–23 Aufstand der Reichsritter

| Jahr | Starke Worte | Entschlossenes Handeln | Im Dunkel der Nacht | Erzwungene Entscheidungen |
|---|---|---|---|---|
| 1525 | | | | |
| 1525 | **„Wir wollen frei sein."** Im Zuge der Reformation forderten die Bauern 1525 mehr Rechte. Doch sie fanden bei der Obrigkeit kein Gehör. Die Folge war der kurze, aber blutige Bauernkrieg. | | | |
| 1549 | | | | |
| | **S. 25–27** | | | |
| 1552 | | | **Flucht eines Kaisers** Als Karl V. 1552 vor seinem eigenen Reichsfeldherrn fliehen mußte, bahnte sich das Ende der zentralen Rolle an, die das Deutsche Reich bis zu diesem Zeitpunkt in Europa gespielt hatte. | |
| 1594 | | | | |
| 1600 | | | | |
| 1618 | | | **S. 156–158** | |
| 1632 | | | | |
| 1648 | | | | |
| 1650 | | | | |
| 1654 | | **Von Gottes Gnaden** Nachdem Kurfürst Ferdinand Maria im Jahr 1654 die Regierung übernommen hatte, wurde das Herzogtum Bayern zum Vorreiter des Absolutismus in Süddeutschland. | | |
| 1671 | | | | |
| 1685 | | | | |
| | | **S. 86–89** | | |
| 1697 | | | | |
| 1700 | | | | |
| 1701 | **„Jedem das Seine"** Nach diesem Motto krönte sich Friedrich III. 1701 selbst und erhob Preußen zum Königreich. Das war der erste Schritt für den zukünftigen Machtgewinn der Hohenzollern. | | | |
| 1708 | | | | |
| | **S. 14–17** | | | |
| 1740 | | | | |

| Zufall oder Glück | Auf Leben und Tod | Mit Geschick und Überlegung | Auf fremdem Boden | Allgemeine Ereignisse |
|---|---|---|---|---|
| | | | | **1525** |
| | | | | 1525 Bauernkrieg |
| **Professur mit Folgen** Als der Jesuit Petrus Canisius 1549 nach Bayern kam, sah wohl niemand voraus, daß sein Wirken in Deutschland der Gegenreformation den Weg ebnen würde. S. 214–216 | | | | 1529 Erste Belagerung Wiens durch die Osmanen |
| | | | | 1546–47 Schmalkaldischer Krieg |
| | | | | 1549–1648 Zeitalter der Gegenreformation |
| | | **Politische Heirat** Durch seine Ehe mit Anna von Preußen 1594 konnte der brandenburgische Kurfürst Johann Sigismund sein Territorium verdoppeln und seine Machtstellung im Reich sichern. S. 318–320 | | 1555 Augsburger Religionsfrieden: offizielle Anerkennung des protestantischen Glaubens in Deutschland |
| | **Fenstersturz in Prag** Als Reaktion auf die gewaltsame Gegenreformation in Böhmen kam es 1618 zum Prager Fenstersturz, der zum Auslöser des furchtbaren Dreißigjährigen Krieges wurde. S. 296–300 | | | **1600** |
| | | | | 1609–14 Jülich-Klevischer Erbfolgekrieg |
| | | | | 1618–48 Dreißigjähriger Krieg um Macht und Glauben in Deutschland |
| | | | | 1618 Veröffentlichung der Kepplerschen Planetengesetze |
| | **Im Kampf gefallen** Mit dem Tod des Schwedenkönigs Gustav II. Adolf 1632 in der Schlacht von Lützen wurde der Dreißigjährige Krieg zu einem Ringen um die Vormacht in Europa. S. 266–269 | **Schwieriger Frieden** Bis zuletzt rangen die Delegierten um die Einzelheiten des Westfälischen Friedens, der 1648 den Dreißigjährigen Krieg beendete und Deutschland in mehr als 300 selbständige Staaten aufsplitterte. S. 348–351 | | 1624 Aufruf des Dichters Martin Opitz zur Schaffung einer Nationalliteratur in deutscher Sprache |
| | | | | 1634 Mord an Wallenstein |
| | | | | **1650** |
| **Unglück für die Pfalz** Die Heirat Liselottes von der Pfalz mit Philipp von Orléans 1671, die den Frieden in der Kurpfalz sichern sollte, bewirkte genau das Gegenteil und führte zum blutigen Krieg um das pfälzische Erbe. S. 240–242 | | | | 1675 Sieg Brandenburgs in der Schlacht bei Fehrbellin |
| | | **Wechsel auf die Zukunft** Die Aufnahme der 1685 aus Frankreich ausgewiesenen Hugenotten begründete Brandenburgs wirtschaftlichen Aufstieg. S. 354–356 | | 1683 Zweite Belagerung Wiens durch die Osmanen |
| | | | | 1688–97 Pfälzischer Erbfolgekrieg |
| | | **Wettlauf um den Thron** Für den Königstitel von Polen trat Kurfürst Friedrich August I. 1697 zum Katholizismus über. Er erhoffte sich Ruhm für Sachsen, aber das polnische Abenteuer erwies sich als schwere Bürde. S. 332–335 | | 1697–1763 Personalunion zwischen dem Kurfürstentum Sachsen und dem Königreich Polen |
| | | | | **1700** |
| **Porzellan statt Gold** Das Glück half nach, als Johann Friedrich Böttger 1708 die begehrte Formel für die Herstellung von Porzellan entdeckte. Danach eroberte das weiße Gold die Fürstenhäuser ganz Europas. S. 236–239 | | | | 1700–21 Nordischer Krieg um die Vorherrschaft in Nordeuropa |
| | | | | 1701–14 Spanischer Erbfolgekrieg um die Vormacht der Habsburger in Europa |
| | | | | 1714–1837 Personalunion zwischen dem Kurfürstentum Hannover und dem Königreich Großbritannien |
| **Gelegenheit macht Diebe** Im Jahr 1740 bestieg die politisch unerfahrene Maria Theresia in Österreich den Thron. Diese scheinbar günstige Situation nutzte König Friedrich II., um Schlesien zu überfallen und es Preußen einzuverleiben. S. 208–211 | | | | 1740–86 Friedrich II., der Große |
| | | | | 1740–42 Erster Schlesischer Krieg |
| | | | | 1742–45 Kaiser Karl VII. aus dem Haus der Wittelsbacher |
| | | | | 1744/45 Zweiter Schlesischer Krieg |

| Jahr | Starke Worte | Entschlossenes Handeln | Im Dunkel der Nacht | Erzwungene Entscheidungen |
|---|---|---|---|---|
| 1750 | | | | |
| 1756 | | | | **Kartoffeln auf Befehl** Um eine drohende Hungersnot abzuwenden, zwang der Alte Fritz 1756 seine Bauern, die in Preußen bis dahin unbekannte Kartoffel anzubauen. So wurde die Knolle zum Grundnahrungsmittel der Deutschen. |
| 1762 | | | | |
| 1772 | | | | S. 168–169 |
| 1774 | | | | |
| 1789 | | | | |
| 1800 | | | | |
| 1801 | | | | **Neue Grenze am Rhein** Im Frieden von Lunéville 1801 triumphierte Napoleon über den Kaiser. Als Folge davon wurde das alte Deutsche Reich aufgelöst, das linke Rheinufer fiel an Frankreich, und Kaiser Franz II. mußte abdanken. S. 160–164 |
| 1807 | | | | **Verordnete Freiheit** Die Bauernbefreiung im Königreich Preußen im Jahr 1807 brachte tiefgreifende gesellschaftliche Umwälzungen in Deutschland mit sich. |
| 1810 | | | | |
| 1813 | **„An mein Volk"** Der Aufruf des preußischen Königs Friedrich Wilhelm III. 1813 war der Beginn der nationalen Erhebung gegen Kaiser Napoleon I. und führte schließlich zur Befreiung Preußens. S. 50–53 | | | S. 174–177 |
| 1815 | | | | |
| 1825 | | | | |
| 1832 | **„Es lebe Deutschlands Einheit!"** Eindrucksvoll zeigte sich 1832 der Wunsch vieler Menschen nach einem einigen, freiheitlichen Deutschland beim Hambacher Fest. Doch die Herrschenden wollten davon nichts wissen. S. 12–13 | | **Beginn einer neuen Zeit** In der Neujahrsnacht 1834 traten die Bestimmungen des Zollvereins in Kraft. Damit fielen die Zollgrenzen in Deutschland, und es entstand die Voraussetzung für die Bildung eines einheitlichen deutschen Wirtschaftsraumes. S. 138–141 | |
| 1834 | | | | |
| 1841 | | **Volle Kraft voraus** Um konkurrenzfähige Lokomotiven bauen zu können, scheute August Borsig im Jahr 1841 nicht vor Industriespionage zurück. Damit begann der Aufstieg Deutschlands zur Eisenbahnnation. S. 94–97 | | |
| 1848 | **„Proletarier aller Länder, vereinigt Euch!"** Das Kommunistische Manifest, das 1848 in London erschien, bereitete den sozialistischen Ideen in Deutschland den Weg. S. 35–37 | | | |

## Zufall oder Glück

**Ein Gegner weniger**
Der unverhoffte Tod von Zarin Elisabeth im Jahr 1762 rettete Preußen vor seinem Untergang im Siebenjährigen Krieg.
S. 262–264

**Bestseller aus Liebeskummer**
Sein Roman über eine enttäuschte Liebe machte Goethe 1774 über Nacht berühmt. Durch ihn wurde Weimar zum Zentrum der Klassik.
S. 226–229

**Reiche Erbschaft**
Mit dem Geld, das er im Jahr 1810 erbte, schuf Friedrich Krupp ein riesiges Firmenimperium und bereitete der Industrialisierung in Deutschland den Weg.
S. 250–254

**Auf die Barrikaden**
Warnschüsse auf Demonstranten lösten am 18. März 1848 in Berlin die Revolution aus, die ganz Deutschland erfaßte, aber nach 16 Monaten kläglich scheiterte.
S. 220–225

## Auf Leben und Tod

**Im Namen der Freiheit**
Der Sturm auf die Bastille 1789 entfachte die Revolution in Frankreich. Die Ideen von „Freiheit, Gleichheit und Brüderlichkeit" verbreiteten sich in Deutschland auch in Deutschland.
S. 301–303

## Mit Geschick und Überlegung

**Der Kongreß tanzt**
Auf dem Wiener Kongreß einigten sich die deutschen Fürsten im Juni 1815 darauf, daß Deutschland kein Nationalstaat, sondern nur ein Bund souveräner Staaten sein sollte.
S. 340–344

## Auf fremdem Boden

**Ohne jeden Skrupel**
Durch die 1772 in Sankt Petersburg vereinbarte Teilung Polens erhielt Friedrich der Große die begehrte Landverbindung zwischen Brandenburg und Preußen.
S. 390–392

## Allgemeine Ereignisse

**1750**

1756–63 Siebenjähriger Krieg

1772–95 Aufteilung Polens unter Preußen, Rußland und Österreich

1778/79 Bayerischer Erbfolgekrieg

1791 Konvention von Pillnitz: Preußen und Österreich für die Wiederherstellung der französischen Monarchie

1792/93 Mainzer Republik

1792–1809 Fünf Koalitionskriege der europäischen Großmächte gegen das revolutionäre Frankreich und gegen Napoleon

**1800**

1806 Gründung des Rheinbundes

1806 Auflösung des mittelalterlichen deutschen Reichs

1807 Friede von Tilsit: Zusammenbruch Preußens

1812 Napoleons gescheiterter Rußlandfeldzug

1813–15 Befreiungskriege

1815–66 Neuordnung Deutschlands: Deutscher Bund unter Führung Österreichs und Preußens

1815 Gründung der deutschen Burschenschaften in Jena

1817 Wartburgfest der deutschen Studenten

1819 Karlsbader Beschlüsse: Radikalenerlaß und Zensur in Deutschland

**1825**

1830 Unruhen und Aufstände in zahlreichen deutschen Staaten

1833 Frankfurter Wachensturm

1835 Jungfernfahrt der ersten deutschen Eisenbahn

1837 Protest und Amtsenthebung der „Göttinger Sieben"

1844 Aufstand der schlesischen Weber

1848/49 Revolution in den deutschen Staaten

1849 Auflösung der Frankfurter Nationalversammlung

| Jahr | Starke Worte | Entschlossenes Handeln | Im Dunkel der Nacht | Erzwungene Entscheidungen |
|------|--------------|------------------------|---------------------|---------------------------|
| 1850 | | | | |
| 1866 | | | | |
| 1869 | | **Im Kampf für die Arbeiterklasse** Auf dem Arbeiterkongreß in Eisenach wurde im August 1869 die Sozialdemokratische Arbeiterpartei, die Vorläuferin der SPD, gegründet. S. 102–105 | | |
| 1870 | | | | **Worte mit Wirkung** Mit der Veröffentlichung der Emser Depesche am 13. Juli 1870 provozierte Otto von Bismarck einen Krieg mit Frankreich, der den Deutschen ihren lang ersehnten Nationalstaat brachte. S. 202–206 |
| 1871 | | **Maulkorb für die Katholiken** Der Versuch Bismarcks, 1871 den Einfluß des politischen Katholizismus in Deutschland auszuschalten, schlug fehl und spaltete die junge Nation in zwei Lager. S. 65–67 | | |
| 1872 | | | | |
| 1875 | | | | |
| 1883 | | | | |
| 1885 | | **Automobile im Vormarsch** Zielstrebig und unbeirrt entwickelten die beiden Erfinder Gottlieb Daimler und Wilhelm Maybach 1885 das erste Fahrzeug mit Benzinmotor. Damit gelang ihnen der Aufbruch ins motorisierte Zeitalter. S. 110–114 | | |
| 1890 | | | | **Der Lotse muß von Bord** Mit der Entlassung Bismarcks durch Kaiser Wilhelm II. im Jahr 1890 änderte sich auch der politische Kurs in Deutschland. S. 165–167 |
| 1900 | | | | |
| 1900 | **„Pardon wird nicht gegeben!"** Mit diesen Worten leitete Kaiser Wilhelm II. im Jahr 1900 eine neue Phase der deutschen Außenpolitik ein. Der Imperialismus schuf dem Kaiserreich viele Feinde im Ausland. S. 42–47 | | | |
| 1914 | | | | |
| 1916 | | | | |
| 1917 | | | **Geheimnisvolle Reise** Lenins Fahrt 1917 durch Deutschland nach Rußland führte im Ersten Weltkrieg vorzeitig zum Frieden an der Ostfront. S. 150–151 | |
| 1918 | | | | **Der Kaiser muß gehen** Nachdem im November 1918 Kaiser Wilhelm II. abgedankt hatte, war in Deutschland der Weg frei für die Demokratie. S. 198–201 |
| 1919 | | | | **Friede unter Zwang** Die Unterzeichnung des Versailler Friedensvertrages im Jahr 1919 stellte eine schwere Hypothek für die junge Republik dar. S. 178–181 |
| 1920 | | | | |
| 1923 | **„Hier ist die Sendestelle Berlin!"** Im Oktober 1923 schlug die Geburtsstunde des öffentlichen Rundfunks. Er veränderte den Alltag und die Lebensgewohnheiten der Menschen in Deutschland. S. 38–41 | | | **Wertloses Geld** Die Inflation zwang die Reichsregierung 1923, eine neue Währung auszugeben. Sie rettete Deutschland vor dem Staatsbankrott, führte aber auch zu Not und Elend. S. 193–195 |
| 1929 | | | | |

| Zufall oder Glück | Auf Leben und Tod | Mit Geschick und Überlegung | Auf fremdem Boden | Allgemeine Ereignisse |
|---|---|---|---|---|
| | | | | **1850** |
| | | | **Klare Verhältnisse**<br>Der Sieg 1866 bei König-grätz in Böhmen entschied die Auseinandersetzung mit Österreich um die Vor-machtstellung in Deutsch-land zugunsten von Preußen.<br>**S. 406–410** | 1864 Deutsch-Dänischer Krieg um Schleswig-Hol-stein |
| | | | | 1866 Deutscher Krieg |
| | | | | 1867 Gründung des Nord-deutschen Bundes |
| | | | | 1870/71 Deutsch-Französi-scher Krieg |
| | | **Kunstvolle Bündnisse**<br>Das von Bismarck arran-gierte Dreikaisertreffen 1872 war der Auftakt zu einer erfolgreichen Außen-politik, die Deutschland Frieden und Ansehen ein-brachte.<br>**S. 361–363** | | 1871 Kaiserproklamation in Versailles |
| | | | | 1871–1918 Deutsches Kaiserreich unter der Herr-schaft der Hohenzollern |
| | | | | 1871–73 Sogenannte Grün-derjahre in Deutschland |
| | | | | 1871–87 Kulturkampf |
| | | | | **1875** |
| | | **Sicherheit bei Krankheit**<br>Mit der Einführung der Krankenversicherung 1883 leitete Bismarck eine Sozialgesetzgebung ein, die im wesentlichen bis heute gilt und als vorbild-lich in der Welt angesehen wird.<br>**S. 336–339** | **Land für ein paar Gewehre**<br>Die Annexion von Angra Pequena an der südwest-afrikanischen Küste 1883 markierte den Beginn der deutschen Kolonialherr-schaft.<br>**S. 424–427** | 1878 Berliner Kongreß: Bismarcks Beitrag für den Frieden in Europa |
| | | | | 1878–90 Sozialistengesetz: Verbot der Sozialdemokratie |
| | | | | 1888 Dreikaiserjahr: Wilhelm I., Friedrich III. und Wilhelm II. |
| | | | | **1900** |
| | | | | 1900 Niederschlagung des Boxeraufstandes in China |
| | | | **Tod in Sarajevo**<br>Die Ermordung des Habs-burger Thronfolgers Erz-herzog Franz Ferdinand am 28. Juni 1914 in der bosnischen Hauptstadt führte viereinhalb Wochen später zum Ausbruch des Ersten Weltkrieges.<br>**S. 396–401** | 1914–18 Erster Weltkrieg |
| **In falschen Händen**<br>Eine zufällig abgefangene Depesche führte 1917 dazu, daß die USA in den Ersten Weltkrieg eintraten. Das besiegelte die endgül-tige Niederlage des Kaiser-reiches.<br>**S. 217–219** | **Im Westen nichts Neues**<br>Der Kampf um Verdun 1916 geriet zum verlust-reichen Stellungskrieg und machte die Hoffnungen auf einen deutschen Sieg zunichte.<br>**S. 306–309** | | | 1917 Kriegserklärung der USA an Deutschland |
| | | | | 1918 Separatfrieden mit Rußland in Brest-Litowsk |
| | | | | 1918 Meuterei der deutschen Hochseeflotte und Revolu-tion in Berlin |
| | | | | 1918–33 Weimarer Republik |
| | | | | 1919 Spartakusaufstand in Berlin und Räterepublik in München |
| | | | | **1920** |
| | | | | 1922 Vertrag von Rapallo: Ausgleich mit der Sowjet-union |
| | | | | 1923 Besetzung des Ruhr-gebietes durch Frankreich und Belgien |
| | | | | 1923 Hitler-Putsch in München |
| | | | **Panik an der Börse**<br>Der Zusammenbruch des Aktienmarktes an der New Yorker Börse 1929 stürzte die Weimarer Republik in eine Wirtschaftskrise und brachte Millionen von Deutschen um Lohn und Brot.<br>**S. 372–374** | 1925 Vertrag von Locarno: Ausgleich mit den West-mächten |
| | | | | 1926 Internationale Aner-kennung Deutschlands: Bei-tritt zum Völkerbund |

| Jahr | Starke Worte | Entschlossenes Handeln | Im Dunkel der Nacht | Erzwungene Entscheidungen |
|---|---|---|---|---|
| 1930 | | | | |
| 1933 | | | **Gunst der Stunde** Die Ernennung zum Reichskanzler am 30. Januar 1933 nutzte Adolf Hitler zur Machtergreifung und zur Errichtung des Dritten Reiches. S. 134–137 | |
| 1936 | | **Riskantes Manöver** Die deutsche Besetzung des entmilitarisierten Rheinlandes 1936 bedeutete das Ende des Versailler Vertrages und machte Hitler den Weg frei für seine expansive Außenpolitik. S. 68–72 | | |
| 1938 | | | **Organisierter Terror** Die sogenannte Reichskristallnacht vom 9. auf den 10. November 1938 leitete eine neue Phase der systematischen Judenverfolgung im Dritten Reich ein. S. 152–155 | |
| 1939 | **„Seit 5.45 Uhr wird zurückgeschossen."** Hitlers Rede am 1. September 1939 begründete nicht nur den Angriff auf Polen, sondern führte auch zum Zweiten Weltkrieg, der unendliches Leid über Europa brachte. S. 18–21 | | | |
| 1940 | | | | |
| 1941 | | | | |
| 1945 | | **Hinter den Linien** Die im Frühjahr 1945 auf Weisung Stalins entstandene „Gruppe Ulbricht" schuf mit ihrer entschlossenen kommunistischen Aufbauarbeit die Keimzelle der späteren DDR. S. 82–85 | **Waffenruhe an allen Fronten** Die Kapitulation der deutschen Wehrmacht im Mai 1945 bedeutete das Ende des Zweiten Weltkrieges und den Zusammenbruch des Dritten Reiches. S. 116–121 | |
| 1948 | | | **Die D-Mark kommt** Die Währungsreform in den Westzonen im Juni 1948 war ein entscheidender Anstoß zur Gründung der Bundesrepublik Deutschland. S. 130–133 | |
| 1949 | | | | |
| 1950 | | | | |
| 1953 | | | | |
| 1955 | | | | **Ja zu Deutschland** Die Volksabstimmung über das Saarstatut im Jahr 1955 führte zur Angliederung des Saarlandes an die Bundesrepublik Deutschland. S. 196–197 |
| 1961 | | | | **Bürger hinter Stacheldraht** Um den Exodus der Bevölkerung der DDR zu verhindern, ließ Walter Ulbricht am 13. August 1961 die Mauer errichten. Sie vertiefte die Spaltung Deutschlands. S. 184–188 |
| 1964 | **„Willkommen in Deutschland!"** 1964 begrüßte man in der Bundesrepublik Deutschland den einmillionsten Gastarbeiter. Die ausländischen Arbeitnehmer trugen zum Wohlstand bei, aber es kam auch zu Problemen im Zusammenleben. S. 48–49 | | | |
| 1969 | | | **Überraschende Zusage** Noch am Wahlabend des 28. September 1969 beschlossen Willy Brandt und Walter Scheel, eine Regierung zu bilden, die den Ausgleich mit dem Osten suchen wollte. S. 126–129 | |
| 1970 | | | | |
| 1972 | | | | **Gefährliche Herausforderung** Nachdem der harte Kern der Baader-Meinhof-Gruppe im Juni 1972 gefaßt war, kam es zu einer Ausweitung des Terrorismus in Deutschland. S. 304–305 |
| 1989 | | | **Spektakel im Scheinwerferlicht** Die Öffnung der Mauer am 9. November 1989 führte nach 40 Jahren zur Wiedervereinigung Deutschlands. In dieser Nacht feierten Abertausende Deutsche aus Ost und West ihr Wiedersehen. S. 144–149 | |

| Zufall oder Glück | Auf Leben und Tod | Mit Geschick und Überlegung | Auf fremdem Boden | Allgemeine Ereignisse |
|---|---|---|---|---|
| | | | | **1930** |
| | | | | 1933–45 Zeit des National- sozialismus |
| | | | | 1935 Nürnberger Gesetze: Diskriminierung der Juden |
| | | | | 1936 Achse Berlin–Rom: Bündnis Hitlers mit Mussolini |
| | | | | 1938 Münchner Abkommen |
| | | | | 1939–45 Zweiter Weltkrieg |
| | | | **Diktat im Salonwagen** Der Waffenstillstand von Compiègne am 22. Juni 1940 führte zur Besetzung Frankreichs durch die Deutschen und zum Kampf gegen Großbritannien. **S. 416–419** | 1942/43 Schlacht um Stalingrad |
| | **Unternehmen Barbarossa** Adolf Hitlers Überfall auf die Sowjetunion am 22. Juni 1941 führte zur Wende im Zweiten Welt- krieg. Das Ende des Drit- ten Reiches bahnte sich an. **S. 274–278** | | | 1944 Alliierte Invasion |
| | | | | 1944 Mißglücktes Attentat auf Hitler |
| | | | | 1945 Potsdamer Konferenz: Teilung Deutschland in vier Besatzungszonen |
| | | | | 1945/46 Nürnberger Kriegs- verbrecherprozeß |
| | | | | 1948 Berlinblockade |
| | | **Selbst gewählt** Mit seiner eigenen Stimme wählte sich Konrad Ade- nauer 1949 zum Kanzler der Bundesrepublik Deutschland, die er 14 Jahre lang unangefoch- ten regierte. **S. 325–329** | | 1949 Gründung der Bundes- republik Deutschland und der DDR |
| | | | | **1950** |
| | | | | 1953 DDR-Volkaufstand |
| | **Spontaner Protest** Nach dem Volksaufstand im Juni 1953 schottete sich das DDR-Regime ab. Da- durch vertiefte sich die Kluft zwischen Ost- und Westdeutschland. **S. 282–285** | | | 1955 Beitritt der Bundes- republik zur NATO und der DDR zum Warschauer Pakt |
| | | | | 1956 Aufbau der Bundes- wehr und der NVA |
| | | | | 1958 Berlinkrise |
| | | | | 1961 Bau der Mauer |
| | | | | 1966–67 Große Koalition in Bonn |
| | | | | 1967 Studentische Unruhen und Bildung der APO |
| | | | | 1969–82 Sozialliberale Koalition in Bonn |
| | | | | **1970** |
| | | | | 1976–89 Ära Honecker in der DDR |
| | | | | 1977 Höhepunkt des Terrorismus in der Bundes- republik Deutschland |
| | | | | 1982 Mißtrauensvotum in Bonn: Helmut Kohl löst Helmut Schmidt als Bundes- kanzler ab. |
| | | | | 1989 Fall der Mauer |
| | | | | 1990 Wiedervereinigung Deutschlands |
| | | | | 1994 Roman Herzog erster gewählter gesamtdeutscher Bundespräsident |

*Umschlagvorderseite:* o.l. Gläser/INTERFOTO; M.l. AKG; u.l. AKG; o.M. BPK; u.M. BPK; o.r. BPK; M.r. BPK; u.r. Leibing/KEYSTONE

*Umschlagrückseite:* Mercedes-Benz-Archiv

*Innenteil:* 2/3 KEYSTONE; 4/5 Jörg Axel Fischer; 5 o. W. Otto/IFA-Bilderteam; 6 BPK; 7 Bilderdienst Süddeutscher Verlag; 8 o. Archiv Gerstenberg, 8 u. Foto Mairani/Grazia Neri; 9 Kunsthistorisches Museum Wien; 10 AKG (15); 12, 13 AKG (4); 14 o. AKG, 14 u. BPK; 15, 16 BPK; 17 o. Archiv Gerstenberg, 17 u. AKG; 18 o. Bilderdienst Süddeutscher Verlag, 18 u. BPK; 19 AKG; 20 BPK (2); 21 l. BPK, Karte Kartographie Huber; 22 o. Landesarchiv Schleswig-Holstein, Signatur Urk.-Abt. 394 Nr. 8, 22 l. Det Nationalhistoriske Museum på Frederiksborg, Hillerød; 23 AKG; 24 o. Gottschalk/IFA-Bilderteam, 24 u. Schleswig-Holsteinisches Landesmuseum (Leihgabe der Ritterschaft); 25 o. Hänel/Transdia, 25 u. AKG; 26 Fürstlich Waldburg-Zeil'sches Gesamtarchiv, Signatur ZAMs 54; 27 o. Claus Hansmann, 27 u. Museum Schloß Wilhelmsburg, Schmalkalden; 28 o.l. Claus Hansmann, 28 u.l. Archiv Gerstenberg, 28 r. BPK; 29 o.l. BPK, 29 o.r. Claus Hansmann, 29 u. BPK; 30 BPK (2); 31 Schösser/IFA-Bilderteam; 32 BPK; 33 o. AKG, 33 u. Ludwig Zimmermann; 34 AKG (2); 35 o. AKG, 35 u. BPK; 36 BPK; 37 o. Bilderdienst Süddeutscher Verlag, 37 u. AKG; 38 Bilderdienst Süddeutscher Verlag (2); 39 BPK; 40 o. Bilderdienst Süddeutscher Verlag, 40 u. BPK; 41 BPK; 42 u. AKG; 42/43 BPK; 43 AKG; 44 o. Ullstein Bilderdienst, 44 u. BPK; 45 l. BPK, 45 r. AKG; 46 Historia-Photo; 46/47 Ullstein Bilderdienst; 47 BPK (2); 48 KEYSTONE; 49 o. dpa/Ullstein Bilderdienst, 49 u. Maydell/dpa; 50 o. BPK, 50 u. AKG; 51 o. AKG, 51 u. BPK; 52/53 AKG; 53 BPK (2); 54 o. Redaktion „Geschichte mit Pfiff", 54 u. Erich Lessing/AKG; 55 AKG; 56 o. AKG, 56 u. Everts/ZEFA; 57 o. BPK, 57 u. Museum für Kunsthandwerk, Frankfurt am Main; 58 Kunsthistorisches Museum Wien; 60 o. Fürst Thurn und Taxis Zentralarchiv, 60 o.l. BPK, 60 Karte Kartographie Huber; 61 Archiv Gerstenberg; 62 l. Hans-Christian Schink/Punctum, 62 r. Historia-Photo; 63 o. AKG, 63 u. Entwurf: Bundesdruckerei Berlin/Bundesministerium für Post und Telekommunikation; 64 Deutsches Postmuseum Frankfurt am Main; 65 o. AKG, 65 u. Archiv Gerstenberg; 66/67 BPK; 67 AKG; 68 o. Bilderdienst Süddeutscher Verlag, 68 u. KEYSTONE; 70 Bilderdienst Süddeutscher Verlag (2); 71 o. AKG, 71 u. K. Petersen/BPK; 72 Archiv Gerstenberg; 73 o. AKG, 73 u. Jan Smit; 74 o. Verlag Das Beste GmbH, 74 u. Hackenberg/ZEFA; 75 BPK; 76 l. Claus Hansmann, 76 r. HL/BAVARIA; 77 o. BPK, 77 u.l. Erich Lessing/AKG, 77 u.r. AKG; 78 o. H.-Joachim Boldt/NBL, 78 u. AKG; 79 Archiv Gerstenberg; 80 BPK; 81 o. R. Schmid/Bildarchiv Huber, 81 u. E. Morell/Helga Lade; 82 o. AKG, 82 u. BPK; 83 BPK; 84 l. AKG, 84 r. Herbert Hensky/BPK; 84/85 AKG; 85 Hubert Link/Zentralbild/dpa; 86 o. Joachim Blauel/ARTOTHEK, 86 u. Gonella Foto; 87 Josef S. Martin/ARTOTHEK, 88 o. Archiv Gerstenberg; 88/89 Städelsches Kunstinstitut, Frankfurt am Main, Foto © Ursula Edelmann, Frankfurt am Main; 89 l. B. Radelt/Bildarchiv Huber, 89 r. BPK; 90 o. Claus Hansmann; 90/91 Westermann/BPK; 91 o.l. Bildarchiv Huber, 91 o.r. AKG, 91 u.r. Archiv Gerstenberg; 92 o. Erich Gutberlet, 92 u. AKG;

93 o. BPK, 93 u. Foto Löbl-Schreyer; 94 BPK (2); 95 AKG; 96 BPK; 97 Karte Kartographie Huber, 97 u. Archiv Gerstenberg; 98 o. R. Schmid/Bildarchiv Huber, 98 u. Sächsische Landesbibliothek, Abteilung Deutsche Fotothek; 99 AKG; 100 o. Jiri Kopriva/Kancelár prezidenta CSFR, 100 u. Edition Helga Lengenfelder, Ms.theol.lat.qu.11, Bl. 144 r; 101 BPK; 102 o. Archiv der sozialen Demokratie (AdsD), Friedrich-Ebert-Stiftung (FES), Bonn, 102 u. Archiv Gerstenberg/Archiv der sozialen Demokratie (AdsD), Friedrich-Ebert-Stiftung (FES), Bonn; 103 AKG; 104 Verlag Das Beste GmbH; 104/105 AKG; 105 o. Archiv Gerstenberg; 106 o. Historisches Museum der Pfalz, Speyer, 106 u. AKG; 107 Volker Iserhardt/Römisch-Germanisches Zentralmuseum, Mainz; 108 o. Kulturhistorisches Museum der Hansestadt Stralsund, 108 u. Römisch-Germanisches Zentralmuseum, Mainz; 109 Pahlke/IFA-Bilderteam; 110 o. AKG, 110 u. Carl Benz: KEYSTONE, Wilhelm Maybach: KEYSTONE, Gottlieb Daimler: BPK; 111 BPK; 112 Mercedes-Benz-Archiv (2); 113 BPK (2); 114 o. Bilderdienst Süddeutscher Verlag, 114 u. BPK; 116 o. KEYSTONE, 116 u. Ullstein Bilderdienst; 117 KEYSTONE; 118 o. W. Saeger/BPK, 118 u. KEYSTONE; 119 o. Harenberg Verlag Bildarchiv, Verlags- und Mediengesellschaft mbH & Co. KG Dortmund, 119 u. AKG; 120 o. AKG, 120 u. Archiv Gerstenberg; 121 o. AKG, 121 u. Bilderdienst Süddeutscher Verlag; 122 o. Archiv Gerstenberg, 122 u. AKG; 123 AKG; 124 o. AKG, 124 u. Archiv Gerstenberg; 125 Kunsthistorisches Museum Wien; 126 o. Walter Hanel, 126 u. Bilderdienst Süddeutscher Verlag; 127 KEYSTONE; 128 o. dpa, 128 u. Flaggen: Rauchwetter/dpa, Schilder: Bilderdienst Süddeutscher Verlag; 129 Bilderdienst Süddeutscher Verlag (2); 130 o. Deutsche Bundesbank, Geldmuseum, 130 u. AKG; 131 o. KEYSTONE, 131 u. Archiv Gerstenberg; 132 l. AKG, 132 r. Röhnert/Bilderdienst Süddeutscher Verlag; 133 AKG; 134 o. BPK, 134 u. Bilderdienst Süddeutscher Verlag; 135 AKG; 136 Ullstein Bilderdienst (2); 137 AKG; 138 o. Deutsches Zollmuseum, Hamburg, 138 u. Bilderdienst Süddeutscher Verlag; 139 BPK; 140 l. AKG, 140 o.r. Bilderdienst Süddeutscher Verlag, 140 u.r. G. Stenzel/BPK; 141 o. Paul Steeger/Helga Lade, 141 u. AKG; 142 o. AKG, 142 u. Claus Hansmann; 143 o. Claus Hansmann (2), 143 u. Germanisches Nationalmuseum; 144 u. ADN/Ullstein Bilderdienst; 144/145 KEYSTONE; 145 o. KEYSTONE, 145 u. Siegfried Kachel/Bilderdienst Süddeutscher Verlag; 146 AKG; 147 o. Ralf G. Succo/Ullstein Bilderdienst, 147 u. Bilderdienst Süddeutscher Verlag; 148 o. Holschneider/dpa, 148 u. Der Regierende Bürgermeister von Berlin, Senatskanzlei Berlin; 149 o. Zentralbild/Ullstein Bilderdienst, 149 u. Holschneider/dpa; 150 o. AKG, 150 u.l. photo affairs Jürgen Bögelspacher, 150 Karte Kartographie Huber; 151 Bilderdienst Süddeutscher Verlag; 152 o. BPK, 152 u. Ullstein Bilderdienst; 153 l. KEYSTONE, 153 r. Albert Cusian, Erhard J. Knobloch/AKG; 154/155 Tele-Bunk/Bilderdienst Süddeutscher Verlag; 155 o. Bilderdienst Süddeutscher Verlag, 155 M. Ullstein Bilderdienst; 156 o. BPK, 156 u. Gemäldegalerie Alte Meister, Dresden; 157 Claus Hansmann; 158 BPK; 160 o. Roger-Viollet, 160 u. AKG; 161 Residenz München, Schatzkammer; 162 o. BPK, 162 u. AKG; 163 o. BPK, 163 u. G. Dagli Orti; 164 AKG; 165 o. BPK, 165 u. Histo-

ria-Photo; 166 o. H. Hoffmann/BPK, 166 u. AKG; 167 Gottschalk/IFA-Bilderteam; 168 o. Sammlung Eckart, München/Kosler Redaktionsbüro, 168 u. AKG; 169 o. Fackelträger Verlag, 169 u. Förderungsgemeinschaft der Kartoffelwirtschaft e.V.; 170 o. BPK, 170 u. Wilkin Spitta; 171 LTF Michler/Helga Lade; 172 o. Ingeborg Limmer/Staatsarchiv Bamberg (2), Kordel: AKG, 172 u. Ralph Rainer Steffens/Bildarchiv Steffens; 173 AKG; 174 o. AKG, 174 u. BPK; 175 o. AKG, 175 u. Bilderdienst Süddeutscher Verlag; 176 Gerard Le Gall/BPK; 177 o. Sammlung Nassauischer Altertümer Museum Wiesbaden, Inv.Nr. Slg. Höhn 1130, 177 u. Thomas Pfündel; 178 o. BPK, 178 u. Archiv Gerstenberg; 179 Ullstein Bilderdienst; 180 o. Harenberg Verlag Bildarchiv, Verlags- und Mediengesellschaft mbH & Co. KG Dortmund, 180 u. Archiv Gerstenberg; 181 Bilderdienst Süddeutscher Verlag (2); 182 o. Karger-Decker/INTERFOTO; 182/183 BPK; 183 o.l. BPK, © VG Bild-Kunst, Bonn 1995, Rest BPK (3); 184 o.l. R. R. Roth/BPK, 184 o.r. Peter Leibing/Ullstein Bilderdienst, 184 u. AKG; 185 Gert Schütz/AKG; 186 u. dpa/Ullstein Bilderdienst; 186/187 AP/Bilderdienst Süddeutscher Verlag; 187 l. KEYSTONE, 187 r. dpa; 188 o. KEYSTONE, 188 u. Arnold/dpa; 189 o. BPK, Karte Kartographie Huber; 190 o. AKG, 190 r. Archiv Gerstenberg; 191 o. Stiftsbibliothek St. Gallen, Cod. Sang. 22, S. 141, 191 u. P. Graf/IFA-Bilderteam; 192 l. AKG, 192 r. Archiv Gerstenberg; 193 o. AKG, 193 u. AKG; 194 o. Bilderdienst Süddeutscher Verlag, 194 u. Georg Pahl/AKG; 195 BPK; 196 o. S. Walter/Helga Lade, 196 u. KEYSTONE; 197 dpa/Ullstein Bilderdienst; 198 o. Historia-Photo, 198 u. Archiv Gerstenberg; 199 Scherl/Bilderdienst Süddeutscher Verlag; 200 Bilderdienst Süddeutscher Verlag; 200/201 Historia-Photo; 201 AKG; 202 o.l. BPK, 202 o.r. Archiv Gerstenberg, 202 u. S.K./Helga Lade; 203 BPK; 204, 205 AKG (3); 206 o. G. Stenzel/Staatliche Museen zu Berlin – Preußischer Kulturbesitz, Münzkabinett, 206 u. AKG; 208 l. Alfredo D. Orti/BPK, 208 r. AKG, Karte Kartographie Huber; 209 AKG; 210 o. AKG, 210 u. Herbert Hartmann/BAVARIA; 211 AKG; 212 o. AKG, 212 u. National Palace Museum Taipei, Taiwan; 213 AKG; 214 o. Archiv Gerstenberg, 214 u. AKG; 215 o. Bilderdienst Süddeutscher Verlag, 215 u. BPK; 216 BPK; 217 o. Bilderdienst Süddeutscher Verlag, 217 u. AKG; 218 o. AKG, 218 u. BPK; 219 BPK; 220 Archiv Gerstenberg; 220/221 BPK; 221 AKG; 222 BPK; 222/223 BPK; 223 Bildarchiv Huber; 224 o. AKG, 224 u. BPK; 225 BPK; 226 o. Archiv Gerstenberg, 226 u. AKG; 227 Historia-Photo; 228 R. Schmid/Bildarchiv Huber; 229 u. AKG, 229 o. Württembergisches Landesmuseum Stuttgart, Münzkabinett; 230 u.l. Thomas Arntz/Reiß-Museum der Stadt Mannheim, Theatersammlung, 230 u.r. Wilkin Spitta; 230/231 AKG; 231 o.r. Claus Hansmann, 231 u. AKG (2); 232 o. Erich Lessing/AKG, 232 u. AKG; 233 AKG; 234 o. Landeshauptarchiv Koblenz, 234 u. Damm/ZEFA; 235 BPK; 236 o. BPK, 236 u. Erich Lessing/AKG; 237 Bernd-Peter Keiser/Herzog Anton Ulrich-Museum, Braunschweig; 238 Porzellanmanufaktur Meissen; 238/239 BPK; 239 Archiv Gerstenberg; 240 l. PHOTO RMN, 240 r. Erich Lessing/AKG, Wappen Walter Schöllhammer; 241 AKG; 242 AKG; 243 o. Bibliothèque Royale Albert I<sup>er</sup>, Bruxelles, Cabinet des Manuscrits, ms. 467, fol. 125 v. et fol. 137,

243 u. Bildarchiv Huber; 244 AKG; 245 o. Ann Münchow/BPK, 245 r. AKG; 246 o. Staatsarchiv Nürnberg, Sig. Hst Eichstätt, U 24, 246 u. BPK; 247 Wolfgang Reuter/Bildarchiv Steffens; 248 Archiv Gerstenberg (2); 249 l. AKG (2), 249 o.r. BPK, 249 u.r. Victoria and Albert Museum, London; 250 o. AKG, 250 u. Historisches Archiv Krupp, Essen (2); 251 AKG; 252 Simon & Ullrich, Mechernich; 253 l. Rainer Kiedrowski, 253 r. Franz/Staatliche Museen zu Berlin – Preußischer Kulturbesitz, Museum für Volkskunde; 254 BPK; 255 o. BPK, 255 u. Martina Pipprich/Gutenberg-Museum; 256 Martina Pipprich/Gutenberg-Museum; 257 o. Historia-Photo, 257 u. BPK; 258 Archiv Gerstenberg; 259 o. G. Stenzel/Bildarchiv Preußischer Kulturbesitz, Münzkabinett, 259 u. Verlag Das Beste GmbH; 260 HB Verlag, Hamburg; 261 l. Kunsthistorisches Museum Wien, 261 u. Ungarisches Nationalmuseum, Budapest; 262 BPK (2); 263 AKG; 264 o. AKG, 264 u. BPK; 266 o. AKG, 266 u. BPK; 267 AKG; 268 o. AKG, 268 u. BPK; 269 o. Gerhard Mester/Baaske Cartoons München, 269 u. Tomasz Samek/Stadtmuseum Münster; 270 l. AKG, 270 u.l. Schwäbisch Gmünd Museum für Natur und Stadtkultur, 270 u.r. Bayerisches Nationalmuseum, München; 271 Historia-Photo; 272 o. M. Lindner/Kestner-Museum Hannover, 272 u. P. Graf/IFA-Bilderteam; 273 BPK; 274 o. Bilderdienst Süddeutscher Verlag; 274/275 Alois Beck/AKG; 276 Bilderdienst Süddeutscher Verlag (2); 276/277 Ullstein Bilderdienst; 277 AKG; 278 BPK; 279 o. Germanisches Nationalmuseum, 279 u. Archiv Gerstenberg; 280 AKG; 281 Ihlow/Helga Lade; 282 o. KEYSTONE, 282 u. AKG; 283 Ullstein Bilderdienst; 284, 285 KEYSTONE (3); 286 Foto Mairani/Grazia Neri (2); 287 AKG; 288 Universitätsbibliothek Würzburg, Handschrift M.ch.f.760, Bl. 146a; 289 o. AKG, 289 u. C. Cerchioli/Grazia Neri; 290 o. BPK, 290 u. Stadt Reutlingen, Heimatmuseum; 291 AKG; 292 o. Hänel/Transdia, 292 u. Stadtmuseum Löbau; 293 o. Kommunalarchiv Herford, Stadt Herford, Msc. 1, Rechtsbuch der Stadt Herford, 293 u. Kunstverlag Edm. von König; 294 u. Claus Hansmann; 294/295 BPK; 295 o.r. Deutsches Schloß- und Beschlägemuseum, Velbert, 295 u.l. Claus Hansmann, 295 u.M. AKG, 295 u.r. W. Meier/ZEFA; 296 AKG; 297 Historia-Photo; 298, 299 BPK (3); 300 o. BPK, 300 u. Foto Biblioteca Vaticana; 301 o. AKG, 301 u. BPK; 302 Franz Zadnicek/Stadtmuseum Dresden; 303 Hällisch-Fränkisches Museum, Schwäbisch Hall; 304 o. AKG, 304 u. Axel Springer Verlag; 305 o. Bilderdienst Süddeutscher Verlag, 305 u. dpa; 306 o. W. Fingerling/Helga Lade, 306 u. Bilderdienst Süddeutscher Verlag; 308 AKG; 308/309 Bilderdienst Süddeutscher Verlag; 309 AKG;

310 l. Kunsthistorisches Museum Wien, 310 r. BPK; 311 Jörg Axel Fischer; 312 AKG (2); 314 o. AKG, 314 u. HB–Verlag, Hamburg; 314/315 Albert Messerklinger; 315 r. BPK; 316 AKG; 317 BPK; 318 l. Städtisches Museum Haus Koekkoek, Kleve, 318 M., r. Jörg P. Anders, Berlin; 319 o. Ott/Helga Lade, Karte Kartographie Huber; 320 BPK; 321 Kunsthistorisches Museum Wien; 322 o. Württembergisches Landesmuseum Stuttgart, 322 u. AKG; 323 Bildarchiv Foto Marburg; 324 Dr. Brigitte Hamann; 325 o. Bilderdienst Süddeutscher Verlag, 325 u. Ullstein Bilderdienst; 326 o. dpa/Bilderdienst Süddeutscher Verlag, 326 u. KEYSTONE; 326/327 KEYSTONE; 327 Ferdi Hartung/Bilderdienst Süddeutscher Verlag; 328 Ullstein Bilderdienst; 329 o. Ullstein Bilderdienst, 329 u. Herold/dpa; 330 o. Bilderdienst Süddeutscher Verlag, 330 u.l. Ullstein Bilderdienst, 330 u.r. AKG; 330/331 Press Photo Poehlmann/Bilderdienst Süddeutscher Verlag; 331 u.l. Look – Gerhard F. Baatz/Bilderdienst Süddeutscher Verlag, 331 u.r. Ullstein Bilderdienst; 332 o. Claus Hansmann, 332 u. Dieter E. Hoppe/AKG; 333 AKG; 334 o. AKG, 334 u. Hans-Peter Klut/Staatliche Kunstsammlungen Dresden, Münzkabinett; 335 o. Damm/ZEFA, 335 u. AKG; 336 BPK (2); 337 AKG; 338 o. AKG, 338 u. Loster und Weisensel (2); 339 o. Scherl-Archiv/Bilderdienst Süddeutscher Verlag, 339 u. BPK; 340 o. AKG, 340 u. BPK; 341 BPK; 342 Flac/Helga Lade; 343 l. AKG, 343 r. Merten/BAVARIA; 344 Braunschweigisches Landesmuseum, Braunschweig; 345 o. Staats- und Stadtbibliothek, Augsburg, 345 u. AKG; 346 u. Österreichische Nationalbibliothek, E 1345-C: Cod. 8626, fol. 5, 346 o. Hehl/Sirius Bildarchiv; 347 BPK; 348, 349 AKG (3); 350 Wilkin Spitta; 351 o. Münchner Stadtmuseum, 351 u. BPK; 352 AKG; 353 o.l. AKG, 353 M.l. Claus Hansmann, 353 u.l. AKG, 353 o.r. Claus Hansmann, 353 u.r. Optisches Museum – Carl Zeiss, Oberkochen; 354 o. Deutscher Hugenotten-Verein e.V., 354 u. AKG; 355 o.l. Haenel/ZEFA, 355 o.r. BPK, 355 u. Deutsches Ledermuseum, Deutsches Schuhmuseum, Offenbach; 356 AKG; 357 o. Universitätsbibliothek Würzburg, Handschrift M.ch.f.760, Bl. 80, 357 u. Rheinisches Bildarchiv; 358 BPK; 359 o. AKG, 359 u. Diözesanmuseum Bamberg; 360 R. Schmid/Bildarchiv Huber; 361 o. AKG, 361 u. Hans-Joachim Bartsch/Berlin Museum, Berlin; 362 l. Verlag Das Beste GmbH; 362/363 AKG; 363 u. Jürgens Ost und Europa Photo; 364, 365 AKG (2); 366 o. Harenberg Verlag Bildarchiv, Verlags- und Mediengesellschaft mbH & Co. KG Dortmund, 366 u. AKG; 367 S. Walter/Helga Lade; 368 AKG (2); 369 Burgerbibliothek Bern, Mss.hist.helv.I.16, S. 248; 370 Archiv Gerstenberg; 372 o. KEYSTONE, 372 u. BPK;

373 Ullstein Bilderdienst (2); 374 BPK (2); 375 o. BPK, 375 u. Ann Münchow, Aachen/Domkapitel Aachen; 376 o. Volker Rauch/IFA-Bilderteam, 376 u. Thüringer Universitäts- und Landesbibliothek Jena; 377 o.l. Niedersächsisches Staatsarchiv Wolfenbüttel, 6 Urk 11., Foto (Detailaufnahme): Bernd-Peter Keiser, 377 u.r. BPK; 378 AKG; 379 BPK; 380 AKG; 381 o. R. Schmid/Bildarchiv Huber, 381 u. Archiv Gerstenberg; 382 BPK (2); 383 AKG; 384 o. Commerzbibliothek der Handelskammer Hamburg, 384 u. Bildarchiv Huber; 385 Archiv Gerstenberg; 386 o. F. Fiedler/AKG, 386 u. BPK; 387 l. BPK (2), 387 r. AKG; 388 o.r. BPK, 388 u.l. Manuela Gygax/Landesdenkmalamt Baden-Württemberg, 388 u.r. Forkel/IFA-Bilderteam; 389 o.l. Claus Hansmann, 389 o.r. Dr. Bahnmüller/BAVARIA, 389 u.l. Claus Hansmann, 389 u.r. BPK; 390 AKG; 391 o. Mehlig/ZEFA, 391 u. BPK; 392 AKG; 393 o. Niedersächsische Staats- und Universitätsbibliothek Göttingen, Sign. 2 Art. plast. VIII, 85, 393 u. BPK; 394 Kunsthistorisches Museum Wien; 395 o. BPK, 395 u. Scheidemann/dpa; 396 o. Bilderdienst Süddeutscher Verlag, 396 u. AKG; 397 o. BPK, 397 u. Erich Lessing/AKG; 398 l. AKG, 398 u. Bilderdienst Süddeutscher Verlag; 399 Ullstein Bilderdienst (2); 400 BPK; 401 Archiv Gerstenberg; 402 o. AKG, 402/403 Piero Servo/AFE; 403 Dr. Ludwig Reichert Verlag, Wiesbaden; 404 o. BPK, 404 u. Oster/ZEFA; 405 Historisches Museum der Pfalz, Speyer; 406 u. AKG; 406/407 BPK; 408 o. BPK, 408 u. AKG; 409 AKG; 410 o. Friedrich-Naumann-Stiftung, Archiv des Deutschen Liberalismus, 410 u. Historia-Photo; 411 o. Jan Smit, 411 u. AKG; 412 AKG; 412/413 Foto Biblioteca Vaticana (2); 413 r. Messerschmidt/ZEFA; 414 o.l. Cramm/Silvestris, 414 o.r. AKG; 414/415 o. BPK; 414/415 u. Musée des Beaux-Arts, Marseilles/Bridgeman Art Library, London; 415 o.r. Bibliothèque Royale Albert Ier, Bruxelles, Cabinet des Manuscrits, Ms 130 76-77 fol. 24 v, 415 u.r. Claus Hansmann; 416 u. Bilderdienst Süddeutscher Verlag; 417 o. AKG, 417 u. BPK; 418 o. AKG, 418 u. Bilderdienst Süddeutscher Verlag; 419 o. AKG, 419 u. Dr. Wolff & Tritschler/BPK; 420 Burgerbibliothek Bern, Cod. 120 II, f. 96 r; 421 Claus Hansmann; 422 o. Klaus Thiele/BAVARIA, 422 u. AKG; 423 Mary Evans Picture Library; 424 o. Bilderdienst Süddeutscher Verlag, 424 u. AKG; 425 o. Ullstein Bilderdienst, 425 u. AKG; 426 o. Bilderdienst Süddeutscher Verlag, 426 u. AKG; 427 Bilderdienst Süddeutscher Verlag (2)

AKG = Archiv für Kunst und Geschichte, Berlin
BPK = Bildarchiv Preußischer Kulturbesitz, Berlin